LA GRAN GRIPE

LA PANDEMIA MÁS MORTAL
DE LA HISTORIA

JOHN M. BARRY

LA GRAN GRIPE

LA PANDEMIA MÁS MORTAL DE LA HISTORIA

JOHN M. BARRY

Traducción de

Amelia Pérez de Villlar

Capitán Swing

Título original:
The Great Influenza: The Story of the Deadliest Pandemic in History (2005)

Corrección ortotipográfica:
Manuel Pérez Subirana

ISBN: 978-84-121979-7-6
Depósito Legal: M-21688-2020
Código BIC: FV

Impreso en España / *Printed in Spain*
Artes Gráficas Cofás, Móstoles (Madrid)

Índice

Prólogo

En 1918, la Gran Guerra llevó a Paul Lewis a la Marina, en calidad de capitán de corbeta, pero él nunca se sintió a gusto dentro de aquel uniforme. No le ajustaba bien, no se le acomodaba, y normalmente se aturullaba y no respondía adecuadamente cuando los marineros lo saludaban.

A pesar de todo, Paul Lewis tenía alma de guerrero e iba en busca de la muerte.

Cuando la encontró y se enfrentó a ella, la desafió y trató de clavarle un alfiler como habría hecho un lepidopterólogo con una mariposa, para así diseccionarla, trocearla, analizarla y encontrar la manera de confundirla. Lo hizo tantas veces que arriesgarse se convirtió en rutina.

Aun así, la muerte no se le había presentado nunca como lo hizo a mediados de septiembre de 1918. Presenció filas y filas de hombres tendidos en una sala de hospital, muchos de ellos ensangrentados, que morían de una forma nueva y horrorosa.

Le convocaron para resolver un misterio que dejaba sin habla a los médicos, porque él era científico. Aunque tenía formación de médico, nunca había ejercido como tal, ni asistido a pacientes. Como muchos de aquella primera generación de médicos científicos, su vida había transcurrido en un laboratorio: su carrera hasta el momento era extraordinaria, se había labrado una reputación internacional y era todavía lo bastante joven para considerar que aún no había llegado su mejor momento.

Hacía una década, cuando trabajaba con su mentor en el Rockefeller Institute de Nueva York, había demostrado que era un virus lo que provocaba la polio, un descubrimiento que seguía considerándose todo un hito en la historia de la virología. Después desarrolló una vacuna que protegía a los primates de la polio con una eficacia cercana al cien por cien.

Ese y otros éxitos le valieron el cargo de director de organización en el Henry Phipps Institute —un centro de investigación asociado a la Universidad de Pensilvania—, y en 1917 fue distinguido con un gran honor: dar la conferencia anual de Harvey. A aquella distinción le seguirían muchas otras, y hoy en día los hijos de dos destacados científicos que trataron con él en aquellos tiempos y que habían conocido a muchos premios Nobel aseguran que sus padres les habían hablado de Lewis como el hombre más inteligente[1] con el que se habían encontrado en la vida.

Los médicos del hospital se dirigían a él para explicarle cuáles eran los síntomas tan violentos que presentaban los marineros. La sangre que cubría a tantos de ellos no procedía de una herida, al menos no de una herida causada por metralla o explosivos que les hubieran desgarrado algún miembro: les salía por la nariz o la expulsaban, al toser; unos por la boca, otros por los oídos. Algunos tosían con tal fuerza que las autopsias revelarían después que se les habían desgarrado los músculos abdominales o los cartílagos de las costillas. Muchos de ellos se retorcían de dolor o deliraban; casi todos los que podían hablar se quejaban de un fuerte dolor de cabeza, como si les estuvieran golpeando con una maza para clavarles una cuña de madera en el cerebro, justo detrás de los ojos, y describían unos dolores de cuerpo generalizados y tan intensos que parecía que se les estaban rompiendo todos los huesos. Unos cuantos vomitaban. Al final del proceso, la piel de algunos de ellos adquiría tonalidades inusuales, otros mostraban una tinción azulada en torno a los labios o en las yemas de los dedos, y a otros se les oscurecía tanto el rostro que era imposible distinguir si eran negros o blancos.

Lewis solo había visto una enfermedad en su vida que se pareciera a aquello: dos meses atrás, algunos miembros de la tripulación de un barco inglés habían salido en ambulancia de un muelle

---

[1] Comunicación personal con el Dr. David Aronson, 31 de enero de 2002, y el Dr. Robert Shope, 9 de septiembre de 2002.

sellado rumbo a otro hospital de Filadelfia, donde ingresaron en pabellones aislados. Otros tantos miembros de la tripulación habían muerto, y en la autopsia se vio que los pulmones de aquellos hombres se parecían a los de los muertos por gas venenoso o por la peste neumónica, una forma aún más virulenta de la llamada peste bubónica. Por suerte, no se había extendido: no había enfermado nadie más.

Los hombres a los que vio Lewis en el hospital dos meses después no solo le causaron sorpresa, también desazón y miedo. Miedo por sí mismo y por lo que pudiera provocar aquella enfermedad. Y lo que fuese aquello que les había atacado se estaba extendiendo como un explosivo.

Y se estaba extendiendo a pesar de todos los esfuerzos bien planeados y concertados por contenerlo. La misma enfermedad había estallado diez días antes en una base de la Marina, en Boston. Milton Rosenau —también capitán de corbeta—, del Hospital Naval de Chelsea, se lo había comunicado a Lewis, al que conocía bien. Rosenau también era científico: había dejado su puesto de catedrático de Harvard y se había enrolado en la Marina cuando los Estados Unidos entraron en guerra, y todos los médicos militares del ejército y de la Marina consideraban que su libro sobre salud pública era «la Biblia».

Acababa de llegar de Boston un destacamento de marineros y las autoridades navales de Filadelfia se habían tomado en serio las advertencias de Rosenau: habían llevado a cabo todos los preparativos necesarios para aislar a los enfermos, por si se producía un brote. Confiaban en que el aislamiento pudiera contener la expansión.

Pero a los cuatro días de la llegada del destacamento, diecinueve marineros de Filadelfia fueron hospitalizados, aparentemente con la misma dolencia. A pesar de aislarlos inmediatamente, a ellos y a todos los que hubieran tenido contacto con ellos, al día siguiente ingresaron a ochenta y siete marineros más. También se aisló a estos y a sus contactos, pero dos días después ingresaron seiscientos hombres con aquella extraña enfermedad. El hospital se quedó sin camas libres y el personal sanitario comenzó a caer enfermo. Entonces la Marina comenzó a enviar a cientos de marineros enfermos a un hospital civil. Mientras esto sucedía, los marinos y los trabajadores civiles no cesaban de moverse de la ciudad a las instalaciones de la Marina, como había ocurrido en Boston. Y tanto el personal de Boston como el de Filadelfia iba y venía por todo el país.

Aquello también iba a conmocionar a Lewis.

Había visitado a los primeros enfermos, les había tomado muestras de sangre, orina y esputos, había realizado lavados nasales y les había practicado frotis en la garganta. Después había vuelto a repetir todo el proceso de recogida de muestras y a estudiar los síntomas, para buscar más pistas. En su laboratorio, tanto él como sus subordinados destinaban todas sus energías a cultivar e identificar el patógeno que estaba haciendo enfermar a los soldados. Tenía que encontrar aquel patógeno. Tenía que encontrar lo que causaba la enfermedad. Y lo más importante: tenía que encontrar un suero curativo o una vacuna preventiva.

A Lewis le gustaba más el laboratorio que ninguna otra cosa —o persona— en la vida. Su lugar de trabajo estaba lleno de cosas: tenía el aspecto de una cueva de estalactitas, con todos aquellos tubos de ensayo colocados en sus bandejas, placas de Petri apiladas, pipetas... Pero a él le resultaba acogedor y le reconfortaba más que su casa o su familia. La presión por encontrar una respuesta no le incomodaba, puesto que gran parte de la investigación que había realizado para la polio la tuvo que llevar a cabo en medio de una epidemia tan dura que el Ayuntamiento de Nueva York exigía a la gente salvoconductos para viajar. Lo que no llevaba tan bien era haber tenido que abandonar la «alta ciencia»: para conseguir una vacuna o un suero tendría que hacer un montón de apuestas basadas solo en aproximaciones, en resultados que no eran concluyentes, por decirlo suavemente. Y todas esas apuestas tenían que ser acertadas.

Una, al menos, podía serlo: aunque no sabía qué era lo que provocaba la enfermedad ni cómo podía prevenirse o curarse, creía que sabía de qué enfermedad se trataba.

Pensó que se trataba de una gripe, aunque era una gripe nunca vista hasta el momento.

Y no se equivocó. En 1918 apareció un virus de la gripe —probablemente en los Estados Unidos— que acabaría extendiéndose por todo el mundo, y una de las primeras apariciones en su forma más letal se vio en Filadelfia. Antes de su desaparición, en 1920, aquella pandemia de alcance mundial mató a más gente que cualquier otra epidemia de la historia. Si bien la peste del siglo XIV mató a un porcentaje de la población mucho más elevado —a más de un cuarto de los europeos—, en cifras absolutas la gripe de 1918 mató a más gente que aquella peste o que el sida en la actualidad.

La cifra de muertos de la pandemia a escala mundial se ha establecido en un mínimo de veintiún millones, y hay que tener en cuenta que la población total del mundo era entonces de menos de un tercio de la actual. Por otra parte, esa estimación, que procede de un estudio contemporáneo de la enfermedad y que los periódicos citan a menudo, es muy probable que no sea acertada. Hoy en día, los epidemiólogos creen que la gripe provocó como mínimo cincuenta millones de muertes[2] en todo el mundo, pero es muy posible que fueran cien millones.

No obstante, hasta esa cifra se queda corta a la hora de describir el horror que fue la enfermedad, del que nos dan la medida otros muchos datos. La gripe suele matar sobre todo a los ancianos y a los niños, pero en la pandemia de 1918 la mitad de las víctimas mortales eran hombres y mujeres jóvenes, en la flor de la vida, entre los veinte y los cuarenta años. Harvey Cushing, un brillante cirujano que era muy joven entonces y que alcanzaría gran fama, y que cayó también enfermo de gripe y nunca se recuperó del todo de lo que pudo ser una complicación de la enfermedad, dijo que aquellas víctimas estaban «doblemente muertas, al haber muerto tan jóvenes».[3]

No puede saberse con certeza, pero si es cierta la cifra de muertes estimada más alta, entre un 8 y un 10 por ciento de la población de jóvenes adultos de entonces pudo haber muerto víctima del virus.

---

[2] Niall Johnson y Juergen Mueller, «Updating the Accounts: Global Mortality of the 1918–1920 'Spanish' Influenza Pandemic», *Bulletin of the History of Medicine* (2002), pp. 105–15.

[3] Sherwin Nuland, *How We Die*, 1993, p. 202.

Murieron con una velocidad y una virulencia extraordinarias. Aunque la pandemia duró más de dos años, es probable que dos tercios de las muertes se produjeran en un período de veinticuatro semanas, y más de la mitad en un lapso de tiempo aún más breve, entre mediados de septiembre y principios de diciembre de 1918. La gripe mató a más gente en un año que la peste negra de la Edad Media en un siglo, y mató a más gente en veinticuatro horas que el sida en veinticuatro años.

La pandemia de gripe se parecía a estos dos azotes en otros aspectos: al igual que el sida, mató a los que más tenían por vivir; y en 1918, como habían hecho durante la peste bubónica, e incluso en Filadelfia —ciudad moderna donde las hubiera—, los sacerdotes iban por las calles en carretas tiradas por caballos, llamando a las puertas cerradas a cal y canto para que la gente sacara a sus muertos.

Pero la historia del virus de la gripe de 1918 no es simplemente una historia de caos, muerte y desolación, de una sociedad que lucha en una guerra contra la naturaleza que se ha superpuesto a otra guerra, esta contra otro grupo humano. Es también una historia de avances científicos, de descubrimientos, de la forma de pensar de uno y de cómo cambia esa forma de pensar; de cómo en medio de una confusión casi absoluta, un puñado de hombres reunió la frialdad necesaria para la contemplación, para la calma absoluta que precede a una actuación nada filosófica, sino seria y resuelta.

Y es que la pandemia de gripe que estalló en 1918 fue la primera gran colisión entre naturaleza y ciencia moderna, la primera gran colisión entre una fuerza natural y una sociedad en la que algunos individuos se negaban a doblegarse a esa fuerza o a invocar a la intervención divina para que les salvara; individuos, en definitiva, que mostraron su determinación de combatir a aquella fuerza de cara, valiéndose de su raciocinio y de una tecnología que estaba entonces en pleno desarrollo.

En Estados Unidos fue, sobre todo, la historia de un puñado de seres extraordinarios, Paul Lewis entre ellos. Hombres, y algunas mujeres, que no iban a la zaga y ya habían desarrollado la ciencia fundamental en la que se basa buena parte de la medicina actual. Habían desarrollado vacunas, antitoxinas y técnicas que aún hoy se utilizan. Habían llegado, en algunos casos, a los límites del conocimiento.

En cierto modo, estos investigadores habían pasado una buena parte de sus vidas preparándose para la confrontación que se vivió en 1918. Y no solo en términos generales; en muchos casos lo hicieron de un modo harto específico. En todas y cada una de las guerras que han tenido lugar en la historia americana, las enfermedades siempre han acabado con más soldados que los combates. Los líderes estadounidenses de la investigación ya habían anticipado que durante la Gran Guerra estallaría algún tipo de epidemia de primer orden. Y, en la medida de lo posible, se habían preparado para ello: estaban esperando que diera la cara.

La historia, no obstante, comienza un poco antes. Para que la medicina pudiera hacer frente a esa enfermedad con una mínima promesa de solución, primero había que convertirla en un quehacer científico: había que revolucionarla. Pero la medicina no es una ciencia absoluta, y puede que nunca llegue a serlo porque lo impide la idiosincrasia de los pacientes y de los médicos, de cada uno en su estilo. Hasta pocas décadas antes de la Primera Guerra Mundial no había cambiado apenas desde los tiempos de Hipócrates, más de dos mil años atrás. Luego, la práctica de la medicina se transformó, sobre todo en Europa; en Estados Unidos, sin embargo, se quedó rezagada en materia de enseñanza e investigación, y eso acabó afectando también a la práctica.

Las escuelas médicas europeas hacía décadas que exigían sólidos conocimientos de química, biología y otras ciencias a sus estudiantes. En Estados Unidos, en cambio, en torno a 1900 era más fácil entrar en una escuela médica que en alguna de las universidades de más rango. Al menos un centenar de escuelas médicas estadounidenses admitían a cualquier hombre —pero no a cualquier mujer— que estuviera dispuesto a pagar la cuota. Un 20 por ciento de las escuelas, como mucho, exigía a sus alumnos un certificado de enseñanza media para ser admitidos; un porcentaje aún menor exigía formación científica de algún tipo, y solo una requería haber finalizado un grado universitario.[4] Una vez obtenido el acceso, las escuelas de medicina americanas tampoco compensaban aquella carencia proporcionando a sus alumnos una base científica: muchas otorgaban el título de médico a sus estudiantes solo por asistir a clase y aprobar el examen; algunas permitían que los alumnos suspendieran varios cursos y pasaban por alto el que nunca hubieran visto a un solo paciente. Aun así, les daban el título de médico.

Fue mucho después, a finales del siglo XIX, cuando un grupo de líderes destacados en ciencias médicas comenzó a planificar una revolución que transformó la medicina estadounidense, que pasó de estar entre las más atrasadas del mundo desarrollado a convertirse en la mejor de todas.

William James, amigo de varios de estos hombres y cuyo hijo trabajaría para algunos de ellos, escribió que el hecho de reunir una masa crítica compuesta por una serie de mentes geniales podría hacer que toda una civilización «vibrara y se estremeciera».[5] Aquellos hombres querían hacer vibrar el mundo, y se pusieron a ello.

Para conseguirlo, se necesitaba no solo inteligencia y formación, sino auténtico valor, el valor de renunciar a todo apoyo y toda autoridad. O puede que necesitaran, simplemente, temeridad.

En su *Fausto*, escribió Goethe:

> Escrito está: «Al principio era el Verbo».
> ¡Aquí me paro ya! ¿Quién me ayudará a seguir adelante?
> No puedo hacer tan imposiblemente alto aprecio del Verbo.
> Tendré que traducirlo de otro modo,
> si el espíritu me ilumina bien.
> Escrito está: «En el principio era la Mente».[6]

---

[4] Kenneth M. Ludmerer, *Learning to Heal: The Development of American Medical Education*, 1985, p. 113.

[5] William James, «Great Men, Great Thoughts, and Environment» (1880); citado en *A Beautiful Mind*, de Sylvia Nasar (1998), p. 55.

[6] Johann Wolfgang Goethe, *Fausto*, Primera parte, Escena III. Trad. Rafael Cansinos Assens, Ed. Aguilar (1980).

En «el Verbo» descansaba la autoridad, la estabilidad y la ley, mientras «la Mente» se agitaba, destruía y creaba, sin conocimiento y sin preocuparse por lo que estaba creando.

Poco antes del comienzo de la Gran Guerra, aquellos hombres que con tal fervor querían transformar la medicina estadounidense lograron su propósito: crearon un sistema capaz de producir pensadores de nuevo cuño, dotados para desafiar al orden natural. Y junto a la primera generación de científicos, a la que ellos mismos habían formado y preparado —entre ellos, Paul Lewis y unos cuantos como él—, compusieron una escuadra que se mantuvo alerta, que confiaba en que no llegara el momento, pero estaba preparada y expectante por si estallaba una epidemia.

Cuando llegó, salieron al encuentro de la enfermedad y emplearon todos sus conocimientos y capacidades para vencerla. Y como les superó, se concentraron en la construcción de un corpus de conocimientos necesarios para ganarle más tarde la partida. Y es que los conocimientos científicos que se generaron a partir de aquella pandemia de gripe apuntaban directamente —todavía lo hacen— al futuro de la medicina.

LA GRAN GRIPE

LA PANDEMIA MÁS MORTAL DE LA HISTORIA

A mi querida Anne
y al espíritu de Paul Lewis

PARTE I

LOS GUERREROS

01

El 12 de septiembre de 1876 desbordaba el auditorio de la Academia de la Música de Baltimore una multitud poseída por un estado de agitación esperanzada, sin asomo de frivolidad. De hecho, a pesar de que entre la concurrencia había un número poco usual de mujeres, muchas de ellas de lo más granado de la alta sociedad local, un periodista dijo que «no había el menor alarde en el atuendo». La ocasión era seria: se celebraba la inauguración de la Johns Hopkins University, una institución cuyos líderes pretendían, además de fundar una universidad nueva, desafiar a todo el sistema educativo estadounidense. Más incluso que eso: se habían propuesto cambiar la forma en que los ciudadanos intentaban entender la naturaleza y luchar contra ella. El científico inglés Thomas H. Huxley, que era el principal ponente, encarnaba aquellos propósitos.

El extranjero no debió de sentirse solo: muchos periódicos, incluido el *New York Times*, enviaron a sus reporteros a cubrir el acto. A su término publicarían íntegro el discurso de Huxley.

La nación era entonces una guerra en sí misma, como había sido antes tantas veces: estaba, de hecho, metida en varias guerras y cada una de ellas tenía abiertos varios frentes. Eran guerras que conformaban las fallas de la América moderna, como veremos a continuación.

Uno de los frentes tenía que ver con la expansión y la raza. En las dos Dakotas, George Armstrong Custer acababa de conducir al Séptimo de Caballería hacia su destrucción a manos de los primitivos salvajes que resistían ante la usurpación del hombre blanco. El día del discurso de Huxley se leía en primera plana del

Washington Star que «los hostiles Sioux, bien comidos y pertrechados» acababan de perpetrar «una masacre de mineros».[1]

En el Sur se estaba luchando otra guerra, más importante pero igual de encarnizada: los demócratas blancos buscaban redimirse con la Reconstrucción, anticipándose a las elecciones presidenciales. En todo el Sur, las «asociaciones del rifle», o «del sable», o los más modestos «equipos de rifles» se estaban organizando y formando unidades de caballería y de infantería. Empezaban a salir a la luz algunos relatos de intimidación, apaleamientos, latigazos y asesinatos dirigidos contra los republicanos y los negros. Tras el asesinato de trescientos varones negros solo en Misisipi, un hombre, convencido de que podría persuadir al mundo de sus planes si los exponían los propios demócratas con sus palabras, rogó al *New York Times* que, «por amor de Dios», publicaran «el testimonio de los demócratas ante el Gran Jurado popular».[2]

Esto ya había comenzado a repercutir en los votos, que no cesaban de llegar —las elecciones se celebraban a lo largo de varios días—, y dos meses después el demócrata Samuel Tilden ganaba el voto popular con gran holgura. Pero nunca se presentaría a la presidencia: el secretario de Guerra republicano amenazó con revocar el voto, varios soldados federales armados con bayonetas comenzaron a patrullar Washington y los sudistas empezaron a hablar de reavivar la Guerra Civil. La crisis terminaría resolviéndose gracias a un comité especial extraconstitucional y al acuerdo político: los republicanos renunciarían a los votos de tres estados —Luisiana, Florida y Carolina del Sur— y se quedarían con los de Oregón, —cruciales para mantener la presidencia— en la persona de Rutherford B. Hayes; retirarían del Sur las tropas federales y se abstendrían de intervenir en cuestiones propias de la zona, dejando a los negros que se las apañaran solos.

La guerra de la Hopkins tuvo menos prensa, pero no fue menos profunda: su desenlace ayudaría a definir hasta qué punto la nación iba a aceptar o a rechazar la ciencia moderna y, en menor medida, si prefería ser laica o seguiría siendo religiosa.

---

[1] *Washington Star*, 12 de septiembre de 1876.

[2] *New York Times*, 12 de septiembre de 1876.

A las 11.00 de la mañana comenzó a salir gente al escenario. El primero fue Daniel Coit Gilman, presidente de la Hopkins, con Huxley de su brazo. Les seguían, en fila, el gobernador, el alcalde y otras personalidades. Cuando tomaron asiento se fueron acallando las conversaciones del público y se creó un ambiente de expectativa: esperaban una especie de declaración de guerra.

Huxley no tenía aspecto de guerrero: hombre de mediana estatura y de mediana edad —aunque ya tenía el pelo gris como el acero y las patillas casi blancas—, con un rostro que podría describirse como agradable, era, no obstante, implacable como un guerrero. Su lema: «Hay que poner los cimientos de la moral de una vez por todas». Era un científico brillante que llegaría a presidir la Royal Society, y aconsejaba a sus investigadores lo siguiente: «Ante cualquier hecho debéis sentaros como si fueseis niños pequeños y prepararos para abandonar toda idea preconcebida. Seguid con humildad el camino que os marque la naturaleza, incluso si conduce al abismo. Si no, no aprenderéis nada». Creía firmemente que todo aprendizaje tenía una finalidad, y afirmaba que «el mayor objetivo de la vida no es el conocimiento, sino la acción».

Para predicar con el ejemplo comenzó a hacer proselitismo de la fe en la razón humana. En 1876 ya se había convertido en el primer defensor mundial de las teorías evolucionistas y de la ciencia en general. De hecho, H.L. Mencken dijo que «fue él, más que ningún otro, quien propició el gran cambio en el pensamiento humano que marcó el siglo XIX».[3] El presidente Gilman hizo una breve presentación, muy sencilla, y el profesor Huxley comenzó su intervención.

Hablaba habitualmente sobre la evolución, pero ese día escogió un tema de mayor calado. Habló de los procesos de la indagación intelectual. La Hopkins tenía que distinguirse de todas las demás universidades estadounidenses. Destinada casi en exclusiva a la enseñanza de estudiantes de posgrado y a la promoción de la ciencia, el propósito de sus administradores no era competir con Harvard o Yale, a las que no consideraban ejemplo para sus fines, sino con las mayores instituciones europeas, sobre todo

[3] H. L. Mencken, «Thomas Henry Huxley 1825–1925», *Baltimore Evening Sun* (1925).

alemanas. Quizá solo en los Estados Unidos, una nación en proceso de creación, era viable crear una institución así que tuviera prestigio y respondiera a un concepto ya formado antes incluso de poner la primera piedra del edificio que la albergaría.

«Hablaba en voz baja, pero con claridad y nitidez»,[4] cuenta un oyente. «La audiencia prestaba atención a cada palabra que salía de sus labios, y de vez en cuando mostraba su aprobación con un aplauso». Otro apuntó que el método del profesor Huxley era «lento, preciso y claro», y que mantenía sus convicciones con «astucia y habilidad», y añadió: «Nunca afirma nada con esa actitud temeraria que en ocasiones consiente y excusa la convicción, sino más bien con la deliberación que acompañan a la investigación y a la pesquisa».

Huxley ensalzó la osadía de los objetivos de la Hopkins, expuso ampliamente sus propias teorías sobre la educación —teorías que no tardaron en conformar las de William James y John Dewey— y elogió lo que significaba la existencia de la Hopkins: «que ningún sectarismo político o eclesiástico» interferiría en la búsqueda de la verdad.

Lo cierto es que el discurso de Huxley, leído un siglo y cuarto después, resulta sorprendentemente anodino. Pero tanto él como la ceremonia dejaron en el país una impresión tan profunda que Gilman pasaría años intentando librarse de su aura, al mismo tiempo que luchaba por cumplir los objetivos que Huxley había aplaudido.

Y es que la palabra más significativa de toda la ceremonia fue una que no se dijo: ni uno solo de los participantes pronunció la palabra «Dios» ni hizo referencia alguna al Todopoderoso. Esta espectacular omisión escandalizó a aquellos a quienes preocupaba —o simplemente rechazaban— una visión mecanicista del universo que, necesariamente, prescindía de la divinidad. Y llegaba en una era en que las universidades estadounidenses tenían casi doscientas cátedras de Teología financiadas por donaciones,[5] frente a menos de cinco de medicina. En una de ellas, el presidente de

[4] Puede leerse algún relato sobre este discurso en el *New York Times*, el *Washington Post* o el *Baltimore Sun* del 13 de septiembre de 1876.

[5] Simon Flexner y James Thomas Flexner, *William Henry Welch and the Heroic Age of American Medicine* (1941), p. 237.

la Drew University había afirmado que, tras mucho estudio y experiencia, había llegado a la conclusión de que solo los ministros del Evangelio debían ser profesores universitarios.

La omisión sirvió también como declaración: la Hopkins perseguiría la verdad sin importarle a qué abismo la llevara.

En ningún área ha resultado la verdad tan amenazadora como en el estudio de la vida. En ningún área estaban los Estados Unidos tan rezagados, respecto al resto del mundo, como en el estudio de las ciencias de la vida y la medicina. Y en esa área en concreto la influencia de la Hopkins llegaría a ser inmensa.

En 1918, cuando Estados Unidos entró en guerra, la nación estaba en condiciones de apoyarse en los cambios que habían forjado en gran medida algunos hombres vinculados a la Hopkins; el ejército de los Estados Unidos había movilizado a aquellos hombres y los había incluido en una fuerza especial, centrada y disciplinada, dispuesta a lanzarse contra el enemigo.

En aquel momento las dos preguntas más importantes que se hacía la ciencia eran: «¿Qué puedo saber?» y «¿Cómo puedo saberlo?».

Ciencia y religión intervienen en la primera de ellas: cada una puede saber una parte. La religión, y en cierto modo la filosofía, creen que pueden conocer la respuesta a otra pregunta: «¿Por qué?», o al menos pueden formularla.

Pero para la mayoría de las religiones la respuesta solo surge del modo en que Dios lo ha ordenado. La religión es conservadora, y aunque alguna proponga un nuevo Dios, lo único que crea es un nuevo orden.

El «por qué» es un interrogante demasiado profundo para la ciencia. La ciencia cree que lo único que puede aprender es «cómo» ocurre algo.

La revolución de la ciencia moderna, sobre todo de la ciencia médica, no comenzó cuando la ciencia se centró en la respuesta al «¿Qué puedo saber?», sino cuando cambió su método a la hora de preguntar, «¿Cómo puedo saberlo?», modificando así también su respuesta.

Esta respuesta no solo entraña un propósito académico: también afecta a la forma en que la sociedad se gobierna a sí misma y rige su estructura y la forma de vida de sus ciudadanos. Si una sociedad cree a pies juntillas aquella frase de Goethe, «No puedo hacer tan imposiblemente alto aprecio del Verbo», si cree que sabe la verdad y piensa que no precisa cuestionar sus creencias, esa sociedad tiene mayor predisposición a promulgar decretos rígidos y será menos proclive a los cambios. Si deja margen a la duda sobre la verdad, tiene más posibilidades de ser libre y abierta.

En el contexto —más estrecho— de la ciencia, la respuesta determinará la forma en que los individuos exploran la naturaleza. Y, en definitiva, cómo se practica la ciencia. Y la manera de responder a una pregunta, la metodología, tiene tanto peso como la pregunta misma, dado que el método empleado para preguntar es subyacente al conocimiento y a menudo determina lo que uno descubre: la forma en que uno hace la pregunta dicta o, al menos, delimita la respuesta.

De hecho, la metodología importa más que cualquier otra cosa. En la metodología se incluye, por ejemplo, la conocida teoría de Thomas Kuhn sobre los avances de la ciencia. Kuhn dio un amplio uso al vocablo «paradigma» al cuestionar que en cualquier momento dado, a lo largo del tiempo, un paradigma determinado, un tipo de verdad percibida, dominará el pensamiento en cualquier ciencia. Otros han aplicado este concepto a otros campos, no científicos.

Según Kuhn, el paradigma prevalente tiende a paralizar el progreso de forma indirecta, al crear un obstáculo mental para las ideas creativas; pero también directamente, al bloquear —por ejemplo— los fondos destinados a la investigación e impedir que vayan a parar a ideas realmente nuevas, especialmente si entran en conflicto con el paradigma. Sostiene que, a pesar de todo, los investigadores acaban encontrando lo que él denomina la «anomalía», que es lo que no encaja en el paradigma. Cada una de estas anomalías erosiona los cimientos del paradigma y, cuando se acumulan demasiadas, lo minan y lo derriban. Entonces es cuando los científicos salen en busca de un nuevo paradigma que explique los hechos antiguos y los nuevos.

Pero el proceso —y el progreso— de la ciencia es más fluido de lo que indica el concepto de Kuhn. Se mueve como una ameba, con bordes redondeados y poco definidos. Y lo más importante: el método importa. La propia teoría de Kuhn reconoce que la fuerza motriz que impulsa el movimiento de una explicación a otra procede de la metodología, de lo que llamamos «método científico». Él, sin embargo, toma como axioma que aquellos que se hacen preguntas son los que constantemente ponen a prueba las hipótesis existentes. En realidad, con una metodología que investigue y pruebe las hipótesis independientemente del paradigma, el progreso es inevitable. Sin esa metodología, el progreso se queda en algo meramente fortuito.

Sin embargo, los que investigan la naturaleza no siempre han aplicado el método científico. A lo largo de la historia, los investigadores que han intentado penetrar en el mundo natural, en lo que nosotros llamamos ciencia, se han apoyado exclusivamente en el cerebro, en la razón. Estos investigadores creyeron que podrían llegar a conocer cualquier cosa si su conocimiento siguiera una determinada lógica a partir de lo que consideraban una premisa fundada. Y basaban esas premisas, sobre todo, en la observación.

Este compromiso con lo lógico, sumado a la ambición que el hombre sentía por ver el mundo en su totalidad, de forma integral y cohesionada, lo que hacía era poner límites a la ciencia en general y a la medicina en particular. El principal enemigo del progreso, por irónico que parezca, fue la razón pura. Y durante dos milenios y medio, dos mil quinientos años, la forma en que los médicos trataron a sus pacientes no conoció progreso alguno.

No se puede culpar de esta falta de progreso ni a la religión ni a la superstición. En Occidente, desde al menos quinientos años antes del nacimiento de Cristo, la medicina era, en gran medida, laica. Los sanadores hipocráticos —el corpus hipocrático está escrito por personas muy diversas gestionaban templos y aceptaban teorías pluralistas que explicaran las enfermedades mientras seguían buscando explicaciones materiales.

El mismo Hipócrates, por ejemplo, que nació aproximadamente en el año 460 a. C., llegó a parodiar algunas teorías que afirmaban que la epilepsia se debía a una intervención divina en uno de los textos hipocráticos más famosos de los que se le atribuyen directamente a él, *Sobre la enfermedad sagrada*. Él y sus seguidores defendían la observación precisa, y después teorizaban. En los textos se leen afirmaciones como: «Una teoría es un recuerdo compuesto de cosas que se asumen con la percepción de los sentidos»,[6] «Las conclusiones que son simplemente verbales no pueden dar frutos», o «Yo apruebo que se teorice, incluso si esa teoría se basa en un mero incidente y extrae sus conclusiones en virtud de los fenómenos».

Pero ese enfoque, si bien puede sonar a investigador o a científico moderno, carecía de dos elementos de importancia singular.

El primero: Hipócrates y sus pares se limitaban a observar la naturaleza. No indagaban en ella. Y era comprensible, hasta cierto punto. Pero los autores de los textos hipocráticos no probaban sus conclusiones ni sus teorías. Una teoría tiene que hacer una predicción que resulte útil o que sea científica —tiene que afirmar categóricamente: «Si pasa esto, entonces pasa tal cosa...»—, y demostrar esa predicción es la parte más importante de la metodología moderna. Una vez probada la predicción, tiene que venir la siguiente. El avance no se puede detener.

Sin embargo, los que escribieron los textos hipocráticos observaban pasivamente y razonaban activamente. Sus cuidadosas observaciones hablaban de secreción de moco, sangrado menstrual y evacuaciones líquidas en enfermos de disentería; observaron el comportamiento de la sangre, que con el paso del tiempo se divide en capas: una prácticamente transparente, otra que es como un suero amarillento y otra oscura. Basándose en estas observaciones aventuraron la hipótesis de que existen cuatro tipos de fluidos corporales o «humores»:[7] sangre, flema, bilis y bilis negra. Esta terminología ha pervivido hasta la actualidad en la expresión «inmunidad humoral», que hace referencia a algunos elementos del sistema inmune que circulan por la sangre, como los anticuerpos.

---

[6] Citado por Charles-Edward Amory Winslow en *The Conquest of Epidemic Disease: A Chapter in the History of Ideas* (1943), p. 63.

[7] Véase una exposición de esta teoría en Porter, *The Greatest Benefit to Mankind*, pp. 42–66, *passim*.

Esta hipótesis tenía sentido, se correspondía con lo observado y podía explicar muchos síntomas. Explicaba, por ejemplo, que la tos la ocasiona la flema que fluye hacia el pecho. Al ver a la gente expulsando flema al toser, se sabía que esta conclusión tenía sentido.

En un sentido más amplio, la hipótesis también se acomodaba a la forma en que los griegos contemplaban la naturaleza: observaban las cuatro estaciones, cuatro aspectos del entorno (el frío, el calor, la humedad y la sequedad) y cuatro elementos (la tierra, el aire, el fuego y el agua).

Hubo que esperar seiscientos años para que se produjera el siguiente avance notable en medicina, que llegó con Galeno. Galeno, no obstante, no se apartó de estas enseñanzas, lo que hizo fue sistematizarlas y perfeccionarlas, y declaró: «He hecho por la medicina tanto como Trajano por el Imperio romano al construir puentes y caminos por toda Italia. He sido yo, y solo yo, el que ha mostrado el auténtico camino de la medicina.[8] Hay que admitir que Hipócrates ya había asegurado la ruta... Había preparado el camino, pero yo lo he hecho transitable».

Galeno no se limitó a la observación pasiva. Diseccionó animales y, aunque no realizó autopsias a seres humanos, ejerció como médico de los gladiadores, cuyas heridas le permitieron ver qué había muy por debajo de la piel. De este modo, sus conocimientos de anatomía pudieron llegar mucho más lejos que los de cualquiera de sus predecesores. Pero él siguió siendo sobre todo un teórico, un lógico: impuso un orden en el corpus hipocrático, reparó conflictos, razonó con claridad y demostró con ello que si uno aceptaba sus premisas, sus conclusiones parecían inevitables. Convirtió la teoría de los humores en algo perfectamente lógico, incluso elegante. Como indica el historiador Vivian Nutton, elevó la teoría a un nivel verdaderamente conceptual, separando los humores de la correlación directa con los fluidos corporales y convirtiéndolos en entidades invisibles, «reconocibles solo por la lógica».[9]

---

[8] *Ibid.*, p. 77.

[9] Vivian Nutton, «Humoralism», en *Companion Encyclopedia to the History of Medicine* (1993).

Las obras de Galeno se tradujeron al árabe y sustentaron toda la medicina occidental e islámica durante casi quinientos años antes de sufrir un cambio realmente importante. Como los autores hipocráticos, Galeno creía que una enfermedad era en esencia el resultado de un desequilibrio del cuerpo. También pensaba que ese equilibrio se podía restablecer con la intervención del médico, que podía así tratar la enfermedad y curarla. Si había un tóxico en el cuerpo, había que sacarlo mediante la evacuación: haciendo sudar, orinar, defecar o vomitar al enfermo. Esas eran las cuatro formas de restablecer el equilibrio. Y esa creencia condujo a los médicos a recomendar laxantes, purgas, emplastos de mostaza y otras recetas que castigaban al cuerpo y provocaban la formación de vesículas. De todas las prácticas de la medicina, una de las más duraderas —aunque a nosotros nos resulte hoy incomprensible—, que respondía a la extensión lógica del pensamiento tanto de Hipócrates como de Galeno y que ambos la recomendaron, fue la de la sangría. La sangría era una de las terapias más habituales para tratar cualquier tipo de trastorno.

Bien entrado el siglo XIX, Hipócrates y la mayoría de sus seguidores continuaban creyendo que no había que interferir en los procesos naturales. Los distintos tipos de purgas estaban pensados para aumentar o acelerar los procesos naturales, no para impedir que se produjeran. El pus, por ejemplo, que se encontraba en todo tipo de heridas, se consideraba algo necesario para la curación. Hasta finales del siglo XIX, los médicos no hicieron nada para evitar que se produjera. Eran, incluso, reacios a drenarlo, y lo denominaban «pus loable».

De manera similar, Hipócrates despreciaba la cirugía, que consideraba «invasiva»: algo que interfería con el curso de la naturaleza. La contemplaba, además, como una habilidad puramente mecánica que estaba fuera del alcance de los médicos, que desarrollaban su función en un ámbito más intelectual. Esta arrogancia intelectual ejemplifica la actitud de los médicos occidentales durante más de dos mil años.

No quiero decir con esto que los textos de Hipócrates y Galeno representaran, durante dos mil años, los únicos constructos teóricos para explicar la salud y la enfermedad. En ese tiempo se aportaron muchas ideas y teorías sobre el funcionamiento del organismo o el desarrollo de la enfermedad, y dentro de la tradición hipocrática-galénica se fue fraguando una escuela de pensamiento rival que valoraba la experiencia y el empirismo y desafiaba a la teoría pura.

Es imposible resumir todas estas teorías en unas cuantas frases, pero casi todas ellas tenían en común algunos conceptos: que la salud es un estado de equilibro y armonía y la enfermedad el resultado de un desequilibrio interno del organismo, o de una influencia externa, del entorno, como las miasmas. O bien, una combinación de ambos.

A principios del siglo XVI, tres hombres comenzaron al menos a cuestionar los métodos de la medicina. Paracelso declaró que él investigaría la naturaleza, pero «no siguiendo aquello que enseñaban los antiguos, sino mediante nuestra propia observación de la naturaleza, confirmando todo con experimentos y razonando al respecto».[10]

Vesalio diseccionó cadáveres humanos y concluyó que las averiguaciones de Galeno procedían de animales y contenían numerosos errores. Vesalio fue condenado a muerte por sus actos, aunque acabaron conmutándole la pena.

Fracastoro fue astrónomo, matemático, botánico y poeta. Lanzó la hipótesis de que la enfermedad tenía una causa específica: «Pasa de una cosa a otra y se origina por infección de una partícula imperceptible». Un historiador médico calificó el corpus de su obra de «cumbre seguramente nunca igualada por nadie, desde Hipócrates a Pasteur».[11]

Entre los contemporáneos de estos tres hombres se encontraban Martín Lutero y Copérnico, hombres que cambiaron el mundo. En la teoría de la medicina las ideas innovadoras de Paracelso, Vesalio y Fracastoro no cambiaron el mundo. En la práctica de la medicina, no cambiaron nada en absoluto.

Pero el enfoque que ellos proponían agitó un poco las aguas, mientras el escolasticismo medieval, que despreciaba casi todos los

---

[10] Citado en Winslow, *Conquest of Epidemic Disease*, p. 126.

[11] *Ibid.*, p. 142.

campos de la investigación, comenzaba a decaer. En 1605, Francis Bacon, en *De rerum novarum*, atacó el método de razonamiento puramente deductivo de la lógica y dijo de Aristóteles que era un «esclavo de su lógica, a la que convirtió en algo polémico y prácticamente inútil». También afirmó que «la lógica que se emplea actualmente sirve más para fijar y dar estabilidad a los errores que se basan en las nociones comúnmente recibidas que para ayudar a encontrar la verdad. Así que hace más daño que bien».

En 1628, Harvey describió el curso de la circulación sanguínea, probablemente el mayor logro de la medicina, y desde luego el más importante hasta finales del siglo XIX. Europa era un hervidero intelectual. Medio siglo después, Newton revolucionó la física y las matemáticas, y su contemporáneo, John Locke —que se había formado como médico—, insistió en la importancia de llegar al conocimiento a través de la experiencia. En 1753, James Lind lideró un experimento controlado con marinos británicos que fue pionero en su campo, y demostró que el escorbuto podía evitarse comiendo lima. Desde entonces se ha dado a los británicos el sobrenombre de «limeys». Tras demostrarse esto, y siguiendo a Locke, David Hume lideró el movimiento denominado «empirismo». Su contemporáneo John Hunter llevó a cabo un brillante estudio científico de la cirugía, que la elevó por encima de su consideración de práctica de barbero. Hunter realizó además algunos experimentos científicos modélicos, incluso en su propia persona: se infectó con pus de un enfermo de gonorrea para demostrar una hipótesis. En 1798 publicó su trabajo Edward Jenner, alumno suyo, al que Hunter había aconsejado: «No pienses, inténtalo».[12] Siendo aún un joven estudiante había oído decir a una lechera que no podía coger la viruela, porque ya tenía la viruela bovina. Este virus se parece tanto al de la viruela común que quien se expone a él queda inmunizado contra ella. La viruela bovina solo llega a ser grave en muy contados casos. El virus que la provoca se llama «vaccinia virus», o «virus vacuna»: toma su nombre del término «vacunación».

El trabajo de Jenner sobre la viruela del ganado supuso un hito, pero no porque fuese el primero en inmunizar a la gente contra

[12] Ibid., p. 59.

la viruela: en China, en la India y en Persia ya se habían desarrollado, mucho tiempo atrás, diversas técnicas para exponer a los niños a la viruela e inmunizarlos, y en Europa, al menos desde el siglo XVI, la gente de a pie —no los médicos— tomaba materia de una pústula de un infectado que sufriera un cuadro benigno de viruela y la aplicaban sobre un arañazo practicado en la piel de los que aún no habían pasado la enfermedad. La mayoría de la gente que se infectó así desarrolló cuadros benignos y quedó inmunizada. En 1721, en Massachusetts, Cotton Mather, siguiendo el consejo de un esclavo africano, puso en práctica la técnica y evitó una epidemia letal. Pero esta técnica, llamada «variolización», podía matar; era mucho más seguro inocular la viruela bovina.

Desde el punto de vista científico, sin embargo, la contribución más importante de Jenner fue su rigurosa metodología. De su propio hallazgo dijo: «Lo he puesto sobre una roca de la que sabía que no podía moverse antes de invitar a la gente a echarle un vistazo».[13]

Pero las ideas mueren luchando: mientras Jenner realizaba sus experimentos, a pesar del enorme aumento del conocimiento del cuerpo debido a Harvey y Hunter, la práctica de la medicina apenas había cambiado. Y muchos médicos, si no la mayoría, seguían viendo la medicina simplemente como un compendio de lógica y observación.

En Filadelfia, dos mil doscientos años después de Hipócrates y mil seiscientos después de Galeno, Benjamin Rush —pionero en enfermedades mentales y firmante de la Declaración de Independencia, además de ser el médico más destacado de Estados Unidos— seguía aplicando la lógica y la observación para construir, para la medicina, «un sistema más simple y coherente del que se había visto jamás».[14]

En 1796 adelantó una hipótesis tan lógica y elegante, pensaba él, como la física de Newton. Observó que las fiebres siempre cursaban con enrojecimiento de la piel, y llegó a la conclusión de que

[13] Citado en el discurso de Milton Rosenau (1934) para la presidencia de la Society of American Bacteriologists, *Rosenau papers*, UNC.

[14] Hay un excelente artículo de Richard Shryock sobre esto en *The Development of Modern Medicine*, segunda edición (1947), pp. 30–31.

aquello lo provocaba la distensión de los capilares, por lo que la causa inmediata de la fiebre tenía que ser una «acción convulsiva anormal» en dichas venas. Dio un paso más y concluyó que todas las fiebres eran el resultado de una perturbación en los capilares, y como estos formaban parte del sistema circulatorio, pensó que se tenía que producir una situación de hipertensión en todo el sistema. Rush propuso reducir esta acción convulsiva mediante un «vaciado». Es decir, una venesección. O sangría... Tenía sentido.

Fue uno de los más acérrimos defensores de la llamada «medicina heroica». El heroísmo, naturalmente, correspondía a los pacientes. A principios del siglo XIX se celebraban sus teorías en toda Europa, y un médico londinense dijo que Rush reunía «sagacidad y juicio en grado prácticamente sin precedentes».[15]

Hoy en día se nos recuerda hasta qué punto el *establishment* médico aceptó la sangría como práctica habitual con el nombre del diario médico británico *The Lancet*, uno de los más importantes del mundo. *Lancet*, que significa «lanceta» en inglés, es el nombre del instrumento que utilizaban los médicos para practicar un corte en la vena del paciente.

Pero si el primer fallo de la medicina —un fallo que se mantuvo inmutable durante dos milenios y que fue desgastándose gradualmente durante los siguientes tres siglos— fue no investigar la naturaleza mediante experimentos y limitarse a sacar conclusiones a partir de la observación, el momento de corregirlo estaba a punto de llegar.

¿Qué puedo saber? ¿Cómo puedo saberlo?

Si la razón era lo único que podía resolver los problemas matemáticos, si Newton podía exponer sus teorías valiéndose de la física, ¿por qué no podía el hombre deducir, a través de la razón, cómo funcionaba el organismo? ¿Por qué aplicar exclusivamente la razón conducía al fracaso de un modo tan claro cuando se trataba de la medicina?

Una explicación posible es que las teorías de Hipócrates y Galeno ofrecían un sistema de terapias que parecían producir el efecto

[15] *Ibid.*, p. 4.

deseado, parecían funcionar, por eso su modelo se perpetuó durante tanto tiempo, no solo por su coherencia lógica, sino porque parecía dar resultado.

De hecho, la sangría —hoy denominada flebotomía— puede ser de ayuda en muchas enfermedades, como la policitemia, un trastorno genético poco habitual que hace que quien lo sufre genere demasiada sangre, o la hemocromatosis, cuando la sangre contiene un exceso de hierro. En los casos de edema pulmonar agudo —mucho más comunes—, cuando los pulmones se encharcan, puede aliviar los síntomas inmediatos: por eso se emplea todavía ocasionalmente. O si se produce una insuficiencia cardíaca congestiva, por ejemplo, el exceso de líquido en los pulmones puede resultar muy incómodo para el enfermo, y en último término fatal si el paciente no consigue bombear y expulsar ese líquido. Como al practicar una sangría a las personas que estaban en estas situaciones se vio que mejoraban, esto afianzó la teoría.

Incluso cuando los médicos observaban que la sangría debilitaba al paciente, dicho debilitamiento se consideraba algo positivo: si tenía fiebre y se le practicaba una sangría, el paciente se quedaba pálido, lo que para ellos era señal de que el tratamiento había funcionado.

Y una cosa más: la pérdida de sangre siempre iba acompañada de una sensación de euforia, lo que también contribuía a reforzar como algo positivo la teoría de Hipócrates y Galeno, tanto entre los médicos como entre los pacientes.

Hubo otras terapias que, en cierto modo, también funcionaron. A finales del siglo XIX, mucho después de finalizada la Guerra Civil estadounidense, la mayoría de los médicos y pacientes seguían viendo el cuerpo como un todo interdependiente, y seguían creyendo que un síntoma concreto era consecuencia de un desequilibrio o una falta de armonía en todo el organismo. Consideraban la enfermedad como algo intrínseco al cuerpo, algo que el propio cuerpo generaba. Como ha señalado el historiador Charles Rosenberg, incluso la viruela —a pesar de su desarrollo clínico, ya conocido, y del hecho de que la vacuna contribuyera a evitarla— se consideraba la manifestación de una enfermedad sistémica.[16] Y las corrientes médicas que no estaban dentro del modelo hipocrático-galénico —desde la quiropraxia y las subluxaciones hasta el *yin* y el *yang* de la medicina china— también tendían a contemplar la enfermedad como el resultado de un desequilibrio que tenía lugar dentro del organismo.

Médicos y pacientes querían que las terapias aumentasen y acelerasen el proceso natural de curación, no que bloqueasen el curso natural de la enfermedad.[17] El estado del organismo podía alterarse si se prescribían para su sanación sustancias tóxicas como el mercurio, el arsénico, el antimonio o el yodo. Y aquello era lo que hacían las terapias destinadas a formar vesículas en el cuerpo o a provocar la sudoración o el vómito. Un médico que se enfrentó a un caso de pleuresía, por ejemplo, prescribió alcanfor y anotó que «el paciente había sentido un alivio inmediato debido a la profusa sudoración».[18] Estaba convencido de que se había curado gracias a su intervención.

Pero la mejora de un paciente no siempre demuestra que una terapia funciona. Por ejemplo, la edición del *Merck Manual of Medical Information* de 1889 recomendaba un centenar de tratamientos para la bronquitis, todos ellos con sus correspondientes seguidores incondicionales. Sin embargo, el encargado de aquella edición del manual reconocía que «ninguno había funcionado». En él se recomendaban también, entre otras cosas, el champán, la estricnina y la nitroglicerina para quien se marease en un barco.

Cuando quedaba claro que una terapia no funcionaba entraba en juego la relación, más o menos íntima, entre médico y paciente, dando más emoción a la ecuación. Pero hay una certeza que no ha variado desde Hipócrates hasta ahora: cuando se enfrentan a un caso desesperado, los médicos no suelen tener el valor de quedarse quietos. Y de ese modo, igual de desesperado que su paciente, el médico tiende a intentar cualquier cosa, incluso algunas que sabe que no funcionarán, siempre y cuando no sean perjudiciales. Eso le da cierta tranquilidad al enfermo.

---

[16] Charles Rosenberg, «The Therapeutic Revolution», en *Explaining Epidemics and Other Studies in the History of Medicine* (1992), pp. 13-14.

[17] *Ibid.*, pp. 9-27, *passim.*

[18] Benjamin Coates, dietario de la consulta, citado en *ibid.*, p. 17.

Un especialista en cáncer admite que hace exactamente eso: «Si estoy tratando a un paciente desesperado, sumido en el llanto, le recetaré una dosis baja de interferón alfa, aunque yo sepa que con eso no se ha curado nadie. No tiene efectos secundarios y al enfermo le da esperanza».

El cáncer nos deja otros ejemplos: no hay evidencia científica de que la equinácea tenga el menor efecto curativo, y sin embargo en Alemania se receta habitualmente a los pacientes terminales de esta enfermedad. Los médicos japoneses también recetan placebos en sus tratamientos. Steven Rosenberg, científico del National Cancer Institute y primera persona que estimuló el sistema inmune para curar el cáncer, además de dirigir el equipo que llevó a cabo los primeros experimentos con terapias genéticas en humanos, señala que durante años se ha recomendado la quimioterapia a prácticamente todos los enfermos de cáncer de páncreas, a pesar de que se ha demostrado que no hay un solo tratamiento de quimioterapia que haya conseguido prolongarles la vida a fecha de hoy. En el momento de escribir esto, los investigadores han demostrado que la gemcitabina puede aumentar la esperanza de vida uno o dos meses, pero es altamente tóxica.

Otro factor que podría explicar el fracaso de la lógica y la observación, cuando se aplican de forma aislada, en el avance de la medicina es que, a diferencia de la física —que emplea una forma de lógica, la matemática, como lenguaje natural—, la biología no se presta a la lógica. Leo Szilard, un destacado físico, dio esta explicación cuando se quejó de que tras pasar de la física a la biología no había vuelto a bañarse tranquilo:[19] cuando ejercía de físico solía abandonarse a la calidez de la bañera para reflexionar sobre un problema, darle un par de vueltas y razonar la posible solución. Pero cuando se hizo biólogo cada vez que pensaba en una cuestión tenía que salir de la bañera para estudiarla.

De hecho, la biología es caos. Los sistemas biológicos no son el producto de la lógica sino de la evolución, un proceso nada elegante. La vida no elige el mejor plan lógico para hacer frente a una

[19] Steven Rosenberg en comunicaciones personales con el autor.

situación desconocida: se adapta a lo que ya existe. Gran parte del genoma humano incluye genes que se han «conservado», es decir, que son en esencia los mismos que los que presentan las especies más básicas. La evolución se construye sobre lo que ya existe.

Los resultados no muestran unas líneas rectas como las de la lógica, sino irregulares y confusas. Podemos establecer una analogía con una granja que pretendemos que sea eficiente desde el punto de vista energético: si la construimos partiendo de cero, la lógica nos llevará a emplear determinados materiales, diseñaremos las puertas y ventanas teniendo en mente el gasto de kilovatios hora, tal vez instalaremos paneles solares en el tejado, etc. Pero si uno quiere hacer que una granja del siglo XVIII sea eficiente, tendrá que adaptarla lo mejor posible. Y también aplicará la lógica, claro: hará lo que resulte más sensato teniendo en cuenta lo que tiene como punto de partida. Sellará y aislará la edificación e instalará una caldera nueva o una bomba de calor. La vieja granja será, seguramente, la mejor posible teniendo en cuenta con qué empezamos, pero será irregular, y en cuanto al tamaño de las ventanas, la altura de los techos o los materiales de construcción, tendrá pocas similitudes con los diseños modernos que partan de cero y que busquen la máxima eficiencia energética.

Para que la lógica tenga alguna utilidad en la biología es preciso aplicarla partiendo de un punto determinado, utilizando las reglas de juego existentes. Por eso Szilard tenía que salir de la bañera para estudiar los casos.

Al final, la lógica y la observación tampoco lograron explicar cómo funcionaba el cuerpo, y no porque las hipótesis y el paradigma de Hipócrates no tuvieran validez, sino porque ni la lógica ni la observación probaban las hipótesis con rigor.

Cuando los investigadores comenzaron a aplicar algo parecido al método científico moderno, las viejas hipótesis se vinieron abajo.

En 1880 se habían logrado enormes avances en otras ciencias, avances que habían comenzado siglos atrás con la revolución en el empleo de la medición cuantitativa. Bacon y Descartes, aunque tenían puntos de vista distintos respecto a la utilidad de la lógica pura, ofrecieron un marco filosófico que abría la puerta a nuevas formas de ver el mundo natural. En cierto modo, Newton había tendido un puente que salvaba las diferencias entre ambos y que haría avanzar las matemáticas a través de la lógica basándose en la experimentación y la observación para confirmar los resultados. Joseph Priestley, Henry Cavendish y Antoine-Laurent Lavoisier crearon la química moderna y penetraron en el mundo natural. Especialmente importante para la biología fue la descodificación de la química de la combustión y el uso de estas investigaciones para desvelar los procesos químicos de la respiración.

Pero, a pesar de todos esos avances, en 1800 Hipócrates y Galeno habrían reconocido la mayor parte de las prácticas médicas en boga y se habrían mostrado de acuerdo con ellas. En esos tiempos, la medicina seguía siendo lo que un historiador llamó «el brazo marchito de la ciencia».[20]

En el siglo XIX eso comenzó a cambiar por fin, y lo hizo con extraordinaria rapidez. Tal vez el mayor avance llegó con la Revolución francesa, cuando el nuevo Gobierno francés estableció lo que se dio en llamar «la Escuela Clínica de París». Uno de los líderes de este movimiento fue Xavier Bichat, que diseccionó órganos y descubrió que estaban compuestos de materiales diferentes, que muchas veces se encontraban en capas a las que llamó «tejidos»; otro fue René Laennec, inventor del estetoscopio.

Entre tanto, la medicina comenzó a hacer uso de otras medidas objetivas y matemáticas. Esto también era nuevo. Los escritos hipocráticos determinaban que los sentidos del médico eran más importantes que cualquier medición objetiva, de modo que a pesar del empleo que de la lógica hacía la medicina, los médicos siempre evitaron aplicar las matemáticas al estudio del cuerpo o de la enfermedad. En la década de 1820, los médicos franceses comenzaron a usar los termómetros: se habían descubierto doscientos años atrás. Y comenzaron, asimismo, a sacar partido a métodos para medir con precisión el pulso y la presión sanguínea que se habían descubierto en el siglo XVIII.

En aquella época, en París, Pierre Louis había dado un paso aún más importante. En los hospitales, donde esperaban la ayuda

[20] Citado por Richard Shryock, *American Medical Research* (1947), p. 7.

de la caridad cientos de casos, cotejó los resultados de los distintos tratamientos que se administraban a varios pacientes con la misma enfermedad. Para ello utilizó el análisis matemático más básico, el aritmético. Por primera vez en la historia, un médico creaba una base de datos sistemática y fiable. Cualquier médico podría haberlo hecho antes, porque para ello no se requerían microscopios ni destreza tecnológica: lo único que hacía falta era tomar notas con rigor.

Pero el momento en que la medicina moderna se apartó realmente de la clásica lo marca el estudio de la anatomía patológica que realizaron Louis y otros. Cotejaron los tratamientos con los resultados para llegar a una conclusión respecto a la eficacia de aquellos (se negaba a practicar sangrías a los pacientes, porque le parecía una terapia inútil), emplearon la autopsia para relacionar las condiciones en que se encontraban los órganos con los síntomas que había presentado el enfermo, diseccionaron órganos, compararon los órganos enfermos con otros sanos y descubrieron con detalle y precisión cómo realizaban sus funciones.

Lo que descubrieron fue sorprendente y persuasivo, y condujo a una nueva concepción de la enfermedad: tenía identidad propia y existencia objetiva. En el siglo XVII, Thomas Sydenham había comenzado a clasificar las enfermedades, pero él y sus seguidores continuaban percibiendo la enfermedad como el resultado de una serie de desequilibrios, igual que Hipócrates y Galeno. Con Louis se iniciaba una nueva nosología: la clasificación y la enumeración de las enfermedades.

La enfermedad comenzó a verse como algo que invadía las partes sólidas del cuerpo, como una entidad independiente y no como un desorden de la sangre. Este fue un primer paso fundamental de un proceso que se convertiría en revolucionario.

No convenía exagerar la influencia de Louis y de lo que se conocería como «el sistema numérico». Estos avances —el estetoscopio, el laringoscopio, el oftalmoscopio, los aparatos para medir la temperatura y la presión sanguínea— creaban distancia entre el médico y el paciente, pero también entre el paciente y la enfermedad. Cosificaban a la humanidad. Y aunque este movimiento parisino fue condenado nada menos que por Michel

Foucault,[21] precisamente por deshumanizar el cuerpo humano, todos estos pasos supusieron un avance para la medicina.

Pero el movimiento sufrió también la condena de sus contemporáneos. Un crítico se quejaba así: «La práctica de la medicina según este punto de vista es totalmente empírica, queda despojada de toda introducción racional y se queda en los grados más bajos de la observación experimental y de los hechos fragmentarios».[22]

A pesar de las críticas, el sistema numérico comenzó a ganar adeptos a toda velocidad. En Inglaterra, en las décadas de 1840 y 1850, John Snow comenzó a aplicar las matemáticas a la epidemiología de una forma novedosa. Había realizado minuciosas observaciones del patrón de los brotes del cólera, anotando quién enfermaba y quién no, dónde y cómo vivían los que enfermaban y los que se mantenían sanos. Trazó el recorrido de la enfermedad y llegó hasta un pozo contaminado en Londres. Llegó a la conclusión de que lo que provocaba la enfermedad era el agua contaminada. Su labor de detective fue brillante, como lo fue su estudio de la epidemiología. William Budd tomó una parte de la metodología de Snow y la aplicó enseguida al estudio de la fiebre tifoidea.

Snow y Budd no necesitaban conocimientos científicos ni hallazgos de laboratorio para llegar a sus conclusiones. Y lo hicieron en la década de 1850, antes del desarrollo de la teoría de los gérmenes. Igual que ocurría con el estudio de Louis, que había demostrado que la sangría no solo era inútil, sino también perjudicial, en muchos aspectos su trabajo podría haberse realizado un siglo antes, o diez, pero reflejaba una nueva manera de mirar al mundo, de buscar una explicación, una nueva metodología y un nuevo empleo de las matemáticas como herramienta analítica.[23]

---

[21] John Harley Warner, *Against the Spirit of the System: The French Impulse in Nineteenth-Century American Medicine* (1998), p. 4.

[22] *Ibid.*, pp. 183–84.

[23] El esfuerzo por cotejar tratamientos con resultados aún no había triunfado. Acababa de surgir un «nuevo» movimiento, llamado «medicina basada en la evidencia», que continuaba intentando determinar cuáles eran los mejores tratamientos para comunicárselo a los médicos. Ningún médico que se precie desdeña hoy en día el valor de la estadística, de la evidencia acumulada sistemáticamente en estudios rigurosos. Pero los médicos, convencidos de la evidencia anecdótica de su experiencia personal o de la tradición, siguen criticando el empleo de las estadísticas y las

La medicina fue avanzando a base de ir incorporando información de otras ciencias. Algunos conocimientos del ámbito de la física permitieron a los investigadores hacer un seguimiento de los impulsos eléctricos a través de los axones. Los químicos estaban desglosando los componentes de la célula. Y cuando los investigadores comenzaron a utilizar una herramienta nueva y excelente —el microscopio con lentes acromáticas, que comenzó a usarse en la década de 1830—, se abrió un universo aún más amplio. En este universo los alemanes tomaron la delantera, en parte porque los franceses utilizaban menos el microscopio y en parte porque los médicos franceses de mediados del XIX eran, en general, menos decididos en materia de experimentación, menos activos a la hora de crear un entorno controlado para poner a prueba o, incluso, manipular la naturaleza. No es casual que los gigantes franceses Pasteur y Claude Bernard, que llevaron a cabo experimentos con animales, no asistieran a una facultad de Medicina. Parafraseando el consejo de Hunter a Jenner, el fisiólogo Bernard dijo a un estudiante estadounidense: «¿Para qué piensa? Experimente todo lo que pueda, y luego piense».[24]

---

probabilidades para determinar la elección de un tratamiento, y aceptan las conclusiones a regañadientes. Por ejemplo: a pesar de la existencia de estudios convincentes, costó muchos años que los oncólogos dejaran de practicar mastectomías radicales en todos los casos de cáncer de mama.

Y hay un asunto relacionado con este, que afecta a la metodología empleada en «estudios clínicos», es decir, estudios que se realizan en personas. Continuemos con el ejemplo del cáncer y tomemos a tres profesionales: Vince DeVita, exdirector del National Cancer Institute; Samuel Hellman, eminente oncólogo; y Steven Rosenberg, jefe de Cirugía del National Cancer Institute y coautor de un estudio que sirve de referencia a los médicos en tratamientos contra el cáncer. DeVita y Rosenberg creen que los estudios aleatorios controlados, los experimentos en que el azar determina el tratamiento que se le da a un paciente, son imprescindibles para averiguar qué tratamiento funciona mejor. Pero Hellman ha expuesto en el *New England Journal of Medicine* que los tratamientos al azar no son éticos: considera que los médicos siempre tienen que aplicar su buen juicio para elegir un tratamiento y no pueden ponerlo todo en manos de la casualidad cuando la eficacia del tratamiento no se conoce, ni siquiera para responder a la pregunta sobre qué tratamiento funciona mejor, ni siquiera cuando el paciente haya dado su total consentimiento tras ser informado.

[24] Véase Richard Walter, *S. Weir Mitchell, M. D., Neurologist: A Medical Biography* (1970), pp. 202–22.

Mientras, en Alemania, Rudolf Virchow —que, como Bernard, se licenció en Medicina en 1843— estaba creando el campo de la patología celular, que sustentaba la idea de que la enfermedad comenzaba en las células. Empezaron a establecerse allí grandes laboratorios en torno a brillantes científicos que, más que en ninguna otra parte, investigaban la naturaleza a fondo con sus experimentos. Jacob Henle, el primer científico en formular la teoría moderna de los gérmenes, nos recordó a Francis Bacon al afirmar que «la Naturaleza solo responde cuando le preguntamos».[25]

En Francia, escribía Pasteur: «Estoy a punto de desvelar un misterio, y el velo es cada vez más fino».

Nunca se había vivido un momento tan emocionante en la medicina. Se estaba abriendo todo un universo. Pero salvo los descubrimientos sobre el cólera y la fiebre tifoidea —que obtuvieron una discreta acogida—, solo una pequeña parte de aquel conocimiento se podía trasladar a la cura o a la prevención de las enfermedades. Y gran parte de lo que se descubría no se entendía. En 1868, por ejemplo, un investigador suizo aisló el ácido desoxirribonucleico (ADN) del núcleo de una célula, pero no tenía ni idea de cuál era su función. Tuvieron que pasar tres cuartos de siglo, con ocasión de una investigación relacionada con la pandemia de gripe de 1918, para que se empezara a especular tímidamente —no hablamos ya de demostrar nada— con el hecho de que el ADN fuese portador de información genética.

Así que los avances científicos condujeron, paradójicamente, al «nihilismo terapéutico». Los médicos estaban desencantados con los tratamientos tradicionales, pero no tenían con qué sustituirlos. En respuesta a los descubrimientos de Louis y el resto, Jacob Bigelow expuso en un gran discurso, pronunciado en Harvard en 1835, que «según la opinión imparcial de la mayoría de los hombres de la medicina con sólido juicio y larga experiencia, las cifras de enfermedad y muerte que se ven en todo el mundo serían más bajas si se dejara que la enfermedad campara por sí misma».[26]

---

[25] Winslow, *Conquest of Epidemic Disease*, p. 296.

[26] Citado por Paul Starr en *The Social Transformation of American Medicine* (1982), p. 55.

Aquel discurso caló muy hondo, pues expresaba el caos en el que había caído la medicina y la frustración de quienes la practicaban. Los médicos estaban empezando a abandonar el enfoque que habían aplicado hasta hacía poco y, apenas convencidos de la utilidad de las terapias, se mostraban cada vez menos intervencionistas. Mientras a principios del siglo XIX Rush abogaba en Filadelfia por las saludables sangrías —y su decisión era muy aplaudida—, en 1862, en la misma ciudad,[27] un estudio mostraba que de 9502 casos, los médicos habían practicado sangría «solo en uno de ellos».

También la gente de a pie estaba perdiendo la fe: se volvían reacios a someterse a las torturas de la medicina heroica. Y como las nuevas conclusiones a las que se llegaba por la medicina tradicional no habían dado lugar a nuevas terapias, comenzaron a surgir ideas opuestas respecto a la enfermedad y su tratamiento. Algunas de esas teorías se movían en el campo de la pseudociencia, o tenían tan poco que ver con la ciencia como cualquier secta religiosa.

Este caos no era menor en Estados Unidos. Un ejemplo típico era Samuel Hahnemann, que desarrolló la homeopatía en Alemania y publicó sus investigaciones en 1810, justo antes de que la ciencia alemana se erigiera en fuerza dominante en todo el continente. Pero en Estados Unidos los individuos se sentían más libres que en ningún otro sitio a la hora de cuestionar a la autoridad. Y allí es donde fue mayor el caos.

Samuel Thomson, fundador de un movimiento que llevaba su nombre y que se extendió mucho antes de la Guerra Civil, sostenía que la medicina era lo suficientemente simple como para que todo el mundo la entendiera, razón por la cual todo el mundo podía ser médico. «No tardará en llegar el día en que hombres y mujeres se conviertan en sus propios sacerdotes, médicos y abogados, cuando el autogobierno, la igualdad de derechos y la filosofía moral ocupen el lugar de la artesanía popular de todo signo»,[28] expuso en el manifiesto de su movimiento. Su sistema empleaba

---

[27] Charles Rosenberg, *Explaining Epidemics and Other Studies in the History of Medicine* (1992), p. 14.

[28] *Thomsonian Recorder* (1832), p. 89; citado por Charles Rosenberg en *The Cholera Years: The United States in 1832, 1849, and 1866* (1962), pp. 70-71.

terapias «botánicas», y afirmaba que «casi todo el ámbito de la medicina se basa en teorías e hipótesis falsas».[29]

El thomsonismo fue el movimiento médico lego más popular, pero no el único. Aparecieron por todas partes docenas de lo que solo cabe calificar como sectas. Hay un poema thomsoniano que resume su actitud: «Tres son los nidos del academicismo: / la medicina, el derecho y la religión. / Y mientras estos tres vayan unidos / mantendrán al mundo ciego y oprimido. / Así que ya es hora de quitarse de encima / el yugo de la iglesia y de la medicina».[30]

Mientras estas ideas cundían y los médicos tradicionales no conseguían demostrar su capacidad para curar a la gente, mientras los sentimientos democráticos y antielitistas recorrían la nación de la mano de Andrew Jackson, la medicina estadounidense se volvía tan indómita y democrática como sus fronteras. En el siglo XVIII, Gran Bretaña había relajado las exigencias que tenía que cumplir un médico para obtener una licencia. Llegó un momento en que varias legislaturas estatales eliminaron por completo cualquier exigencia: ¿por qué había que poner requisito alguno para licenciarse en Medicina? ¿Acaso sabían algo los médicos? ¿Podían curar a la gente? En 1846, un periodista escribió: «No existe mayor monopolio aristocrático que el de la medicina reglada, ni mayor farsa».[31] En Inglaterra se reservó el título de Profesor a los que ocupaban una cátedra en la universidad, e incluso después de que John Hunter elevara la cirugía a categoría de ciencia médica uno se refería a los médicos como «Señor». En Estados Unidos ostentaba los títulos de «Profesor» y «Doctor» cualquiera que se apropiara de ellos. Ya en el siglo XX, cuarenta y un estados daban el título de farmacéutico, treinta y cinco el de dentista y solo treinta y cuatro el de médico.[32] El autor de un artículo típico de un diario médico se preguntaba en 1858: «¿A qué atribuimos el

[29] John Harley Warner, «The Fall and Rise of Professional Mystery», en *The Laboratory Revolution in Medicine* (1992), p. 117.

[30] Citado por Rosenberg en *Cholera Years*, pp. 70–71.

[31] John King, «The Progress of Medical Reform», *Western Medical Reformer* (1846); citado por Warner en «The Fall and Rise of Professional Mystery», p. 113.

[32] Burton J. Bledstein, *The Culture of Professionalism: The Middle Class and the Development of Higher Education in America* (1976), p. 33.

que haya disminuido tanto la respetabilidad de la profesión [de médico] en la estima del público estadounidense?».[33]

En la época de la Guerra Civil, la medicina estadounidense había comenzado a registrar pequeños avances, muy discretos. Los mayores logros estaban en el campo de la cirugía. El uso de la anestesia, que se probó por primera vez en el Hospital General de Massachusetts en 1846, fue de gran ayuda. Y del mismo modo que a Galeno le ayudó tanto su experiencia con los gladiadores para conocer la anatomía, los cirujanos estadounidenses aprendieron mucho de la guerra, hasta el punto de adelantar a los europeos.

Pero en el caso de las enfermedades, infecciosas o de otra índole, los médicos continuaron su agresión al organismo con emplastos de mostaza que provocaban ampollas, con arsénico, mercurio y otros tóxicos. Muchos médicos seguían apegados a los grandes sistemas filosóficos, y la Guerra Civil demostró lo poco que había penetrado la influencia francesa en la medicina estadounidense. Las facultades de Medicina europeas enseñaban ya el uso del termómetro, el estetoscopio y el oftalmoscopio, pero los americanos casi nunca los usaban, y el más numeroso de los ejércitos de la Unión tenía solo media docena de termómetros. Seguían aliviando el dolor aplicando algún polvo opiáceo en las heridas, en lugar de inyectar el opio con una jeringa. Y cuando el general médico del ejército de la Unión, el doctor Hammond, prohibió algunos de los purgantes más agresivos, le formaron un consejo de guerra y fue condenado por la American Medical Association.[34]

Tras la Guerra Civil, Estados Unidos continuó con la producción en cadena de aquellos profetas de los nuevos sistemas de sanación, simples, completos y autónomos. Dos de estos, la quiropraxia y la ciencia cristiana, sobreviven aún. La evidencia sugiere que la manipulación de la espina dorsal puede aliviar alguna dolencia musculoesquelética, pero no hay ninguna prueba de que las enfermedades sean el resultado de una mala alineación de las vértebras, como afirma la quiropraxia.

---

33 Shryock, *Development of Modern Medicine*, p. 264.

34 Ludmerer, *Learning to Heal*, pp. 10, 11, 23, 168.

La medicina descubrió drogas como la quinina, la dedalera y el opio, que ofrecen beneficios. Pero, como ha mostrado un historiador, se prescribían de manera rutinaria e indiscriminada para provocar un efecto generalizado en el cuerpo, y no para un fin específico. Incluso la quinina se recetaba de este modo, y no para tratar la malaria.[35] Así que Oliver Wendell Holmes, padre del juez del Tribunal Supremo —y médico, a su vez—, no exageraba cuando afirmó que creía firmemente que «sería mucho mejor para la humanidad que toda la materia médica, tal como la empleamos ahora, se lanzara al mar y se hundiera..., y mucho peor para los peces».[36]

Y en Estados Unidos sucedía otra cosa, además: allí eran extraordinariamente prácticos. Como nación que bullía de energía, no tenían la paciencia necesaria para devaneos y fantasías ni para perder el tiempo. En 1832, Louis había dicho a uno de sus más prometedores *protégés* —estadounidense, por cierto— que dedicara varios años a la investigación antes de lanzarse a la práctica de la medicina. El padre del alumno, James Jackson, también médico y fundador del Hospital General de Massachusetts, rechazó la sugerencia de Louis con actitud despectiva y le dijo que en ese país su trayectoria hubiera sido singular, separándole así de otros hombres: «Pero nosotros somos gente de negocios. Aquí hay mucho que hacer, y el que no se ponga manos a la obra pasará por zángano».[37]

En Estados Unidos, el hecho de que la ciencia estuviera desautorizando a la terapéutica hizo que las instituciones no tuvieran el menor interés en apoyarla. Pero la física, la química y las artes prácticas de la ingeniería salieron a flote. El número de ingenieros, sobre todo, experimentó un enorme incremento —pasaron de 7000 a finales del XIX a 226.000[38] después de la Primera Guerra Mundial— y lograron cosas extraordinarias. Los ingenieros transformaron la producción del acero, que de arte pasó a ser ciencia, desarrollaron el telégrafo, tendieron un cable que conectaba América

---

[35] Rosenberg, «The Therapeutic Revolution», pp. 9-27, *passim*.

[36] Bledstein, *Culture of Professionalism*, p. 33.

[37] Citado por Donald Fleming en *William Welch and the Rise of American Medicine* (1954), p. 8.

[38] Edwin Layton, *The Revolt of the Engineers: Social Responsibility and the American Engineering Profession* (1971), p. 3.

con Europa, construyeron ferrocarriles que atravesaban el continente y rascacielos que trepaban hacia lo alto, inventaron el teléfono... y no tardaron en aparecer el automóvil y el avión. El mundo estaba sufriendo una transformación. Lo que se aprendía sobre biología en el laboratorio contribuía a construir unos conocimientos básicos. Pero, exceptuando la anestesia, lo único que había demostrado la investigación en laboratorio sobre la práctica médica real era que resultaba del todo inútil, sin ofrecer nada que la sustituyera.

En la década de 1870, las facultades de Medicina europeas exigían y proporcionaban una formación científica de gran rigor, y en general recibían subvenciones del Estado. En contraste, la mayor parte de las escuelas estadounidenses eran propiedad de una institución cuyos beneficios y salarios se pagaban con la matrícula de sus alumnos, de manera que normalmente las escuelas no exigían más requisito para la admisión que la capacidad de abonar las cuotas. Ninguna escuela de Medicina americana permitía a sus alumnos realizar autopsias ni tratar a pacientes como práctica habitual, y su formación se limitaba casi siempre a un par de cuatrimestres de clases teóricas. Pocos de estos centros de enseñanza tenían vinculaciones con una universidad, y aún menos con un hospital. En 1870, incluso en Harvard, un estudiante de Medicina podía suspender cuatro de los nueve cursos y, aun así, recibir el título de doctor en Medicina.[39]

En Estados Unidos, unos cuantos individuos llevaron a cabo una investigación independiente, que no apoyó ninguna institución. S. Weir Mitchell, un fisiólogo experimental líder en el país, escribió en una ocasión que temía cualquier cosa que le quitase «el tiempo y el poder necesarios para buscar nuevas verdades, que están tan claras a mi alrededor».[40] Pero en la década de 1870 —cuando ya tenía una reputación internacional—, tras comenzar unos experimentos con veneno de serpiente que le conducirían directamente a una explicación básica del funcionamiento del sistema inmune y del desarrollo de las antitoxinas, se le negó la cátedra de Fisiología tanto en la Universidad de Pensilvania como en

---

[39] Ludmerer, *Learning to Heal*, p. 37 (re: Harvard), p. 12 (re: Michigan).

[40] Citado en *ibid.*, p. 25.

el Jefferson Medical College; ninguno de los dos tenía interés en su investigación ni laboratorio para investigar o dar clases. En 1871, Harvard creó el primer laboratorio de medicina experimental que hubo en una universidad americana, pagado por el padre del profesor, pero el instrumental acabó arrinconado en una buhardilla. Ese mismo año, el profesor de Anatomía Patológica de Harvard confesó que no sabía utilizar un microscopio.[41]

Pero en 1869 nombraron presidente de Harvard a Charles Eliot, un brahmán con un defecto de nacimiento que le había deformado un lado de la cara: nunca salió en una fotografía mostrando ese lado. En su primera intervención como presidente declaró: «Todo el sistema nacional para la formación de médicos necesita una reforma integral. La ignorancia y la incompetencia general que tiene un licenciado medio de cualquier facultad americana en el momento en que recibe el título que le permite actuar en su comunidad es un espectáculo lamentable».[42]

Poco después de su declaración, un médico de Harvard recién licenciado mató a tres pacientes seguidos porque no sabía qué dosis de morfina era letal. Incluso con el impulso que le daría este escándalo, Eliot solo pudo llevar a cabo alguna reforma insignificante en una facultad que ofrecía gran resistencia. El catedrático de Cirugía Henry Bigelow, el miembro más poderoso de la facultad, protestó ante la Junta de Supervisores de Harvard: «Lo que Eliot propone en realidad es que se celebren exámenes escritos para dar el título de doctor en Medicina. Tuve que explicarle que ignoraba el nivel de los estudiantes de Medicina de Harvard. Más de la mitad apenas saben escribir... Como para hacer un examen escrito.[43] Ninguna escuela médica ha considerado adecuado arriesgar sus clases, muy numerosas, y sus abultadas cuotas aplicando unos requisitos más exigentes».[44]

Muchos médicos americanos estaban, de hecho, cautivados por los avances que en Europa estaban llevando a cabo los laboratorios.

---

[41] *Ibid.*, p. 37.
[42] *Ibid.*, p. 48.
[43] Bledstein, *Culture of Professionalism*, pp. 275–76.
[44] Ludmerer, *Learning to Heal*, p. 15.

Pero tenían que ir a Europa a estudiarlos, y a su regreso podían hacer poco o nada con los conocimientos adquiridos. Ni una sola institución estadounidense daba apoyo material a una investigación médica.

Como escribió un americano que había estudiado en Europa: «A mí me preguntaron muchas veces en Alemania cómo era que en Estados Unidos no se había hecho ningún trabajo científico en medicina, cómo podía ser que muchos hombres que habían probado su talento y demostrado tanto en Alemania luego nunca hicieran nada reseñable una vez que volvían a su país y que no se volviera a oír hablar de ellos. La respuesta es que allí no hay ninguna oportunidad, no se aprecia el trabajo, no hay demanda para este tipo de tarea. La situación de la formación médica en Estados Unidos es, simplemente, horrible».[45]

En 1873 murió Johns Hopkins, dejando un fondo de tres millones y medio de dólares para financiar una universidad y un hospital. En aquel momento era la mayor donación que se había hecho jamás a una universidad. La biblioteca de Princeton la constituían entonces unos pocos libros que daban vergüenza ajena, y estaba abierta solo una hora por semana. Columbia no era mucho mejor: su biblioteca abría dos horas cada tarde, pero los alumnos de primer curso no podían entrar sin un permiso especial por escrito. Solo un diez por ciento de los catedráticos de Harvard tenían un doctorado en Medicina.

Los administradores de la herencia de Hopkins eran cuáqueros, e hicieron un movimiento deliberado que tuvo su repercusión: desoyendo el consejo del presidente de Harvard, Charles Eliot; el presidente de Yale, James Burril Angell; y el de Cornell, Andrew D. White, decidieron proyectar la Johns Hopkins University siguiendo el modelo de las principales universidades alemanas: lugares llenos de hombres empeñados en buscar nuevos conocimientos, no solo en enseñar lo que ya se creía.[46]

---

[45] *Ibid.*, p. 25.

[46] James Thomas Flexner, *An American Saga: The Story of Helen Thomas and Simon Flexner* (1984), p. 125; véase también *ibid.*, p. 294.

Los administradores tomaron esta decisión precisamente porque no había en todo el país una universidad así, y porque habían reconocido aquella necesidad tras llevar a cabo un estudio de mercado. Un miembro de la junta explicaría después: «Había mucha demanda entre los jóvenes de este país, que tras finalizar los cursos normales, querían tener la oportunidad de seguir estudiando en una facultad o una escuela donde se impartieran conocimientos científicos. La mejor prueba de esta demanda fue el incremento de estudiantes americanos que se inscribieron en las clases de las universidades alemanas».[47] Los administradores decidieron que la calidad sería el mejor reclamo publicitario. Se pusieron a buscar a los mejores profesores y a ofrecer oportunidades para realizar estudios avanzados.

Su plan era, en muchos aspectos, una ambición puramente americana: crear una revolución partiendo de la nada. No tenía mucho sentido poner una nueva escuela en Baltimore, que era una ciudad portuaria con escasa industria. A diferencia de Filadelfia, Boston o Nueva York, no tenía tradición filantrópica alguna, ninguna élite social dispuesta a aprender y, desde luego, ninguna tradición intelectual. Incluso la arquitectura de Baltimore tenía un aspecto tremendamente sombrío, con largas filas de casas cada una con sus tres escalones, apretujadas sobre la calzada y sin vida callejera alguna. La gente de Baltimore parecía vivir solo de puertas adentro, en sus porches y patios traseros.

De hecho, no había base alguna sobre la que construir nada..., salvo el dinero. Otro rasgo del país.

Los administradores eligieron presidente a Daniel Coit Gilman, que dejó la presidencia de la recién organizada Universidad de California tras unas diferencias con los legisladores del estado. Anteriormente había ayudado a crear —y había dirigido— la Sheffield Scientific School, en Yale, que era independiente de la Universidad de Yale. De hecho, se creó en parte debido a la renuencia de Yale a incluir la ciencia en su currículo.

En la Hopkins, Gilman contrató de inmediato una plantilla respetada —y muy conectada— a escala internacional, lo que

[47] Benjamin Gilman, citado en *Flexner, American Saga*, p. 125.

proporcionó credibilidad inmediata a la escuela. En Europa, gente como Huxley contemplaba la Hopkins como una combinación explosiva de la energía y la apertura estadounidense con la determinación de la ciencia. Su potencial podía sacudir al mundo.

Y para dar brillo a ese planteamiento, para hacer proselitismo de aquella nueva religión y honrar a la Hopkins desde sus comienzos, Thomas Huxley se fue a América.

La Johns Hopkins sería un lugar de rigor. Un rigor como no había conocido ninguna otra escuela estadounidense.

Se inauguró en 1876. La Facultad de Medicina no se abriría hasta 1893, pero tuvo tal éxito, y tan pronto, que cuando estalló la Primera Guerra Mundial la ciencia médica estadounidense se había puesto a la altura de la europea y estaba a punto de adelantarla.

La gripe es una enfermedad vírica. Cuando mata, suele hacerlo de dos formas: bien rápida y directamente, con una neumonía vírica violenta tan perniciosa que sus efectos se han comparado al del fuego en los pulmones, o poco a poco, privando al cuerpo de defensas, dejando que las bacterias invadan los pulmones y provoquen una neumonía bacteriana, que mata más lentamente.

En tiempos de la Primera Guerra Mundial, aquellos a los que directa o indirectamente había preparado la Hopkins ya estaban a la cabeza mundial en la investigación de la neumonía, una enfermedad a la que llamaban «el capitán de los soldados de la muerte». Y en algunos casos podían prevenirla y curarla.

Su historia comienza con un hombre.

02

Nada, ni en la infancia ni en la juventud de William Henry Welch, presagiaba su futuro, así que procede comenzar su biografía por la extraordinaria celebración de su ochenta cumpleaños, en 1930.[1] Amigos, colegas y admiradores se reunieron para conmemorar el acontecimiento no solo en Baltimore, donde vivía, sino en Boston, Nueva York, Washington, Chicago, Cincinnati y Los Ángeles, pero también en París, Londres, Ginebra, Tokio y Pekín. El telégrafo y la radio reprodujeron los fastos, cuyo momento de inicio se programó para que coincidieran, en la medida de lo posible, en la mayor parte de los husos horarios. Las salas estaban llenas de personalidades de los distintos campos de la ciencia, con algunos premios Nobel, y el presidente Herbert Hoover fue el protagonista de un tributo a Welch celebrado en Washington que se emitió por toda la red radiofónica estadounidense.

Era el tributo a un hombre que se había convertido, probablemente, en el científico más influyente del mundo. Había sido presidente de la National Academy of Sciences, de la American Association for the Advancement of Science, de la American Medical Association, y había presidido también —o había sido figura dominante— un sinfín de grupos científicos de toda índole. En un momento en que no se destinaban fondos gubernamentales a la investigación, como presidente del comité ejecutivo del Carnegie Institution de Washington y como presidente de la junta de directores científicos del Rockefeller Institute for Medical Research, ahora Rockefeller University (cargo que había ocupado

[1] Flexner y Flexner, William Henry Welch, pp. 3–8, *passim*.

durante treinta y dos años) se encargó también de distribuir el flujo de dinero procedente de las dos mayores organizaciones filantrópicas del país.

Y aun así, Welch no fue un pionero destacado de la investigación médica, ni siquiera en su campo: no fue un Louis Pasteur, ni un Robert Koch, ni un Paul Ehrlich, ni un Theobald Smith. No había expuesto ninguna teoría brillante, no había hecho ningún descubrimiento notable, no había formulado preguntas destacadas ni encontrado las respuestas, y tampoco había dejado un legado digno de interés ni en el laboratorio ni en la documentación científica. Escribió poco —juzgando con objetividad, se puede decir que nada—, y desde luego nada tan profundo como para merecer la inclusión en la National Academy of Sciencies como miembro, mucho menos como presidente.

A pesar de todo, centenares de científicos líderes de todo el mundo consideraron, con la misma frialdad y objetividad con la que contemplaban el resto de cuestiones, que lo merecía. Se reunieron para celebrar su vida y, si no su ciencia, sí lo que había hecho por la ciencia.

En el tiempo en que él vivió, el mundo había cambiado radicalmente; de los coches de caballos se había pasado a la radio, el avión o incluso a las primeras televisiones. Se había inventado la Coca-Cola, que se extendió rápidamente por todo el país antes del cambio de siglo, y en la década de 1920 Woolworth's tenía ya más de mil quinientas tiendas.[2] Una reforma tecnocrática del país acompañó a esa era de progreso, que culminó en 1930, con una conferencia en la Casa Blanca sobre la infancia que proclamó la superioridad de los expertos frente a los padres en la crianza y educación de los hijos, pues «queda más allá de la capacidad de cualquier progenitor enseñar a un niño a encajar en este sistema tan intrincado, interconectado e interdependiente, tanto en lo económico como en lo social, que hemos desarrollado».[3]

---

[2] Ezra Brown, ed., *This Fabulous Century, The Roaring Twenties, 1920-1930* (1985), pp. 105, 244.

[3] Citado en Sue Halpern, «Evangelists for Kids», *New York Review of Books* (29 de mayo de 2003), p. 20.

Welch, naturalmente, no había influido en todos estos cambios, aunque sí había desempeñado un papel importante y directo en la reforma equivalente que vivió la medicina, especialmente la estadounidense.

En primer lugar, había sido algo así como un avatar: su propia experiencia representaba a muchos de su generación y le convertía en una especie de epítome. Sin embargo, no era un simple símbolo. Como un dibujo de Escher, su vida representaba a la de otros y, al mismo tiempo, definía la vida de aquellos que iban tras él, la de aquellos que iban tras estos, y la de los que iban tras ellos, y así hasta ahora.

Y es que aunque no hiciera nada revolucionario para la ciencia, su vida sí fue revolucionaria. Fue personaje y escenario; fue emprendedor, creador, constructor. Como si de un actor sobre el escenario se tratara, su vida fue como una obra que se representa una vez pero ejerce tal impacto sobre el público que sus ecos perduran. Lideró el movimiento que dio lugar a la mayor empresa científica médica —posiblemente la mayor empresa de todas las ciencias en general— a escala mundial. Su legado no podía medirse objetivamente, pero era real. Y radicaba en su capacidad para movilizar el alma de la gente.

Welch nació en 1850 en Norfolk (Connecticut), un pueblecito del norte del estado que incluso hoy sigue estando rodeado de colinas y bosques. Su abuelo, su tío abuelo, su padre y cuatro tíos suyos fueron médicos. Su padre fue miembro del Congreso durante un mandato y en 1857 se dirigió a los licenciados de la Facultad de Medicina de Yale, en un discurso que dejó claro su profundo conocimiento de los últimos avances de la medicina, incluso de una técnica que no se pudo mencionar en Harvard hasta 1868 y una teoría sorprendente y novedosa, la de las células, «que tiene repercusión en la fisiología y en la patología». Era una referencia a la obra de Rudolf Virchow, que hasta entonces solo había publicado en diarios médicos alemanes.[4] Declaró también que «todo el conocimiento positivo obtenido procede de la observación precisa de los hechos».[5]

---

[4] Flexner y Flexner, *William Henry Welch*, p. 33.

[5] *Ibid.*

Aunque parecía que Welch estaba predestinado a ser médico, las predicciones no acertaron. Años después confesaría al gran cirujano Harvey Cushing, protegido suyo, que de joven la medicina le había causado una gran repugnancia.[6]

Tal vez parte de esa repugnancia se debía a sus circunstancias personales. La madre de Welch murió cuando él tenía seis meses. A su hermana, tres años mayor que él, la enviaron a vivir a otro sitio, y su padre era un hombre distante en lo físico y en lo emocional. A lo largo de su vida, Welch se sintió más cercano a su hermana que a ninguna otra persona: años de correspondencia revelan parte de esa relación.

Su infancia estuvo marcada por un patrón que se haría habitual para el resto de su vida: una soledad enmascarada por la actividad social. Al principio intentó encajar. No vivía aislado. Trataba con un tío suyo y algunos primos de su edad que vivían cerca y con los que jugaba habitualmente; pero él necesitaba una intimidad mayor y pidió a sus primos que le llamaran «hermano».[7] Ellos se negaron. En otros sitios intentó encajar también, lograr una sensación de pertenencia. A los quince años cedió al fervor evangélico y se comprometió con Dios.

Fue a Yale, donde no encontró conflicto alguno entre su compromiso religioso y la ciencia. Aunque la universidad había comenzado a impartir carreras técnicas y prácticas, como Ingeniería, seguía manteniendo cierta distancia con el fermento científico de los años que siguieron a la Guerra Civil y cultivó su imagen de institución conservadora y congregacionalista, para compensar la influencia unitarista de Harvard. Aunque los intereses intelectuales de Welch no surgieron hasta que terminó la universidad, su personalidad estaba ya formada: destacaba sobre todo por tres rasgos, cuya combinación se reveló francamente poderosa.

Su inteligencia brillaba, y cuando se licenció era el tercero de su clase. Pero la impresión que causaba en los demás no la dictaba su brillantez, sino su personalidad. Tenía la habilidad poco común de implicarse apasionadamente en cualquier cosa y, a pesar de

6 *Ibid.*, p. 29.

7 Fleming, *William Welch*, p. 15.

todo, conservar la perspectiva. Un alumno dijo de él que era «el único que lograba mantener la frialdad» en una discusión acalorada. Ese rasgo le acompañó el resto de su vida.

Y tenía otra cosa que hacía que la gente le tuviera en buena consideración. Las novatadas eran brutales en su época, hasta tal punto que un compañero de clase le aconsejó que tuviera una pistola en su cuarto para evitar que los veteranos se metieran con él. Pero le dejaron en paz: nadie le molestó. Skull and Bones, posiblemente la sociedad secreta más oscura de Estados Unidos, le reclutó y permaneció fiel a ella durante toda su vida. Quizá eso calmó su afán de «pertenencia». En cualquier caso, su temprano deseo de encajar sería después sustituido por la autosuficiencia. Su compañero de habitación le dejó al marcharse una nota extraordinaria: «Debería intentar expresar hasta qué punto me siento en deuda por la amabilidad con la que me has tratado siempre, el ejemplo tan valioso que me has dado [...]. Ahora siento, más profundamente, la verdad de lo que tan a menudo he dicho a otros, si no a ti mismo: que soy radicalmente indigno de tener un compañero como tú. Te he tenido lástima muchas veces por tener que compartir habitación conmigo, tu inferior en capacidades, en dignidad y en cualquier rasgo de calidad y nobleza».[8]

Este es el tipo de nota que cualquier biógrafo podría interpretar como «homoerótica». Tal vez lo era. Hubo al menos otro hombre, posteriormente, que manifestó su devoción hacia Welch con lo que solo puede denominarse «ardor». Durante el resto de su vida, Welch siguió provocando este tipo de sentimientos en la gente, aunque no fueran tan intensos. Y lo hacía de manera natural. Resultaba encantador e inspirador sin esforzarse y sin dar lugar a que el otro se viera obligado a corresponderle o establecer algún tipo de vínculo. En tiempos posteriores, a eso se le llamó «carisma».

Su rango le daba derecho a pronunciar un discurso de comienzo de curso. En un ensayo que escribió siendo estudiante y que tituló «El declive de la fe», Welch había condenado a la ciencia mecanicista, que contemplaba el mundo como si fuera una máquina «a la que no guía un Dios de la justicia». En 1870, un año

[8] Flexner y Flexner, *William Henry Welch*, p. 50.

después de que Darwin publicara *El origen de las especies*, Welch intentó conciliar en su discurso ciencia y religión.

No le resultó fácil. La ciencia es siempre potencialmente revolucionaria; cualquier respuesta nueva a una pregunta aparentemente mundana que tenga que ver con cómo funcionan las cosas puede descubrir una cadena de causalidad que tira por tierra todo el orden precedente, desorganizando y amenazando a las creencias religiosas. Welch estaba viviendo en primera persona el dolor que en la segunda mitad del siglo XIX habían sufrido por primera vez muchas personas, cuando la ciencia había intentado suplantar el orden natural, el orden de Dios, con otro orden definido por los seres humanos: un orden que prometía no se sabía qué, un orden que, como escribió Milton en *El paraíso perdido*, «sacudió al reino del caos y de la noche antigua».

Welch dio entonces un paso atrás y se apartó de lo que su padre había dicho diez o doce años antes; rechazó el Dios personal de Emerson y los unitarios, reiteró la importancia de la verdad revelada en las Escrituras, afirmó que la revelación no tenía que someterse a la razón y habló de lo que «el hombre no podría descubrir nunca él solo, con la luz de su mente».[9]

Welch dedicó su vida a descubrir el mundo con su propia mente y a animar a los demás a que hicieran lo mismo. Pero todavía no.

Había cursado estudios clásicos y tenía la esperanza de dar clases de Griego en Yale. Pero Yale no le ofreció una cátedra, así que comenzó a trabajar como tutor en una escuela privada nueva. Esa escuela cerró, y Yale seguía sin ofrecerle nada, de modo que sin ninguna perspectiva de empleo y con la familia importunándole para que fuese médico, regresó a Norfolk y se convirtió en ayudante de su padre.

La consulta de su padre era de corte anticuado: nada de lo que allí se hacía reflejaba su conocimiento de los conceptos médicos más avanzados. Como la mayor parte de los médicos estadounidenses, ignoraba las mediciones objetivas de la temperatura o la presión sanguínea, por ejemplo, e incluso mezclaba los ingredientes

[9] Citado en *ibid.*, p. 49.

para las recetas sin medir las dosis, basándose solo en el sabor. No fue una etapa feliz para Welch. En el relato que hizo posteriormente de su aprendizaje borró de un plumazo aquella etapa, como si no hubiera tenido lugar. Pero hubo una cosa que sí cambió: su visión de la medicina.

En algún momento decidió que, si iba a ser médico, lo haría a su manera. Lo normal entonces era que los que iban a estudiar Medicina hicieran una formación práctica de seis meses o un año antes de entrar en la escuela correspondiente. Él ya había hecho sus prácticas. Y la siguiente fase de su formación iba a marcar la diferencia. En lugar de ir a una escuela médica, comenzó a estudiar química.

Ya hemos visto que ninguna escuela médica estadounidense exigía a sus alumnos contar con una licenciatura ni tener conocimientos científicos. En 1871, un catedrático de la Harvard Medical School declaró: «En la era de la ciencia, nuestra era, hay más peligros en que el estudiante medio sea apartado de lo que es práctico, útil e incluso esencial por el entusiasmo bienintencionado de los devotos de las ciencias aplicables que en lo que va a perjudicarle el hecho de conocerlas. No deberíamos animar a los estudiantes de Medicina a apartarse del laberinto de la química y la fisiología».[10]

Welch tenía un punto de vista distinto. La química le parecía una ventana abierta al cuerpo humano. En aquellos tiempos, Carl Ludwig, que sería después mentor de Welch, y otros científicos alemanes de primer orden se habían reunido en Berlín y habían decidido «declarar la fisiología como base químico-física imprescindible y darle un rango científico equiparable al de la física».[11]

Era altamente improbable que Welch tuviera noticia de esa declaración, pero su instinto iba por ahí. En 1872 entró en la Sheffield Scientific School, adscrita a Yale, a estudiar Química. Dijo que su equipamiento era «excelente, mucho mejor que el de cualquier facultad de Medicina, donde la química que se enseña es bastante escasa».

Tras un año de preparación para conocer los rudimentos de la formación comenzó a estudiar en el College of Physicians and

[10] *Ibid.*, pp. 62–63.
[11] Shryock, *Development of Modern Medicine*, p. 206.

Surgeons[12] de Nueva York, que aún no estaba vinculado a la Universidad de Columbia. (Yale no le gustaba: cincuenta años después, cuando le pidieron que diera un discurso sobre la contribución de Yale a la medicina, dijo que tal cosa no había sucedido). Dicha institución era una buena escuela médica, típica americana, sin requisitos de admisión y sin calificaciones. Como ocurría en los demás sitios, los sueldos de los profesores se pagaban con la matrícula de los alumnos, por lo que la escuela intentaba que hubiese muchos estudiantes. La enseñanza se impartía sobre todo en clases teóricas, y no disponía de laboratorio de ningún tipo. También en esto era un caso normal, porque en ninguna escuela del país se utilizaban microscopios. A él le gustaban, pero no sabía usarlos. Ningún profesor le enseñó a hacerlo: se limitaba a observar con envidia aquel artefacto y a comentar: «Lo único que puedo hacer es admirarlo, sin entender cómo funciona un mecanismo que parece complicado».[13]

Pero a diferencia de otras escuelas, en el College of Physicians and Surgeons los alumnos podían examinar cadáveres. La anatomía patológica y el uso de la autopsia para descifrar qué ocurría en un organismo emocionó a Welch. Había en Nueva York tres escuelas de medicina, y se matriculó en Anatomía Patológica en las tres.

Entonces cumplió el único requisito que se le pedía para ser doctor en Medicina: pasó el examen final. Dijo que era el más fácil que había hecho desde que saliera del instituto.[14]

Poco después de aquello, Yale le ofreció al fin el puesto que tanto había buscado antes, la cátedra de Griego. La rechazó.

Escribió a su padre: «Ya he decidido cuál será mi profesión, y cada vez me interesa más. No siento la menor inclinación a abandonarla por ninguna otra».

Desde luego, le interesaba.

Estaba empezando a ser reconocido. Francis Delafield, uno de sus profesores, había estudiado Anatomía Patológica en París con Pierre

---

[12] Colegio de Médicos y Cirujanos: no es un colegio profesional como el que designa el término en castellano, sino una institución formativa. (*N. de la T.*)

[13] Flexner y Flexner, *William Henry Welch*, p. 64, véase también p. 71.

[14] *Ibid.*, p. 62.

Louis y, como él, llevaba un registro detallado de todas las autopsias que practicaba. El de Delafield era el mejor trabajo que había en el país: el más preciso, el más científico. Delafield había acogido a Welch bajo su ala y le había otorgado el extraordinario privilegio de acceder a las notas que tomaba sobre las autopsias.

Sin embargo, los conocimientos de Welch tenían aún importantes lagunas. Seguía sin saber cómo utilizar el microscopio, por ejemplo. Delafield, experto en técnica microscópica, había construido su propio microtomo (un dispositivo para cortar secciones de tejido extraordinariamente finas) y se quedaba sentado durante horas con un ojo pegado a la lente, fumando su pipa, mientras Welch observaba impotente. En cualquier caso, Delafield permitió que Welch realizara un gran número de autopsias, algo que no solía hacerse con un subordinado. Y él intentaba sacar todo el partido posible de esas experiencias.

Pero aquello le parecía insuficiente. Sus mejores profesores habían estudiado en París, Viena y Berlín. Y aunque Welch mantenía su intención de practicar la medicina clínica —no había un solo médico en Estados Unidos, en aquella época, que viviera de la investigación—, pidió dinero prestado a su familia y amigos y, tras haber aprendido todo lo que podían enseñarle los profesores estadounidenses, el 19 de abril de 1876 —unos meses antes de que Huxley diese su discurso en la inauguración de la Johns Hopkins University— tomó un barco rumbo a Europa para completar su educación científica. Simon Flexner, protegido de Welch y brillante científico por derecho propio, declararía después que ese «viaje de exploración, atendiendo a los resultados, quizá fue el más importante que en su vida emprendiera un médico estadounidense».[15]

* * *

No fue el único que buscó más conocimientos en Alemania, que era donde la ciencia iba más adelantada. Un historiador estimó que entre 1870 y 1914 estudiaron en Alemania y Austria unos

[15] *Ibid.*, p. 76.

quince mil médicos estadounidenses, y otros tantos de Inglaterra, Francia, Japón, Turquía, Italia y Rusia.[16]

La inmensa mayoría de aquellos médicos estaban interesados únicamente en el tratamiento de sus pacientes. En Viena, los profesores establecían una especie de línea de montaje para impartir cursos cortos sobre aspectos específicos de la medicina clínica a médicos extranjeros, especialmente estadounidenses. Estos asistían a las clases en parte por su deseo de aprender, pero también para ponerse por delante de sus competidores en su propio país.

Welch esperaba ejercer la medicina para ganarse la vida, y se dio cuenta de lo útil que podía resultarle realizar esos estudios en Alemania. Convenció a su hermana y su cuñado, que al igual que su padre le estaban dando apoyo económico, diciéndoles que el prestigio y el conocimiento que podría adquirir con solo pasar un año estudiando en Alemania aumentarían considerablemente sus probabilidades de éxito: «Los médicos jóvenes a los que ahora les va bien en Nueva York son, en su mayoría, los que han estudiado en el extranjero».[17]

Pero su verdadero interés estaba entre la minoría de estadounidenses que habían ido a Alemania a explorar un universo nuevo. Quería iniciarse en la investigación, en el trabajo en laboratorio. En Estados Unidos ya era famoso por saber más que sus colegas, pero en Alemania le impidieron entrar en un par de laboratorios por no saber lo suficiente. Esto, lejos de deprimirle, le sirvió de acicate. No tardó en encontrar un lugar por donde empezar, y escribió emocionado a casa: «Me siento como si acabara de iniciarme en esta gran ciencia de la medicina. Mis anteriores experiencias, comparadas con las actuales, son como conocer un país a través de la lectura frente a verlo con los propios ojos, así de diferente es la experiencia. Vivir el ambiente de estos laboratorios, de este entorno científico, entrar en contacto con quienes han contribuido a construir, y aún lo hacen, las ciencias de hoy en día, tener la oportunidad de llevar a cabo investigaciones originales

[16] Thomas Bonner, *American Doctors and German Universities: A Chapter in International Intellectual Relations, 1870-1914* (1963), p. 23.

[17] Welch a su padre, 21 de marzo de 1876, WP.

por mi cuenta... Todo son ventajas que, si no se revelan fructíferas más tarde en la vida, siempre representarán para mí una fuente de placer y beneficio».[18]

De la universidad de Leipzig dijo: «Si pudierais visitar los laboratorios, maravillosos y perfectamente equipados, para estudios fisiológicos, anatómicos, patológicos y químicos, y ver en plena tarea a estos profesores, cuya fama ya se ha extendido por todo el mundo, junto a su equipo de asistentes y alumnos, os daríais cuenta de por qué Alemania ha superado al resto de países en el ámbito de la medicina, gracias al trabajo y a la devoción por el estudio».[19]

Se centró en aprender cómo aprender, y se mantuvo alerta ante las novedades de la técnica, ante cualquier cosa que ofreciera una ventana abierta al nuevo mundo, ante cualquier cosa que le permitiera ver con mayor claridad y hondura. «El principal valor de esta labor radica en que estoy aprendiendo algunos métodos fundamentales para el manejo de los tejidos en fresco, sobre todo cómo aislar algunos elementos concretos»,[20] dijo sobre su trabajo con cierto científico. De otro, que no le gustaba, comentó: «Lo que importa es que he adquirido un gran conocimiento de algunos métodos de preparación y montaje de especímenes con los que podré continuar mis investigaciones más adelante».[21]

Ya entonces atraía la atención de sus mentores, entre los que se encontraban algunos de los principales científicos del mundo, y dejó en ellos una impresión indeleble. De uno de ellos, Carl Ludwig, al que llamó «mi científico ideal, que no acepta nada de la autoridad, sino que somete cada teoría científica a las más duras pruebas», dijo: «Espero haber aprendido de él un precepto: que la lección más importante para cualquier científico es no estar satisfecho con las teorías sueltas y las pruebas a medias, no especular y teorizar, sino observar con atención y cuidado».[22]

Otro de esos mentores, Julius Cohnheim, le enseñó una curiosidad nueva, que él explicó así: «El interés de Cohnheim se centra

[18] Welch a su madrastra, 26 de marzo de 1877, WP.

[19] Flexner y Flexner, *William Henry Welch*, p. 83.

[20] Welch a su padre, 18 de octubre de 1876, WP.

[21] Welch a su padre, 25 de febrero de 1877, WP.

[22] Welch a su padre, 18 de octubre de 1876, WP.

en la explicación de los hechos. No le basta con saber que una enfermedad coronaria provoca una congestión renal. Se pregunta sin descanso por qué ocurren las cosas en determinadas circunstancias. Es, prácticamente, el fundador —y desde luego el principal representante— de la llamada escuela fisiológica, o experimental, de patología».[23]

Welch comenzó a analizarlo todo, incluidas sus creencias más profundas e inamovibles. Cinco años antes había condenado el concepto de un mundo gobernado por algo que no fuese el Dios de la justicia. En ese momento confesó a su padre que era partidario de Darwin: «No veo que haya nada irreverente en su doctrina de la evolución. Al fin y al cabo, todas nuestras ideas preconcebidas acaban por cambiar y adaptarse. Los hechos de la ciencia, sin embargo, no cambian nunca».[24]

Analizó también por qué la ciencia alemana había alcanzado tales cotas. Decidió que los tres factores principales eran la preparación, muy completa, que se exigía a los estudiantes que querían acceder a una facultad de Medicina en Alemania; la financiación de dichas instituciones, que era independiente; y el apoyo que Gobierno y universidades prestaban a la investigación.

En 1877, un año después de la apertura de la Johns Hopkins, su presidente —Daniel Gilman— hizo una serie de planes para articular la mayor escuela universitaria de Medicina de Estados Unidos, una escuela que pudiera competir con cualquier facultad de Europa. La decisión de poner en marcha una búsqueda de profesores a escala nacional —e incluso internacional— era algo revolucionario en sí mismo. Con la excepción de la Universidad de Michigan, que se encontraba en la diminuta Ann Arbor, todas las escuelas médicas estadounidenses cubrían sus plazas solo con médicos locales. Para llevar a cabo la selección, Gilman eligió al hombre perfecto: el doctor John Shaw Billings.

Billings está detrás de la primera gran contribución estadounidense a la medicina científica: una biblioteca. Esta biblioteca

---

[23] Welch a su padre, 23 de septiembre de 1877, WP.

[24] Citado por Flexner y Flexner en *William Henry Welch*, p. 87.

tiene su origen en la detallada historia médica de la Guerra Civil americana, encargada por el general médico del ejército. El ejército creó también un museo médico que era, en realidad, una biblioteca de especímenes.

Tanto el museo como la historia fueron puntales extraordinarios. En 1998, los científicos del Instituto de Patología de las Fuerzas Armadas, descendiente directo de aquel museo, emplearon especímenes preservados en 1918 para determinar la composición genética del virus de la gripe de aquel año. La historia médica era extraordinariamente precisa y resultó muy útil. Hasta Virchow dijo que no dejaba de sorprenderle «la riqueza de los conocimientos que encontraba allí, la precisión de los detalles, las estadísticas tan cuidadas, incluso en los aspectos más nimios, y un ambiente académico que abarcaba todos los aspectos de la experiencia médica».[25]

Billings no escribió esa historia de la medicina, pero le inspiró para crear una biblioteca médica de calidad equiparable. Construyó la que un historiador consideró «probablemente, la mayor biblioteca médica del mundo y la más útil».[26] En 1876 ya albergaba mil ochocientos volúmenes, y acabó convirtiéndose en la Biblioteca Nacional de Medicina.

Pero no se limitó a recoger libros y artículos. El conocimiento es inútil, a menos que sea accesible. Para difundir el conocimiento, Billings preparó un sistema de catalogación muy superior a cualquiera de los que tenían en Europa, y comenzó a publicar el *Index Medicus*, una bibliografía mensual de nuevos libros y artículos de medicina que iban apareciendo en toda América, Europa o Japón. No existía una bibliografía comparable en ninguna parte del mundo.

Y tampoco había nadie, en ninguna parte del mundo, que supiera lo que estaba pasando en los laboratorios mejor que Billings.

Viajó a Europa para conocer a posibles candidatos para la Facultad de Medicina de la Hopkins, incluidos ciertos científicos ya establecidos y de renombre internacional. Pero también buscaba hombres jóvenes, de la nueva generación de líderes. Había

---

[25] Citado por Shryock en *Development of Modern Medicine*, pp. 181–82.

[26] Citado en *ibid.*, p. 182.

oído hablar de Welch, de su potencial, sabía que había trabajado con grandes científicos, que había conocido a todos los científicos alemanes, incluidos Robert Koch y Paul Ehrlich antes de que se convirtieran ambos en los dos científicos médicos más grandes del siglo XIX o de principios del XX. De hecho, cuando Koch —entonces desconocido— hizo su primera demostración del ciclo vital del ántrax, Welch estaba en su laboratorio.

Billings quedó con Welch en una antigua cervecería de Leipzig; una cervecería mítica con frescos del siglo XVI que representaban el encuentro entre Fausto y Mefistófeles, que supuestamente había tenido lugar allí. Billings y Welch hablaron apasionadamente de ciencia hasta bien entrada la noche, mientras los frescos conferían a su palabras una ironía conspiratoria. Billings habló de sus planes para la Hopkins: unos requisitos de admisión para los estudiantes que nunca se habían aplicado, laboratorios que ocupaban edificios enteros, el hospital más moderno del mundo y, por supuesto, una facultad de Medicina brillante. También hablaron de la vida, de las metas de cada uno. Welch sabía perfectamente que le estaban entrevistando, y abrió su alma.

Tras la cena, Billings le dijo a Francis King, presidente del Johns Hopkins Hospital, aún sin construir, que Welch era «uno de los primeros hombres que convenía asegurar para cuando llegara el momento».[27]

El momento tardó en llegar. La Hopkins había empezado su andadura como escuela de posgrado, y todos sus alumnos eran ya licenciados, aunque no tardó en ampliar su programa y convertirse en escuela universitaria. Esta expansión resultó problemática, pues su financiación dependía de las acciones de la compañía del ferrocarril Baltimore & Ohio. El país llevaba cuatro años sumido en la depresión cuando la B&O y la Pennsylvania Railroad recortaron los salarios en un diez por ciento, lo que dio lugar a violentas huelgas de sus trabajadores de Maryland que no tardaron en extenderse por Pittsburgh, Chicago, St. Louis y más hacia el oeste. Las acciones de la B&O cayeron y sus planes de abrir la facultad de

---

[27] Citado por Flexner y Flexner en *William Henry Welch*, p. 93.

Medicina tuvieron que posponerse: no había ninguna cátedra que cubrir en la Hopkins.

De modo que, en 1877, Welch regresó a Nueva York desesperado por conseguir alguna oportunidad en el mundo de la ciencia que le permitiera «ganarse la vida, aunque fuese modestamente».[28] Como no lo logró, regresó a Europa. En 1878 volvía de nuevo a Nueva York.

En ningún otro momento de la historia había avanzado la medicina con tal rapidez. Los miles de personas que acudían a Europa eran la prueba del interés de los médicos americanos en estos avances. En Estados Unidos, sin embargo, ni Welch ni nadie podía ganarse la vida participando de ese progreso ni enseñando lo aprendido.

Welch se ofreció a un antiguo mentor del College of Physicians and Surgeons para impartir un curso de laboratorio. La escuela no disponía de laboratorio ni lo quería. Ninguna escuela médica estadounidense utilizaba el laboratorio en sus clases. Rechazaron su propuesta, pero le ofrecieron dar clases teóricas —sin cobrar— de Patología.

Welch se dirigió a Bellevue, una escuela médica de reputación más discreta. Le permitieron dar su curso y le proporcionaron para ello tres salas equipadas únicamente con mesas de cocina vacías. No había microscopios, no había tubos de ensayo ni botellas, ni incubadoras, ni instrumental. Cuando vio aquellos espacios vacíos escribió, descorazonado: «No puedo hacer gran cosa con lo que tengo. Siento que me han dejado solo, a mi suerte, para equipar este laboratorio con mis propios recursos, y no creo que pueda conseguir gran cosa».[29]

También le preocupaba que su compensación material procediera exclusivamente de las matrículas de los estudiantes, pues su curso, de tres meses de duración, no era obligatorio. Se lo confesó a su hermana: «A veces me entristece mirar al futuro y ver que no voy a poder cumplir las aspiraciones que tenía en la vida. En este país no hay oportunidades, y parece que nunca las habrá. Puedo

---

[28] *Ibid.*, p. 106.

[29] *Ibid.*, p. 112.

dar clase de Microscopía y de Patología, puedo tal vez abrir una consulta y ganarme la vida transcurrido algún tiempo, pero no son más que parches. Es lo que hacen cientos de personas. Una vida gris».[30]

Se equivocaba. De hecho, sería el catalizador de toda una generación de científicos que iban a transformar la medicina estadounidense: los que se enfrentaron a la gripe de 1918. Científicos cuyos descubrimientos epidemiológicos a raíz de aquello aún son útiles hoy en día.

---

[30] *Ibid.*

03

El curso de Welch alcanzó enseguida una extraordinaria popularidad. Los alumnos de las tres escuelas médicas de la ciudad de Nueva York no tardaron en hacer cola para inscribirse, atraídos como el propio Welch por esta nueva ciencia, por el microscopio y por la experimentación. Y él no se limitaba a enseñar, también inspiraba. Sus comentarios siempre parecían sólidos, bien fundamentados, razonados. Un colega dijo de él que «exudaba sabiduría».[1] ¡Y la emoción! Cada vez que un alumno ponía un espécimen en el portaobjetos del microscopio y miraba a través de la lente se abría ante él un universo entero. Para algunos, descubrir ese universo, entrar en él y manipularlo, era como crearlo. Seguramente se sintieron Dios.

El College of Physicians and Surgeons tenía que ofrecer un curso de laboratorio y suplicaron a Welch que lo impartiera. Welch rechazó la oferta por lealtad a Bellevue, pero recomendó a la institución que contratase a T. Mitchell Prudden, un americano al que había conocido en Europa y al que consideraba su rival en la carrera por el puesto de la Hopkins. Aquella fue la primera de las numerosas ofertas de trabajo que recibió. Uno de sus alumnos recordaba «su semblante serio y su expresión de entusiasmo, su cara sonriente, su interés en los jóvenes a los que enseñaba. Siempre estaba dispuesto a soltar lo que tuviera entre manos para responder a las preguntas que le hicieran sobre alguna cuestión, por triviales que fueran. De hecho, nunca dejó ninguna pregunta sin respuesta, porque su conocimiento era enciclopédico. Yo sentía

[1] *Ibid.*, p. 70.

que en Bellevue estaba desperdiciado: estaba destinado a llegar a un círculo de oyentes mucho más amplio».[2]

Pero, a pesar de la gran cantidad de alumnos motivados que se inscribieron en los dos cursos, ni Prudden ni Welch prosperaron. Pasaron dos años, luego tres, luego cuatro. Para poder ganarse mínimamente la vida, Welch hizo autopsias en un hospital público, trabajó como ayudante de un destacado médico y ejerció de tutor de estudiantes de Medicina a punto de licenciarse. Al cumplir treinta años, seguía sin dedicarse a la ciencia propiamente dicha. Se estaba construyendo una reputación, y estaba claro que, si decidía concentrarse en el ejercicio de la medicina, ganaría dinero. En Estados Unidos se investigaba poco —aunque lo poco que se investigaba era muy significativo—, pero ni de ese poco participaba él. La ciencia europea iba de avance en avance, de descubrimiento en descubrimiento. El más importante fue la teoría de los gérmenes en relación con las enfermedades.

La elaboración de la teoría de los gérmenes abriría finalmente el camino para hacer frente a todas las enfermedades infecciosas. También contribuiría a crear el marco conceptual y las herramientas técnicas necesarias que más tarde emplearían Welch y otros para luchar contra la gripe.

Expuesta de una manera sencilla, la teoría de los gérmenes decía que un sinfín de organismos diminutos invaden el cuerpo, se multiplican y provocan las enfermedades. Cada uno de esos gérmenes provocaba una enfermedad específica.

Hacía falta una nueva teoría de la enfermedad. A medida que avanzaba el siglo XIX y que los hallazgos de las autopsias se contrastaban con los síntomas que se habían anotado en vida del paciente, los órganos de los animales y los cadáveres se observaban bajo el microscopio, los órganos sanos se comparaban con los enfermos y las enfermedades se volvían más localizadas y específicas, los científicos fueron por fin descartando la idea de las enfermedades sistémicas y las teorías de los humores de Hipócrates y Galeno, y comenzaron a buscar explicaciones más convincentes.

[2] Citado en *ibid.*, p. 117.

Tres teorías rivalizaban con la teoría de los gérmenes.

La primera tenía que ver con la miasma. Existían distintas variaciones de este concepto, pero básicamente todas afirmaban que muchas enfermedades estaban provocadas por alguna forma de putrefacción de la atmósfera, por influencia climática o por los vapores nocivos que emanaban los materiales orgánicos en descomposición. En China, el viento se consideraba un demonio causante de enfermedades. Las miasmas parecían la explicación perfecta para una epidemia, y la insalubridad de las regiones pantanosas era el soporte perfecto para esa teoría. En 1885, cuando Welch consideró probada la teoría de los gérmenes, la Junta de Salud de Nueva York informó de que «soterrar todas las líneas de telégrafo [...] resultaría enormemente perjudicial para la salud pública, al exponer a la atmósfera un subsuelo que, en su mayor parte, estaba saturado de gases nocivos [...], pues hay en Harlem tal cantidad de basura pudriéndose que podría generar gases fétidos suficientes para envenenar a la mitad de la población».[3] En la década de 1930, un destacado epidemiólogo británico muy bien considerado seguía defendiendo la misma teoría, y, tras la pandemia de gripe de 1918, las condiciones atmosféricas se comenzaron a someter a escrutinio en un intento de encontrar alguna relación.

La teoría de la «suciedad», o de la basura, en la que se basaba el estudio de la enfermedad era prácticamente un corolario de la teoría de las miasmas. Además, se adecuaba perfectamente a las costumbres victorianas. El pánico al «gas de los pantanos» —eufemismo habitual para referirse al olor de las materias fecales—, básicamente metano, y la instalación de los retretes dentro de las viviendas se inscriben en el empeño victoriano por mejorar el saneamiento en las ciudades al tiempo que se separaba el cuerpo humano de todo lo que los victorianos consideraban de mal gusto. La suciedad se vincula normalmente a la enfermedad: los piojos transmiten el tifus, las aguas contaminadas contribuyen a difundir la fiebre tifoidea y el cólera, y las ratas, a través de sus pulgas, hacen cundir la peste.

---

[3] John Duffy, *A History of Public Health in New York City 1866-1966* (1974), p. 113.

Tanto la teoría de las miasmas como la de la suciedad contaban con sofisticados partidarios, entre los que se encontraban funcionarios de la salud pública y algunos científicos extraordinariamente dotados de talento. Pero el rival más científico de la teoría de los gérmenes solo explicaba la enfermedad en términos de química: veía la enfermedad como un proceso químico.

Los científicos utilizaron la química como una lente con la que enfocaban gran parte de la biología, y mostraron que algunas reacciones químicas parecían imitar el comportamiento de la enfermedad. Por ejemplo, los defensores de la teoría química de la enfermedad afirmaban que el fuego era un proceso químico, y que una cerilla podía desencadenar una reacción en cadena capaz de incendiar todo un bosque o una ciudad entera. Ofrecieron una hipótesis: unas sustancias químicas que ellos denominaban «zimas» actuaban como una cerilla, desencadenando una serie de reacciones químicas en el organismo que podían, a su vez, dar comienzo a algo parecido a una fermentación y, en definitiva, a una infección. La teoría química de la enfermedad está validada desde hace mucho tiempo, aunque no se llame así. Los científicos han demostrado claramente que los productos químicos, la radiación y los factores medioambientales pueden provocar enfermedades, aunque lo habitual es que esto no suceda si no es por una exposición intensa o muy prolongada, y no, como afirmaba la teoría zimótica, desencadenando una cascada de reacciones repentinas.[4]

Esta teoría evolucionó: se sugirió que las zimas podían reproducirse dentro del organismo y actuar, a un tiempo, como catalizadores y como organismos vivos. De hecho, esta versión más sofisticada de la teoría zimótica describe en esencia lo que hoy llamamos virus.

Pero estas teorías no terminaban de convencer a los científicos. Las enfermedades parecían germinar, crecer y expandirse. Entonces, ¿no tendrían que tener un punto de origen, una especie de semilla? Jacob Henle formuló la teoría moderna de los gérmenes

---

[4] Para más información sobre la teoría zimótica (o cimótica) véase Phyllis Allen Richmond, «Some Variant Theories in Opposition to the Germ Theory of Disease», *Journal of the History of Medicine and Allied Sciences* (1954), p. 295.

en su ensayo de 1840 *On Miasmata and Contagia*; aportó también algunas evidencias que sustentaban la teoría y expuso una serie de criterios que, si se cumplían, la demostrarían.

En 1860, Pasteur demostró que eran organismos vivos, y no una reacción química en cadena, lo que provocaba la fermentación. Con esto ganó una serie de conversos a la teoría de los gérmenes. El más importante de estos conversos sería Joseph Lister, que inmediatamente aplicó dichos hallazgos a la cirugía, imponiendo en los quirófanos una serie de prácticas antisépticas que le permitieron reducir el porcentaje de pacientes que morían de infección tras las intervenciones quirúrgicas.

Pero el trabajo de Robert Koch era de lo más convincente. El propio Koch lo era. Hijo de un ingeniero, lo suficientemente brillante para aprender a leer él solo a los cinco años, estudió con Henle y tuvo algunas ofertas para trabajar como investigador, pero se hizo médico para mantener a su familia. A pesar de ello, no dejó de investigar y estudiar la naturaleza. Trabajando él solo llevó a cabo una serie de experimentos que pasaban las pruebas más exigentes, y llegó a descubrir el ciclo de vida completo del bacilo del ántrax, demostrando que formaba esporas que podían permanecer durmientes en el suelo durante años. En 1876 entró en el laboratorio de Ferdinand Cohn, uno de los mentores de Welch, y le presentó sus descubrimientos: logró una fama inmediata.

A continuación estableció lo que se conocería después como «postulados de Koch», aunque Henle había propuesto lo mismo algún tiempo antes. Según dichos postulados, para poder afirmar que un microorganismo provocaba una enfermedad determinada los investigadores tenían que hallar primero el germen en todos los casos de dicha enfermedad. En segundo lugar, tenían que aislar dicho germen en un cultivo puro, inocular con dicho germen a un animal susceptible y que la enfermedad se manifestara en él. Y, por último, había que aislar el germen en el animal al que se había utilizado para la prueba. Los postulados de Koch se convirtieron en estándar de manera casi inmediata. No es fácil cumplir el estándar: por ejemplo, no siempre es posible encontrar un animal, para someterlo a examen, que tenga los mismos síntomas que los seres humanos infectados con un patógeno humano.

En 1882, Koch descubrió el bacilo que desde entonces lleva su nombre y que es el que provoca la tuberculosis, lo que sacudió al mundo científico y afianzó la teoría del germen patógeno. La tuberculosis era letal. Se llamaba popularmente «consunción», palabra que describe el horror de la enfermedad y cómo actuaba: consumía a la persona. Como el cáncer, atacaba tanto a jóvenes como a ancianos, les chupaba la vida y los transformaba en una carcasa desnutrida, hasta que morían.

Para los que creen en la bacteriología es difícil exagerar la importancia del descubrimiento de Koch. En Nueva York, uno de los amigos de Welch entró corriendo a su habitación con un periódico donde se daba cuenta de la noticia. Welch saltó de la cama y los dos se marcharon a contárselo a otro amigo. Casi inmediatamente después, Welch realizó él mismo el experimento y mostró a toda su clase el descubrimiento de Koch siguiendo el método de este. La clase observó cómo salía vapor de la placa donde había colocado esputo de un paciente infectado de tuberculosis tintado con carbolfucsina: el tinte se unía al bacilo de tal modo que era perfectamente visible sobre la placa. Era el último descubrimiento, el mayor de todos. Los alumnos contemplaron la placa a través del microscopio y vieron lo que había visto Koch; les invadió la emoción, y muchos recordarían aquel momento con gran nitidez muchos años más tarde. Uno de los estudiantes era Hermann Biggs, que se convertiría en un gigante por derecho propio: fue en aquel momento cuando dedicó consagrar su vida a la bacteriología.

Pero para Welch debió de ser una experiencia agridulce reproducir los hallazgos de Koch. Conocía a los alemanes, conocía a casi todos aquellos hombres que se aventuraban por los derroteros ignotos de la ciencia. Y lo único que estaba haciendo él era seguir sus pasos, no liderar el camino.

En 1883, Koch cosechó el primer gran triunfo de la ciencia sobre la enfermedad. Antes de aquello, a principios del XIX, dos epidemias de cólera habían devastado Europa y Estados Unidos. Cuando en Egipto se manifestó una epidemia nueva que amenazaba con atravesar las fronteras y llegar a Europa, Francia envió a los investigadores que tenía en este nuevo campo de la bacteriología a estudiar cuál era el origen de la enfermedad. Alemania envió a Koch.

Antes de esto, los grandes logros de la medicina se debían casi todos a la serendipia, aunque partieran de la observación. En el caso de la viruela, por ejemplo, Jenner comenzó a tomarse en serio las experiencias de los campesinos, que se inoculaban ellos mismos. Pero en este caso no fue así: en este caso, el objetivo estaba fijado de antemano. Tanto los franceses como Koch diseñaron un enfoque racional y utilizaron las herramientas que ofrecían el laboratorio y la bacteriología con un objetivo determinado.

Los franceses fracasaron. Louis Thuillier, el miembro más joven de la expedición, murió de cólera. A pesar de la amarga rivalidad nacionalista entre Pasteur y Koch, este último regresó a Francia con el cadáver de Thuillier, llevó su féretro y depositó en su tumba una corona de laurel «como corresponde hacer con los mejores».[5]

Koch regresó a Egipto, aisló el bacilo del cólera y marchó a la India para estudiar más a fondo sus descubrimientos. El estudio epidemiológico de John Snow, realizado en Londres tiempo atrás, solo había logrado demostrar que el agua contaminada provocaba la enfermedad. En tiempos de Koch, la teoría del germen patógeno parecía demostrada en el caso del cólera, y por lo tanto podía considerarse probada.

Los científicos de primer orden de todo el mundo, incluidos los estadounidenses, se mostraron de acuerdo con un destacado experto en salud pública, compatriota suyo, que en 1885 declaró: «Lo que era teoría se ha convertido en hecho».[6]

Pero una minoría, tanto en Estados Unidos como en Europa, seguía resistiéndose a aceptar la teoría del germen patógeno. Creían que Pasteur, Koch y otros habían demostrado que existía el germen patógeno, pero no que provocara la enfermedad. Al menos, no que fuera la causa única de la enfermedad.[7]

---

[5] Paul De Kruif, *Microbe Hunters* (1939), p. 130.

[6] Charles Chapin, «The Present State of the Germ Theory of Disease», *Fists Fund Prize Essay* (1885), sin paginar. Papeles de Chapin, Rhode Island Historical Society.

[7] Quienes se mostraban críticos con este planteamiento aportaron algún comentario interesante: estaba claro que el organismo «de ataque» no bastaba para determinar, por sí solo, quién enfermaba y quién no. Un mismo organismo podía atacar a dos personas, matar a una y no provocar ni un síntoma en la otra. Los genes

El crítico más notable fue Max von Pettenkofer, que había dado a la ciencia una serie de contribuciones reales y de gran calado. Insistió en que las bacterias de Koch eran solo uno de los muchos factores que provocaban el cólera. Su disputa con Koch se fue volviendo cada vez más aguda y apasionada. Con un toque de Barnum y algo de funambulista, Pettenkofer, resuelto a demostrar que estaba en lo cierto, preparó una serie de tubos de ensayo con bacterias del cólera letales. Se las bebieron él y algunos de sus alumnos. Para sorpresa de todos, aunque dos de los estudiantes desarrollaron síntomas leves del cólera, todos sobrevivieron. Pettenkofer cantó victoria y reivindicó el descubrimiento.

Su reivindicación le costó cara. En 1892, el cólera contaminó las reservas de agua de Hamburgo y Altona, una pequeña ciudad cercana. Altona filtró el agua y sus habitantes no contrajeron la enfermedad. Hamburgo no filtró el agua y 8606 personas murieron de cólera. Pettenkofer fue diana de las burlas y del odio de muchos, y acabó suicidándose.

Seguía sin haber una cura para el cólera, pero la ciencia había demostrado —los muertos de Hamburgo eran la prueba definitiva— que proteger las reservas de agua y comprobar si contenían la bacteria correspondiente podía evitar la enfermedad. Después de aquello solo un grupo de individuos recalcitrantes, aislados y sin crédito alguno, siguió rechazando la teoría de los gérmenes.

Y entonces llegó Welch a la Hopkins. El viaje hasta Baltimore no había sido fácil.

Cuando por fin recibió la oferta, en 1884, Welch se había acomodado en Nueva York y tenía la riqueza material al alcance de la mano. Todos los alumnos que habían asistido a su curso le tenían infinito respeto y muchos ejercían ya como médicos. Se había labrado ya una reputación. Eso, y su propio carisma, le abrió las puertas de la sociedad a la que deseaba acceder.

---

de un individuo, su sistema inmune, el entorno y otros factores, como el estrés, podían convertir a una persona en susceptible. Ya en 1911, el director de la escuela que formaba a los médicos del ejército francés dijo que los gérmenes, por sí solos, «no tenían la capacidad de provocar una epidemia». Pero esa opinión, en aquel momento, se consideró idiosincrática: ni siquiera minoritaria.

Su mejor amigo era su compañero de cuarto de la escuela preparatoria, Frederick Dennis: hijo de un magnate del ferrocarril y también médico, había estudiado en Alemania y ayudó a Welch a medrar en cada ocasión que tuvo, ensalzando su talento ante editores de diarios científicos y utilizando sus contactos con la sociedad de Nueva York o incluso sufragando indirectamente sus gastos. De hecho, Dennis se comportaba más como un amante que intentaba ganarse su afecto que como un amigo, por muy íntimo que fuese.

Pero, en correspondencia, Dennis siempre había exigido una especie de prenda por su lealtad, que Welch también estuvo siempre dispuesto a pagar. En aquel momento Dennis le exigía que se quedase en Nueva York, y como Welch no se mostró dispuesto a hacerlo, el primero orquestó una elaborada campaña para retenerle: convenció al padre de Welch de que le animara a quedarse, convenció a Andrew Carnegie de que donara 50.000 dólares para poner un laboratorio en Bellevue y convenció a Bellevue de que aportara otros 45.000 dólares para que su laboratorio estuviera a la altura del de Baltimore. Dennis no fue el único que le rogó que se quedara. Un destacado abogado, cuyo hijo había sido alumno de Welch, le aconsejó que no fuese a Baltimore, que sería el mayor error de su vida: «Ningún hombre de tu edad conseguiría la reputación que tú tienes ni en un siglo entero», afirmó. Hasta el presidente de la United States Trust Company le envió un mensaje que decía: «Por muy atractivo que le parezca el proyecto de Baltimore, es la oscuridad absoluta si se compara con la carrera que tiene ante sí en Nueva York».[8]

Las presiones tuvieron su efecto. Dennis instó a Welch a que expusiera las condiciones que exigía para quedarse. Y es que Welch tenía sus dudas, algunas de ellas relativas a su propia idoneidad. Desde su regreso de Alemania no se había dedicado realmente a la ciencia. No había hecho más que hablar de que su necesidad de ganarse la vida le había impedido llevar a cabo ninguna investigación.

La Hopkins esperaba algo más que charlas. Llevaba ocho años funcionando y, a pesar de ser una institución pequeña, se había

---

[8] Flexner y Flexner, *William Henry Welch*, véanse las pp. 128–32.

ganado ya una reputación internacional. Welch confesó a su madrastra: «Del profesorado de la Johns Hopkins se esperan tan grandes cosas en cuestión de logros y de reforma de la formación médica que siento una enorme presión, el peso de la responsabilidad. Y su reputación no será tan fácil de construir como en Bellevue».[9]

Y sin embargo, precisamente por ese motivo, la Hopkins le ofreció la que era, «sin duda, la mejor oportunidad de todo el país», escribió Welch. Si no aceptaba el ofrecimiento quedaría como un hipócrita cobarde. Mientras, en Nueva York, no se habían cumplido las condiciones que él requería, aunque Dennis pensara que sí.

Y Welch aceptó la oferta de la Hopkins.

Dennis se enfadó mucho. Su amistad con Welch había tenido, al menos por su parte, una gran profundidad e intensidad emocional, y se sentía traicionado.

Welch confesó a su madrastra que lamentaba que una amistad de toda la vida hubiera terminado de ese modo, pero que se sentía como si Dennis pensara que tenía una especie de derecho legal sobre su vida y su futuro: «Cuando mencionó todo lo que había hecho por mí, le respondí que ese era un tema del que no pensaba discutir con él».[10]

Después de aquello, Dennis le envió una carta en la que rompía formalmente su relación de amistad: una carta escrita con tal intensidad que incluso pedía a Welch que la quemara después de leerla.

Para Welch tampoco fue sencillo romper la relación. Sabía que no viviría otra amistad como esa. Durante gran parte del siguiente medio siglo el colaborador más cercano de Welch sería Simon Flexner, protegido suyo. Juntos lograrían muchas cosas, pero aun así mantuvo cierta distancia con Flexner, que escribiría después sobre la separación entre Welch y Dennis, afirmando que tras ella Welch no permitió que nadie, mujer o colega, intimara con él: «El científico solterón ha accedido a un plano superior de soledad en el que posiblemente se esconde el secreto de su poder».[11]

---

[9] Welch a su madrastra, 3 de abril de 1884, WP.

[10] *Ibid.*

[11] Flexner y Flexner, *William Henry Welch*, p. 136, véase también la p. 153.

Durante el resto de su vida Welch siguió solo. Más que solo: nunca profundizó en una relación, nunca se sometió, nunca echó raíces.

Nunca se casó. A pesar de trabajar con otros en unas circunstancias de cercanía que, en otras personas, fomentan lazos muy fuertes, y seguramente con la única excepción de William Halsted, gran cirujano y persona extraña —y esa excepción se basa solo en rumores—,[12] no se le conoce relación íntima de amistad, sexual o de otra índole ni con hombres ni con mujeres. Y aunque viviría en Baltimore durante más o menos medio siglo, nunca tuvo casa de su propiedad allí, ni siquiera un apartamento. A pesar de haber acumulado un patrimonio considerable, vivió siempre de alquiler en una casa de huéspedes donde tenía dos habitaciones, y se cambiaba junto a su casera cada vez que ella se mudaba. Cuando la hija de esta heredó el negocio, le heredó a él también como inquilino. Cenaba casi todas las noches en uno de los *clubs* a los que pertenecía y se movió siempre en ambientes de caballeros, cigarros puros y conversaciones de una velada. Así toda su vida. Un joven colega suyo observó que «rompía deliberadamente cualquier relación que parecía amenazar con convertirse en un lazo fuerte».[13]

Pero aunque pareciera vivir una existencia ordinaria en lo superficial, su vida no fue para nada ordinaria. Era un hombre libre, estaba solo pero no tenía ataduras familiares ni responsabilidades materiales. Era libre.

Libre para hacer cosas extraordinarias.

En «la Hopkins» —con el tiempo todo el mundo acabó llamándola así— esperaban que Welch creara una institución que cambiara para siempre la medicina estadounidense. Cuando aceptó el cargo, en 1884, tenía treinta y cuatro años.

---

[12] Halsted conoció y trató mucho a Welch en Nueva York: el afán de ambos era aplicar la ciencia a la medicina, pero Halsted comenzó a estudiar la cocaína y se volvió adicto. Su vida se vino abajo y se trasladó a Baltimore para estar cerca de Welch. Cuando superó la adicción, Welch le dio una oportunidad en la Hopkins, donde relacionó la cirugía con la investigación de la fisiología. Se convirtió en el médico cirujano más influyente del país, seguramente de todo el mundo. Halsted se casó, pero era un hombre excéntrico y errático y se volvió adicto a la morfina. No se sabe con certeza si Welch conocía esta adicción.

[13] Según el doctor Allen Freeman, citado en *ibid.*, p. 170.

La Hopkins fue logrando sus metas por dos vías, una directa y otra indirecta: acogió, si bien de forma temporal, a gran parte de lo que fue la primera generación de hombres y mujeres que comenzaron a transformar la ciencia médica estadounidense, y su ejemplo obligó a otras instituciones a elegir entre seguir su camino o desaparecer.

En el proceso, Welch acumuló un gran poder personal, un poder que había construido poco a poco, igual que un coleccionista construye una colección. Lo primero que hizo fue volver a Alemania. Ya había trabajado en el equipo de Cohn —a quien Koch había llevado sus conclusiones sobre el ántrax—, Carl Ludwig y Cohnheim, tres científicos de primera línea en todo el mundo, y había conocido al joven Paul Ehrlich, cuyas manos chorreaban tintes multicolor y cuyos puntos de vista, combinados con su dominio de la química, le llevaron a realizar algunas de las mayores contribuciones teóricas a la medicina.

En aquel período, Welch visitó prácticamente a todos los investigadores destacados de Alemania. Él mismo gozaba de cierto rango, y contó que la Hopkins tenía ya una reputación en Alemania, «mientras a las escuelas médicas de Nueva York no se las conoce ni de nombre».[14] Welch siempre tenía historias que contar, era capaz de recitar un soneto de Shakespeare y acumulaba un conocimiento científico cada vez mayor. Incluso científicos tan competitivos que resultaban casi paranoicos abrían sus laboratorios y sus proyectos privados y los ponían a su disposición. Su combinación de versatilidad e inteligencia le permitió mirar a las profundidades de la obra de aquellos científicos y considerar sus más amplias implicaciones.

Aprendió bacteriología de dos protegidos de Koch. Uno de ellos tenía entre sus alumnos a científicos de todo el mundo, muchos de los cuales ya se habían hecho un nombre. En este grupo también brilló él. Sus colegas le concedieron el honor del primer brindis de homenaje a aquel profesor suyo en un banquete de despedida. El propio Welch aprendió mucho de Koch, el nombre más grande de la ciencia,[15] que le aceptó en su famoso

---

[14] Welch a su padre, 25 de enero de 1885, WP.

[15] Florence Sabin, *Franklin Paine Mall: The Story of a Mind* (1934), p. 70.

curso —que solo impartió una vez— para científicos que enseñaban bacteriología a otros.

Al regresar a Baltimore, años antes de que abrieran el hospital y la escuela médica de la ciudad, incluso sin pacientes y sin alumnos, la Hopkins comenzó a precipitar los cambios. Y aunque el hospital de la Hopkins no se inauguró hasta 1889 y la escuela médica hasta 1893, su laboratorio se abrió casi de inmediato. Con aquello bastó.

En ese primer año utilizaron los laboratorios veintiséis investigadores que no pertenecían a la Hopkins. Un asistente de Welch, William Councilman —que más tarde reformó la Facultad de Medicina de Harvard a la imagen de la Hopkins—, era el que les suministraba los órganos para el estudio: los llevaba con su triciclo desde otros hospitales y luego los devolvía, metidos en una cesta que colgaba del manillar. Muchos de sus alumnos eran, o llegarían a ser, investigadores de primera línea en todo el mundo: Walter Reed, James Carroll y Jesse Lazear fueron tres de los cuatro doctores que vencieron a la fiebre amarilla. Unos años después llegarían a tener, a la vez, cincuenta licenciados en prácticas.

La Hopkins empezó entonces a armar una plantilla de profesores. Su visión institucional, combinada con la presencia de Welch, facilitaría la tarea. Un ejemplo de ello fue Franklin Mall.

Mall había obtenido la licenciatura en Medicina de la Universidad de Michigan en 1883, a la edad de veintiún años. Después se marchó a Alemania, donde trabajó con Carl Ludwig, hizo algunas prácticas en la Hopkins y se labró una reputación. Esperaba

exigía— los niveles más altos que uno pudiera esperar, y no solo de sus alumnos. Victor Vaughan, decano de la escuela médica de Michigan, y al que solo Welch superaba en influencia en el panorama estadounidense de formación en Medicina, consideraba que el laboratorio de química de la escuela era el mejor del país, y que estaba a la altura de los mejores del mundo. Mall lo despreciaba, decía que era «un pequeño laboratorio de química»,[16] y de su propia formación en Michigan afirmaba que podía compararse a la que daba un buen instituto de enseñanza superior.

---

[16] Sabin, *Franklin Paine Mall*, p. 24.

Cuando Welch le ofreció un puesto, Mall se encontraba en la Universidad de Chicago, donde estaba gestionando un presupuesto de 4 millones de dólares. Una suma enorme, donada por John D. Rockefeller, para hacer lo que Welch quería: establecer una institución extraordinaria. Mall respondió a la oferta de Welch con otra oferta: que abandonara la Hopkins y se fuera a Chicago, con un importante aumento de sueldo.

La Hopkins, por su parte, estaba buscando financiación desesperadamente. Pero Welch rechazó la propuesta de Mall y le respondió: «Se me ocurre solo un motivo que podría impulsarte a venir con nosotros: el deseo de vivir aquí y la fe en nuestros ideales y nuestro futuro, que no llamarán la atención del gran público ni de la clase médica durante algún tiempo. Lo que nosotros consideramos triunfo, la clase médica no lo considera tal».[17]

Mall barajó las alternativas. Como dijo a Welch, en Chicago ya había concebido el departamento de Biología, lo había equipado con 25.000 dólares y había planeado un edificio para alojarlo que representaría un coste de 200.000 dólares.[18] Todo ese dinero estaba ya disponible, y Rockefeller aportaría más fondos. En la Hopkins había ya una cátedra de Medicina y un hospital, pero no tenían dinero con el que abrir la escuela. Esta se abriría finalmente cuando un grupo de mujeres, muchas de las cuales habían donado fondos al Bryn Mawr College, se ofreció a hacer entrega de 500.000 dólares con la condición de que la escuela aceptara mujeres. Tanto la institución como sus administradores acabaron dando su beneplácito, aun a regañadientes.

Y luego estaba Welch.

Mall le envió un telegrama: «He decidido poner toda la carne en el asador. Creo que tú eres la mayor atracción de la Hopkins. Tú haces las oportunidades».[19]

---

[17] Flexner y Flexner, *William Henry Welch*, p. 225.

[18] Sabin, *Franklin Paine Mall*, p. 112.

[19] *Ibid.*

Sin embargo, no fue la investigación que Welch llevó a cabo en los laboratorios lo que atrajo a otros y creó oportunidades. Aunque no lo supieran Gilman y Billings, que le contrataron, ni siquiera él mismo, tenía un defecto.

Welch conocía bien los métodos de la ciencia y podía apreciar de inmediato la importancia de un resultado experimental, así como ver o ejecutar el diseño de un experimento subsiguiente para confirmar un descubrimiento anterior o profundizar en una investigación. Pero todo eso lo pudo hacer durante los seis años que pasó en Nueva York, cuando no se dedicaba a la ciencia. Se dijo a sí mismo, y dijo a los demás, que las exigencias de ganarse la vida habían convertido la investigación en una opción imposible para él.

Pero no tenía una familia que mantener... Y otros investigaban, con cargas muy superiores a la suya. Ningún científico se enfrentó a condiciones más duras que las de George Sternberg, un autodidacta a quien Welch llamó «el auténtico pionero de la bacteriología moderna en este país, que ha dominado la técnica y su literatura solo con su tenacidad y su capacidad innata».[20]

En 1878, cuando Welch conoció a Billings en la misma cervecería en que según la leyenda Fausto conoció a Mefistófeles, Sternberg era un oficial médico del ejército que combatía contra los indios Nez Perce. Desde allí recorrió setecientos cincuenta kilómetros en diligencia, soportando durante días y días la peste a sudor, los meneos que le recorrían la columna y sacudían los huesos y el polvo que le ahogaba, hasta llegar al tren para cubrir cuatro mil kilómetros de incomodidad a vapor, viajeros que se hacían hueco a codazos y comida incomestible. Todo lo resistió para asistir a una reunión de la American Public Healh Association. Mientras Welch lloriqueaba por su falta de opciones en Nueva York, Sternberg construía un laboratorio prácticamente de su propio bolsillo en un puesto fronterizo del ejército. En 1881 fue el primero en aislar el neumococo, semanas antes que Pasteur y Koch. Ninguno de los tres reconoció, por cierto, la importancia de la bacteria. Sternberg fue también el primero en observar que los glóbulos

[20] Martha Sternberg, *George Sternberg: A Biography* (1925), pp. 5, 68, 279, 285.

blancos de la sangre se comen a las bacterias, un descubrimiento clave para entender el sistema inmune. No pudo continuar con sus estudios, pero dejó otros logros dignos de mención: realizó un trabajo pionero al tomar fotografías a través del microscopio y concienzudos experimentos que determinaban la temperatura a la que morían algunos tipos de bacterias y el poder de algunos desinfectantes para acabar con ellas. Esa información permitió crear unas condiciones antisépticas tanto en los laboratorios como en algunos ámbitos de la salud pública. Estos trabajos también los comenzó Sternberg en un puesto fronterizo.

Mientras, en Nueva York, Welch juraba que solo si se veía libre de preocupaciones económicas podría acometer su propia investigación y su trabajo florecería.

En Baltimore, su trabajo no floreció. Allí, incluso rodeado de jóvenes investigadores con talento que le ayudaron, comenzaron a manifestarse sus fallos. Su problema era que tanto en la ciencia como en la vida siempre se quedaba en la superficie: nunca profundizaba. Nunca se ceñía a una cuestión importante o profunda.

Sus investigaciones eran de primer orden, sin duda: redondas, completas e irrefutables. Pero nunca lo bastante profundas, arriesgadas y centradas como para decir de él que había abierto un camino, que había mostrado el mundo desde otro prisma, que había desentrañado grandes misterios. Sus descubrimientos más importantes serían una bacteria que se llamó *Bacillus welchii*, que provoca la mionecrosis o gangrena gaseosa, y el hecho de que el estafilococo vive en varias capas de la piel, lo que significa que en el curso de una intervención el cirujano tiene que desinfectar no solo la superficie de la piel, sino todas las capas que hay debajo. Ninguno de estos descubrimientos era baladí, e incluso en ausencia de otros éxitos de más brillo podrían haber elevado a Welch a la categoría de gigante si hubieran formado parte de un corpus completo de trabajos.

Pero no fue más allá: esos fueron los únicos resultados significativos de su trabajo. En el contexto de una vida entera, y más en una época en que había todo un universo desnudo y a la vista a la espera de ser explorado, su obra no supuso gran cosa.

El desafío mayor de la ciencia, el arte de la ciencia, reside en hacerse una pregunta importante y situarla en un marco determinado, de tal forma que se pueda desglosar en piezas manejables, en experimentos que sean viables y pueden acabar dando respuestas. Para hacer esto se requiere cierto talento: la capacidad de investigar en vertical y ver en horizontal.

La visión horizontal permite a cualquiera asimilar y entretejer porciones de información que aparentemente no están conectadas. Permite al investigador ver lo que otros no ven, saltar a otra cosa que tiene conexión con lo que se aprecia y aplicar la creatividad. Investigar en vertical, meterse en las profundidades de algo, contribuye a crear nueva información. A veces lo que uno encuentra brilla lo suficiente para iluminar el mundo entero.

Hay al menos una pregunta que conecta lo vertical y lo horizontal. Esa pregunta es: «¿Y ahora qué?». Igual que una palabra en el tablero del Scrabble, esta pregunta puede conectar con un movimiento o dispararlo en varias direcciones. Puede eliminar un dato que no es importante o que al menos para el investigador que hace la pregunta no tiene relevancia alguna. Puede impulsar a un investigador a indagar más en profundidad, para entender algo. Puede obligarle a retroceder para ver la manera de encajar un descubrimiento determinado en un contexto más amplio. Para observar un enigma de ese modo es necesaria la curiosidad, una curiosidad profunda guiada por la disciplina, del mismo modo que una lente capta los rayos del sol y los dirige a un punto del papel, que comenzará a arder en breve. Hace falta una especie de conjuro.

Se cuenta que Einstein dijo una vez que su principal talento como científico era la capacidad de contemplar un número enorme de experimentos y artículos de diarios, seleccionar los pocos que eran a un tiempo correctos e importantes, ignorar el resto y construir una teoría sobre los primeros.[21] En esa valoración de sus propias capacidades, Einstein era, seguramente, excesivamente modesto. Pero parte de su talento consistía en tener instinto para lo que importaba, y la capacidad de seguir su evolución en vertical y de conectarlo en horizontal.

Welch tenía una curiosidad vital muy grande, pero carecía de la curiosidad necesaria para profundizar. Lo grande le llamaba la

---

[21] Anécdota narrada por el doctor Steven Rosenberg, julio 1991.

atención, pero no era capaz de encontrar la grandeza en lo insignificante. Ningún enigma le apasionó jamás, ninguna duda se convirtió en acicate, ninguna pregunta le espoleó tanto como para perseguirla hasta no poder sacar de ella más información o hasta que dejara de conducirle a otras preguntas. Se limitaba a examinar el problema, y después, a otra cosa.

Durante los primeros años que pasó en la Hopkins hacía continuamente referencia a su trabajo y a la necesidad de regresar al laboratorio. Después abandonó su pretensión y cesó en cualquier intento de dedicarse a investigar. Pero nunca aceptó del todo su propia decisión: al final de su vida expresaría en alguna ocasión el deseo de haberse dedicado al laboratorio.

A pesar de todo, y a pesar de que no aportó ningún logro científico, Welch no vivió una de esas vidas que comienzan como una gran promesa y terminan con amargura y decepción. A pesar de su mínima producción en el laboratorio, personas como Mall se sintieron atraídas por él. Como dijo un científico notable: «Todo el mundo coincide en que el propio Welch fue la gran atracción del Patológico [...] Su ejemplo, su inteligencia y su vasto conocimiento fueron la piedra angular de la medicina científica estadounidense».[22]

Y es que el verdadero talento de William Welch residía en dos áreas.

Una: no solo era vasto su conocimiento, también su buen juicio. Tenía una habilidad extraordinaria para escuchar a sus colegas explicando sus experimentos, o para leer un ensayo e inmediatamente después definir los puntos cruciales que seguían sin estar claros, las series fundamentales de experimentos que hacían falta para aclararlos. Era como si, aunque él no pudiera conjurar nada, conociera la técnica del conjuro y pudiera enseñársela a otros. Tenía también una habilidad extraordinaria para juzgar a la gente, para identificar a los que podían lograr lo que no había logrado él. Elegía a los catedráticos de la Facultad de Medicina, y lo hacía con brillantez. Todos eran jóvenes en el momento de su nombramiento.

[22] Flexner y Flexner, *William Henry Welch*, p. 165.

Welch tenía treinta y cuatro años; William Osler, un canadiense que probablemente fuese el médico más famoso de la era moderna, cuarenta; William Halsed, el cirujano que cambió la forma de pensar de los cirujanos, tenía treinta y siete; Howard Kelly, ginecólogo y pionero de la radioterapia, treinta y uno; J. J. Abel, químico y farmacólogo que descubrió la adrenalina y contribuyó a revolucionar la farmacopea, treinta y seis; W. H. Howell, fisiólogo, treinta y tres; Mall, treinta y uno. Howell, Abel y Mall fueron estudiantes de posgrado en la Hopkins.

Y dos: Welch inspiraba. Inspiraba de forma inconsciente, solo con ser él mismo. En los primeros tiempos de la escuela, Welch era corpulento, pero no estaba gordo; más bien bajo, tenía unos ojos azules que destelleaban sobre una barba oscura del estilo llamado «imperial», con bigote y perilla en punta. Se vestía a la manera conservadora pero con clase, siempre de oscuro. Solía ir al aula con un sombrero de hongo. A pesar de su corpulencia, sus manos y pies llamaban la atención por su pequeño tamaño, y le daban un aspecto casi delicado. Pero su rasgo más llamativo no era físico. Parecía tan centrado y tan cómodo consigo mismo que hacía sentirse cómodos a los que le rodeaban. En sus disputas —y tuvo unas cuantas con los profanos que se resistían a los cambios— nunca levantó la voz, nunca pareció sentir «el gozo desbordado de derribar a un contrincante», como dijo un hombre que le trató durante varias décadas.[23]

Todo lo que le rodeaba era positivo. Su inteligencia y la hondura de sus conocimientos también estimulaban su forma de enseñar. Entraba en el aula sin notas, sin haber preparado nada, a menudo sin saber de qué tema tenía que hablar, y enseguida comenzaba su lúcido discurso, regido por la lógica, siempre de un modo que provocaba emoción e incitaba a pensar. Era paternal sin resultar paternalista. Los médicos le enviaban muestras para análisis de patología y pagaban importantes honorarios. Sus ayudantes eran los que hacían el trabajo: él escribía los resultados y les daba el dinero. Le encantaba comer e invitaba a cenar opíparamente en su club, el Maryland, a veces incluso a colegas más jóvenes o a

---

[23] *Ibid.*, p. 151.

estudiantes. Uno de ellos dijo que estas cenas estaban entre sus mejores recuerdos por la conversación de Welch y su capacidad para hacer sentir a los alumnos «toda la abundancia del mundo»: el mundo del arte y la literatura, además de la ciencia.[24]

El efecto total, dijo Simon Flexner, era un ambiente de éxito:[25] «El deseo de ser como Welch, de obtener su aprobación, eran los principales incentivos de los jóvenes curiosos que abarrotaban su laboratorio».

Y además, Welch estaba rodeado de un halo de misterio. Aunque esto no estaba entre sus talentos, sí explicaba parte de su impacto. A pesar de su cordialidad, mantenía las distancias. La cordialidad era en sí misma una barrera que los demás no podían atravesar. Prestaba poca atención, cada vez menos, a los estudiantes, hasta que hacían algo lo suficientemente significativo para volver a merecerla. Siempre tenía un aspecto despreocupado, descuidado incluso. Se animaba tanto al conversar que la ceniza del puro le iba cayendo en el abrigo y allí se quedaba, sin que ello le importara. Nunca era puntual. Su escritorio estaba lleno de papeles que se iban apilando junto a la correspondencia de meses. Sus colegas jóvenes le pusieron un apodo, un apodo que partió de la Hopkins y llegó a los científicos de todo el mundo: le llamaban Popsy, aunque nunca delante de él.

Era un apodo agradable, paternal y cálido. Pero por mucho que él hiciera sentirse bien a los demás, a él nadie le hizo sentirse cómodo. Aunque ayudó a todos los que pensó que lo merecían, aunque siempre estaba rodeado de gente, nunca animó ni permitió a nadie que se sincerase con él y le confiase sus cuestiones personales. No confiaba en nadie. Mall contó en una carta a su hermana que le gustaría ser de verdad amigo de Welch y no un simple conocido. Ni siquiera Mall lo consiguió. Welch se iba solo de vacaciones a Atlantic City, un lugar cuya vulgaridad le fascinaba.

Los estudiantes cantaban una cancioncilla que decía: «Nadie sabe dónde come Popsy / Nadie sabe dónde duerme Popsy / Nadie sabe con quién sale Popsy... / Solo Popsy».

---

[24] *Ibid.*, p. 230.
[25] *Ibid.*, p. 165.

La escuela médica de la Hopkins estaba a las afueras de la ciudad, sobre una loma, a varios kilómetros del campus principal de la universidad y también del centro. El edificio principal era el Laboratorio Patológico, feo y achaparrado: dos plantas de piedra con seis ventanas en cada planta y unas chimeneas cuadradas como torres que sobresalían del edificio. Dentro había una sala para autopsias, como excavada dentro del edificio, y los alumnos del piso superior podían mirar desde unas barandillas. En cada planta, una sala alargada y estrecha: un laboratorio de patología en la primera y uno de bacteriología en la segunda.

Incluso sin la escuela, cuando el hospital abrió sus puertas en 1889 con dieciséis edificios construidos sobre catorce acres, comenzó a generarse una pequeña comunidad. La gente se juntaba para almorzar y comer todos los días, y con frecuencia se reunían también por la noche. Los lunes por la noche se congregaba un grupo más formal, de treinta o cuarenta personas, constituido por catedráticos, estudiantes que ya eran licenciados o doctores en Medicina, incluso ejercían como clínicos. Discutían los casos, las investigaciones en las que estaban inmersos, y cada comentario generaba nuevas preguntas. Los catedráticos normalmente cenaban vestidos de etiqueta en la mesa de honor, una mesa junto a la ventana que daba al jardín. Los más jóvenes jugaban al póker, se contaban sus cosas, iban juntos a beber cerveza a «La Iglesia», el bar-restaurante de Hanselmann que estaba en Wolfe and Monument. Un profesor de Harvard comparó la Hopkins con un monasterio. Harvey Cushing dijo que no había nada igual en la historia de la medicina.[26] Y desde luego, tenían una misión.

Elias Canetti, premio Nobel de Literatura, observó en su libro *Masa y poder* que los grandes movimientos suelen generarse con lo que él llamó «los cristales de la masa, grupos pequeños y rígidos de personas, estrictamente delimitados y bien cohesionados, que sirven para precipitar multitudes. Su estructura es tal que pueden comprenderse de un vistazo. Su unidad es más importante que su tamaño. Su papel debe ser familiar; la gente tiene que saber para qué están ahí... El cristal de la masa es constante... Sus miembros

[26] John Fulton, *Harvey Cushing* (1946), p. 118.

están entrenados en la acción y en la fe... La claridad, el aislamiento y la constancia del cristal forman un contraste asombroso con el flujo excitado de la masa que los rodea».

Y del mismo modo que un precipitado se separa de la solución y se fusiona en torno a un cristal, varios individuos con habilidades extraordinarias y con una visión común de las cosas se habían fusionado en torno a Welch y a la Hopkins. Juntos, con otros pocos más de todo el país, pretendían precipitar una revolución.

04

La formación médica en Estados Unidos necesitaba una revolución. Cuando la Hopkins abrió por fin sus puertas en 1893, la mayor parte de las escuelas médicas del país no habían establecido afiliación alguna ni con hospitales ni con universidades, el salario de la mayoría del profesorado se pagaba con la matrícula de los estudiantes y los alumnos se licenciaban casi siempre sin haber tocado a un paciente. Welch no exageraba cuando decía que, aparte de la Hopkins, ninguna escuela médica en Estados Unidos exigía para acceder al primer año unos conocimientos similares a los que se exigían en cualquier universidad respetable, «y algunas no exigen ni siquiera pruebas de tener estudios preliminares».[1]

En el caso de la Hopkins, por el contrario, la que pagaba los salarios del profesorado era la propia institución, y no las cuotas de sus estudiantes, y se exigía a los alumnos no solo que tuvieran una licenciatura universitaria, sino también un buen conocimiento del francés y el alemán, además de cierta formación científica. De hecho, estos requisitos eran tan rigurosos que Welch y Osler pensaron, con preocupación, que tal vez ningún alumno quisiera matricularse allí.

Pero acudieron. Llegaron en bandadas. Motivados y convencidos de que reunían los requisitos, volaron a una escuela donde no se limitarían a escuchar y tomar apuntes. Recorrieron los pabellones del hospital examinando pacientes, haciendo diagnósticos, escuchando el estertor de un pulmón enfermo, sintiendo la textura marmórea, extraña e inhumana de un tumor. Realizaron

[1] Flexner y Flexner, *William Henry Welch*, p. 222.

autopsias, llevaron a cabo experimentos en laboratorio y exploraron órganos con escalpelos, nervios y músculos con corrientes eléctricas, lo invisible con un microscopio.

Por otra parte, la Hopkins no era la única institución que pedía reformas. Era algo necesario desde hacía décadas, y los dirigentes de otras escuelas médicas, como Vaughan en Michigan, William Pepper Jr. en la Universidad de Pensilvania, William Councilman (que fue asistente de Welch hasta 1892) en Harvard, otros en Northwestern, en el College of Physicians and Surgeons de Nueva York, en Tulane, estaban promoviendo los mismos valores que Welch y la Hopkins y con la misma urgencia. La American Medical Association había luchado por las reformas desde sus inicios, y los médicos, a escala individual, también iban en busca de mejores programas de formación, como demostraba la gran cantidad de profesionales que se marchaban a Europa.

Pero en las escuelas médicas en general se habían observado pocos cambios, e incluso en Harvard, Pensilvania y otras instituciones, los que tuvieron lugar se produjeron tras acaloradas luchas internas, con continuos contraataques de los profesores más renuentes. William Pepper había convertido la Universidad de Pensilvania en una institución tan buena que la Hopkins le arrebató a gran parte de sus profesores, pero después de dieciséis años de lucha seguía sin hablar de logros, sino de «una larga y dolorosa controversia».[2]

Incluso en ámbitos en los que sí había habido cambios seguía existiendo una brecha entre la Hopkins y el resto. Harvey Cushing enseñaba en Harvard y fue a Baltimore a trabajar como ayudante de Halsted, pero en Boston nada le había preparado para la diferencia. La Hopkins le pareció «extraña»: «Se hablaba sobre todo de patología y bacteriología, materias de las que yo sabía tan poco que gran parte del tiempo, durante los primeros meses que estuve allí, me lo pasé en la sala de patología quirúrgica yo solo, por las noches, estudiando especímenes con un libro de texto alemán al lado».[3]

---

[2] Ludmerer, *Learning to Heal*, p. 53.

[3] Fulton, *Harvey Cushing*, p. 121.

La influencia de la Hopkins no se limitaba a la medicina. Medio siglo después de su inauguración, 243 de los 1.000 hombres destacados en la edición de *American Men of Science* de 1926 eran titulados de esa institución. En segundo lugar estaba Harvard, con 190. Hasta Charles Eliot, de Harvard, aceptó que la Harvard Graduate School había empezado «tímidamente y no había avanzado de forma significativa, hasta que se inspiró en la Johns Hopkins [...] Y lo mismo que en Harvard pasaba en cualquier otra universidad del país».[4]

La Hopkins había establecido el rasero. En 1900, Welch se dio cuenta de que en el Boston City Hospital, gestionado por Harvard, «solo tenían médicos de la Hopkins, y no querían otros».[5] En 1913, un europeo admitió que la investigación que se estaba realizando en su campo en Estados Unidos podía perfectamente competir con la que se hacía en Europa, y le atribuía este logro «a un hombre: Franklin P. Mall, de la Johns Hopkins University».[6] De los cuatro primeros americanos galardonados con el premio Nobel de Fisiología o Medicina, tres habían estudiado en la Hopkins y el cuarto había obtenido su título en Europa.

En el ámbito de la atención a los pacientes el impacto fue parecido. Como sucedía en todas las escuelas médicas, la mayoría de sus licenciados acababan dedicándose al ejercicio de la medicina. Años después de abrir sus puertas la escuela, más del diez por ciento del total de los titulados de la Hopkins se dedicaron en exclusiva a la docencia, y muchos de sus estudiantes llevaban camino de hacer lo mismo. Muchos de esos profesionales contribuyeron a la transformación de las escuelas médicas de otras instituciones universitarias, como Councilman o Cushing en Harvard, William MacCallum en Columbia, Eugene Opie en Washington University, Milton Winternitz en Yale o George Whipple (que recibió el Nobel) en Rochester.

Howard Kelly, con todas sus rarezas (era un fundamentalista que sermoneaba a las prostitutas que estaban apostadas en las

---

4 Shryock, *Unique Influence of Johns Hopkins*, p. 8.

5 Citado por Ludmerer en *Learning to Heal*, p. 75.

6 Shryock, *Unique Influence*, p. 20.

esquinas, y un estudiante dijo de él que «lo único que le interesaba de sus alumnos era que salvaran su alma»),[7] revolucionó la ginecología y fue pionero en radioterapia. William Halsted influyó notablemente en el cuidado de los pacientes al introducir el uso de guantes en las cirugías e insistir en su preparación y en la importancia de pensar antes de dar cualquier paso. Era tan cuidadoso con esto que William Mayo solía burlarse de él diciendo que sus pacientes estaban ya curados cuando terminaba. Bromas aparte, tanto William Mayo como su hermano afirmaron que le debían mucho, igual que la cirugía estadounidense: de 72 cirujanos que habían sido residentes o asistentes bajo su tutela, 53 se dedicaron a la enseñanza de la medicina.[8]

Fue en esa época cuando Henry James describió la Hopkins como un lugar en el que, «a pesar de la inmensidad del dolor», uno pensaba «en la poesía y en la enorme belleza de la ciencia aplicada. Las miserias humanas, colocadas en fila, se convertían en delicadas sinfonías en blanco. Y los médicos dirigían con dulzura todo un concierto silencioso».[9]

Dirigiendo ese concierto estaba Welch, el emprendedor. En la primera década del siglo XX, Welch era ya la amalgama de todo el universo médico estadounidense. Se convirtió en un referente en la medicina científica y en catalizador de la documentación que se generaba. Como editor y fundador del *Journal of Experimental Medicine*, el primero y más importante de los diarios médicos de investigación de su país, leía a menudo los textos que le llegaban de los colaboradores, lo que le permitió familiarizarse tanto con las nuevas ideas como con los jóvenes investigadores estadounidenses más prometedores.

Se hizo muy famoso en todo el país, no solo entre sus colegas, también en el ámbito científico y posteriormente en el gran mundo. Fue presidente de diecinueve organizaciones científicas distintas, todas de primer orden, entre las que estaban la American

7 Michael Bliss, *William Osler: A Life in Medicine* (1999), p. 216.

8 Bonner, *American Doctors and German Universities*, p. 99.

9 William G. MacCallum, *William Stewart Halsted* (1930), p. 212.

Medical Association, la American Association for the Advancement of Science y la National Academy of Sciences. El presidente de Stanford, Ray Wilbur, escribió de él —y no exageraba en absoluto, ni le estaba adulando— en 1911: «No recurrir a usted para buscar información sobre los profesionales más capacitados para cubrir las vacantes de nuestra escuela médica sería violar todos los precedentes de la mejor formación médica en este país».[10] Según un colega, Welch «podía transformar las vidas de los hombres con solo girar la muñeca».[11]

Sin embargo, su empleo del poder a la hora de colocar a la gente en determinados cargos —o de aprovecharlo para tumbar las leyes contra la vivisección, lo que hubiera impedido que se utilizaran animales en experimentación, diezmando la investigación médica— tuvo un impacto insignificante en comparación con cómo lo aplicó en otras dos áreas.

Una de ellas, terminar la reforma de la enseñanza de la medicina. El ejemplo de la Hopkins había obligado a las mejores instituciones a emprender reformas y a hacerlo a más velocidad: muchas de ellas no habían seguido en lo más mínimo el ejemplo de la Hopkins y tuvieron que ponerse en marcha. La otra fue impulsar y dirigir el flujo de decenas de millones de dólares hacia la investigación en laboratorio.

En Europa, Gobiernos, universidades y donantes adinerados contribuían a sostener la investigación médica. En los Estados Unidos ningún Gobierno, institución o filántropo se había planteado siquiera llegar a un nivel similar de contribución. En la época en que se abrió la Hopkins, las escuelas de teología estadounidenses disfrutaban de donaciones de 18 millones de dólares, frente a los 500.000 dólares que recibían las escuelas de Medicina.[12] La diferencia de apoyos financieros, igual que la de sistemas educativos, explica en gran medida por qué fueron los europeos los que llevaron a cabo los principales avances médicos.

---

[10] Flexner y Flexner, *William Henry Welch*, p. 263.

[11] Ludmerer, *Learning to Heal*, p. 128.

[12] Shryock, *Unique Influence*, p. 37.

Estos avances habían sido extraordinarios, pues a finales del siglo XIX y principios del XX la medicina estaba experimentando la que probablemente fue su edad dorada no solo hasta el momento, sino también después de esa fecha. La teoría de los gérmenes patógenos había abierto la puerta al progreso, y los investigadores habían empezado al fin a pasar por ella.

En 1880, Pasteur, que afirmó que «la suerte favorece a las mentes preparadas», estaba intentando demostrar que había descubierto la causa del cólera aviar. Inoculó a una serie de pollos sanos con la bacteria y murieron. Luego intervino la suerte: apartó un cultivo virulento, esperó unos días y después lo empleó para inocular a otro grupo de pollos. Sobrevivieron. Y lo que es más significativo: los pollos sobrevivieron también cuando los expuso a otros cultivos virulentos. Aunque atribuyó la idea a Jenner, procedió a debilitar —o, como él mismo dijo, «atenuar»— los cultivos y luego los utilizó para inmunizar a las aves contra la bacteria letal. Triunfó.

Comenzó a aplicar estas técnicas a otras infecciones. Con el ántrax no fue el primero en experimentar con cultivos atenuados, pero fue su trabajo el que trascendió y se convirtió en definitivo. Mientras le observaba un ejército de corresponsales de prensa y de altas personalidades, él iba inoculando a las vacas y luego exponiéndolas al ántrax. Las que inoculó vivieron, mientras los controles murieron. Tres años después, tres millones trescientas mil ovejas y 438.000 vacas fueron vacunadas contra el ántrax en Francia. Salvó, además, la vida a un niño al que había mordido un perro rabioso administrándole inyecciones de un fluido que contenía el patógeno y cuya intensidad iba aumentando. Un año después, en 1886, se puso en marcha una campaña para recaudar fondos y se creó el Instituto Pasteur. Casi inmediatamente después, el Gobierno alemán fundó institutos de investigación para Koch y otros tantos investigadores destacados, y se fundaron otros en Rusia, Japón y Gran Bretaña.

Los departamentos de Salud Pública comenzaron a aplicar medidas que contribuyeron a contener el cólera y las fiebres tifoideas, y en Alemania el principal discípulo de Koch, Richard Pfeiffer, inmunizó junto a Wilhelm Kolle a dos voluntarios con bacterias de la fiebre entérica muertas por calor. En Gran Bretaña, sir Almroth Wright continuó con sus investigaciones y desarrolló una vacuna contra la fiebre tifoidea.

Todos estos avances prevenían las enfermedades infecciosas, pero ningún médico tenía una cura para un paciente que ya las hubiera contraído y se estuviera muriendo por esa causa. Eso estaba a punto de cambiar.

Una de las enfermedades infantiles que más muertes provocaba era la difteria. Normalmente las víctimas morían ahogadas, porque con la enfermedad se generaba una membrana que obstruía las vías respiratorias. En España se la llamó «garrotillo», por su efecto estrangulador.

En 1884, el científico alemán Friedrich Loeffler extrajo el bacilo de la difteria de la garganta de sus pacientes, lo puso en un entorno especial (que los laboratorios aún utilizan en la actualidad, con el nombre de «medio suero de Loeffler», para cultivar la bacteria en casos sospechosos) y comenzó a realizar experimentos con animales que se prolongaron varios años. Los resultados llevaron a pensar que la bacteria en sí no mataba: el peligro venía de una toxina, un veneno que excretaba la bacteria.

En 1889, Émile Roux y Alexandre Yersin, protegidos de Pasteur, cultivaron un caldo lleno de bacterias de la difteria y aplicaron aire comprimido para que dicho caldo de cultivo pasara por un filtro de porcelana sin esmaltar. El filtro lo había diseñado Charles Chamberland, un físico que colaboraba con Pasteur, y a pesar de no ser más que una herramienta, se demostraría su inmensa importancia. Ninguna bacteria ni ningún sólido podía atravesar la porcelana. El líquido, sí. Procedió entonces a esterilizar el caldo: seguía siendo letal. Aquello demostraba que la letalidad estaba en una toxina soluble.

En esa misma época, un fisiólogo estadounidense llamado Henry Sewall, de la Universidad de Michigan, estaba estudiando el veneno de serpiente, que tiene una estructura química similar a las toxinas de muchas bacterias. En 1887 había inmunizado a las palomas frente al veneno de serpiente de cascabel.

Si podía inmunizar a las palomas, podría inmunizar a las personas. Igual que habían hecho con el cólera, los científicos franceses y alemanes comenzaron una competición aprovechando los adelantos de Sewall y otros y estudiando la difteria y el tétano. En diciembre de 1890, dos protegidos de Koch, Emil Behring (que ganaría después el premio Nobel) y Shibasaburo Kitasato, mostraron que el suero —el fluido que queda después de retirar de la sangre todos sus componentes sólidos— extraído de un animal que ya estaba inmunizado frente al tétano podía inyectarse en otro animal para protegerlo de la enfermedad.

Este estudio sacudió a toda la comunidad científica. Era un trabajo sobre la difteria de una profundidad desconocida hasta el momento, y trascendió a los laboratorios. Durante las navidades de 1891 se hizo en Berlín el primer intento de curar a un enfermo de difteria. Fue un éxito.

Los científicos habían descubierto una forma de prevenir la enfermedad, pero no solo eso. También habían hallado el modo de curarla: era la primera cura que existía.

Continuaron trabajando unos años más. En 1894, Émile Roux, del Instituto Pasteur, leyó un artículo suyo donde resumía los experimentos con antitoxina para la difteria en el Congreso Internacional de Higiene celebrado en Budapest. Sentados entre la audiencia estaban muchos de los principales científicos del mundo. Cuando Roux terminó, todos esos personajes de renombre, célebre cada uno de ellos por derecho propio, comenzaron a aplaudir, se pusieron de pie y lanzaron gritos de apoyo en varios idiomas, lanzando incluso sus sombreros al aire. Welch informó entonces de las experiencias que había llevado a cabo en su país y que confirmaban el trabajo de alemanes y franceses. Y todos los delegados regresaron a sus casas con un vial de ese maravilloso agente curativo en el bolsillo.[13]

En el discurso inaugural que dio en el siguiente congreso de la Association of American Physicians, una asociación creada para fomentar la medicina científica, Welch dijo: «El descubrimiento de un suero sanador es el resultado, al cien por cien, del trabajo en el laboratorio. Y no ha sido accidental. Todos los pasos que se han dado hasta lograrlo, y puede comprobarse, se han dado con

[13] Victor A. Vaughan, *A Doctor's Memories* (1926), p. 153.

un propósito definido para resolver un problema concreto. Estos estudios y los descubrimientos a los que han llevado marcan una época en la historia de la medicina».[14]

Su comentario no era una declaración de guerra, sino de victoria. La medicina científica había desarrollado una serie de tecnologías que podían prevenir y curar enfermedades que hasta el momento habían matado a mucha gente y de modos atroces. Y si los científicos franceses y alemanes habían encontrado la antitoxina, los americanos William Park (jefe de la división de laboratorios del Departamento de Salud de la Ciudad de Nueva York) y Anna Williams (que trabajaba con él y que posiblemente fuese la mejor bacterióloga del país, quizá del mundo) lo transformaron en algo que cualquier médico del mundo desarrollado pudiera obtener. Eran una extraña pareja: él con una mente original y creativa, pero serio e imperturbable, extremadamente preciso y organizado, y ella indómita, capaz de correr riesgos, tremendamente curiosa, una mujer que siempre estudiaba los nuevos inventos para ver cómo funcionaban. Se complementaban a la perfección.

En 1894 descubrieron una forma nueva de potenciar la toxina. Consiguieron que fuera quinientas veces más potente que la que usaban los europeos. Esta letalidad haría de la antitoxina un estimulante mucho más eficiente y reduciría los costes a una décima parte de lo que habían sido hasta el momento. Park decidió desglosar el proceso de producción en tareas que pudieran llevar a cabo trabajadores sin cualificación científica, y convirtió una sección del laboratorio prácticamente en una fábrica. No tardó en producir la antitoxina más barata, eficaz y fiable del mundo. Hoy en día se siguen aplicando sus métodos para producir la antitoxina de la difteria.

El laboratorio la distribuyó sin coste alguno en Nueva York y la vendió fuera de la ciudad. Park empleó el dinero para sufragar la investigación básica y convertir los laboratorios de la ciudad en las mejores instituciones del país dedicadas a la investigación médica. Sus informes anuales no tardaron en convertirse, según un

[14] Flexner y Flexner, *William Henry Welch*, p. 207.

historiador de la medicina, en «un corpus de investigación del que cualquier institución del mundo estaría orgullosa».[15]

Y la antitoxina, de pronto, comenzó a estar disponible en todo el mundo. El índice de mortalidad de la difteria cayó en picado casi en dos terceras partes. Los médicos del país empezaron a obrar milagros. Los primeros milagros de los muchos que se prometían.

* * *

A medida que se extendía el uso de esta antitoxina, Frederick Gates, un ministro baptista llevado por la curiosidad intelectual y con un talento especial para ver oportunidades a las que sacar provecho —asistente, además, de John D. Rockefeller—, leyó un texto médico de William Osler titulado *The Principles and Practice of Medicine*, un libro que tendría muchas ediciones y que leyeron por igual médicos y profanos. En él, Osler describía la evolución de las ideas médicas, exploraba controversias y, lo más significativo, reconocía la incertidumbre y la ignorancia.

Gates había comenzado a trabajar para Rockefeller como asesor filantrópico, pero nada le obligaba a limitarse exclusivamente a sus preocupaciones caritativas. Organizó muchas de las aventuras empresariales de Rockefeller y logró, por citar un ejemplo, un beneficio de 50 millones de dólares en el Iron Range de Mesabi, en Minnesota. El propio Rockefeller recurría a los servicios de un homeópata, y Gates también leyó *The New Testament of Homeopathic Medicine*, de Samuel Hahnemann, fundador del movimiento. Gates manifestó que Hahnemann «tendría que haber sido algo menos lunático, por decirlo suavemente».[16]

El libro de Osler impresionó a Gates por muchas razones, lo que constituía una paradoja. En primer lugar, mostraba la ciencia médica como un campo muy prometedor, aunque también dejaba claro que aquella promesa estaba muy lejos de materializarse.

---

[15] Wade Oliver, *The Man Who Lived for Tomorrow: A Biography of William Hallock Park, M.D.* (1941), p. 238.

[16] Frederick T. Gates a Starr Murphy, 31 de diciembre de 1915, WP.

«Enseguida entendí que no podíamos esperar que la medicina se convirtiera en ciencia», explicó Gates, «a menos que una serie de hombres cualificados para ello se dedicaran en cuerpo y alma a la investigación continua con un salario adecuado y sin depender en absoluto de la práctica. Y ahí había una oportunidad, para mí la mejor a la que podía aspirar el mundo, de que el señor Rockefeller se convirtiera en pionero».[17]

Mientras, John D. Rockefeller Jr. hablaba de la idea de financiar la investigación médica con dos destacados médicos: L. Emmett Holt y Christian Herter, ambos exalumnos de Welch. Los dos apoyaron la idea.

El 2 de enero de 1901, el nieto de Rockefeller Sr., John Rockefeller McCormick, nieto también de Cyrus McCormick, murió de escarlatina en Chicago.

Ese mismo año se fundó el Rockefeller Institute for Medical Research (Instituto Rockefeller para la Investigación Médica). Aquello podía cambiar las cosas.

Welch rechazó la oferta de dirigir la nueva institución, pero asumió todas las tareas que entrañaba su lanzamiento, como la presidencia del consejo y la de la junta de directivos científicos. En esta última estaban T. Mitchell Prudden, viejo amigo de Welch, Holt, Herter, otros dos destacados científicos que habían sido alumnos de Welch y Theobald Smith, de Harvard. Smith, uno de los principales bacteriólogos del mundo, había sido la opción preferida de Welch para dirigir el instituto, pero no aceptó el cargo porque había realizado la mayoría de sus investigaciones en animales, para sus enfermedades específicas —descubrió una vacuna para prevenir la peste porcina—, y se pensó que era más adecuado que el director se dedicara a la investigación de enfermedades humanas.

Welch ofreció el puesto entonces a Simon Flexner, que había dejado la Hopkins para ocupar una cátedra que le daría más prestigio en la Facultad de Medicina de la Universidad de Pensilvania: había rechazado una oferta de Cornell, donde le pagarían un sueldo de 8000 dólares, para ir a Pensilvania, donde cobraría 5000.

---

[17] *Ibid.*

Pero el nombramiento había sido polémico, y en la reunión donde fue elegido un miembro del profesorado dijo que aceptar a un judío como catedrático no implicaba aceptarlo como hombre. Tuvo que luchar diariamente con el resto de la plantilla por cuestiones personales e importantes.[18]

Flexner aceptó la oferta de Welch y un aumento de sueldo. Pero el lanzamiento de la institución quedó bajo el firme control de Welch. Al respecto, Flexner comentó que «Welch no aceptaba asistencia alguna, ni siquiera clerical. Tenía que atender hasta la más mínima cuestión él mismo, en persona. Hasta las cartas que escribía».[19]

Los institutos de investigación europeos o estaban dedicados a las enfermedades infecciosas o habían sido concebidos para que individuos como Pasteur, Koch o Ehrlich pudieran hacer su trabajo libremente. El Rockefeller Institute consideraba que la medicina era su campo: desde los albores de su existencia, los científicos estudiaron allí las enfermedades infecciosas, pero también sentaron las bases para la cirugía de trasplante de órganos, vieron las conexiones entre el virus y el cáncer y desarrollaron un sistema para conservar la sangre.

Al principio, el instituto concedió becas modestas a científicos de todas partes, pero en 1903 abrió su propio laboratorio y en 1910 su propio hospital. Y Flexner comenzó a encontrar su camino y cosechar éxitos.

Simon Flexner era un tipo áspero. Tenía algo de las calles, algo que le había quedado de su niñez como oveja negra de una familia de inmigrantes judíos en Louisville, Kentucky. Sus hermanos, ya fueran mayores o menores que él, fueron alumnos brillantes, pero él dejó la escuela en sexto curso. Era un tipo hosco que flirteó con la delincuencia; un tío suyo le despidió de un trabajillo que le había proporcionado en un estudio de fotografía. Después trabajó para un comerciante de textiles que engañaba a sus parroquianos y acabó huyendo de la ciudad. También le despidió un boticario. Su padre le llevó a la cárcel de su ciudad para que

[18] James Thomas Flexner, *American Saga*, pp. 241–42.
[19] *Ibid.*, p. 278.

se asustara y aprendiera a obedecer; luego intentó colocarle de aprendiz de un fontanero, pero el antiguo jefe de Simon le aconsejó que evitara relacionarse con el muchacho,[20] de modo que no le aceptó.

A los diecinueve años, Flexner encontró trabajo con otro boticario, lavando envases. En la tienda había un microscopio, pero el dueño le prohibió tocarlo. Él ignoró la orden. Flexner detestaba aburrirse y obedecer órdenes. Y lo que veía por el microscopio no era aburrido en absoluto.

Su mente había encontrado de pronto un asidero: aquello le fascinó. Y comenzó a dar saltos imposibles en su formación. En un año terminó el programa del Louisville College of Pharmacy, que duraba dos, y ganó la medalla de oro al mejor alumno. Empezó a trabajar para su hermano mayor, Jacob, que era farmacéutico y también tenía microscopio. Simon no necesitaría ya usarlo a escondidas. Al mismo tiempo asistía a una escuela médica, en horario nocturno. Más tarde recordaría que nunca examinó a un paciente: «Nunca oí cómo suena un corazón o un pulmón».[21]

Pero se licenció en Medicina. Su hermano menor, Abraham, se había graduado en la Hopkins, y Simon envió a Welch algunas de sus observaciones al microscopio. Al cabo de poco tiempo comenzó a estudiar en la Hopkins también él.

Welch le tomó afecto, aunque eran radicalmente opuestos. Flexner era pequeño y fibroso, con aspecto marchito, y no se podía decir de él que fuese encantador. Denotaba una inseguridad tensa, y solía decir: «Nunca me he formado en ninguna rama del conocimiento. En mis conocimientos hay enormes lagunas».[22] Para llenarlas, leía. Según su hermano Abraham, «leía igual que comía».[23] Devoraba los libros, lo leía todo. Era un lector omnívoro, que consumía desde literatura inglesa hasta Huxley y Darwin. Sentía que tenía que aprender. Sus inseguridades nunca le abandonaron: hablaba de «noches sin dormir, días de intensos miedos

---

[20] Benison y Nevins, «Oral History, Abraham Flexner», *Columbia University Oral History Research Office*; Flexner, *American Saga*, pp. 30-40.

[21] James Thomas Flexner, *American Saga*, p. 133.

[22] *Ibid.*, p. 421.

[23] Benison y Nevins, «Oral History, Abraham Flexner».

y de un nerviosismo enloquecedor»[24] que le impedían tener un solo momento de tranquilidad.

Pero otros sí reconocieron en él una serie de posibilidades extraordinarias. Welch le gestionó una beca en Alemania, y cuatro años después entró como profesor de Patología en la Hopkins. Siguió siendo un investigador de campo: fue a un pueblo minero a estudiar la meningitis, viajó a Filipinas para estudiar la disentería, a Hong Kong a estudiar la peste. El Nobel Peyton Rous diría después de sus artículos científicos que eran «un museo impreso, salvo por un detalle: vibraban de vida, porque experimentaba además de describir».[25]

Nunca perdió esa aspereza callejera, pero acabó suavizándola un poco. Se casó con una mujer lo bastante extraordinaria como para cautivar a Bertrand Russell (entre los papeles de ella se encontraron sesenta cartas que el matemático le había enviado) y cuya hermana fue una de las fundadoras de Bryn Mawr. El afamado jurista Billings Learned Hand también fue muy amigo suyo, y dejó su marca en el Rockefeller Institute.

Emerson dijo que una institución es la sombra alargada de un hombre, y el Rockefeller lo era de Simon Flexner. Raymond Fosdick, que sería después presidente de la Rockefeller Foundation, hablaba de la «precisión acerada de su mente». Dijo que era «como un reflector que podía girarse a voluntad para iluminar cualquier pregunta que le surgiera».[26] Un investigador del Rockefeller dijo que tenía «una lógica que iba más allá que la de la mayoría de los hombres, y era definitiva como una navaja».[27]

En contraste con el confort, el ambiente monástico y la intimidad que Welch confirió a la Hopkins, Flexner convirtió la Rockefeller en algo afilado, punzante, frío: cuando un caballo que había sido inmunizado contra una enfermedad para posteriormente destinar su sangre a producir suero inmunológico dejaba de ser útil, Flexner nunca pensaba en dejarlo en el campo pastando: se planteaba

---

[24] James Thomas Flexner, *American Saga*, p. 239.

[25] Comentarios de Peyton Rous, «Simon Flexner Memorial Pamphlet», *Rockefeller Institute of Medical Research*, 1946.

[26] Corner, *History of the Rockefeller Institute*, p. 155.

[27] *Ibid.*

únicamente venderlo para que fuese sacrificado en la industria cárnica o «a fabricantes de suero, para que utilicen su sangre hasta que ya no sirva».[28] Con la misma frialdad era capaz de librarse de una persona para que el instituto no tuviera que cargar con gente que no fuese «original». El despacho de Flexner era la sala más temida del instituto: podía resultar brutal, y no pocos científicos destacados le temían. En su funeral, un premio Nobel comento que «los individuos no eran nada para el Dr. Flexner cuando estaba en juego el bienestar del instituto».[29]

Para su institución buscó la atención de la prensa y el crédito de la comunidad científica. Su propio trabajo provocaba controversia. Poco después de que se instaurase el Rockefeller Institute, una epidemia de meningitis golpeó el este de Estados Unidos. Se aplicaron medidas desesperadas para combatir la infección. Se probó la antitoxina de la difteria y algunos médicos recurrieron incluso a la antigua práctica de sangrar a los pacientes. En la Hopkins, Cushing intentó incluso extraer fluido lleno de pus del canal espinal.

En el Rockefeller Institute se tomaron la epidemia de meningitis como un reto específico. Rockefeller y Gates querían resultados. Flexner quería proporcionárselos.

Tres años antes, William Park, que había perfeccionado la antitoxina de la difteria, había desarrollado un suero contra el meningococo que funcionó en todos los ensayos en laboratorio, pero no tuvo efectos en pacientes. En ese momento, dos alemanes crearon un suero similar que inyectaron directamente en la columna vertebral en lugar de suministrarlo por vía intravenosa o intramuscular. El índice de mortalidad de la enfermedad era del 80 por ciento. Cuando lo aplicaron a 102 pacientes redujeron esa tasa al 67 por ciento. Era una mejora sugerente, pero desde el punto de vista estadístico no era significativa.

Con todo, a Flexner su instinto le decía que aquello significaba algo. Repitió los experimentos de los alemanes. El setenta y cinco por ciento de sus pacientes moría. Pero en lugar de descartar aquel enfoque, insistió en él. Inició una larga serie de experimentos en

---

[28] Flexner a Cole, 21 de enero de 1919, *Papeles de Flexner*, APS.

[29] Comentarios de Peyton Rous, «Simon Flexner Memorial Pamphlet».

el laboratorio —para aumentar la potencia del suero— y a escala fisiológica, en un intento de encontrar la mejor forma de administrar ese suero a los monos. Tras tres años de trabajo logró establecer un método: primero había que insertar una aguja intratecal (atravesando una fina membrana que recubre la columna vertebral) y extraer 50 cc de fluido; después había que inyectar 30 cc de suero. Si no se hacía en ese orden la inyección incrementaba la presión y podía provocar parálisis. Y funcionó. Lo probó en 712 pacientes y la tasa de mortalidad cayó al 31,4 por ciento.[30]

Médicos de Boston, San Francisco, Nashville..., todos confirmaron el experimento, y uno de ellos señaló: «Los médicos rurales han obtenido sorprendentes resultados con el uso de este suero».[31]

Pero no todos aceptaron el papel de Flexner. En un libro de bacteriología de fecha posterior, Park sugirió que Flexner había contribuido poco al desarrollo del suero. Flexner respondió con una visita airada al laboratorio de Park, con las correspondientes salvas de gritos.[32] Y habría más disputas entre ambos, lo bastante sonadas como para que hasta los periódicos se hicieran eco de alguna.

En último término, Flexner logró bajar la tasa de mortalidad de los pacientes infectados por el meningococo, la causa más común de la meningitis bacteriana, al 18 por ciento. Según un estudio reciente del *New England Journal of Medicine*, con el tratamiento de antibióticos que se suministra hoy en día a pacientes infectados de meningitis bacteriana en el Massachusetts General Hospital, uno de los mejores del mundo, la tasa de mortalidad es del 25 por ciento.[33]

Tanto Flexner personalmente como la institución recibieron una publicidad increíble. A él le gustó, y quiso más. Lo mismo ocurrió con Gates y Rockefeller. En la primera década de vida del instituto, cada vez que alguien parecía estar a punto de lograr algo importante, aparecía Flexner. Su constante atención parecía exigir

---

[30] Simon Flexner, «The Present Status of the Serum Therapy of Epidemic Cerebrospinal Meningitis», *JAMA* (1909), p. 1443; véase también *Abstract of Discussion*, p. 1445.

[31] *Ibid.*

[32] Wade Oliver, *Man Who Lived for Tomorrow*, p. 300.

[33] M. L. Durand et al., «Acute Bacterial Meningitis in Adults—A Review of 493 Episodes», *New England Journal of Medicine* (enero de 1993), pp. 21–28.

resultados a toda costa, y él instaba sin cesar a sus investigadores para que escribieran artículos y los publicaran: «En vista de la rapidez con que aparecen los artículos en Bélgica y Francia, aconsejo que publiquen ustedes lo que hayan logrado. Les ruego que me mantengan al tanto».[34]

La presión no venía de Flexner: fluía a través de él. En una cena, en 1914, Gates declaró: «¿Quién no ha sentido el deseo punzante de ser útil al mundo entero? Los descubrimientos de este instituto ya han llegado a lo más profundo de África con su asistencia sanadora... Anunciamos un descubrimiento aquí y, antes de que acabe el día, todo el mundo lo sabe; en 30 días estará en todas las escuelas médicas de la Tierra».[35]

El resultado fue una maquinaria de publicidad en toda regla. Investigadores muy respetados se burlaron de la institución, que, en palabras de uno de ellos que había pasado allí dentro algún tiempo, se entregaba al «alboroto frecuente de cuestiones sin importancia y genialidades varias» porque «hay un afán de publicidad institucional que mueve a los directores y administradores a buscar la propaganda a toda costa».[36]

Pero la visión de Flexner era más amplia. Había aplicado a su obra lo que le faltó a Welch: la capacidad de hacerse preguntas de gran alcance y delimitarlas de tal modo que condujeran a una respuesta. Cuando consideraba que un investigador era original, una baza para la institución, le daba todo su apoyo. Lo hizo con Alexis Carrel y Karl Landsteiner —ambos galardonados con el premio Nobel, cuyo trabajo recibió un reconocimiento temprano—, pero también con otros investigadores jóvenes que aún no habían logrado notoriedad. Peyton Rous, que estudió en la Hopkins un programa general y otro de medicina, ganaría el Nobel por descubrir en 1911 que un virus podía provocar cáncer. El premio lo ganó en 1966. Le llevó todo ese tiempo que su trabajo se valorase y se tuviera en cuenta; al principio la comunidad científica se burlaba de él, pero Flexner le apoyó siempre. Thomas Rivers, un científico

---

[34] Flexner y Wollstein, 26 de marzo de 1921, *Papeles de Flexner*.

[35] Corner, *History of the Rockefeller Institute*, p. 159.

[36] *Ibid.*, p. 158.

formado en la Hopkins que trabajaba en el Rockefeller Institute y que determinó la diferencia entre virus y bacteria dijo esto de él: «No afirmo que Flexner no fuera duro o que no pudiera resultar mezquino a veces, porque podía —sé lo que me digo—, pero también era muy amable con la gente».[37]

En un informe que se envió a la junta de directivos médicos, pensando quizá en Rous o en Paul Lewis —un joven científico extraordinariamente prometedor que trabajaba directamente con él—, Flexner afirmó: «Los hombres más capacitados son con frecuencia los más reservados y autocríticos. En muchos casos hay que animarles, hacer que crean en sí mismos».[38] Cuando otro científico en el que Flexner tenía fe quiso cambiar de campo de actuación, él le dijo: «Te llevará al menos dos años encontrar tu camino. Yo no esperaría nada de ti una vez pasado ese tiempo».[39]

Flexner creía en la apertura. Le gustaba encontrar voces críticas, esperaba las fricciones y la interacción y quería que el instituto se convirtiera en algo vivo. El comedor era para él tan importante como el laboratorio. Allí cambiaban impresiones colegas que trabajaban en distintas áreas. «Rous era un conversador brillante... Y Jacques Loeb, Carrel...», recuerda Michael Heidelberger, que era entonces investigador junior. Aunque Rous y Carrel ganaran un Nobel, seguramente Loeb fue el más provocador. «Eran sesiones memorables, muchas veces. Y una gran fuente de inspiración».[40]

Los viernes eran importantes: normalmente los investigadores presentaban ese día sus trabajos más recientes en un entorno distendido, y los colegas hacían comentarios, sugerían experimentos y añadían diferentes contextos. Era un lugar donde se sentía la emoción, un lugar casi sacrosanto, a pesar de que algunos hombres (Karl Lansteiner, por ejemplo, que también obtuvo un Nobel) nunca presentaron nada. Flexner buscaba activamente a los individualistas que no encajaban en otros lugares, ya fuesen llaneros solitarios o *prima donnas*. La mezcla era lo importante.

---

[37] Saul Benison, *Tom Rivers: Reflections on a Life in Medicine and Science, An Oral History Memoir* (1967), p. 127.

[38] Corner, *History of the Rockefeller Institute*, p. 155.

[39] *Ibid.*, p. 158.

[40] *Heidelberger, relato oral*, 1968, NLM, p. 66.

Según dijo Rous, Flexner hizo de la institución «un organismo, no un establecimiento».[41]

Y la influencia de Flexner, como la de Welch, empezó a extenderse más allá del ámbito del laboratorio, más allá incluso del ámbito del propio Rockefeller Institute.

Antes de que la institución ejerciera una influencia importante, la ciencia médica estadounidense ya había empezado a afianzarse en el mundo entero. En 1908 se celebró en Washington el Congreso Internacional sobre Tuberculosis. Asistió Robert Koch, que viajó desde Alemania, corpulento e imperioso, preparado para juzgar y dar su veredicto.

En una reunión de la sección de Patología y Bacteriología que encabezaba Welch, leyó Park un artículo donde decía que en ese momento era un hecho constatado que «un gran número de niños habían contraído una tuberculosis fatal y generalizada a través de un bacilo» que estaba presente en la leche de vaca. Koch insistió en que Park se equivocaba, que no había pruebas que apoyaran la teoría de que las vacas contagiaran la tuberculosis a las personas. Theobald Smith se puso en pie y apoyó a Park. Comenzaron a discutir todos los presentes, pero al final toda la congregación quedó convencida y unos días después aprobaron una resolución que exigía medidas preventivas para evitar que la tuberculosis pasara de las vacas a las personas. Y Koch dijo: «Caballeros, pueden ustedes aprobar las resoluciones que quieran, pero será la posteridad la que decida».

Un delegado comentó: «El doctor Koch aisló el bacilo de la tuberculosis; hoy la ciencia ha aislado al doctor Koch».[42]

La ciencia no es democrática. Los votos no importan. Pero este voto señaló la mayoría de edad de la medicina estadounidense. Y no se debía exclusivamente a la Hopkins. Ni Park ni Smith habían estudiado ni dado clase allí. Pero la Hopkins y el Rockefeller Institute estaban a punto de encajar en su sitio dos piezas más para que la medicina estadounidense pudiera, por fin, reclamar su liderazgo científico.

---

[41] Comentarios de Peyton Rous, «Simon Flexner Memorial Pamphlet».

[42] En *Man Who Lived for Tomorrow*, pp. 272–76, de Wade Oliver, puede leerse un relato de esta reunión.

05

Los hombres que crearon el Rockefeller Institute siempre quisieron tener un pequeño hospital afiliado a su institución para investigar las enfermedades. Su intención era construirlo. Ningún paciente tendría que pagar el tratamiento y solo se admitirían aquellos enfermos que padecieran una enfermedad que estuvieran estudiando. Sería una institución única en el mundo. Eso pretendían William Welch, Simon Flexner, Frederich Gates y John D. Rockefeller Jr. Lo que no planearon fue lo que les obligó a hacer Rufus Cole, primer director del hospital.

Alto, bigotudo y elegante, sus antepasados habían llegado a Plymouth, Massachusetts, en 1633 y no parecía un tipo especialmente vehemente, capaz de enfrentarse a Flexner. Sin embargo, siempre se mantuvo fiel a lo que se proponía, y en eso sí era enérgico. Además, solo se rendía ante las pruebas, no ante la personalidad de nadie, y exponía sus ideas con calma y tenacidad. Thomas Rivers, colega suyo de toda la vida, le describió como «un hombre modesto y bastante tímido que era capaz de apartarse de su camino para evitar una confrontación». Y añadió que «se le consideraba el hombre más brillante de cuantos se habían titulado en la Hopkins en sus tiempos. Si le hacías enfadar, si le arrinconabas o le dabas la espalda, te percatabas de que al tipo no le asustaba luchar».[1]

Cole tenía amplios intereses y al final de su vida había escrito un estudio de 1294 páginas en dos volúmenes sobre Oliver Cromwell, los Estuardo y la Guerra Civil de los ingleses. Pero en

[1] Benison, *Tom Rivers*, pp. 30, 70, 204.

el comedor del instituto no se andaba por las ramas. Heidelberger decía que «se sentaba y escuchaba lo que se estuviera diciendo, y preguntaba después. A veces la pregunta parecía muy ingenua para que la hiciera alguien que, se suponía, sabía tanto como él; pero el resultado era siempre el mismo: sacaba a colación cosas que no habían salido antes con el único fin de profundizar en el problema. Al doctor Cole se le daba muy bien eso».[2]

Su padre y dos tíos suyos eran médicos, y en la Hopkins fue pionero en investigación. Su profesor, Lewellys Barker, había instalado laboratorios junto a los pabellones hospitalarios que no eran solo para realizar pruebas diagnósticas, y Cole adquirió, además de esa experiencia, una serie de ideas que influirían después en la evolución de la investigación clínica que emplea pacientes en lugar de tubos de ensayo o animales. Esas ideas se han estado aplicando hasta la actualidad.

Flexner veía el hospital como un campo de pruebas para las teorías que generaban los científicos en los laboratorios. Los científicos controlaban la terapia experimental. Los médicos que trataban a los pacientes —los clínicos— harían algo más que desempeñar el papel de un técnico que vigila a un animal de laboratorio.

Cole tenía otras ideas. No permitiría ni al hospital ni a los médicos actuar como si fueran «el servicio», como dijo Rivers. «Él y sus alumnos no iban a poner a prueba las teorías de Noguchi, las de Meltzer o las de Levens. Cole era inflexible en un aspecto: sostenía que quien cuidaba de los pacientes era quien debía llevar a cabo la investigación de la enfermedad».[3]

En una carta a los directores, Cole explicó que los clínicos tenían que ser científicos de la cabeza a los pies, capaces de realizar investigaciones serias: «Una cuestión que ha impedido seriamente el avance de la medicina ha sido la barrera física e intelectual entre el laboratorio y las salas de muchos de nuestros hospitales. Los laboratorios clínicos casi siempre han sido solo una ayuda para el diagnóstico. Yo quisiera instar a los hospitales a que desarrollen su propio laboratorio y lo conviertan en un auténtico laboratorio

[2] Heidelberger, *relato oral*, p. 83.

[3] Benison, *Tom Rivers*, p. 70.

de investigación, y que se permita y se anime a los médicos del hospital a llevar a cabo un trabajo experimental».[4]

No era una simple cuestión de territorios o de poder burocrático. Cole estaba sentando un precedente decisivo, estaba pidiendo, exigiendo, que los médicos que trataban a los pacientes se embarcaran en una investigación rigurosa con sus enfermos. En todas partes había precedentes de esa forma de proceder, pero en ningún caso con el rigor sistemático que Cole proponía.

Esos estudios no solo amenazaban al poder de los científicos que se dedicaban en exclusiva a la investigación en laboratorio, también modificaban la relación entre médico y paciente, porque era como admitir que el médico no tenía todas las respuestas y que el azar y la casualidad —en oposición al buen juicio del médico— podían determinar el tratamiento que recibía un paciente.

Tímido o no, Cole no cedió. Flexner sí lo hizo. El resultado: el Rockefeller Institute aplicó la ciencia al cuidado del paciente, creando así un modelo de investigación clínica que hoy sigue, por ejemplo, la principal institución de investigación clínica del mundo, el Clinical Center de los Institutos Nacionales de Salud de Bethesda (Maryland). Ese modelo permitió a los investigadores aprender y les preparó para actuar.

El hospital del Rockefeller Institute abrió sus puertas en 1910. Para entonces, lo mejor de la ciencia y la formación médica estadounidense estaba ya en condiciones de competir con lo mejor del mundo. Pero dentro del país había aún una brecha enorme entre los mejores y la media, y un abismo insalvable separaba a los mejores de los peores.

O dicho de otro modo: había generales, coroneles y comandantes sobresalientes, pero no sargentos, cabos ni soldados rasos. Los altos mandos no tenían un ejército al que mandar, al menos no un ejército fiable. Era preciso cerrar la brecha que separaba a los mejores de la media, y eliminar a los peores.

Los médicos que ya estaban ejerciendo eran inasequibles para la causa, porque ya habían decidido por su cuenta si iban a seguir

---

[4] Benison, *Tom Rivers*, p. 68.

los métodos científicos o no. Y eran millares. El propio Simon Flexner obtuvo su título de doctor en Medicina en una escuela médica terrible, pero lo compensó después con creces, confirmando la observación de Welch: «Los resultados son mejores que el sistema».[5]

Sin embargo, el sistema de formación de los médicos seguía necesitando una reforma radical. En la década de 1820 comenzaron a pedirse a gritos esas reformas, pero exceptuando un puñado de escuelas de élite, los logros habían sido discretos.

Incluso en las escuelas de élite los cambios llegaron muy poco a poco. Hasta 1901 no siguieron las grandes universidades (Harvard primero, Pensilvania y Columbia después) el ejemplo de la Hopkins de pedir a los aspirantes a estudiar Medicina una titulación superior previa. Pero incluso las mejores instituciones fallaban en otro punto: elegían a sus profesores de Medicina Clínica entre los médicos locales en lugar de contratar profesionales de primera línea, como la Hopkins. En la historia oficial de la Facultad de Medicina de la Universidad de Pensilvania se lee que era difícil que «la endogamia pudiera llegar más lejos». A los profesores de Harvard los seleccionaba un grupo de médicos que no pertenecían a Harvard y que para tomar una decisión se reunían en el Tavern Club. Normalmente basaban su juicio en la veteranía. Hubo que esperar a 1912 para que Harvard seleccionara un profesor de Medicina externo a este grupo.[6]

Se percibía una presión por mejorar que venía de dentro de la profesión. No solo los profesionales de la Hopkins, Michigan, Pensilvania, Harvard y otras escuelas y facultades médicas se embarcaron en esa búsqueda de mejoras: también lo hizo un gran número de médicos y cirujanos, a escala individual. En 1904, la American Medical Association constituyó finalmente un Consejo para la Formación de Médicos destinado a organizar el movimiento reformista. Este consejo comenzó inspeccionando 162 escuelas médicas —cifra que suponía más de la mitad de las que había en todo el mundo— de Estados Unidos y Canadá.

---

[5] Citado por Flexner y Flexner en *William Henry Welch*, p. 61.

[6] Fleming, *William Welch*, p. 4.

Tres años después, el consejo de la AMA emitió de forma confidencial un informe desgarrador que concluía que en las mejores escuelas se estaban materializando las mejoras, pero que avanzaban muy despacio a pesar de los enormes esfuerzos en que se empeñaron muchos reformistas.[7] En las peores escuelas, sin embargo, apenas había cambios. Lo normal era que los profesores fuesen sus propietarios, la mayoría no tenía vinculación alguna con una universidad ni con un hospital, no habían impuesto condiciones de acceso y los sueldos seguían financiándose con la matrícula de los alumnos. Una escuela licenció a 105 «médicos» en 1905: ninguno de ellos había realizado jamás un trabajo de laboratorio, ni había diseccionado un cadáver, ni había visto a un solo paciente. Para vivir esa experiencia esperaban a que el paciente entrara por la puerta de su consulta.

El informe tuvo algunos efectos. Al cabo de un año, cincuenta y siete escuelas médicas exigían a sus aspirantes que tuvieran al menos un año de estudios universitarios.[8] Pero aun así quedaban dos tercios de las escuelas que no imponían requisitos o donde estos eran muy laxos y no estaban en relación con el contenido de la formación que daban.

Incapaz de enfrentarse de nuevo a sus asociados —ya en 1900 la AMA tenía solo ocho mil miembros en un país donde había ciento diez mil médicos en ejercicio, y temía generar antagonismos en el seno de la profesión—, la AMA presentó su informe a la Carnegie Foundation, insistió en que lo mantuvieran dentro de la confidencialidad y les pidió ayuda.[9] Por su parte, la Carnegie Foundation encargó a Abraham, hermano de Simon Flexner, que supervisara la formación médica. Aunque no era médico, Abraham Flexner había sido alumno de la Hopkins —afirmó que allí «uno respiraba investigación» aun siendo un simple estudiante— y ya había demostrado su opinión despiadada e implacable y su compromiso con la mejora en las instituciones educativas. El primer trabajo que tuvo al salir de la universidad fue dar clase en un instituto

---

[7] Vaughan, *A Doctor's Memories*, p. 440.

[8] Ludmerer, *Learning to Heal*, p. 116.

[9] Paul Starr, *The Social Transformation of American Medicine* (1982), p. 109.

de Louisville, donde suspendió a los quince estudiantes que tenía a su cargo, y allí experimentó con nuevos métodos docentes. Posteriormente crearía el Institute for Advanced Study en Princeton y contrataría personalmente a Albert Einstein para trabajar en él.

Abraham Flexner comenzó su estudio hablando con Welch y Franklin Mall. Sus opiniones influyeron en él, por decirlo suavemente, pues declaró que el resto de su estudio sobre la formación médica «fue poco más que una ampliación de lo que había aprendido en una visita previa a Baltimore».[10]

En 1910, año en que se inauguró el hospital del Rockefeller Institute, apareció su informe sobre la formación de médicos, titulado *Medical Education in the United States and Canada*, que pronto se conocería como «El Informe Flexner».

Según este informe había muy pocas escuelas que llegaran no ya a los estándares de Flexner, sino a un nivel aceptable. Dejó fuera a muchas de esas instituciones educativas porque no tenían ni un solo rasgo que las salvara: «Suciedad generalizada, infradotación [...]. Vemos que enseñan Cirugía sin pacientes, sin instrumental, sin modelos ni dibujos [...]. Dan clase de Obstetricia sin contar siquiera con un maniquí [...]. En ocasiones no hay ni siquiera uno que pueda usar toda la escuela». En Temple, en la Universidad de Halifax, en el Colegio de Osteopatía de Filadelfia, en todas partes, las salas de disección escapaban a cualquier intento de describirlas: «El hedor es insoportable, los cadáveres están putrefactos». Flexner reproduce el comentario de un profesor del Medical College de Carolina del Norte: «No vale la pena hablar del trabajo de laboratorio ante estudiantes torpes e ignorantes: muchos de ellos, que han llegado aquí por la publicidad, serían mejores granjeros que médicos».[11]

Flexner concluyó que más de 120 de las más de 150 escuelas médicas que estaban en funcionamiento deberían clausurarse.

Era la época del progreso. La vida se estaba empezando a organizar, racionalizar, especializar. En todos los campos surgían profe-

[10] Ludmerer, *Learning to Heal*, p. 172.

[11] *Ibid.*, véase pp. 169-73.

sionales que encauzaban las ideas del período jacksoniano, cuando las asambleas legislativas de los estados consideraban antidemocrático conceder licencias incluso a los médicos. Frederick Taylor estaba trabajando en su teoría de la organización científica del trabajo (conocida como «taylorismo») para aumentar la eficacia en las fábricas, y en 1908 se abrió la Harvard Business School para impartirla. Esta racionalización de la vida incluía la publicidad a escala nacional, que estaba empezando a aparecer, y las cadenas de tiendas, que se extendían por todo el continente. La mayor, United Drug Stores, tenía 6843 puntos de venta.[12]

Pero el informe de Flexner no se limitó a reflejar todo esto, así como tampoco el contexto en que un historiador marxista intentó ubicar la medicina científica, llamándola «una herramienta desarrollada por los miembros de la profesión médica y la clase corporativa para [...] legitimar el capitalismo» y apartar la atención de donde debería centrarse: en las causas sociales de la enfermedad.[13] Las sociedades no capitalistas, incluidas Japón, Rusia y China, también estaban adoptando métodos científicos en medicina. El informe no hablaba tanto de la era del progreso como de la ciencia. Y no sorprende que los partidarios de ese progreso fallaran en un esfuerzo equivalente de normalizar la formación de los juristas, por ejemplo. Cualquiera podía leer un estatuto, pero solo un especialista con la formación adecuada podía aislar el patógeno en un enfermo.

La era del progreso fue también la era de los escándalos. El informe de Flexner desencadenó un escándalo y causó sensación. Se imprimieron quince mil ejemplares. Los periódicos lo pusieron en sus titulares e investigaron las escuelas médicas locales. Flexner recibió al menos una amenaza de muerte.

El impacto fue inmediato. Fortalecido por el clamor que había generado Flexner, el Consejo para la Formación de Médicos de la AMA comenzó a clasificar las escuelas: las de Clase A eran totalmente

---

[12] Meirion Harries y Susie Harries, *The Last Days of Innocence: America at War, 1917-1918* (1997), p. 15.

[13] E. Richard Brown, *Rockefeller's Medicine Men* (1979), citado por Starr en *Social Transformation*, p. 227.

satisfactorias, las de Clase B eran las que podían salvarse y las de Clase C necesitaban una reorganización radical.

No habían pasado cuatro años desde la publicación del informe Flexner, cuando treinta y un estados dejaron de reconocer la titulación a los licenciados por las escuelas que pertenecían a la Clase C, lo que acabó con estas instituciones.[14] Las de Clase B se enfrentaban al dilema de mejorar, fusionarse o desaparecer. Las facultades de Medicina de universidades como las de Nebraska, Colorado, Tufts, George Washington y Georgetown mantuvieron un tenso tira y afloja con la AMA, pero al fin sobrevivieron. En Baltimore, tres escuelas de Clase B se fusionaron, dando lugar a la Facultad de Medicina de la Universidad de Maryland. Emory, en Atlanta, absorbió a dos escuelas más. Y las de instituciones como Southern Methodist, Drake, Bowdoin o Fordham sencillamente se hundieron.

A finales de la década de 1920, antes de la Gran Depresión y el desastre económico que supuso, casi un centenar de escuelas médicas habían cerrado o se habían fusionado. El número de estudiantes de Medicina, a pesar del fuerte incremento de la población del país, bajó de veintiocho mil en 1904 a menos de catorce mil en 1920; en 1930, a pesar del aumento de la población nacional, el número de estudiantes de Medicina seguía siendo un 25 por ciento menos que en 1904.[15]

Después, Arthur Dean Bevan, que lideró la reforma de la AMA, insistía: «La AMA merece todo el crédito de la reorganización de la formación médica de este país. Un 80 por ciento del informe Flexner se ha tomado del trabajo del Consejo para la Formación de Médicos». Bevan se equivocaba.[16]

La AMA quería evitar la publicidad, o mejor dicho el escándalo que suponía afirmar que la publicidad que había generado Flexner podía propiciar un cambio. Sin el informe, las reformas habrían llevado años, tal vez varias décadas. Y Flexner también influyó en

---

[14] Ludmerer, *Learning to Heal*, pp. 238–43.

[15] Shryock, *Development of Modern Medicine*, p. 350; Ludmerer, *Learning to Heal*, p. 247.

[16] Fulton, *Harvey Cushing*, p. 379.

la dirección que debían tomar esos cambios. En otras palabras, definió un modelo.

El informe de Flexner también tuvo un impacto indirecto: aceleró enormemente el flujo de fondos filantrópicos hacia las escuelas médicas, que ya había comenzado. Entre 1902 y 1934 nueve fundaciones de primera línea inyectaron 154 millones de dólares en el sector, casi la mitad del total de fondos donados a todas las causas.[17] Pero esta cantidad subestima el dinero que se generó, porque recibir un donativo llevaba aparejada la exigencia de que la escuela recaudara al menos la misma cantidad de fondos. Este dinero salvó a muchas escuelas. Yale, por ejemplo, había sido clasificada como B, pero lanzó una campaña para recaudar fondos y sus donaciones subieron de 300.000 dólares a casi tres millones. Su presupuesto pasó de 43.000 dólares a 225.000. Los estados comenzaron también a invertir dinero en las facultades de Medicina de sus universidades.

El mayor donante siguió siendo la Rockefeller Foundation. Pero John D. Rockefeller siguió yendo a un homeópata.

Welch había convertido el modelo Hopkins en una fuerza viva. Él y sus colegas de Michigan, Pensilvania y Harvard, y unas cuantas escuelas más, habían formado en efecto un grupo de élite como el de un ejército. Luego, en un lapso de tiempo sorprendentemente breve, revolucionaron la medicina estadounidense, crearon y expandieron el cuerpo de oficiales y comenzaron a entrenar a su ejército: un ejército de científicos y médicos con formación científica adecuada.

En vísperas de la entrada de Estados Unidos en la Primera Guerra Mundial, Welch tenía otro objetivo. En 1884, cuando la Hopkins le ofreció el puesto, Welch instó a la institución a fundar una escuela independiente dedicada al estudio de la salud pública bajo un prisma científico. La salud pública era y es el ámbito donde más vidas se salvan, normalmente porque se estudia el enfoque epidemiológico de la enfermedad y su patrón de comportamiento, dónde y cómo surge y cómo se extiende, pero también porque se

[17] Ludmerer, *Learning to Heal*, pp. 192–93.

atacan sus puntos débiles. Todo ello facilita la prevención. La ciencia había logrado contener la viruela, el cólera, la fiebre tifoidea, la peste y la fiebre amarilla, todo gracias a una serie de medidas de salud pública implantadas a gran escala, desde el filtrado del agua a la realización de ensayos, la exterminación de las ratas y la vacunación. Las medidas tomadas en el ámbito de la salud pública no tienen la vistosidad que le da a un médico arrancar a un paciente de las garras de la muerte, pero salvan millones de vidas.

Welch se había apartado de su objetivo y se había centrado en la transformación de la medicina en su país, convirtiéndola en una actividad fundamentada en la ciencia. Ahora comenzaba a perseguirlo de nuevo, al sugerir a la Rockefeller Foundation que sufragase los gastos de una escuela de salud pública.

Había cierta competencia para hacerse con esta institución, y otros intentaron convencer a la fundación de que crear una escuela de salud pública era una buena idea, aunque no lo era tanto establecerla en Baltimore. En 1916, Charles Eliot, presidente de Harvard, escribió a la fundación una nota en la que dedicaba a Welch un gran cumplido al tiempo que restaba importancia a la Hopkins, al afirmar que era «la obra de un hombre dentro de una universidad nueva y pequeña». Dijo: «Cuanto más pienso en el proyecto de situar el Institute of Hygiene en Baltimore, menos acertado me parece [...]. En comparación con Boston o Nueva York, Baltimore no tiene ni espíritu público ni una comunidad implicada en la beneficencia. La personalidad y la carrera del Dr. Welch son el único argumento viable para situarlo en Baltimore [...]. Y ese hombre tiene casi 66 años y ningún sucesor digno».[18]

A pesar de todo, «el único argumento» fue más que suficiente. La inauguración de la School of Hygiene and Public Health de la Johns Hopkins estaba programada para el 1 de octubre de 1918. Welch había dimitido como profesor de la escuela médica para ser su primer decano.

El estudio de la enfermedad epidémica es, naturalmente, un pilar fundamental de la salud pública. Welch estaba enfermo el día de la inauguración, y estaba empeorando: acababa de regresar

[18] Charles Eliot a Abraham Flexner, 1 de febrero y 16 de febrero de 1916, WP.

de un viaje para investigar una epidemia rara y letal. Sus síntomas eran idénticos a los de las víctimas de dicha enfermedad y estaba convencido de que también él la había contraído.

El ejército que Welch había formado estaba concebido para atacar, para buscar objetivos determinados (aunque fueran fruto de la oportunidad) y disparar contra ellos. El 1 de octubre de 1918 se iban a poner a prueba las habilidades de ese ejército con la epidemia más letal de la historia de la humanidad.

PARTE II

LA NUBE

06

El condado de Haskell (Kansas) está al oeste de Dodge City, donde el ganado procedente de Texas llegaba a la terminal del ferrocarril, y geográficamente pertenece al Salvaje Oeste, del que en 1918 no estaba muy lejos tampoco en otros aspectos. El paisaje era y es llano, sin árboles, y era un condado de tierra, literalmente. Las casas construidas de adobe seguían siendo habituales a principios del siglo XX. Una de las pocas estafetas de correos que había en el condado se hallaba en una de las casas de adobe, que era al tiempo vivienda del funcionario correspondiente. Este iba una vez por semana a recoger el correo a caballo recorriendo sesenta kilómetros —ida y vuelta— hasta la sede del Gobierno en Santa Fe, formada por unas cuantas edificaciones de madera, que ya iba camino de convertirse en la ciudad fantasma que sería diez años después. En la actualidad, solo su cementerio da cuenta de que una vez existió. Pero otras ciudades de los alrededores sí tenían vida. En Copeland estaba el Stebbins Cash Store, que vendía comestibles, calzados, textiles, vajillas, herramientas, aperos, pintura y aceites, mientras en Sublette, a falta de banco, S. E. Cave prestaba dinero al 7,5 por ciento de interés.

Aquí la tierra, los cultivos y el ganado lo eran todo, y el olor a estiércol era sinónimo de civilización. Los granjeros vivían pegados a los cerdos, a las aves, a las vacas. Había cerdos y pollos por todas partes. Había también muchos perros, y sus dueños se encargaban de enseñarles a no perseguir al ganado de otro porque podían pegarles un tiro.

Era una tierra de extremos. Era tan seca que el lecho del río Cimarron se quedaba a veces yermo de agua y el fondo se cuarteaba, tan seca que en febrero de 1918 se podía leer en la portada del diario local: «Hoy ha caído durante el día entero una lluvia fina, alcanzando las 27 centésimas. Ha sido muy bienvenida».[1] Pero otras veces llovía torrencialmente y se producían riadas, como la de 1914, que ahogó a muchos rancheros y borró del mapa el negocio más antiguo de la zona: un rancho que tenía tres mil cabezas de ganado. En verano, el sol iluminaba la pradera, la agostaba bajo un calor que hacía temblar a la luz misma. En invierno, un ventarrón sobrenatural, que no encontraba tope en los llanos durante kilómetros y kilómetros y millas, dejaba la sensación térmica en menos de cincuenta grados bajo cero; el país parecía la estepa rusa, estaba igual de congelado, igual de vacío. También sacudían la región tormentas violentas, tornados y ventiscas cegadoras. Todos estos fenómenos extremos se producían cada vez que era su época. Pero hubo uno que solo se produjo una vez.

La evidencia epidemiológica indica que a principios de 1918 se originó en el condado de Haskell (Kansas) un virus nuevo de gripe. La evidencia sugiere además que el virus viajó hacia el este, cruzando el estado, hasta llegar a una enorme base del ejército, y de allí viajó a Europa. Después comenzó a extenderse por Norteamérica, por Europa, por Sudamérica, por Asia y África, por las islas del Pacífico, por todo el mundo. Y dejó una estela, un lamento que salía de las gargantas de las plañideras, parecido al viento. Así lo ha acreditado el doctor Loring Miner.

Loring Miner era un hombre poco corriente. Licenciado por la universidad más antigua del Oeste, la Ohio University de Athens (Ohio), Miner era un apasionado de la cultura clásica y de la antigua Grecia que había llegado a la zona en 1885. A pesar de tener un historial tan distinto del de sus colegas pioneros que vivían en la frontera, se había adaptado y se encontraba a gusto.

Miner era un gran hombre en muchos aspectos: corpulento, con rasgos angulosos y un bigote muy poblado. Era un tipo huraño que no soportaba a los idiotas, sobre todo cuando estaba borracho..., lo que sucedía a menudo.[2] Se añadía a su grandeza un

[1] *Santa Fe Monitor*, 28 de febrero de 1918.

[2] El material sobre L.V. Miner procede de una entrevista con su nuera, la señora de L.V. Miner Jr., celebrada el 27 de agosto de 1999, de su nieta Catherine Hart, en julio de 2003, y de *Kansas and Kansans* (1919).

toque de rebeldía. No había pisado una iglesia durante años. De cuando en cuando leía a los clásicos en griego, pero se comía los guisantes sacándolos de la vaina con su propia navaja. En los treinta años que pasó en esa pradera construyó un pequeño imperio que nada tenía que ver con la medicina. Era miembro destacado de Odd Fellows (orden laica de carácter filantrópico y humanitario), había presidido el Partido Demócrata del condado, había sido juez de instrucción y era responsable de sanidad del condado. Era propietario de un almacén y una tienda de comestibles, y esperaba que sus pacientes le compraran a él; además, se había casado con la hija de una de las mayores familias de terratenientes del oeste de Kansas. Hasta en Haskell había un orden social, y en aquel momento, en plena guerra, su esposa aprovechó su estatus para dirigir el Comité de Trabajo para Mujeres de la Cruz Roja. Cuando pedía algo, rara vez había alguien que se lo negaba, y la mayoría de las mujeres del condado colaboraban con la Cruz Roja haciendo trabajos realmente duros, casi como los de un granjero.

Miner era otro ejemplo que ilustraba el comentario de Welch: los resultados de la formación médica eran mejores que el sistema. Aunque no era más que un médico rural establecido en medio de la nada y había comenzado a ejercer antes de que se aceptara la teoría de los gérmenes patógenos, no tardó en aceptarla y se mantuvo al día con los sorprendentes adelantos de su profesión, montó un laboratorio en su consulta y aprendió a utilizar las nuevas antitoxinas para la difteria y el tétano. En 1918, uno de sus hijos, que también se había licenciado en Medicina tras recibir una completa formación científica, estaba en la Marina. Se enorgullecía de sus propios conocimientos científicos y meditaba los problemas que encontraba. Sus pacientes decían que preferían que les atendiera él borracho que otro médico sobrio.

Asistía a pacientes que vivían diseminados en cientos de kilómetros cuadrados. Quizá fuera eso lo que le gustaba a Miner: la inmensidad, los extremos, el viento solitario que se podía volver tan violento como un disparo, las horas que tardaba en llegar hasta sus pacientes, a veces en un carro de caballos, otras en automóvil, otras en tren (los maquinistas paraban el tren para esperarle, y en invierno los jefes de estación le permitían esperar dentro de su garita, junto a la estufa, violando las reglas).[3]

Pero a finales de enero o principios de febrero de 1918 Miner tenía otras preocupaciones. Un paciente se presentó con una sintomatología que no parecía tener nada de raro, salvo su inusual intensidad: un fuerte dolor de cabeza con dolores musculares, fiebre alta y tos improductiva. Luego otro. Y otro. En Satanta, en Sublette, en Santa Fe, en Jean, en Copeland y en varias granjas diseminadas.

Miner había visto muchos casos de gripe, y eso fue lo que diagnosticó a sus pacientes. Pero nunca había visto una gripe como esa: violenta, progresaba a toda velocidad, se extendía por el cuerpo y en ocasiones resultaba letal. Esa gripe mataba. Pronto docenas de pacientes suyos —los más fuertes, sanos y robustos del condado— cayeron como abatidos por un disparo.

Miner empeñó todas sus energías en esa enfermedad. Tomó muestras de sangre, orina y esputo y empleó las habilidades que su hijo le había ayudado a desarrollar en su laboratorio. Buscó en sus textos y diarios médicos. Llamó a los pocos colegas que tenía en esa zona del estado. Se puso en contacto con el Servicio de Salud Pública Nacional, que no le ofreció ni ayuda ni consejo. Entretanto, hizo seguramente lo poco que podía hacer: probó la antitoxina de la difteria sin resultado alguno, quizá también la del tétano..., cualquier cosa que pudiera estimular el sistema inmune de sus pacientes para luchar contra la enfermedad.

El periódico local, el *Santa Fe Monitor*, aparentemente muy preocupado por la moral en tiempos de guerra, apenas mencionaba las muertes salvo en páginas interiores y de pasada: «La señora Eva Van Alstine está enferma de neumonía; su hijito Roy ya puede levantarse. Ralph Lindemann sigue bastante mal. Goldie Wolgehagen está trabajando en el almacén de Beeman durante la enfermedad de su hermana Eva. Homer Moody parece estar bastante enfermo. Mertin, el hijo menor de Ernest Elliot, está enfermo de neumonía. Nos complace anunciar que los hijos de Pete

---

[3] Puede verse una descripción de una consulta médica típica del Oeste (sobre todo de Kansas) en la obra de Arthur E. Hertzler, *The Horse and Buggy Doctor* (1938) y en la de Thomas Bonner, *The Kansas Doctor* (1959).

Hesser se están recuperando bastante bien. La señora J. S. Cox está algo mejor, aunque bastante débil todavía. Ralph McConnell ha estado muy enfermo esta semana».[4]

La enfermedad hizo que los pacientes de Miner aumentaran exponencialmente. Se dedicó a ellos por completo. A veces dormía en la carreta mientras regresaba a casa —una ventaja que no daba el automóvil— cualquier noche helada. Tal vez se preguntaba si se iba a enfrentar a la plaga de Atenas, una misteriosa enfermedad que devastó a la ciudad durante las guerras del Peloponeso y que mató probablemente a un tercio de la población.

Y luego la enfermedad desapareció. A mediados de marzo las escuelas volvieron a abrir, llenas de niños sanos. Hombres y mujeres volvieron al trabajo. Y la guerra volvió a ocupar su lugar entre las preocupaciones de la gente.

Pero Miner seguía profundamente atribulado. La enfermedad le asustaba, no solo por su familia sino por el resto de la gente. La gripe no era una enfermedad de la que hubiera que dar cuenta —es decir, la ley no obligaba a los médicos a informar de ella— ni que hubiera que someter al seguimiento de los departamentos de salud pública nacionales o federales.

Public Health Reports, un semanario que publicaba el Servicio de Salud Pública estadounidense para alertar a los trabajadores sanitarios del estallido de cualquier enfermedad de las llamadas «reportables» (no solo en Norteamérica y Europa, sino en cualquier parte del mundo: Saigón, Bombay, Madagascar, Quito), hacía un seguimiento de las enfermedades mortales, como la fiebre amarilla y la peste, pero también de otras amenazas menores. Y sobre todo en Estados Unidos vigilaba los brotes de paperas, varicela y sarampión.

En los primeros seis meses de 1918, Miner avisó de una «gripe del tipo severo».[5] Fue la única referencia a la gripe que se hizo en esa publicación. Otras publicaciones médicas publicaron esa primavera artículos sobre brotes de gripe, pero todos habían tenido lugar después de la de Haskell, y no los destacaron como «avisos

---

[4] 14 de febrero de 1918.

[5] *Public Health Reports 33, Parte 1* (5 de abril de 1918), p. 502.

de salud pública». El condado de Haskell vivió en 1918 el primer brote de un nuevo virus de la gripe que se estaba adaptando, violentamente, al hombre.

Luego se vio que el índice de mortalidad en Haskell, como porcentaje de toda la población del condado, no era más que una mínima parte de lo que sería en Estados Unidos unos meses después, ese mismo año, cuando la gripe golpeó con todas sus fuerzas.

Los enfermos de gripe, que podían expeler el virus y transmitirlo a otras personas, normalmente se curaban como mucho a los siete días de infectarse, a veces menos. Después de ese período podían seguir tosiendo o estornudando, pero ya no contagiaban la enfermedad. En una zona tan poco poblada y tan aislada como Haskell, el virus que infectó a sus habitantes podría haber muerto allí por incapacidad de salir al mundo exterior. Eso era perfectamente viable, salvo por una cosa: eran tiempos de guerra.

La misma semana en que Homer Moody y otros cuantos de Jean (Kansas) cayeron enfermos, llegaba de permiso a su casa de Jean el joven soldado Dean Nilson, procedente de Camp Funston. Este campamento, que formaba parte de la gran base militar de Fort Riley, estaba a unos kilómetros de su casa. El *Santa Fe Monitor* publicó: «Parece que la vida de soldado le sienta bien a Dean». Cuando se le acabó el permiso regresó al campamento. Ernest Elliot salió de Sublette (condado de Haskell) rumbo a Funston para visitar a su hermano justo cuando cayó enfermo su hijo; cuando regresó a casa el niño tenía neumonía. De Coperland, allí cerca, decía el periódico el 21 de febrero: «Casi todo el mundo está enfermo de *lagrippe* o de neumonía».[6] El 28 de febrero publicaba que John Bottom había salido de Copeland, camino de Funston: «Le auguramos un estupendo futuro como soldado».[7]

Camp Funston, el segundo acantonamiento en magnitud de todo el país, tenía de media cincuenta y seis mil jóvenes soldados. El campamento se había levantado en la confluencia de los ríos

[6] *Santa Fe Monitor*, 21 de febrero de 1918.

[7] *Santa Fe Monitor*, 28 de febrero de 1918.

Smoky Hill y Republican, donde ambos se unen formando el río Kansas. Al igual que otros campos de entrenamiento militar del país, Funston se había levantado en pocas semanas en 1917. Allí el ejército preparaba a los jóvenes soldados para la guerra.

Era un campamento típico, con las tensiones habituales entre los soldados profesionales y los jóvenes civiles que acababan de alistarse. Durante el invierno de 1917-18 se batieron récords de bajas temperaturas y, como el propio ejército admitió, tanto en Funston como en otros lugares «barracones y tiendas estaban atestados de gente y mal caldeados, y era imposible dotar a los hombres de ropas de abrigo», de modo que se dejaron de lado las normas del ejército que detallaban cuánto espacio tenía que tener cada soldado —y que se habían redactado con la cuestión de la salubridad en mente— y se acomodó a las tropas en literas. No tenían suficientes sábanas ni mantas, lo que les obligó a apretarse unos con otros alrededor de las estufas.[8]

Los hombres de Haskell que se alistaron en el ejército se entrenaron en el campamento de Funston. El tráfico entre ambos puntos no era denso, pero sí constante.

El 4 de marzo se vio en una revisión médica que un soldado de Funston, cocinero, tenía gripe. Al cabo de tres semanas había más de mil cien soldados lo bastante graves como para necesitar ingreso hospitalario, y miles más —no se sabe la cifra exacta— tuvieron que ser atendidos en todas las enfermerías de la base. 237 hombres enfermaron de neumonía, pero apenas hospitalizaron a un veinte por ciento de ellos. Murieron treinta y ocho soldados. Aunque el índice de mortalidad era superior al que cabía esperar de una gripe normal, la cifra no era tan elevada como para hacer saltar las alarmas. La cifra de fallecidos seguía estando por debajo de la que se registraba habitualmente en Haskell, y era un porcentaje insignificante de lo que estaba por llegar.

Todos los virus de la gripe mutan constantemente. Los tiempos de la explosión registrada en Funston sugieren que el brote de gripe que se produjo allí venía de Haskell. Si Haskell era el origen,

---

[8] Comandante general Merritt W. Ireland, ed., *Medical Department of the United States Army in the World War, v. 9, Communicable Diseases* (1928), p. 415.

quien lo hubiera llevado a Funston era el portador de una versión debilitada del virus, pero no dejaba de ser una versión capaz de mutar hasta volverse letal.

Entretanto, Funston seguía enviando un chorro constante de hombres a otras bases del país y de Europa, hombres cuya misión era matar. No imaginaban lo eficaces que iban a ser en esa misión.

07

Nadie sabrá jamás con absoluta certeza si la pandemia de gripe de 1918-19 se originó en el condado de Haskell (Kansas). Hay otras teorías sobre su origen, pero Frank Macfarlane Burnet, premio Nobel que vivió la pandemia y pasó la mayor parte de su carrera científica estudiando la gripe, concluyó después que la evidencia sugería que la pandemia de gripe de 1918 comenzó en Estados Unidos y que su propagación estuvo «estrechamente vinculada a la situación bélica y, sobre todo, a la llegada de las tropas estadounidenses a Francia».[1] Otros muchos científicos están de acuerdo con él, y la evidencia sugiere que Camp Funston experimentó el primer brote importante de gripe en Estados Unidos. El movimiento de hombres entre Haskell, infestado por el virus, y Funston también nos lleva a pensar que fue Haskell el lugar de origen.

Independientemente de dónde empezase, para entender lo que sucedió después es preciso entender primero cómo funciona un virus y conocer el concepto de plaga mutante.

Los virus son un enigma que existe en los márgenes de la vida. No son simples bacterias diminutas. Las bacterias se componen de una sola célula, pero tienen vida propia. Cada una tiene su propio metabolismo y necesita alimento, produce residuos y se reproduce mediante división. Los virus no comen ni queman oxígeno para obtener energía. No participan de ningún proceso que pueda considerarse metabólico. No producen residuos. No practican el sexo. No dan lugar a otros productos, ni de forma accidental ni buscada. Ni siquiera se reproducen independientemente.

---

[1] F. M. Burnet y Ellen Clark, *Influenza: A Survey of the Last Fifty Years* (1942), p. 70.

No llegan a ser un organismo vivo completo, pero son algo más que una colección inerte de sustancias químicas.

Existen varias teorías en cuanto a su origen, y no son excluyentes. Hay evidencias que sustentan todas esas teorías, y los distintos virus se pueden desarrollar de formas también diversas.

Una minoría sugiere que los virus se originaron de forma independiente, y que son las moléculas más primitivas de entre las que pueden autorreplicarse. Si esto fuera así, tendrían que haber evolucionado y dado lugar a formas de vida más avanzada.

Pero la mayoría de los virólogos son de otra opinión: que los virus comenzaron como células vivas más complejas y evolucionaron —o, más exactamente, involucionaron— para dar lugar a organismos más simples. Esta teoría no parece ajustarse a ciertos organismos, como una familia de patógenos llamada «rickettsia», que se consideraban virus pero ahora se ha visto que son algo a medio camino entre un virus y una bacteria; los investigadores creen que en un principio desarrollaban las actividades necesarias para llevar una vida independiente y luego perdieron esa capacidad. Los bacilos de la lepra también parecen haber «evolucionado», desde la complejidad y la capacidad de hacer una serie de cosas hacia la simplicidad. Una tercera teoría sugiere que los virus formaron parte de una célula, un orgánulo, pero se desprendieron y comenzaron a evolucionar por su cuenta.

Sea cual sea su origen, un virus solo tiene una función, que es la de autorreplicarse. Pero, a diferencia de otras formas de vida (si consideramos un virus como una forma de vida), un virus ni siquiera tiene que hacer eso. Invade una célula que tiene su propia energía, la somete, la reduce y la obliga a fabricar miles —en algunos casos cientos de miles— de nuevos virus. Llevan en los genes la capacidad de hacer esto.

En la mayoría de las formas de vida, los genes se distribuyen a lo largo de una molécula de ADN (ácido desoxirribonucleico) similar a un filamento. Pero muchos virus —como la gripe, el VIH y el coronavirus que provoca el SARS (Síndrome Respiratorio Agudo Severo)— codifican sus genes en el ARN (ácido ribonucleico), que es una molécula más simple todavía, pero también menos estable.

Los genes se asemejan al software: dicen a la célula lo que tiene que hacer del mismo modo que una secuencia de bits, en un código de programación, le dice al ordenador si tiene que ejecutar un programa de tratamiento de textos, uno de juegos o una búsqueda de Internet.

El código informático es un lenguaje binario, tiene solo dos signos. El código genético utiliza un lenguaje de cuatro letras, donde cada letra representa un elemento químico (adenina, guanina, citosina y timina, en algún caso sustituida por el uracilo).

El ADN y el ARN son cadenas de estos elementos químicos. En realidad son secuencias muy largas de letras. A veces estas letras no forman palabras o secuencias con un sentido claro: de hecho, un 97 por ciento del ADN humano no contiene genes y se le denomina ADN «sin sentido» o «no codificante».

Pero cuando las letras conforman palabras y frases con sentido, esa secuencia es, por definición, un gen. El gen de una célula, al activarse, ordena a la célula que fabrique unas proteínas determinadas. Las proteínas pueden utilizarse para construir bloques de tejido como si fueran ladrillos (las proteínas que comemos, por ejemplo, acaban por formar tejidos). Pero también desempeñan un papel fundamental en la mayoría de las reacciones químicas que tienen lugar dentro del cuerpo y a la hora de llevar mensajes para que den comienzo, o se detengan, determinados procesos. La adrenalina, por ejemplo, es una hormona, pero también una proteína, y acelera el ritmo cardíaco para provocar la llamada «respuesta de lucha o huida».

Cuando un virus consigue invadir una célula, inserta en el genoma de esa célula sus propios genes, y los genes del virus toman el control de los genes de la célula. La maquinaria interna de la célula comienza entonces a producir lo que los genes del virus exigen, y no lo que las células necesitan para sí.

Así, la célula produce cientos de miles de proteínas del virus, que se vinculan entre sí con una copia del genoma viral para dar lugar a nuevos virus. Luego, los virus nuevos escapan. En este proceso, la célula huésped casi siempre muere, normalmente cuando las nuevas partículas del virus cubren toda la superficie de la célula al tomar posiciones para invadir otras células.

Pero aunque los virus realicen solo una tarea, eso no significa que sean simples. Tampoco son primitivos. Altamente evolucionados, elegantes en su enfoque, más eficaces en su tarea que cualquier otro ser vivo, se han convertido en organismos infecciosos casi perfectos. Y el virus de la gripe está entre los más perfectos de estos organismos.

Louis Sullivan, el primer gran arquitecto moderno, declaró que la forma sigue a la función.

Para entender cómo funciona un virus, o para entender la biología, uno tiene que pensar en lo que dijo Sullivan en un lenguaje no de palabras, que se limita a dar nombre a las cosas, sino en un lenguaje tridimensional, un lenguaje de forma y silueta.

Porque en biología, sobre todo en los planos celular y molecular, casi toda la actividad depende en último término de la forma, de la estructura física, de eso que se llama estereoquímica.

Este lenguaje se escribe con un alfabeto de pirámides, conos, puntas de lanza, hongos, bloques, hidras, sombrillas, esferas y cintas retorcidas de todas las formas imaginables, al estilo de Escher, y con todas las siluetas imaginables. Cada una de esas formas tiene una definición exquisita y una enorme precisión de detalles, y todas ellas llevan un mensaje.

Prácticamente todo lo que hay en el cuerpo, pertenezca a él o no, tiene una forma, una marca en su superficie, algo que lo identifica como ente único. A veces son su forma y su ser los portadores de ese mensaje. En este último caso todo es información, todo es mensaje, con lo que encarna a la perfección esa observación de Marshall McLuhan según la cual «el medio es el mensaje».

Leer el mensaje, como leer braille, es un acto íntimo, un acto de contacto y sensibilidad. Todo lo que hay en el cuerpo se comunica de este modo: enviando y recibiendo mensajes por contacto.

Esa comunicación se produce, en gran medida, de la misma forma en que una clavija redonda encaja en un agujero redondo: al encajar, al acomodarse una a otro porque tienen el mismo tamaño, la clavija «se adhiere» al agujero. Aunque las distintas formas del cuerpo suelen ser más complejas que una clavija redonda, el concepto es el mismo.

Dentro del cuerpo, las células, proteínas, virus y todo lo demás circula y choca: unos elementos entran en contacto físico con otros. Cuando una protuberancia no encaja con otra, ambas siguen su camino y no pasa nada, pero cuando una complementa a la otra eso se convierte en un acto íntimo: si encajan lo suficientemente bien, se adhieren una a la otra. A veces encajan como una clavija redonda en un agujero redondo, en cuyo caso pueden separarse; a veces el encaje es muy ajustado, como una ganzúa en una cerradura simple, como las de las puertas de los armarios. A veces encajan con precisión exquisita, como una llave con diversas muescas en una cerradura más sofisticada.

Y ahí es cuando se desencadenan los acontecimientos. Las cosas cambian. El cuerpo reacciona. Los resultados de esa unión pueden ser tan espectaculares, tan destructivos, como cualquier acto de sexo o de amor, de odio o de violencia.

Hay tres tipos distintos de virus de la gripe: A, B y C. Los del tipo C rara vez provocan una enfermedad en las personas. Los del tipo B provocan una enfermedad, pero no una epidemia. Solo los virus de tipo A provocan epidemias o pandemias: una epidemia es un brote local o nacional, una pandemia es un brote mundial.

Los virus de la gripe no se originan en seres humanos. Su hábitat natural son las aves, y existen muchas más variantes de virus de la gripe en las aves que en los humanos. Pero la enfermedad se manifiesta de manera muy distinta en los animales y en los humanos: en las aves el virus infecta el tracto gastrointestinal; los excrementos de pájaro contienen grandes cantidades de virus, y un virus infeccioso puede contaminar lagos y otras reservas de agua.

La exposición constante a un virus aviar puede infectar al hombre directamente, pero un virus aviar no puede ir de persona a persona. No puede, a menos que mute primero para adaptarse a los humanos.

Es muy raro que esto suceda, pero a veces pasa. El virus puede pasar a través de un mamífero que hace de intermediario, que suele ser el cerdo, y de ahí saltar a las personas. Cada vez que una nueva variante del virus de la gripe se adapta a los humanos amenaza con extenderse rápidamente por todo el mundo y convertirse en una pandemia.

A veces, las pandemias llegan en oleadas, y su índice de morbilidad acumulativa (es decir, el número de personas que enferman a lo largo de todas esas oleadas) suele superar el 50 por ciento. Para un virólogo, el virus de la gripe es tan infeccioso que lo considera «un caso especial que se transmite con tal eficacia que agota el número disponible de receptores susceptibles».[2]

El de la gripe y otros virus —no bacterias— se combinan para provocar aproximadamente el 90 por ciento de las infecciones respiratorias, incluida la faringitis.[3]

Los coronavirus (causantes del resfriado común y del SARS), los virus paragripales y otros muchos provocan todos síntomas parecidos a los de la gripe, y pueden confundirse con ella. En consecuencia, la gente llama a veces «gripe» a una infección respiratoria leve, y no le presta atención.

Pero la gripe no es un resfriado fuerte sin más. Es una enfermedad muy específica, con una serie de síntomas particulares y con un comportamiento epidemiológico propio. En humanos, el virus ataca directamente al sistema respiratorio, y se vuelve más peligroso a medida que penetra en los pulmones. Indirectamente afecta a muchas partes del cuerpo, e incluso una infección leve puede provocar dolores musculares y en las articulaciones, dolor de cabeza intenso y postración. Puede, además, llevar a complicaciones más graves.

La inmensa mayoría de los enfermos de gripe suelen recuperarse por completo al cabo de unos diez días. Debido en parte a esto, y también a que la enfermedad suele confundirse con un resfriado común, rara vez se trata la gripe como algo preocupante.

Pero incluso cuando un brote no es mortal, la gripe golpea a tanta gente que hasta el virus más leve puede serlo. En los Estados Unidos, los Centros para el Control de las Enfermedades estiman

---

[2] Bernard Fields, *Fields' Virology* (1996), p. 265.

[3] En la actualidad, la gente pide antibióticos a su médico con demasiada frecuencia, y con demasiada frecuencia el médico los prescribe. Pero los antibióticos no tienen efecto alguno sobre los virus: administrarlos solo hace que las bacterias se vuelvan más resistentes, porque las que sobreviven quedan inmunizadas.

que hoy en día la gripe mata a entre 3.000 y 56.000 estadounidenses anualmente, dependiendo de la virulencia del virus de ese año.

Es además una enfermedad endémica, una enfermedad que está siempre presente. También se presenta en forma de epidemia o de pandemia. Y una pandemia puede ser más letal —en ocasiones muchísimo más— que una enfermedad endémica.

A lo largo de toda la historia conocida ha habido pandemias de gripe, normalmente varias en un solo siglo. Estallan cuando surge un nuevo virus. Y la naturaleza del virus de la gripe hace que el surgimiento de nuevos virus sea inevitable.

El virus, en sí mismo, no es más que una membrana —una especie de envoltorio— que contiene el genoma, es decir, los genes que definen lo que es el virus. Normalmente es un envoltorio esférico, aunque puede adquirir otras formas, con un diámetro de aproximadamente 1/10.000 de milímetro; se asemeja a un diente de león con protuberancias de dos formas distintas: unas como un pincho, otras como un árbol mal dibujado, que salen de la superficie.

Estas protuberancias son las que dotan al virus de su mecanismo de ataque. Ese ataque, así como la guerra defensiva que desencadena en el organismo, explica por qué la forma y la silueta determinan los resultados.

Las protuberancias con forma de pincho son de hemaglutinina: cuando el virus choca con la célula, la hemaglutinina frota las moléculas de ácido siálico que sobresalen de la superficie de las células del tracto respiratorio. La hemaglutinina y el ácido siálico se acoplan al «receptor» de ácido siálico como una mano que se introduce en un guante. Al adherirse el virus a la membrana de la célula hay cada vez más pinchos de hemaglutinina acoplándose a receptores de ácido siálico: funcionan como los garfios que lanzan los piratas contra un velero, y se agarran igual de fuerte. Cuando el virus y la célula llegan a estar unidos de ese modo, el virus ha cumplido su primer cometido: la adsorción o acoplamiento al cuerpo de la célula diana.

Este paso marca el principio del fin de la célula, y el comienzo del éxito de la invasión por parte del virus.

A continuación se forma un hoyo en la membrana de la célula, justo bajo el virus, y este se desliza hacia el interior de la célula en una especie de burbuja que se llama «vesícula». Si por algún motivo el virus de la gripe no logra penetrar la membrana de la célula, puede despegarse e intentarlo en otra célula. Solo algunos virus pueden hacer esto.

Al entrar en la célula, que no es lo mismo que fusionarse con la célula en la membrana de esta, como hacen otros virus, el virus de la gripe se esconde del sistema inmune. Las defensas del organismo no pueden detectarlo y matarlo.

Dentro de esta vesícula, de esta burbuja, la forma y la silueta del virus cambian y prueban nuevas posibilidades al enfrentarse la hemaglutinina a un entorno más ácido. Esta nueva acidez le hace doblarse en dos, dando lugar a una forma completamente nueva. Este proceso se asemeja al de sacarse un calcetín del pie, darle la vuelta e insertarlo luego en un puño. En ese momento, la célula ya está condenada.

La parte de hemaglutinina que ahora queda expuesta interactúa con la vesícula, y la membrana del virus comienza a disolverse. Los virólogos llaman a este proceso «desprendimiento» del virus y «fusión» con la célula. Los genes del virus no tardan en entrar en la célula, penetrar en su núcleo y comenzar a dar órdenes. La célula comienza a producir proteínas del virus en lugar de las suyas. Al cabo de unas horas estas proteínas ya están cargadas con nuevas copias de los genes del virus.

Entretanto, los pinchos de neuraminidasa (la otra protuberancia que sobresalía de la superficie del virus) desempeñan otra función: las micrografías electrónicas muestran que la neuraminidasa tiene una cabeza con aspecto de bloque que sale de un tallo fino; la cabeza tiene cuatro hélices idénticas, cada una con seis palas como las de un ventilador. La neuraminidasa rompe el ácido siálico que queda en la superficie de la célula y así destruye la capacidad que tiene el ácido para adherirse a los virus de la gripe.

Esto es fundamental porque, si no sucede, los nuevos virus que salen de la célula pueden ser atrapados como se atrapa a las moscas con papel adhesivo. Podrían pegarse a los receptores de ácido siálico y quedar atrapados en ellos, en la membrana de la célula muerta que se está desintegrando. La neuraminidasa garantiza que los nuevos virus puedan escapar para invadir otras células. Pocos virus se comportan así.

Desde el momento en que el virus de la gripe se acopla a una célula hasta el momento en que la célula se rompe transcurren unas diez horas, aunque puede ser menos o más (esto último es más raro). Luego escapa de la célula reventada una nube de entre 100.000 y un millón de nuevos virus.

La palabra «nube» encaja aquí por muchas razones.

* * *

Cada vez que un organismo se reproduce, sus genes intentan replicarse, dando lugar a copias exactas de sí mismos. Pero a veces se producen errores en el proceso, llamados mutaciones. Esto sucede en los genes tanto de seres humanos como de plantas o virus. No obstante, cuanto más avanzado es un organismo más mecanismos existen para evitar que se produzca una mutación. Una persona muta a un ritmo mucho menor que una bacteria, y una bacteria muta a un ritmo muy inferior al de un virus. Y un virus ADN muta a un ritmo muy inferior al de un virus ARN.

El ADN tiene un mecanismo de comprobación incorporado, destinado a reducir los errores de copia. El ARN no cuenta con mecanismo de comprobación alguno, y no hay forma de protegerlo contra las mutaciones. Así que los virus que utilizan el ARN para transportar información genética mutan mucho más rápido (entre 10.000 y un millón de veces más rápido) que los virus ADN.[4]

Los distintos virus ARN mutan también a velocidades diferentes. Algunos mutan a tal velocidad que los virólogos los consideran no tanto como una población formada por copias del mismo virus sino como lo que ellos llaman una «cuasiespecie» o «nube mutante».[5]

---

[4] *Ibid.*, p. 114.

[5] J. J. Holland, «The Origin and Evolution of Viruses», en *Microbiology and Microbial Infections* (1998), p. 12.

Estas nubes mutantes contienen trillones de virus estrechamente relacionados, pero todos distintos. Incluso los virus generados a partir de una única célula incluyen muchas versiones distintas de sí mismos, y la nube contendrá casi todas las permutaciones posibles de su código genético.

La mayoría de estas mutaciones interfieren con el funcionamiento del virus y, o bien lo destruyen por completo, o bien anulan su capacidad de infectar. Pero otras mutaciones, a veces en una sola base o en una sola letra de su código genético, permiten al virus adaptarse rápidamente a una situación nueva. Es esta adaptabilidad la que explica por qué estas cuasiespecies, esas nubes mutantes, pueden moverse rápidamente entre entornos diferentes, al tiempo que desarrollan una extraordinaria resistencia a los fármacos. Como ha observado un investigador, la rápida mutación «confiere un carácter aleatorio a los procesos de la enfermedad que acompañan a las infecciones por virus ARN».[6]

El virus de la gripe es un virus ARN, igual que el VIH y el coronavirus. Y de todos los virus ARN, el de la gripe y el VIH están entre los que mutan con más rapidez. El primero muta tan rápido que un 99 por ciento de los virus nuevos (entre 100.000 y un millón) que salen de una célula en el proceso de reproducción son demasiado defectuosos para infectar otra célula y reproducirse de nuevo. Pero, aun así, quedan entre 1000 y 10.000 virus que pueden infectar otra célula.

Tanto la gripe como el VIH entran en el concepto de cuasiespecie o de nube mutante. En ambos casos puede aparecer una mutación resistente a los fármacos en cuestión de días. El virus de la gripe se reproduce rápidamente, mucho más deprisa que el del VIH. Por lo tanto, se adapta también muy rápido, en ocasiones demasiado rápido para que el sistema inmune pueda responder.

[6] *Ibid.*, p. 17.

08

Una infección es un acto de violencia. Es una invasión, una violación. El organismo reacciona violentamente. John Hunter, el gran fisiólogo del siglo XVIII, definió la vida como la capacidad de resistirse a la putrefacción, a la infección. Aunque uno no esté de acuerdo con esa definición, resistirse a la putrefacción define, desde luego, la posibilidad de vivir.[1]

El defensor del cuerpo es el sistema inmune, una combinación extraordinariamente compleja, intricada y entrelazada de varios tipos de células, glóbulos blancos, anticuerpos, enzimas, toxinas y otras proteínas. La clave del sistema inmune está en su capacidad para distinguir lo que pertenece al cuerpo —lo «propio»— de lo que no —lo «ajeno»—, capacidad que se basa en la lectura de un lenguaje de formas y siluetas.

Los componentes del sistema inmune circulan por el cuerpo y penetran en todos los rincones. Cuando chocan con otras células, proteínas u organismos, interactúan con sus marcas y estructuras físicas y las leen, igual que hace el virus de la gripe cuando busca una célula, la encuentra y se aferra a ella.

El sistema inmune deja en paz a todo lo que lleve la marca de «propio», al menos cuando funciona correctamente; las enfermedades autoinmunes, como el lupus o la esclerosis múltiple, se desarrollan cuando el sistema inmune ataca al propio organismo en el que se encuentra. Pero si el sistema inmune percibe una marca de «ajeno», ya sea porque han entrado en el cuerpo células invasoras

[1] Citado en el cuaderno de Milton Rosenau, 12 de diciembre de 1907, *Papeles de Rosenau*, UNC.

o porque las propias se han infectado, entonces reacciona. Y lo hace atacando.

Las marcas físicas que detecta y lee el sistema inmune, y a las que se adhiere, se llaman «antígenos». La palabra hace referencia, simplemente, a todo lo que estimule el sistema inmune para provocar una reacción.

Algunos elementos del sistema inmune, como las llamadas células NK (del inglés «natural killer», que significa «asesino natural»), atacarán cualquier cosa que lleve la marca de «ajeno», es decir, cualquier antígeno externo. Se llama a este proceso inmunidad «innata» o «inespecífica», y sirve como primera línea de defensa gracias a su contraataque, que lleva a cabo a las pocas horas de la infección.

Pero el sistema inmune suele afinar más, su enfoque es más específico. Los anticuerpos, por ejemplo, son en realidad receptores flotantes que reconocen a un solo antígeno y tratan de acoplarse a él. Estos receptores son todos idénticos, y hay miles. De modo que los anticuerpos que llevan estos receptores solo reconocerán y se acoplarán, por ejemplo, a un virus que lleve ese antígeno, pero no al resto de organismos invasores.

Un vínculo entre la respuesta inmune específica y la inespecífica es un tipo particular y muy raro de leucocito que se llama célula dendrítica. Las células dendríticas atacan a las bacterias y a los virus de manera indiscriminada, los cubren y después «procesan» sus antígenos y los «presentan»: cortan en pedazos al microorganismo invasor y muestran los antígenos como un trofeo.

Las células dendríticas viajan luego al bazo o a los ganglios linfáticos, donde se concentran grandes cantidades de leucocitos. Allí estos leucocitos aprenden a reconocer al antígeno como invasor externo y comienza el proceso de producción de una gran cantidad de anticuerpos y leucocitos «asesinos» que atacarán al antígeno diana y todo lo que este lleve adherido.

Al tiempo que el cuerpo libera enzimas, el reconocimiento de un antígeno externo desencadena una serie de acontecimientos. Algunas de esas enzimas afectan a todo el organismo, aumentando la temperatura y provocando la fiebre. Otras directamente atacan y matan al antígeno diana. Y otras pueden ejercer de mensajeros químicos, convocando a los leucocitos a las zonas de invasión o dilatando capilares, para que las células asesinas puedan salir del torrente sanguíneo en el punto de ataque. Hinchazón, enrojecimiento y fiebre son los efectos colaterales de la liberación de estos químicos.

Todo esto es lo que se denomina en conjunto «respuesta inmune», y una vez que el sistema inmune se pone en marcha su actuación es formidable. Pero todo esto lleva tiempo. La demora puede dejar que la infección gane terreno en el cuerpo, incluso que llegue a avanzar hacia cuadros virulentos que pueden ser letales.

Antes de los antibióticos, una infección era el pistoletazo de salida de una carrera hacia la muerte en la que el patógeno competía con el sistema inmune. A veces una víctima se ponía muy enferma, sin esperanza, y luego se producía un milagro repentino, la fiebre cesaba y el enfermo se reponía. Esta «resolución por crisis» se daba cuando el sistema inmune ganaba la carrera porque había contraatacado con toda su artillería y había triunfado.

Cuando el cuerpo vence a una infección, tiene una ventaja. El sistema inmune es el epítome del dicho popular «Lo que no te mata, te hace más fuerte».

Tras vencer a una infección, los glóbulos blancos especializados (los llamados linfocitos T de memoria) y los anticuerpos que se adosan al antígeno se quedan dentro del cuerpo. Si vuelve a entrar un invasor que lleva ese mismo antígeno, el sistema inmune responderá mucho más rápido que la primera vez. Cuando el sistema inmune pueda responder tan rápido que una nueva infección no provoque ni siquiera síntomas, significará que la persona se ha vuelto inmune a la enfermedad.

Las vacunas exponen a la gente a un antígeno y movilizan el sistema inmune para reaccionar frente a la enfermedad. En la medicina moderna algunas vacunas solo contienen el antígeno, otras patógenos muertos y algunas patógenos vivos debilitados. Todas ellas alertan al sistema inmune y permiten al cuerpo organizar una respuesta inmediata si lo invade algo que lleve ese antígeno.

El mismo proceso se da en el cuerpo de forma natural con el virus de la gripe. Cuando la gente se cura de la enfermedad, su sistema inmune detecta rápidamente los antígenos del virus que les infectó. Pero la enfermedad tiene una manera de evadir el sistema inmune.

Los principales antígenos del virus de la gripe son la hemaglutinina y la neuraminidasa que sobresalen de su superficie. Pero de todas las partes del virus de la gripe que mutan, la hemaglutinina y la neuraminidasa son las que lo hacen más rápido. Y esto hace que el sistema inmune no pueda seguir su ritmo.

Naturalmente, no todos los antígenos de todos los virus mutan tan rápidamente, ni siquiera los de los virus ARN. El sarampión es un virus ARN, y muta más o menos a la misma velocidad que el de la gripe. Los antígenos del sarampión, en cambio, no varían: otras partes del virus sí lo hacen, pero los antígenos se mantienen constantes. La razón más probable es que la parte del virus del sarampión que el sistema inmune reconoce como antígeno desempeña un papel fundamental en la función del propio virus. Si cambia de forma, el virus no puede sobrevivir. Así que una única exposición al virus del sarampión suele dar a quien lo padece inmunidad de por vida.

La hemaglutinina y la neuraminidasa, sin embargo, pueden cambiar de forma y de función. El resultado: sus mutaciones les permiten evadirse del sistema inmunitario pero no destruir el virus. De hecho, mutan con tal rapidez que incluso durante una única epidemia tanto la hemaglutinina como la neuraminidasa pueden cambiar a menudo.

A veces estas mutaciones provocan cambios muy pequeños, pero aun así el sistema inmune puede reconocerlos y superar con facilidad una segunda infección por el mismo virus. Otras veces, sin embargo, las mutaciones varían la silueta de la hemaglutinina o la neuraminidasa lo suficiente como para que el sistema inmune no pueda leerlas. Los anticuerpos que se acoplaban perfectamente a la silueta antigua no encajan bien en la nueva. Este fenómeno sucede con tanta frecuencia que se le ha dado un nombre: se llama «deriva antigénica». Cuando se produce, el virus puede establecerse incluso en personas cuyo sistema inmune se ha cargado de anticuerpos que se adosan a las formas antiguas. Como es lógico, cuanto mayor es el cambio menor es la eficacia de respuesta del sistema inmune.

Una forma de conceptualizar la deriva antigénica es la siguiente: pensemos que el virus es un jugador de fútbol americano que lleva pantalón blanco, camiseta verde y un casco blanco con una V verde pintada encima. El sistema inmune puede reconocerlo inmediatamente y atacarlo. Si el uniforme cambia ligeramente, por ejemplo, si se añade a los pantalones una franja verde y el resto permanece igual, el sistema inmune seguirá reconociendo al virus con relativa facilidad. Pero si el uniforme cambia de pantalón blanco y camiseta verde a camiseta blanca y pantalón verde, por ejemplo, el sistema inmune no lo tendrá tan fácil.

La deriva antigénica puede provocar una epidemia. Un estudio encontró diecinueve epidemias leves, pero identificables, en Estados Unidos en un período de treinta y tres años: más de una cada dos años. Cada una de esas epidemias provocó entre diez mil y cuarenta mil muertes (exceso de muertes, para ser exactos) solo en Estados Unidos, una cifra muy por encima de la habitualmente registrada cuando actúa la enfermedad. Como resultado de ello, la gripe mata a más gente en Estados Unidos que cualquier otra enfermedad infecciosa, incluido el SIDA.[2]

Los expertos en salud pública hacen un seguimiento de esta deriva y todos los años ajustan la vacuna de la gripe para intentar acomodarse a su ritmo. Pero nunca logran que ese acomodo sea absoluto, porque aunque pueden predecir la dirección de la mutación, el hecho de que los virus de la gripe existan en forma de nubes mutantes significa que siempre serán lo suficientemente nuevos para burlar a la vacuna y al sistema inmune.

Sin embargo, por muy seria que sea la deriva antigénica, por letal que sea una gripe, no suele provocar grandes pandemias. No suele provocar estallidos de gripe que se extiendan por todo el mundo como ocurrió con la de 1889-90, la de 1918-19 o la de 1968.

Las pandemias se desarrollan, en general, cuando se produce un cambio radical en la hemaglutinina o en la neuraminidasa, o en ambas. Cuando un código genético completamente nuevo para

---

[2] Harvey Simon y Martin Swartz, «Pulmonary Infections», y R. J. Douglas, «Prophylaxis and Treatment of Influenza», en *Infectious Diseases*, sección 7 del volumen de Edward Rubenstein y Daniel Feldman titulado *Scientific American Medicine* (1995).

una u otra (o las dos) sustituye al anterior, la silueta del nuevo antígeno apenas conserva similitudes con la del que había antes: esa es la deriva antigénica. Si continuamos con la analogía del equipo de fútbol, la deriva antigénica correspondería a cambiar los pantalones blancos y la camiseta verde por unos pantalones negros y una camiseta naranja. Cuando se produce, el sistema inmune no puede reconocer al antígeno de ninguna manera. Poca gente tiene anticuerpos que puedan protegerles frente a un virus nuevo, y así el virus puede extenderse e infectar a un gran número de personas a un ritmo explosivo.

La hemaglutinina se manifiesta con quince siluetas básicas conocidas, la neuraminidasa con nueve. Pueden combinarse de distintas formas con distintos subtipos. Los virólogos utilizan estos antígenos para identificar qué virus concreto están tratando o investigando: el H1N1, por ejemplo, es el nombre que se dio al virus de 1918, que hoy en día se encuentra en los cerdos. Actualmente, circula entre la población un virus H3N2.

La deriva antigénica tiene lugar cuando un virus que normalmente afecta a las aves ataca a las personas, directa o indirectamente. En 1997 se identificó en Hong Kong el virus de la gripe con H5N1, que pasó directamente de los pollos a las personas. Infectó a dieciocho y mató a seis.

Los seres humanos tienen unos receptores de ácido siálico distintos de los de las aves. Por eso un virus que se adosa a un receptor de ácido siálico de un ave normalmente no puede adosarse a una célula humana, y por tanto no la infecta. Lo que seguramente sucedió en Hong Kong fue que las dieciocho personas que enfermaron estuvieron sometidas a una gran exposición al virus. La nube de estos virus, sus cuasiespecies, seguramente continuaron mutando hasta poder adosarse a receptores humanos, y la exposición intensa hizo posible que esa mutación se estableciera en los enfermos. Aun así, el virus no se adaptó a las personas: los que enfermaron se infectaron directamente de los pollos.

Pero los virus pueden adaptarse a los seres humanos. Pueden hacerlo directamente, cuando un virus animal salta a una persona y se adapta con una única mutación, pero también indirectamente. Y es que hay una característica definitiva y poco habitual del virus de la gripe, que lo hace especialmente proclive a pasar de una especie a otra.

El virus de la gripe no solo muta rápidamente: tiene, además, un genoma segmentado. Esto significa que sus genes no están distribuidos a lo largo de una cadena continua de ácido nucleico, como sucede en la mayoría de los organismos (incluidos casi todos los demás virus), sino que se transportan en cadenas inconexas de ARN. Por eso si dos virus de gripe infectan a una misma célula es muy posible que se produzca una reorganización de sus genes, llamada reordenamiento genético.

En el proceso de reordenamiento se mezclan algunos de los segmentos de los genes de un virus con parte de los de otro. Es como barajar dos barajas de cartas distintas, mezclarlas, y formar dos mazos completamente nuevos. Así se crea un virus híbrido nuevo, que incrementa sus posibilidades de paso de una especie a otra.

Si la gripe de los pollos de Hong Kong hubiera infectado a alguien que ya estuviera infectado con un virus de gripe humana, ambos virus podrían haber sufrido un reordenamiento de sus genes formando un virus nuevo que podía pasar fácilmente de una persona a otra. Y el virus letal podría haberse adaptado a los humanos.

El virus también puede adaptarse indirectamente, a través de un intermediario. Algunos virólogos defienden la teoría de que los cerdos constituyen un recipiente perfecto para las mezclas, porque los receptores de ácido siálico de sus células pueden adosarse tanto a un virus humano como al de un ave. Cuando un virus aviar infecta a un cerdo al mismo tiempo que un virus humano, se puede producir un reordenamiento de los genes de ambos virus y que surja otro, enteramente nuevo, que pueda infectar a los humanos. En 1918 los veterinarios observaron brotes de gripe en cerdos y otros mamíferos, y los cerdos de hoy en día siguen padeciendo gripes provocadas por un descendiente directo del virus de 1918. Pero no está claro si los cerdos contraen la enfermedad a través de los humanos o de otros cerdos.

El Dr. Peter Palese, del hospital Mount Sinai de Nueva York, uno de los expertos mundiales en virus de la gripe, considera que la teoría del campo de mezcla no es necesaria para explicar la deriva antigénica: «También es posible que la coinfección del virus aviar y humano en una célula humana del pulmón dispare el virus.[3] No hay motivo para pensar que la mezcla no se puede producir en el pulmón, ya sea el del cerdo o el del hombre. Nada nos induce a pensar que no haya receptores de ácido siálico de estos tipos en otras especies. No se puede afirmar categóricamente que el receptor aviar es en realidad tan distinto del humano, y que con un único cambio de aminoácido el virus puede propagarse mucho mejor en otro hospedador».[4]

Las derivas antigénicas, este cambio radical que parte de los antígenos existentes, provocaba las mayores pandemias mucho antes que los transportes modernos hicieran posible el movimiento rápido de personas. Hay variedad de opiniones respecto a si las distintas pandemias de los siglos XV y XVI fueron de gripe, aunque la mayoría de los historiadores médicos creen que así fue, especialmente por lo rápido que se propagaron y por la cantidad de gente que enfermó. En 1510 hubo una pandemia de una enfermedad pulmonar que se originó en África y «atacó y golpeó a toda Europa: no se libró ni una familia, y apenas si se libró una persona».[5] En 1580, otra pandemia de enfermedad pulmonar comenzó en Asia y de ahí se extendió por África, Europa y América. Fue tan violenta que «en cuestión de seis semanas afectó a casi todas las naciones de Europa, de las que apenas una de cada veinte personas quedó libre de ella» y «algunas ciudades españolas quedaron prácticamente despobladas por su acción».[6]

Sin embargo, no hay discusión alguna respecto a otras pandemias del pasado, que sí fueron de gripe. En 1688, año de la Revolución

---

[3] Peter Palese, comunicación personal con el autor, 2 de agosto de 2001.

[4] En 2001, el científico australiano Mark Gibbs adelantó una teoría: los genes del virus de la gripe también pueden reordenarse. Este proceso supone tomar una parte de un gen y combinarlo con parte de otro. Continuando con la analogía de las barajas de naipes, es como cortar todas las cartas de las dos barajas en trozos, pegar las piezas con cinta adhesiva de manera aleatoria para recomponer los naipes y luego coger cuarenta y dos cartas para formar con ellas una baraja. La teoría de la reordenación se ha probado en laboratorio, pero la mayoría de los virólogos se muestran escépticos ante las tesis de Gibbs.

[5] W. I. B. Beveridge, *Influenza: The Last Great Plague: An Unfinished Story of Discovery* (1977), p. 26.

[6] *Ibid.*

Gloriosa, la gripe golpeó Inglaterra, Irlanda y Virginia. En estos lugares «la gente moría [...] como cuando la peste».[7] Cinco años después, la gripe volvió a extenderse por Europa: «Atacó a gentes de toda condición [...]. Aquellos que eran fuertes y duros caían igual que los débiles y agostados, lo mismo jóvenes que viejos».[8] En enero de 1699, en Massachusetts, Cotton Mather escribió: «La enfermedad afectó a casi todas las familias. Pocas o ninguna se libraron, y murieron muchos sobre todo en Boston, algunos de maneras extrañas o inusuales. En algunas familias todos enfermaron, en algunas ciudades todos estaban enfermos. Fue un tiempo de enfermedad».[9]

Al menos tres pandemias —aunque probablemente fueron seis— golpearon la Europa del siglo XVIII; y cuatro en el siglo XIX. En 1847 y en 1848 murió más gente en Londres de la gripe que durante la gran epidemia de cólera de 1832.[10] En 1889 y 1890 estalló de nuevo una gran pandemia mundial, muy violenta, aunque ni se acercó a la de 1918. En el siglo XX hubo dos, cada una de ellas provocada por una deriva antigénica, por cambios radicales en el antígeno de la hemaglutinina o en el de la neuraminidasa, o en ambos, o bien por modificaciones en uno o varios genes.

Las pandemias de gripe infectan, por lo general, a entre el 15 y el 40 por ciento de la población. Cualquier virus de la gripe que infectase a toda esa gente y matase a un porcentaje significativo sería peor que una pesadilla. En los últimos años, las autoridades de salud pública han identificado al menos en dos ocasiones un virus nuevo que afecta a los seres humanos, pero han logrado evitar que se adaptara al hombre. Para evitar que el virus de 1997 se adaptara a los seres humanos, las autoridades de salud pública hicieron sacrificar hasta el último pollo que había en Hong Kong: 1,2 millones.

---

[7] John Duffy, *Epidemics in Colonial America* (1953), pp. 187–88, citado por Dorothy Ann Pettit en «A Cruel Wind: America Experiences the Pandemic Influenza, 1918–1920, A Social History» (1976), p. 31.

[8] Beveridge, *Influenza*, p. 26.

[9] Ctiado por Pettit en «Cruel Wind», p.32.

[10] Beveridge, *Influenza*, pp. 26–31.

Hubo otro gran sacrificio de animales cuando, en la primavera de 2003, apareció un nuevo virus H7N7 en varias granjas de aves de los Países Bajos, Bélgica y Alemania. Afectó a ochenta y tres personas y una de ellas murió; también los cerdos se infectaron. De modo que las autoridades sanitarias hicieron sacrificar a casi treinta millones de aves y algunos cerdos.

En 2004 regresó el H5N1, que nunca llegó a desaparecer del todo: traía consigo una venganza. En el momento de escribir esto ha infectado a unas cuatrocientas personas en todo el mundo a lo largo de cinco años, y ha matado aproximadamente al sesenta por ciento. Amenazó, y sigue amenazando, con provocar otra pandemia. Se sacrificaron cientos de miles de aves para intentar contenerlo, pero se ha vuelto endémico en todo el planeta.

Este sacrificio, atroz y costoso, tenía como finalidad evitar lo que ocurrió en 1918. Se hizo para impedir que estos virus de la gripe se adaptaran a los humanos y les provocaran la muerte.

Hay otra cosa que hace que la gripe sea especial. Cuando surge un nuevo virus de la gripe siempre es extraordinariamente competitivo, casi caníbal. Normalmente impulsa a los tipos antiguos a la extinción. Esto sucede porque la infección estimula el sistema inmunitario del cuerpo y le obliga a generar todas las defensas posibles para combatir todos los virus de gripe a los que ha estado expuesto en su vida. Cuando los virus antiguos intentan infectar a alguien, no logran establecerse. Dejan de replicarse y van muriendo. Así, a diferencia de prácticamente cualquier otro virus conocido, en un momento dado solo prevalece un tipo —una nube o cuasiespecie— de virus de la gripe. Esto ayuda a preparar el camino para una nueva pandemia, porque cuanto más tiempo pasa menos probable es que el sistema inmune de la gente reconozca otros antígenos.

No todas las pandemias son letales. La deriva antigénica garantiza que los nuevos virus infectarán a un gran número de personas, pero no supone que vaya a matar a muchas de ellas. En el siglo XX se han producido tres pandemias. El virus nuevo más reciente atacó en 1968, cuando la «gripe de Hong Kong», la llamada H3N2, se extendió por todo el mundo con una elevada tasa de morbilidad, pero una mortalidad muy baja (es decir: muchos enfermaron, pero pocos murieron); la llamada «gripe asiática», un virus H_2N_2, en 1957, fue bastante violenta, aunque no tuvo nada que ver con la de 1918. El virus de 1918, H_1N_1, creó sus propios campos de exterminio.

PARTE III

LA CAJA DE YESCA

09

En la primavera de 1918, la muerte no era una desconocida para el mundo en general. De hecho, en esa fecha ya habían entrado más de cinco millones de soldados en lo que una caterva de generales cuya estupidez solo era comparable a su brutalidad llamarían «la fábrica de salchichas».

Los generales alemanes, por ejemplo, habían decidido someter a Francia matando en Verdún a tantos soldados franceses como bajas tuvieran: creyeron que, al ser la población alemana más numerosa, la cifra resultante les dejaría como ganadores. Los franceses replicarían más tarde con su propia ofensiva a gran escala: pensaron que su *élan vital* se impondría.

Pero lo único que se impuso fue la matanza. Al final, un regimiento francés se negó a cumplir las órdenes de realizar una carga suicida. El motín se extendió a cincuenta y cuatro divisiones y solo lograron detenerlo con arrestos en masa. Aprisionaron a veintitrés mil hombres por amotinarse, cuatrocientos fueron condenados a muerte y cincuenta y cinco ejecutados.

Pero nada expresó la brutalidad de esta guerra como un informe de saneamiento que se encargó sobre la erradicación de las ratas en las trincheras para evitar que se extendiera la enfermedad. Un comandante comentó:[1] «Hay algunos problemas inesperados en el tema de las ratas. Las ratas tienen una función utilitaria: se comen los cadáveres que quedan en tierra de nadie, y ese es un trabajo que solo las ratas pueden hacer. Por este motivo

[1] Comandante George Crile, «The Leading War Problems and a Plan of Organization to Meet Them», borrador del informe, 1916, NAS.

nos ha parecido más pertinente controlar la población de ratas que erradicarlas».

Toda Europa estaba harta de la guerra. En Estados Unidos los únicos que no lo estaban eran los anglófilos y francófilos, concentrados la mayoría en la Costa Este y muchos de ellos en puestos de poder o influencia. Solo los anglófilos y francófilos estadounidenses seguían viendo la guerra como algo glorioso, y presionaron al presidente Woodrow Wilson para entrar en ella.

La guerra había empezado en 1914. Wilson había resistido esa presión y, a pesar de la indignación de la prensa cuando un submarino alemán hundió el *Lusitania* en 1915, no entró en la guerra. Consiguió, eso sí, que un comité alemán limitase la guerra submarina. También se había resistido a otras presiones de su entorno que justificaban la guerra. En 1916, su campaña para la reelección se había basado en el eslogan «Él nos mantuvo fuera de la guerra». Su advertencia era: «Si elegís a mi rival, elegís la guerra».

La noche de las elecciones se fue a dormir creyendo que había perdido, pero despertó reelegido por uno de los márgenes más estrechos de la historia.

Fue entonces cuando Alemania hizo una jugada maestra. El 31 de enero de 1917, con solo veinticuatro horas de preaviso, anunció la guerra submarina sin paliativos contra embarcaciones neutrales y mercantes. Pensó que así podía someter a Gran Bretaña y a Francia al dejarlas sin suministro de alimentos, antes de que los Estados Unidos —si al final declaraban la guerra— pudieran ir en su ayuda. Esto enfadó mucho a todo el país, pero Wilson no declaró la guerra.

Llegó entonces una nota de Zimmermann: una serie de documentos interceptados revelaban que el ministro alemán de Asuntos Exteriores había propuesto a México unirse a Alemania contra Estados Unidos para reconquistar algunos territorios de Nuevo México, Texas y Arizona.

Los que se oponían a Wilson comenzaron a despotricar contra su pusilanimidad. En un famoso ensayo, el pacifista socialista Randolph Bourne, que murió después por la epidemia de gripe, lamentaba: «El sentimiento proguerra, que han incitado de manera gradual pero con gran perseverancia los que defienden que hay que estar preparados para entrar en ella, todos ellos procedentes del sector de las grandes empresas, se apoderó de los grupos intelectuales, uno tras otro. Y con ayuda de (Theodore) Roosevelt, los murmullos se fueron convirtiendo en una letanía y después en un estribillo tan poderoso que quedarse fuera empezó a verse como algo poco digno al principio y casi obsceno al final. Y poco a poco se fue levantado contra Alemania una turba estridente».[2]

El día 2 de abril, tres semanas después de la publicación de la nota y después de que su gabinete se manifestara, unánimemente, a favor de la guerra, Wilson emitió al fin su mensaje al Congreso informando de que iban a la guerra. Dos días después explicaría a un amigo: «Yo necesitaba evitar la guerra con el objetivo genuino de llevar al país poco a poco hacia un estadio de pensamiento único».

Y así Estados Unidos entró en la guerra, invadido el país por un sentimiento de altruismo y convencido de que la gloria aún era posible, al tiempo que se mantenía a salvo de lo que consideraba el Viejo Mundo corrupto. Luchó del lado de Gran Bretaña, Francia, Italia y Rusia, no como «aliado» sino como «potencia asociada».

Cualquiera que creyera que aquel abrazo renuente de Wilson a la guerra significaba que no la condenaría con firmeza, no sabía nada de aquel hombre: era uno de esos seres excepcionales que creen, casi hasta el punto del desequilibrio mental, en su propia rectitud.

Wilson estaba convencido de que su voluntad y su espíritu estaban imbuidos del espíritu y la esperanza de la gente, incluso de Dios. Hablaba de una «conexión íntima», de la que estaba plenamente seguro, «con todos los ciudadanos estadounidenses: me consta quc mi corazón dice lo mismo que ellos desean que digan sus corazones».[3] Y añadió: «No voy a gritar que hay paz mientras en el mundo haya pecado y maldad. Este país nació para convertirse en cjcmplo de esa devoción a todos los elementos que conforman la rectitud y que se desprenden de las revelaciones de las Sagradas Escrituras».[4]

---

[2] Randolph Bourne, «The War and the Intellectuals», *The Seven Arts* (Junio 1917), pp. 133–46.

[3] Arthur Walworth, *Woodrow Wilson, v. 2* (1965), p. 63.

[4] Walworth, *Woodrow Wilson, v. 1*, p. 344.

Wilson fue seguramente el único presidente de Estados Unidos que se mantuvo fiel a sus creencias con tal convicción, sin asomo de duda: un rasgo que se asocia más a los cruzados que a los políticos.

Para Wilson esta guerra era una cruzada, y su intención era hacer la guerra total. Tal vez se conocía a sí mismo mejor de lo que conocía a su país, porque predijo: «Una vez que llevemos a esta gente a la guerra se olvidarán de que existía una cosa llamada tolerancia. Para luchar, uno ha de ser brutal y despiadado, y el espíritu de la brutalidad despiadada penetrará en la fibra de nuestra vida como nación, infectará al Congreso, a los tribunales, a los policías, a la gente de a pie».[5]

Estados Unidos nunca había estado, y nunca estaría, tan imbuido por la voluntad de su jefe, ni siquiera durante la Guerra Civil con la suspensión del *habeas corpus*, ni durante la guerra de Corea y la etapa de McCarthy, ni durante la Segunda Guerra Mundial. Wilson convirtió a la nación en un arma, en un artefacto explosivo.

Y como consecuencia no buscada, el país quedó convertido en una caja de yesca también para la epidemia.

* * *

Dijo Wilson: «No es un ejército lo que debemos preparar —y entrenar— para una guerra: es una nación».[6] Para entrenar a la nación Wilson empleó un puño de hierro sin guante de seda: tenía razones legítimas para preocuparse, razones que justificaban la línea dura.

Y es que por razones que no tenían nada que ver con la guerra, Estados Unidos era un caos de cambio y movimiento: el cambio era su naturaleza y su identidad. En 1870 había solo cuarenta millones de almas viviendo allí, un 72 por ciento en pueblos pequeños o en granjas. Cuando entraron en la guerra, la población había aumentado a unos 105 millones. Entre 1900 y 1915 llegaron

---

[5] Walworth, *Woodrow Wilson, v.* 2, p. 97.

[6] Stephen Vaughn, *Holding Fast the Inner Lines: Democracy, Nationalism, and the Committee on Public Information* (1980), p. 3.

a Estados Unidos quince millones de inmigrantes, la mayoría procedentes del este y el sur de Europa, cada uno con su idioma y su religión, y con un tono de piel más oscuro. El primer censo después de la guerra fue también el primero que detallaba que en las zonas urbanas vivía más gente que en las áreas rurales.

El grupo étnico que predominaba en el país era el germano-americano, y la prensa impresa en alemán simpatizaba con Alemania. ¿Lucharían contra Alemania los germano-americanos? El Ejército Republicano Irlandés había liderado un levantamiento contra la dominación británica en la Pascua de 1916. ¿Lucharían los americanos irlandeses para ayudar a Gran Bretaña? El Medio Oeste quería el aislamiento: ¿por qué iban a mandar soldados al otro lado del océano si nadie había atacado a Estados Unidos? Los populistas se oponían a la guerra y William Jennings Bryan, tres veces nominado a la presidencia y secretario de Estado de Wilson, había dejado el gabinete en 1915, después de que Wilson respondiera con excesiva agresividad, según él, al ataque de Alemania contra el *Lusitania*. Socialistas y sindicalistas radicales habían adquirido mucha fuerza en las fábricas, en las comunidades mineras de las Rocosas, en el noroeste. Llamados a filas o no, ¿cómo iban a defender el capitalismo?

La línea dura se había concebido para convencer a los reacios a apoyar la guerra y eliminar a los que no iban a apoyarla. Antes incluso de entrar en guerra Wilson había avisado al Congreso: «Me avergüenza reconocer que hay ciudadanos de Estados Unidos que han vertido el veneno de la deslealtad en las arterias mismas de nuestra vida nacional. Y esas criaturas de pasión, deslealtad y anarquía, tienen que ser eliminadas».[7]

Y ese era su propósito.

Su fogosidad determinaba prácticamente todo lo que sucedía en el país, incluida la moda: para ahorrar tela, que era un material necesario para la guerra —todo lo era—, los diseñadores estrecharon las solapas y eliminaron o redujeron los bolsillos. Y, sobre todo, su furia determinaba cualquier actuación del Gobierno estadounidense. Durante la Guerra Civil Lincoln suspendió la orden

[7] David Kennedy, *Over Here: The First World War and American Society* (1980), p. 24.

de *habeas corpus* y encarceló a centenares de personas, pero los encarcelados representaban una amenaza real de rebelión armada. Contra las críticas, algunas extraordinariamente duras, no emprendió acción alguna. Wilson opinaba que no había llegado lo suficientemente lejos, y confesó a su primo: «Doy gracias a Dios porque tuvimos a Abraham Lincoln, pero no voy a cometer los mismos errores que él».[8]

El Gobierno impuso la obediencia y controló el discurso de maneras aterradoras, desconocidas en el país antes o después de aquello. Poco después de la declaración de guerra, Wilson presionó al Congreso para que aprobara la Ley de Espionaje, y el Congreso se mostró dispuesto a cooperar: solo retrocedió ante la legalización de la censura furibunda de la prensa, a pesar de que Wilson dijo que era «una necesidad imperiosa».[9]

El proyecto de ley otorgaba al director general de Correos, en aquel momento Albert Sidney Burleson, el derecho a negarse a repartir cualquier periódico que él considerase crítico con la administración o que no le pareciera patriótico. Y antes de la televisión y la radio la mayor parte del discurso político circulaba por el país a través del correo. Hombre del sur, de mentalidad estrecha, proclive al odio y populista, pero más afín al ala del partido de Pitchfork Ben Tillman que a la de William Jennings Bryan, Burleson tenía potestad para detener el reparto de casi todas las publicaciones y, desde luego, de cualquier publicación en lengua extranjera que sugiriese un apoyo poco entusiasta a la guerra.

El fiscal general, Thomas Gregory, reclamó aún más poder. Gregory era el responsable, en gran medida, de que Wilson nominara a Louis Brandeis al Tribunal Supremo. Progresista, liberal y primer judío que accedió a los tribunales, afirmó que el país estaba gobernado por la opinión pública[10] y trató de ayudar a Wilson a dirigir esa opinión para, a través de ella, liderar el país. Exigió a la Biblioteca del Congreso que diera los nombres de quienes habían pedido determinados libros y explicó que el Gobierno necesitaba

[8] Walworth, *Woodrow Wilson, v.* 2, p. 101.

[9] Walworth, *Woodrow Wilson, v.* 2, p. 97.

[10] Kennedy, *Over Here*, p. 47.

hacer un seguimiento de «cualquier manifestación individual, casual o impulsiva, de deslealtad».[11] Para ello, Gregory presentó una ley lo suficientemente amplia como para sancionar opiniones vertidas «incluso con buena intención o [...] aunque no pudieran demostrarse motivaciones de traición».[12]

La administración aprobó esa ley. En 1798 el presidente federalista John Adams y su partido, bajo la presión de la guerra no declarada con Francia, aprobó la Ley de Sedición, que declaraba ilegal «imprimir, expresar o publicar [...] cualquier escrito falso, escandaloso o malicioso» contra el Gobierno. Pero esa ley inflamó la controversia, contribuyó al fracaso de la reelección de Adams y condujo al único *impeachment* de un juez del Tribunal Supremo que se conoce en toda la historia de Estados Unidos, cuando Samuel Chase consiguió que el jurado acusara a los que se mostraban críticos y luego les impuso las más severas condenas.

La administración de Wilson fue más allá, y sin embargo apenas engendró oposición. La nueva Ley de Sedición permitía que se condenara a veinte años de cárcel a alguien por «expresar, imprimir o publicar cualquier escrito desleal, profano, injurioso o escrito en lenguaje insultante contra el Gobierno de los Estados Unidos». Uno podía ir a la cárcel por maldecir al Gobierno o por criticarlo, aunque fuese verdad lo que decía. Oliver Wendell Holmes escribió un artículo sobre el Tribunal Supremo en el que decía que la ley era constitucional —cuando acabó la guerra siguió reclamando largas condenas para los acusados—, esgrimiendo el argumento de que la Primera Enmienda no protegía la libertad de expresión si «las palabras empleadas encerraban un peligro claro y palpable».

Para hacer cumplir esa ley, el jefe de lo que después se convertiría en el FBI se mostró dispuesto a que un grupo de voluntarios a los que llamó Liga Americana de Protección (APL, según sus siglas en inglés) funcionase como adjunto del Departamento de Justicia y los autorizó a llevar placas que les identificaban como miembros del «Servicio Secreto». Al cabo de unos meses, la APL

[11] Vaughn, *Holding Fast the Inner Lines*, p. 226; Kennedy, *Over Here*, p. 81.

[12] Richard W. Steele, *Free Speech in the Good War* (1999), p. 153.

tenía noventa mil miembros y, un año después, doscientos mil, que operaban en un millar de comunidades.[13]

En Chicago había una patrulla volante formada por policías y miembros de esta liga que se dedicaban a hostigar y apalear a los miembros de IWW (Industrial Workers of the World). En Arizona, los miembros de la Liga y sus vigilantes encerraron a mil doscientos miembros de IWW y sus colaboradores en unos vagones y los abandonaron en el desierto, al otro lado de la frontera del estado de Nuevo México. En Rockford, Illinois, el ejército pidió ayuda a la Liga para obtener la confesión de veintiún soldados negros acusados de agresiones a mujeres blancas. Y por todo el país la Patrulla Americana de Vigilancia detectaba a «oradores callejeros sediciosos» y a veces llamaba a la policía para que los encarcelase por desórdenes públicos.[14] En ocasiones actuaban de manera más *directa*. Y en todas partes la Liga espiaba a los vecinos, investigaba a los haraganes y a los acaparadores de alimentos, y se afanaba en averiguar por qué la gente no compraba bonos de guerra, los llamados *Liberty bonds*, o no compraba suficientes.

Algunos estados declararon ilegal la enseñanza del idioma alemán, mientras un político de Iowa avisaba de que «un noventa por ciento de los hombres y mujeres que enseñan alemán son traidores».[15] Las conversaciones en alemán, en la calle o por teléfono, empezaron a verse como algo sospechoso. Cambiaron el nombre del *sauerkraut* por el de *Liberty cabbage*, «el repollo de la libertad». El *Cleveland Plain Dealer* declaró: «Lo que la nación exige es que la alta traición, ya sea ligeramente velada o sin máscara alguna, quede erradicada».[16] Todos los días el *Providence Journal* llevaba un anuncio publicitario donde se leía: «Todo austríaco o alemán que se encuentre en los Estados Unidos, a menos que se le conozca después de años de asociación, será tratado como espía».[17] La asociación colegial de abogados de Illinois declaró que los letrados que defendían a los que se negaban a alistarse

---

[13] Joan Jensen, *The Price of Vigilance* (1968), p. 115.
[14] *Ibid.*, p. 96.
[15] Kennedy, *Over Here*, p. 54.
[16] Citado por Jensen en *Price of Vigilance*, p. 79.
[17] *Ibid.*, p. 99.

no eran patriotas ni profesionales. El presidente de la Universidad de Columbia, Nicholas Murray Butler, líder nacional del Partido Republicano, expulsó a los profesores que eran críticos con el Gobierno y observó: «Lo que ha sido tolerable hasta ahora se ha convertido en intolerable. Lo que ha sido falta de rectitud es ahora sedición. Lo que ha sido locura ahora es traición».[18]

Miles de carteles y anuncios del Gobierno instaban a la gente a informar al Departamento de Justicia si conocían a alguien que «difundiera historias pesimistas, divulgara o buscara información militar confidencial, pidiera la paz o quitara importancia» a los esfuerzos del país por ganar la guerra.[19] El propio Wilson comenzó a hablar de unas «intrigas siniestras»[20] en el país, que propagaban «en voz baja o a gritos tanto agentes como ingenuos».

Hasta los enemigos de Wilson, incluso los comunistas que supuestamente pertenecían a la Internacional, desconfiaban de los extranjeros. En Estados Unidos surgieron inicialmente dos partidos comunistas: los miembros de uno de ellos eran todos nacidos en el país, los del otro eran inmigrantes en un 90 por ciento.[21]

El juez Learned Hand, uno de los amigos del círculo más íntimo de Simon Flexner, observaría posteriormente: «Cuando cada hombre comienza a mirar a su vecino como un posible enemigo, cuando el inconformismo con las ideas aceptadas, ya sean políticas o religiosas, se convierte en marca de desafecto, cuando la denuncia, sin especificar ni demostrar nada, ocupa el lugar de la evidencia, cuando la ortodoxia ahoga la libertad o la disensión, la comunidad ya ha entrado en proceso de disolución».[22]

Pero la sociedad estadounidense no parecía estar disolviéndose. De hecho, estaba cristalizando en torno a un único punto focal: estaba más centrada que nunca en su objetivo, y más de lo que volvería a estarlo jamás.

---

[18] Kennedy, *Over Here*, p. 74.

[19] Vaughn, *Holding Fast the Inner Lines*, p. 155.

[20] Jensen, *Price of Vigilance*, p. 51.

[21] Robert Murray, *Red Scare: A Study in National Hysteria* (1955), 16, pp. 51–53.

[22] Discurso de Learned Hand, 27 de enero de 1952. Citado en *www.conservative-forum.org/authquot.asp?ID915*.

La línea dura de Wilson amenazaba a los disidentes con la cárcel. El Gobierno federal también tomó el control de la mayor parte de la vida nacional. La llamada Junta de Industrias de Guerra (War Industries Board) asignaba las materias primas a las fábricas, garantizaba los beneficios y controlaba la producción y los precios de los materiales de guerra, y junto con la Junta Nacional para el Trabajo en Tiempos de Guerra (National War Labor Board) también fijaba los salarios. La Agencia del Ferrocarril nacionalizó de facto la industria estadounidense del ferrocarril. La Agencia del Combustible controlaba la distribución de los combustibles: como medida de ahorro, instituyó el llamado período de ahorro, que estaba en vigor en las horas de luz diurna. La Agencia de los Alimentos (dirigida por Herbert Hoover) vigilaba la producción agrícola, los precios y la distribución. Y el Gobierno se insertaba en la psique de la nación al no dejar que se oyera ninguna voz que no fuera la suya, amenazando a los disidentes con la cárcel y acallando a todos los demás.

Antes de la guerra el comandante Douglas MacArthur había escrito una larga propuesta defendiendo una censura feroz si la nación entraba en combate. El periodista Arthur Bullard, del círculo del coronel Edward House, confidente de Wilson, defendía otro enfoque. El Congreso rechazó la censura, dando así la razón a Bullard.

Desde Europa, Bullard escribía textos sobre la guerra en *Outlook*, *Century* y *Harper's Weekly*. Señaló que Gran Bretaña estaba censurando a la prensa que confundía a los ciudadanos, minando su confianza en el Gobierno y su apoyo a la guerra. Instó a utilizar solo los hechos, pero él tampoco se sentía especialmente atraído por la verdad *per se*: lo que le importaba era la eficacia. «Verdad y falsedad son términos arbitrarios. No hay nada, en la experiencia, que nos diga que una es preferible a la otra. Hay verdades sin vida y mentiras vitales. La fuerza de una idea reside en su valor inspirador: importa muy poco que sea verdad o mentira».[23]

Entonces, probablemente a petición de la Casa Blanca, Walter Lippman escribió a Wilson un mensaje sobre la constitución de una agencia de propaganda fechado el 12 de abril de 1917, una

[23] Vaughn, *Holding Fast the Inner Lines*, p. 3.

semana después de que Estados Unidos declarase la guerra. Una consecuencia de la era del progreso, del surgimiento de expertos en muchos campos, fue la convicción de que las élites eran las que realmente sabían. Lippman diría después que la sociedad se había vuelto «demasiado grande y compleja» para que una persona de a pie la comprendiera, puesto que la mayoría de los ciudadanos eran, mentalmente, «o niños o bárbaros [...]. La autodeterminación es solo uno de los múltiples intereses de la personalidad humana».[24] Lippman instó a que el control de uno mismo quedara subordinado al «orden, los derechos y la prosperidad».

Al día siguiente de recibir el mensaje, Wilson emitió la Orden Ejecutiva 2594, creó el Comité de Información Pública (CPI, por sus siglas en inglés) y eligió a George Creel para dirigirlo.

Creel era apasionado, intenso, bien parecido e indómito: en una ocasión, tras la guerra, siendo ya un hombre maduro, se colgó de una lámpara de araña en un salón de baile y se puso a columpiarse.[25] Pretendía crear «una masa al rojo vivo [...] con fraternidad, devoción, coraje e inmortal determinación».[26]

Para lograrlo, Creel utilizó decenas de miles de notas de prensa y amplios reportajes que habitualmente quedaban sin publicar en los periódicos. Esas mismas publicaciones instituyeron una especie de autocensura. Los editores empezaron a no publicar nada que pudiera minar la moral. Creel también creó una fuerza que denominó Four Minute Men —que llegaron a ser más de cien mil—, que ofrecía breves discursos antes de las reuniones, proyecciones de películas, espectáculos de vodevil y todas las formas de entretenimiento.[27] Bourne observó con tristeza que «toda esa cohesión intelectual, ese instinto de rebaño, que parecía tan histérico y servil cuando se contemplaba en otros lugares, llegaba a la sociedad estadounidense en términos bastante racionales».[28]

---

[24] Kennedy, *Over Here*, pp. 91–92.

[25] Entrevista con Betty Carter, abril de 1997.

[26] Vaughn, *Holding Fast the Inner Lines*, p. 3.

[27] Los Four Minute Men pronunciaban sus discursos durante los cuatro minutos que se tardaba en cambiar las bobinas de las películas de cine, de ahí su nombre, «hombres de los cuatro minutos». (*N. de la T.*)

[28] Bourne, «War and the Intellectuals», p. 133.

Creel tenía en principio la intención de informar solo de los hechos —aunque solo de algunos cuidadosamente seleccionados— y quería dirigir una campaña positiva, evitando emplear el miedo como herramienta. Pero esto no tardó en cambiar. La nueva actitud se encarnó en una declaración que ideó un integrante del equipo de Creel: «Inscrita en nuestra bandera, incluso por encima de la leyenda "Verdad", está el más noble de todos los lemas: "Servimos"».[29] Servían a una causa. Un cartel diseñado para vender bonos de guerra, los famosos *Liberty Bonds*, decía: «Yo soy la Opinión Pública. Todos me temen. Si tienes dinero para comprar y no compras, yo haré que esta sea para ti Tierra de Nadie».[30] Otro cartel del CPI rezaba: «¿Conoces a este súbdito del Káiser? Le encontrarás en los vestíbulos de los hoteles, en los compartimentos de fumadores, en el club, en la oficina... Incluso en los hogares... Es un agitador muy peligroso. Repite los rumores, las críticas y las mentiras que oye por ahí sobre el papel de nuestro país en la contienda. Y a la gente le gusta. Por su vanidad o por curiosidad o porque son traidores a la patria, están ayudando a los propagandistas alemanes a sembrar la semilla del descontento».

Creel exigía «un cien por cien de americanismo» y pretendía que «todos los panfletos impresos cumplieran con esa exigencia».[31] Simultáneamente, dijo a los Four Minute Men que el miedo era «un elemento importante que había que sembrar entre la población civil», ya que «es difícil unir a la gente hablando solo desde el plano ético más elevado. La lucha por un ideal tal vez deba acompañarse de cierta idea de autoprotección».[32]

Desde Filadelfia se extendieron al resto del país una especie de celebraciones comunitarias semanales que llamaron «Liberty Sings» [La libertad canta]. Coros infantiles o de iglesia, cuartetos que cantaban *a capella*... entonaban canciones patrióticas y la audiencia les acompañaba. Los Four Minute Men siempre abrían la ceremonia con uno de sus discursos.

---

[29] Vaughn, *Holding Fast the Inner Lines*, p. 141.

[30] *Ibid.*, p. 169.

[31] Murray, *Red Scare*, p. 12.

[32] Vaughn, *Holding Fast the Inner Lines*, p. 126.

Las canciones que podían hundir la moral quedaron prohibidas. Raymond Fosdick, alumno de Wilson en Princeton y miembro de la junta (después llegaría a presidente) de la Rockefeller Foundation, encabezó la Comisión de Actividades en Campos de Entrenamiento. Esta comisión prohibió canciones como *I Wonder Who's Kissing Her Now* [Me pregunto quién la besa ahora] y otras «parodias perniciosas» como *Who Paid the Rent for Mrs. Rip Van Winkle While Mr. Rip Van Winkle Was Away?* [¿Quién pagó la renta de la señora de Rip Van Winkle mientras el señor Rip Van Winkle estuvo ausente?], junto a otras «bromas cuestionables, en apariencia inocentes, que tienen un sentido oculto y vierten el veneno del descontento y la preocupación o la ansiedad en las mentes de nuestros soldados y les hacen inquietarse por lo que estará pasando en casa».[33]

Wilson no tuvo piedad: lanzó una campaña para vender bonos de guerra y exigió que se obligara a los ciudadanos a comprarlos: «¡Sin contemplaciones! Solo la rectitud triunfará y hará del Bien una ley universal, reduciendo a polvo el dominio de cualquier forma de individualismo egoísta».[34]

En último término, ese fervor intensificaría, aunque solo fuera indirectamente, el ataque de la gripe y minaría el tejido social. Otro camino más suave, que Wilson también probó para engatusar a la nación, contribuyó a mitigar algo los daños: ese camino fue el de la Cruz Roja Americana.

Si la Liga Americana de Protección impulsó a los ciudadanos, casi todos hombres, a espiar y atacar a todo aquel que criticase la guerra, la Cruz Roja Americana impulsó a otro sector de la ciudadanía, compuesto mayoritariamente por mujeres, de un modo más inspirador y positivo. La Cruz Roja Internacional se había fundado en 1863. Su actuación se centraba en la guerra, en el tratamiento adecuado de los prisioneros según lo dispuesto en la primera Convención de Ginebra. En 1881, Clara Barton fundó la Cruz Roja Americana, y al año siguiente los Estados Unidos aceptaron las directrices

---

33 *Philadelphia Inquirer*, 1 de septiembre de 1918.

34 Walworth, *Woodrow Wilson*, v. 2, p. 168.

de la convención. En tiempos de la Primera Guerra Mundial todos los combatientes eran miembros de la Cruz Roja Internacional, pero cada unidad nacional conservaba su independencia.

La Cruz Roja Americana era prácticamente una institución pública, cuyo presidente titular era (y es) el presidente de Estados Unidos. Oficialmente investida por el Congreso para servir a la nación en situaciones de emergencia, la Cruz Roja Americana se apegó aún más al Gobierno durante la guerra. El presidente de su Comité Central era el antecesor de Wilson, William Howard Taft. Wilson designó a todo su Gabinete de Guerra, que sería el verdadero organismo regulador de la organización.

Tan pronto como Estados Unidos entró en guerra, la Cruz Roja Americana declaró que se esforzaría en hacer «cualquier cosa que pudiera servir de ayuda a nuestros aliados [...]. Lo único que la organización busca en esta gran emergencia mundial es coordinar la generosidad y el esfuerzo de nuestros ciudadanos en pos de la consecución de un objetivo supremo».[35]

No había organización más patriótica. Tenía responsabilidad total para enviar miles de enfermeras a los ejércitos. Organizó cincuenta hospitales de campaña en Francia. Dotó con equipo especializado de laboratorio a varios vagones de tren, por si se producía un brote de alguna enfermedad, pero los reservó para que los utilizaran solo los militares, no los civiles, y los estacionaron de tal modo que fuera posible «llevar uno a cualquier punto del país en un plazo de 24 horas».[36] También el Rockefeller Institute dotó de equipos de última tecnología a algunos laboratorios montados en vagones de tren y los distribuyó por todo el país. Se encargaban de auxiliar a civiles heridos o que habían quedado sin hogar por una explosión en una fábrica de munición.

Pero su papel más importante no tenía nada que ver con la medicina o los desastres. Su función principal era mantener unida la nación, porque Wilson la empleó para llegar a todas las comunidades del país. Y la Cruz Roja no desperdició la oportunidad de aumentar su presencia en la vida de los ciudadanos.

---

[35] Nota de prensa de la Cruz Roja del 23 de agosto de 1917, entrada 12, RG 52, NA.

[36] Memorándum del 24 de agosto de 1917, entrada 12, RG 52, NA.

Había construido su reputación en varios desastres: las inundaciones de Johnstown en 1889, cuando se rompió una presa y el agua golpeó la ciudad de Pensilvania como si fuera un martillo, matando a dos mil quinientas personas; el terremoto de San Francisco en 1906 o el desbordamiento de los ríos Ohio y Misisipi en 1912. También ayudó a las tropas en la guerra contra España de 1898, y durante la posterior insurrección de Filipinas.

Aun así, la Cruz Roja Americana comenzó la Gran Guerra con solo 107 divisiones locales. Al terminar tenía 3864.

Llegó a las ciudades más grandes y a las aldeas más diminutas. Quedó claro que participar en actividades de la Cruz Roja era como unirse a la gran cruzada por la civilización, especialmente por la civilización americana. Y empleó la sutileza y la presión social, que aplicó a gran escala, para impulsar a la gente a participar. Identificó a los prohombres de las ciudades, a los más influyentes, a esas personalidades a las que no era fácil decir que no, y les pidió que presidieran la división local correspondiente. Apelaba a lo importante que sería su presencia en el esfuerzo bélico, les convencía de que eran imprescindibles. Y prácticamente todos aceptaban. Pedía a las anfitrionas más afamadas de la alta sociedad de las ciudades —en Filadelfia, la señora de J. Willis Martin, que impulsó el primer club de jardinería del país y cuya familia, junto a la de su marido, procedía de uno de los barrios más selectos— o de lo que se considerase «alta sociedad» en las pequeñas ciudades, como la señora de Loring Miner en Haskell, cuyo padre era el mayor terrateniente del suroeste de Kansas, que presidieran el cuerpo de mujeres auxiliares.

En 1918, la Cruz Roja tenía como simpatizantes activos a treinta millones de estadounidenses, de una población de 105 millones. Ocho millones de ciudadanos, casi un 8 por ciento del total, eran trabajadores de las divisiones locales. La Cruz Roja tuvo más voluntarios en la Primera Guerra Mundial que en la Segunda, a pesar de que la población estadounidense había aumentado un 30 por ciento. Esta inmensa plantilla de voluntarios estaba compuesta casi en su totalidad por mujeres. A cada división se asignaba una cuota de producción que tenía que cumplir. Fabricaron millones de jerseys, mantas, calcetines. Construyeron muebles.

Hicieron todo lo que se les pidió, y lo hicieron bien. Cuando la Agencia Federal de los Alimentos les dijo que hacían falta los huesos de los melocotones, ciruelas, dátiles, albaricoques, aceitunas y cerezas para fabricar filtros de carbón para las máscaras antigás, los periódicos publicaron: «Reposterías y restaurantes de varias ciudades han empezado a servir frutas frescas y secas a precio de coste con el único fin de obtener huesos y cáscaras para transformarlos en un servicio a la patria. Todo americano, hombre, mujer o niño, que tenga un pariente o un amigo en el ejército debería considerar una obligación personal el proporcionar el carbón suficiente para fabricar el filtro de una máscara antigás».[37] Así que las divisiones de la Cruz Roja de todo el país recogieron miles de toneladas de huesos de fruta... Tantos, que al final hubo que decirles que parasen.

Como recordaba William Maxwell, novelista y editor del *New Yorker* que creció en Lincoln, Illinois: «Mi madre iba a enrollar vendas para los soldados. Se ponía en la cabeza una cosa como un paño o una toalla con una cruz roja en la parte delantera y se vestía de blanco. En el colegio guardábamos los huesos de las ciruelas que, se suponía, iban a convertir en máscaras antigás, así que sí, la población estaba muy concienciada con el esfuerzo bélico. Todo lo que se organizaba iba encaminado a tomar parte activa en la guerra».[38]

La guerra absorbía a toda la nación. El reclutamiento, limitado al principio a los hombres de entre veintiuno y treinta años de edad, no tardó en ampliarse para incluir a los de entre dieciocho y cuarenta y cinco. El Gobierno declaró que todos los hombres que pertenecieran a ese grupo serían llamados a filas en el plazo de un año. «*Todos* los hombres», dijo el Gobierno.

El ejército requeriría también, como poco, cien mil oficiales. Un cuerpo de estudiantes, el Student Army Training Corps, aportaría a gran parte de esos cien mil: «Se presentaron como voluntarios, y los enviarían al frente de inmediato».

---

[37] Véase, por ejemplo, *The Arizona Gazette*, 26 de septiembre de 1918.

[38] William Maxwell, entrevista inédita sobre Lincoln, Illinois, 26 de febrero de 1997, para «Influenza 1918», *American Experience*.

En mayo de 1918, el secretario de Guerra, Newton Baker, escribió a los presidentes de todas las instituciones universitarias, desde Harvard (Cambridge, Massachusetts) hasta la Facultad de Odontología North Pacific de Portland (Oregón). No pedía colaboración, y mucho menos permiso. Se limitaba a afirmar que «se dará instrucción militar a cargo de oficiales y suboficiales del ejército en todas las instituciones de enseñanza universitaria que tengan matriculados a 100 o más estudiantes varones [...]. Se anima a todos los estudiantes que tengan más de 18 años a que se alisten voluntarios. El suboficial [...] aplicará la disciplina militar».[39]

En agosto de 1918, los administradores de las instituciones universitarias recibieron una nota informando de que probablemente, en un plazo de diez meses desde la fecha de emisión del comunicado, tendrían que movilizarse todos los alumnos matriculados menores de 21 años que cumplieran los requisitos físicos. «El estudiante universitario se convierte en soldado voluntario del Ejército de los Estados Unidos, uniformado y sujeto a la disciplina militar, con paga de soldado raso, y puede ser llamado a filas en cualquier momento».[40] Cuando se dio la orden, casi todos fueron enviados al frente. Los que tenían veinte años recibían una instrucción de solo tres meses antes de entrar en acción, y los más jóvenes pocos meses más. «En vista del período de tiempo, comparativamente breve, durante el que la mayoría de los estudiantes-soldados permanecerá en la universidad y la exigencia de las obligaciones militares que les esperan, la instrucción académica tiene que modificarse obligatoriamente para acomodarse a la línea de los valores militares».

De modo que la enseñanza académica tocaba a su fin, y el entrenamiento militar ocupaba su puesto. Los oficiales del ejército asumían de facto el mando de todas las universidades del país. Se instó a los institutos de enseñanza superior «a intensificar la formación, de tal modo que los jóvenes de 17 y 18 años pudieran salir preparados para acceder a la universidad lo antes posible».

---

[39] *Committee on Education and Training: A Review of Its Work*; Consejo asesor, sin paginar; Apéndice C.R. Mann, presidente, RG 393, NA.

[40] Comunicado del *Committee on Education and Training* a las universidades de los EE.UU., 28 de agosto de 1918; copia encontrada en los archivos de *Camp Grant*, RG 393, NA.

En cuanto Wilson eligió la guerra, todo el país se implicó a fondo. En un principio, la Fuerza Expedicionaria Estadounidense en Europa no era más que eso, una fuerza limitada, con un número de efectivos ligeramente superior al que participa en una escaramuza. Pero el ejército americano era enorme, y se estaba completando el proceso de forja de una nación para convertirla en un arma.

Ese proceso haría que millones de jóvenes varones se hacinaran en barracones pequeños, construidos para muchos menos moradores. Así llegaron millones de obreros a las fábricas y a las ciudades, donde no había sitio para alojarles: hombres y mujeres comenzaron a compartir habitaciones e incluso camas, o se repartían el uso de la cama, en función de su turno en el trabajo, al llegar a casa... si a eso se le podía llamar «casa». Se acostaban en una cama de la que acababa de levantarse otra persona que iba a trabajar, respiraban el mismo aire, bebían de las mismas tazas y usaban los mismos cubiertos.

Y la forja suponía también que mediante la intimidación y la cooperación voluntaria, a pesar del manifiesto desprecio por la verdad, el Gobierno controlaba el flujo de información.

Y así fue como toda la nación se involucró en masa y puso a disposición de la gran máquina de salchichas varias formas de triturar un cuerpo, gracias a la neutralidad gélida que la tecnología tiene en común con la naturaleza. Formas que no se limitaban a la consabida «carne de cañón».

10

Mientras Estados Unidos seguía siendo neutral, William Welch —entonces presidente de la Academia Nacional de Ciencias— y sus colegas observaban cómo sus homólogos europeos intentaban perfeccionar las máquinas de matar.

La tecnología siempre ha importado en la guerra, pero esta fue la primera guerra verdaderamente científica, la primera que puso a prueba las habilidades de los ingenieros para que construyeran no solo artillería, sino también submarinos, aeroplanos y tanques; fue la primera guerra que puso a los químicos y fisiólogos en los laboratorios, para que diseñaran gases letales o buscaran un antídoto. La tecnología, como la naturaleza, siempre muestra su gélida neutralidad, por odiados que sean sus efectos. Algunos incluso veían la guerra en sí como un magnífico laboratorio en el que probar y mejorar no solo la ciencia implacable, sino alguna teoría de comportamiento de masas, la gestión científica de los medios de producción, lo que se creía que era la nueva ciencia de las relaciones públicas.

La Academia Nacional se había creado durante la Guerra Civil para asesorar al Gobierno en cuestiones científicas, pero no se dedicaba ni a dirigir ni a coordinar la investigación científica de la tecnología bélica. A eso no se dedicaba ninguna institución estadounidense. En 1915, el astrónomo George Hale comenzó a presionar a Welch y a otros miembros de la Academia para que liderasen la creación de una institución de esas características, y les convenció. En abril de 1916, Welch escribió a Wilson: «La Academia considera ahora que es obligación suya, así de simple, ofrecerse a cooperar y garantizar la inscripción de sus miembros, que se alistarán para proporcionar cualquier servicio que puedan ofrecer en caso de guerra o de preparación para la guerra».[1]

Wilson, que cuando llegó Welch era alumno de la Hopkins, le invitó inmediatamente a la Casa Blanca junto a Hale y otros cuantos. Propusieron al presidente establecer un Consejo Nacional de Investigación para dirigir todas las tareas científicas relacionadas con la guerra. Wilson se mostró de acuerdo de inmediato y solicitó formalmente su creación, pero insistió en que aquello tenía que permanecer en secreto.

Quería confidencialidad porque cualquier preparativo con vistas a la guerra desencadenaría un debate, y Wilson estaba a punto de utilizar todo el capital político que tenía disponible para crear el Consejo Nacional de Defensa, que iba a establecer las bases de lo que se convertiría, una vez que el país entrara en la guerra, en el control por parte del Gobierno de la producción y distribución de los recursos económicos. Los miembros del consejo eran seis secretarios de gabinete, incluidos los de Guerra y Marina, y siete hombres que no pertenecían al Gobierno. Lo más irónico, si tenemos en cuenta que Wilson era profundamente religioso (cristiano); era que tres de esos siete eran judíos: Samuel Gompers, que dirigía la Federación Americana del Trabajo, Bernard Baruch, el financiero; y Julius Rosenwald, director de Sears. Casi simultáneamente, Wilson nombró a Brandeis para presidir el Tribunal Supremo. Todo esto supuso la primera representación significativa de los judíos en el Gobierno.

Pero la aprobación silenciosa de Wilson fue suficiente. Welch, Hale y los demás pudieron constituir la nueva organización e incluir en ella a una serie de científicos muy reputados en diversos ámbitos, científicos que pedían a sus colegas que llevaran a cabo allí determinadas investigaciones que influían en otras y que, puestas en común, tendrían una aplicación práctica. La medicina se había convertido en un arma de guerra.

---

[1] Citado por Simon Flexner y James Thomas Flexner en *William Henry Welch and the Heroic Age of American Medicine* (1941), p. 366.

Para entonces la medicina científica estadounidense se había articulado en torno a un esquema organizativo que no existía en sentido formal, aunque no por ello era menos real.

En la cúspide de esa pirámide estaba Welch, el emprendedor, capaz de cambiar las vidas de las personas con solo mirarlas, y capaz de conducir grandes sumas de dinero hacia la institución con una inclinación de cabeza. Solo él tenía ese poder en el ámbito científico estadounidense de entonces, y nadie más lo ha vuelto a tener después.

Por debajo estaban varios contemporáneos suyos que habían luchado junto a él para cambiar la medicina estadounidense y que también tenían una excelente reputación, muy merecida. A Victor Vaughan se le podía considerar su seguidor como constructor de instituciones; había creado una bastante sólida en Michigan, y fuera de la Hopkins había sido la voz más importante a la hora de reclamar una reforma de la formación médica. En cirugía, los hermanos Charles y William Mayo eran gigantes, e importantes aliados a la hora de provocar un cambio. En el laboratorio, Theobald Smith era la inspiración. En salud pública, Hermann Biggs había constituido el Departamento Municipal de Salud de la ciudad de Nueva York, probablemente el mejor departamento municipal de salud pública del mundo, y acababa de hacerse cargo del departamento de salud pública del estado. Mientras, en Providence (Rhode Island), Charles Chapin había aplicado la ciencia con todo rigor a cuestiones de salud pública y llegado a conclusiones que estaban revolucionando su práctica. En el ejército de los Estados Unidos, el general médico William Gorgas se había hecho una reputación internacional que continuaba y aumentaba la tradición de George Sternberg.

Tanto el Consejo Nacional de Investigación como el Consejo Nacional de Defensa tenían comités médicos que estaban controlados por el propio Welch y por Gorgas, Vaughan y los hermanos Mayo: los cinco habían sido ya presidentes de la Asociación Médica Americana. Pero llamaba la atención la ausencia de Rupert Blue, entonces director general de Salud Pública y jefe del USPHS (Servicio de Salud Pública de EE.UU.). Welch y sus colegas dudaban tanto de sus habilidades y de su sensatez que no solo impidieron que formara parte de ningún comité, sino que tampoco le permitieron nombrar a un representante suyo. Eligieron entonces a un científico del USPHS del que se fiaban. No daba buena imagen que el jefe de los servicios de salud pública estuviera tan mal considerado.

Desde la primera fase de sus planes estos hombres se centraron en el primer asesino de la guerra: no era el combate, sino las enfermedades epidémicas. A lo largo de todas las guerras de la historia habían muerto más soldados por enfermedad que en la batalla o por heridas de guerra.[2] Y la enfermedad epidémica siempre se extendía desde el ejército a la población civil.

Eso no ocurría solo en los tiempos antiguos o en la Guerra Civil americana, en la que se contaron dos muertos a consecuencia de alguna enfermedad por cada muerte vinculada a la batalla (en ambos bandos, murieron en combate o por heridas ciento ochenta y cinco mil soldados, mientras que de enfermedades murieron trescientos setenta y tres mil). Murieron más soldados por enfermedades que en la guerra incluso después de que los científicos adoptaran la teoría de los gérmenes e implantaran algunas medidas modernas de salud pública. En la guerra de los Bóers, entre Gran Bretaña y los colonos blancos de Sudáfrica (1899-1902), murieron por enfermedad diez soldados británicos por cada uno que murió en combate. Los británicos mandaron casi a la cuarta parte de la población Bóer a campos de concentración, donde perecieron 26.370 mujeres y niños. En la guerra de Cuba, en 1898, murieron por enfermedades seis soldados americanos —casi todos de fiebre tifoidea— por cada uno que cayó en la batalla o murió a consecuencia de las heridas.

Las muertes de la guerra de Cuba fueron especialmente inútiles: el ejército se había expandido en cuestión de meses, pasando de veintiocho mil a doscientos setenta y cinco mil soldados, y el Congreso lo había dotado con 50 millones de dólares; sin embargo, al departamento médico no llegó ni un céntimo. En un campo de sesenta mil soldados, en Chickamauga, no había un solo microscopio.[3] El general médico Sternberg tampoco tenía autoridad alguna. Los ingenieros militares y los oficiales hicieron oídos sordos

---

[2] United States Civil War Center, *www.cwc.lsu.edu/cwc/other/stats/warcost.htm.*

[3] Victor Vaughan, *A Doctor's Memories* (1926), p. 410.

cuando se quejaron de lo peligroso que era un campamento sin las condiciones sanitarias adecuadas y sin agua. Su tozudez mató a cinco mil jóvenes estadounidenses.

Había otras enfermedades que también podían ser peligrosas: incluso enfermedades leves, como la tosferina, la varicela o las paperas, cuando invaden una población humana «virgen», que nunca ha estado expuesta a ellas, suelen matar a mucha gente.[4] Los más vulnerables son los jóvenes. En la guerra francoprusiana de 1871, por ejemplo, el sarampión mató al cuarenta por ciento de los que enfermaron durante el asedio de París, y en el ejército de los Estados Unidos se declaró en 1911 una epidemia de sarampión que mató al cinco por ciento de los que lo contrajeron.[5]

Estos hechos preocupaban mucho a Welch, Vaughan, Gorgas y el resto. Se comprometieron a poner lo mejor de la ciencia médica a disposición del ejército. Welch, que tenía entonces sesenta y siete años, que era bajo y obeso y casi no podía respirar, se puso un uniforme, entregó su tiempo a las cuestiones del ejército y se hizo con un escritorio en la oficina de Gorgas, que utilizaba cuando estaba en Washington. Vaughan, sesenta y cinco años e igual de obeso (pesaba casi 125 kilos), se puso un uniforme y se convirtió en jefe de la División de Enfermedades Comunicables del Ejército. Flexner, que tenía cincuenta y cuatro, también se puso un uniforme. Gorgas les dio a todos el rango de comandante, el más alto que se concedía entonces (cuando al poco tiempo cambió el reglamento, los nombraron a todos coroneles).

No pensaban solo en curar a los soldados heridos en combate. No pensaban solo en encontrar suministros de digitalina, que se importaba de Alemania (los Boy Scouts recogieron dedalera en Oregón y, tras realizar algunas pruebas, se vio que se podía obtener un fármaco adecuado), o agujas quirúrgicas (también se importaban: tendrían que construir una fábrica en EE.UU. para producirlas); ni siquiera pensaban en descubrir la manera más eficaz

---

[4] Entrevista con el doctor Peter Palese, 20 de marzo de 2001.

[5] *Memo on measles*, sin fecha. RG 112, NA; véase también: Comandante general Merritt W. Ireland, ed., *Medical Department of the United States Army in the World War, v. 9, Communicable Diseases* (1928), p. 409.

para desinfectar toneladas de ropa (pidieron a Chapin que se encargara de ello).

Pensaban en las enfermedades epidémicas.

El hombre sobre el que recayó la responsabilidad de hacer funcionar la medicina militar fue el general médico del ejército, William Crawford Gorgas. El ejército le dio poca autoridad para desempeñar su cometido, no mucha más que a Sternberg. Pero él era capaz de lograr más cosas cuando se rebelaba contra la autoridad impuesta que cuando se resignaba a ocupar un papel secundario.

De natural optimista y animado, devoto, hijo de un oficial confederado que llegó a ser presidente de la Universidad de Alabama, Gorgas eligió estudiar Medicina por una ironía, dado que su propósito era hacer la carrera militar. Pero no logró que le seleccionaran para entrar en West Point, y como la medicina era la única opción que tenía para alistarse en el ejército, lo hizo aun con la oposición de su padre. Al poco tiempo comenzó a sentirse tan cómodo en el ejercicio de la medicina que prefería que le llamaran «doctor» a que se dirigieran a él por su rango militar, incluso cuando llegó a general. Le encantaba aprender y siempre reservaba un rato cada día para la lectura. Su selección iba rotando: ficción, ciencia y literatura clásica.[6]

Gorgas tenía una expresión de dulzura en los ojos que le hacía parecer cercano, y trataba a todo el mundo con dignidad. Pero tanto su aspecto físico como sus modales sugerían intensidad, determinación, enfoque y, en ocasiones, cierta fiereza. En medio de una crisis o cuando tenía que salvar un obstáculo, su actitud ecuánime le convertía en un remanso de calma. Era de esas personas que transmitían tranquilidad y confianza a los demás. En privado, sin embargo, tras enfrentarse a la torpeza de sus superiores, cuando no a la pura estupidez, cerraba de golpe los cajones, lanzaba tinteros y salía de su despacho como una exhalación, farfullando y amenazando con largarse.

---

[6] David McCullough, *The Path Between the Seas: The Creation of the Panama Canal, 1870–1914* (1977), pp. 425–26.

Como Sternberg, al inicio de su carrera pasó la mayor parte del tiempo en puestos fronterizos del Oeste, aunque siguió el curso que impartió Welch en Bellevue. A diferencia de Sternberg, no hizo personalmente ninguna investigación en laboratorio que sea digna de mención, aunque fue un hombre tenaz y disciplinado.

Dos experiencias representan el epítome de sus capacidades y su determinación a la hora de cumplir con su trabajo. La primera, en La Habana, después de la guerra de Cuba. No estaba en el equipo de Walter Reed que investigaba la fiebre amarilla. De hecho, el trabajo que realizó este equipo no le convenció de que el mosquito fuera el portador de la enfermedad. Se le encomendó, sin embargo, la tarea de exterminar a los mosquitos en La Habana, tarea que culminó con éxito a pesar de haber dudado de su utilidad: en 1902 las muertes por fiebre amarilla habían quedado reducidas a cero. Cero. Las muertes por malaria también se redujeron: cayeron en un 75 por ciento. Con estos resultados, acabó por convencerse de que la hipótesis del mosquito era correcta. Pero vino después otro triunfo, aún más significativo, cuando se hizo cargo de limpiar el entorno de las obras del canal de Panamá para que no se propagara la fiebre amarilla. En este caso fueron sus superiores los que le proporcionaron una cantidad ridícula de recursos, intentaron despreciar su autoridad, sus esfuerzos e incluso a él personalmente, llegando a pedir que le sustituyeran. Pero él perseveró, y lo logró; en parte debido a su inteligencia y a su capacidad para examinar los problemas que presentaba la enfermedad, en parte gracias a su facilidad para desenvolverse en el ámbito burocrático. En el proceso también se ganó una reputación de experto a escala internacional en el ámbito de la salud pública y el saneamiento.

Fue nombrado general médico del ejército en 1914, e inmediatamente comenzó a persuadir a congresistas y senadores, pidiendo dinero y autoridad para preparar al país por si había que entrar en la guerra. No quería que se repitiera la experiencia de Sternberg en Cuba. Creyendo haber cumplido su cometido, dejó el cargo en 1917 para unirse a un proyecto internacional de salud patrocinado por Rockefeller. Cuando los Estados Unidos entraron en la guerra, volvió al ejército.

A los sesenta y tres años de edad, con el pelo blanco, bigotudo y flaco (de niño había sido muy frágil y toda su vida fue muy delgado, a pesar de ser casi tan comilón como Welch), su primer objetivo fue rodearse de los mejores, al tiempo que trataba de ejercer su influencia en la planificación militar. Sus superiores del Departamento de la Guerra no le consultaron sobre dónde establecer los acantonamientos, pero los ingenieros militares sí se fijaron, y mucho, en el departamento médico a la hora de diseñar los campos de entrenamiento. Tampoco ellos querían que se repitieran los errores que habían matado a miles de soldados en 1898.

Y hubo otro área donde el departamento médico del ejército se avino a escuchar la opinión de los dirigentes del Departamento de la Guerra: una campaña a gran escala contra las enfermedades venéreas. Se trataba de una campaña fuertemente apoyada por un conglomerado político de progresistas convencidos de que se podía mejorar la sociedad civil y de moralistas cristianos; la misma «extraña pareja» política, por cierto, que no tardaría en asociarse para aprobar la Ley Seca. El departamento de Gorgas sabía «a qué extremos puede llegar un moralista y lo poco práctico, lo intolerante, extravagante e irracional, si no deshonesto desde el punto de vista científico, que puede ser».[7] Pero también sabían que un tercio de los días útiles que se perdían en el ejército a causa de las enfermedades se debía a las enfermedades venéreas. Y era una pérdida que el ejército no podía permitirse.

El cuerpo médico recomendó a los soldados que se masturbaran en lugar de recurrir a las prostitutas. Repartieron carteles con eslóganes como «Todo soldado que recibe su dosis es un traidor».[8] Examinaban a los soldados dos veces al mes para ver si estaban infectados, exigían a estos que delataran a la persona con la que habían tenido relaciones sexuales, retenían la paga a los soldados y marinos que habían contraído una enfermedad venérea y les sometían a consejo de guerra. Con el apoyo de los líderes políticos de primera línea, el ejército impulsó una ley que prohibía la

[7] William Allen Pusey, Dr. en Medicina, «Handling of the Venereal Problem in the U.S.Army in Present Crisis», *JAMA* (28 de septiembre de 1918), p. 1017.

[8] Kennedy, *Over Here*, p. 186.

prostitución y la venta de alcohol en un radio de cinco millas en torno a una base, y había setenta bases con diez mil o más soldados repartidas por todo el país. Las juntas de salud de veintisiete estados aprobaron reglamentos que permitían arrestar a todo el que sufriera una enfermedad venérea, y mantenerle bajo arresto «hasta que ya no sea un peligro para la comunidad».[9] Se cerraron ochenta barrios donde se practicaba la prostitución, incluso el legendario Storyville de Nueva Orleans, donde Buddy Bolden, Jelly Roll Morton, Louis Armstrong y otros inventaron el jazz en los prostíbulos. Y el alcalde de Nueva Orleans, Martin Berhman, que no era en absoluto un reformista, encabezó una maquinaria política tan cerrada que la llamaron «El Anillo».

Pero aunque Gorgas tenía el poder de actuar con decisión sobre las enfermedades venéreas y los ingenieros encargaron a sus expertos en cuestiones sanitarias que diseñasen los suministros de agua adecuados, el ejército no le hizo caso en otros asuntos, especialmente los que eran de índole estrictamente científica y no llevaban aparejado ningún peso político. Ni siquiera cuando un investigador estadounidense desarrolló una antitoxina para la gangrena Gorgas logró convencerles de que financiaran las pruebas en el frente. Así que Welch organizó todo para que el Rockefeller Institute pagara los gastos de enviar un equipo de investigadores a Europa con el fin de que el ejército británico probara la antitoxina en los hospitales ingleses.[10] Y funcionó, aunque había que perfeccionarla.

En muchos aspectos Gorgas, Welch, Vaughan y sus colegas funcionaban como un equipo independiente dentro del ejército, pero no podían actuar por su cuenta cuando se trataba de una epidemia ni en un campo de entrenamiento de soldados con cientos de miles —millones, de hecho— de hombres.

---

[9] C. P. Knight, «The Activities of the USPHS in Extra-Cantonment Zones, with Special Reference to the Venereal Disease Problem», *Military Surgeon* (enero de 1919), p. 41.

[10] Flexner y Flexner, *William Henry Welch*, p. 371.

Cuando comenzó la guerra había ciento cuarenta mil médicos en Estados Unidos. De ellos, solo 776 servían en el ejército o en la Marina.

El ejército necesitaba decenas de miles de médicos, y los necesitaba inmediatamente. No haría excepción alguna con los científicos. La mayoría de ellos irían voluntarios, porque muchos querían participar en tan magna cruzada.

Welch y Vaughan se alistaron a pesar de que les sobraban más de cuarenta kilos de peso y superaban la edad reglamentaria de retiro obligatorio que imponía el ejército. Paul Lewis, un protegido de Flexner de la Universidad de Pensilvania, Rosenau en Harvard y Eugene Opie, de la Universidad de Washington, se unieron a ellos. Y lo mismo hicieron científicos de laboratorio de todo el país.

Y para evitar que sus científicos se disgregaran al incorporarse como voluntarios o cuando les llamaran a filas, Flexner sugirió a Welch que el Rockefeller Institute se incorporase íntegro al ejército. Welch fue con la idea a Gorgas, y el ayudante de Gorgas mandó un cable a Flexner diciendo: «Organizaremos la unidad como usted desee».[11] Así que el Instituto Rockefeller se convirtió en el Laboratorio Auxiliar Número Uno del Ejército, aunque no habría un Laboratorio Auxiliar Número Dos del Ejército. Hombres uniformados comenzaron a desfilar por el laboratorio y los pasillos del hospital. Un ayudante de campo mandaba a técnicos y conserjes, mantenía la disciplina entre ellos y se encargaba de su entrenamiento, haciéndoles desfilar por York Avenue. El almuerzo se convirtió en «el rancho». En el patio principal del edificio, entre las calles Sesenta y Cuatro y Sesenta y Seis, desplegaron una unidad móvil de asistencia hospitalaria perfectamente organizada, y equipada con pabellones, laboratorios, lavandería y cocina, para tratar a soldados con heridas incurables. Los sargentos saludaban a los científicos, que, salvo dos canadienses que eran soldados rasos, recibieron el rango de oficiales.

[11] Colonel Frederick Russell a Flexner, 11 de junio de 1917, *Papeles de Flexner*, APS.

No se trataba de un cambio meramente superficial[12] para que todo continuara igual.[13] En el Rockefeller cambiaron las estructuras de trabajo. Casi toda la investigación que se llevaba a cabo allí empezó a realizase bajo el prisma de la guerra o de la instrucción. Alexis Carrel, galardonado con el Nobel en 1912, fue pionero de la reinserción quirúrgica de miembros, del transplante de órganos y del cultivo de tejidos (mantuvo viva una parte del corazón de un pollo durante treinta y dos años), y también enseñaba técnicas quirúrgicas a cientos de médicos recién militarizados. Otros enseñaban bacteriología. Un bioquímico estudiaba los gases venenosos. Otro químico exploró formas de obtener más acetona a partir del almidón, que podía emplearse tanto para la fabricación de explosivos como para dar rigidez al material que cubría las alas de los aviones. Peyton Rous, que ya había realizado el trabajo que décadas después le valdría el Nobel, redirigió su tarea a la conservación de la sangre: desarrolló un método que aún se usa y que permitió crear los primeros bancos de sangre que se establecieron en el frente en 1917.

La guerra también arrasó con toda la plantilla de médicos en ejercicio. Gorgas, Welch y Vaughan ya habían hecho planes para ello. En diciembre de 1916, a través del Consejo Nacional de Defensa, pidieron a algunas asociaciones médicas estatales que licenciaran a algunos médicos en secreto. Prácticamente la mitad de toda la plantilla de médicos en ejercicio se reveló incompetente para el servicio, así que, cuando Estados Unidos entró en la guerra, los militares examinaron primero a todos los graduados varones de las escuelas médicas en los años 1914, 1915 y 1916. Como dijo Vaughan, iban buscando a «los mejores de cada clase».[14] Con este método seleccionaron aproximadamente a diez

---

[12] Durante la guerra de Vietnam, muchos médicos-científicos se unieron al Servicio de Salud Pública para evitar que les reclutaran, pero siguieron trabajando como de costumbre. Les asignaron a los Institutos Nacionales de Salud, que vivieron en aquellos años su época más productiva gracias a la presencia de talentos.

[13] George A. Corner, *A History of the Rockefeller Institute: 1901–1953, Origins and Growth* (1964), p. 141.

[14] Actas de la reunión del comité ejecutivo del Consejo Nacional de Investigación, 19 de abril de 1917, NAS.

mil médicos. Muchas de las escuelas médicas punteras enviaron a gran parte de su plantilla de profesores a Francia, donde las escuelas funcionaban como unidades intactas y dotaban de personal (o prestaban extraoficialmente su nombre) a hospitales militares enteros.

Sin embargo, ninguno de estos planes logró cubrir la demanda existente. En el momento de firmar el armisticio, treinta y ocho mil médicos estaban sirviendo en el ejército, de los cuales al menos la mitad eran menores de cuarenta y cinco años y se consideraban aptos para el servicio.[15]

Los militares, sobre todo el Ejército de Tierra, no se detuvieron ahí. En abril de 1917 tenían cincuenta y ocho dentistas;[16] en noviembre de 1918 ascendían a 5654. Y también necesitaban enfermeras.

Había muy pocas enfermeras. Al igual que había ocurrido con la medicina, la forma de ejercer la enfermería había cambiado radicalmente a finales del siglo XIX. También se había convertido en algo científico. Pero los cambios afectaban a otros planos, no solo al puramente científico: la enfermería pasó a ser una cuestión de estatus, de poder, y un símbolo del papel que desempeñaban las mujeres.

La enfermería era uno de los pocos ámbitos donde las mujeres encontraban efectivamente oportunidades y estatus, y uno de los pocos que ellas controlaban. Mientras Welch y sus colegas revolucionaban la medicina estadounidense, Jane Delano y Lavinia Dock —ambas estudiantes del programa de enfermería de Bellevue en la época en que Welch estaba exponiendo a los estudiantes de medicina a nuevas realidades— estaban haciendo lo mismo en el ámbito de la enfermería. Pero no tuvieron que luchar contra una vieja guardia atrincherada en su propia profesión, sino contra los médicos que, en ocasiones, al sentirse amenazados por enfermeras inteligentes y con formación, se pusieron casi en pie de guerra; en algunos hospitales los médicos cambiaban las etiquetas de los

---

15 Arthur Lamber, «Medicine: A Determining Factor in War», *JAMA* (14 de junio de 1919), p. 1713.

16 Franklin Martin, *Fifty Years of Medicine and Surgery* (1934), p. 379.

botes de medicamentos por números, para que las enfermeras no pudieran cuestionar sus prescripciones.[17]

En 1912, antes de ocupar el puesto de general médico, Gorgas ya había anticipado que si había una guerra el ejército iba a necesitar muchas más enfermeras de las que seguramente iban a estar disponibles. También pensaba que no todas ellas tendrían que ser enfermeras tituladas. Quería crear un cuerpo de «enfermeras prácticas» que no necesitaran la educación y la formación teórica de las «enfermeras tituladas».

Hubo otros que adelantaron esta teoría, todos ellos varones; no se dio voz a las mujeres que se dedicaban a la enfermería. Jane Delano había dado clases a enfermeras y había dirigido el Cuerpo de Enfermería del Ejército. Orgullosa e inteligente, pero también resuelta, dura y autoritaria, acababa de dejar el ejército para incorporarse a la Cruz Roja, donde iba a organizar el programa de enfermería. La Cruz Roja tenía la responsabilidad de enviar enfermeras al ejército, y se encargaba de evaluarlas, contratarlas y asignarles un destino.

Delano rechazó el plan de Gorgas y dijo a sus colegas que aquello era «una seria amenaza» para el estatus de las enfermeras profesionales: «Nuestro servicio de enfermería no serviría de nada con estos grupos de mujeres —organizados por médicos— que nada tienen que ver con nosotras, mujeres a las que han formado ellos y que actúan bajo su guía». Manifestó a la Cruz Roja que si ese era el plan, rompería de inmediato su relación con ellos,[18] y afirmó categóricamente: «Todos los miembros que integran los comités estatales y locales se vendrían conmigo».[19]

La Cruz Roja y el ejército se rindieron a sus peticiones. No se puso en marcha ningún plan para formar a auxiliares de enfermería.

---

[17] *Lavinia Dock*, 1909, citado en «Nursing as Social Responsibility: Implications for Democracy from the Life Perspective of Lavinia Lloyd Dock (1858–1956)» (2002), p. 78, de Soledad Mujica Smith.

[18] Lavinia Dock et al., *History of American Red Cross Nursing* (1922), p. 958.

[19] Podría parecer que el estatus de las enfermeras estaba garantizado. En verano de 1918, el Departamento del Tesoro informó al Secretario de la Guerra de que, a diferencia de los soldados, las enfermeras del ejército a las que hacían prisioneras no tenían derecho a paga mientras estuviesen privadas de libertad. El revuelo que se produjo obligó a cambiar esta política.

Cuando Estados Unidos entró en la guerra tenía 98.162 enfermeras «tituladas», todas ellas mujeres, cuya formación seguramente superaba a la de muchos médicos —si no a todos— que habían estudiado antes de 1910. La guerra agotó la nómina de enfermeras, como hizo con todo lo demás. En mayo de 1918 apenas dieciséis mil estaban sirviendo en el ejército. Gorgas pensaba que harían falta cincuenta mil.

Gorgas volvió a rogar a la Cruz Roja que «pusiera en marcha los planes que se habían formulado».[20] Tras recibir cierta información confidencial sobre la desesperación que se vivía en los hospitales de campaña, Delano cambió de idea, apoyó el plan de Gorgas y trató de convencer a sus colegas de que hacían falta enfermeras «prácticas».

Sus colegas de profesión se negaron a participar en tan ambicioso programa de formación de auxiliares, y únicamente aceptaron la creación de la Escuela de Enfermería del Ejército. En octubre de 1918 no había salido de esta nueva escuela ni una sola enfermera titulada.

El triunfo de la profesión de la enfermería sobre la Cruz Roja y el ejército de los Estados Unidos, un ejército que ya estaba en guerra, fue extraordinario. Que los vencedores fueran mujeres lo hizo más extraordinario todavía. Irónicamente, este triunfo reflejaba también el triunfo del Comité de Información Pública de George Creel sobre la verdad, pues la máquina de propaganda de Creel había impedido que el público viera lo grave que era la escasez de enfermeras.

La necesidad que el ejército tenía de médicos y enfermeras siguió en aumento. Cuatro millones de varones estadounidenses habían pasado a formar parte del ejército y se les iban a unir más, y Gorgas preveía que precisarían trescientas mil camas de hospital. El número de profesionales de la medicina con titulación que había disponibles no podía manejar esa carga. Así que el ejército siguió succionando médicos y enfermeras de todas partes, llevándolos a los acantonamientos, a los barcos, a Francia... Hasta que se hubo llevado a los mejores médicos jóvenes y la asistencia

[20] *Ibid.*, p. 954.

médica para los civiles empezó a deteriorarse a toda velocidad. Los médicos que siguieron atendiendo a la población civil eran también jóvenes, pero casi siempre inexpertos, o bien profesionales de más de cuarenta y cinco años, formados casi todos en la vieja escuela. La escasez de enfermeras sería más grave aún. De hecho, llegaría a ser letal para la sociedad civil.

Con todo esto se añadía más leña al fuego que ya ardía en la caja de yesca. Y llegaría mucha más leña.

II

Wilson había afirmado que «el espíritu de la brutalidad despiadada» había de penetrar en la fibra de la vida de los estadounidenses «como nación». Para llevar a cabo ese objetivo, Creel había querido crear «una masa al rojo vivo», una masa impulsada por una «inmortal determinación». Y eso estaba haciendo. Aquella era una guerra total, y esa totalidad incluía al colectivo médico.

El espíritu de Creel se filtró incluso en *Military Surgeon*, un diario publicado por el ejército para sus médicos, que afirmaba que «todas y cada una de las actividades que este país se ha propuesto acometer tienen como único objetivo ganar la guerra; en este momento eso es lo único que cuenta, y nada volverá a contar nunca si no la ganamos. Ninguna organización de ningún tipo deberá permitirse que no sea ese el primero de sus objetivos, o no estar en condiciones de contribuir de la manera más eficaz [...]. Así es como se aplican a la guerra las ciencias médicas o las artes, para perfeccionar los métodos de camuflaje y para levantar el ánimo a los soldados con propuestas de entretenimiento, etc.».[1]

Este diario médico, esta publicación para profesionales de la medicina cuyo objetivo era salvar vidas, declaró también: «La consideración de la vida humana pasa a menudo a segundo plano [...]. Un oficial médico está más pendiente de lo general que de lo particular, y la problemática individual, aunque tenga una importancia enorme, pasa a segundo plano respecto a las medidas que se toman

[1] Editorial de *Military Surgeon* 43 (agosto de 1918), p. 208.

pro bono publico».[2] La misma publicación expresaba su opinión sobre lo que se englobaba en la expresión *pro bono publico* al citar la recomendación del comandante Donald McRae, un veterano de guerra que afirmó que «si se encuentran enemigos heridos (en la trinchera) y ya se hubieran tomado prisioneros suficientes [para interrogarles], deberá rematarse a los primeros con la bayoneta».[3]

Gorgas no estaba de acuerdo con las opiniones de los editores de la revista. Cuando un investigador —sufragado por Rockefeller— descubrió que su antitoxina para la gangrena funcionaba, quiso publicar los resultados..., pero eso podría ayudar a los alemanes. Tanto Gorgas como el secretario de la Guerra, Newton Baker, se mostraron de acuerdo en que debía publicarlos, y así lo hizo. Welch dijo a Flexner: «Me alegra que tanto el secretario como el general médico hayan tomado esa decisión sin dudarlo».[4]

Pero Gorgas tenía cosas más importantes que hacer que controlar a los editores de *Military Surgeon*. Estaba centrado en su misión, y con obsesión de misionero la perseguía.

En cuestión de meses, el ejército estadounidense había pasado de tener, antes de la guerra, solo unas cuantas decenas de miles de soldados a contar con varios millones. En cuestión de semanas se montaron acantonamientos inmensos, cada uno con cincuenta mil hombres más o menos. Cientos de miles de hombres los ocupaban ya antes de que acabaran de construirse. Los soldados estaban hacinados en barracones que se habían diseñado para alojar a un número mucho menor de ocupantes, mientras decenas de miles de jóvenes pasaron su primer invierno como soldados metidos en tiendas de campaña. Los hospitales fueron los últimos edificios que se construyeron.

Estas circunstancias no solo obligaron a un gran número de hombres a convivir con una proximidad excesiva, sino que expusieron a los chicos del campo a una cercanía con los de la ciudad

---

[2] John C.Wise, «The Medical Reserve Corps of the U.S. Navy,» *Military Surgeon* (julio de 1918), p. 68.

[3] «Review of Offensive Fighting by Major Donald McRae», *Military Surgeon* (febrero de 1919), p. 86.

[4] Flexner a Flexner, *William Henry Welch*, p. 371.

(que venían de lugares a muchos kilómetros de distancia), cada uno de ellos con su propia problemática respecto a la inmunidad o con una vulnerabilidad determinada, a un sinfín de enfermedades. Nunca antes en toda la historia de Estados Unidos, y posiblemente en la de ningún país, hubo tantos hombres juntos como allí y entonces. Incluso en Europa, en el frente, o incluso cuando hubo que importar mano de obra de China, India o África, la concentración de hombres con diversos niveles de vulnerabilidad y el hacinamiento no debieron de ser tan decisivos como aquella mezcla explosiva de los campamentos de instrucción militar estadounidenses.

La pesadilla de Gorgas era que por aquellos campamentos se extendiera una epidemia. Dada la forma en que las tropas iban de un campamento a otro iba a ser extraordinariamente difícil aislar uno de ellos para impedir que la enfermedad se extendiera al resto. Miles, seguramente decenas de miles de soldados, podían morir. Una epidemia así podía extenderse también entre la población civil, y Gorgas se propuso hacer cuanto estuviera en su mano para evitar que aquella pesadilla se hiciera realidad.

* * *

En 1917, la ciencia médica no estaba en absoluto desesperada ante la enfermedad. De hecho, se encontraba al borde de la laguna Estigia: aunque solo consiguiera vadear sus aguas y evitar que la cruzaran unos cuantos, en sus laboratorios se guardaba la promesa de un futuro mejor.

Era cierto que la ciencia solo había desarrollado hasta el momento una de esas «balas mágicas» que preveía Paul Ehrlich. Él y un colega suyo habían probado novecientos compuestos químicos diferentes para curar la sífilis antes de volver a probar el que hacía el número 606, que era un compuesto de arsénico. En esa ocasión funcionó: lograron curar la sífilis sin envenenar al paciente. Lo llamaron arsfenamina y se comercializó con la marca Salvarsán, pero casi todo el mundo se refería al fármaco como «el 606».

Pero la ciencia había conseguido importantes logros en la manipulación del sistema inmune y en el ámbito de la salud pública.

Las vacunas evitaban ya una docena de enfermedades que arrasaban con el ganado, como el ántrax y el cólera porcino. Los investigadores habían ido más allá y, tras el primer éxito contra la viruela, comenzaron a desarrollar vacunas para evitar un montón de enfermedades, así como las antitoxinas y los sueros adecuados para curarlas. La ciencia había vencido ya a la difteria, por ejemplo. Las medidas de higiene y salud pública estaban ayudando a contener las fiebres tifoideas, el cólera, la fiebre amarilla y la peste bubónica, y comenzaron a aparecer vacunas contra las fiebres tifoideas, el cólera y la peste. Se estaban fabricando ya antídotos contra las mordeduras de serpiente. Se descubrió un suero contra la disentería. Una antitoxina para el tétano comenzó a dar resultados casi mágicos: antes de su uso a gran escala en 1903, morían en Estados Unidos 102 personas de cada 1000 tratadas de tétanos; diez años después, el uso generalizado de la antitoxina redujo la tasa de mortalidad a 0 de cada 1000 tratados.[5] La meningitis estaba controlada, aunque no vencida, gracias en gran medida al suero inmunológico de Flexner. En 1917 se desarrolló una antitoxina para la gangrena y, aunque no era tan efectiva como otras conocidas, los científicos la mejoraron con el tiempo, igual que habían hecho con otras. Las posibilidades de manipular el sistema inmune para vencer a las enfermedades infecciosas parecían contener una promesa infinita.[6]

Gorgas también se puso al mando en el plano de la gestión: se encargó de que todos los médicos nuevos del ejército, los que irían destinados a los acantonamientos, se formaran en el Rockefeller Institute y que su formación estuviese a cargo de los mejores científicos del mundo. Comenzó a hacer acopio de enormes cantidades de vacunas, antitoxinas y sueros porque no se fiaba de los fabricantes de fármacos, que a veces no eran fiables y sus productos

---

[5] H. J. Parish, *A History of Immunization* (1965), p. 3.

[6] Cuando aparecieron los antibióticos, a finales de la década de 1930 y durante la de 1940, funcionaban como algo mágico, razón por la cual se dejó de lado la investigación. A principios de los sesenta, los funcionarios del sistema de salud pública declararon la victoria sobre las enfermedades infecciosas. Ahora, con docenas de cadenas de bacterias que desarrollan resistencia a los fármacos, con virus que cada vez generan resistencia más rápido, los investigadores han vuelto al laboratorio a buscar formas de estimular el sistema inmune para hacer frente a cualquier enfermedad, desde una infección hasta el cáncer.

resultaban inútiles. En 1917, Hermann Biggs —entonces responsable de salud del estado de Nueva York—, puso a prueba algunos productos comerciales destinados al tratamiento de diversas enfermedades y vio que eran tan deficientes que se vio obligado a prohibir su venta en todo el estado.[7] La Escuela Médica del Ejército podía fabricar vacunas contra las fiebres tifoideas para cinco millones de hombres.[8] El Rockefeller Institute iba a producir sueros para la neumonía, la disentería y la meningitis. El Laboratorio de Higiene de Washington, que acabaría convirtiéndose en el Instituto Nacional de Salud, prepararía vacunas contra la viruela y antitoxinas para la difteria y el tétano.

También convirtió varios vagones de tren en laboratorios con equipo de última generación que no pagó el Gobierno, sino el Rockefeller Institute y la Cruz Roja Americana, y los repartió por puntos estratégicos del país, listos —como Flexner dijo al asistente de Gorgas en asuntos científicos, coronel Frederick Russell— para «ser enviados a cualquiera de los campamentos en los que se ha extendido la neumonía o cualquier otra enfermedad epidémica».[9]

Además, antes de que comenzara la construcción en los acantonamientos, Gorgas creó una unidad especial «para la prevención de las enfermedades infecciosas».[10] Asignó este cometido a sus mejores hombres. Welch, que había recorrido ya los campamentos británicos y franceses y que estaba alerta a los posibles puntos débiles de su organización, encabezaba la unidad. Los otros miembros que la componían eran Flexner, Vaughan, Russell, Biggs y Charles Chapin, de Rhode Island, todos ellos con renombre internacional. Establecieron una serie de procedimientos precisos para que el ejército los siguiera y minimizar así las posibilidades de que hubiera una epidemia.

Mientras, como en 1917 el flujo de tropas a los campamentos era continuo, algunos colegas del Rockefeller Institute, como Rufus

---

[7] Wade Oliver, *The Man Who Lived for Tomorrow: A Biography of William Hallock Park, M.D.* (1941), p. 378.

[8] Vaughan a George Hale, 21 de marzo de 1917, *Executive Committee on Medicine and Hygiene, general file*, NAS.

[9] Flexner a Russell, 28 de noviembre de 1917, *Flexner papers*.

[10] Flexner a Vaughan, 2 de junio de 1917, *Flexner papers*.

Cole y Oswald Avery, que habían centrado sus esfuerzos en la neumonía, emitieron un comunicado específico con el siguiente aviso: «Aunque la neumonía se da principalmente en forma de enfermedad endémica, no se conocen epidemias pequeñas ni grandes. Fue la enfermedad más grave que amenazó la construcción del canal de Panamá, y su prevalencia en regiones donde hay grandes cantidades de trabajadores susceptibles de contagio por la cercanía que mantienen hacen que su estudio sea de gran importancia. La neumonía parece especialmente peligrosa para los nuevos reclutas: la experiencia obtenida con un número reducido de tropas en la frontera mexicana, donde hubo una epidemia de neumonía en 1916, debería ser un aviso de lo que puede ocurrir en el seno de nuestro ejército cuando empiecen a juntarse tantos hombres susceptibles durante los meses de invierno».[11]

Los superiores de Gorgas en el ejército ignoraron la advertencia. En consecuencia, la armada no tardó en sufrir un brote de la epidemia. Sería una ocasión para poner a prueba tanto al virus como a la medicina.

El invierno de 1917-18 fue el más frío del que se tienen registros al este de las Montañas Rocosas. Los barracones estaban atestados y había aún cientos de miles de hombres viviendo en tiendas de campaña. Los hospitales de campaña y otras instalaciones médicas estaban sin terminar. Un informe del ejército admite no haber podido dotar a las tropas de mantas y ropa de abrigo ni de un sistema de calefacción adecuado. Pero lo más peligroso de todo era el hacinamiento.

Flexner describió la situación: «Era como si los hombres hubieran juntado en un sitio sus enfermedades y cada uno hubiera cogido lo que no tenía, ayudado en gran medida por la disposición poco afortunada de los campamentos, una administración deficiente y la falta de unas instalaciones adecuadas en los laboratorios».[12] Vaughan protestó, impotente, y dijo después que los procedimientos del ejército eran «una locura [...]. ¿Cuántas

[11] Rufus Cole et al., «Acute Lobar Pneumonia Prevention and Serum Treatment» (octubre de 1917), p. 4.

[12] Flexner y Flexner, *William Henry Welch*, p. 372.

vidas se han sacrificado? No podría ni calcularlo... Los peligros en los pasos que se siguieron para acometer la movilización se comunicaron a las autoridades competentes antes de que se juntaran todos, pero la respuesta fue: "La finalidad de la movilización es convertir a civiles en soldados entrenados a la mayor brevedad posible, no hacer una demostración de medicina preventiva"».[13]

Durante aquel invierno tan frío llegó el sarampión a los barracones del ejército, y lo hizo en forma de epidemia. Lo normal, naturalmente, es que el sarampión afecte a los niños pequeños y provoque solo fiebre, sarpullido, tos, secreción nasal y cierto malestar. Pero como tantas otras enfermedades infantiles, sobre todo las virales, cuando el sarampión ataca a un adulto le afecta mucho. A principios del siglo XXI, el sarampión seguía siendo la causa de un millón de muertes al año en todo el mundo.

Este broté atacó a sus víctimas con fiebre alta, una sensibilidad extrema a la luz y tos muy fuerte. Entre las complicaciones registradas: diarrea severa, meningitis, encefalitis (inflamación del cerebro) y convulsiones.

Al trasladarse los soldados infectados de un campamento a otro, el virus se movió con ellos y recorrió los campamentos como una bola en la bolera. Vaughan dijo: «En otoño de 1917 no llegó a Camp Wheeler [cerca de Macon, Georgia] un solo tren con soldados que no trajera de uno a seis casos de sarampión ya en fase de incubación. Estos hombres distribuyeron la semilla tanto en los campamentos como en el tren, y no hubo poder en el mundo capaz de detener la dispersión de la enfermedad en esas condiciones».[14]

Camp Travis, cerca de San Antonio, alojaba a 30.067 hombres. En Navidad, 4571 hombres habían contraído la enfermedad. Funston tenía una tropa estimada en más de cincuenta y seis mil soldados, de los que tres mil estuvieron tan enfermos que tuvieron que ser hospitalizados.[15] En Greenleaf (Carolina del Sur) y en Devens (Massachusetts), las cifras eran similares. Los 25.260 soldados de Camp Cody, en Nuevo México, quedaron libres del sarampión

[13] Vaughan, *A Doctor's Memories*, p. 428–29.

[14] *Ibid.*, p. 425.

[15] Ireland, *Communicable Diseases*, p. 415.

hasta poco después de que llegaran los hombres de Funston: en ese momento el sarampión comenzó a invadir también Cody.

Y algunos hombres jóvenes empezaron a morir.

Es cierto que los investigadores no podían desarrollar ni una vacuna para impedir que se contrajera el sarampión ni un suero para curarlo, pero la mayor parte de las muertes se produjeron a causa de infecciones secundarias debidas a la invasión de los pulmones por alguna bacteria, tras debilitar el virus sus defensas. Los investigadores del Rockefeller y de otros centros luchaban por encontrar un medio de control de estas infecciones bacterianas, e hicieron algunos progresos.

Entretanto, el ejército emitió órdenes que prohibían a los hombres que se aglutinaran en torno a las estufas, y los oficiales entraban en tiendas y barracones para comprobar que se respetaba esa prohibición. Pero era algo imposible, sobre todo entre las decenas de miles de soldados que vivían en tiendas, con las temperaturas tan frías que se registraban.

De todas las complicaciones debidas al sarampión, la más mortífera fue la neumonía.[16] En los seis meses comprendidos entre septiembre de 1917 y marzo de 1918, antes de que llegara la epidemia de gripe, la neumonía afectó a 30.784 soldados en suelo americano. Mató a 5741 de ellos. Casi todos estos casos de neumonía se debieron a alguna complicación del sarampión. En Camp Shelby, un 46,5 por ciento de las muertes (del total de muertes provocadas por enfermedades, accidentes de tráfico, accidentes de trabajo y problemas derivados de la instrucción militar) lo provocó la neumonía causada por el sarampión. En Camp Bowie, 227 soldados murieron de alguna enfermedad entre noviembre y diciembre de 1917; 212 de ellos murieron de neumonía después de padecer el sarampión. La media de muertos por neumonía en veintinueve acantonamientos era doce veces superior a la registrada entre civiles del mismo grupo de edad.[17]

---

[16] Vaughan, *A Doctor's Memories*, p. 57.

[17] Dorothy Ann Pettit, «A Cruel Wind: America Experiences the Pandemic Influenza, 1918–1920, A Social History» (1976), p. 56.

En 1918, el Senado, controlado por el Partido Republicano, celebró sesiones de control sobre los errores de la administración de Wilson en la movilización de tropas. Los republicanos despreciaban a Wilson desde 1912, cuando accedió a la Casa Blanca con solo un 41 por ciento de los votos. (El voto de los republicanos se había dividido entre Teddy Roosevelt, anterior presidente republicano y candidato del que era entonces el tercer partido, y el presidente republicano en funciones, William Howard Taft; el socialista Eugene Debs obtuvo un 6 por ciento). Los fallos registrados en la movilización parecían la ocasión idónea para avergonzarle. Y había mucha amargura personal en sus ataques: el congresista Augustus Peabody Gardner, yerno de Henry Cabot Lodge (líder de la mayoría en el Senado) había renunciado a su escaño en el Congreso para alistarse: murió de neumonía en el campo de instrucción.

Convocaron a Gorgas para que explicara aquel desastre del sarampión. Su testimonio y su informe sobre la epidemia ante el jefe de gabinete fue portada de todos los periódicos. Al igual que su mentor, Sternberg, durante la debacle de las fiebres tifoideas, veinte años antes, atacó a sus colegas del Departamento de Guerra y a sus superiores por meter a las tropas en aquellos acantonamientos que no cumplían los requisitos mínimos de salubridad, por tener a los soldados hacinados, por exponerles al sarampión cuando no tenían inmunidad frente a la enfermedad, por emplear a «chicos del campo» sin entrenamiento previo para atender a hombres gravemente enfermos en hospitales con un equipo deficiente y por no tener a veces ni siquiera hospitales donde atenderles. Y afirmó que el Departamento de Guerra parecía considerar que el Departamento Médico del Ejército era una cuestión sin importancia. «Yo nunca fui de su confianza»,[18] dijo en respuesta a una pregunta del senador.

Había albergado la esperanza de que su testimonio obligara al ejército a dar más protección a sus tropas. Y puede que sucediera así: el ejército inició consejos de guerra en tres acantonamientos. Pero su testimonio tuvo otro efecto colateral: a él le dejaron solo. Contó a su hermana que, en el Departamento de Guerra, todos

---

[18] *Ibid.*, p. 3.

sus amigos parecían haberle dado la espalda: «Cuando paso, todo el mundo me propina una patada».[19]

Mientras tanto, Welch iba a visitar uno de los campamentos más golpeados por el sarampión; aunque la enfermedad había pasado, sus consecuencias seguían dando problemas. Dijo a Gorgas que la tasa de mortalidad entre las tropas que contraían la neumonía tras el sarampión se había establecido «en un 30 por ciento, pero en el hospital van a morir más a partir de ahora. Hace falta un buen estadístico en el hospital, porque el encargado del registro no es competente». Para poder ofrecer a los enfermos hospitalizados una oportunidad de salvarse, continuaba, «hay que hacer que el coronel Russell envíe instrucciones para facilitar el trabajo de Avery con el fármaco para el neumococo».[20]

Hablaba de Oswald Avery, del Rockefeller Institute, uno de los canadienses que habían entrado en el ejército como soldados voluntarios. Soldado o no, Avery sería pronto (si no lo era ya) el principal investigador mundial de la neumonía, y sus conclusiones llegarían mucho más allá de aquel asunto. Sus hallazgos darían lugar a una revolución científica que cambiaría la dirección de la investigación genética y serían la base de la biología molecular moderna. Pero eso aún tardaría en llegar.

Osler llamó a la neumonía «el capitán de los soldados de la muerte». La neumonía era la principal causa de muerte en todo el mundo: más que la tuberculosis, más que el cáncer, más que las enfermedades del corazón, más que la peste.

Y, como el sarampión, cuando la gripe mata lo suele hacer valiéndose de la neumonía.

---

[19] John M. Gibson, *Physician to the World: The Life of General William C. Gorgas* (1989), p. 242.

[20] Diario de Welch, 2 de enero de 1918, WP.

12

Los diccionarios médicos definen la neumonía como «inflamación de los pulmones con consolidación». Esta definición no menciona la infección, pero en la práctica la causa de la neumonía es casi siempre algún tipo de microorganismo que invade el pulmón, seguido de una infusión de las defensas que el cuerpo pone en marcha contra la infección. La mezcla resultante de células inflamadas, enzimas, residuos celulares, fluidos y el equivalente al tejido de una cicatriz, se engrosa y provoca la consolidación. Luego el pulmón, que normalmente es un órgano blando y esponjoso, se vuelve firme, rígido, pierde su elasticidad. La enfermedad mata normalmente cuando esa consolidación se extiende demasiado o bien cuando los pulmones no pueden enviar suficiente oxígeno al torrente sanguíneo, o cuando el patógeno entra en la sangre y transporta la infección por todo el cuerpo.

La neumonía mantuvo su puesto de causa principal de muerte en Estados Unidos hasta 1936. Está tan ligada a la gripe que en las actuales estadísticas internacionales sobre salud, incluidas las de los Centros para el Control de Enfermedades estadounidenses, ambas se clasifican rutinariamente como una única causa de muerte. Incluso a principios del siglo XXI, con los antibióticos, los antivirales, los fármacos, el oxígeno y las unidades de cuidados intensivos, la gripe (combinada con la neumonía) suele ser la quinta o sexta causa de muerte en Estados Unidos —varía de año en año en función de la gravedad de la gripe estacional—, y la primera de muerte por enfermedades infecciosas.

La gripe provoca neumonía, bien directamente, mediante una invasión viral a gran escala de los pulmones, o indirectamente —lo más habitual—, destruyendo parte de las defensas del cuerpo y permitiendo que las bacterias, llamadas invasores secundarios, infesten los pulmones prácticamente sin que nada se oponga a ello. Hay también evidencias de que el virus de la gripe hace que sea más fácil para las bacterias invadir el pulmón no solo apartando de su camino a los mecanismos de defensa, sino facilitando a determinadas bacterias la posibilidad de adherirse al tejido pulmonar.[1]

Aunque muchas bacterias, virus y hongos pueden invadir los pulmones, la causa más común de la neumonía es el neumococo, una bacteria que puede ser invasor primario o secundario. Provoca aproximadamente el 95 por ciento de las neumonías lobares, que afectan a uno o más lóbulos, pero un porcentaje muy inferior de bronconeumonías. En 1881, cuando estaba trabajando en un laboratorio improvisado en un puesto del ejército, George Stenberg aisló primero la bacteria de su propia saliva, inoculó con ella a unos conejos y vio que era letal. No reconoció sin embargo la enfermedad como neumonía, como tampoco lo hizo Pasteur, que descubrió el mismo organismo después pero lo publicó antes, por lo que la etiqueta científica le da prioridad y categoría de descubridor. Tres años después, un tercer investigador demostró que esta bacteria colonizaba los pulmones con cierta frecuencia y provocaba la neumonía: de ahí su nombre.

Visto al microscopio, el neumococo tiene el aspecto de un estreptococo típico, una bacteria de tamaño medio, redonda o elíptica, normalmente ligada a otras formando una cadena; aunque el neumococo suele ir encadenada solo a otra bacteria, como dos perlas pegadas. Esta formación se llama diplococo. Cuando se expone al sol muere al cabo de noventa minutos, pero si se deja en una habitación a oscuras persiste en el esputo húmedo hasta diez días. Se puede encontrar, ocasionalmente, en las partículas

[1] J. A. McCullers y K. C. Bartmess, «Role of Neuraminidase in Lethal Synergism Between Influenza Virus and Streptococcus Pneumoniae», William Osler, *Osler's Textbook Revisited* (1967), *Journal of Infectious Diseases* (2003), 1000-1009.

de polvo. En su forma más virulenta puede ser altamente infecciosa y, de hecho, provocar una epidemia.

Ya en 1892, los científicos intentaron fabricar un suero para tratarla. No lo lograron. En décadas posteriores, mientras los investigadores estaban consiguiendo enormes avances con otras enfermedades, no lograron ninguno con la neumonía. Y no fue porque no lo intentaran. Cuando daban con un remedio contra la difteria, la peste, la fiebre tifoidea, la meningitis, el tétano, la mordedura de serpiente y otros males, aplicaban el mismo método en su lucha contra la neumonía. Nada de lo logrado se acercaba al éxito.

Los investigadores estaban trabajando en los límites de la ciencia. Gradualmente fueron mejorando su habilidad para producir un suero que protegiera a los animales, pero no a las personas. Se esforzaron en comprender cómo funcionaba aquel suero y adelantaron alguna hipótesis que pudiera conducir a una terapia. Sir Almroth Wright, por ejemplo, que fue condecorado por desarrollar una vacuna contra la fiebre tifoidea, sugirió que el sistema inmune recubría los organismos invasores con lo que él llamó «opsoninas», que hacían que fuera mucho más fácil para los glóbulos blancos devorar al invasor. Su tesis era correcta, pero se equivocó en las conclusiones que sacó de ella.

En ninguna parte fue la neumonía más severa que entre los trabajadores de las minas de oro y diamantes de Sudáfrica. Las condiciones epidémicas eran prácticamente constantes y los brotes solían matar al 40 por ciento de los hombres que enfermaban. En 1914, los propietarios de las minas de Sudáfrica pidieron a Wright que inventase una vacuna contra la neumonía. Y él dijo que lo había conseguido, pero no fue así: de hecho, su vacuna podía resultar mortal. Ese y otros errores le valieron el sobrenombre de *Sir Almost Right* (Señor Casi Acierta).

Pero en esa fecha dos científicos alemanes habían dado ya con una clave para resolver el problema del tratamiento o la prevención de la neumonía. En 1910 distinguieron entre lo que llamaron neumococo «típico» y neumococo «atípico». Ellos, y otros, intentaron seguir esa pista.

Sin embargo, al estallar la Gran Guerra se había avanzado muy poco frente a la neumonía, y Osler seguía recomendando la venesección o sangría: «La empleamos en la actualidad mucho más que hace unos años, pero más a menudo en las últimas fases de la enfermedad que en las primeras. Sangrar al principio a un individuo robusto y sano en el que la enfermedad se instala con gran intensidad y con fiebre muy alta es, creo yo, la mejor solución».[2]

Osler no afirmó que las sangrías curasen la neumonía, solo que podían aliviar algunos síntomas. Se equivocaba. En la edición de su libro de texto correspondiente a 1916 se podía leer: «La neumonía es una enfermedad que se autolimita, no puede ser atajada ni abortada por ninguno de los medios conocidos o disponibles».[3]

Los americanos estaban a punto de desafiar esa conclusión.

Cuando Rufus Cole llegó al Rockefeller Institute para dirigir el hospital de la institución, decidió concentrar sus energías y las de su equipo fundamentalmente en la neumonía. Era una elección obvia, porque era la principal causa de muerte.

Curar o prevenir la neumonía, al igual que otras enfermedades infecciosas de la época, suponía manipular las defensas del cuerpo, su sistema inmune.

En las enfermedades a las que podían vencer los científicos, el antígeno (las moléculas que hay en las superficies de organismos invasores y que estimulan el sistema inmune para provocar una respuesta, es decir, el objetivo que persigue el sistema inmune) no variaba. En la difteria, la parte más peligrosa no era ni siquiera la bacteria en sí, sino una toxina que producía esa bacteria.

La toxina no estaba viva, no evolucionaba y no tenía forma fija; y la producción de antitoxina se había convertido ya en una rutina. Se inyectaba una dosis cada vez mayor de bacteria virulenta a un caballo, y la bacteria producía la toxina. Después el sistema inmune del caballo generaba anticuerpos que se adherían a la toxina y la neutralizaban. Se sangraba al caballo, se apartaban los elementos sólidos de la sangre para dejar solo el suero y luego se purificaba este para convertirlo en la antitoxina, que se había vuelto tan común y tan importante para salvar vidas.

---

[2] oo. Así en el original, p. 477.

[3] *Ibid.*

El mismo proceso se utilizó para producir la antitoxina del tétano, el suero de Flexner contra la meningitis y otros tantos sueros o antitoxinas. Los científicos vacunaban a un caballo contra una enfermedad, le extraían los anticuerpos y se los inyectaban a la gente. A este sistema que consistía en tomar prestadas las defensas del sistema inmune de una fuerza externa se denominó «inmunidad pasiva». Cuando las vacunas se utilizaban para estimular directamente el sistema inmune de la gente y que generasen sus propias defensas contra la bacteria o el virus, se llamó «inmunidad pasiva».

Pero en todas las enfermedades tratadas con éxito hasta el momento, los antígenos se mantenían constantes. El objetivo no se movía. Así era fácil dar en la diana.

Con el neumococo era distinto. El descubrimiento de neumococos típicos y atípicos había abierto una puerta, y los investigadores comenzaron a hallar diversos tipos de bacteria. Cada tipo tenía su antígeno. A veces un tipo determinado era virulento y a veces no, pero por qué uno mataba y otro solo causaba una forma leve de la enfermedad, o ninguna en absoluto, era una pregunta a la que nadie estaba entonces buscando la respuesta. Estaba ahí mismo, como una corriente subterránea que sacara los datos a la superficie. Y aunque serviría para el futuro, por el momento el foco se había puesto en lo inmediato: encontrar un suero curativo, una vacuna preventiva, o ambas cosas.

En 1912, Cole había descubierto un suero en el Rockefeller Institute que tenía un poder mensurable, aunque no fuese espectacular, contra un único tipo de neumococo. Había leído por casualidad un artículo de Avery sobre un tema que no tenía nada que ver: las infecciones secundarias en víctimas de tuberculosis. Aunque era discreto y no había tenido gran repercusión, a Cole le había impresionado mucho: era sólido, completo e iba al grano; resultaba profundamente analítico y mostraba un alto grado de conciencia entre las posibles implicaciones de las conclusiones y de las nuevas direcciones que podía tomar la investigación. También demostraba los conocimientos de química que tenía Avery y su capacidad para llevar a cabo una investigación completa, en laboratorio, de la enfermedad en pacientes. Cole escribió a Avery una nota ofreciéndole un puesto en el Rockefeller Institute. Avery no respondió. Cole le envió una segunda nota, que tampoco obtuvo respuesta. Al final fue a verle personalmente y le ofreció un sueldo más alto. Supo más tarde que Avery casi nunca leía el correo; era algo típico de él, pues dedicaba toda su atención a sus experimentos. En esa tercera ocasión aceptó la oferta, y poco después del inicio de la Gran Guerra, pero antes de la entrada de Estados Unidos, Avery comenzó a investigar la neumonía.

La neumonía era la pasión de Cole y se convertiría en la obsesión de Avery.

Oswald Avery era un hombre menudo, flaco, frágil. Pesaría 50 kilos a lo sumo. Con su enorme cabeza y su mirada intensa tenía una pinta muy cómica y aspecto de haber sido víctima del *bullying* en el colegio (si se hubiera utilizado esa expresión en su época). Si eso sucedió, no parecía haberle dejado secuelas, porque era amigable, animado y extrovertido.

Hijo de un ministro baptista que predicaba en una iglesia de la ciudad, nació en Montreal y creció en Nueva York. Era todo un talento. En la Universidad de Colgate ganó el primer premio en un concurso de oratoria empatando con su compañero de clase Harry Emerson Fosdick, que llegó a ser uno de los más destacados predicadores de principio del siglo XX. Su hermano Raymond acabó dirigiendo la Rockefeller Foundation, y John Rockefeller Sr. construyó la iglesia de Riverside para Harry. Avery también tocaba la corneta lo suficientemente bien como para actuar en el Conservatorio Nacional de Música (en un concierto que dirigió Antonin Dvorák), dibujaba caricaturas a tinta y pintaba paisajes.

Sin embargo, a pesar de ser extrovertido y sociable, Avery hablaba mucho de lo que llamaba «la auténtica introspección del investigador».[4] René Dubos, un protegido de Avery, contaba: «A unos pocos de nosotros, que le veíamos en su vida cotidiana, se nos reveló otro aspecto de su personalidad, [...] un rasgo mucho más inquietante, [...] una figura melancólica que silbaba suavemente,

[4] Citado por McLeod en «Oswald Theodore Avery, 1877-1955», *Journal of General Microbiology* (1957), p. 540.

como para sí, la tonada solitaria del pastor de *Tristán e Isolda*. Una profunda necesidad de intimidad, aunque tuviera que pagar el alto precio de la soledad, condicionaba gran parte del comportamiento de Avery».[5]

Si alguien llamaba por teléfono, Avery charlaba animadamente, como si estuviera encantado de recibir noticias de su interlocutor, pero al colgar, dice Dubos, «era como si se le cayera la máscara: se le borraba la sonrisa y ocupaba su lugar una expresión de cansancio, casi torturada. Apartaba de sí el teléfono con un gesto de disgusto hacia el mundo exterior».[6]

Al igual que Welch, nunca se casó ni se le conoce ninguna relación sentimental o íntima con nadie, de ningún sexo. Al igual que Welch, podía resultar encantador y ser el centro de atención, e imitaba a la gente con tanta gracia que un compañero dijo de él que era «un cómico nato»,[7] pero le molestaba cualquier tipo de intrusión ajena, o que la gente intentase interactuar con él.

En el resto de aspectos, sin embargo, era todo lo contrario a Welch. Welch leía mucho, sentía curiosidad por todo, viajó por Europa, China y Japón y parecía abrazar el universo entero. Welch buscaba muchas veces el relax en cenas elaboradas y asistía a su club casi diariamente. Y Welch, ya de joven, era reconocido por grandes cosas.

Ese no fue el caso de Avery. De joven no se le consideró un investigador brillante. Cuando Cole le contrató tenía casi cuarenta años. A esa edad Welch ya se movía en los círculos más exclusivos de la ciencia a escala internacional. A esa edad, todos los contemporáneos de Avery que iban a dejar un legado significativo a la ciencia ya se habían hecho un nombre. Pero Avery, como muchos jóvenes investigadores del Rockefeller, estaba a prueba, y no había destacado por nada en concreto. Y no por falta de ambición ni por falta de esfuerzo.

Mientras Welch no cesaba de viajar y hacer vida social, Avery casi no tenía vida personal: huía de ella, casi nunca recibía a nadie,

---

[5] René Dubos, «Oswald Theodore Avery, 1877–1955», *Biographical Memoirs of Fellows of the Royal Society*, p. 35.

[6] *Ibid.*

[7] Donald Van Slyke, historia narrada, NLM.

y rara vez salía a cenar fuera. Aunque era un hombre cercano y se sentía responsable de su hermano pequeño y de un primo huérfano, su vida y su mundo se reducían a su investigación. Lo demás le era ajeno. Una vez que el editor de un diario científico le pidió que escribiera un texto en memoria del Nobel Karl Landsteiner, con quien había colaborado estrechamente en el Rockefeller, Avery no dijo absolutamente nada sobre la vida personal de Landsteiner.[8] El editor le pidió que incluyera algunos detalles personales. Avery se negó: afirmó que la información personal no ayudaría al lector a comprender nada importante sobre los logros de Landsteiner ni sobre su proceso mental.

Landsteiner seguramente habría aprobado el tratamiento de Avery. Cuando le notificaron que le habían dado el Nobel continuó trabajando en su laboratorio el resto del día y llegó a casa tan tarde que su mujer ya estaba dormida: no la despertó para darle la noticia.[9]

Era la investigación lo que importaba, decía Avery, y no la vida. Y la vida de un investigador era como la vida de un artista. Como dijo Einstein en una ocasión: «Una de las motivaciones más fuertes que impulsan a las personas a dedicarse al arte o a la ciencia es el afán de huir de la vida cotidiana [...]. Con esta negación, el motivo se vuelve positivo. El hombre busca formarse, en cualquier modalidad que le sea conveniente, una imagen simplificada y lúcida del mundo, para poder sobreponerse a la experiencia y sustituirla, hasta cierto punto, por dicha imagen. Esto es lo que hacen pintores, poetas, filósofos, científicos [...]. Cada uno en lo suyo. En esta imagen y en su formación coloca ese hombre el centro de gravedad de su vida emocional para poder lograr la paz y la serenidad que no consigue encontrar dentro de los estrechos confines de una experiencia personal turbulenta».[10]

Con la posible excepción de su amor por la música, Avery parecía no existir fuera del laboratorio. Durante años compartió un piso con Alphonse Dochez, otro científico soltero que trabajaba

---

[8] René Dubos, *The Professor, the Institute, and DNA* (1976), p. 47.

[9] Saul Benison, *Tom Rivers: Reflections on Life in Medicine and Science, an Oral History Memoir* (1967), pp. 91–93.

[10] Citado por Dubos en *Professor*, p. 179.

con él en el Rockefeller, y un elenco de más de diez compañeros de piso temporales, también científicos, que iban cambiando: se iban cuando se casaban o cambiaban de trabajo. Los compañeros de piso de Avery llevaban todos una vida normal: salían, se iban de fin de semana... Cuando llegaban a casa, allí estaba Avery, dispuesto a comenzar una larga conversación que podía durar hasta altas horas sobre el problema o el resultado de un experimento.

Pero si bien Avery tenía poca vida personal, lo que no le faltaba era ambición. Su deseo de dejar huella después de tanto tiempo en el caos le llevó a publicar dos ensayos poco después de llegar al Rockefeller. En el primero, y basándose solo en unos pocos experimentos, Dochez y él formularon una «teoría metabólica muy amplia de la virulencia y la inmunidad».[11] En el segundo, Avery volvió a ir mucho más allá de los resultados de sus experimentos para aventurar una conclusión.

Ambos resultaron erróneos. Humillado, decidió que nunca más se volvería a someter a una vergüenza como aquella. Se volvió extraordinariamente cauto, cuidadoso y conservador con todo lo que publicó a partir de entonces, incluso con lo que decía fuera del laboratorio. No dejó de especular, en privado, sobre las interpretaciones más osadas y excesivas de un experimento, pero a partir de entonces solo publicó lo que había probado con mayor rigor, y únicamente conclusiones conservadoras. A partir de entonces, Avery daría —en público— solo pequeños pasos... Pero esos pasos le llevaron a cubrir una distancia enorme y sorprendente.

* * *

Cuando uno avanza paso a paso a veces el progreso tarda en verse, pero aun así puede resultar decisivo. Cole y Avery colaboraron justamente de la forma que el primero había previsto cuando organizó el hospital del Rockefeller Institute. Y lo más importante: la colaboración dio sus frutos.

---

[11] *Ibid.*, p. 95.

En el laboratorio eran Avery y Dochez quienes llevaban la voz cantante. Trabajaban en laboratorios sencillos, con equipos básicos. Cada sala tenía un único lavabo de loza, varias mesas de trabajo con cajones y una salida de gas para alimentar un mechero Bunsen. La superficie de la mesa estaba llena de soportes para los tubos de ensayo, tarros, placas de Petri, cuentagotas para tinturas y productos químicos y latas con probetas y circuitos de platino... En esa misma mesa realizaban los investigadores casi toda su tarea: inocular, sangrar y diseccionar animales. También tenían sobre la mesa una jaula por si decidían adoptar a algún animal como mascota. En el centro de la sala estaban las incubadoras, las bombas de vacío y las centrifugadoras.

Lo primero que hicieron fue reproducir experimentos anteriores, en parte para familiarizarse con las técnicas de experimentación; después expusieron a conejos y ratones a dosis de neumococo cada vez mayores. Los animales no tardaron en desarrollar anticuerpos contra las bacterias. Les sacaban sangre, dejaban que se depositaran los sólidos, extraían el suero, añadían los químicos necesarios para precipitar los sólidos restantes y finalmente lo purificaban pasándolo a través de varios filtros. Otros habían hecho más o menos lo mismo y lograron curar a los ratones con el suero obtenido. Pero los ratones no eran humanos.

En cierto modo, no eran ni siquiera ratones. Los científicos habían mantenido constantes todos los factores posibles y habían limitado las variables para que fuese más sencillo entender exactamente qué era lo que había dado lugar al resultado. Así que los ratones se iban cruzando unos con otros hasta que todos los que eran de la misma raza tenían prácticamente los mismos genes, exceptuando las diferencias propias del sexo. Normalmente no se utilizan ratones macho en experimentación, porque se atacan entre ellos y su muerte —o sus heridas— pueden distorsionar los resultados de los experimentos y arruinar semanas de trabajo. Estos ratones estaban vivos, pero también eran organismos modelo a los que se había eliminado en la medida de lo posible toda la complejidad, la diversidad y la espontaneidad de la vida. Y los criaban para ser todo lo parecidos a una especie de laboratorio que puede ser un ser vivo.[12]

Pero si bien los científicos podían curar a los ratones, nadie había hecho progreso alguno en curar a la gente. Experimento tras experimento acababa en fracaso. En otros laboratorios, los investigadores aplicaban procesos similares, pero acabaron rindiéndose pensando que su fracaso se debía a que la teoría tenía algún fallo o que las técnicas no eran las adecuadas para dar resultados positivos. O, simplemente, perdieron la paciencia y se centraron en problemas más fáciles de resolver.

Avery no abandonó. Vio algún destello de evidencia que le llevaba a pensar que iba por el buen camino. Perseveró, experimentó una y otra vez, intentó aprender de cada fracaso. Dochez y él hicieron cientos de cultivos de neumococo, cambiaron las cepas, aprendieron nuevas cosas sobre su metabolismo, modificaron la composición del medio en el que crecían las bacterias. Avery no tardaría en ser el mejor del mundo a la hora de decidir qué medio era el más eficaz para que crecieran las bacterias. Su experiencia tanto en química como en inmunología empezaba a dar resultados. Comenzaron a utilizar cada dato que obtenían como si fuera una cuña que se clavaba en el problema y lo abría, dejando a la vista nuevas cuestiones, mejorando técnicas y, finalmente, avanzando poco a poco y superando los resultados de otros.

Ellos y otros identificaron tres cepas de neumococos comunes y relativamente uniformes, a las que denominaron Tipo I, Tipo II y Tipo III. Hubo un cuarto, el denominado Tipo IV, que era una mezcla de decenas de cadenas diferentes (se identificaron noventa) que aparecían con menor frecuencia. Los tres primeros tipos les proporcionaron un objetivo mucho más específico para el suero inmunológico, que no tardarían en fabricar. Cuando expusieron diferentes cultivos de neumococos al suero, descubrieron que los anticuerpos se adherían al cultivo que coincidía con ellos, y no al resto.

---

[12] Las mismas líneas genéticas de los ratones de laboratorio que empleó Avery siguen todavía en uso; para que sean una herramienta útil en laboratorio los ratones se han criado de forma endogámica desde 1909. Como dice un científico del National Cancer Institute: «Puedo curar el cáncer en un ratón el cien por cien de las veces. Si uno no logra hacer eso, mejor que lo deje».

La adhesión era visible incluso en un tubo de ensayo, sin microscopio. Las bacterias y los anticuerpos se arracimaban. El proceso se denominó aglutinación, y era una prueba de especificidad.

Pero muchas cosas que funcionan *in vitro*, en el universo controlado que encierra un tubo de ensayo, fracasan *in vivo*, en la complejidad casi infinita de la vida. Volvieron a comenzar el ciclo de probar el suero en conejos y ratones, probando diferentes cepas de bacterias en animales para ver cuál era su potencial letal, examinando cómo generaban anticuerpos y si estos anticuerpos se adherían bien. Probaron a inyectar grandes dosis de bacterias muertas, pensando que eso podía provocar un gran estallido de la reacción inmune, y luego aplicaron el suero obtenido con esa técnica. Probaron a mezclar pequeñas dosis de bacterias vivas y grandes dosis de bacterias muertas. Probaron con bacterias vivas. En ratones consiguieron un índice de curación espectacular.

Al mismo tiempo, Avery iba profundizando en su conocimiento de las bacterias. Y profundizó lo suficiente para que los científicos se vieran obligados a cambiar su opinión sobre el sistema inmune.

Uno de los aspectos más sorprendentes de los neumococos era que algunos resultaban virulentos y letales, y otros no. Avery pensó que tenía una pista para responder a este enigma. Dochez y él se centraron en el hecho de que algunos neumococos, solo algunos, estaban cubiertos por una cápsula de polisacárido (un azúcar), parecido a la costra de azúcar que cubre, por ejemplo, el núcleo blando de los M&M's. El primer artículo de Avery sobre el neumococo, que data de 1917, hablaba de estas «sustancias solubles específicas». Dedicó más de un cuarto de siglo a estudiar este tema, y cuando estaba a punto de desvelar el enigma comenzó a llamar al neumococo, esa bacteria asesina, «microbio cubierto de azúcar». Su búsqueda culminó con un descubrimiento trascendental y con un profundo conocimiento de la vida.

Con el resto del mundo occidental ya en guerra, Cole, Avery, Dochez y sus colegas estaban preparados para probar su suero inmunológico en humanos.

13

La primera prueba en pacientes que hizo Cole con el nuevo suero ya resultó prometedora. Él y Avery se lanzaron inmediatamente a afinar los procedimientos en laboratorio, los métodos para infectar a los caballos y producir el suero y las vías para administrarlo. Al final pusieron en marcha una cuidada serie de pruebas con un producto terminado, y observaron que si administraban grandes dosis del suero (medio litro) por vía intravenosa lograban reducir la tasa de muertes de las neumonías de Tipo I a menos de la mitad: del 23 al 10 por ciento.

No era una cura. Las neumonías provocadas por otros tipos de neumococos no se atajaban tan fácilmente. Como dijeron Avery y Cole, «la protección en humanos es inferior a la protección en ratones».[1]

Pero las más comunes de todas las neumonías eran las provocadas por neumococos de Tipo I. Si se reducía la tasa de letalidad a menos de la mitad en la neumonía más extendida ya se estaban haciendo progresos, progresos auténticos. Tanto que, en 1917, el instituto publicó un monográfico de noventa páginas escrito por Cole, Avery, Dochez y Henry Chickering —otro joven científico del Rockefeller— titulado «Prevención de la neumonía lobar aguda y tratamiento con suero».

Este trabajo fue un hito. Por primera vez se explicaba, paso a paso, cómo preparar y utilizar un suero que podía curar la neumonía. Y además se anticipaba a la aparición de brotes de la enfermedad en acantonamientos militares: «Es muy probable que

[1] Rufus Cole et al., «Acute Lobar Pneumonia», p. 4.

en la actual guerra la neumonía sea líder frente a otras enfermedades como causa de muerte».[2]

En octubre de 1917, Gorgas dijo a los mandos de los hospitales militares que, en vista de la alta probabilidad de que la neumonía fuese «una de las principales enfermedades que se darán entre las tropas»,[3] tendrían que mandar a más médicos al Rockefeller Institute para que aprendieran a preparar y administrar el suero. Avery, que aún era soldado raso, ya estaba restando parte de su tiempo a la investigación para enseñar bacteriología a los oficiales que irían a trabajar a los acantonamientos. Él y sus colegas les enseñaron también esta terapia con suero. Sus alumnos, en lugar de llamarle «soldado», se dirigían a él como «profesor», un sobrenombre que ya se le daba en algunos ámbitos. Sus colegas lo abreviaron y empezaron a llamarle «Fess», apodo que le acompañaría durante el resto de su vida.

Al mismo tiempo, Cole, Avery y Dochez estaban desarrollando una vacuna para evitar la neumonía provocada por los Tipos I, II, y II de neumococo. Después de probarla —y que funcionara— en animales, ellos y otros seis investigadores del Rockefeller se convirtieron ellos mismos en conejillos de Indias: probaron la eficacia de la vacuna administrándose grandes dosis del suero unos a otros. Todos tuvieron reacciones negativas, tres de ellos graves.[4] Decidieron que era peligroso administrar aquellas dosis, pero planificaron otro experimento con dosis menores: una vez por semana durante cuatro semanas, para que el receptor tuviera tiempo de ir adquiriendo inmunidad.

Esta vacuna no llegó a tiempo de ejercer un impacto a gran escala en la epidemia de sarampión, pero en Camp Gordon, cerca de Atlanta,[5] se probó una vacuna contra las cepas de neumococos que provocaban la mayoría de las neumonías en un centenar de hombres aquejados de sarampión. Se vacunó a cincuenta de ellos

---

2 *Ibid.*

3 Véase, por ejemplo, la carta de Gorgas al oficial a cargo del hospital de la base de Camp Greene, 26 de octubre de 1917, entrada 29, archivo 710, RG 112, NA.

4 *Scientific reports of the Corporation and Board of Scientific Directors of Rockefeller Institute*, 20 de abril, 1918.

5 Ireland, *Communicable Diseases*, p. 442.

y los otros cincuenta se usaron como controles. Solo dos de los vacunados contrajeron neumonía. De los no vacunados la contrajeron catorce.

Cole escribió entonces al coronel Frederick Russell —que durante su propia carrera científica en el ejército había mejorado significativamente una vacuna contra la fiebre tifoidea— hablándole de los avances que habían hecho ya «en el ámbito de la vacunación profiláctica contra la neumonía».[6] Añadió, sin embargo, que la fabricación de una gran cantidad de vacunas iba a suponer una gran dificultad, «mucho mayor que la de la vacuna contra la fiebre tifoidea [...]. He estado haciendo gestiones con una organización para ver si se podrían conseguir todos los medios que necesitamos para fabricar la vacuna a gran escala».

La organización de Cole estaba preparada ya para hacer pruebas de gran alcance en marzo de 1918, justo cuando se estaban manifestando los primeros síntomas de gripe entre los soldados de Kansas. Se vacunó a doce mil soldados de Camp Upton (Long Island) y se gastaron todas las dosis que había disponibles, mientras otros diecinueve mil servían de control y no recibieron vacuna. Durante los tres meses siguientes ninguno de los soldados vacunados desarrolló una neumonía causada por ninguno de los tipos contra los que les protegía la vacuna. Entre los controles se detectaron 101 casos.[7] Este resultado no era en absoluto concluyente, pero sugería muchas cosas. Y el resultado era mucho mejor que el que se estaba logrando en cualquier otra parte del mundo. El Instituto Pasteur también estaba probando una vacuna contra la neumonía, pero no tuvo éxito.[8]

Si Avery y Cole podían desarrollar un suero o una vacuna que tuviera verdadera eficacia contra el capitán de la muerte..., si lo conseguían, ese sería el mayor triunfo de la ciencia médica conocido hasta el momento.

---

[6] Cole a Russell, 14 de diciembre de 1917, entrada 29, RG 112, NA.

[7] Memo de Flexner a Russell, 3 de octubre de 1918, entrada 29, RG 112, NA.

[8] Ireland, *Communicable Diseases*, p. 125.

La perspectiva de poder derrotar por fin a la neumonía y evitar su aparición en los campamentos militares intensificó el afán de Gorgas de encontrar el modo de limitar su capacidad devastadora. Pidió a Welch que creara y presidiera un comité específico para la enfermedad. Gorgas quería que el comité funcionase, literalmente, fuera de su oficina; recordemos que el escritorio de Welch estaba dentro del despacho de Gorgas.

Welch puso reparos y llamó a Flexner. Ambos se mostraron de acuerdo en que el hombre más adecuado del país, probablemente del mundo, para presidir el comité era Rufus Cole. Al día siguiente, Flexner y Cole se subieron a un tren camino de Washington para reunirse con Gorgas y Welch en el Cosmos Club.[9] Allí eligieron a los miembros del comité para la neumonía, que contaría con el apoyo de los conocimientos de Gorgas, Welch, Flexner y las instituciones a las que representaba cada uno.

Eligieron bien. Cada uno de los elegidos lo sería posteriormente para entrar en la National Academy of Sciences, seguramente la organización científica más selecta del mundo.

Avery podía dirigir las investigaciones que se estaban realizando en laboratorio y quedarse en Nueva York. Los demás trabajarían cada uno en su lugar. El teniente Thomas Rivers, licenciado de Hopkins y protegido de Welch, llegaría a ser uno de los virólogos más destacados del mundo, y sucedió a Cole en la dirección del hospital del Rockefeller Institute. El teniente Francis Blake, otro investigador del Rockefeller, llegaría a decano de la Facultad de Medicina de Yale. El capitán Eugene Opie, considerado uno de los alumnos más brillantes de la clase de Patología de Welch, ya era decano de la Facultad de Medicina de Washington cuando entró en el ejército. Colaboraban con ellos, aunque no fuesen miembros del comité, los futuros premios Nobel Karl Landsteiner, del Rockefeller, y George Whipple, de Hopkins. Años después, otro científico del Rockefeller recordaría: «Fue un auténtico privilegio estar en el equipo de la neumonía».[10]

---

[9] Cable de Welch a Flexner, 15 de abril de 1918; Flexner a Cole, 16 de abril de 1918, *Papeles de Flexner*.

[10] Michael Heidelberger, relato oral, NLM, 83.

Cole tenía una rutina (si puede considerarse tal una situación tan urgente) en virtud de la cual se trasladaba a Washington para discutir en la oficina de Gorgas los últimos descubrimientos con Welch y con los oficiales médicos del ejército. Cole, Welch, Victor Vaughan y Russell habían estado realizando varias series de rigurosas inspecciones en los acantonamientos y comprobándolo todo, desde la capacitación de los médicos, bacteriólogos y epidemiólogos del campamento hasta la forma en que lavaban los platos en las cocinas.[11] Todas sus recomendaciones se siguieron inmediatamente al pie de la letra. Pero no se limitaban a dictar. Muchos de los hospitales y laboratorios de los campamentos los dirigían hombres respetados por ellos, y también escuchaban sus sugerencias.

A finales de la primavera de ese año, Cole informó a la American Medical Association de una de sus conclusiones sobre el sarampión, que «parecía dejar la membrana mucosa de las vías respiratorias muy sensibilizada, proclive a una infección secundaria». También creía que estas infecciones secundarias, al igual que el propio sarampión, se producían «sobre todo en forma de epidemia [...]. Cada caso nuevo de infección se añade a la extensión de la epidemia, aumentándola, pero también aumenta su intensidad».[12]

El 4 de junio de 1918, Cole, Welch y otros miembros del comité para la neumonía se presentaron en la oficina de Gorgas como de costumbre, pero acompañados en esta ocasión de Hermann Biggs, el responsable del Departamento Municipal de Salud Pública de la ciudad de Nueva York; Milton Rosenau, destacado especialista de Harvard, que era entonces capitán de corbeta en la Marina, y L. Emmett Holt, que fue fundamental en la fundación del Rockefeller Institute. En esta ocasión la discusión se centró en cómo reducir las posibilidades de que ocurriera algo peor que la epidemia de sarampión. A todos les preocupaba la pesadilla de Gorgas.

No estaban especialmente preocupados por la gripe: estaban ya sobre la pista de sus brotes, que eran, por el momento, mucho más suaves que los de la epidemia de sarampión. Sabían bien que la gripe mataba, que mataba mediante la neumonía. Pero Gorgas

[11] *Ibid.*

[12] Rufus Cole, «Prevention of Pneumonia», *JAMA* (agosto de 1918), p. 634.

ya había pedido al Rockefeller Institute que agilizara la producción y el estudio del suero y la vacuna contra la neumonía, y tanto el instituto como la Escuela Médica de Marina habían invertido todos sus esfuerzos en esa producción.

A partir de ahí, la conversación dio un giro y pasó de los temas de laboratorio a los epidemiológicos. Las inspecciones realizadas en los campamentos habían convencido a Welch, Cole, Vaughan y Russell de que las infecciones cruzadas eran la causa de muchas muertes por neumonía relacionadas con el sarampión. Para evitar que el problema se convirtiera en algo recurrente, Cole sugirió que destinasen algún ala del hospital al tratamiento de enfermedades contagiosas y que se diese formación específica al personal para trabajar en ellas. Los mejores hospitales civiles ya estaban organizados así. Welch señaló que los británicos tenían hospitales con zonas perfectamente aisladas y seguían una férrea disciplina. Otra posible solución para la infección cruzada era el uso de cubículos con separaciones alrededor de las camas.

Discutieron también la masificación de los hospitales y el aislamiento de las tropas. En 1916, el ejército canadiense había puesto en cuarentena, durante veintiocho días, a todas las tropas que llegaban a Gran Bretaña.[13] Buscaban así evitar que infectasen a los soldados ya entrenados y listos para ir al frente. Welch aconsejó que establecieran «campos de aislamiento similares para los nuevos reclutas, donde los hombres permanecerían entre 10 y 14 días».[14]

Todos reconocieron que era muy complicado convencer al ejército para que hiciera eso, o simplemente de que terminara con otro problema, mucho más grave: el hacinamiento de soldados en los barracones.

Hubo otro oficial médico que dio una buena noticia. Dijo que el problema del hacinamiento en los hospitales se había eliminado, que todos los hospitales militares tenían al menos cien camas libres cada uno (datos del 15 de mayo), lo que suponía veintitrés mil camas libres en total. Todos los datos epidemiológicos que había recogido el ejército mostraban notables mejoras. Y él

[13] W. David Parsons, «The Spanish Lady and the Newfoundland Regiment», (1998).

[14] Diario de Welch, 28 de diciembre de 1917, WP.

insistió en que tanto las instalaciones como el entrenamiento eran adecuados.

El tiempo lo diría.

El hombre puede catalogarse de «moderno» en la medida en que intenta controlar la naturaleza en lugar de adaptarse a ella. En esta relación con la naturaleza, la humanidad ha asumido normalmente el papel de agresor (bastante osado, por cierto), alterando el curso de los ríos o construyendo sobre fallas geológicas, y hoy en día se atreve incluso a practicar la ingeniería genética con las especies existentes. La naturaleza ha sido lánguida en su respuesta, aunque cuando ha reaccionado ha sido beligerante y, en ocasiones, ha mostrado cierta inclinación a la violencia.

En 1918, la humanidad era totalmente moderna, y totalmente científica. Pero estaba demasiado ocupada luchando por agredir, aún más, a la naturaleza. Y la naturaleza, claro está, elegía sus propios momentos. Eligió ese momento para agredir a la humanidad, y no lo hizo con languidez. Por primera vez la humanidad moderna, la que practicaba el método científico, se las veía frente a frente con la naturaleza en toda su furia.

PARTE IV

EL COMIENZO

14

Resulta imposible demostrar que alguien de Haskell County, Kansas, llevara el virus de la gripe a Camp Funston, pero la evidencia es fuerte. En la última semana de febrero de 1918, Dean Nilson, Ernest Elliot, John Bottom y probablemente unos cuantos más cuyos nombres no aparecen en el periódico local salieron de Haskell, donde estaba haciendo estragos una «fuerte gripe», rumbo a Fuston. Llegaron seguramente entre el 28 de febrero y el 2 de marzo, y el 4 de marzo el hospital de campaña comenzó a recibir soldados con gripe. Estos tiempos encajan perfectamente con el período de incubación de la gripe. Al cabo de tres semanas, mil cien soldados de Funston estaban ya tan enfermos como para necesitar hospitalización.

Entre Haskell y Funston el flujo de desplazamientos fue discreto, pero de Funston y otras bases militares a Francia viajaron riadas de soldados. Dos semanas después de detectarse el primer caso en Funston, el 18 de marzo, se declaró la gripe en Camp Forrest y en Camp Greenleaf, en Georgia. El 10 por ciento de las fuerzas acantonadas en ambos lugares cayeron enfermos. Luego, como un dominó, esa primavera comenzaron a caer otros campamentos, hasta alcanzar un total de veinticuatro de los treinta y seis más grandes. Treinta de las cincuenta ciudades más grandes del país, la mayoría de ellas cerca de instalaciones militares, también vivieron un pico en abril, un exceso de mortalidad debido a la gripe, aunque esto solo se percibió posteriormente, en perspectiva.[1]

Al principio parecía que no había de qué preocuparse, que aquello no tenía nada que ver con los brotes de sarampión y las

[1] Edwin O. Jordan, *Epidemic Influenza* (1927), p. 69.

complicaciones de la neumonía. Haskell fue el único sitio donde la gripe había sido tan grave. Lo único que resultaba preocupante era que la enfermedad se estaba extendiendo.

Como diría después Macfarlane Burnet, «conviene seguir la historia de la gripe en este período fijándose sobre todo en las experiencias del ejército en Estados Unidos y Europa».[2]

Tras la pandemia, muchos epidemiólogos eminentes buscaron en los archivos estadounidenses de salud, tanto militares como civiles, algún signo de una gripe poco habitual previa al brote de Funston. No encontraron nada. El aviso que se publicó en relación con Haskell daba una fecha incorrecta que lo situaba después de Funston. En Francia, durante el invierno, habían tenido lugar algunos brotes de gripe localizados, pero al parecer no se extendieron y se comportaron como una enfermedad endémica, no epidémica.

Los primeros brotes inusuales que se produjeron en Europa tuvieron lugar a principios de abril en Brest, donde desembarcaron las tropas estadounidenses. También en Brest, un comando de la marina francesa se quedó totalmente diezmado, y desde allí se extendió la enfermedad en círculos concéntricos y con gran rapidez.

Pero aunque muchos enfermaban, los brotes eran en general leves, como había sucedido en Estados Unidos. Las tropas se quedaron debilitadas temporalmente, pero se repusieron después. Por ejemplo, cerca de Chaumont se declaró una epidemia que afectó a soldados norteamericanos y a civiles. De los 172 soldados de la Infantería de Marina que estaban acuartelados allí, la mayoría cayeron enfermos, y cincuenta y cuatro tuvieron que ser hospitalizados, pero se curaron todos.[3]

La primera aparición de la gripe en el ejército francés se dio el 10 de abril.[4] La gripe golpeó a París a finales de ese mes, y más o menos al mismo tiempo la enfermedad llegó a Italia. En el ejército británico los primeros casos se dieron a mediados de abril. A partir

[2] F. M. Burnet y Ellen Clark, *Influenza: A Survey of the Last Fifty Years* (1942), p. 70.

[3] W. J. MacNeal, «The Influenza Epidemic of 1918 in the AEF in France and England», *Archives of Internal Medicine* (1919), p. 657.

[4] Burnet y Clark, *Influenza*, p. 70.

de ahí se produjo la explosión. En mayo, solo el Primer Ejército Británico registró 36.473 ingresos hospitalarios y decenas de miles de casos más leves.[5] El Segundo Ejército Británico informó: «A finales de mayo apareció con gran violencia [...]. El número de afectados fue muy grande [...]. En una brigada de artillería cayeron enfermos un tercio de los hombres en cuestión de cuarenta y ocho horas, y hubo un día que en la columna de munición solo estaban disponibles quince hombres de los 145 habituales».[6] El Tercer Ejército sufrió en igual medida. En junio, las tropas que regresaban del continente introdujeron la enfermedad en Inglaterra.

Pero también en esta ocasión las complicaciones fueron pocas. Casi todos los soldados se recuperaron. La única preocupación seria, y lo era bastante, fue que la enfermedad mermara la disponibilidad de soldados para combatir.

Ese pareció ser el caso en el ejército alemán. Las tropas alemanas que ya estaban en el campo de batalla sufrieron brotes repentinos que se iniciaron a finales de abril. Para ese momento el comandante alemán Erich von Ludendorff también había iniciado su última gran ofensiva: la última posibilidad real que tenía Alemania de ganar la guerra.

La ofensiva alemana había hecho grandes avances. Desde cerca de las líneas del frente, Harvey Cushing, un protegido de Halsted, registró el avance alemán en su diario: «Han roto las líneas [...]»; «La situación general está lejos de ser tranquilizadora [...]. 11 de la mañana. El flujo de hombres que proceden del frente, en retroceso, sigue constante». «La orden más inquietante de Haigs a las tropas [...] termina así: "De espaldas al muro, convencidos de lo justo de nuestra causa, cada uno de nosotros ha de luchar hasta el final. La seguridad de nuestros hombres y la libertad del ser humano depende en este momento de la conducta de todos y cada uno de nosotros"».[7]

Entonces Cushing indicó: «La esperada tercera fase de la gran ofensiva alemana se sigue posponiendo».[8] «Nadie sabe cuándo se

[5] Citado por Jordan en *Epidemic Influenza*, p. 78.
[6] *Ibid.*
[7] Harvey Cushing, *A Surgeon's Journal 1915–18* (1934), p. 311.
[8] *Ibid.*

va a producir la siguiente ofensiva. Seguramente no se posponga mucho [...]. Me imagino que la epidemia de gripe que nos ha golpeado tan duro en Flandes también ha afectado bastante a los *boches*, y que esa debe ser la causa de la demora».[9]

El propio Ludendorff culpó a la gripe de la pérdida de iniciativa y, en último término, del fracaso de la ofensiva: «Era muy doloroso tener que escuchar cada mañana a los jefes de gabinete dando el recuento oficial de casos de infectados, y sus quejas sobre la debilidad de sus tropas».[10]

La gripe frustró su ataque y dejó diezmadas a sus tropas. O bien Ludendorff se agarró a eso y lo empleó como excusa. Las tropas británicas, francesas y americanas estaban sufriendo ya la enfermedad, y Ludendorff no pensaba cargar con las culpas si podía echárselas a otro.

Y mientras, en España, el virus encontró su nombre.

Lo cierto es que España no tuvo muchos casos de gripe hasta mayo, pero también que el país se mantuvo neutral durante la guerra. Eso suponía que el Gobierno no censuraba la prensa y que, a diferencia de los periódicos franceses, alemanes o británicos, que no imprimían nada negativo ni que pudiera hundir la moral de los suyos, los españoles estaban plagados de informes de la enfermedad. Sobre todo cuando el rey Alfonso XIII cayó seriamente enfermo.

La enfermedad no tardó en ser conocida como «gripe española», en inglés «*Spanish influenza*» o «*Spanish flu*», muy probablemente porque los periódicos españoles publicaban noticias de su propagación que otros países recogían.

Golpeó a Portugal, luego a Grecia. En junio y julio, el número de muertos en Inglaterra, Escocia y Gales aumentó mucho. En junio, Alemania sufrió algún brote inicial esporádico y luego hubo una epidemia que barrió todo el país. Dinamarca y Noruega comenzaron a sufrirla en julio, y Holanda y Suecia en agosto.

---

[9] *Ibid.*

[10] Ray Stannard Baker, *Woodrow Wilson: Life and Letters/ Armistice March 1–November 11, 1918* (1939), p. 233.

Los primeros casos surgieron en Bombay, en un medio de transporte, poco después de su llegada el 29 de mayo. Empezó con la hospitalización de siete cipayos que trabajaban en los muelles; luego sucumbieron los hombres que trabajaban en un astillero del Gobierno y al día siguiente los empleados del puerto de Bombay. Dos días después los hombres que trabajaban en una localización del puerto, según el informe, «situada entre el astillero del Gobierno y Ballard Estate, en Port Trust».[11] La enfermedad se propagó desde allí por las líneas de ferrocarril y llegó a Calcuta, Madrás y Rangún, mientras otro transporte la llevaba hasta Karachi.

La gripe llegó a Shangai a finales de mayo. Un observador dijo que se había extendido por todo el país «como un maremoto».[12] Se informó de que había enfermado la mitad de la población de Chungking. De allí saltó a Nueva Zelanda y luego a Australia, en septiembre. En Sidney enfermó un 30 por ciento de la población.

Pero si bien es cierto que se estaba extendiendo rápidamente, también mostraba cada vez menos similitud con la violenta enfermedad que tan letal había sido en Haskell. De 613 soldados estadounidenses que ingresaron en el hospital durante un brote que se produjo en Francia, solo murió uno. En el ejército francés hubo menos de un centenar de fallecidos, cuando los ingresados ascendían a cuarenta mil. En la flota británica murieron 10.313 marineros.[13] Las tropas lo llamaron «la fiebre de los tres días». En Argelia, Egipto, Túnez, China e India se manifestó «en su versión más benigna».[14]

De hecho fue esa levedad la que hizo sospechar a algunos médicos y preguntarse si aquella enfermedad era realmente una gripe. Un informe del ejército británico indicaba que los síntomas «se parecían a los de la gripe», pero que «su brevedad y la ausencia de complicaciones» les hacía dudar de que lo fuera.[15] Varios médicos italianos asumieron una posición mucho más

---

[11] Jordan, *Epidemic Influenza*, p. 85.

[12] *Ibid.*, p. 87.

[13] David Thomson y Robert Thomson, *Annals of the Pickett-Thomson Research Laboratory, v. 9, Influenza* (1934), p. 178.

[14] Jordan, *Epidemic Influenza*, p. 93.

[15] MacNeal, «Influenza Epidemic», *Archives of Internal Medicine* (1919), p. 657.

fuerte, exponiendo en diversos artículos que se publicaron en diarios médicos que esa «enfermedad febril que tanto se ha extendido en Italia» no era la gripe.[16] Tres médicos británicos que publicaron sus textos en *The Lancet* se mostraron de acuerdo: concluyeron que la epidemia no podía ser una gripe porque los síntomas, aunque eran similares a los de la gripe, eran demasiado leves, «duraban muy poco tiempo y no mostraban recaídas ni complicaciones».[17]

Ese número de *The Lancet* apareció el 13 de julio de 1918.

* * *

En Estados Unidos, durante los meses de marzo y abril, cuando la enfermedad comenzó a saltar de campamento en campamento del ejército y a extenderse en ocasiones a las ciudades colindantes, Gorgas, Welch, Vaughan y Cole no se preocuparon en demasía por ello, ni Avery dio inicio a ninguna investigación en laboratorio. El sarampión seguía dando coletazos, y había provocado muchas más muertes.

Pero a medida que la gripe se extendía por Europa, empezaron a prestar atención. A pesar de lo que decían los artículos de las revistas médicas sobre su naturaleza en general benigna, habían tenido noticia de algunas excepciones muy preocupantes, algunas pistas de que tal vez la enfermedad no era, a fin de cuentas, tan leve. Y que cuando golpeaba fuerte era de una violencia inusual, mucho más que el sarampión.

En el informe del ejército se describía como «neumonía fulminante, con pulmones encharcados y con hemorragias», pues la infección avanzaba deprisa y los pulmones se inundaban de sangre, y resultaba «fatal a partir de las 24 - 48 horas».[18] Es muy poco común que una neumonía sea letal transcurrido tan poco tiempo.

---

[16] De *Policlinico* 25, núm. 26 (30 de junio de 1918), citado en *JAMA* 71, núm. 9, p. 780.

[17] T.R.. Little, C.J. Garofalo, y P.A. Williams, «B Influenzae and Present Epidemic», *The Lancet* (13 de julio de 1918), citado en *JAMA* 71, núm. 8 (24 de agosto de 1918), p. 689.

[18] Comandante General Merritt W. Ireland, ed., *Medical Department of the United States Army in the World War, v. 9, Communicable Diseases* (1928), p. 132.

Una autopsia realizada en una víctima civil de Chicago registraba síntomas similares en los pulmones: no era una sintomatología muy habitual, por lo que el forense que la practicó decidió enviar muestras de tejido al doctor Ludwig Hektoen, un científico muy respetado que conocía bien a Welch, Flexner y Gorgas y que encabezó el John McCormick Memorial Institute, dedicado a las enfermedades infecciosas. El forense pidió a Hektoen «que lo considerase como una enfermedad nueva».[19]

Y en Louisville (Kentucky) apareció una anomalía perturbadora en la estadística de la gripe. Allí las muertes no habían sido pocas, pero lo más sorprendente era que un 40 por ciento de los muertos tenían entre veinte y treinta y cinco años de edad. Desde el punto de vista estadístico, algo extraordinario.

En Francia, a finales de mayo, en un pequeño emplazamiento con 1018 reclutas, 688 estaban tan enfermos que necesitaron hospitalización.[20] Murieron cuarenta y nueve. Cuando el 5 por ciento de una población, sobre todo de jóvenes sanos, muere en cuestión de semanas, da mucho miedo.

A mediados de junio, Welch, Cole, Gorgas y el resto estaban tratando de reunir toda la información posible sobre el avance de la gripe en Europa. Cole no conseguía nada por los canales oficiales, pero sí a través de gente como Hans Zinsser, que había sido investigador en el Rockefeller Institute (volvería a serlo) y en ese momento estaba destacado en Francia. Las noticias que le llegaban eran preocupantes. En julio, Cole pidió a Richard Pearce, científico del Consejo Nacional de Investigación, que coordinaba las investigaciones médicas relacionadas con la guerra, que convirtiera en prioritario «enviar información precisa en relación con la gripe que está asolando Europa».[21] Y añadió: «He preguntado varias veces a las autoridades sanitarias de Washington [se refería al director general de Salud Pública, Rupert Blue, que era la autoridad civil, no a Gorgas], pero nadie parece tener información fiable

---

[19] Jordan, *Epidemic Influenza*, p. 36.

[20] George Soper, M.D., «The Influenza Pandemic in the Camps», informe sin fecha, RG 112, NA.

[21] Cole aPearce, 19 de julio de1918, NAS.

en relación con este asunto». Pocos días después Cole mostraba aún más preocupación cuando se dirigió a Pearce para aconsejarle que destinara más recursos a esa investigación.[22]

Pearce se puso en contacto con varios científicos de laboratorio, como Paul Lewis, de Filadelfia, y con algunos clínicos, patólogos y epidemiólogos. Les preguntó si podían iniciar investigaciones nuevas: él haría de catalizador de sus averiguaciones.

Entre el 1 de junio y el 1 de agosto, 200.825 soldados británicos, de los dos millones que estaban destacados en Francia, cayeron tan enfermos que no pudieron presentarse en sus puestos a pesar de que estaban luchando entonces en un combate desesperado. Después la enfermedad desapareció.[23] El 10 de agosto el mando británico declaró finalizada la epidemia. En suelo británico, el 20 de agosto «había desaparecido por completo la epidemia de gripe», según informe de un diario médico.[24]

El *Weekly Bulletin* del Servicio Médico de las Fuerzas Expedicionarias Estadounidenses en Francia no declaraba la desaparición de la epidemia con tanta ligereza. A finales de julio informaba así: «La epidemia parece estar llegando a su fin. Ha sido en todo momento de tipo leve, aunque ha tenido serias repercusiones en el rendimiento de las tropas».

Pero añadía un matiz: «Muchos casos se han confundido con meningitis, y la neumonía ha sido la secuela más repetida en julio, mucho más que en abril».[25]

En Estados Unidos la gripe no atravesó el país como había hecho en Europa Occidental y en algunas zonas de Oriente. Tampoco se había extinguido por completo.

---

[22] Cole a Pearce, 24 de julio de 1918, NAS.

[23] «The Influenza Pandemic in American Camps, September 1918», memorándum dirigido al coronel Howard desde el despacho del general médico del Ejército, 9 de octubre de 1918, documentación de la Cruz Roja, Notas del Gabinete de Guerra, RG 200, NA.

[24] Carta de Londres, 20 de agosto de 1918, citada en *JAMA* 71, núm. 12 (21 de septiembre de 1918), p. 990.

[25] Informe de finales de verano, citado en *JAMA* 71, núm. 14 (5 de octubre de 1918), p. 1136.

Algunos miembros de la comisión militar para la neumonía se habían repartido por zonas para poder realizar estudios en diferentes lugares. Seguían encontrando signos de la enfermedad. En Fort Riley, que incluía Camp Funston, el capitán Francis Blake intentó cultivar bacterias extraídas de la garganta de las tropas, de soldados enfermos y sanos. Era un trabajo rutinario, mucho menos interesante que el que realizaba habitualmente, y además odiaba Kansas. Siempre se quejaba a su mujer: «Dos días sin cartas de mi amada, sin diversiones de día ni de noche, sin copas ni películas, sin bailes, sin club, sin mujeres guapas, sin baño ni ducha, sin póker, sin gente, sin entretenimiento, sin nada de nada. Solo calor, un sol abrasador y un viento que quema, sudor, polvo y sed, noches interminables y sofocantes, horas y horas de trabajo y soledad [...]. El infierno por todas partes. Eso es Fort Riley, Kansas».[26] Unas semanas después dijo que tenían que meter los cultivos de bacterias en una incubadora para que el calor no los arruinara. «Imagina lo que es meterte en una incubadora para estar fresco», escribió.

Y escribió también: «He estado todo el día ocupado, en el hospital. Hay algunos casos interesantes, la mayoría de gripe por el momento».[27] La gripe estaba a punto de convertirse en algo interesante, porque el virus no había desaparecido: sencillamente, se había escondido, como un fuego en un bosque que se extingue pero sigue, bajo el suelo, quemando las raíces, hormigueando y mutando, adaptándose, afilándose, observando, esperando. Esperando estallar en llamas.

[26] Dorothy Ann Pettit, «A Cruel Wind: America Experiences the Pandemic Influenza, 1918–1920, A Social History» (1976), pp. 97, 98.

[27] *Ibid.*, p. 67.

15

La pandemia de gripe de 1918, como otras pandemias de gripe, llegó en oleadas. La primera mató a pocos, pero la segunda iba a ser letal. Hay tres hipótesis que pueden explicar este fenómeno.

Una, que la versión benigna de la enfermedad la causaba un virus diferente de la mortal. Pero esto es muy improbable. Muchas víctimas de la primera oleada mostraron una resistencia significativa durante la segunda, lo que representa una buena prueba de que el virus letal era una variante del benigno.

Otra, que el virus benigno provocara la epidemia de la primavera, y que en Europa se combinara con un segundo virus de gripe. Los dos virus infectaron a las mismas células, recombinaron sus genes y dieron lugar a un virus nuevo, letal. Esto sí podía haber pasado, y también explicar la inmunidad parcial que adquirieron algunas de las víctimas de la primera ola. Pero hay alguna evidencia científica que contradice esa hipótesis de plano, y la mayor parte de los expertos en gripe hoy en día no creen que esto fuese viable.[1]

La tercera explicación contempla la adaptación del virus al ser humano.

En 1872, el científico francés C. J. Davaine estaba examinando un espécimen de sangre plagado de ántrax. Para determinar cuál era la dosis letal iba tomando pequeñas cantidades de sangre y se las iba inyectando a varios conejos. Descubrió que hacían falta diez gotas para matar a un conejo en cuarenta horas. Luego extrajo sangre a ese conejo, se la inyectó a otro, y este también murió.

[1] Entrevista con Robert Webster, 13 de junio de 2002.

Infectó a un tercero con sangre del segundo y así fue pasando la infección de un conejo a otro, hasta cinco.

En cada operación iba viendo cuál era la cantidad mínima de sangre que resultaba letal. Descubrió que las bacterias iban aumentando su virulencia, que era mayor en cada prueba, y después de repetir el proceso en cinco conejos la dosis letal pasó de ser de 10 gotas de sangre a 1/100 de gota. En el decimoquinto experimento la dosis letal había descendido hasta 1/40.000 de una gota de sangre.[2] En el vigésimo quinto, la bacteria en sangre se había vuelto tan virulenta que para resultar letal hacía falta menos de 1/1.000.000 de una gota.

La virulencia desaparecía al almacenar el cultivo. Esto también era característico de una especie: las ratas y las aves resistían dosis mayores de la misma sangre que en cantidades infinitesimales mataba a los conejos.

La serie de experimentos de Davaine marcó la primera demostración de un fenómeno conocido como «pase seriado», que refleja la capacidad de un organismo para adaptarse a su entorno. Cuando un organismo de patogenicidad débil pasa de un animal vivo a otro animal vivo, se reproduce con más facilidad y crece y se extiende con mayor eficacia. Y esto, con frecuencia, incrementa su virulencia.

En otras palabras, se convierte en un asesino mejor, mucho más eficiente.

Si se cambia el entorno, incluso en un tubo de ensayo, el efecto puede ser el mismo.[3] Como advirtió un investigador, una cadena de bacterias con la que estaba trabajando se volvió letal cuando cambió el medio empleado para que creciera el organismo: en lugar de caldo de vaca utilizó caldo de ternera.

Pero el fenómeno es complejo. El incremento de la eficacia mortífera no es indefinido. Si un patógeno mata con excesiva eficacia, se acaba quedando sin hospedadores, y muere. Su virulencia se estabiliza, se reduce incluso. Sobre todo cuando salta de una especie a otra: en ese caso, en lugar de aumentar, suele reducirse

---

[2] William Bulloch, *The History of Bacteriology* (1938, reimpresión: 1979), p. 143.

[3] Jordan, *Epidemic Influenza*, p. 511.

su peligrosidad. Esto es lo que sucede con el virus del Ébola, que normalmente no infecta a los humanos. Al principio mostraba una capacidad letal muy alta, pero después de varios pases a lo largo de unas cuantas generaciones su virulencia se fue perdiendo y dejó de ser una amenaza tan grande.

Así que el pase, por sí mismo, también puede debilitar a un patógeno. Cuando Pasteur estaba intentando debilitar o, en sus propias palabras, «atenuar» el patógeno de la erisipela porcina, solo lo consiguió cuando lo hizo pasar a través de los conejos: al irse adaptando a los conejos, la bacteria iba perdiendo parte de su capacidad de crecer en los cerdos.[4] Luego inoculó a los cerdos con bacterias que había cultivado en los conejos y el sistema inmune de aquellos la destruía sin dificultad. Como los antígenos de la cepa débil eran los mismos que los de las cepas normales, el sistema inmune de los cerdos aprendió a reconocer y destruir también los de las cepas normales, y se volvieron inmunes a la enfermedad. En 1894, los veterinarios utilizaron la vacuna de Pasteur para proteger a 100.000 cerdos en toda Francia; en Hungría vacunaron a más de un millón de cerdos.[5]

El virus de la gripe no difiere en su comportamiento de cualquier otro patógeno, y se enfrenta a las mismas presiones en materia de evolución. Cuando el virus de 1918 saltó de los animales a las personas y comenzó a extenderse pudo sufrir una especie de sacudida que le obligó a adaptarse a una nueva especie. Y aunque siempre conservó algún tinte de virulencia, esa sacudida pudo debilitarlo y hacerlo más leve. Después, al mejorar su capacidad de infectar a un nuevo hospedador, se volvió letal.

Macfarlane Burnet ganó el Nobel por su estudio del sistema inmune, pero dedicó la mayor parte de su vida a investigar la gripe y su historia epidemiológica. Relataba una ocasión en que en un pase un virus de gripe inocuo se transformó en letal. Un barco cargado de gente enferma de gripe fue a un asentamiento aislado del este de Groenlandia. Dos meses después de que

[4] Richard Shryock, *The Development of Modern Medicine, 2nd edition* (1947), pp. 294–95.

[5] *History of Bacteriology*, p. 246.

zarpara el barco, se declaró una epidemia grave de gripe, con una tasa de letalidad del 10 por ciento: es decir, murió un 10 por ciento de los enfermos. Burnet estaba «seguro, en la medida de lo razonable, de que la epidemia la había provocado el virus de la gripe»,[6] y concluía que había pasado por varias generaciones (según su estimación entre quince y veinte veces) en su versión benigna antes de adaptarse a una población nueva y convertirse en virulento y letal.

En su estudio de la pandemia de 1918, Burnet concluyó: «[A finales de abril de 1918] parece estar ya establecido el carácter esencial de la nueva cepa. Vamos a suponer que el virus ancestral responsable de la epidemia de la primavera en Estados Unidos fue pasando y mutando [...] y ese proceso continuó en Francia».[7]

La letalidad es una característica que se encuentra en las posibilidades genéticas de este virus; esta nube mutante, en concreto, siempre tuvo muchas más posibilidades que otros virus de gripe de convertirse en epidemia. El pase iba aumentando su agresividad. Al ir adaptándose, aumentando su eficacia y su capacidad de reproducirse en las personas, el pase se estaba convirtiendo en un camino al infierno.

El 30 de junio de 1918 el carguero británico *City of Exeter* atracó en Filadelfia tras un breve período retenido en una estación marítima, en cuarentena. Llevaba la muerte a bordo, pero Rupert Blue —responsable máximo de los servicios de salud pública estadounidense, como ya hemos visto— no había dado instrucciones a los servicios marítimos de que retuvieran a los barcos donde se hubieran detectado casos de gripe. Así que el barco fue liberado.

Pero la tripulación se encontraba en unas condiciones tan terribles que el cónsul británico dispuso que el barco llegara a un muelle vacío, donde les esperaban ambulancias cuyos conductores iban equipados con mascarillas quirúrgicas. Varias docenas de miembros de la tripulación se encontraban «en estado crítico» y fueron trasladados de inmediato al Hospital de Pensilvania, donde

---

[6] Burnet y Clark, *Influenza*, p. 40.

[7] *Ibid.*, p. 69, 70.

se reservó para alojarlos un pabellón entero que se selló, como precaución para evitar la propagación de la enfermedad.[8] Era entonces presidente del Colegio de Médicos estadounidense el doctor Alfred Stengel, que en un primer momento perdió la carrera por un puesto de catedrático en la prestigiosa Universidad de Pensilvania contra Simon Flexner y luego le sustituyó a su marcha. Experto en enfermedades infecciosas, se encargó personalmente del cuidado de aquella tripulación. Stengel dejó a un lado su antigua rivalidad con Flexner y llamó al protegido suyo, Paul Lewis, para pedirle consejo. A pesar de todos los esfuerzos, los tripulantes de aquel barco seguían muriendo.

Parecían morir de neumonía, pero era una neumonía que, según un estudiante de Medicina de la Universidad de Pensilvania, iba acompañada de unos síntomas extraños, como el sangrado de la nariz. En un informe se leía: «Hemos llegado a la conclusión de que lo que tenían era gripe».[9]

En 1918 todas las enfermedades infecciosas eran terribles. Los estadounidenses ya habían visto que la llamada «gripe española» era lo bastante seria como para detener la ofensiva alemana. Comenzaron a llegar rumores de que aquellas muertes también se debían a esa gripe. Los que controlaban la maquinaria de la propaganda bélica no querían que se imprimiera nada que minara la moral de las tropas. Dos médicos declararon a la prensa que aquellos hombres no murieron de gripe. Mentían.

La enfermedad no se extendió. La breve cuarentena que había guardado el barco bastó para que los miembros de la tripulación ya no tuvieran la capacidad de contagiar cuando entraron en puerto. Este virus, especialmente virulento, dejó de encontrar combustible y se apagó. La ciudad había esquivado una bala.

Llegado ese momento, el virus había realizado ya numerosos pases de persona a persona. Pero incluso cuando las revistas médicas hablaban sobre la naturaleza benigna de la enfermedad aparecían por todas partes signos de que había aparecido un nuevo brote, más virulento.

---

[8] Soper, «Influenza Pandemic in the Camps».

[9] *Ibid.*

La semana del 8 de julio murieron en Londres 287 personas, todas de neumonía causada por la gripe. Y 126 de ellas, en Birmingham. Un médico que realizó varias autopsias dijo: «Las lesiones pulmonares, complejas o variables, nos sorprenden mucho porque tienen un carácter diferente a todo lo que hemos visto en los miles de autopsias que hemos realizado durante los últimos veinte años, y esto no es como la bronconeumonía generalizada que se da todos los años».[10]

El semanario *Public Health Reports* del Servicio Nacional de Salud Pública estadounidense se hizo finalmente eco de la noticia. Consideraban que la enfermedad era lo suficientemente seria como para advertir a todos los funcionarios a cargo de la sanidad nacional de que se había detectado un brote de gripe epidémica en Birmingham, Inglaterra, con algunas consecuencias fatales. «La enfermedad se está extendiendo rápidamente y ya está presente en otras localidades», advertía.[11]

Al principio habían afirmado los médicos —y habían insistido mucho en ello— que la enfermedad no era gripe porque era demasiado leve. En ese momento empezaban a pensar que no era gripe porque era demasiado letal. La falta de oxígeno era en ocasiones tan severa que las víctimas se volvían cianóticas: una parte o la totalidad de su cuerpo adquiría una tonalidad azulada, a veces muy oscura.

El 3 de agosto, un responsable de inteligencia de la Marina estadounidense recibió un telegrama al que puso rápidamente el sello de SECRETO y CONFIDENCIAL. Tras comprobar que la fuente era «fiable», comunicó: «He recibido un aviso confidencial de que la enfermedad, ya epidemia, que está atravesando Suiza es la que normalmente se conoce como "peste negra", aunque se ha designado con el apelativo de "gripe española"».[12]

Muchas historias de la pandemia muestran la erupción de una enfermedad mortal —en especial el mazazo que supuso la segunda

---

[10] Adolph A. Hoehling, *The Great Epidemic* (1961), p. 21.

[11] *Public Health Reports, 33, Parte* 2 (26 de julio de 1918), p. 1259.

[12] Entrada 12, ficha 126811, RG 52, NA.

oleada— como algo que se produjo de modo repentino y simultáneo en lugares muy alejados del planeta. Resultaba, por ello, terriblemente confuso. Pero lo cierto es que la segunda ola fue paulatina.

Cuando el agua rompe a hervir en una olla lo primero que vemos es una única burbuja solitaria que sube desde el fondo a la superficie. Luego otra. Luego dos o tres al mismo tiempo. Después, media docena. Y, a menos que el calor se aplaque, no tarda en entrar en movimiento todo el agua que hay en la olla, y la superficie se convierte en un remolino caótico.

En 1918 cada estallido de letalidad, aunque pareciera que era un brote aislado del resto, era como esa primera burbuja de la olla que asciende a la superficie. La llama se pudo encender en Haskell y desencadenar el primer brote, sin duda. Pero el brote que mató a un 5 por ciento del total de reclutas franceses en una pequeña base era un brote distinto. El de Louisville no era ninguno de esos dos, y también era distinto el que causó las muertes que se produjeron entre la tripulación del *City of Exeter*. O el de Suiza. Todos fueron brotes aislados de una enfermedad letal: burbujas violentas que subían a la superficie.

Los estudios epidemiológicos que se escribieron al poco de que se produjera la pandemia registran esta particularidad. Uno destaca que en los acantonamientos militares de los Estados Unidos se produjo «un incremento progresivo de los casos de gripe registrados a partir de la primera semana de agosto de 1918, y de los casos de neumonía provocada por gripe durante la semana que terminaba el 18 de agosto».[13] Y añadía: «Si este ha sido el comienzo de la gran oleada de la epidemia, debemos esperar un incremento semanal de casos, pues si esta serie de datos se representara en una escala logarítmica, el aumento de una semana a otra debería manifestarse en forma de línea recta, siguiendo el incremento logarítmico habitual en una curva epidémica. Esto se aprecia al observar la curva ascendente que aparecerá en el papel logarítmico, que forma una línea prácticamente recta».

---

[13] Ireland, *Communicable Diseases*, 83, p. 135.

El informe también registraba «brotes definidos cada vez más graves» que tuvieron lugar durante el verano en Estados Unidos y Europa y que se confundían «con la gran oleada del otoño».[14]

A principios de agosto, la tripulación de un vapor que iba de Francia a Nueva York contrajo la gripe. El brote fue tan grave que toda la tripulación tuvo que guardar cama y el barco se vio obligado a desviarse a Halifax, según contó un epidemiólogo del gabinete de Gorgas.[15] El barco se quedó en Halifax hasta que hubo suficientes marineros recuperados para poder continuar su singladura.

El 12 de agosto, el carguero noruego *Bergensfjord* llegó a Brooklyn tras lanzar al mar a cuatro hombres muertos a causa de la gripe. En el momento de su llegada aún iban a bordo doscientas personas enfermas, muchas de las cuales fueron trasladadas a hospitales.

Royal Copeland, responsable del Departamento Municipal de Salud de Nueva York, declaró, junto al responsable de los servicios de salud del puerto, que «no había el menor riesgo de epidemia», dado que la enfermedad rara vez atacaba «a personas bien alimentadas».[16] Aunque hubiera estado en lo cierto, un estudio de su propio departamento de salud acababa de llegar a la conclusión de que el 20 por ciento de los niños en edad escolar de la ciudad estaban mal nutridos.[17] No hizo nada por detener la propagación de la enfermedad.

Un boletín de la Marina avisó de que el 14 y el 15 de agosto iban a llegar a Nueva York dos vapores procedentes de Noruega y otro de Suecia con casos de gripe a bordo.[18] El 18 de agosto, los periódicos de Nueva York hablaban de algunos brotes a bordo del *Rochambeau* y el *Nieuw Amsterdam*; al hospital de St. Vincent's llegaron hombres de ambas embarcaciones.

El 20 de agosto hasta Copeland admitió que la gripe había llegado a la ciudad, aunque era leve y —según él— no daba muestras de ser una epidemia.

---

[14] *Ibid.*, p. 135.

[15] Jordan, *Epidemic Influenza*, p. 114.

[16] John Duffy, *A History of Public Health in New York City 1866-1966* (1974), p. 286.

[17] *Ibid.*, p. 287.

[18] Soper, «The Influenza Pandemic in the Camps».

La variante más letal del virus se estaba haciendo fuerte en humanos. Y de forma casi simultánea, en tres continentes separados por miles de kilómetros de océano; en Brest, en Freetown (Sierra Leona) y en Boston, el agua empezaba a hervir formando remolinos, dispuesta a matar.

Casi un 40 por ciento de los dos millones de soldados estadounidenses que llegaron a Francia, 791.000 hombres en total, desembarcaron en Brest, un puerto de aguas profundas con capacidad para docenas de embarcaciones. Allí desembarcaban tropas de todo el mundo. Brest ya había conocido un brote de gripe en primavera, como tantas otras ciudades, pero como en la mayoría de esas otras ciudades la gripe había sido leve. El primer brote con alto índice de letalidad se produjo en julio, en un destacamento para tropas norteamericanas de reemplazo que llegó de Camp Pike (Arkansas).[19] Ocuparon un campamento aislado y en un primer momento pareció que se había logrado contener el brote, pero no fue así: el 10 de agosto, el mismo día que el ejército británico declaró el fin de la epidemia de gripe, hubo tantos marinos franceses de los que estaban destacados en Brest que necesitaron hospitalización por gripe y neumonía que el hospital naval se colapsó y hubo que cerrarlo.[20] Y el número de muertos comenzó a dispararse.

El 19 de agosto el *New York Times* se hacía eco de un nuevo brote: «Un número considerable de negros americanos que habían llegado a Francia contrajeron aquella "gripe española" en zonas costeras y murieron de neumonía en hospitales franceses».[21]

Al cabo de unas cuantas semanas toda el área limítrofe de Brest estaba afectada. Seguían llegando soldados estadounidenses en masa, seguían entrando y saliendo de la ciudad, mezclándose con las tropas francesas o haciendo maniobras militares en las inmediaciones de la ciudad. Cuando los soldados de ambos ejércitos se marcharon, habían dispersado el virus por todas partes.

---

[19] Ireland, *Communicable Diseases*, p. 137.

[20] Director de Labs, AEF a SG, 10 de diciembre de 1918, entrada 29, RG 112, NA.

[21] Citado por Pettit en «Cruel Wind», p. 94.

Freetown, en Sierra Leona, era una zona con minas de carbón ubicada en la costa oeste de África y un puerto de escala para barcos que iban de Europa a Sudáfrica y Oriente. El 15 de agosto, el HMS *Mantua* llegó a él con una tripulación de doscientos hombres aquejados de gripe. Un montón de hombres africanos cargaron en el barco varias toneladas de carbón, dirigidos por algunos tripulantes.

Cuando estos hombres regresaron a casa llevaban algo más que el salario: la gripe no tardó en extenderse, afectando sobre todo a los que metían el carbón en los barcos. Esta gripe no era leve. El 24 de agosto morían de neumonía dos nativos africanos, y enfermaron muchos más.[22]

El 27 de agosto entró en el puerto el HMS *Africa*, que también necesitaba carbón. Ese día no fueron a trabajar quinientos trabajadores de los seiscientos que tenía la Sierra Leone Coaling Company.[23] La tripulación del barco ayudó a los hombres de Sierra Leona a cargar el carbón. Lo subieron codo con codo. Eran 779 tripulantes. En cuestión de semanas casi seiscientos habían caído enfermos. Cincuenta y uno murieron: un 7 por ciento de la tripulación.[24]

El HMS *Chepstow Castle*, que llevaba a las tropas desde Nueva Zelanda al frente, hizo una parada técnica en Freetown para cargar carbón entre el 26 y el 27 de agosto. A las tres semanas, de los 1150 hombres que iban a bordo novecientos enfermaron de gripe. Murieron treinta y ocho.[25]

El *Tahiti* también estuvo cargando carbón esos días. Sesenta y ocho de los hombres que iban a bordo murieron antes de llegar a puerto inglés el mismo día que el *Chepstow Castle*. Tras atracar, la tripulación de una de las embarcaciones registró ochocientos casos más, y 115 muertes.[26]

Solo en Sierra Leona se estima que la gripe mató a un 3 por ciento de la población africana: casi todas las muertes se produjeron a las pocas semanas, según consta en los registros de la época.

---

[22] Burnet y Clark, *Influenza*, p. 72.

[23] A.W. Crosby, *America's Forgotten Pandemic: The Influenza of 1918* (1989), p. 37.

[24] Burnet y Clark, *Influenza*, p. 72.

[25] *Ibid.*

[26] Director de Labs, AEF a SG, 10 de diciembre de 1918, entrada 29, RG 112, NA.

Otros documentos más recientes sugieren que el número de muertos fue muy superior a ese, posiblemente el doble o más.

Al otro lado del Atlántico, en Commonwealth Pier (Boston), la Marina tenía atracado un buque que utilizaban como barracón «de recepción» para los reclutas que llegaban. Su nombre no era el más acertado. En él comían y dormían hasta siete mil marineros en tránsito, en lo que el propio ejército describió como «un lugar abarrotado de personas».[27]

El 27 de agosto dos marinos entraron en la enfermería con gripe. El 28 enfermaron ocho más. El 29 entraron en la enfermería cincuenta y ocho.

Como había sucedido en Brest y en Freetown y a bordo de los barcos, los hombres empezaron a morir. Cincuenta de ellos fueron transferidos rápidamente al Hospital Naval de Chelsea, donde trabajaban el capitán de corbeta Milton Rosenau y su joven asistente, el teniente John J. Keegan.

Los marineros no podían estar en mejores manos. Keegan sería posteriormente decano de la Facultad de Medicina de la Universidad de Nebraska, y Rosenau era uno de los titanes del momento: fuerte, robusto y de cuello grueso, tenía un aspecto imponente y resuelto como el de un luchador que mira a su contrincante. Pero era cortés, atento y a la gente le gustaba trabajar con él. Fue pionero en la creación del Laboratorio de Higiene de los Servicios de Salud Pública estadounidenses y después presidente de la Society of American Bacteriologists, pero sobre todo fue muy conocido por su libro *Preventive Medicine and Hygiene*, dirigido a oficiales médicos del ejército y de la Marina, al que todos llamaban «la Biblia».[28] Pocas semanas antes se había reunido con Welch, Gorgas y Vaughan para hablar de cómo prevenir o contener aquella epidemia nueva.[29]

---

[27] Crosby, *America's Forgotten Pandemic*, p. 38.

[28] Del Campo de Entrenamiento para Oficiales Médicos, Camp Greenleaf, Georgia, 18 de noviembre 1918, *Papeles de Rosenau*, UNC.

[29] Rosenau y Flexner habían sostenido una competición encarnizada, aunque amistosa, durante muchos años. En 1911 Rosenau demostró que Flexner había cometido un error importante. Dos años después ganó la American Medicine Gold

Rosenau y Keegan aislaron de inmediato a los enfermos. Hicieron todo lo posible por contener la enfermedad e intentaron averiguar con qué personas habían estado en contacto los pacientes. Pero la enfermedad era demasiado explosiva, y decidieron centrarse en el análisis bacteriológico, buscar el patógeno y preparar una vacuna o un suero. Sus averiguaciones no les convencieron y, al cabo de unas semanas, comenzaron a hacer en voluntarios de la Marina los primeros experimentos para determinar si aquella enfermedad la provocaba un virus.

Mucho antes de encontrar la solución, las esperanzas de contener la expansión de la enfermedad se vinieron abajo. El 3 de septiembre entraba en el Boston City Hospital un civil enfermo de gripe. El 4 de septiembre cayeron enfermos cuatro alumnos de la Escuela de Radio de la Marina de Harvard (Cambridge), al otro lado del río Charles (justo enfrente de Boston).

Y entonces llegó lo de Devens.

Medal por demostrar que las moscas de los establos transmitían la poliomielitis. Pero en 1915 Flexner demostró que se equivocaba. Los dos se respetaban, y se llevaban bien. Poco antes de la guerra, cuando en Harvard no había fondos suficientes para la investigación, Flexner le escribió: «Me sorprende y me duele profundamente enterarme de que el presupuesto que tienes disponible para tu laboratorio es tan escueto». No tardó en organizarlo todo para que el Rockefeller le diera una beca. Su colaboración era la norma, como muestra la nota que Rosenau escribió a Flexner, a principios de 1918: «Por favor, en cuanto puedas, envía al Hospital Naval de Chelsea suero antimeningitis para 4 pacientes».

16

Camp Devens ocupaba una extensión de dos mil hectáreas sobre unas suaves lomas a cincuenta y cinco kilómetros al noroeste de Boston. Incluía buenas tierras cultivables junto al río Nashua y un terreno boscoso que hasta no hacía mucho había sido muy espeso y del que ya solo quedaban los tocones de los árboles. Como los demás acantonamientos de la zona, lo habían levantado a una velocidad de vértigo, a razón de 10,4 edificaciones diarias. En agosto de 1917 abrió sus puertas y acogió a quince mil hombres, aunque no estaba terminado: seguía vertiendo las aguas residuales directamente al río Nashua.

Como la mayor parte de los campamentos, había sufrido el sarampión y la neumonía. El personal médico era de primer orden. El hospital de Devens había realizado una inspección exhaustiva que incluía también la cocina, y le habían dado una excelente puntuación, indicando en el informe: «El oficial responsable de la cantina estaba bien informado y alerta».[1]

De hecho, el personal médico de Devens era tan bueno que Frederick Russell se estaba preparando para encargarles el lanzamiento de algunas investigaciones científicas de gran importancia. Una de ellas requería cotejar la existencia de estreptococos en la boca de los soldados sanos con la existencia de infecciones por estreptococo en la garganta. Otra buscaba la explicación de las elevadas tasas de morbilidad de la neumonía en los negros, en relación con los blancos. Y una última debía estudiar el sarampión.

[1] Comandante R. C. Hoskins, «Report of Inspection on Sept. 30, 1918», 9 de octubre de 1918, RG 112, NA.

A finales de verano, en Devens, el comandante Andrew Sellards había pasado materia infecciosa de un caso reciente de sarampión por un filtro de porcelana para aislar el virus, se lo había inoculado a cuatro monos y, el 29 de agosto, comenzó a inocularlo a humanos voluntarios.[2]

El único problema en Devens era que se había construido para albergar como máximo a treinta y seis mil hombres. El 6 de septiembre había en el campamento más de cuarenta y cinco mil. Aun así, el hospital tenía mil doscientas camas y por el momento solo ochenta y cuatro pacientes.[3] Siempre que hubiera personal médico suficiente para realizar distintas tareas de investigación de manera simultánea, con un personal clínico altamente cualificado como el suyo y un hospital prácticamente vacío, Devens parecía preparado para cualquier emergencia.

No lo estaba.

Una semana antes de que se tuviera noticia de los casos del puerto, las autoridades del Departamento de Salud Pública de Boston mostraron su preocupación: «Durante la tercera semana de agosto se nos ha informado de un incremento repentino y muy significativo de los casos de neumonía en el acantonamiento de Camp Devens, lo que parece justificar la sospecha de que pudiera haberse desencadenado una epidemia de gripe entre los soldados alojados allí».[4]

Aunque el brote de Devens podía haberse originado en las instalaciones que la Marina tenía en Commonwealth Pier, tampoco es descabellado pensar que se produjera de forma independiente. También podría haberse extendido de Devens a Boston. Como quiera que fuese, el 1 de septiembre cuatro soldados más fueron diagnosticados en Devens de neumonía, y enviados al hospital. En los seis días siguientes se diagnosticaron veintidós casos más de neumonía. Pero no se consideró que ninguno de ellos se debiera a la gripe.

---

[2] Informe sin fecha del comandante Andrew Sellards, entrada 29, RG 112, NA.

[3] «Influenza Pandemic in American Camps, September 1918»; véase también Paul Wooley a SG, 29 de agosto de 1918, RG 112, NA.

[4] *Boston Health Department Monthly Bulletin*, sept. 1918, 183, citado por Jordan en *Epidemic Influenza*, p. 115.

El 7 de septiembre, un soldado de la Compañía D, Cuarenta y Dos de Infantería, llegó al hospital con tales dolores que gritaba cuando le tocaban y deliraba. Le diagnosticaron meningitis.[5]

Al día siguiente hospitalizaron a otra docena de hombres de su compañía, de los que se sospechaba que tenían meningitis. Era un diagnóstico razonable. Los síntomas no se parecían a los de la gripe, y unos meses antes el campamento había sufrido una epidemia menor de meningitis; los doctores, con toda su humildad, habían llamado a Rosenau para pedirle ayuda y este había acudido en persona, acompañado de seis bacteriólogos. Trabajaron casi veinticuatro horas diarias durante cinco días, identificaron a 179 portadores de la enfermedad y los pusieron en cuarentena. Rosenau abandonó el campamento impresionado con el nivel que ofrecía aquel hospital militar. Aunque sabía que él y su equipo habían hecho gran parte del trabajo, era consciente de que sin aquel nivel de colaboración no habría sido posible lograr lo que lograron, y así se lo comunicó a los mandos de la Marina.

Durante los días siguientes se empezaron a detectar casos de una enfermedad parecida a la gripe en otras organizaciones. El personal médico, aunque era muy bueno, no consideró que estos nuevos casos estuviesen vinculados entre sí, ni los relacionó con el brote de Commonwealth Pier. No pusieron a los afectados en cuarentena. Los primeros días no se incluyeron en los registros los casos de gripe porque se consideraron «ejemplos de la enfermedad epidémica que ha atacado a tantos campamentos durante la primavera».[6] En los barracones atestados y en la cantina o las áreas de reunión, los hombres se mezclaban unos con otros. Pasaban los días y, al fin, se dio la noticia en un informe: «Dicho brevemente... la gripe. Se ha producido como una explosión».[7]

Efectivamente, fue como una explosión. En un solo día, 1543 soldados de Camp Devens cayeron enfermos de gripe. El 22 de septiembre, un 19,6 por ciento del campamento estaba oficialmente

[5] Comandante Paul Wooley, «Epidemiological Report on Influenza and Pneumonia, Camp Devens, August 28 to October 1, 1918», entrada 29, RG 112, NA.

[6] *Ibid.*

[7] *Ibid.*

enfermo, y casi un 75 por ciento de estos enfermos necesitaron hospitalización. Habían comenzado las neumonías y las muertes.

Solo el día 24 de septiembre, 342 hombres fueron diagnosticados de neumonía. Devens tenía veinticinco médicos. En ese momento, como llegaron al campamento sanitarios militares y civiles, había más de doscientos cincuenta tratando a los pacientes. Médicos, enfermeras y auxiliares entraban a trabajar a las 5.30 de la mañana y salían a las 9.30 de la noche, dormían, y vuelta a empezar. El 26 de septiembre la plantilla estaba tan agotada, con médicos y enfermeras que enfermaban y morían, que decidieron no ingresar a más pacientes en el hospital, por muy graves que estuviesen.

La Cruz Roja, que también sufría la saturación debida a la expansión de la enfermedad entre la población civil, se las arregló para contratar a doce enfermeras más y enviarlas allí a ayudar. No fueron de gran ayuda. Ocho cayeron enfermas de neumonía, y dos murieron.[8]

Y es que aquella no era una neumonía al uso. El doctor Roy Grist, uno de los médicos del hospital militar, escribió a un colega: «Estos hombres comienzan mostrando síntomas de lo que parece un ataque de gripe común, pero cuando llegan al hospital desarrollan a una velocidad de vértigo el tipo de neumonía más mortífero que hayamos conocido. Dos horas después del ingreso les empiezan a aparecer manchas oscuras en las mejillas y, al cabo de unas horas, ves cómo se extiende la cianosis desde las orejas hacia el resto de la cara, hasta que resulta difícil distinguir a los hombres de color de los blancos».[9]

La sangre que lleva el oxígeno por las arterias es de un color rojo vivo, la de las venas, que no lleva oxígeno, es azulada. La cianosis se produce cuando un enfermo adquiere una tonalidad azulada porque los pulmones no pueden transferir el oxígeno a la sangre. En 1918 la cianosis era tan extrema, las víctimas se volvían tan oscuras (todo el cuerpo podía adquirir esa tonalidad oscura

[8] «Steps Taken to Check the Spread of the Epidemic», sin fecha ni firma, entrada 29, RG 112, NA; véase también Katherine Ross, «Battling the Flu», *American Red Cross Magazine* (enero de 1919), p. 11.

[9] Dr. Roy N. Grist a «Burt» *British Medical Journal* (22–29 de diciembre de 1979).

al reflejar el color azulado que tienen las venas en el interior de las muñecas) que surgieron rumores de que la enfermedad no era en absoluto una gripe: era la Peste Negra.

Grist continuó: «La muerte llega en cuestión de horas. Es horrible. Vemos cómo les pasa a uno, dos o veinte hombres [...]. Esas pobres almas caen como moscas [...]. Hemos tenido una media de 100 muertes diarias [...]. Esa neumonía es mortal en el cien por cien de los casos [...]. Hemos perdido un número espeluznante de médicos y enfermeras, y el pueblecito de Ayer es un poema: hay trenes dedicados exclusivamente a llevarse a los muertos. Durante varios días han faltado ataúdes y los cuerpos estaban apilados unos encima de otros. Espantoso [...]. Deja en nada las imágenes que vimos en Francia después de las batallas. Se han habilitado barracones especiales, más grandes, para usarlos como morgue, y no nos es posible, a ninguno, apartar la mirada de las largas líneas de soldados muertos, todos vestidos y tumbados en filas dobles [...]. Adiós, viejo amigo. Que Dios sea contigo hasta que volvamos a encontrarnos».

Welch, Cole, Victor Vaughan y Fredrick Russell, que ya habían alcanzado todos el rango de coronel, habían terminado su recorrido por las bases militares del Sur. No era la primera vez que lo hacían y, como en ocasiones anteriores, sabiendo que los barracones eran cajas de yesca, habían inspeccionado los campamentos para detectar y corregir cualquier práctica que pudiera permitir a la epidemia ganar terreno. Pasaron mucho tiempo hablando de la neumonía. Tras salir de Camp Macon (Georgia), se retiraron a pasar unos días de descanso en Asheville (Carolina del Norte), el lugar de vacaciones más de moda del Sur. Allí los Vanderbilt habían construido una de las casas de campo más vistosas de la zona, y a pocos kilómetros de distancia tenía William Halsted, antiguo colega de Welch, una casa en las montañas que era prácticamente un castillo. Hoy en día ese lugar se llama High Hamptons.

En Grove Park Inn, una de las áreas más elegantes de la ciudad, escucharon un concierto. Welch encendió un cigarro. Enseguida llegó un botones a decirle que no estaba permitido fumar, así que salió a la terraza con Cole y comenzaron a hablar. Llegó otro botones y les rogó que guardaran silencio mientras duraba el concierto. Welch se marchó, enfadado, mientras Russell escribía a Flexner: «Estamos todos bien. Welch, Vaughan, Cole y yo hemos hecho un viaje muy fructífero, la verdad. Hemos empezado a creer que la inmunidad (se refería a la probabilidad de manipular el sistema inmune) es lo principal en los casos de neumonía, como en otras enfermedades infecciosas. Como hipótesis no está mal, así que intentaremos seguir esa vía con el trabajo en laboratorio, en el hospital y en los campamentos durante el otoño y el invierno próximos. *Bonne chance*».[10]

El grupo regresó a Washington un domingo por la mañana. Iban descansados y de buen humor, pero su talante cambió de golpe en cuanto bajaron del tren. Les esperaba en la estación un escolta que no necesitó decir palabra para manifestar su nerviosismo. Los llevaba al despacho del general médico. De inmediato. Gorgas estaba ausente, en Europa, y su ayudante casi no levantó la vista cuando entraron: «Tenéis que ir a Devens sin perder un minuto. La gripe española ha entrado en el campamento».[11]

Llegaron a Devens tras un viaje de ocho horas bajo la llovizna y el frío. Todo el campamento estaba sumido en el caos. El hospital era un campo de batalla. La guerra había llegado a casa. Cuando entraron en el hospital vieron una fila de hombres que llegaban desde los barracones por su pie —los que podían— portando sus mantas.

Vaughan recordaba esta imagen: «Cientos de hombres jóvenes robustos, con el uniforme de su país, llegan al hospital en grupos de diez o más. Los colocan en camas plegables, hasta que no queda una libre. Pero siguen llegando. Sus rostros exhiben una sombra azulada. Toses preocupantes con esputo manchado de sangre».[12]

Casi no tenían personal. El hospital de la base estaba pensado para mil doscientos enfermos, pero podía acoger como mucho dos mil quinientos (según Welch, en unas condiciones «que sobrepasaban lo permisible»). En aquel momento habría, al menos, seis

[10] Russell a Flexner, 18 de septiembre de 1918, *Papeles de Flexner*, APS.

[11] Victor Vaughan, *A Doctor's Memories* (1926), p. 431.

[12] *Ibid.*, pp. 383–84.

mil más.[13] Todas las camas llevaban mucho tiempo ocupadas. Todos los pasillos, todas las salas que habían estado vacías, hasta los porches, se habían llenado de catres improvisados que ocupaban enfermos y moribundos. No había a la vista nada que pudiera considerarse antiséptico. No había enfermeras. Cuando llegó Welch ya habían enfermado setenta de las doscientas enfermeras de la plantilla, y se encontraban en cama. A cada hora que pasaba caían más. Muchas de ellas no se recuperaban. El hedor flotaba en el ambiente: las sábanas y las ropas de los enfermos estaban manchadas de orina y heces porque eran incapaces de levantarse ni de limpiarse solos.

Y sangre. Había sangre por todas partes: en las sábanas, en la ropa. Brotaba de la nariz de los enfermos, incluso de los oídos, cuando tosían. Muchos de aquellos soldados, aún adolescentes, hombres jóvenes entre los veinte y los treinta años, sanos y normalmente sonrosados, se estaban poniendo azules. Y ese color era un aviso de la muerte.

Aquella visión dejó helados a Welch y a sus colegas, pero era aún peor ver los cadáveres por el suelo de los pasillos que rodeaban la morgue. Vaughan escribió en un informe: «Por la mañana se apilan junto a la morgue los cuerpos de los muertos como si fueran leña».[14] Y Cole: «Los dejaban en el suelo sin orden ni método, y teníamos que saltar por encima de ellos para llegar hasta la sala de autopsias».[15]

En la sala de autopsias se veían imágenes aún más horrendas. Sobre la mesa yacía el cadáver de un hombre joven, poco más que un muchacho. En cuanto lo movían lo más mínimo empezaba a salirle un líquido por la nariz. Le habían abierto el pecho para extraerle los pulmones y estaban examinando con atención varios órganos. Enseguida quedó patente que aquello no era una neumonía ordinaria. Otras autopsias mostraban anomalías similares.

Cole, Vaughan, Russell y otros miembros del equipo científico se quedaron impresionados y sintieron una punzada de miedo. Se dirigieron a Welch: él había estudiado con los mejores investigadores

---

[13] Vaughan y Welch a Gorgas, 27 de septiembre de 1918, entrada 29, RG 112, NA.

[14] Vaughan, *A Doctor's Memories*, pp. 383-84.

[15] Cole a Flexner, 26 de may de 1936, archivo 26, cajón 163, WP.

del mundo en su juventud. Había inspirado a toda una generación de científicos brillantes en su propio país. Había visitado China, Filipinas y Japón, donde había visto enfermedades que en Estados Unidos ni se conocían. Había leído publicaciones médicas en varias lenguas durante muchos años y se sabía todos los cotilleos de los principales laboratorios del mundo. Sin duda, él tenía que saber algo, podría explicar aquello.

Pero Welch no podía tranquilizarles. Cole estaba junto a él, pensando que nunca le había visto tan nervioso ni descompuesto como entonces. De hecho, a Cole le impresionó su actitud: «No era extraño que a los demás nos hubiera afectado tanto, pero me llamó la atención que, al menos momentáneamente, desbordase al doctor Welch».[16]

Y entonces Welch dijo: «Esto tiene que ser una forma nueva de infección o de peste».

Welch salió de la sala de autopsias e hizo tres llamadas de teléfono: a Boston, a Nueva York y a Washington. En Boston habló con Burt Wolbach, profesor de Harvard y patólogo jefe en uno de los grandes hospitales de Boston, el Brigham Hospital, y le pidió que realizara algunas autopsias. Quizás había alguna pista que aclarase el funcionamiento de aquella extraña enfermedad.

Pero Welch sabía también que cualquier tratamiento curativo o preventivo para ella tendría que salir del laboratorio. Llamó a Oswald Avery, del Rockefeller Institute de Nueva York. Avery no había sido admitido en la unidad militar del Rockefeller por ser canadiense, pero desde el 1 de agosto era ciudadano estadounidense. Coincidió que, el mismo día de la llamada de Welch, Avery ascendió a capitán. Y lo que es más importante: ya habían comenzado las investigaciones que, en último término, revolucionarían las ciencias biológicas. La gripe avaló su nombramiento.

Ese mismo día llegaron Avery y Wolbach y se pusieron manos a la obra.

La tercera llamada de Welch fue a Charles Richard, en Washington. Richard era el general médico del ejército que sustituía a Gorgas

[16] *Ibid.*

mientras estaba en el frente. Welch le dio una descripción detallada de la enfermedad y le explicó sus expectativas en cuanto al curso que seguiría, en Devens y en otros lugares, porque estaba seguro de que se iba a extender. Pidió que estuvieran preparados en todos los campamentos para aumentar rápidamente la capacidad hospitalaria.

Richard respondió de inmediato. Dio órdenes a todo el personal médico de que aislaran y pusieran en cuarentena a todos los casos que se produjeran, y que separasen a los soldados de los campamentos de los civiles. «Es importante que, en la medida de lo posible, se evite la entrada de la gripe en los campos [...]. A veces es posible evitar que una enfermedad se convierta en epidemia, pero una vez que lo hace ya no hay modo de pararla». También era consciente de las dificultades: «Hay pocas enfermedades tan contagiosas como la gripe [...]. Es probable que los pacientes se conviertan en focos de infección antes de mostrar síntomas activos [...]. Ninguna enfermedad de cuantas verá el médico militar en esta guerra pondrá a prueba como esta su capacidad de discernimiento y su iniciativa».[17]

Avisó también al jefe del Estado Mayor y a su subordinado inmediato: «Los nuevos reclutas contraerán la enfermedad casi seguro. Al transferir hombres desde Camp Devens, la enfermedad se transmitirá a otros lugares en su forma más virulenta [...]. Durante la epidemia no deberán llegar nuevos soldados a Camp Devens, ni salir de allí los hombres de ese campamento».[18]

Al día siguiente, cuando se tuvo noticia de la existencia de brotes en otros campamentos, Richard trató de dejar claro al jefe del Estado Mayor cuál era la letalidad de la enfermedad, y contó lo que Welch le había dicho: «Las muertes en Camp Devens serán seguramente más de 500 [...]. La experiencia vivida en Camp Devens se repetirá en otros grandes acantonamientos [...]. Con

[17] «Memo for Camp and Division Surgeons», 24 de septiembre de 1918, entrada 710, RG 112, NA.

[18] Brigadier general Richard (jefe del Estado Mayor) al asistente del general, 25 de septiembre de 1918, entrada 710, RG 112, NA; véase también Charles Richard al jefe del Estado Mayor, 26 de septiembre de 1918, entrada 710, RG 112, NA.

pocas excepciones, están todos muy concurridos, circunstancia que facilita la infección por contacto y la virulencia y la mortalidad de la enfermedad [...]. Cabe esperar que la epidemia se extienda hacia el oeste y vaya afectando a todas las bases militares que encuentre a su paso». Pidió que se eliminaran de inmediato las transferencias de personal de un campamento a otro, salvo las encaminadas a cubrir «las necesidades militares más perentorias».

Gorgas había luchado en su propia guerra para evitar que la epidemia prendiera en los campamentos. Había perdido la batalla.

El 27 de agosto, el mismo día en que cayeron enfermos los marinos de Commonwealth Pier, zarpaba del puerto de Boston el vapor *Harold Walker* con destino a Nueva Orleans. En el trayecto cayeron enfermos quince tripulantes; en Nueva Orleans descargó el barco y bajaron de él tres tripulantes. Murieron los tres. El *Harold Walker* siguió su travesía rumbo a México.

El 4 de septiembre, los médicos del hospital naval de Nueva Orleans hicieron un primer diagnóstico de gripe: revisaron a todo el personal militar de la ciudad. Se detectaron dos infectados: un marinero que había llegado del noreste y un soldado destacado en la ciudad. Cuarenta de los cuarenta y dos pacientes que fueron hospitalizados después tenían gripe o neumonía.

El 7 de septiembre trescientos marinos de Boston llegaron al muelle militar de Filadelfia. Muchos de ellos, mezclados con otros marinos, fueron transferidos de inmediato a la base naval de Puget Sound. Otros ya habían salido de Boston rumbo al norte de Chicago, a la Base Naval de Entrenamiento de la Marina en los Grandes Lagos, la mayor base de esas características en todo el mundo.

El 8 de septiembre, la base naval de Newport, Rhodc Island, informó de que habían enfermado más de un centenar de marinos.

El virus estaba llegando al sur por la costa, pero saltó al interior, hacia el Medio Oeste, y comenzó a recorrer el país rumbo al Pacífico.

Mientras, en el Hospital Naval de Chelsea, Rosenau y su equipo de médicos también estaban sobrepasados. Eran muy conscientes de que aquello tenía otras implicaciones. Antes incluso de que llegase Avery, él y Keegan habían comenzado a realizar los primeros avances de todo el país, posiblemente del mundo, para crear un suero inmunológico que funcionase contra ese nuevo enemigo mortal. Simultáneamente, Keegan envió una descripción de la enfermedad al *Journal of the American Medical Association*, advirtiéndoles de que amenazaba con «extenderse rápidamente por todo el país y atacar a un porcentaje de la población que se establecía entre el 30 y el 40 por ciento, agudizándose cada vez más».[19]

* * *

Keegan se equivocó únicamente al limitar su estimación a «todo el país». Tendría que haber dicho a «todo el mundo».

Este virus de la gripe, esta «nube mutante», esa «cuasiespecie», siempre había encerrado un enorme potencial de matar. Y había matado. Estaba adaptándose al ser humano y adquiriendo su máxima eficacia: se estaba volviendo letal en todo el mundo.

En todo el mundo, empezando por Boston. Pero en Bombay, que como tantas otras ciudades había sufrido una epidemia leve en junio, explotó casi al mismo tiempo y comenzó a matar a un ritmo que doblaba con creces el de la grave epidemia de peste bubónica de 1900.[20]

Según se movía el virus, surgieron dos luchas paralelas: una de ellas afectaba a toda la nación. En cada ciudad, en cada fábrica, en cada familia, tienda o granja que hubiera al borde de las líneas de ferrocarril, de los ríos o de las carreteras, en las entrañas de las minas y en lo más alto de los riscos, el virus se abría camino. Durante las seis semanas siguientes el virus pondría a prueba a la sociedad en su conjunto, y a todos los elementos que la componían. La sociedad tendría que luchar unida para pasar esa prueba, o se desmoronaría.

---

[19] J. J. Keegan, «The Prevailing Epidemic of Influenza», *JAMA* (28 de septiembre de 1918), p. 1051.

[20] I. D. Mills, «The 1918–1919 Influenza Pandemic—The Indian Experience», *The Indian Economic and Social History Review* (1986), pp. 27, 35.

La otra lucha se daba en el seno de la comunidad científica. Hombres como Welch, Flexner, Cole, Avery, Lewis o Rosenau se habían visto abocados, contra su voluntad, a una carrera. Sabían lo que hacía falta. Sabían qué rompecabezas tenían que resolver. Tenían recursos. Tenían herramientas. Y sabían cuál era el coste del fracaso.

Pero no tenían tiempo.

PARTE V

LA EXPLOSIÓN

17

El 7 de septiembre trescientos marinos procedentes de Boston llegaron al astillero de la Marina de Filadelfia. Lo que sucedió allí a partir de ese momento se revelaría como modelo de lo que iba a suceder en todas partes.[1]

Filadelfia ya era una plaza típica para este tipo de experiencias. Todas las ciudades estaban llenas de gente, pero en Filadelfia, solo con la actividad de los astilleros, decenas de miles de trabajadores se habían sumado a su población habitual. En cuestión de meses, una inmensa marisma se había transformado en el astillero de Hog Island, el mayor del mundo, donde treinta y cinco mil trabajadores se afanaban entre hornos, acero y maquinaria. No lejos de allí estaba el astillero de la New York Shipbuilding, que tenía empleados a once mil quinientos hombres, y al menos otra docena de empresas de construcción de barcos, cada una de ellas con un número de trabajadores entre los tres mil y los cinco mil. La ciudad bullía de industrias de todo tipo: varias fábricas de munición, cada una con varios miles de empleados en una misma nave; la J.G. Brill Company, que fabricaba un vagón de tranvía a la hora y empleaba a miles de personas; Midvale Steel, con diez mil trabajadores, o Baldwin Locomotive, con veinte mil.

Ya superpoblada antes de la guerra, con una industria que absorbía cada vez más trabajadores y una población que llegó a ser de un millón setecientas cincuenta mil personas, Filadelfia era un hervidero de gente. En 1918, una publicación nacional para

---

[1] «Sanitary Report for Fourth Naval District for the Month of September 1918», entrada 12, archivo 584, RG 52, NA.

trabajadores sociales se fijó en las condiciones de vida de sus barrios bajos, donde la mayoría de los edificios aún tenían los retretes fuera, para dar servicio a docenas de familias; mucho peor que en el Lower East Side de Nueva York.[2] Los negros vivían en condiciones aún más precarias, y Filadelfia tenía la mayor población afroamericana del norte, incluidas Nueva York y Chicago.

El alojamiento era tan escaso que los Boy Scouts tuvieron que instalar tiendas de campaña en la zona para alojar a las mujeres que acababan de llegar para ocupar algunos de los puestos que ofrecía la guerra. Dos, tres y cuatro familias enteras se apiñaban en un apartamento con dos o tres habitaciones donde niños y adolescentes compartían las camas. En las casas de huéspedes los trabajadores no solo compartían habitación, a veces también cama, como ya vimos, durmiendo por turnos en función de sus horarios laborales. En esos mismos edificios, según admitió el departamento municipal de sanidad en el invierno de 1917-18, «el índice de mortalidad había subido mucho debido al elevado coste de la vida y a la escasez de carbón».[3]

La ciudad ofrecía a los pobres una serie de servicios sociales en el Filadelfia Hospital, al que llamaban «Blockley», que no era un hospital, sino un asilo para pobres y un manicomio. Pero no ofrecía nada más, ni siquiera había un orfanato. La élite social y los progresistas dirigían todas las actividades de caridad imaginables. Incluso los servicios normales, como las escuelas, eran escasos. Pese a ser una de las veinte ciudades principales de Estados Unidos, Filadelfia, la ciudad de Benjamin Franklin y sede de la Universidad de Pensilvania, hogar de cientos de miles de italianos y judíos, no tendría instituto de enseñanza superior hasta 1934.[4]

Todo esto la convertía en terreno abonado para una epidemia, y al Gobierno municipal en incapaz de responder a una crisis.

---

[2] «Philadelphia—How the Social Agencies Organized to Serve the Sick and Dying», *The Survey* 76 (19 de octubre de 1918); relato oral de Anna Lavin, 14 de julio de 1982, cortesía de Charles Hardy, West Chester University.

[3] Informe de Mrs.Wilmer Krusen, 4 de febrero de 1918, entradas 13B-D2, RG 62.

[4] Allen Davis y Mark Haller, editores, *The Peoples of Philadelphia: A History of Ethnic Groups and Lower-Class Life, 1790–1940* (1973), p. 256.

Muckraker Lincoln Steffens llamó a Filadelfia «la ciudad con el peor Gobierno de Estados Unidos».[5] Seguramente estaba en lo cierto.

Hasta el uso que hizo del poder en Nueva York la maquinaria conocida como Tammany Hall fue poca cosa en comparación con el caso de Filadelfia, cuya maquinaria había vuelto en 1916 después de un mandato reformista. El senador republicano Edwin Vare era el amo de Filadelfia, un hombre que había superado y engañado a todos los que se consideraban mejor que él: gente que le despreciaba y que llevaba el apellido Wharton, Biddle o Wanamaker.

Vare, aquel tipo recortado, grueso y barrigón al que apodaron «el hombrecillo», tenía su base de operaciones en el sur de Filadelfia. Había crecido allí antes de la llegada de los inmigrantes, en una granja de cerdos del área rural que en aquellos tiempos se llamaba «The Neck». Y allí seguía viviendo a pesar de ser inmensamente rico. El dinero le llegó por la política.

Todos los trabajadores de la ciudad debían pagar una porción de su salario a la maquinaria de Vare. Para asegurarse de que nadie se libraba de hacer el pago correspondiente, los trabajadores cobraban su sueldo no en la empresa o en el ayuntamiento, un edificio de estilo victoriano, clásico e imponente con líneas curvas y ventanas que recordaban a un sauce llorón, sino enfrente de ese edificio, al otro lado de la calle. Allí estaba la sede del Partido Republicano. El propio alcalde tenía que depositar 1.000 dólares de su paga.

Vare era también el mayor contratista de la ciudad, y su principal contrata era la de limpieza de calles, que tenía desde hacía casi veinte años. En 1917, en un momento en que una familia podía vivir cómodamente con 3000 dólares al año, él había recibido 5 millones por ese contrato. Claro que no todo ese dinero se quedaba en las arcas de Vare, pero hasta de la parte que gastaba en pagar a sus empleados se quedaba con algo. Y las calles seguían estando sucias. Especialmente en el sur de Filadelfia, donde más necesidades había, donde todo salvo las aguas negras (y a veces incluso eso) corría por las canaletas y donde la maquinaria de Vare tenía más fuerza.

---

[5] Citado por Russell Weigley, ed., en *Philadelphia: A 300-Year History* (1982), p. 539.

Por irónico que parezca, la falta de servicios de urbanismo contribuyó a fortalecer esa maquinaria, pues así se daban a los ciudadanos unos servicios que no ofrecía el Gobierno municipal: cestas de comida para los pobres, ayuda para obtener empleo o favores y ayudas con la policía, dado que el inspector y muchos jueces también estaban bajo el control de Vare. La gente pagaba esos favores con votos que él, como un alquimista, transformaba en dinero.

La maquinaria resultó tan lucrativa que Edwin Vare y su hermano William, congresista, se convirtieron en filántropos: entregaron tal cantidad de dinero a su iglesia, en Moyamensing Avenue con Morris Street, que esta cambió su nombre por el de Iglesia Episcopal Metodista Memorial Abigail Vare, en honor a su madre. No hay muchas iglesias que lleven el nombre de un simple mortal.

Pero aquella máquina no tenía nada de espiritual. El día de las elecciones primarias de 1917, varios trabajadores de Vare golpearon a dos líderes de una facción opositora y luego mataron a palos a un policía que intervino. El incidente enfadó mucho a los ciudadanos. El brazo derecho de Vare en 1918 era el alcalde Thomas B. Smith. En su único mandato fue imputado por tres cargos que nada tenían que ver entre sí, incluido el de conspiración para asesinar a aquel policía. Después saldría absuelto. Sin embargo, en esas mismas elecciones Vare logró el control absoluto sobre los dos Consejos que forman el Gobierno municipal, que imponen la legislación de la ciudad y ejercen amplia influencia sobre la del estado.

El director del Departamento de Salud Pública y Caridad de Filadelfia era el doctor Wilmer Krusen. El cargo era de libre designación y dependía del alcalde, por lo que el mandato expiraba, de forma automática, con el del alcalde. Krusen era un hombre decente cuyo hijo se convertiría al poco tiempo en médico de la Clínica Mayo, y era un buen nombramiento para los fines de la maquinaria. Pero carecía de experiencia, compromiso y comprensión en relación con los asuntos de salud pública. Y era de esas personas que piensan que los problemas desaparecen solos, no de las que corren a embarcarse en algo.

Naturalmente, no ejercería presión ninguna sobre la maquinaria de Vare para mejorar la salud pública de la ciudad. Aunque era ginecólogo, se negó incluso a ayudar al ejército en su campaña a escala nacional contra la prostitución. Hasta Nueva Orleans había sucumbido a las presiones para cerrar Storyville, donde la prostitución era legal, pero ninguna presión consiguió que Filadelfia, donde seguía siendo ilegal, acabara con aquella actividad. Así que, según un informe militar, la Marina «tomó el control de los asuntos policiales» fuera de sus instalaciones.[6]

El Gobierno municipal estaba ahogado por la corrupción, y las líneas de autoridad se dividían entre Vare, los jefes de la jurisdicción convertidos en emprendedores y el alcalde. Y no quería actuar. Ni podía, aunque hubiera querido.

Cuatro días después de la llegada de los marinos de Boston al muelle de la Marina, diecinueve de ellos cayeron enfermos, con síntomas de gripe.

El capitán de corbeta R.W. Plummer, un médico que era responsable de salud del distrito naval de Filadelfia, estaba al tanto de la violencia de la epidemia en Commonwealth Pier y en Devens, y de cómo se había extendido entre la población civil de Massachusetts. Resuelto a contener el brote, ordenó cuarentena inmediata para los hombres de los barracones y la desinfección meticulosa de todo lo que hubieran tocado.

Pero el virus ya había escapado, y no solo había llegado a la ciudad. El día anterior, 334 marinos habían salido de Filadelfia rumbo a Puget Sound. Muchos llegarían gravemente enfermos.[7]

Plummer llamó inmediatamente a Paul Lewis.

Lewis estaba esperando esa llamada.

Le encantaba el laboratorio: le gustaba más que nada y que nadie, y tenía confianza absoluta en Welch, Theobald Smith y Flexner. Lewis también se había ganado la de ellos gracias a su extraordinaria actuación cuando, siendo aún un joven científico, trabajó a las órdenes de cada uno de ellos. Había conseguido muchas cosas, y prometía muchas más. Él también era consciente de

---

[6] Comandante William Snow y comandante Wilbur Sawyer, «Venereal Disease Control in the Army», *JAMA* (10 de agosto, 1918), p. 462.

[7] *Annual Report of the Surgeon General of the U.S. Navy for Fiscal Year 1918*, Government Printing Office.

su valía, y no porque estuviese pagado de sí mismo, sino porque eso le hacía consciente de su responsabilidad, que superaba a su ambición. Solo una oferta para convertirse en fundador del nuevo Henry Phipps Institute (Phipps había amasado una fortuna en U.S. Steel junto a Andrew Carnegie y, como él, se había convertido en un gran filántropo), asociado a la Universidad de Pensilvania, le había hecho abandonar el Rockefeller Institute y trasladarse a Filadelfia. Estaba estableciendo el Phipps a imagen y semejanza del Rockefeller, aunque el Phipps se centró más en las enfermedades pulmonares, sobre todo la tuberculosis.

Nadie tuvo que avisar a Lewis de que la situación era urgente, porque conocía los detalles de los marinos británicos que habían muerto a principios de julio y había intentado cultivar bacterias para obtener un suero. Llegó poco después de enterarse de que la gripe había entrado en el astillero de Marina.

De él dependía un proceso que en circunstancias normales iría paso a paso y sería deliberado: buscar el patógeno e intentar obtener un suero o una vacuna. Pero no había tiempo para procedimientos científicos normales.

Al día siguiente se declararon enfermos ochenta y siete marinos. El 15 de septiembre, mientras Lewis y sus ayudantes trabajaban en los laboratorios de la universidad y del hospital naval de Pensilvania, el virus había logrado que seiscientos *marines* y marineros enfermaran con la gravedad suficiente como para ser hospitalizados. Muchos más iban cayendo enfermos por momentos. El hospital naval se quedó sin camas. La Marina comenzó a enviar a los marineros al Hospital de Pensilvania, en la Calle Ocho con Spruce.

El 17 de septiembre cinco médicos y catorce enfermeras de este último hospital (que era un hospital civil) cayeron enfermos de pronto. Ninguno había mostrado anteriormente síntomas de ningún tipo. Estaban tan normales y, al rato, tenían que asignarles una cama porque enfermaban de gravedad.

El personal de Marina procedente de Boston también había sido transferido a otra parte. Al tiempo que explosionaba Filadelfia lo hacía también la Base Naval de Entrenamiento de los Grandes Lagos, a cincuenta y tres kilómetros al norte de Chicago. Teddy

Roosevelt había creado la base en 1905, y declaró que estaba destinada a convertirse en la mayor y mejor base de entrenamiento del mundo. La mayor, desde luego, lo era, dado que albergaba a cuarenta y cinco mil marinos. También había comenzado ya a escribir su propia historia de prestigio. Allí nacieron los batallones de construcción naval llamados «Seabees», y allí creó el teniente John Philip Sousa catorce bandas militares durante la guerra. A veces, los mil quinientos músicos tocaban todos a la vez en Ross Field: un espectáculo para decenas de miles de personas que se congregaban allí para verlos. Cuando el virus de la gripe invadió la base, ya no se congregó nadie, ni músicos ni espectadores. La gripe pasó por los barracones igual que una explosión.

Robert St. John, recién aceptado en la Marina, llegó a esa base y fue una de las primeras víctimas. Le dieron un catre en un almacén de textiles que no tardaría en llenarse con miles de hombres tumbados por todas partes, desatendidos. «Nadie nos tomaba la temperatura, y yo no vi a un solo médico». Allí hizo su primera amistad en la Marina, un muchacho que estaba en el catre de al lado del suyo tan enfermo que no podía ni beber agua. El propio St. John apenas tenía fuerzas, pero pudo ayudarle a beber de la cantimplora. A la mañana siguiente, un auxiliar le tapó la cara con la sábana y dos marinos colocaron el cuerpo sobre una camilla y se lo llevaron.[8] En esos momentos el departamento médico ya había informado de que hacían falta «33 féretros para el Depósito de Suministros Médicos de la Marina».[9] No tardarían en necesitar muchos más.

Una enfermera de los Grandes Lagos sufriría después horribles pesadillas. En cada sala del hospital había cuarenta y dos camas. Los muchachos esperaban en el suelo, tendidos en una camilla, a que muriera el ocupante de una cama. Todas las mañanas llegaban ambulancias que llevaban marinos enfermos al hospital y camilleros que se llevaban a los muertos. La enfermera recordaba que

[8] Robert St. John, *This Was My World* (1953), pp. 49-50, citado por Dorothy Ann Pettit en «A Cruel Wind: America Experiences the Pandemic Influenza, 1918-1920» (1976), p. 103.

[9] «Journal of the Medical Department, Great Lakes», entrada 22a, RG 52, NA.

durante el pico de la epidemia envolvieron a más de un paciente aún vivo en una mortaja y le colocaron una etiqueta en el dedo gordo del pie izquierdo. Así ahorraban tiempo, porque estaban agotadas. En las etiquetas iba el nombre del muchacho y su rango, y la ciudad a la que iba destinado. Recordaba que «los cadáveres se apilaban en la morgue, del suelo al techo, como si fueran leña». En sus pesadillas se preguntaba «cómo se sentiría el muchacho que estaba abajo del todo, en aquella pila».[10]

La epidemia estaba arrasando la base naval de Filadelfia con una violencia similar a la de Boston. Pero en Filadelfia, a pesar de las noticias que llegaban de Boston, de la situación de los Grandes Lagos y de su propio astillero, el director del Departamento Municipal de Salud Pública, Wilmer Krusen, no hizo absolutamente nada.

Pero no todas las personalidades vinculadas al Departamento Municipal de Salud hacían oídos sordos a la amenaza: al día siguiente de caer enfermo el primer marinero, el Dr. Howard Anders, destacado experto en salud pública que despreciaba la maquinaria de Vare y no tenía ninguna fe en ella, escribió a William Braisted, general médico de la Marina, para preguntarle si las autoridades federales de la Marina darían la cara ante la amenaza de invasión de la gripe, e insistió en que se protegiera a sus hombres y, de paso, a toda la población de Filadelfia. Braisted miró para otro lado.[11]

Krusen negó públicamente que la gripe supusiera una amenaza para la ciudad. Parecía creer que no lo era, ya que no había hecho ningún plan de contingencia por si se producía una emergencia, ni había acopiado suministros, ni había elaborado listas de personal médico que podría estar disponible en caso de ser requerido, aunque el 26 por ciento de los médicos de la ciudad y un porcentaje aún mayor de enfermeras pertenecían al ejército. De hecho, a pesar de las presiones de Lewis, de Anders, de los médicos de toda la ciudad, de los profesores de la Universidad de Pensilvania y del Thomas Jefferson Medical College —que se

[10] Carla Morrisey, transcripción de una entrevista no emitida para «Influenza 1918», *American Experience*, 26 de febrero de 1997.

[11] Howard Anders a William Braisted, 12 de septiembre de 1918, RG 52, NA.

negó a dar permiso a seis médicos que querían alistarse como voluntarios en el servicio militar justo cuando se declaró la epidemia—, Krusen no se reunió con Plummer y Lewis, entre otros, hasta el 18 de septiembre, una semana después de que la gripe entrase en la ciudad.[12]

En la oficina de Krusen, en el quinto piso del Ayuntamiento, se pusieron al corriente de los hechos. En Massachusetts habían muerto casi mil personas, y había decenas de miles de enfermos; el gobernador había emitido un aviso pidiendo médicos y enfermeras de zonas circundantes. En Filadelfia, cientos de marinos habían acabado en el hospital. Entre la población civil no habían aparecido muchos casos, pero Lewis informó que en sus investigaciones no había encontrado una solución por el momento.

Aunque hubiera logrado descubrir una vacuna, habrían tardado semanas en fabricar dosis suficientes. Así las cosas, lo único que podría impedir que la gripe se extendiera por toda la ciudad era una medida drástica. Se prohibirían las reuniones públicas, se cerrarían escuelas y negocios, se impondría una cuarentena absoluta en el astillero de la Marina y a los civiles afectados. Todo eso tenía sentido, y ya existía un precedente. Solo tres años antes, el antecesor de Krusen había impuesto una estricta cuarentena obligatoria cuando se declaró una epidemia de polio, una enfermedad de la que Lewis sabía más que nadie en el mundo. Y Lewis, desde luego, pedía una cuarentena.

Pero Plummer era el oficial de mando de Lewis, y él y Krusen querían esperar. Ambos temían que si se daban esos pasos se produciría una situación de pánico que podía interferir en los planes bélicos, y su objetivo era mantener la calma entre la población. La vez anterior, cuando impusieron la cuarentena por la polio, no estaban en guerra.

La reunión terminó sin que tomaran decisión alguna, salvo la de hacer un seguimiento de los acontecimientos. Krusen prometió iniciar una campaña publicitaria masiva para que la gente no tosiera, estornudara ni escupiera. Pero organizar algo así llevaría

---

[12] Actas de reunión de la Junta de Administradores, 9 y 30 de septiembre de 1918, *Jefferson Medical College*, Filadelfia.

días. Y entraría en conflicto con el afán de quitar importancia al riesgo que perseguían Krusen y los oficiales de la Marina.

En Washington, Gorgas —al que seguramente Lewis había informado de todo— estaba muy descontento con el ritmo de las cosas. La gripe había llegado a dos acantonamientos más: Camp Dix (Nueva Jersey) y Camp Meade (Maryland), cada uno a un lado de la ciudad. Lewis estaba en contacto directo con la Sociedad de Tuberculosis de Filadelfia, y Gorgas les pidió que imprimieran y distribuyeran veinte mil grandes carteles avisando del peligro de la gripe y recomendando a la gente que pusiera en práctica una serie de precauciones sencillas que podrían ser de alguna ayuda: «Cuando vaya a toser o estornudar, póngase siempre un pañuelo o una servilleta de papel o de tela tapando la nariz y la boca».[13]

Pero el *Evening Bulletin* aseguraba a sus lectores que la gripe no suponía ningún peligro, que era tan vieja como la humanidad y que normalmente se asociaba a las miasmas, el aire viciado o las plagas de insectos, y en Filadelfia no había nada de eso. Plummer aseguró a los periodistas que él y Krusen se encargarían de mantener la enfermedad, según sus palabras, «en los niveles en los que está ahora mismo». Estaban convencidos de que con eso bastaría. «No tenemos noticia de ninguna baja entre los hombres de la Marina. Ni los médicos del ejército o la Marina ni las autoridades civiles han mostrado preocupación alguna».[14]

Al día siguiente murieron de gripe dos marinos. Krusen abrió el Hospital Municipal de Enfermedades Infecciosas para acoger al personal de la Marina, y Plummer declaró: «La enfermedad acaba de alcanzar el pico. Creemos que la situación está controlada. Ahora comenzará a descender».

Kruse insistió a los periodistas en que los muertos no eran víctimas de la epidemia; dijo que habían muerto de gripe, pero insistió en que era «la gripe de siempre». Al día siguiente murieron catorce marinos y el primer civil, «un italiano no identificado», en el Hospital General de Filadelfia, en la Treinta y Cuatro Sur con Pine.

---

[13] *Philadelphia Inquirer*, 19 de septiembre de 1918.

[14] *The Evening Bulletin*, 18 de septiembre de 1918.

Un día después llegaron a la morgue más de veinte víctimas del virus. Una de ellas era Emma Snyder, enfermera que había cuidado de los primeros marinos que llegaron al Hospital de Pensilvania. Tenía veintitrés años.

En público, Krusen mostraba su cara más tranquilizadora. Admitió que había habido «algunos casos entre la población civil» y dijo que los inspectores de sanidad estaban buscando más casos entre la población «para detener la epidemia antes de que aflorase». Pero no dijo cómo.

El sábado 21 de septiembre, la Junta de Salud incluyó la gripe en la lista de enfermedades comunicables y pidió a los médicos que notificaran a las autoridades sanitarias cualquier caso que tratasen. Así tendrían información sobre su desarrollo. Para la Junta actuar en sábado era algo de por sí extraordinario, pero aseguró al Ayuntamiento que sus miembros estaban «totalmente convencidos de que la declaración del director Krusen de que por el momento no se han visto casos entre la población civil que nos hagan pensar en una epidemia de gripe es absolutamente correcta. Además, el Consejo está firmemente convencido de que si el público en general observa minuciosamente las recomendaciones que se han dado para evitar contagiarse de la gripe, se podrá evitar que se convierta en epidemia».[15]

Las recomendaciones eran estas: mantenerse abrigado, tener los pies secos y el intestino abierto. Esto último era un resto de la tradición hipocrática. También recomendaban evitar las multitudes.

Siete días después, el 28 de septiembre, estaba previsto celebrar un gran desfile en Liberty Loan para vender millones de dólares de bonos de guerra. Llevaban semanas organizándolo e iba a ser el desfile más espectacular de la historia de Filadelfia, con miles de personas marchando y cientos de miles contemplándolo.

Eran tiempos extraños. La Gran Guerra había hecho que lo fueran; no se podía contemplar la pandemia de gripe sin entender el

[15] Departamento de Salud Pública y Caridades, actas del 21 de septiembre y 3 de octubre de 1918.

contexto. Wilson había cumplido su objetivo. Estados Unidos se había lanzado a la guerra total.

En Francia había ya dos millones de soldados estadounidenses, y se esperaba que hicieran falta al menos otros dos. Todos los elementos de la nación, desde los agricultores hasta los profesores de la escuela elemental, se alistaron para ir a la guerra, voluntariamente o no tanto. Para Wilson, Creel y toda la administración, para aliados y enemigos, el control de la información era importante. La publicidad estaba a punto de aparecer en escena como industria. J. Walter Thompson, cuya agencia de publicidad ya había alcanzado la categoría de nacional y cuyo subdirector llegó a primer asistente de Creel, teorizaba con la ingeniería del comportamiento. Después de la guerra, la publicidad se arrogaría la capacidad de «hacer cambiar de idea a poblaciones enteras»,[16] mientras Herbert Hoover afirmaba que «el mundo vive de frases» y llamaba «ciencia exacta» a las relaciones públicas.[17]

La guerra total exige sacrificio, y el afán de mantener alta la moral hace que el sacrificio sea aceptable y, por lo tanto, posible. Los sacrificios representaban incomodidades en la vida cotidiana. Para contribuir a los esfuerzos que la guerra exigía, ciudadanos de todo el país soportaron los llamados «días sin carne» alguna vez por semana y los «días sin trigo» diariamente. Todos esos sacrificios eran voluntarios, por supuesto. Totalmente voluntarios, aunque la Agencia de los Alimentos de Hoover podía cerrar todos aquellos establecimientos que no colaborasen «voluntariamente». Y si alguien decidía ir a pasar el día al campo durante uno de los «domingos sin combustible» en que la gente se abstenía voluntariamente de usar el coche, acababa apartado en el arcén por algún policía hostil.

La administración Wilson quería que la nación estuviera cohesionada. Wilson informó al jefe de los Boy Scouts de que la venta de bonos de guerra ofrecería «a cada scout una estupenda

[16] Citado por Victoria De Grazia en «The Selling of America, Bush Style», *New York Times* (25 de agosto de 2002).

[17] Citado por Joan Hoff Wilson en *Herbert Hoover: Forgotten Progressive* (1974), p. 59.

oportunidad de aportar su granito de arena y ayudar a su país gracias al eslogan "Cada scout salva a un soldado"».[18] Los ciento cincuenta mil integrantes de los Four Minute Men de Creel, aquellos oradores que abrían todas las reuniones públicas que se celebraban, inspiraban la generosidad. Y cuando la inspiración no bastaba siempre se podían ejercer otras presiones.

Mantener la moral se convirtió en un objetivo en sí mismo, porque si la moral se tambaleaba, se caía todo. Así que la libertad de expresión también se tambaleó; más que en tiempos de McCarthy, más que en la Segunda Guerra Mundial, más que en la Guerra Civil americana, cuando Lincoln fue constantemente vilipendiado por sus oponentes. El Gobierno contaba con los doscientos mil integrantes de la Liga de Protección Americana, que dependían de una nueva agencia del Ministerio de Justicia dedicada a la seguridad interna y encabezada por J. Edgar Hoover, cuyo cometido era espiar a vecinos y compañeros de trabajo. La organización de Creel aconsejaba a los ciudadanos: «A todo el que diga que sabe algo "de buena tinta" infórmenle de que su deber patriótico es ayudar a localizar la fuente de lo que está afirmando. Si en esa búsqueda encuentran a una persona desleal, faciliten su nombre al Ministerio de Justicia, en Washington, y digan allí dónde pueden encontrarle».[19]

Socialistas, ciudadanos alemanes y, sobre todo, los sindicalistas radicales de International Workers of the World recibieron peor trato. El *New York Times* publicó: «Los agitadores del IWW son, en efecto y quizás de hecho, agentes de Alemania. Las autoridades federales deberían despachar a estos conspiradores, traidores a los Estados Unidos».[20] Y eso fue lo que hizo el Gobierno: organizar redadas en las sedes de algunos sindicatos y condenar a casi doscientos sindicalistas en un juicio conjunto en Illinois, California y Oregón, y ejercer una presión implacable sobre todo el que se opusiera. En Filadelfia, el mismo día en que Krusen habló por

[18] Citado en *ibid.*, p. 105 fn.

[19] Gregg Wolper, «The Origins of Public Diplomacy: Woodrow Wilson, George Creel, and the Committee on Public Information» (1991), p. 80.

[20] Kennedy, *Over Here*, p. 73.

primera vez de la gripe con los oficiales de la Marina, fueron encarcelados cinco hombres que trabajaban para el *Tageblatt*, un periódico alemán que se publicaba en dicha ciudad.

Lo que el Gobierno no hacía lo hacían los patrulleros. Encerraron a los doscientos miembros de IWW en unos vagones de tren en el desierto de Arizona y los abandonaron allí. A uno de ellos, Frank Little, le ataron a un coche y le arrastraron por las calles de Butte (Montana) hasta que se le desollaron las rodillas; luego le colgaron por el cuello de una traviesa de la vía del tren. Y a Robert Prager, nacido en Alemania y que había intentado alistarse en la Marina, le atacó un grupo de gente a las afueras de St. Louis, le apalearon, le desnudaron, le envolvieron en una bandera americana y le lincharon porque había dicho algo bueno de su país de origen. Cuando los líderes de la banda fueron absueltos, el grito del juez fue «¡A ver quién dice ahora que no somos leales!».[21] El *Washington Post* publicó: «A pesar de algunos excesos, como los linchamientos, se percibe un despertar saludable en el interior del país».[22]

El socialista Eugene Debs, que en las elecciones presidenciales de 1912 había conseguido casi un millón de votos, fue condenado a diez años de prisión por oponerse a la guerra, y en un juicio que nada tenía que ver, en Wisconsin, condenaron a doce años al congresista Victor Berger por la misma razón. Por este motivo le expulsaron del Congreso y, cuando los miembros de su circunscripción le eligieron de nuevo, el Congreso no le dio su escaño. Y todo para proteger el modo de vida americano.

Pocas élites disfrutaban en el país de más lujos que la alta sociedad de Filadelfia, con sus Biddle y sus Wharton. Pero el *Philadelphia Inquirer* publicó que «en una cena celebrada en el barrio de Main Line en la que se habían sentado a la mesa doce hombres se habían oído algunas críticas al Gobierno por su forma de gestionar las cosas. Entonces el anfitrión se puso en pie y dijo: "Caballeros, no es asunto mío decirles qué tienen que opinar, pero esta noche

[21] Ellis Hawley, *The Great War and the Search for a Modern Order: A History of the American People and Their Institutions, 1917–1933* (1979), p. 24.

[22] *Ibid.*

hay aquí cuatro agentes del Servicio Secreto". Una manera muy delicada de detener una conversación que a él no le importaba en absoluto».

Mientras, William McAdoo, secretario del Tesoro, convencido de que durante la Guerra Civil el Gobierno había cometido el «error garrafal» de no vender bonos al ciudadano medio, declaró: «Cualquier gran guerra ha de ser, necesariamente, un movimiento popular, porque es una cruzada y, como todas las cruzadas, levanta una poderosa corriente de romanticismo. Chase [Salmon Chase, secretario del Tesoro de Lincoln] no intentó capitalizar las emociones de la gente. Nosotros hemos ido directos a la gente, es decir, a todo el mundo: hombres de negocios, trabajadores, agricultores, banqueros, millonarios, maestros, obreros. Nosotros capitalizamos ese profundo impulso llamado patriotismo. Es su coherencia lo que mantiene unida a una nación. Es una de las más profundas y poderosas motivaciones humanas».[23] Llegó incluso más lejos al declarar: «Todo aquel que se niegue a suscribir bonos, o que asuma esa actitud de "que lo hagan otros", es amigo de Alemania, y nada me gustaría más que decírselo a la cara. Un hombre que no puede prestar a su Gobierno un dólar con veinticinco centavos a la semana, al 4% de interés, no merece ser ciudadano americano».[24]

Con la campaña de los bonos de la libertad se recaudarían millones de dólares solo en Filadelfia. La ciudad tenía que cumplir una cuota, y para ello era fundamental el desfile programado para el 28 de septiembre.

Varios médicos en ejercicio (expertos en enfermedades infecciosas o en salud pública, procedentes de escuelas médicas) instaron a Krusen a que cancelara el desfile. Howard Anders intentó generar una presión pública suficiente para detenerlo, diciendo a la prensa que contribuiría a expandir la gripe y, por lo tanto, las muertes. Ningún periódico se hizo eco de su advertencia —un texto que afirmara tal cosa podría afectar a la moral—, así que pidió

[23] William McAdoo, *Crowded Years* (1931), pp. 374–79, citado en David Kennedy, *Over Here* (1980), p. 105.

[24] David Kennedy, *Over Here*, p. 106.

al menos a un editor de prensa que imprimiera un aviso: el desfile congregaría a «una masa inflamable, lista para la conflagración».[25] El editor se negó.

La gripe es una enfermedad que se extiende con facilidad en las congregaciones de personas. «Evitar las multitudes» era el consejo que daban Krusen y la Junta de Salud de Filadelfia. Para evitar las multitudes, la Philadelphia Rapid Transit Company limitó el número de pasajeros que podían subir a los tranvías.

Los campamentos del ejército ya tenían tal índice de casos de gripe que el 26 de septiembre el capitán de la policía militar Enoch Crowder canceló la siguiente llamada a filas que tenía programada. Ese mismo día, Samuel McCall, gobernador de Massachusetts, pidió formalmente ayuda federal y solicitó más médicos, enfermeras y suministros a los estados vecinos.

Si la gripe acababa de iniciar su ataque en Filadelfia, en el astillero de la Marina ya se había extendido por todas partes. Había mil cuatrocientos marineros hospitalizados. La Cruz Roja estaba convirtiendo su centro de servicios de la calle 22 con Walnut en un hospital con quinientas camas para uso exclusivo de la Marina. Krusen vio los informes y escuchó a los que querían cancelar el desfile, pero no les hizo caso. Se limitó a prohibir que los soldados y los marineros asistieran a fiestas privadas o de organizaciones que se celebrasen en la ciudad, pero podían seguir yendo a las tiendas, montando en tranvía o asistiendo a espectáculos de cine y vodevil.

El 27 de septiembre, un día antes del desfile, ingresaron en los hospitales de Filadelfia otras doscientas personas: 123 de ellas eran civiles aquejados de gripe.

Krusen sentía una intensa presión, cada vez mayor, para que cancelara el desfile. Esa presión venía de sus colegas del ámbito de la medicina, de las noticias que llegaban de Massachusetts, del hecho de que el ejército hubiera cancelado la llamada a filas. La decisión de seguir adelante o no le correspondía exclusivamente

[25] Howard Anders, carta a *Public Ledger* del 9 de octubre de 1918, en la que habla de la anterior oposición al acto electoral; citado por Jeffrey Anderson en «Influenza in Philadelphia 1918» (1998).

a él. Si hubiera pedido ayuda al alcalde no la hubiera recibido: un magistrado acababa de emitir una orden de arresto contra él, por lo que se había encerrado con su abogado y era imposible ponerse en contacto con él. Por el bien de la ciudad y de la colaboración con la guerra se había logrado una incómoda tregua entre la maquinaria de Vare y la élite de la ciudad. Pero en ese momento, la señora de Edward Biddle, presidenta del Club Cívico y cuyo marido era descendiente del fundador del Banco de los Estados Unidos, dimitió de un comité para el que la había designado el propio alcalde, acabando así con la tregua y aumentando el caos que ya reinaba en el ayuntamiento.

Pero Krusen recibió alguna noticia buena: Paul Lewis creía que estaba avanzando algo en la identificación del patógeno que provocaba la gripe. De ser así, podría avanzar también, rápidamente, en la obtención de un suero o una vacuna. La prensa puso esta buena nueva en titulares sin añadir que Lewis, un científico prudente, no estaba todavía muy seguro de aquellos progresos.

Krusen declaró que el desfile de los bonos de guerra y otras celebraciones vinculadas a él seguían adelante.

En ninguno de los cinco periódicos de la ciudad se publicaba nada que transmitiera la ansiedad del momento, y si algún periodista había preguntado a Krusen o a la Junta de Salud si era sensato mantener la convocatoria del desfile, en la prensa no apareció ni una sola mención al asunto.

El 28 de septiembre, los participantes en el mayor desfile de la historia de la ciudad marcharon orgullosos, cubriendo más de tres kilómetros de calle: tres kilómetros de banderas, Boy Scouts, auxiliares femeninos, *marines*, marineros y soldados. Varios cientos de miles de personas se congregaron en la calle por la que discurría, apretándose unos contra otros para ver mejor, los que estaban en las filas de atrás gritando sobre los hombros de los de delante o diciendo palabras de ánimo cerca del rostro de aquellos jóvenes valientes. Sin duda, todo un espectáculo.

Y Krusen les había asegurado que nadie corría peligro.

El período de incubación de la gripe está entre las veinticuatro y las setenta y dos horas. Dos días después del desfile, Krusen publicó una declaración bastante sombría: «La epidemia está ya entre la población civil, y sigue el mismo patrón que hemos observado en las bases navales y en los acantonamientos».

Para comprender todo el significado de esa declaración es preciso entender exactamente lo que estaba pasando en los campamentos del ejército.

18

Devens fue golpeado por sorpresa, no como el resto de acantonamientos y bases. El gabinete de Gorgas emitió inmediatamente algunas advertencias relativas a la enfermedad y el personal médico de todo el país le hizo caso. Pero, con todo, el virus llegó en primer lugar a las bases militares, donde fue extremadamente letal, e invadió aquellos barracones llenos de catres y jóvenes reclutas arracimados. Camp Grant no fue el que más sufrió, ni el que menos: fue un caso completamente normal. Salvo por una tragedia individual y concreta.

El campamento se extendía por un área bastante llana junto al río Rock, a las afueras de Rockford (Illinois). Allí el terreno era rico y fértil, y el primer comandante había sembrado seiscientas hectáreas con maíz dulce y forrajero, heno y trigo de varios tipos, patatas y avena. La mayoría de los reclutas eran del norte de Illinois y de Wisconsin, granjeros con el pelo del color de la paja y las mejillas sonrosadas que sabían de cosechas y sacaron todo el provecho a aquel cultivo.

Era un lugar extraordinariamente organizado, a pesar de haberse construido con tantas prisas. Los barracones de madera estaban dispuestos en filas perfectas, y había otras tantas filas de grandes tiendas de campaña con dieciocho hombres cada una. Todas las carreteras estaban sucias, y a finales de verano se volvían polvorientas si el tiempo era seco, o se llenaban de barro si llovía. El hospital estaba en un extremo del campamento y contaba con dos mil camas, aunque el mayor número de pacientes que había llegado a tener simultáneamente era de 852. Repartidas por toda la base había varias enfermerías.

En junio de 1918, Welch, Cole, Russell y Richard Pearce, que pertenecía al Consejo Nacional de Investigaciones —y que rara vez salía de Washington, porque estaba demasiado ocupado coordinando diversas investigaciones—, habían inspeccionado el campo y habían salido de la base impresionados. A Welch le parecía que el oficial médico que hacía de jefe de los servicios, el teniente coronel H. C. Michie, era un hombre «capacitado y lleno de energía», el laboratorio del hospital era «excelente», el forense «un buen hombre» y Joe Capps, amigo de Cole, era «sin duda un excelente jefe de servicio» del hospital.[1] El veterinario, que se encargaba de varios cientos de caballos y algo de ganado, también les causó una impresión favorable.

Durante toda la visita, que tuvo lugar en junio, estuvieron hablando de la neumonía. Capps había iniciado algunos experimentos clínicos con un suero desarrollado por Preston Kyes que era muy distinto del de Cole. Kyes era un investigador con gran futuro de la Universidad de Chicago del que Welch había dicho que convenía no perderle de vista.[2] Capps y Cole intercambiaron puntos de vista. El primero contó que había observado una tendencia preocupante hacia «un tipo distinto de neumonía, más tóxica desde el punto de vista clínico y fatal» que mostraba en las autopsias «grandes áreas de consolidación y también zonas de alvéolos hemorrágicos».[3]

Luego les hizo una demostración con una innovación que estaba probando: las mascarillas de gasa en pacientes con enfermedades respiratorias. Welch dijo que eran «una gran cosa: una importante contribución para prevenir la dispersión de infecciones»,[4] y animó a Capps a que escribiera un artículo para el *Journal of the American Medical Association*. Luego aconsejó a Pearce que realizara estudios sobre la eficacia de las mascarillas. Cole se mostró

[1] Frederick Russell y Rufus Cole, *Camp Grant inspection diary*, 15-16 de junio de 1918, WP.

[2] Welch a Dr. Christian Herter, tesorero Rockefeller Institute for Medical Research, 13 de enero de 1902, WP.

[3] *Ibid.*

[4] Richard Pearce a Comandante Joseph Capps, 10 de julio de 1918, *Camp Grant, influenza file*, NAS.

de acuerdo: «Es una cuestión fundamental para la prevención de la neumonía».[5]

Tras aquella inspección a la base, que era la última de su ronda de visitas, Welch recomendó dos cosas. La primera, la cuarentena. Recomendaba que alojaran a todos los recién llegados a los campamentos en zonas aisladas durante tres semanas, que comieran, durmieran y entrenaran apartados del resto para evitar infecciones cruzadas con los soldados del campamento. Y la segunda, que aquellas mascarillas de Capps se utilizaran en todos los campos.

Capps escribió aquel artículo para el *JAMA*. Informaba del éxito de las mascarillas, tan notorio que tras menos de tres semanas había abandonado el experimento y las había adoptado como «medida habitual». También detallaba que «una de las medidas más decisivas a la hora de controlar el contagio es evitar las multitudes: incrementar el espacio entre las camas dentro de los barracones, colocar la cabeza de un soldado frente a los pies de su vecino, poner entre las camas un panel de tela y una cortina en el centro de la mesa del refectorio... Son, todas ellas, medidas de probada eficacia».[6]

Para evitar que unos cuantos individuos recién llegados infectasen a todo el campamento repitió la recomendación de Welch de dejar aisladas a las tropas recién transferidas. Camp Grant tenía un «destacamento de recepción» y contaba con barracones independientes para que pudieran guardar la cuarentena los nuevos reclutas y los recién transferidos. Las escaleras estaban en el exterior, así que era sencillo controlar el acceso. Pero en el destacamento de recepción se quedaban solo los reclutas, no los oficiales.

El artículo de Capp apareció en el número de *JAMA* del 10 de agosto de 1918.

El 8 de agosto asumió el mando de Camp Grant el coronel Charles Hagadorn, un graduado de West Point rechoncho y taciturno que a los cincuenta y un años aún seguía soltero. Había dedicado su

---

5 Rufus Cole a Richard Pearce, 24 de julio de 1918, *Archivo sobre la influenza*, NAS.

6 Joseph Capps, «Measures for the Prevention and Control of Respiratory Disease», *JAMA* (10 de agosto 1918), p. 448.

vida al ejército y a sus hombres. También se había preparado para la guerra durante toda su vida, y la había estudiado sin descanso al tiempo que aprendía de la experiencia y de las lecturas y el análisis. En un informe se le describía como «uno de los más brillantes expertos en combate del ejército regular»;[7] había combatido en Cuba contra España, en las guerrillas de Filipinas y en México contra Pancho Villa solo un año antes. A veces daba órdenes que parecían impulsivas, incluso inexplicables, pero siempre estaban respaldadas por la razón. Estaba decidido a enseñar a sus soldados a sobrevivir y a matar, no a morir. Se preocupaba por sus tropas y le gustaba tenerlas cerca.

Uno de los problemas a los que se enfrentaba no parecía tener mucho que ver con la guerra. El campamento estaba desbordado, más allá de su capacidad. Cuando Welch lo visitó en junio solo había treinta mil soldados, pero en ese momento había más de cuarenta mil y no parecía que la cifra fuera a mermar. Muchos tenían que alojarse en tiendas, y el invierno, que en el norte de Illinois había batido el récord un año atrás, estaba a la vuelta de la esquina.

El reglamento del ejército establecía cuánto espacio tenía que tener cada soldado dentro del barracón. Estas normas no tenían que ver tanto con la comodidad como con cuestiones de salud pública. A mediados de septiembre Hagadorn decidió ignorar las normas de ocupación y trasladó a más hombres de las tiendas a los barracones: las noches ya eran frías y allí estarían mejor.

En aquel momento, el gabinete de Gorgas había publicado ya sus recomendaciones sobre la epidemia y la gripe había llegado a la Base Naval de Entrenamiento de los Grandes Lagos, a ciento setenta kilómetros de allí.[8] En Camp Grant los médicos esperaban que se produjera el primer caso, y tenían una ligera idea de dónde podría aparecer. Docenas de oficiales acababan de llegar de Devens.

El personal médico senior del campamento habló con Hagadorn de su plan de juntar más a los soldados. Aunque no existen pruebas del encuentro, los participantes eran médicos a los que Welch

---

[7] *Chicago Tribune*, 9 de octubre de 1918.

[8] George Soper, doctor en Medicina, «The Influenza Pandemic in the Camps», borrador de informe sin fecha, entrada 29, RG 112, NA.

y Cole tenían en la más alta estima, médicos con carreras destacadas en el ámbito civil y habituados a dar órdenes, no a recibirlas. La reunión debió de ser conflictiva: ya le habrían advertido de que habían aparecido en Rockford algunos casos de gripe.

Pero Hagadorn creyó que era posible controlar la enfermedad. Además de su hoja de servicios como combatiente, había ocupado un alto cargo en la Zona del Canal y había visto cómo controlaba Gorgas las enfermedades tropicales que se daban allí. Tenía toda la confianza del mundo en el personal médico. De hecho tenía más confianza en los médicos que los propios médicos, y pudo ser él quien les recordara que habían puesto freno a la epidemia de sarampión que había afectado a tantos acantonamientos. El 4 de septiembre, el epidemiólogo del campamento había escrito en un informe: «Las enfermedades epidémicas en este campamento nunca han sido motivo de alarma. Ha habido casos de sarampión, neumonía, escarlatina, difteria, meningitis y viruela, pero todos esporádicos. Ninguna de esas enfermedades llegó a alcanzar niveles de epidemia».[9]

Y esto no era más que una gripe. Aun así, Hagadorn hizo algunas concesiones. El 20 de septiembre publicó varias órdenes encaminadas a proteger la salud del campamento. Para evitar que se levantara polvo, engrasaría los caminos. Preocupado por la gripe, se avino a establecer lo que era una cuarentena de facto: «Hasta nuevo aviso de este Cuartel General, no se darán pases ni permisos para ausentarse del campamento ni a los oficiales ni a los reclutas, salvo los que otorgue este despacho en caso de necesidad urgente».[10]

Pero ese mismo día publicó alguna otra orden, y a Michie y Capps debió resultarles especialmente molesto ver cómo empleaba su autoridad para justificarlo: «Puede producirse una concentración de soldados provocada por una necesidad militar. El médico del campamento autoriza a que se congreguen en barracones

---

[9] A. Kovinsky, epidemiólogo de Camp Grant, informe a SG, 4 de septiembre de 1918, entrada 31, RG 112, NA.

[10] Citado por Kovinsky en informe a SG, 5 de noviembre de 1918, entrada 29, RG 112, NA.

[...] superando la capacidad autorizada [...]. Esto se llevará a cabo de inmediato».[11]

El 21 de septiembre, al día siguiente de publicar Hagadorn esta orden, cayeron enfermos varios hombres de la Escuela Central de Formación de Oficiales de Infantería (la organización que recibía oficiales de Devens). Inmediatamente los aislaron en el hospital de la base.

No sirvió de mucho. A medianoche ingresaron en el hospital 108 hombres de la escuela de infantería y de la unidad colindante. Todos los pacientes llevaban una mascarilla de gasa que les cubría la nariz y la boca.

Las dos unidades quedaron aisladas del resto del campamento y, dentro de ellas, los hombres fueron aislados unos de otros. Todas las camas estaban separadas entre sí por sábanas que colgaban a su alrededor y el médico examinaba a los enfermos dos veces al día. Todas las actividades públicas —el cine, las funciones de YMCA y similares— se cancelaron. Se ordenó a los soldados «no mezclarse con hombres de otros sectores en ningún momento». También se dijo que no se permitían visitantes en el área afectada, que cualquier barracón en el que se hubieran detectado casos se pondría en cuarentena y que no se permitía a sus ocupantes mezclarse con los de otros barracones del mismo sector.[12]

Los vigilantes hacían que aquellas órdenes se cumplieran estrictamente, pero las personas infectadas de gripe pueden infectar a otras antes de sentir ningún síntoma. Y ya era demasiado tarde. Al cabo de las cuarenta y ocho horas todos los sectores del campamento estaban afectados.

Al día siguiente los ingresos hospitalarios alcanzaron los 194, al siguiente 371 y al otro 492. Cuatro días después de que cayera enfermo el primer oficial murió el primer soldado.[13] Al día siguiente murieron dos hombres más, e ingresaron en el hospital 711 soldados. En seis días el hospital pasó de tener 610 camas ocupadas a

---

[11] Charles Hagadorn, 20 de septiembre de 1918, entrada 29, cajón 383, RG 112, NA.

[12] Kovinsky, informe a SG, 5 de noviembre de 1918.

[13] «Bulletin of the Base Hospital», Camp Grant, 28 de septiembre de 1918, RG 112, NA.

4102, casi cinco veces más que la ocasión en que más concurrido había estado.

Había muy pocas ambulancias para llevar a los enfermos al hospital, así que utilizaron carros con mulas hasta que las mulas cayeron exhaustas. Luego faltaron sábanas para las camas, así que la Cruz Roja pidió seis mil a Chicago. Había pocas camas, así que embutieron varios miles de catres en cada pulgada libre de pasillo que encontraron, en los almacenes, en la sala de reuniones y en el porche.

Pero nada bastaba. Poco antes, los miembros del destacamento médico se habían trasladado a tiendas de campaña para que sus propios barracones pudieran transformarse en hospital, que albergaría quinientas camas o catres. Otros diez barracones, diseminados por el campamento, se convirtieron también en hospitales. Seguía sin ser suficiente.

Cesó el entrenamiento para la guerra, la preparación para matar. Los hombres empezaron a luchar para detener la matanza.

Los soldados sanos se consumían atendiendo a los enfermos. Trescientos veinte hombres llegaron al hospital para trabajar como personal de apoyo. Luego se añadieron 260 más. Y otros 250 que lo único que hacían era rellenar sacos con paja para hacer colchones. Otros tantos cientos descargaron un montón de vagones de tren cargados de suministros médicos. Cientos más ayudaron a transportar a los enfermos o a lavar la ropa o a fabricar mascarillas o a preparar la comida. Entretanto, poco antes de la tormenta que amenazaba con desencadenarse, cien carpinteros se afanaban por cerrar treinta y nueve porches con papel impermeabilizado para proteger de la lluvia a cientos de enfermos expuestos a los elementos. Las mascarillas de gasa de las que Capps estaba tan orgulloso, las que Welch tanto había ponderado, dejaron de fabricarse. Capps se quedó sin material y sin personal para confeccionarlas.

Y también caía el personal sanitario, agotado por el exceso de trabajo o contagiado. A los cinco días de instalarse la epidemia, cinco médicos, treinta y cinco enfermeras y cincuenta auxiliares cayeron enfermos. Y esa cifra aumentaría. También el personal médico pagaría aquel peaje mortal.

Llevaban ya siete días de epidemia cuando los soldados que aún podían trabajar empezaron a convertir en hospitales más barracones. Escaseaban las aspirinas, la atropina, la dedalera, el ácido acético (un desinfectante), las bolsas de papel, los vasos para las muestras de esputo y los termómetros. Y los pocos termómetros que tenían los rompían los enfermos en su delirio.

Llegaron cuarenta enfermeras más para hacer frente a la emergencia. Aunque ya eran 383, el hospital necesitaba más. A todos los visitantes que llegaban a la base, sobre todo al hospital, se les prohibía la entrada «salvo en circunstancias extraordinarias».[14] Pero las circunstancias extraordinarias se habían convertido en habituales y los visitantes no cesaban de llegar, según contó Michie, «impulsados por los telegramas donde se informaba de las muertes...». El día anterior se habían enviado cuatrocientos treinta y ocho telegramas.

La cifra seguía ascendiendo a toda prisa. Para manejar un volumen de telegramas y llamadas de teléfono diarias que pronto se contarían por miles, la Cruz Roja levantó una gran tienda con suelo, calefacción, electricidad y su propia centralita telefónica, y varias filas de sillas dispuestas como en un auditorio donde los familiares se sentaban a esperar para ver a los soldados, enfermos sin esperanza. Hacía falta más personal para acompañar a estos visitantes hasta el lugar donde estaban los enfermos, y más personal y más instalaciones para lavar las batas y las mascarillas que tenía que usar cada visitante que entraba.

Era un ritmo imposible de asumir. Filas interminables de hombres que tosían, echados sobre sábanas manchadas de sangre y rodeados de moscas —se dio orden de que añadieran formalina a todos los recipientes para toma de esputos,[15] para así mantener alejadas a las moscas—, así como el desagradable olor a vómitos, a orina y heces, hacían que los familiares estuvieran, en algunos aspectos, más desesperados que los enfermos. Ofrecían sobornos a cualquiera que pareciera sano, médicos, enfermeras o auxiliares, para asegurarse de que atendían a sus hijos y amantes. De hecho, les rogaban que aceptaran aquel dinero.

---

[14] «Bulletin of the Base Hospital,» 3 y 4 de octubre de 1918, RG 112, NA.

[15] *Ibid.*

Michie respondió con amargura: «Está prohibido dedicar atenciones especiales a cualquier paciente cuyo estado no sea crítico, y el personal de sala tiene instrucciones de informar al oficial que se encuentre al mando de cualquier caso en que una persona, civil o no, solicite que se ofrezca atención especial a un paciente concreto».[16]

Pero había algo más, aún peor.

El mismo día en que murió el primer soldado en Camp Grant, 3108 hombres subieron a un tren que desde allí les llevaría a Camp Hancock, junto a Augusta (Georgia).

Se marchaban porque un funcionario civil de sanidad, que se encontraba a varios cientos de kilómetros de Camp Grant, había ordenado la cuarentena de todo el campamento, prohibiendo incluso que se escoltase a los muertos en su camino a casa.[17] Se marcharon pensando en los trenes que llevaban a las tropas infectadas de sarampión, cuando Gorgas y Vaughan habían protestado inútilmente porque así la enfermedad se dispersaba por el campamento y por el tren: «No hay poder en el mundo capaz de parar la transmisión del sarampión en esas condiciones», dijeron.[18] Se marcharon después de que se cancelara el siguiente reemplazo y de que el gabinete de Gorgas hubiera insistido en que cesara cualquier movimiento de tropas entre los campamentos infectados y los que no lo estaban.

El ejército dio orden de no «transferir a personas que hubieran estado en contacto con la gripe» de un campamento a otro o entre bases que estuviesen en cuarentena. Pero incluso esa orden llegó días después, cuando cada día de demora podía costar, literalmente, miles de vidas. Y la orden también establecía que «el movimiento de oficiales y soldados que no sean contactos se llevará a efecto inmediatamente, como se ha ordenado».[19] Pero los hombres podían parecer sanos y estar incubando la gripe, y podían infectar a otros antes de que aparecieran los síntomas.

---

[16] «Bulletin of the Base Hospital», 6 de octubre de 1918, RG 112, NA.

[17] Dr. H.M. Bracken, director ejecutivo del Consejo de Salud de Minnesota. 1 de octubre de 1918, entrada 31, RG 112, NA.

[18] Victor Vaughan, *A Doctor's Memories*, p. 425.

[19] Véase telegrama del asistente del general, 3 de octubre de 1918, RG 92.

Los hombres que se marcharon de Camp Grant en tren iban en vagones atestados, con poco espacio para moverse, apilados como si estuvieran en un submarino. Y así iban a recorrer 1.580 kilómetros del país. Al principio debieron ir animados, porque el movimiento tiene esos efectos, pero cuando se instaló el tedio los minutos empezaron a pasar más despacio, las horas convertían el trayecto en un mundo reducido de diez pies de ancho y siete de alto, con olor a tabaco y a sudor y cientos de hombres en cada vagón, en espacios mucho más angostos que los de los barracones, y con mucha menos ventilación.

Veían pasar el campo por las ventanillas y los hombres se asomaban al exterior a inhalar algo de aire puro, como si fuera un cigarrillo más. Pero a un soldado le dio un ataque de tos, otro comenzó a sudar y a otro le sangraba la nariz. Seguramente sus compañeros se apartaron de ellos, asustados, pero luego otros se desmayarían o empezarían a delirar por la fiebre o a sangrar por la nariz y los oídos. El pánico se apoderaría del tren. En las paradas para repostar y cargar agua los hombres saldrían en busca de una vía de escape, mezclándose con los trabajadores y otros civiles, obedeciendo a regañadientes cuando los oficiales les pidieran que subieran de nuevo al tren. A aquel ataúd rodante.

Cuando llegó el tren, más de setecientos hombres (casi una cuarta parte del pasaje) fueron directamente al hospital de la base. Les siguieron cientos más. En total, de los 3108 soldados, dos mil fueron hospitalizados con gripe.[20] Tras morir 143 de ellos, las estadísticas se fusionaron con las de las tropas que llegaron de Camp Hancock y fue imposible hacer un rastreo. Pero puede que el número de muertos se acercara, y posiblemente superase, el diez por ciento de las tropas que viajaban en aquel tren.[21]

Hagadorn había pasado a ser totalmente irrelevante para el desarrollo del campamento. Para cualquier cosa dependía del personal médico, hacía lo que le pedían, ponía a su disposición cualquier

[20] «Analysis of the Course and Intensity of the Epidemic in Army Camps», informe sin fecha ni firma núm. 4, entrada 29, RG 112, NA.

[21] Camp Hancock, Georgia, entrada 29, RG 112, NA.

recurso que necesitaran. Y nada parecía ni siquiera ralentizar el avance de la enfermedad.

El 4 de octubre, por vez primera, murieron más de cien hombres en un solo día en Camp Grant. Casi cinco mil estaban enfermos, y cada día enfermaban centenares. Y la curva de contagios seguía subiendo.

No tardó la cifra de enfermos en ascender a 1810 en una sola jornada. En algún otro campamento del ejército esa cifra diaria fue incluso más alta: de hecho, en Camp Custer, en las inmediaciones de Battle Creek (Michigan), enfermaron dos mil ochocientos soldados en un solo día.[22]

Antes de la epidemia, Capps había comenzado a probar el suero de Preston Kyes para la neumonía, obtenido de los pollos. Kyes había llegado a la conclusión de que como los pollos no eran susceptibles de ser afectados por el neumococo, si los infectaba con neumococos muy virulentos el suero que obtuviera tendría que ser muy potente. Capps había planeado una serie de experimentos «cuidadosamente controlados», pero como ya no podía hacer más pruebas administró el suero que tenía a todo el mundo, según iban llegando.[23] Se quedó corto, porque pareció funcionar: doscientos treinta y cuatro hombres aquejados de neumonía recibieron la cura, y de ellos solo murieron el 16,7 por ciento.[24] De los que no lo recibieron murieron más de la mitad. Pero no le quedaba más suero.

Se hicieron esfuerzos desesperados por proteger a las tropas de la enfermedad o, al menos, evitar complicaciones.[25] Comenzaron a aplicar soluciones germicidas en la nariz y la boca a los soldados. Se les ordenó que utilizaran la solución para enguajarse la boca y hacer gárgaras dos veces al día. Probaron también, para desinfectar la boca, povidona yodada con glicerina. Utilizaron

---

[22] Soper, «The Influenza-Pneumonia Pandemic in the American Army Camps, September and October 1918», *Science* (8 de noviembre de 1918), p. 451.

[23] Stone a Warren Longcope, 30 de julio de 1918, entrada 29, RG 112, NA.

[24] Alfred Gray, «Anti-pneumonia Serum (Kyes') in the Treatment of Pneumonia», entrada 29, RG 112, NA.

[25] Comandante general Merritt W. Ireland, ed., *Medical Department of the United States Army in the World War, v. 9, Communicable Diseases* (1928), p. 448.

vaselina con mentol para limpiar las fosas nasales y alboleno líquido para la boca.

A pesar de todos los esfuerzos los muertos seguían aumentando. La cifra creció tanto que en el personal se empezó a percibir el cansancio: estaban hartos de papeleos, hartos de identificar cadáveres. Michie se vio obligado a emitir órdenes con advertencias como esta: «Los restos deberán etiquetarse colocando alrededor del brazo izquierdo, hacia la mitad, un apósito adhesivo con el nombre, rango y sector. Es el deber del jefe de sala comprobar que esto se ha hecho así antes de que los restos salgan de la sala en que se encuentren [...]. Se están experimentando grandes dificultades a la hora de leer los nombres en los certificados de defunción [...]. Estos certificados tendrán que ir escritos a máquina o en caligrafía clara [...]. Cualquier incumplimiento por parte de los responsables se interpretará como negligencia».[26]

Michie instruyó también al personal en otros aspectos: «Los amigos y familiares de las personas que mueran en este hospital no deben dirigirse a la morgue del hospital de la base [...]. La gestión de los efectos personales de los fallecidos se ha convertido en una tarea que consume mucho tiempo».[27]

Simultáneamente, en una importante lucha por mantener alta la moral del país, el *Chicago Tribune* informó de que en Camp Grant había buenas noticias: «La epidemia, detenida», gritaba el titular. «El pequeño ejército de expertos trabajadores que están al mando del teniente coronel H.C. Michie ha estado combatiendo la epidemia de neumonía y ha conseguido al fin detenerla [...]. Se han producido algunas muertes entre los enfermos de neumonía, pero más de 100 hombres han superado la enfermedad [...], 175 han sido dados de alta tras ganar la batalla».[28]

Hasta ese momento habían muerto en Camp Grant 452 personas, y aquello no tenía visos de parar. Con la esperanza de evitar infecciones cruzadas y mejorar algo la situación, Michie y Capps

---

[26] «Bulletin of the Base Hospital», 7 y 8 de octubre de 1918, RG 112, NA.

[27] «Bulletin of the Base Hospital», 3 y 4 de octubre de 1918, RG 112, NA.

[28] *Chicago Tribune*, 7 de octubre de 1918.

reiteraron sus órdenes de colocar a los enfermos fuera: «Debe evitarse en lo posible que los pacientes se hacinen en las salas del hospital. Se recomienda utilizar los porches en toda su capacidad».[29]

Quizás eso hizo que Hagadorn recordara la orden que había dado cuando autorizó precisamente que los soldados se juntaran en espacios cerrados. Quizás también tuvo noticias de los cientos de jóvenes que habían muerto en el tren que iba a Georgia: un traslado que, al igual que los barracones atestados de hombres, había autorizado él «por necesidades militares». Quizás aquellas cosas provocaban en él tanto pesar que podrían explicar por qué de pronto ordenó no dar los nombres de todos los soldados que habían muerto de gripe. Quizás eso le permitía apartar las muertes de su pensamiento.

Un día después, la cifra de muertos del campamento superó la barrera de los quinientos. Otros tantos miles estaban gravemente enfermos. «La extensión de la pandemia dependerá, según parece, del material del que pueda nutrirse», escribió un médico del ejército. «Es demasiado pronto para predecir el final o para calibrar los daños. Tenemos que esperar a que termine».[30]

Muchos de los muertos eran muchachos, ni siquiera hombres: jóvenes de dieciocho años, diecinueve, veinte, veintiuno... Chicos llenos de juventud con sonrisas pícaras. Hagadorn, el solterón, había hecho del ejército su casa, de los soldados su familia, de aquellos jóvenes su vida.

El 8 de octubre Michie dio el último parte de bajas al coronel Hagadorn en su despacho del campamento. El coronel escuchó la lectura, asintió y, tras un momento incómodo, Michie se levantó para marcharse. Hagadorn le pidió que cerrara la puerta.

La muerte le rodeaba por todas partes. En los papeles que cubrían su escritorio, en los informes que le daban y, literalmente, en el aire que respiraba. Era como un envoltorio.

Cogió el teléfono y ordenó al sargento que abandonara el edificio y se llevara con él a todo el personal que hubiera en el cuartel general; que esperasen en el exterior para pasar revista.

---

[29] «Bulletin of the Base Hospital», 5 de octubre de 1918, RG 112, NA.

[30] George Soper, «The Influenza-Pneumonia Pandemic in the American Army Camps, September and October 1918», *Science* (8 de noviembre 1918), p. 451.

Era una orden muy extraña. El sargento informó al capitán Jisson y al teniente Rashel. Ambos se mostraron sorprendidos, pero obedecieron.

Esperaron durante media hora. El disparo de una pistola, incluso desde dentro del edificio, se escuchó como si fuera un informe más.

Hagadorn no figuró como víctima de la epidemia. Su sacrificio tampoco la detuvo.

19

Dos días después del desfile de Filadelfia, Wilmer Krusen hizo aquella declaración pública donde afirmaba que en la población civil la epidemia estaba siguiendo el mismo patrón que se había observado en las bases navales y en los acantonamientos.

Lo cierto era que la gripe se estaba extendiendo. A las setenta y dos horas del desfile ya estaban llenas todas las camas de los treinta y un hospitales de la ciudad. Empezaba a morir gente. Los hospitales se negaron a aceptar más pacientes —las enfermeras llegaron a rechazar sobornos de 100 dólares— sin una orden médica o policial.[1] Pero la gente hacía cola para entrar. Una mujer recordaba a sus vecinos, que fueron «al hospital que tenían más cerca, el Hospital de Pensilvania, en la 5 con Lombard», pero cuando llegaron allí también había colas, y no tenían ni médicos ni medicinas disponibles.[2] «Así que se marcharon a casa. Al menos los que aún tenían fuerzas», cuenta.

En cualquier caso, la atención médica servía de poco. Mary Tullidge, hija del doctor George Tullidge, murió veinticuatro horas después de mostrar los primeros síntomas. Alice Wolowitz, estudiante de Enfermería en el Mount Sinai, comenzó su turno por la mañana, se sintió mal y doce horas después estaba muerta.

El 1 de octubre, tercer día después del desfile, la epidemia mató a más de un centenar de personas (117, en concreto) en una jornada.

---

[1] *Visiting Nurse Society minutes*, octubre y noviembre de 1918, Centro para el estudio de la historia de la enfermería, Universidad de Pensilvania.

[2] Selma Epp, transcripción de una entrevista no emitida para «Influenza 1918», *American Experience*, 28 de febrero de 1997.

Ese número no tardaría en duplicarse, en triplicarse, en cuadruplicarse..., en multiplicarse por cinco o por seis. La cifra diaria de muertos por gripe superó el índice medio semanal de muertes por cualquier causa: todas las enfermedades, accidentes y actos criminales.[3]

El 3 de octubre, solo cinco días después de autorizar el desfile, Krusen prohibió todas las reuniones (incluido cualquier acto vinculado a los bonos de guerra) y cerró todas las iglesias, teatros y escuelas de la ciudad. Prohibió incluso los funerales. El único local público que permitió que siguiera abierto fue el *saloon*, sede por excelencia de la maquinaria de Vare. Al día siguiente, el responsable del Departamento de Salud Pública del estado les obligó a cerrar.

La primera institución que se acondicionó para cuidar a los que enfermaban fue Holmesburg, el hospicio de la ciudad. Lo llamaron Hospital de Emergencia núm. 1. La Junta de Salud sabía que otros le seguirían. Sus quinientas camas se llenaron en un día. Llegó a haber doce hospitales similares, de gran capacidad, que se gestionaron con ayuda municipal; tres de ellos se instalaron en los *clubs* republicanos del sur de Filadelfia. Era el lugar donde la gente siempre había ido a buscar ayuda.

En solo diez días de epidemia se había pasado de unos cuantos cientos de casos de civiles y uno o dos muertos diarios a miles de enfermos y cientos de muertos al día.

Cerraron los juzgados federales, municipales y del estado. En todas partes colocaron enormes carteles avisando a la gente de que no se congregara y que utilizara un pañuelo al toser o estornudar. Otros, directamente, rezaban: «Escupir es la muerte». Los que escupían en la calle eran detenidos. Llegó a haber sesenta en un solo día. El periódico informaba de las detenciones, aunque seguían restando importancia a la epidemia. Los médicos morían también, tres un día, dos al otro, cuatro al siguiente. Los periódicos informaban de las muertes en las páginas interiores, con sus obituarios, pero seguían quitando importancia a la epidemia. Los trabajadores sanitarios y municipales llevaban mascarilla en todo momento.

---

[3] *Public Health Reports 33, part 2*, (26 de julio de 1918), p. 1252.

«¿Qué hacemos?», preguntaba la gente horrorizada. «¿Cuánto va a durar esto?». Todos los días se enteraban de que había muerto un amigo o un vecino que una semana —o un día— antes estaba bien.

Pero las autoridades municipales y los periódicos seguían minimizando el peligro. El *Public Ledger* afirmó que la orden de Krusen, en la que prohibía todas las reuniones públicas, «no era una medida de salud pública», y repitió que no había motivo «para el pánico o la alarma».

El 5 de octubre los médicos informaron de que habían muerto 254 personas ese día a causa de la epidemia, y los periódicos dijeron que las autoridades sanitarias afirmaban que ya se había alcanzado el pico de la epidemia de gripe. Al día siguiente, cuando murieron 289 ciudadanos de Filadelfia, los periódicos dijeron: «Con la seguridad de que ya hemos pasado el pico de la epidemia, las autoridades sanitarias son optimistas».

En cada uno de los dos días siguientes murieron más de trescientas personas, y Krusen volvió a anunciar: «Estas muertes señalan el tope máximo de bajas, y es adecuado pensar que a partir de este momento y hasta que acabemos con la epidemia, el índice de mortalidad irá en constante descenso».

Al día siguiente murieron 428 personas, y la cifra diaria de fallecidos seguiría en ascenso muchos días más, llegando incluso al doble de esa cantidad.

Pero Krusen dijo: «No se asusten, que no cunda el pánico por unos cuantos informes exagerados».[4]

Su afán de tranquilizar ya no tranquilizaba a nadie.

No se podía escuchar a Paul Lewis hablando de cualquier tema sin percibir la profundidad de sus conocimientos y su capacidad para estudiar los problemas, imaginar posibles soluciones y comprender sus ramificaciones. En la ciudad había científicos que no aceptaban su autoridad, pero siempre le tenían en consideración.

Llevaba tres semanas trabajando en este problema. Apenas salía del laboratorio. Sus asistentes tampoco, salvo los que iban cayendo

[4] *Public Ledger*, 8 de octubre de 1918.

enfermos. En aquel momento todos los científicos de Filadelfia estaban invirtiendo en el laboratorio cada minuto que tenían.

El laboratorio era su lugar favorito, más aún que su casa. Normalmente, cualquier cosa relacionada con su trabajo le daba paz. El laboratorio le daba paz, igual que los enigmas a los que se enfrentaba. Se adentraba en ellos como un hombre se adentra en la niebla impenetrable del océano, una niebla que le hace a uno sentirse solo en el mundo, pero parte de él.

Sin embargo, ese trabajo en concreto no le daba paz. Y no era exactamente por la presión, aunque tenía que ver con ella. Era más bien que la presión le hacía perder el ritmo, le obligaba a abandonar los procesos científicos. Desarrollaba una hipótesis y se centraba en ella, pero el atajo por el que había llegado hasta ella le resultaba tremendamente incómodo.

Y lo mismo sucedía con las noticias de las muertes, la juventud y la vitalidad de muchos de los fallecidos, con una vida por delante: era estremecedor. Pensar en aquellas vidas perdidas era estremecedor. Así que redobló los esfuerzos.

Murió Arthur Eissinger, presidente y *honor man* de la promoción de 1918 en la Universidad de Pensilvania. Murió Dudley Perkins, héroe del fútbol de Swarthmore. Casi dos tercios de los muertos tenían menos de cuarenta años.

En 1918 era costumbre colgar un crespón en la puerta para indicar que había un fallecido en la casa. Había crespones por todas partes. «Si el fallecido era una persona joven ponían una pieza blanca», recordaba Anna Milani. «Si era de mediana edad, la ponían negra, y si era un anciano, de color gris. Nosotros éramos pequeños, y jugábamos a ver en qué puerta aparecía la siguiente pieza. Porque siempre aparecía otra pieza en otra puerta».[5]

Siempre había otra puerta. «La gente moría como moscas»,[6] recuerda Clifford Adams. «En Spring Garden Street teníamos la

[5] Anna Milani, transcripción de una entrevista no emitida para «Influenza 1918», *American Experience*, 28 de febrero de 1997.

[6] Relato oral de Clifford Adams, 3 de junio de 1982, facilitado por Charles Hardy de West Chester University.

impresión de que había crespones en todas las puertas. Y si las había, es que había muerto alguien».

Anna Lavin estuvo en el Mount Sinai: «Allí murió mi tío [...]. Mi tía murió primero. Tenían un hijo de trece años [...]. Murió mucha gente joven, algunos recién casados. Fueron los primeros en morir».[7]

Pero el aspecto más aterrador de la epidemia eran los cadáveres apilados. Los encargados de las funerarias, que también enfermaron, estaban sobrepasados. No tenían sitio para los cuerpos. Los enterradores estaban enfermos o se negaban a enterrar a víctimas de la gripe. El director de la cárcel ofreció a los presos para que cavaran las sepulturas, pero retiró la oferta porque no quedaban guardias sanos para vigilarlos. Sin sepultureros no era posible enterrar a los muertos. Las funerarias estaban desbordadas: los ataúdes se apilaban en las salas o en las zonas de vivienda (muchos empresarios de pompas fúnebres vivían encima de sus negocios).

Se acabaron los ataúdes. En poco tiempo, los que quedaban disponibles adquirieron precios prohibitivos. La familia de Michael Donohue regentaba una funeraria: «Los ataúdes estaban apilados fuera, y tuvimos que contratar vigilantes para que la gente no se los llevara. Como los ladrones de tumbas, pero de ataúdes».[8]

Pronto no quedaron ni ataúdes que robar. Louise Apuchase recordaba vívidamente su escasez: «El hijo de un vecino, un niño de unos siete u ocho años, murió. Lo que hacían aquellos días era recoger el cadáver y envolverlo en una sábana, y se lo llevaba un coche patrulla. Pero los padres empezaron a gritar: "¡Dadme una caja de macarrones! ¡Por favor! ¡Déjenme meterle en una caja de macarrones, no se lo lleven así!"».[9] Las cajas de macarrones podían contener 9 o 10 kilos de pasta.

Clifford Adams recordaba «los cuerpos apilados [...]. Apilados, esperando que los enterrasen [...]. No podían enterrarlos».[10] Cada vez se apilaban más, en las casas, en los porches.

---

[7] Relato oral de Anna Lavin, *Cintas de audio de Charles Hardy*, 3 de junio de 1982.

[8] Michael Donohue, transcripción de una entrevista no emitida para «Influenza 1918», *American Experience*, 28 de febrero de 1997.

[9] Louise Apuchase, 3 de junio de 1982, *Cintas de audio de Charles Hardy*, 24 de junio de 1982.

[10] Clifford Adams, *Cintas de audio de Charles Hardy*, 3 de junio de 1982.

La morgue de la ciudad tenía espacio para treinta y seis cadáveres. Metieron doscientos. El hedor era horrible. Tenían abiertas puertas y ventanas. No cabían más cuerpos. Cuando moría, la gente se quedaba en casa, donde hubiera muerto, como hubiera muerto. A veces les salía de la nariz o la boca un líquido sanguinolento. Las familias los cubrían con hielo, pero aun así comenzaban a pudrirse y a heder. Los edificios de pisos no tenían porche, y solo algunos contaban con escalera de incendios. Las familias cerraban las habitaciones donde hubiera un cadáver, pero cerrar una puerta no le hace a uno olvidar que allí detrás está el horror. En gran parte de la ciudad, una ciudad donde la escasez de vivienda era más acusada que en Nueva York, mucha gente no tenía una habitación donde dejar un cadáver y cerrar la puerta. Los envolvían en sábanas, los arrinconaban en el suelo y a veces se quedaban allí durante días. El horror iba aumentando con el paso de las horas, la gente estaba demasiado enferma para cocinar, para asearse, para apartar un cadáver de la cama. Y muchos enfermos yacían junto a los muertos, que se quedaban allí varios días mientras los vivos, horrorizados, quizás acababan acostumbrándose a aquello.

Los síntomas eran aterradores. A las víctimas les empezaba a salir sangre por la nariz, por los oídos, por los ojos. Algunas víctimas agonizaban durante horas, otras deliraban hasta la muerte.

Lo normal era que murieran dos personas en cada familia, pero no era raro que murieran tres. A veces incluso más. David Sword vivía en el 2802 de Jackson Street. El 5 de octubre murió de gripe el sexto miembro de su familia, mientras el *North American* informó de que otros tres familiares que estaban hospitalizados también «podían morir de aquella peste».[11]

La peste. Una palabra que la gente, por la calle, pronunciaba en un susurro. La palabra se coló, por accidente, en un periódico. Pero la cuestión de la moral alta, la autocensura, el afán de los editores de poner cada noticia en el contexto más positivo posible..., todo ello hizo que ningún otro periódico volviera a utilizarla. Sin embargo, la gente no necesitaba periódicos para hablar de la peste negra. Algunos cuerpos se estaban volviendo de ese color,

---

[11] *North American*, 7 de octubre de 1918.

y los habían visto. Y de todos modos habían perdido la fe en lo que leían. Un joven estudiante de Medicina al que habían llamado para atender a cientos de pacientes recordaba: «La cianosis alcanzó una intensidad que no había visto nunca. De hecho, surgió el rumor de que había regresado la peste negra».[12] Los periódicos citaban al doctor Raymond Leopold, y sus declaraciones sonaban razonables: «Hay muchos motivos para que cunda ese rumor. Es cierto que muchos cuerpos han adquirido una tonalidad azulada y que de los cadáveres emanaba un olor muy característico, pero podemos asegurar que esto no es la peste negra», explicó.[13]

Naturalmente, tenía razón. Pero ¿cuánta gente se fiaba ya de los periódicos? Aunque no fuera la peste negra, que había llegado a sus vidas llevando consigo el terror, la guerra ya estaba en casa.

* * *

Mucho antes del suicidio de Hagadorn y de que el desfile recorriese las calles de Filadelfia, la gripe había sembrado su semilla por todo el país.

El 4 de septiembre había llegado a Nueva Orleans con los tres marineros —que no tardarían en morir— que ingresaron en el hospital cuando llegó de Boston el *Harold Walker*. El 7 de septiembre ya había entrado en la Base Naval de Entrenamiento de los Grandes Lagos, con los marineros transferidos de Boston. En los días siguientes, puertos y bases navales de la costa atlántica y del Golfo (Newport, New London, Norfolk, Mobile y Biloxi) informaron de casos de gripe.[14] El 17 de septiembre de 1918 se informó en Petersburg (Virginia), junto a Camp Lee, de «la prevalencia a gran escala de una enfermedad que se comporta como una gripe».[15] Ese mismo día llegaron varios cientos de marineros que

[12] Isaac Starr, «Influenza in 1918: Recollections of the Epidemic in Philadelphia», *Annals of Internal Medicine* (1976), p. 517.

[13] Recorte de periódico no identificado en un álbum sobre la epidemia, 29 de diciembre de 1918, Biblioteca del Colegio de Médicos de Filadelfia.

[14] *Public Health Reports*, 13 de septiembre de 1918, p. 1554.

[15] *Ibid.*, 20 de septiembre de 1918, p. 1599.

habían salido de Filadelfia rumbo a Puget Sound: once hombres tuvieron que ser trasladados al hospital en camilla al bajar del barco, con lo que el nuevo virus llegó al Pacífico.

El virus afectaba ya a todo el país: se había establecido en el Atlántico, en el Golfo, en el Pacífico, en los Grandes Lagos. No había estallado de modo repentino, en forma de epidemia, pero había sembrado las semillas. Y las semillas empezaron a brotar en llamaradas.

El virus siguió avanzando por vías férreas y ríos hacia el corazón del continente, desde Nueva Orleans, subiendo el Misisipi, desde Seattle hacia el este, desde los Grandes Lagos, con su base de entrenamiento, hacia Chicago. Se difundió por las líneas férreas en muchas direcciones. De cada *locus* original brotaban tentáculos que se extendían por todas partes, como si fueran chispas que saltan. Saltaron sobre lo que tenían más cerca, pero también llegaron a zonas más lejanas, de Boston a Newport, por ejemplo. Y luego retrocedieron, hasta Brockton y Providence, con todo lo que había en medio.

El 28 de septiembre, durante el desfile de Filadelfia, en Los Ángeles solo se había informado de siete casos y en San Francisco de dos. Pero el virus llegaría. No tardó en llegar.

Entretanto, en Filadelfia, el miedo había llegado para quedarse. Eran tiempos en que la muerte podía llegar en cualquier momento, de cualquier persona: se apartaban unos de otros cuando iban por la acera, evitaban la conversación. Si hablaban, volvían la cara para evitar el aliento del otro. La gente se fue aislando y el miedo aumentó.

La imposibilidad de obtener ayuda agravaba el aislamiento. Había ochocientos médicos de Filadelfia y un número aún mayor de enfermeras trabajando en exclusiva para el ejército. Otros tantos estaban enfermos. El Hospital General de Filadelfia tenía 126 enfermeras. A pesar de todas las precauciones, a pesar de llevar batas y mascarillas protectoras, ocho doctores y cincuenta y cuatro enfermeras —lo que representaba un 43 por ciento del personal— tuvieron que ser hospitalizados. Solo en ese hospital murieron diez enfermeras. La Junta de Salud requirió a las enfermeras y médicos jubilados para que se incorporasen a ayudar: bastaba «con solo un poco que recordaran del ejercicio de su profesión».

Cuando una enfermera, un médico o un policía se acercaban a la gente, iban siempre provistos de una mascarilla quirúrgica que les daba un aspecto fantasmal, y la gente se apartaba de ellos. En todas las casas donde había enfermos la gente se preguntaba si iban a morir. Y en todas las casas había algún enfermo.

En Filadelfia había cinco escuelas médicas. Todas cancelaron las clases y los estudiantes de tercer y cuarto curso entraron a trabajar en los hospitales de campaña que se instalaron en escuelas y edificios vacíos de toda la ciudad. El Philadelphia College of Pharmacy también cerró, y envió a sus alumnos a ayudar a los farmacéuticos.

Antes de ir a trabajar en los hospitales, los estudiantes de la Universidad de Pensilvania escucharon una conferencia de Alfred Stengel, experto en enfermedades infecciosas que había tratado a la tripulación del *City of Exeter*, un hecho que parecía lejanísimo. Stengel revisó un sinfín de ideas que ya se habían expuesto en las publicaciones médicas: gárgaras con desinfectantes, fármacos, suero inmunológico, la vacuna del tifus, la antitoxina para difteria... Pero el mensaje de Stengel estaba claro: *Esto no funciona. Aquello no funciona. No ha funcionado nada.*

«Era muy pesimista respecto a los tratamientos», dijo Isaac Starr, uno de aquellos estudiantes de la Penn que llegó a ser un cardiólogo mundialmente conocido. «No tenía la menor confianza en ninguno de los remedios que se habían propuesto».

Stengel estaba en lo cierto. Nada de lo que se estaba haciendo funcionaba. Starr trabajó en el Hospital de Campaña Núm. 2, en la Dieciocho con Cherry. Le ayudaba, si es que puede decirse así, un anciano médico que llevaba años sin ejercer y que puso a Starr en contacto con lo peor de la llamada medicina heroica. Starr no olvidaría aquello: las antiguas técnicas de la purga o la sangría... Pero en general, tanto él como otros estudiantes que estaban trabajando en aquel momento iban un poco por libre, sin ayuda apenas de las enfermeras. Estas, por su parte, estaban tan solicitadas que en cada uno de los diez hospitales de campaña a los que la Cruz Roja envió profesionales, solo había una enfermera titulada para supervisar al resto del equipo, constituido por voluntarias. Y las voluntarias, en muchas ocasiones, se presentaban a trabajar un día y, ya fuera por miedo o por agotamiento, no volvían más.[16]

Starr tenía a su cargo toda una planta de uno de esos hospitales. Al principio creyó que sus pacientes mostraban síntomas de «lo que parecía una enfermedad leve [...] con fiebre, pero poco más. Por desgracia, en poco tiempo cambió el cuadro clínico de la mayoría». Lo que más sorprendía, una vez más, era la cianosis: sus pacientes comenzaron a volverse casi negros. «Tras pasar varias horas boqueando comenzaban a delirar y se volvían incontinentes. Muchos murieron luchando por que entrase algo de aire por sus vías respiratorias, intentando deshacerse de esa espuma teñida de sangre que a veces les obstruía la nariz y la boca».[17]

Casi una cuarta parte de los pacientes de ese hospital morían a diario. Starr se iba a casa y, cuando regresaba al día siguiente, veía que entre un cuarto y un quinto de sus pacientes habían muerto y otros ocupaban su lugar.

En Filadelfia enfermaban literalmente cientos de miles de personas. Prácticamente la totalidad, además de sus amigos y parientes, vivían aterrados ante la perspectiva de que —por leves que parecieran los síntomas en un principio— surgiera dentro de ellos una fuerza extraña, una furia, una infección expansiva, un ser vivo con voluntad propia que se apoderaba de sus cuerpos y que podía matarles. Y los que estaban a su alrededor temían tanto por las víctimas como por ellos mismos.

La ciudad estaba inmovilizada por el pánico, congelada, detenida. Starr vivía en Chestnut Hill, a quince kilómetros del hospital. Cuando volvía a casa todo en las calles estaba silencioso e inmóvil; tanto que empezó a contar los coches con los que se cruzaba. Una noche no contó ninguno, y pensó: «La vida de la ciudad se ha detenido».[18]

---

[16] Charles Scott a William Walling, 1 de octubre de 1918, RG 200, NA.

[17] Starr, «Influenza in 1918», p. 517.

[18] *Ibid.*, p. 518.

PARTE VI

LA PESTILENCIA

20

No era más que una gripe. Una simple gripe.

Ese nuevo virus de la gripe, como la mayoría de los virus nuevos de la gripe, se extendía rápidamente por todas partes. Como ha observado un moderno epidemiólogo al que ya hemos citado, la gripe es un caso especial de enfermedad infecciosa, un virus que se transmite con tal eficacia que agota el suministro disponible de huéspedes susceptibles. Y eso significó que el virus hizo enfermar a decenas de millones de personas en Estados Unidos, y que en muchas ciudades más de la mitad de las familias tenían al menos un enfermo de gripe; en San Antonio enfermó más de la mitad de la población, y cientos de millones en todo el mundo.

Pero no era más que una gripe, una simple gripe. La abrumadora mayoría de los enfermos se recuperó bien. Resistieron en ocasiones un ataque leve, otras más severo, pero se recuperaron.

El virus pasó por una amplia mayoría como pasan normalmente los virus de la gripe: los enfermos tenían unos cuantos días muy malos, invadidos por un malestar que se multiplicaba por el terror a desarrollar complicaciones serias, y luego se reponían en cuestión de diez días. El curso de la enfermedad, tal y como se manifestó en tantos millones de personas, hizo creer a los médicos que realmente no era más que una gripe.

Pero en una minoría de casos, y no fue un porcentaje despreciable, el virus se manifestó como una gripe que no seguía el patrón habitual, que no se parecía a ninguna gripe conocida, que seguía un curso tan diferente del usual que el propio Welch comenzó a temer una especie de infección o peste. Y si Welch lo temía, los que lo sufrían comenzaron a sentir horror.

En general, en el mundo occidental, el virus mostró una virulencia extrema o terminó en neumonía en un porcentaje importante de pacientes, entre el 10 y el 20 por ciento. En Estados Unidos esto representaba entre dos y tres millones de casos. En otras partes del mundo, especialmente en áreas aisladas donde la gente rara vez había estado expuesta a los virus de la gripe, como los asentamientos esquimales de Alaska, las aldeas de la selva africana o las islas del Pacífico, el virus se manifestó con extrema virulencia en más del 20 por ciento de los casos. Estas cifras se tradujeron seguramente en varios cientos de millones de casos graves en todo el mundo, en un mundo con una población que era de menos de un tercio de la actual.

Pero no era más que una gripe, una simple gripe. Los síntomas más comunes eran tan conocidos entonces como lo son ahora. Las mucosas de la nariz, la faringe y la garganta se inflamaban. La conjuntiva, esa delicada membrana que rodea las pestañas, se inflamaba. Las víctimas sufrían dolor de cabeza, dolor de cuerpo generalizado, fiebre, agotamiento, tos. Un clínico de primer orden observó en 1918 que era una enfermedad que «cursaba con dos grupos de síntomas: en primer lugar, las reacciones físicas habituales en una enfermedad febril aguda (dolor de cabeza y de cuerpo, escalofríos, fiebre, malestar, postración, anorexia, náuseas o vómitos); en segundo lugar, síntomas atribuibles a una intensa congestión de las membranas mucosas de la nariz, faringe, laringe, tráquea y tracto respiratorio superior, además de las conjuntivas».[1] Otro advirtió que la enfermedad comenzaba a manifestarse con un agotamiento total, frío, fiebre, dolor de cabeza, conjuntivitis, dolor de espalda y de los miembros y enrojecimiento de la cara, y añadió: «La tos es casi siempre constante, y las vías respiratorias superiores se obstruyen». Y un tercero: «En los casos en que no es fatal, la temperatura ha llegado a subir mucho, de 37,8 a 39,5. Estos casos menos graves suelen recuperarse tras una semana de enfermedad, más o menos».[2]

---

[1] Edwin O. Jordan, *Epidemic Influenza* (1927), pp. 260, 263.

[2] Comandante general Merritt W. Ireland, ed., *Medical Department of the United States Army in the World War, v. 9, Communicable Diseases* (1928), p. 159.

Y luego estaban los casos en los que el ataque del virus era realmente violento.

Aquellos a los que les atacó de lleno sí sufrieron dolores, en ocasiones intensos, dolores que procedían de cualquier punto del cuerpo. Además, la enfermedad les apartó, les confinó en un lugar solitario donde se concentraban todos.

Clifford Adams, de Filadelfia, manifestó: «Yo no pensaba en nada. Llegó un punto en el que no me importaba vivir o morirme. Sentía que mi vida se había reducido a prácticamente nada, solo a respirar».[3]

Bill Sardo, de Washington D.C., lo recordaba así: «Nadie esperaba que yo sobreviviera, como el resto de afectados [...]. Estabas malísimo, aperreado: no en coma, pero en unas condiciones tales que, cuando la crisis alcanzaba su punto álgido, no pensabas ni reaccionabas con normalidad. Sentías una especie de delirio».[4]

En Lincoln, Illinois, William Maxwell contaba que «sentía el tiempo como algo nebuloso, acostado en la habitación pequeña del piso de arriba sin percibir si era de día o de noche [...]. Me sentía enfermo por dentro, vacío, y por las llamadas de teléfono que recibía mi tía, sabía lo suficiente como para preocuparme por mi madre [...]. La oí decir: "Will, ay, no..." y luego "si quieres que yo...". Y empezaron a saltárseme las lágrimas. No tuvo que decirme nada».[5]

Josey Brown se contagió cuando trabajaba de enfermera en la Base Naval de Entrenamiento de los Grandes Lagos. Cuenta que el corazón le latía tan fuerte que creía que se le iba a salir del pecho: «Tenía una fiebre terrible, y tiritaba tanto que el hielo entrechocaba y se movía la tablilla que había colgada a los pies de la cama».[6]

---

[3] Clifford Adams, *Cintas de audio de Charles Hardy*, West Chester University, 3 de junio de 1982.

[4] Bill Sardo, transcripción de una entrevista no emitida para «Influenza 1918», *American Experience*, 27 de febrero de 1997.

[5] William Maxwell, transcripción de una entrevista no emitida para «Influenza 1918», *American Experience*, 26 de febrero de 1997.

[6] Carla Morrisey, transcripción de una entrevista no emitida para «Influenza 1918», *American Experience*, 26 de febrero de 1997.

Harvey Cushing, un protegido de Halsted que ya había obtenido cierta notoriedad por sí mismo aunque no era aún famoso, estaba destinado en Francia. El 8 de octubre de 1918 escribía en su diario: «No sé qué me ha ocurrido en las piernas que me voy tambaleando como un tabético [se llama así a las personas que sufren enfermedades prolongadas, degenerativas, como el sida, y que pueden necesitar un bastón para andar] y cuando me levanto por las mañanas no siento el suelo. Estoy completamente inestable. Esta es la secuencia de la gripe: tal vez tengamos que agradecer que nos ayude a ganar la guerra si al ejército alemán le agarra así de fuerte».[7] Cushing sufrió una serie de complicaciones neurológicas seguramente a consecuencia de la gripe. El 31 de octubre, después de tres semanas en cama con dolor de cabeza, doble visión y ambas piernas dormidas, observó: «Es muy extraño, y sigue avanzando [...]. Siento una importante debilidad muscular, y una vaga sensación de conocer este estado. Es como si lo hubiera sentido en un sueño». Cuatro días después escribía: «Ya tengo las manos igual que los pies, tan dormidas y torpes que afeitarme es peligroso y abrocharme laborioso. Cuando la periferia está así de afectada, es que el cerebro está entumecido y torpe».

Cushing nunca se recuperó del todo.

Al otro lado de las líneas estaba Rudolph Binding, un oficial alemán que describió la enfermedad como «algo parecido a las fiebres tifoideas, con unos síntomas horribles de intoxicación intestinal».[8] Durante semanas estuvo aquejado de fiebre: «Algunos días me deja en paz, pero luego se apodera de mí una debilidad tal que no me puedo mover de la cama, envuelto en sudor frío. Luego vuelve el dolor, tan fuerte que no sé si estoy vivo o muerto».

Katherine Anne Porter era entonces reportera del *Rocky Mountain News*. Su novio, un joven oficial, había muerto: se contagió cuidando de ella, que también estuvo a punto de morir, sus compañeros del periódico incluso redactaron su obituario. Pero sobrevivió. En *Pálido caballo, pálido jinete* describe su avance hacia

---

[7] John Fulton, *Harvey Cushing* (1946), p. 435.

[8] Dorothy Ann Pettit, «A Cruel Wind: America Experiences the Pandemic Influenza, 1918–1920, A Social History» (1976), p. 91.

la muerte. «Yacía en un angosto saliente junto a un abismo que ella sabía bien que no tenía fondo [...]; palabras suaves, dibujadas con detalle, como olvido y eternidad son como cortinas colgadas ante la nada más absoluta [...]. Su cabeza, desgajada de sus cimientos, se balanceaba, se deslizaba una y otra vez y daba vueltas como una rueda de hierro que corre por un raíl [...]. Sin esfuerzo alguno se hundió en las profundidades de la negrura, las atravesó y fue sepultada por ellas hasta quedar como una piedra en el fondo más bajo de la vida; sabiéndose ciega, sorda, muda, había perdido la conciencia de los miembros de su propio cuerpo, por completo apartada de las cuitas humanas y sin embargo viva y dueña de peculiar lucidez y coherencia; todos los pensamientos, las dudas razonables de la vida, lazos de sangre y afanes del corazón se disolvieron y la abandonaron: solo quedó de ella una minúscula partícula de ser que ardía fieramente, que se sabía sola y solo dependía de sí misma y de su fuerza, indiferente a cualquier llamada o estímulo, porque era toda una única motivación: una tenaz voluntad de vivir. Esta partícula fiera e inmóvil se dispuso sin ayuda a resistirse a la destrucción, a sobrevivir y a ser, en su propia locura, un ente sin motivación ni plan alguno, aparte de ese fin esencial».

Y luego, al regresar de esas profundidades: «Regresó el dolor, terrible y apremiante: le corría por las venas como un fuego intenso; el hedor de la corrupción le llenó la nariz: era el olor dulzón y nauseabundo del pus y la carne podrida; abrió entonces los ojos y vio una luz pálida a través de una tela blanca y áspera que le cubría la cara. Supo que el olor de la muerte estaba dentro de su cuerpo y luchó por levantar una mano».[9]

Los enfermos llegaban con un impresionante catálogo de síntomas que, o bien antes no se conocían en los casos de gripe, o se manifestaban con una intensidad nunca vista hasta el momento. Inicialmente los médicos, los médicos buenos e inteligentes que buscaban una enfermedad que se acomodara a las pistas que les daban sus enfermos —la gripe no encajaba con esas pistas—, hicieron un diagnóstico erróneo en prácticamente todos los casos.

[9] Katherine Anne Porter, *Pálido caballo, pálido jinete* (1965), pp. 310-12.

Los pacientes se retorcían de dolor por la intensidad del que sentían en las articulaciones. Y los médicos diagnosticaban dengue, que también se llama «fiebre rompehuesos». Sufrían fiebre altísima y terribles escalofríos, tiritaban, temblaban bajo las mantas. Y los médicos diagnosticaban malaria.

El doctor Henry Berg, del Willard Parker Hospital de Nueva York (enfrente del laboratorio de William Parks), se mostró muy preocupado ante las quejas de sus pacientes, que describían «un ardor por encima del diafragma», por si pudiera ser cólera.[10] Otro doctor indicó que «muchos tenían vómitos y otros un dolor abdominal que indicaba alguna dolencia interna en la zona».[11]

En París, aunque algunos médicos también diagnosticaron cólera o disentería, otros interpretaron que por la intensidad y la localización de los dolores de cabeza podía tratarse de una fiebre tifoidea.[12] En plena epidemia, los médicos parisinos seguían siendo renuentes a diagnosticar gripe. En España, los responsables de salud pública declararon que las complicaciones se debían a la fiebre tifoidea, que era «un problema generalizado en todo el país».[13]

Pero ni la fiebre tifoidea ni el cólera, ni el dengue ni la fiebre amarilla, ni la peste ni la tuberculosis, ni la difteria ni la disentería explicaban el resto de síntomas. Ninguna enfermedad conocida los explicaba.

En *Proceedings of the Royal Society of Medicine* un médico británico escribía: «Una cosa que no había visto nunca es que se produce un enfisema subcutáneo (bolsas de aire que se acumulan bajo la piel), que comienza en el cuello y se va extendiendo, a veces por todo el cuerpo».[14]

---

[10] Richard Collier, *The Plague of the Spanish Lady: The Influenza Pandemic of 1918-1919* (1974), p. 35.

[11] Ireland, ed., *Medical Department of the United States Army in the World War, v. 12, Pathology of the Acute Respiratory Diseases, and of Gas Gangrene Following War Wounds* (1929), p. 13.

[12] Diane A.V. Puklin, «Paris», en Fred Van Hartesfeldt, ed., *The 1918-1919 Pandemic of Influenza: The Urban Impact in the Western World* (1992), p. 71.

[13] *Public Health Reports 33, parte 2* (27 de septiembre de 1918), p. 1667.

[14] W. S. Thayer, «Discussion of Influenza», *Proceedings of the Royal Society of Medicine* (noviembre de 1918), p. 61.

Debido a estas bolsas de aire que sale de los pulmones perforados los pacientes emitían un sonido parecido a un chisporroteo cuando les daban la vuelta en la cama. Una enfermera de la Marina compararía después ese sonido con el de un cuenco de arroz inflado, y lo recordaba tan vívidamente que durante toda su vida no pudo soportar estar cerca de alguien que comiera arroz inflado.[15]

Eran habituales los dolores intensos de oídos. Un médico observó que la otitis media (la inflamación del oído medio, marcada por un dolor intenso, fiebre y mareo) «cursaba con sorprendente rapidez y perforación del tímpano que se observaba, a veces, al cabo de las pocas horas del inicio del dolor».[16] Otro escribió: «Inflamación del oído medio en 41 casos. Otorrinos de guardia día y noche; han tenido que realizar paracentesis (extracción del líquido mediante inserción de una aguja) en el cien por cien de los tímpanos inflamados».[17] Y otro: «Supuración de pus en oído externo. Autopsias: prácticamente en todos los casos mostraban otitis con perforación [...]. Acción destructiva sobre el tímpano que encuentro similar a la que se observa en los tejidos pulmonares».[18]

Las cefaleas eran muy intensas. Las víctimas sentían como si les abrieran la cabeza en dos, literalmente, como si les estuvieran clavando una cuña con una maza, pero desde el interior de la cabeza hacia afuera. El dolor parecía centrarse sobre todo detrás del globo ocular y resultaba casi insoportable cuando el paciente movía los ojos. Había zonas en que perdían la visión, zonas donde el marco de visión habitual se ennegrecía o cierta parálisis de los músculos oculares. En la literatura médica alemana se daba cuenta de la frecuencia de casos donde el ojo resultaba afectado: llegaba, a veces, al 25 por ciento de los casos de gripe.[19]

[15] Carla Morrisey, transcripción de una entrevista no emitida para «Influenza 1918», *American Experience*, 26 de febrero de 1997.

[16] Ireland, ed., *Medical Department of the United States Army in the World War, v. 9, Communicable Diseases* (1928), p. 448.

[17] Ireland, *Pathology of Acute Respiratory Diseases*, p. 13.

[18] Burt Wolbach a Welch, 22 de octubre de 1918, entrada 29, RG 112, NA.

[19] David Thomson y Robert Thomson, *Annals of the Pickett-Thomson Research Laboratory, v. 10, Influenza* (1934), p. 751.

También resultaba afectado el olfato, que se perdía durante semanas.[20] Y había otras complicaciones menos habituales que también tenían su importancia, como el fallo renal agudo, que podía ser fatal. El síndrome de Reye atacaba al hígado. Un documento del ejército daba cuenta también de que «los síntomas eran de una extraordinaria variedad, y su gravedad de diversa consideración».[21]

No solo era la muerte: todos estos síntomas aumentaron el terror de la población.

Pero no era más que una gripe, una simple gripe. Sin embargo, para una persona de a pie, para una esposa que cuidara en casa de su marido, para un padre que cuidara de su hijo, un hermano de su hermana..., para todos ellos, estos síntomas que nunca habían visto resultaban aterradores. Y lo mismo para un Boy Scout que iba a llevar comida a una familia incapacitada, o para un policía que entraba en un apartamento donde encontraba al inquilino muerto o agonizando, para un voluntario que ofrecía su coche como ambulancia. Los síntomas paralizaban a la gente, les llenaban de pánico.

El mundo se volvió negro: la cianosis lo volvió negro. Los pacientes podían tener otros síntomas al principio, pero si médicos y enfermeras percibían un atisbo de cianosis comenzaban a tratar a los pacientes como si fueran terminales, como si se encaminaran a la muerte. Si la cianosis se revelaba extrema, la muerte era inevitable. Y la cianosis era muy común. Un médico escribió: «La cianosis intensa era un fenómeno sorprendente. Los labios, las orejas, la nariz, las mejillas, la lengua, la conjuntiva, los dedos y, a veces, el cuerpo entero adquirían una tonalidad oscura, plomiza».[22] Y otro: «Muchos pacientes muestran al ingresar una cianosis de intensidad sorprendente, que se percibe sobre todo en los labios. No es ese tono azulado pálido que estamos habituados a ver en las neumonías leves, sino un tono de azul más profundo». Y un tercero: «En casos con lesiones bilaterales la cianosis es muy marcada,

[20] *Ibid.*, p. 773.

[21] Ireland, *Pathology of Acute Respiratory Diseases*, p. 13.

[22] *Ibid.*, pp. 56, 141–42.

de un tono azul índigo... La palidez extrema es un síntoma de peso para aventurar el peor de los pronósticos».[23]

Y luego, la sangre. Sangre que salía del cuerpo, por todas partes: brotaba de la nariz, de la boca, a veces de los oídos o los ojos de la gente... E impresionaba verlo. Incluso para los médicos y otros profesionales habituados a pensar en el cuerpo como una máquina y que trataban de comprender los procesos de la enfermedad, un síntoma como ese —que no tenía por qué resultar mortal, pero era tremendamente extraño— no se asoció nunca con una gripe. Y eso sí que era perturbador, porque cuando el virus se volvió más virulento había sangre por todas partes. (Muchos factores pueden provocar el sangrado en membranas mucosas, y la forma en que lo causa el virus de la gripe responde a un mecanismo desconocido. Algunos virus atacan a las plaquetas, necesarias para la coagulación, de modo directo o indirecto, del mismo modo que también pueden atacarlas algunos elementos del sistema inmune).

En los acantonamientos del ejército estadounidense, entre el 5 y el 15 por ciento de todos los hombres hospitalizados sufrían de epistaxis (sangrado nasal), igual que el que provoca un virus hemorrágico como el Ébola.[24] Hay muchos informes sobre el sangrado: la sangre brotaba a veces de la nariz con la fuerza suficiente como para saltar a varios metros. Los médicos no se explicaban esos síntomas. Lo único que podían hacer era informar de ellos.

«Un 15 por ciento padece epistaxis...»; «Más o menos en la mitad de los casos sale de la nariz o la boca un líquido espumoso, manchado de sangre, cuando el paciente baja la cabeza...»; «La epistaxis se produce en un número considerable de casos; puede llegar a salir una pinta de sangre, de un color rojo brillante, de una persona...»;[25] «Un rasgo sorprendente de las primeras fases de los casos observados era el sangrado, por algún orificio corporal: seis de los casos estudiados vomitaron sangre; uno incluso murió a causa de la pérdida de sangre así sufrida».[26]

---

[23] Ireland, *Communicable Diseases*, p. 159.

[24] Ireland, *Pathology of Acute Respiratory Diseases*, pp. 13, 35.

[25] Jordan, *Epidemic Influenza*, p. 260.

[26] Ireland, *Pathology of Acute Respiratory Diseases*, p. 13.

¿Qué era aquello?

«Una de las complicaciones más llamativas era la hemorragia de membranas mucosas, sobre todo la nariz, el estómago y el intestino. También se han observado sangrado de oídos y hemorragias petequias en la piel».

Un investigador alemán escribió: «Se producen hemorragias en distintas partes del ojo».[27] Parece que eran muy frecuentes. Un patólogo americano expuso: «Se han contado cincuenta casos de hemorragia subconjuntival (sangrado en el interior del ojo), de los que doce tenían hemoptisis, sangre de tono rojo brillante sin combinarse con mucus, y tres presentaban hemorragia intestinal».[28]

«En mujeres se ha observado flujo vaginal hemorrágico que en un principio se pensó que se debía a la menstruación, pero se interpretó posteriormente como una hemorragia de la mucosa uterina».[29]

No se sabía qué era aquello. El virus nunca llegaba acompañado de un único síntoma. El responsable de diagnósticos del Departamento de Salud de la ciudad de Nueva York lo resumió así: «Hay casos con dolor intenso que se asemejan a los del dengue, hemorragias nasales o de bronquios, expectoración normalmente profusa y a veces manchada de sangre [...]. Paresis o parálisis de origen cerebral o espinal [...]. Una serie de dificultades de movilidad temporales o permanentes cuya intensidad va de leve a severa; depresión física y mental y postración intensa o prolongada que conduce a la histeria, a la melancolía e incluso a desarreglos emocionales con intentos de suicidio».[30]

El impacto de la enfermedad sobre el estado mental de las víctimas sería una de las secuelas más notables.

En el curso de la epidemia, un 47 por ciento de las muertes que se produjeron en Estados Unidos, casi la mitad de las que se produjeron como suma de todas las causas (cáncer, problemas de corazón, infarto cerebral, tuberculosis, accidente, suicidio, asesinato y

[27] Thomson y Thomson, *Influenza*, v. 9, p. 753.

[28] Ireland, *Pathology of Acute Respiratory Diseases*, p. 13.

[29] *Ibid.*, p. 76.

[30] Jordan, *Epidemic Influenza*, p. 265.

cualquier otra) las provocó la gripe y sus consecuencias.[31] Y el nivel de mortalidad alcanzado bastó para que la esperanza de vida se redujera en más de diez años.[32]

Algunos de los que murieron de gripe o neumonía podían haber muerto igual sin que hubiese epidemia: a fin de cuentas, la neumonía era la causa primera de muerte. De modo que la cifra corresponde en realidad al llamado «exceso de mortalidad». Actualmente los investigadores creen que en Estados Unidos la epidemia de gripe de 1918-19 provocó un exceso de mortalidad de en torno a las 675.000 personas. La nación tenía entonces una población de entre 105 y 110 millones, frente a 285 millones en 2004. Así que hoy en día la cifra correspondiente sería de 1.750.000 muertes.

Y había algo que iba más allá de esas cifras escalofriantes, algo que daba a la gripe de 1918 una inmediatez terrible, que la llevaba a todas las casas. Y a las casas donde más vida había.

La gripe casi siempre elige a los más débiles de una sociedad, y mata a los más jóvenes y a los más ancianos. Es oportunista en sus instintos, igual que un maltratador. Casi siempre deja marchar a los vigorosos, a los más sanos, incluidos los jóvenes. Siempre se llamó a la neumonía «la amiga de los viejos» porque mataba sobre todo a las personas de más edad y lo hacía de modo relativamente dulce, apacible: casi todos tenían tiempo de despedirse.

La gripe de 1918 no concedía esa gracia. Mataba a los jóvenes y a los fuertes. En todo el mundo se vio el mismo patrón de comportamiento: los jóvenes, normalmente el sector más sano y más fuerte de la población, eran los que más probabilidades tenían de morir. Aquellos que tenían más por lo que vivir, los sanos, los robustos, los que estaban en forma, los que estaban criando a sus hijos pequeños... Aquellos eran los que morían.

En las ciudades sudafricanas, los que estaban entre los veinte y los cuarenta años representaron el 60 por ciento de las muertes.[33] En Chicago, los casos de muertes entre los veinte y los cuarenta

---

[31] Thomson y Thomson, *Influenza, v. 9*, p. 165.

[32] Jeffrey K. Taubenberger, «Seeking the 1918 Spanish Influenza Virus», *American Society of Microbiology News 65, núm. 3* (julio de 1999).

[33] J.M. Katzenellenbogen, «The 1918 Influenza Epidemic in Mamre», *South African Medical Journal* (octubre de 1988), pp. 362-64.

años casi quintuplicaban las muertes de los que tenían entre cuarenta y sesenta.[34] Un médico suizo dijo que no había visto casos graves en gente de más de cincuenta.[35] En el «área de registro» de los Estados Unidos —estados y ciudades que tenían estadísticas fiables—, si se dividía la población en incrementos de cinco años, el mayor número de fallecimientos tenía lugar en el tramo de edad de veinticinco a veintinueve años, tanto hombres como mujeres, seguido del tramo de edades comprendidas entre los treinta y los treinta y cuatro. El tercer lugar lo ocupaban los que tenían entre veinte y veinticuatro. Y murió aún más gente en cada uno de esos grupos de cinco años que en el grupo de personas que superaban los sesenta.

Los gráficos que correlacionan los índices de mortalidad con la edad en los brotes de gripe siempre (siempre, salvo en la de 1918-19) comienzan con un pico que representa las muertes en edades infantiles, después describen un valle, vuelven a subir y hay un segundo pico que representa a la población de más de sesenta y cinco años. Si colocamos la mortalidad en el eje vertical y la edad en el horizontal, el gráfico de muertes describe una U.

Pero en 1918 fue distinto. La mortalidad infantil dejaba cifras altísimas, igual que la de los ancianos. Pero en 1918 el gran salto se produjo en el centro. En 1918 un gráfico de este tipo no describiría una U, sino una W: ese es el gráfico que cuenta la historia de una absoluta tragedia. Incluso en el frente francés Harvey Cushing reconoció esa tragedia y dijo de las víctimas que «estaban doblemente muertos, porque habían muerto muy jóvenes».[36]

Solo en el ejército americano las muertes vinculadas con la gripe sumaron un total superior al de soldados estadounidenses muertos en combate en Vietnam. Uno de cada sesenta y siete soldados murió de gripe o de sus complicaciones, casi todos ellos en un período de diez semanas que se inició a mediados de septiembre.

---

[34] Fred R. Van Hartesveldt, *The 1918-1919 Pandemic of Influenza: The Urban Impact in the Western World* (1992), p. 121.

[35] E. Bircher, «Influenza Epidemic», *Correspondenz-Blatt fur Schweizer Aerzte, Basel* (1918), p. 1338, citado en *JAMA* 71, núm. 23 (7 de diciembre de 1918), p. 1946.

[36] Sherwin Nuland, *How We Die* (1993), p. 202.

Pero la gripe, naturalmente, no solo mató a soldados. En Estados Unidos mató a quince veces más civiles que militares. Y entre los jóvenes destacaba otra estadística: las personas que más vulnerables eran a la gripe, las que más posibilidades tenían de morir, eran las mujeres embarazadas. En el año 1557 los observadores vincularon la gripe al aborto natural y a la muerte de las mujeres embarazadas. En trece estudios llevados a cabo en mujeres embarazadas hospitalizadas durante la pandemia de 1918, la tasa de mortalidad estuvo entre el 23 y el 71 por ciento.[37] De las que sobrevivieron, un 26 por ciento perdió el hijo que esperaba.[38] Y estas mujeres eran las que seguramente ya tenían otros hijos, con lo que hubo un número desconocido de niños que perdió a su madre.

La palabra más plena que existe en ciencia es «interesante». Sugiere algo nuevo, sorprendente, potencialmente significativo. Welch había pedido a Burt Wolbach, el brillante patólogo del gran hospital de Boston conocido como «el Brigham», que investigara los casos de Devens. Wolbach dijo que aquella era «la experiencia profesional más interesante» que había tenido jamás.[39]

La epidemiología de esta pandemia era «interesante». Los síntomas, poco habituales, eran «interesantes». Y las autopsias —algunos síntomas solo se veían en las autopsias— eran interesantes. El daño que causaba aquel virus, y su epidemiología, era un misterio insondable. Habría una explicación, pero tardaría décadas.

Entretanto, esta gripe, porque a fin de cuentas no era más que una gripe, no dejaba intacto ni un solo órgano interno. Otro distinguido patólogo comentó que el cerebro mostraba una «acusada hiperemia», un exceso de flujo sanguíneo que llega al cerebro provocado por una respuesta inflamatoria descontrolada, y añadió: «Las circunvoluciones cerebrales se desdibujaban y los tejidos cerebrales se observaban notablemente secos».[40]

---

[37] Jordan, *Epidemic Influenza*, p. 273.

[38] John Harris, «Influenza Occurring in Pregnant Women: A Statistical Study of 130 Cases», *JAMA* (5 de abril de 1919), p. 978.

[39] Wolbach a Welch, 22 de octubre de 1918, entrada 29, RG 112, NA.

[40] Douglas Symmers, M.D. «Pathologic Similarity Between Pneumonia of Bubonic Plague and of Pandemic Influenza», *JAMA* (2 de noviembre de 1918), p. 1482.

El virus inflamaba o afectaba al pericardio, la bolsa de tejido y fluidos que protege el corazón, y al propio músculo del corazón, que solía mostrar un aspecto «laxo y flácido, en fuerte contraste con la firmeza del ventrículo izquierdo contraído que siempre se aprecia en exámenes *post mortem* realizados a pacientes que mueren de neumonía lobar».[41]

El daño que presentaban los riñones variaba de un paciente a otro, pero se apreciaba daño «prácticamente en todos los casos».[42] El hígado sufría daños en ocasiones. Las glándulas suprarrenales registraban «áreas necrosadas, hemorragia franca y, en ocasiones, abscesos. Cuando no sufrían un proceso hemorrágico solían mostrar una congestión considerable».[43]

Los músculos que rodean la caja torácica quedaban rasgados por una serie de procesos tóxicos internos y por el esfuerzo externo de toser, y en otros muchos músculos los patólogos observaron necrosis o, directamente, «degeneración cerúlea».

Hasta los testículos mostraban «cambios muy sorprendentes, que se observaban prácticamente en todos los casos. Era difícil entender por qué se producían lesiones tóxicas tan severas en los músculos y en los testículos...».

Y los pulmones...

Los médicos habían visto pulmones como los que estaban viendo entonces, pero nunca en enfermos de neumonía. Solo una enfermedad conocida, una forma especialmente virulenta de la peste bubónica llamada peste neumónica, que mata a aproximadamente el 90 por ciento de sus víctimas, era capaz de rasgar los pulmones de arriba abajo como lo hacía aquella enfermedad. O las armas, en la guerra.

Un médico militar concluyó: «Los únicos hallazgos comparables son los de la peste neumónica y los que hemos registrado en muertes por gas venenoso».[44]

Setenta años después de la pandemia, Edwin Kilbourne, un científico muy respetado que había pasado mucho tiempo estudiando

[41] Ireland, *Pathology of Acute Respiratory Diseases*, p. 79.

[42] Ireland, *Communicable Diseases*, p. 160.

[43] Ireland, *Pathology of Acute Respiratory Diseases*, p. 392.

[44] Ireland, *Communicable Diseases*, p. 149.

la gripe, confirmó su observación: las condiciones en que se encontraban los pulmones «eran poco habituales en otras infecciones virales de las vías respiratorias, y recordaban a las lesiones que se habían visto tras inhalar gases tóxicos».[45]

Pero aquello no lo provocaba un gas tóxico ni era la peste neumónica. Aquello era una simple gripe.

---

[45] Edwin D. Kilbourne, M.D. *Influenza* (1987), p. 202.

21

En 1918 en particular, la gripe llegó tan de repente que muchas víctimas recordaban el momento preciso en el que se sintieron enfermas. Tan de repente que en todo el mundo los informes hablaban de gente que se caía de los caballos o se desmayaba en las aceras.

Hasta la propia muerte podía llegar así de rápido. Charles-Edward Winslow, destacado epidemiólogo y catedrático de Yale, destacó: «Tenemos un número notable de casos de personas que estaban perfectamente sanas y murieron al cabo de doce horas».[1] El *Journal of the American Medical Association* se hizo eco de algunos casos de muerte al cabo de unas horas de haber sido contagiado el enfermo: «Una persona de constitución robusta murió a las 10.00 de la mañana tras haber mostrado los primeros síntomas a las 16.00 horas del día anterior».[2] En *The Plague of the Spanish Lady: The Influenza Pandemic of 1918-1919*, el escritor Richard Collier contaba que en Río de Janeiro un hombre preguntó una dirección a Ciro Viera Da Cunha, estudiante de Medicina que estaba esperando el tranvía, en un tono de voz perfectamente normal, y de pronto cayó muerto, como fulminado. En Ciudad del Cabo, Sudáfrica, Charles Lewis subió a un tranvía para regresar a su casa: era un trayecto de cinco kilómetros. El conductor perdió el conocimiento: estaba muerto. Y no fue el único; en ese trayecto, aparte del conductor, murieron seis pasajeros.[3]

Lewis se bajó del tranvía y se fue a casa andando.

---

[1] *Transcript of influenza commission appointed by governor of New York*, encuentro en la New York Academy of Medicine, 30 de octubre de 1918, SLY.

[2] E. Bircher, «Influenza Epidemic», *JAMA* (7 de diciembre de 1918), p. 1338.

[3] Collier, *Plague of the Spanish Lady*, p. 38.

Lo que primero atrajo la atención de los patólogos fueron los pulmones. Médicos y forenses habían visto muchas veces los pulmones de fallecidos por neumonía. Muchos fallecidos por neumonías debidas a la gripe presentaban el mismo aspecto que los aquejados de una neumonía normal. Y cuanto más avanzaba la epidemia más rasgos se detectaban en los fallecidos que recordaban a los de una neumonía normal, bacteriana.

Los que morían rápidamente, al cabo de un día o menos tras presentar los primeros síntomas, normalmente morían de una invasión del virus a gran escala: el virus destruía suficientes células pulmonares para bloquear el intercambio de oxígeno. Esto, por sí solo, ya resultaba bastante extraño y no era habitual. Pero los pulmones de los hombres y mujeres que morían a los dos, tres o cuatro días tras mostrar los primeros síntomas de gripe no se parecían en nada a los de una neumonía normal. Eran más confusos y menos habituales.

En abril, un patólogo de Chicago envió muestras de tejido pulmonar al jefe de un instituto de investigación y le pidió que le echara un vistazo, por si era una nueva enfermedad.[4] En Francia hubo patólogos británicos que comentaron algunos hallazgos extraños en autopsias realizadas esa primavera. Capps también había comentado hallazgos inusuales en pulmones con Welch, Cole y otros miembros de la partida que realizó la inspección en junio. Los pulmones que había visto el propio Welch en la sala de autopsias de Devens le habían hecho temer que se tratara de una enfermedad nueva.

El tracto respiratorio tiene una única función: transferir el oxígeno del aire a los glóbulos rojos de la sangre. Podemos imaginar todo el sistema respiratorio como un roble invertido. La tráquea, que es el conducto por el que entra el aire, conduce a este desde el exterior del cuerpo al interior del pulmón, y sería el equivalente al tronco del árbol. Este tronco se divide en dos grandes ramas llamadas bronquios, que llevan el oxígeno a ambos pulmones. Cada bronquio se subdivide en ramificaciones más pequeñas llamadas bronquiolos, que penetran en el interior de los pulmones.

[4] Jordan, *Epidemic Influenza*, p. 36.

Los bronquios tienen unos cartílagos que contribuyen a dar al pulmón una estructura que podríamos llamar arquitectónica; los bronquiolos no tienen cartílagos.

Cada pulmón se subdivide en lóbulos: el pulmón derecho tiene tres, el izquierdo solo dos. Los lóbulos se subdividen en un total de diecinueve pequeños bolsillos, dentro de los cuales brotan, de los bronquios más pequeños y de los bronquiolos, como si fueran hojas, unos racimos de sacos minúsculos llamados alvéolos. Son como globos diminutos y porosos, y una persona normal tiene 300 millones de ellos. Los alvéolos desempeñan un papel comparable al de las hojas en la fotosíntesis. En los alvéolos es donde se produce la transferencia propiamente dicha de oxígeno a la sangre.

El lado derecho del corazón bombea la sangre sin oxígeno en dirección a los pulmones. La sangre pasa a través de los capilares, que son las venas más finas del sistema. Son tan pequeños que los glóbulos tienen que desplazarse por ellos de uno en uno, en fila. Los capilares rodean a los alvéolos, y las moléculas de oxígeno se deslizan a través de la membrana de tejido alveolar y se fijan a la hemoglobina de los glóbulos rojos en su recorrido. Tras recoger su carga de oxígeno, la sangre regresa al lado izquierdo del corazón, desde donde se bombea, a través de las arterias, a todo el cuerpo. Cada minuto atraviesa los pulmones toda la sangre que contiene el sistema.

En las arterias, los glóbulos rojos transportan el oxígeno y son de color rojo intenso; en las venas —como se aprecia en las muñecas— esas mismas células, sin oxígeno, se vuelven azuladas. Cuando los pulmones no pueden oxigenar la sangre, parte del cuerpo puede adquirir ese tono azulado; en algunos casos, incluso el cuerpo entero. Se llama cianosis. La falta de oxígeno, si dura demasiado, acaba por dañar otros órganos del cuerpo y, en ocasiones, los mata.

El tejido pulmonar sano es esponjoso, poroso y ligero, mucho más que el agua. Además, aísla muy bien el sonido. Un médico que palpa el pecho de un paciente sano oye muy poca cosa. Cuando se manipula el tejido normal de los pulmones crepita: el aire que hay en los alvéolos, al salir, produce una especie de crujido similar al de frotarse el pelo.

Un pulmón congestionado produce un sonido muy distinto al de uno sano: un tejido firme transmite los sonidos de la respiración hacia la pared torácica, de modo que quien escuche puede oír una especie de crujidos o silbidos, llamados rales, que pueden ser apagados o hiperresonantes. Si la congestión es lo suficientemente densa y está bastante extendida, se dice que el pulmón está consolidado.

En la bronconeumonía, las bacterias (de muy diversos tipos) invaden ellas mismas los alvéolos. Las células del sistema inmune también lo hacen, seguidas de los anticuerpos, fluidos y otras proteínas y enzimas. Un alvéolo infectado, al recibir todo ese material, se vuelve denso: ya no puede transferir oxígeno a la sangre. Esta consolidación se produce en las zonas que rodean a los bronquios y la infección suele quedar bastante localizada.

En la neumonía lobar se consolidan lóbulos enteros, que se transforman en una masa de consistencia similar al hígado, hasta tal punto que para definirla se utiliza el término «hepatización». Un lóbulo hepatizado puede adquirir distintas tonalidades, que dependerán de la fase en que se encuentre la enfermedad: una hepatización grisácea, por ejemplo, indica que hay varios tipos de glóbulos blancos que han entrado al pulmón para combatir la infección. Un pulmón enfermo contiene también los desechos de las células disueltas, junto con varias proteínas como la fibrina y el colágeno, que son parte de los recursos que tiene el cuerpo para reparar los daños que sufre. Los esfuerzos de reparación pueden causar sus propios problemas: la fibrosis, por ejemplo, tiene lugar cuando un exceso de fibrina interfiere con el funcionamiento normal del pulmón.

Aproximadamente dos tercios de todas las neumonías bacterianas y un porcentaje aún mayor de neumonías lobares son consecuencia de un único grupo de bacterias: los distintos subtipos de neumococos. El neumococo es también la segunda causa de la meningitis. Un neumococo virulento puede extenderse por todo un lóbulo en cuestión de horas. Incluso hoy en día, en el 20 o el 30 por ciento de los casos de neumonía lobar que se producen las bacterias se extienden por la sangre e infectan otras áreas del cuerpo, provocando muchas víctimas mortales. No es raro ver casos de cianosis en afectados de neumonía lobar, pero la mayor parte del pulmón conserva un aspecto normal.

En 1918, los patólogos observaron en las autopsias la devastación que es normal en los pulmones cuando el paciente tiene una neumonía lobar normal o una bronconeumonía. Pero los pulmones de las personas que habían muerto rápidamente durante la pandemia, los pulmones que tan confundido dejaron a Welch, eran distintos. Según dijo un patólogo: «Los signos físicos provocan confusión, porque rara vez se observa una consolidación típica».[5] Otro explicó: «La antigua clasificación por distribución de las lesiones resultaba inadecuada».[6] Y otro más afirmó: «Hay un daño, sobre todo tóxico, que se aprecia en las paredes alveolares y en la exudación de sangre y fluidos. Y muy poca evidencia de acción bacteriana en algunos de estos casos».[7]

En un artículo publicado en el *Journal of the American Medical Association,* varios patólogos coincidían en que «la imagen patológica era sorprendente, y muy distinta de la de cualquier tipo de neumonía que se veía habitualmente en el país. Las lesiones pulmonares, complejas y variables, llamaban la atención porque eran de naturaleza muy distinta a cualquier otra cosa que se hubiera visto en los miles de autopsias realizadas en los últimos 20 años».

Los pulmones, al extraerse del cuerpo, suelen desinflarse como si fueran globos. Pero no aquellos: aquellos estaban llenos, aunque no de aire. En las neumonías bacterianas lo normal es que la infección se propague en el interior de los alvéolos. En 1918, cuando los alvéolos eran invadidos, también se llenaban los espacios interalveolares. Y ese espacio, que constituye el grueso del volumen del pulmón, se llenaba de desechos: células destruidas y todos los elementos del sistema inmune, desde enzimas hasta glóbulos blancos. Y también de sangre.

Otro observador concluyó que aquella «muerte aguda» cuya evidencia se apreciaba en los pulmones era «una lesión que no se produce en otros tipos de infección pulmonar. En la gripe es la lesión distintiva».[8]

---

[5] Ireland, *Communicable Diseases*, p. 160.
[6] Ireland, *Pathology of Acute Respiratory Diseases*, p. 10.
[7] F. M. Burnet y Ellen Clark, *Influenza: A Survey of the Last Fifty Years* (1942), p. 92.
[8] Ireland, *Communicable Diseases*, p. 150.

Los pulmones de las víctimas quedaban reducidos a jirones a consecuencia del daño colateral producido por el ataque que el sistema inmune ejercía sobre el virus. Como el tracto respiratorio tiene que dejar pasar el aire del exterior hasta los más recónditos rincones del interior del cuerpo, siempre está muy bien protegido. Los pulmones fueron el campo de batalla entre el sistema inmune y los invasores. En estos casos, en el campo de batalla no quedó ningún guerrero en pie.

El sistema inmune comienza su batalla para proteger a los pulmones antes de que los invasores lleguen a ellos: en la saliva, con enzimas que destruyen algunos patógenos, entre ellos el VIH, que se aloja en la mayoría de los fluidos corporales pero no en la saliva, porque las encimas lo matan. Luego levanta una serie de barreras físicas, como el vello de las fosas nasales, que sirve de filtro a las partículas de mayor tamaño, o las curvaturas de la garganta, que obligan al aire inhalado a apartarse a los lados de las vías respiratorias.

El mucus recubre estas vías y atrapa a organismos y agentes irritantes. Bajo la capa de mucus hay una lámina de células epiteliales de cuya superficie salen los llamados cilios, una especie de pelillos que, como remos minúsculos, barren sin descanso, a un ritmo de entre 1000 y 1500 golpes por minuto y en sentido ascendente, todos los cuerpos extraños de los lugares en los que se han introducido. De no ser así, dichos cuerpos extraños podrían provocar una infección. El barrido los impulsa a subir por la laringe y, si alguno se agarra en el tracto respiratorio superior, el cuerpo intentará expulsarlo mezclado con algún fluido (la típica secreción nasal) y gracias a movimientos mecánicos como los de la tos o el estornudo.

Estas defensas son físicas, y su actuación es equiparable a alzar un brazo para evitar que alguien te dé un puñetazo, y no provocan daño alguno a los pulmones. Incluso si el cuerpo sobrerreacciona, el daño no suele ser grave, aunque a veces un gran volumen de mucosidad bloquee el tracto por el que pasa el aire y dificulte la respiración, como sucede en los casos de alergia precisamente por la sobrerreacción del sistema inmune.

También hay defensas más agresivas: dos tipos de células en particular, los macrófagos y las llamadas «asesinas naturales» o

NK (dos tipos de glóbulos blancos que buscan y destruyen a todos los invasores extraños, a diferencia de otros elementos del sistema inmune que solo actúan contra una amenaza específica), que patrullan por todo el tracto respiratorio y recorren los pulmones. Las células del tracto respiratorio segregan enzimas que atacan a las bacterias y a algunos virus (incluido el de la gripe), o los bloquean e impiden que ataquen al tejido que hay debajo de la mucosa, y esa secreción emplea más leucocitos y más enzimas para contraatacar. Si el invasor es un virus, los leucocitos segregan interferón, que puede bloquear las infecciones víricas.

Todas las defensas funcionan tan bien que los propios pulmones, aunque estén expuestos directamente al aire que llega de fuera, permanecen estériles. Pero cuando se infectan entran en juego otras defensas, algunas violentas o letales. Porque el sistema inmune es, en el fondo, una máquina de matar: selecciona el organismo infeccioso, lo ataca con las armas de su arsenal (algunas de ellas brutales) y neutraliza o mata al invasor.

No obstante, el equilibrio entre matar al enemigo y pasarse matando, entre reacción y sobrerreacción, es muy precario. El sistema inmune puede comportarse como una patrulla de élite y matar tanto al secuestrador como al secuestrado. Algo así como el ejército que destruye una aldea cuando intenta salvarla.

En 1918, sobre todo, la cuestión del equilibrio desempeñó un papel fundamental en la guerra entre el virus y el sistema inmune, entre la vida y la muerte. El virus resultaba a veces tan eficaz en su objetivo de invadir los pulmones que el sistema inmune tenía que preparar una respuesta a gran escala. Lo que mataba a los jóvenes a los pocos días de manifestar el primer síntoma no era el virus, sino la respuesta inmune descontrolada.

Normalmente el virus se adosa a las células epiteliales, que recubren todo el tracto respiratorio como si fuera una capa aislante. Recubren todo el tubo hasta llegar a los alvéolos. Quince minutos después de que el virus de la gripe haya invadido el cuerpo, los «pinchos» de hemaglutinina comienzan a fijarse a los receptores de ácido siálico de esas células. Uno tras otro, esos pinchos van atacando a los receptores. Cada uno actúa como un gancho que hace que el virus se agarre con más fuerza a la célula. En general, más o menos a las diez horas de invadir el virus una célula, esta se abre y libera entre 1000 y 10.000 virus capaces de infectar a otras células. Incluso en la fase donde su capacidad reproductora es menor (1000 veces - 1000 veces - 1000 veces, etc.) es fácil entender cómo un enfermo puede sentirse perfectamente sano en un momento dado y caer desmayado al instante siguiente, que es cuando madura la quinta o la sexta generación de virus e infecta a las células.

Mientras, el virus ataca también al sistema inmune directamente minando la capacidad que tiene el cuerpo de autoprotegerse. El virus inhibe la liberación de interferón, que suele ser el primer arma que emplea el cuerpo para combatir una infección vírica.[9] En 1918 la capacidad de inhibir el sistema inmune era tan obvia que los investigadores, aun abrumados por la pandemia como estaban, se dieron cuenta de que los enfermos de gripe tenían muy debilitada la respuesta inmune a otros estímulos.[10] Y para probarlo utilizaron medios objetivos.

Incluso los virus que provocan una gripe leve pueden dejar el tracto respiratorio superior prácticamente sin células epiteliales: lo dejan desnudo, y la garganta se queda en carne viva. El proceso de reparación comienza al cabo de unos pocos días, pero lleva semanas culminarlo.

Una vez que la infección se ha establecido, el sistema inmune responde inicialmente con una inflamación. El sistema inmune puede inflamar el lugar donde se produce la infección provocando enrojecimiento, calor e hinchazón, o bien inflamar todo el cuerpo, mediante la fiebre. O ambas cosas.

El proceso de inflamación propiamente dicho conlleva una liberación, por parte de algunos leucocitos, de unas proteínas llamadas citoquinas. Ya hemos visto que los glóbulos blancos pueden ser de diversos tipos: unos atacan a los organismos invasores y otros hacen de auxiliares o producen anticuerpos. De citoquinas hay aún más tipos. Algunas atacan directamente a los invasores, como el

[9] Fields, *Fields' Virology*, p. 196.

[10] Thomson y Thomson, *Influenza*, v. 9, p. 604.

interferón, que ataca a los virus, mientras otras actúan como mensajeras, transmitiendo órdenes. Los macrófagos, por ejemplo, liberan GM CSF, cuyas siglas en inglés significan «factor estimulante de colonias de granulocitos y macrófagos». El GM CSF estimula la producción de más macrófagos en la médula ósea, además de granulocitos, otro tipo de glóbulo blanco. Algunas citoquinas también llevan mensajes a zonas del cuerpo que no se consideran parte integrante del sistema inmune: hay citoquinas que afectan al hipotálamo, que es el termostato del cuerpo. Cuando estas citoquinas se fijan a algún receptor del hipotálamo, la temperatura del cuerpo asciende y todo el cuerpo se inflama. La fiebre es parte de la respuesta inmune, pues algunos patógenos no se desarrollan bien a altas temperaturas. Y con la gripe la fiebre puede subir hasta 39,5 grados, incluso más.

Pero las citoquinas también tienen efectos tóxicos. Los típicos síntomas de la gripe que no tienen que ver con el tracto respiratorio, como el dolor de cabeza y de cuerpo, los provocan las citoquinas, no el virus. Un efecto colateral de la estimulación, por parte de las citoquinas, de la médula espinal para que fabrique más leucocitos es el dolor de huesos.

Las citoquinas pueden provocar también otros daños, más graves y permanentes. El llamado factor de necrosis tumoral, por ejemplo, es una citoquina que obtiene su nombre de su capacidad para matar células cancerosas. Los tumores expuestos a este factor en laboratorio, sencillamente, se derriten. También ayuda a elevar la temperatura corporal y estimula la producción de anticuerpos. Pero el TNF es extraordinariamente letal, y no solo para células enfermas: también puede destruir las sanas. De hecho, puede matar al paciente, porque el TNF es una toxina, y una de las causas principales del síndrome del shock tóxico. Y no es la única citoquina tóxica.

Como rutina, el organismo combate el virus de la gripe antes de asentarse en los pulmones. Pero en 1918 el virus lograba infectar las células epiteliales: no solo las del tracto respiratorio superior, sino las de todo el tracto respiratorio, llegando incluso a los lugares más recónditos de los pulmones y a las de los alvéolos. Esa era una neumonía vírica.

El sistema inmune seguía al virus en su trayecto hacia los pulmones y allí lo combatía. En esa guerra, el sistema inmune atacaba con toda su artillería. Y mataba. Mataba especialmente con unas células llamadas linfocitos T, un tipo de leucocito que se dirige a las propias células del cuerpo cuando un virus las infecta y cuya arma letal se denomina en ocasiones «tormenta de citoquinas». Un ataque a gran escala que pone en marcha todas las armas letales de que dispone el organismo.

Los mismos capilares que trasladan la sangre por los alvéolos se encargan de trasladar estas municiones. Se dilatan y llevan a los pulmones fluidos, todo tipo de leucocitos, anticuerpos, otros elementos del sistema inmune y citoquinas. Entonces estas citoquinas y otras enzimas destruyen por completo los capilares. A los pulmones llega aún más fluido. Se dañan las células que recubren los alvéolos, si es que han sobrevivido al virus. En el interior de los alvéolos se forman unas membranas rosadas, cristalinas, que se llaman membranas hialinas. Cuando eso ocurre desaparece de los alvéolos una sustancia denominada surfactante, compuesta de una proteína viscosa, jabonosa, que contribuye a reducir la tensión superficial y a facilitar la transferencia de oxígeno a los glóbulos rojos. Entra en los pulmones aún más sangre. El cuerpo empieza a producir un tejido conectivo con aspecto fibroso. Algunas áreas del pulmón se llenan de residuos de células, fibrina, colágeno y otras sustancias. Proteínas y fluidos llenan el espacio intercelular.

Macfarlane Burnet describió lo que estaba ocurriendo en el interior de los pulmones: «Congestión inflamatoria aguda [...]. Necrosis muy rápida de la mayor parte del tejido epitelial del árbol bronquial en sentido descendente, que llega hasta los bronquiolos más pequeños [...]. Daño esencialmente tóxico a las paredes alveolares y exudación de sangre y fluidos [...]. La exudación de fluido, si era continuada en áreas donde había tenido lugar un bloqueo de los bronquios de menor tamaño, pudo provocar falta de aire en algunas regiones».[11]

El sistema inmune cambia con la edad. Los jóvenes tienen un sistema inmune más fuerte que el resto de la población, y son los

[11] *Ibid.*, p. 92.

más capaces de articular una respuesta inmune a gran escala. Normalmente eso les convierte en los más sanos de la población. En determinadas condiciones, sin embargo, esa fuerza se convierte en debilidad.

En 1918, el sistema inmune de los jóvenes articuló respuestas inmunes a gran escala contra el virus. Esa respuesta inmune llenaba los pulmones de líquido y desechos, haciendo imposible el intercambio de oxígeno. La respuesta inmune mataba.

El brote de gripe que se produjo en 1997 en Hong Kong, cuando un virus nuevo saltó de los pollos a los seres humanos, mató solo a seis personas y no se adaptó. Más de un millón de pollos fueron sacrificados para evitar esa adaptación, y el brote se ha estudiado en profundidad. En las autopsias, los forenses encontraron niveles muy altos de citoquinas incluso en la médula ósea, en el tejido linfático, el bazo (todos ellos comprometidos en la respuesta inmune) y otros órganos, que se vieron sometidos al ataque de un sistema inmune que se había vuelto contra ellos. Pensaron que esto demostraba la existencia de «un síndrome que anteriormente no se había asociado a la gripe».[12] De hecho, los investigadores ya habían visto eso mismo en 1918.[13]

Pero no era más que una gripe, una simple gripe.

En los años setenta, los médicos empezaron a reconocer un proceso patológico en los pulmones que podía tener muchas causas, pero una vez que se desencadenaba el proceso, parecía similar y administraban el mismo tratamiento. Por sus siglas en inglés lo llamaron ARDS, que significa «síndrome de dificultad respiratoria aguda». Prácticamente cualquier cosa que ejerza una presión extrema en los pulmones puede provocar el ARDS: estar a punto de ahogarse en el agua, inhalar humo o gases tóxicos (o gas venenoso)..., o la neumonía vírica de la gripe. Los médicos de hoy en día que consulten los informes de los patólogos de 1918 referidos a los pulmones designarán inmediatamente el problema como ARDS.

[12] P.K.S. Chan et al., «Pathology of Fatal Human Infection Associated with Avian Influenza A H5N1 Virus», *Journal of Medical Virology* (marzo de 2001), pp. 242–46.

[13] Jordan, *Epidemic Influenza*, pp. 266–68, *passim*.

Un experto en enfermedades pulmonares describe el ARDS como «una quemazón dentro de los pulmones». Se trata prácticamente de eso: quemar el tejido pulmonar. Cuando una neumonía vírica provoca ese síndrome las toxinas del sistema inmune, diseñadas para destruir a los invasores, son en realidad las que provocan la inflamación en el pulmón al «quemar» el tejido.

Cualquiera que sea la causa del ARDS, no hay ni siquiera en estos tiempos una forma de detener el proceso de desintegración del pulmón una vez iniciado. Solo se pueden dar cuidados paliativos, y mantener con vida al enfermo hasta que pueda recuperarse. Para esto hace falta toda la tecnología de que disponen las modernas unidades de cuidados intensivos. Y a pesar de todo, incluso con los más avanzados cuidados, incluso con una administración de oxígeno eficiente y unos medios más eficaces que en 1918, la tasa de mortalidad entre pacientes de ARDS, en diferentes estudios, va del 40 al 60 por ciento.[14] Sin cuidados intensivos (y los hospitales suelen tener pocas camas en sus unidades de cuidados intensivos) la tasa de mortalidad podría llegar al cien por cien.

En 2003 apareció en China un nuevo coronavirus que provocó el llamado SARS (síndrome respiratorio agudo severo), que se extendió por el mundo rápidamente. Los coronavirus provocan, se estima, entre el 15 y el 30 por ciento de todos los resfriados y, como los virus de la gripe, infectan las células epiteliales. Cuando el coronavirus que provoca el SARS mata, lo hace a través del ARDS, aunque como el virus se replica mucho más despacio que la gripe, la muerte por ARDS puede llegar varias semanas después de los primeros síntomas.

En el caso del ARDS la muerte puede llegar por varias causas. Los órganos que hay fuera de los pulmones pueden fallar porque no les llega oxígeno suficiente. Los pulmones pueden entonces llenarse de un fluido que el ventrículo derecho del corazón no logra expulsar, y el enfermo se ahoga. La tensión que provoca el intento de bombear la sangre para que salga del pulmón puede provocar un fallo cardíaco. O el enfermo puede morir, simplemente, de

[14] Lorraine Ware y Michael Matthay, «The Acute Respiratory Distress Syndrome», *New England Journal of Medicine* (4 de mayo, 2000), p. 1338.

agotamiento: tiene que respirar con tal rapidez para conseguir el oxígeno necesario que los músculos se agotan, y deja de respirar.

El ARDS no fue el responsable de todas las muertes por gripe que tuvieron lugar en 1918 y 1919, ni siquiera de la mayoría de ellas. Solo explica las de aquellos que murieron en pocos días, y por qué murieron tantos jóvenes sanos. Aunque la gripe mató seguramente a algunas personas de diversas maneras que poco tenían que ver con los pulmones —hubo gente, por ejemplo, que tenía ya el corazón débil y no pudo soportar el esfuerzo que representaba luchar contra la enfermedad—, una abrumadora mayoría de las muertes no provocadas por el ARDS se produjo a causa de una neumonía bacteriana.

La destrucción de las células epiteliales elimina la acción de barrido que tiene lugar en el tracto respiratorio para liberar a este de bacterias, y el virus daña o agota otras partes del sistema inmune. Así, la flora bacteriana normal de la boca tiene acceso franco a los pulmones. Una investigación reciente sugiere también que las neuraminidasas del virus de la gripe hacen que a las bacterias les resulte más fácil adosarse al tejido pulmonar, creando así una sinergia letal entre el virus y esas bacterias. Y entonces empiezan a aumentar las bacterias en los pulmones.[15]

Las neumonías bacterianas se desarrollaban una, dos o tres semanas después de que el paciente cayera enfermo de gripe, aunque fuese una gripe aparentemente leve. Normalmente los enfermos de gripe parecían recuperarse, volvían incluso al trabajo, pero luego volvían a caer víctimas de una neumonía bacteriana.

Resulta imposible conocer qué porcentaje de muertos fueron víctimas de una neumonía vírica y del ARDS y cuántos de una neumonía bacteriana. En términos generales, los epidemiólogos y los historiadores que escribieron sobre esa pandemia asumieron que una abrumadora mayoría de las muertes fueron provocadas por invasores secundarios, por neumonías bacterianas que podían combatirse con antibióticos.

---

[15] J.A. McCullers y K.C. Bartmess, «Role of Neuraminidase in Lethal Synergism Between Influenza Virus and Streptococcus Pneumoniae», *Journal of Infectious Diseases* (15 de marzo de 2003), pp. 1000-1009.

La conclusión del comité del ejército para la neumonía, sin embargo, es aterradora en cuanto a las implicaciones que tiene para el momento presente. Este comité, compuesto por media docena de los mejores científicos de Estados Unidos, llevó a cabo autopsias y revisó los informes patológicos de otros profesionales. Se encontraron signos de lo que hoy en día se llamaría ARDS casi en la mitad de las autopsias.[16] Otro estudio se limitaba a la patología de la enfermedad: lo dirigió Milton Winternitz, protegido de Welch que llegaría a ser decano de la Facultad de Medicina de Yale, y llegó a la misma conclusión.[17]

Eso sobreestima el porcentaje de víctimas que murieron de ARDS —en realidad, de neumonía vírica por gripe—, porque el estudio del ejército solo contempló las muertes que se produjeron entre los soldados, hombres jóvenes y sanos que formaban el grupo que más probabilidades tenía de resultar muerto por acción de su sistema inmune. En la población total, las neumonías víricas y el ARDS no provocaban un porcentaje tan alto de muertes. La mayoría de ellas eran casi con toda probabilidad consecuencia de infecciones bacterianas secundarias, pero probablemente no tantas como se había esperado. Aunque de poco consuelo serviría eso para los que se preocupaban por la siguiente pandemia de gripe.

En 1957, la pandemia golpeó en plena edad dorada de los antibióticos, pero incluso entonces solo un 25 por ciento de las víctimas tenía solo una neumonía vírica; tres cuartas partes de las muertes las causaron las complicaciones, generalmente una neumonía bacteriana.[18] Desde entonces, la resistencia bacteriana se ha convertido en un problema fundamental en la medicina. Hoy en día la tasa de mortalidad a causa de una neumonía bacteriana consecuencia de la gripe sigue siendo de un 7 por ciento, aproximadamente,[19] y en algunas zonas de Estados Unidos un 35 por ciento de las infecciones por neumococo son resistentes al antibiótico

[16] Ireland, *Communicable Diseases*, p. 151.

[17] Milton Charles Winternitz, *The Pathology of Influenza* (1920).

[18] Frederick G. Hayden y Peter Palese, «Influenza Virus»; en Richman et al., *Clinical Virology* (1997), p. 926.

[19] Murphy y Werbster, «Orthomyxoviruses», en Fields, *Fields' Virology*, p. 1407.

elegido.[20] Cuando el invasor secundario es el *staphylococcus aureus*, una bacteria que se ha convertido en un problema importante en los hospitales por su resistencia a los antibióticos, la tasa de mortalidad —en la actualidad— puede llegar al 42 por ciento, superando a la tasa de mortalidad general por neumonías bacterianas en 1918.

[20] «Pneumococcal Resistance», *Clinical Updates IV, núm.* 2, enero de 1998, National Foundation for Infectious Diseases, www.nfid.org/publications/clinicalupdates/id/pneumococcal.html.

PARTE VII

LA CARRERA

22

La naturaleza decidió arrasar en 1918, y optó por hacerlo en forma de virus de la gripe. Dicho de otro modo: actuó de un modo casi cómico y llegó valiéndose de lo familiar. Entró como a un baile de disfraces, se quitó la máscara y dejó a la vista una calavera.

Luego, cuando el patógeno comenzó a extenderse desde los acantonamientos a las ciudades, cuando empezó a extenderse por el interior de las ciudades, a pasar de las ciudades a los pueblos y de los pueblos a las granjas, la ciencia médica también empezó a moverse: comenzó su propia carrera contra el patógeno, avanzando más deprisa y con más determinación que nunca.

Pero los científicos no sabían si lograrían controlar la furia de la naturaleza. Su primer objetivo seguía siendo salvar vidas. Y en todo el mundo dio comienzo su lucha y su carrera.

En Estados Unidos comenzó con Welch, Gorgas, Cole y sus colegas, con las instituciones que ellos habían construido y los hombres y mujeres a los que habían formado. Pero ni esas instituciones ni esos hombres y mujeres se habían puesto a prueba en una situación comparable a la de entonces: nunca pensaron que sucedería algo así. Sin embargo, si había una posibilidad de cambiar el curso de la enfermedad, estaba en sus manos.

Existían tres preguntas fundamentales, y para salvar vidas necesitaban encontrar respuesta a al menos una de ellas: quizá una simple aproximación a la respuesta les proporcionara los datos suficientes para intervenir, para detener el avance de la enfermedad en algún punto crítico. Pero también podía ser que obtuvieran respuestas detalladas a las tres preguntas y aun así siguieran sin poder hacer nada. Absolutamente nada.

En primer lugar, necesitaban entender la epidemiología de la gripe: cuál era su comportamiento, cómo se extendía. Los científicos ya habían aprendido a controlar el cólera, las fiebres tifoideas, la fiebre amarilla, la malaria, la peste bubónica y otras enfermedades tras comprender su epidemiología, y lo habían logrado antes de desarrollar una vacuna o una cura.

Lo segundo: tenían que entender su patología, lo que hacía en el interior del cuerpo, el curso exacto de la enfermedad. También eso podría permitirles intervenir de algún modo para salvar vidas.

Y en tercer lugar, tenían que saber qué era el patógeno, qué microorganismo provocaba la gripe. Con esto podrían encontrar una vía para estimular el sistema inmune, para evitar o curar la enfermedad. También podía darse que, sin conocer la causa exacta, llegaran a desarrollar un suero o una vacuna.

La pregunta más fácil de responder, en el caso de la gripe, era su epidemiología. Aunque algunos investigadores respetados seguían creyendo en la teoría de las miasmas —pensaban que la gripe se contagiaba demasiado rápido como para que el contacto de persona a persona pudiera explicarlo—, la mayoría estaban convencidos de que era un patógeno que se transmitía a través del aire, lo cual es cierto: uno podía contraer la enfermedad respirando. No conocían los detalles exactos, como que cuando el virus flota en el aire puede infectar a cualquiera durante un tiempo que va desde una hora hasta un día después de inhalarlo y que cuanto más baja es la humedad, más tiempo sobrevive el virus. Lo que sí sabían era que como mejor se propagaba la enfermedad era en congregaciones de gente.

Tenían también una idea precisa de otro aspecto de la enfermedad: cuando un enfermo de gripe «esparce» el virus, es decir, infecta a otros, entre el tercer y el sexto día se manifiesta la enfermedad en los infectados.

Asimismo creían —también correctamente— que la gente podía coger la gripe por otros medios, no solo por inhalación sino por contacto entre las manos y la nariz o la boca. Y estaban en lo cierto cuando creían, por ejemplo, que una persona enferma que se tapara la boca con la mano al toser podía contagiar a otra a la que diera la mano varias horas después, si esta segunda persona, por ejemplo, se frotaba la barbilla o se tocaba la nariz o se metía un caramelo en la boca: con esos gestos quedaría infectada. De manera similar, si alguien enfermo tosía poniéndose la mano y luego tocaba una superficie dura, como el pomo de una puerta, podía propagar el virus al transmitirlo a alguien que tocara ese pomo y luego se llevara la mano a la cara. De hecho, el virus podía seguir siendo infeccioso sobre una superficie dura por un plazo de dos días.

El conocimiento de la epidemiología de la gripe, por lo tanto, servía de poco. Únicamente el aislamiento estricto y la cuarentena podían detener su curso. Ningún científico, ningún funcionario de salud pública tenía el poder político necesario para aplicar esa medida. Podían hacerlo algunas autoridades locales, pero no una figura nacional. Incluso en el ejército se ignoraron las llamadas urgentes y desesperadas que hizo Gorgas para detener el traslado de tropas.

Los científicos también estaban aprendiendo mucho sobre la patología de la enfermedad y su curso natural. Sobre todo, que no podían hacer casi nada para influir en los casos más graves, que solían progresar hasta convertirse en neumonías o en ARDS. Ni siquiera el oxígeno parecía funcionar.

Creyeron que podrían salvar vidas si lograban evitar o tratar aquellas neumonías que cursaban más despacio, las provocadas por lo que sospechaban que eran invasores secundarios. Por ejemplo, se tomaron algunas medidas preventivas que consistían en algo tan sencillo como guardar cama tras enfermar de gripe o cuidarse y reposar, algo cada vez más complicado en cuanto empezó a aumentar el número de enfermos entre las enfermeras y los médicos.

Pero si lograban descubrir el patógeno... Tenían herramientas, podían manipular el sistema inmune, podían prevenir y curar algunas neumonías, incluidas las más comunes. La conquista de las neumonías bacterianas parecía estar al alcance de la mano de la ciencia, al alcance de la mano de casi cualquier investigador, pero más allá de un umbral donde nunca llegaban. Si consiguieran descubrir el patógeno...

Todas las energías de la ciencia se pusieron al servicio de ese afán.

William Welch no dio una respuesta. Desde Camp Devens había ido directamente a Baltimore sin pasar por Nueva York ni ir a informar al general médico a su oficina de Washington. Podían encargarse otros: él ya había dicho por teléfono lo que tenía que decir.

Welch no se encontraba bien. Naturalmente, no se dejaba llevar por el malestar: a fin de cuentas, acababa de regresar de un viaje muy complicado. Justo antes de partir hacia Devens, él, Cole y Vaughan habían terminado su última ronda de inspecciones por los distintos campamentos y habían pasado unos días de relax en Asheville (Carolina del Norte). Welch se había planteado apartarse de la misión, pero un domingo les convocaron para una reunión de urgencia en la oficina del general médico, fueron directos a Devens y allí descubrieron esta terrible enfermedad.

Tenía motivos de sobra para estar cansado e irritable. Seguramente el traqueteo del tren le molestaba y hacía más patentes los primeros atisbos de un dolor de cabeza. Además, era un hombre corpulento y en el tren no iba cómodo.

Pero a medida que el tren avanzaba hacia el sur, él se iba sintiendo peor; el dolor de cabeza era cada vez más fuerte y empezó a toser. Tos improductiva y algo de fiebre. Si prestaba atención a sus síntomas desde el punto de vista clínico, objetivo, el diagnóstico estaba claro: tenía gripe.

No se conservan registros de su evolución. En todo Baltimore, en toda la Costa Este, ya se había producido el estallido. El virus entró con tal fuerza en la Hopkins que hubo que cerrar al público el hospital universitario y dejarlo solo para su personal y sus alumnos. Tres estudiantes de Medicina, tres enfermeras y tres médicos de la Hopkins murieron.[1]

Welch no fue al hospital. Tenía casi setenta años, cuarenta más que tantos que aquellos días estaban muriendo a centenares. Acababa de salir del horror de Devens y conocía bien la enorme presión que estaba sufriendo la Hopkins, el deficiente cuidado que podían darle. En sus propias palabras: «Ni se me pasó por la cabeza ir al hospital en aquel momento».[2]

---

[1] Dorothy Ann Pettit, «A Cruel Wind: America Experiences the Pandemic Influenza, 1918-1920», (1976), p. 134.

[2] Comentarios recogidos en la conferencia del USPHS sobre la gripe, 10 de enero de 1929, archivo 11, caja 116, WP.

Optó por quedarse en casa y meterse inmediatamente en la cama.[3] Sabía que no estaba en condiciones de hacer otra cosa. Si uno no se cuidaba tras resultar infectado por aquella enfermedad, abría una vía para el ataque de otro invasor. Tras guardar cama durante diez días, cuando se sintió lo suficientemente repuesto como para volver a viajar, decidió ampliar su reposo en Atlantic City, y se retiró a un hotel que a él le encantaba y que era su refugio: el Hotel Dennis, un lugar chabacano y vetusto.

En medio del caos que todo lo llenaba regresó a aquel lugar tan familiar que le reconfortaba. ¿Por qué siempre le había gustado tanto? Tal vez porque allí bullía la vida. Los sitios tranquilos le aburrían: de Mohonk, un complejo turístico de montaña que había a 50 kilómetros al norte de Nueva York, solía decir que era «una casa de reposo con un montón de solteronas sentadas en sus mecedoras, en la *piazza*. Parece que nunca van a llegar las nueve para que uno pueda irse decentemente a la cama. Además, no permiten las pajaritas de colores». Pero Atlantic City, con «esa cosa aterradora, milagrosa, que hiela la sangre y que llaman "el ferrocarril Flip-Flap" [...] construida en ese muelle tan largo, sobre el océano [...]. Ahí baja uno de una altura de más de veinte metros [...] con los pies para arriba y la cabeza hacia abajo, de modo que parece que te vas a caer del cochecito, pero no te caes por la velocidad a la que va. Luego pasas por el bucle y el efecto es indescriptible [...]. Se forma una multitud de mirones que afirman que no montarían ahí ni aunque les dieran mil dólares».[4]

Sí: la vida que bullía en Atlantic City —hombres y mujeres jóvenes retozando, la sensualidad del sudor, las olas y la sal, la carne vibrante por el toque del océano y el paseo marítimo— le hacía a uno sentirse no espectador, sino partícipe. Pero en aquel momento Atlantic City también se había detenido. Era octubre, temporada baja, y los hoteles estaban tranquilos. Y como en todas partes, también allí había llegado la gripe. Tenían pocos médicos, pocas enfermeras, pocos hospitales, pocos ataúdes... Los colegios

[3] Welch a Walcott, 16 de octubre de 1918, *Frederic Collin, Papeles de Walcott*, SLY.

[4] Simon Flexner y James Thomas Flexner, *William Henry Welch and the Heroic Age of American Medicine* (1941), p. 251.

habían cerrado y los lugares públicos de esparcimiento también. Y la montaña rusa también había cerrado.

Guardó cama durante unas semanas más, hasta que se recuperó. La enfermedad, según dijo a su sobrino, parecía localizada en el intestino en lugar de en el tracto respiratorio, lo cual «probablemente es mejor». Insistió mucho a su sobrino, que después sería senador, en que estuviese atento y si aparecía algún síntoma de gripe en la familia se quedaran en cama hasta que la temperatura se normalizara y se mantuviera normal «durante tres días seguidos».[5]

Su plan era asistir a unas conferencias sobre la enfermedad en el Rockefeller Institute, pero casi dos semanas después de llegar a Atlantic City, un mes después de enfermar, canceló su compromiso: no estaba recuperado del todo. A partir de ese momento no volvería a participar en ningún acto médico vinculado a la epidemia. No participaría en la investigación para buscar una solución. Llevaba años sin investigar en laboratorio, pero conocía a todo el mundo y lo sabía todo. Siempre había sido un catalizador perfecto, capaz de reconocer cómo el trabajo de un investigador podía complementar el de otro y, directa o indirectamente, los ponía en contacto. Pero dejó incluso de desempeñar ese papel.

La epidemia estalló en Estados Unidos justo cuando Flexner y Gorgas estaban en Europa por asuntos que nada tenían que ver. La generación que había transformado la medicina estadounidense se apartaba de la carrera. Si algo quedaba por hacer, algo que supusiera un bombazo científico, tendrían que hacerlo sus descendientes espirituales.

Welch había dejado en Massachusetts a Burt Wolbach haciendo autopsias, a Milton Rosenau llevando a cabo los primeros experimentos en humanos voluntarios y a Oswald Avery iniciando una serie de investigaciones bacteriológicas. Otros científicos destacados estaban ya trabajando en el problema: William Park y Anna Williams en Nueva York, Paul Lewis en Filadelfia, Preston Kyes en Chicago... Con un poco de suerte, o con mucha suerte, uno de ellos daría en breve con algo que serviría de ayuda.

---

5 Welch a Walcott, 16 de octubre de 1918, *Papeles de Walcott.*

Pero por mucho que se apresurasen, los investigadores no podían dejarse llevar por el pánico y la urgencia y caer en un enfoque erróneo. El desorden no les llevaría a ningún sitio. Comenzaron por lo que sabían y por lo que podían hacer.

Podían matar a los patógenos que estaban fuera del cuerpo: había un montón de productos químicos con los que podían desinfectar una habitación o la ropa, y sabían exactamente la cantidad de componente que se precisaba y la duración de la exposición requerida para fumigar una sala. Sabían cómo desinfectar instrumentos y materiales. Sabían cómo cultivar las bacterias, cómo aplicar la tinción para hacerlas visibles bajo el microscopio. Conocían aquello que Ehrlich llamaba «balas mágicas», que podían matar los patógenos infecciosos. Incluso consiguieron dar con las rutas que les llevarían hasta ellas.

Pero en mitad de la crisis, con la muerte por todas partes, todos aquellos conocimientos resultaron inútiles. Fumigar y desinfectar eran actividades que requerían la participación de muchos trabajadores que debían operar a gran escala, y para encontrar una de aquellas balas mágicas había que descubrir otras cosas desconocidas, algo que no era posible en aquel momento. Los investigadores reconocieron enseguida que no conseguirían ayuda alguna de la *materia medica*.

Sin embargo, y aunque no la dominara del todo, había una herramienta que la medicina ya sabía cómo manejar: el sistema inmune.

Los investigadores entendían los principios básicos del sistema inmune. Sabían cómo manipular aquellos principios para prevenir y curar algunas enfermedades. Sabían cómo cultivar, debilitar y fortalecer bacterias en laboratorio, y cómo estimular una respuesta inmune en un animal. Sabían fabricar vacunas y producir suero inmunológico.

También comprendían la especificidad del sistema inmune. Las vacunas y los sueros inmunológicos solo funcionan cuando se emplean contra el agente etiológico para el que son específicos, el patógeno o la toxina que provocan la enfermedad. Pocos investigadores se preocupaban de lo prestigiosos que pudieran ser sus experimentos cuando sus familiares, amigos y colegas no dejaban de caer enfermos. Para poder tener la esperanza de protegerles con una vacuna, una cura o un suero, los investigadores tenían que hallar el patógeno. Dicho de otro modo: necesitaban responder a una primera pregunta, que era la más importante y tal vez la única: ¿qué era lo que provocaba la enfermedad?

Richard Pfeiffer estaba seguro de haber encontrado esa respuesta hacía un cuarto de siglo. Uno de los más brillantes discípulos de Koch, director científico del Instituto de Enfermedades Infecciosas de Berlín y general del ejército alemán, en 1918 tenía sesenta años, y ya era inmenso: a lo largo de toda su carrera había estudiado algunos de los temas más relevantes de la medicina, haciendo importantes contribuciones. Era un titán.

Durante la pandemia de gripe de 1889-90 y después de ella —excepción hecha del período comprendido entre 1918-19, con la pandemia de gripe más seria de los últimos tres siglos— estuvo investigando qué la provocaba. Con gran esfuerzo e implicación había conseguido aislar una bacteria diminuta, alargada y fina, con forma de barra y extremos redondeados, aunque en ocasiones adquiría formas diferentes en pacientes con gripe. Descubrió que esa bacteria solía ser el único organismo presente, y que se encontraba «en cantidades abrumadoras».[6]

Esa bacteria tenía una clara capacidad de matar, aunque la enfermedad que provocaba en los animales no se parecía a la gripe humana. Dicho de otro modo, no cumplía los famosos «postulados de Koch», pero los patógenos humanos a veces no hacen enfermar a los animales o provocan en ellos diferentes síntomas, y muchos patógenos son aceptados como causa de una enfermedad sin cumplir los postulados de Koch.

Pfeiffer estaba convencido de que había descubierto el origen de la gripe. De hecho bautizó a la bacteria con el nombre de *Bacillus influenzae*. Hoy en día esta bacteria se llama *Hemophilus influenzae*.[7] Entre los científicos, sin embargo, la bacteria enseguida se conoció

---

[6] Citado por David Thomson y Robert Thomson, *Annals of the Pickett-Thomson Research Laboratory, v. 9, Influenza* (1934), p. 265.

[7] William Bulloch, *The History of Bacteriology* (1938), pp. 407–8.

como «bacilo de Pfeiffer» y, dada su merecida reputación, pocos dudaron de la validez de su descubrimiento.

La certeza da fuerza. La certeza le da a uno algo en lo que apoyarse. La incertidumbre, sin embargo, genera debilidad. La incertidumbre le hace a uno cauto, si no temeroso, y le impulsa a mantener esa cautela incluso cuando avanza en la dirección adecuada, hasta el punto de no ser capaz de superar los obstáculos.

Ser científico no solo exige inteligencia y curiosidad. También pasión, paciencia, creatividad, autosuficiencia y valor: pero no el valor que le hace a uno lanzarse a lo desconocido, sino el valor de aceptar —de abrazar, incluso— la incertidumbre. Y es que como dijo Claude Bernard, el gran fisiólogo francés del siglo XIX, «la ciencia nos enseña a dudar».

Un científico tiene que aceptar el hecho de que todo su trabajo, incluso sus creencias, pueden venirse abajo ante un hallazgo en laboratorio. Y del mismo modo que Einstein se negó a aceptar su propia teoría hasta que sus predicciones quedaron probadas, uno tiene que cuestionarse esos hallazgos. A fin de cuentas, lo único en lo que cree un científico es en el proceso de búsqueda. Moverse a la fuerza, con agresividad incluso, mientras no se tienen certezas, requiere una confianza y una fuerza superiores al valor físico.

Todos los científicos de verdad se mueven en la frontera. Incluso el menos ambicioso de ellos tiene que enfrentarse a lo desconocido, aunque solo esté un paso más allá de lo conocido. El mejor se moverá en una zona tomada por lo salvaje de la que no se conoce casi nada, un área donde no existen las herramientas y las técnicas necesarias para apartar la maleza y poner algo de orden. Allí todos se conducen con disciplina, porque un solo paso puede llevarles al otro lado del espejo, a un mundo que parecerá del todo diferente. Y si están, al menos, parcialmente en lo cierto, el cristal servirá para poner algo de orden en medio del caos y crear una forma, una estructura, una dirección. Pero un solo paso también puede hacer que se despeñen por un acantilado.

En medio de ese mundo salvaje es donde el científico lo crea todo. Es un trabajo monótono, tedioso, que comienza imaginando las herramientas que necesita y construyéndolas. Una pala puede apartar la basura, pero no atravesar la roca. Lo mejor sería un pico, entonces. O dinamita. Pero la dinamita es capaz de destruirlo todo, indiscriminadamente. Si la roca es impenetrable, si la dinamita destruye lo que uno va buscando, ¿dónde encontraremos información sobre lo que contiene la roca? Hay una corriente de agua que pasa sobre ella. Si analizamos el agua una vez que ha pasado por la roca, ¿nos revelará algo útil? ¿Y cómo lo analizamos?

Si al final el investigador lo logra habrá un montón de colegas pavimentando el camino que él ha abierto. Y abrirán más caminos, todos ordenados, derechos, que llevarán al investigador en cuestión de minutos al lugar al que el pionero tardó meses o años en llegar. Y la herramienta perfecta estará disponible y a la venta, del mismo modo que los ratones de laboratorio, que ya se pueden encargar al proveedor correspondiente.

No todos los investigadores se enfrentan cómodamente a la incertidumbre, y los que pueden tal vez no sean lo suficientemente creativos para entender y diseñar los experimentos que arrojarán luz sobre un asunto, para saber dónde y cómo mirar. Otros pueden no tener la confianza necesaria para perseverar. A veces los experimentos no salen, sencillamente. Independientemente de la concepción, de la preparación, los experimentos —sobre todo al principio, cuando uno va avanzando a base de adivinanzas más o menos inteligentes— rara vez ofrecen los resultados deseados. Un investigador tiene que hacer que funcionen. Cuanto menos sabe uno más tiene que manipular, incluso forzar la situación para que un experimento arroje una respuesta.

Y esto nos lleva a otra pregunta: ¿cómo sabe uno cuándo ya lo sabe? Pregunta que nos lleva a otras dos, más prácticas: ¿cómo sabe uno que debe seguir insistiendo cuando tiene un experimento entre manos? ¿Y cómo sabe cuándo abandonar una pista falsa que le lleva por una ruta equivocada?

Nadie interesado en la verdad retorcerá nunca los datos, pero un científico puede, y debe, exprimir todo lo que pueda un experimento para obtener datos, resultados. Sobre todo cuando investiga un área nueva. Un científico puede y debe buscar cualquier respuesta a su pregunta. Si empleando ratones, conejillos de indias o conejos no encuentra una respuesta satisfactoria, deberá recurrir a otros animales:

perros, cerdos, gatos, monos. Y si parece que un experimento va a mostrarle un resultado, una curvatura mínima en una línea recta de información, el científico deberá concebir el siguiente experimento para centrarse en esa curvatura y crear las condiciones más idóneas para que se produzcan otras curvaturas, hasta que estas adquieran coherencia o sentido, o demuestren que la primera que se produjo fue por azar: una simple variación sin ningún significado práctico.

No hay límites para esa manipulación. Incluso torturándola, la naturaleza no miente; no ofrece resultados coherentes y susceptibles de repetirse a menos que sean ciertos. Pero si se fuerza lo suficiente, la naturaleza puede confundirnos: bajo tortura confesará que algo es verdad solo si se dan ciertas condiciones, las condiciones que el investigador haya creado en el laboratorio. Su verdad es, por tanto, artificial. Un artefacto experimental.

Una de las claves de la ciencia es que el trabajo puede reproducirse. Otra persona, en otro laboratorio, podrá hacer el mismo experimento y obtener el mismo resultado. El resultado será, entonces, lo bastante fiable para que otra persona pueda construir algo sobre él. La peor condena es desechar un hallazgo por considerarlo «no reproducible». Eso puede cuestionar no solo la capacidad, también la ética.

Si un hallazgo reproducible procede de haber forzado a la naturaleza entonces no resultará útil. Para ser útil un hallazgo no solo tiene que ser reproducible, tiene que ser también... algo así como «expandible». Es preciso poder aumentarlo, explorarlo, aprender más de él, utilizarlo como base para construir estructuras sobre él.

Estas cosas son fáciles de discernir cuando se ven en retrospectiva. Pero ¿cómo sabe uno cuándo perseverar, cuándo continuar haciendo experimentos, cuándo hacer ajustes y, finalmente, cuándo abandonar una línea de pensamiento porque se considera errónea o irresoluble con las técnicas disponibles?

¿Cómo sabe uno cuándo ha de hacer las cosas de otro modo?

Es cuestión de criterio. Porque el elemento que distingue a la ciencia no es la inteligencia, sino el criterio. O tal vez, simplemente, la suerte.

George Sternberg no siguió adelante con su descubrimiento del neumococo, ni con otro descubrimiento suyo: por qué los leucocitos devoraban las bacterias. No lo hizo porque hacerlo le habría apartado de su investigación de la fiebre amarilla. Infructuosa, por cierto. Dadas sus habilidades, si se hubiera centrado en otros descubrimientos, su nombre hubiera sido muy conocido en la historia de la ciencia, en lugar de olvidarse.

El criterio es un asunto complicado, porque un resultado negativo no significa que la hipótesis esté equivocada. Ni diez resultados negativos, ni un centenar de ellos. Ehrlich estaba convencido de que las balas mágicas existían, los compuestos químicos podían curar las enfermedades. Su razonamiento le llevó a probar si determinados compuestos podían combatir algunas infecciones. Al final había probado más de novecientos compuestos químicos. Comenzó todos los experimentos con esperanza, llevó a cabo cada uno de ellos con toda meticulosidad. Y todos fallaron. Acabó encontrando el compuesto que sí funcionaba. El resultado no fue solo el primer fármaco que podía curar una infección: confirmaba una línea de razonamiento que llevó a miles de investigadores por el mismo camino.

¿Cómo sabe uno cuándo ya lo sabe? Cuando está a punto de saberlo no lo sabe aún. Solo puede probar.

Thomas Huxley decía: «Seguramente hay un tiempo para aceptar el consejo y un tiempo para tomar el propio camino, con todos sus riesgos».[8]

Thomas Rivers fue uno de los jóvenes científicos de la Hopkins que participaron en el comité del ejército para la neumonía. Unos años después definiría las diferencias entre virus y bacterias, se convertiría en uno de los principales virólogos del mundo y sucedería a Cole como director del hospital del Rockefeller Institute. Mostró lo difícil que era determinar cuándo ya se sabe lo que se persigue al hablar de dos colegas suyos del Rockefeller, Albert Sabin y Peter Olitsky: recordó que ellos «demostraron que el virus de la polio puede crecer en cualquier tejido nervioso. Un trabajo elegante, totalmente convincente. Todo el mundo lo creyó».[9]

---

[8] Citado por Wade Oliver en *The Man Who Lived for Tomorrow: A Biography of William Hallock Park, M.D.*, (1941), p. 218.

[9] Saul Benison, *Tom Rivers: Reflections on a Life in Medicine and Science, An Oral History Memoir* (1967), pp. 237–40, 298.

01. William Henry Welch, el individuo más poderoso de la historia de la medicina estadounidense y uno de los más cultos y mejor informados. Un colega receloso dijo de él que «podía transformar las vidas de los hombres con solo girar la muñeca». Cuando vio por primera vez las autopsias de las víctimas de la gripe, Welch se preocupó: «Esto debe ser un tipo nuevo de infección o peste».

02. Welch y John D. Rockefeller Jr. (a la derecha) crearon el Rockefeller Institute for Medical Research (ahora Rockefeller University), posiblemente la mejor institución del mundo dedicada a la investigación. Simon Flexner (a la izquierda), protegido de Welch, fue el primer director del instituto; dijo que nadie podía dirigir una institución si no tenía la capacidad de ser cruel.

03. En 1910 Flexner logró que la tasa de mortalidad vinculada a la meningitis bacteriana más común bajara al 18 por ciento sin antibióticos. Hoy en día, con los antibióticos, la tasa de mortalidad es del 25 por ciento.

04. Un manto de células epiteliales, semejante a la vegetación de la selva, cubre la tráquea de un ratón sano.

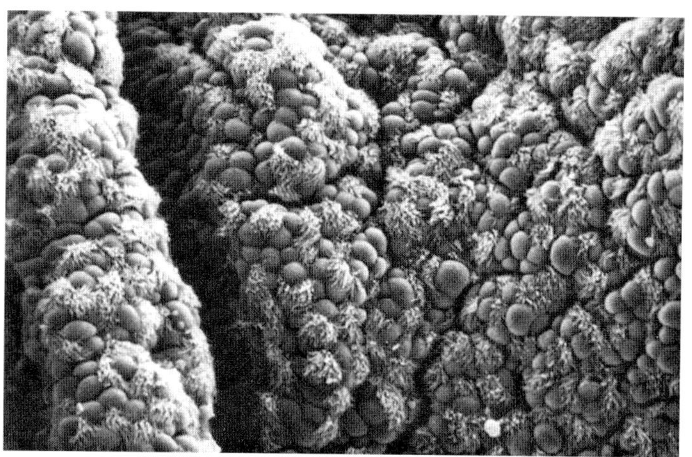

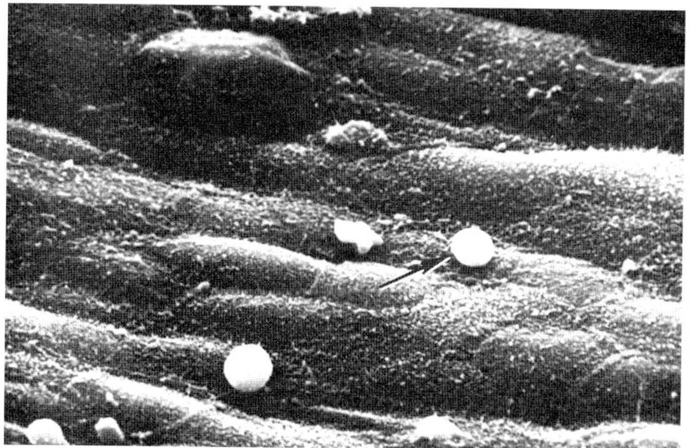

05. Solo setenta y dos horas después de la infección, el virus de la gripe transforma la misma zona en un desierto baldío y sin vida. Los glóbulos blancos de la sangre patrullan la zona, pero ya es demasiado tarde.

06. El virus recorrió primero las bases militares, donde los hombres se apiñaban a pesar de las objeciones que habían puesto Welch y el general médico William Gorgas. En la imagen, un hospital de emergencia, probablemente la sala de convalecientes.

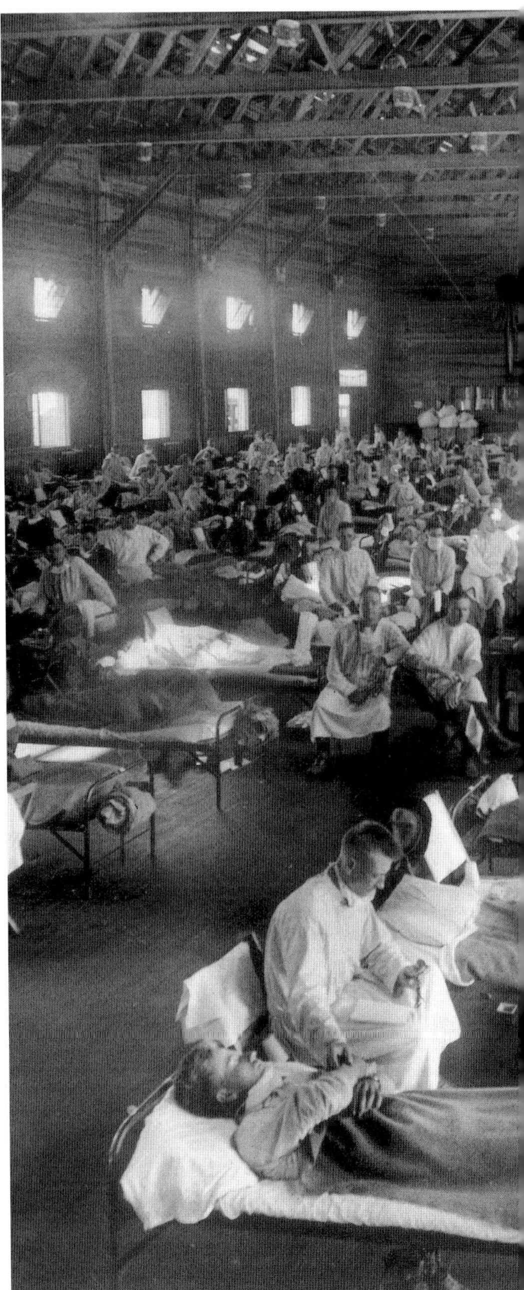

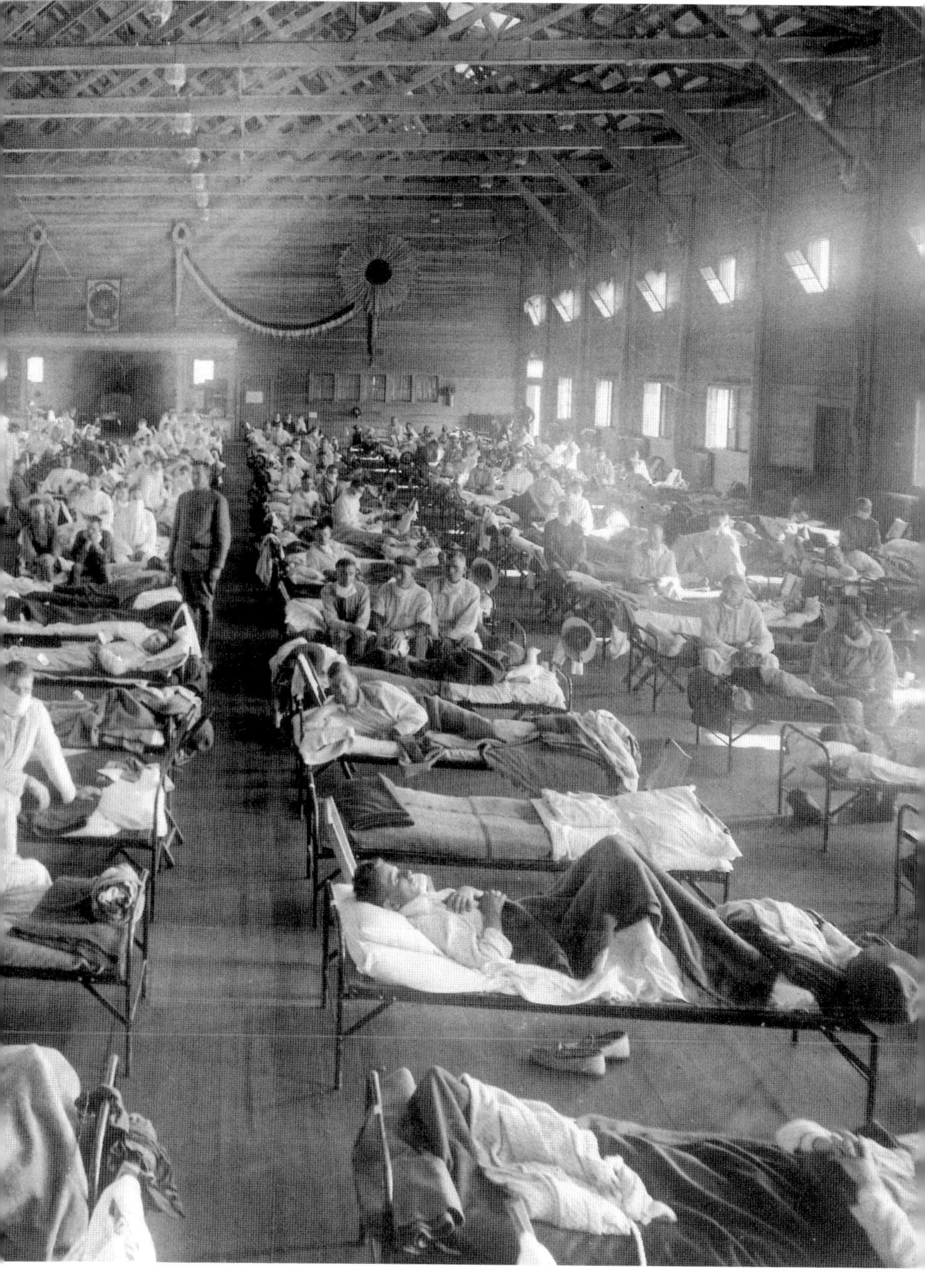

07. El general médico William Gorgas estaba decidido a que aquella fuera la primera guerra en que murieran menos soldados estadounidenses por enfermedades que en combate.

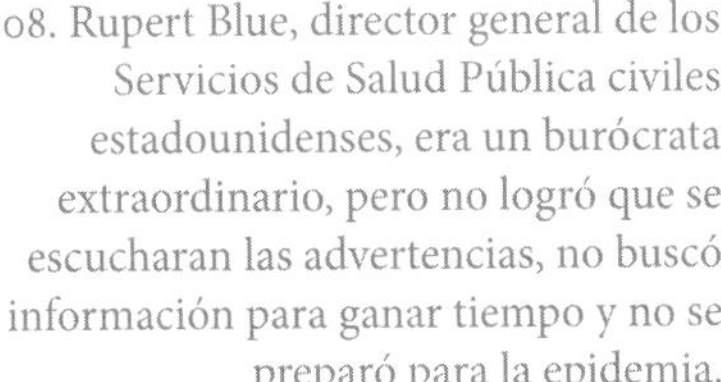

08. Rupert Blue, director general de los Servicios de Salud Pública civiles estadounidenses, era un burócrata extraordinario, pero no logró que se escucharan las advertencias, no buscó información para ganar tiempo y no se preparó para la epidemia.

09. Massachusetts fue el primer estado donde se registraron elevadas cifras de muertes de civiles. En la imagen, un hospital de Lawrence.

10. El número de fallecidos registrado en Filadelfia no tardó en desbordar la capacidad del Ayuntamiento para hacer frente a la situación. Se vieron obligados a enterrar a la gente sin ataúd, en fosas comunes, y no tardaron en tener que emplear excavadoras de vapor para cavarlas.

11-12. Carteles y folletos donde se daban consejos y advertencias, pero que también propagaban el terror.

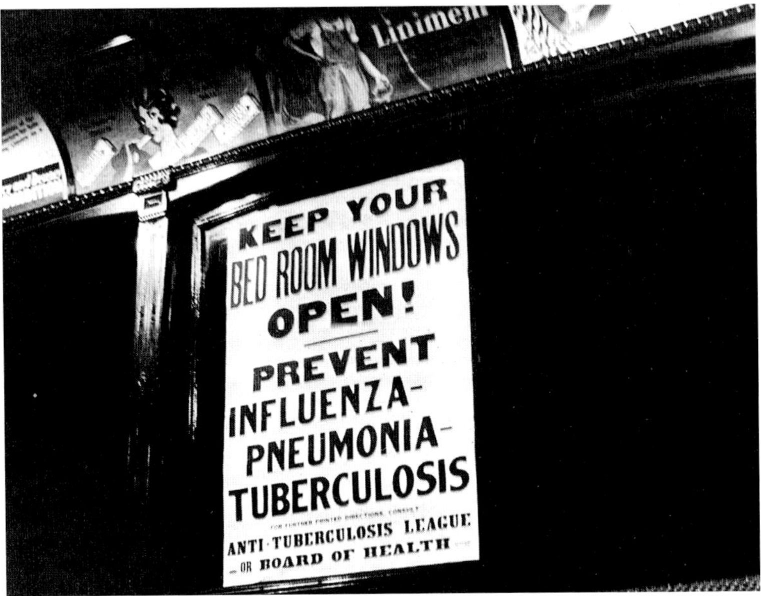

13. Los dos mensajes de esta imagen —la mascarilla protectora del policía y el patriotismo— son el epítome de un conflicto de intereses en las autoridades públicas.

14. Todos los trabajadores municipales de Nueva York llevaban mascarilla. Adviértase la ausencia de tráfico en las calles y de peatones en la acera. Las calles estaban igual de silenciosas en todas partes. En Filadelfia, un médico dijo: «Prácticamente se había detenido la vida de la ciudad».

15. Oswald T. Avery de soldado, cuando el Rockefeller Institute se convirtió en Laboratorio Auxiliar Número Uno del Ejército.

16. Avery mayor. Persistente y tenaz, dijo: «La decepción es mi pan de cada día. Es la que me hace crecer». Welch le pidió que encontrase lo que causaba la gripe. Sus investigaciones sobre la gripe y la neumonía le llevaron a uno de los grandes descubrimientos científicos del siglo XX.

17. William Park, el hombre que convirtió los laboratorios municipales de Nueva York en una institución de investigación de primer orden. Su rigurosa disciplina científica, combinada con el temperamento creativo de Anna Williams [FOTO], le permitió hacer importantes avances, incluido el desarrollo de una antitoxina para la difteria que aún se emplea. La National Academy of Sciences esperaba que el tándem desarrollase un suero o una vacuna contra la gripe.

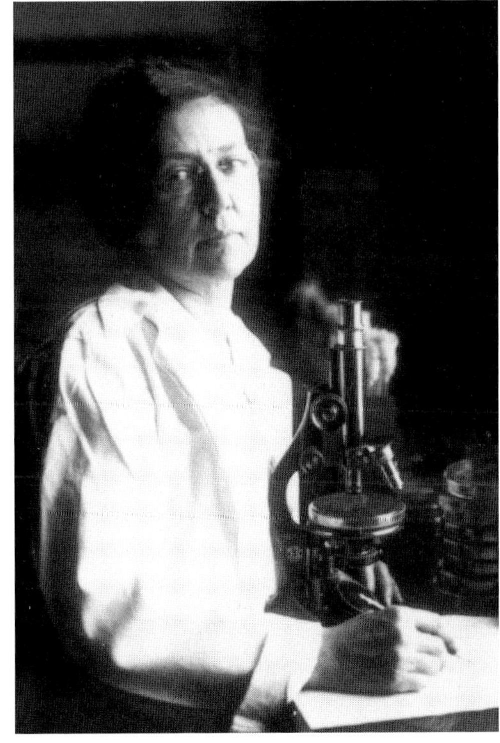

18. Anna Wessel Williams fue, probablemente, la primera bacterióloga del mundo. Mujer solitaria, nunca se casó: prefería el «descontento a la felicidad que da la falta de conocimientos», y se preguntaba «si valdría la pena hacer el esfuerzo de tener amistades» y si debería «lanzarse a ello». Entre sus primeros recuerdos: siempre deseó «ir a algún sitio. Cuando no podía ir, soñaba con hacerlo. Y sueños tan osados rara vez los concibió una criatura».

19. El virus se extendió, inexorable, por todo el país. En la imagen, enfermeras y médicos de la Marina esperan su embestida.

20. Los mandos militares intentaron proteger a los soldados sanos. En Mare Island, San Francisco, colgaron sábanas en los barracones para que hicieran de pantalla y proteger a los hombres del aliento de los demás.

21. En la mayor parte de las ciudades se prohibieron todas las congregaciones públicas y cerraron todos los lugares públicos de reunión: iglesias, escuelas, teatros, el emblemático *saloon*. La mayoría de las iglesias cancelaron los servicios, pero esta de California que aparece en la foto los ofrecía en el exterior: una violación técnica de la orden de cierre, pero también una respuesta a la necesidad de oración de la congregación.

22. Rufus Cole, el científico del Rockefeller Institute que lideró los esfuerzos (y triunfó en su intento) de desarrollar una vacuna y un tratamiento justo antes del estallido de la epidemia. También convirtió el hospital del Rockefeller Institute en modelo de la investigación clínica y de la forma en que debe acometerse, que imitaron incluso los Institutos Nacionales de Salud.

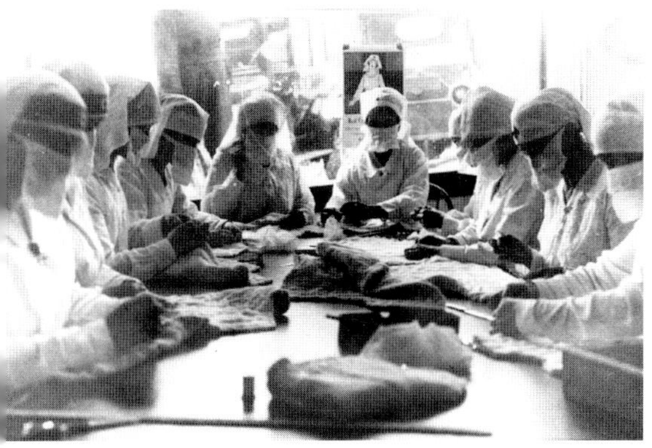

23-24-25. Seattle, como tantas otras, se convirtió en la ciudad enmascarada. Los voluntarios de la Cruz Roja confeccionaron decenas de miles de mascarillas. Todos los policías las llevaban. Incluso los soldados, que desfilaron por el centro de la ciudad con ellas puestas.

26. Más de un científico dijo que Paul A. Lewis era «el hombre más inteligente» que había conocido. En 1908, siendo todavía muy joven, demostró que la polio la provocaba un virus y diseñó una vacuna que tuvo una eficacia del 100 por cien en monos. Eso fue medio siglo antes de que hubiera una vacuna capaz de proteger a los seres humanos contra la polio. Fue, además, uno de los primeros investigadores en buscar las causas de la gripe, así como una cura o un fármaco preventivo. Su ambición en la investigación de la enfermedad le acabó costando la vida.

27. A finales de la década de 1920, Richard Shope, un protegido de Lewis, encontró una pista crucial en la búsqueda de la causa de la gripe. Mientras Lewis se iba a la selva brasileña a investigar la fiebre amarilla, Shope continuó su estudio de la gripe. Fue el primero en demostrar que lo que provocaba la enfermedad era un virus.

Todo el mundo lo creyó salvo John Enders. El virus en el que estaban trabajando Sabin y Olitsky se había utilizado en el laboratorio durante mucho tiempo. Tanto, que había mutado. Ese virus en particular solo crecía en el tejido nervioso. Enders ganó un premio Nobel por cultivar el virus de la polio en otros tejidos, un trabajo que condujo al descubrimiento de la vacuna contra la polio. La carrera de Sabin no se vio arruinada por ese error: siguió investigando para desarrollar la mejor vacuna contra la polio. A Olitsky también le fue bien. Pero si Enders hubiera seguido su intuición y se hubiera equivocado, gran parte de su carrera habría sido un desperdicio.

Richard Pfeiffer insistía en que había descubierto el origen, el agente etiológico de la gripe. Su confianza era tal que hasta le puso el nombre de *Bacillus influenzae*. Tenía una importante reputación (apenas les iba a la zaga a Pasteur, Koch y Ehrlich), que seguramente superó a la de cualquier investigador estadounidense de antes de la guerra. ¿Quién se atrevería a llevarle la contraria?

Precisamente su reputación dio mucho peso a aquel hallazgo. Muchos científicos de todo el mundo le creyeron. De hecho, algunos incluso lo aceptaron como axioma: sin la bacteria no puede haber gripe. «En los casos de aquí no se ha encontrado el bacilo de la influenza», escribió un investigador europeo.[10] Por todo lo cual, concluyó, aquella enfermedad «no era gripe».

[10] A. Montefusco, *Riforma Medica* 34, núm. 28 (13 de julio, 1918), citado en *JAMA* 71, núm. 10, p. 934.

23

Todos los laboratorios se pusieron al servicio de la gripe. El protegido de Pasteur, Émile Roux (uno de los que había competido con los investigadores alemanes en la carrera por la antitoxina para la difteria), dirigía el trabajo del Instituto Pasteur. En Gran Bretaña, prácticamente todos los miembros del laboratorio de Almroth Wright trabajaron en ello, incluido Alexander Fleming, cuyo descubrimiento —posterior— de la penicilina aplicó primero a la investigación del llamado «bacilo de la gripe» de Pfeiffer. En Alemania, Italia y hasta en la Rusia desgarrada por la revolución, los investigadores buscaban desesperadamente una respuesta.

Pero en otoño de 1918 estos laboratorios solo podían funcionar a medio gas: los proyectos de investigación se habían aparcado para centrarse en la guerra, en los gases tóxicos o en la defensa contra ellos, en evitar la infección de las heridas o en prevenir las enfermedades que incapacitaban a las tropas, como la «fiebre de las trincheras», una enfermedad relacionada con el tifus que no era grave por sí misma, pero que había apartado de la línea del frente a más soldados que ninguna otra. Además, no se conseguían animales de laboratorio: los ejércitos los necesitaban para probar los gases empleados en la guerra química y otros fines similares. Los afanes bélicos también se habían llevado a muchos técnicos y jóvenes investigadores.

Tanto los laboratorios europeos como los estadounidenses se vieron afectados por esta situación, aunque los europeos la sufrieron más: su trabajo se complicaba a causa de la escasez de medios humanos y de otra índole, desde carbón hasta dinero para placas de Petri. Los laboratorios estadounidenses al menos contaban con estos recursos. Y si bien los Estados Unidos iban a la zaga de los europeos en una serie de investigaciones, en la calidad de sus investigadores ya no tenían nada que envidiarles. El Rockefeller Institute se había convertido probablemente en el mejor instituto de investigación del mundo: había pasado de tener allí trabajando a un modesto grupo de científicos a contar con un premio Nobel entre sus investigadores. Después lo ganarían otros dos. En el área de trabajo más relevante, la de la neumonía, el Rockefeller llevaba sin duda la voz cantante: sus científicos eran prácticamente los únicos estadounidenses que estaban haciendo un trabajo de primer orden.

Welch, Victor Vaughan de Michigan, Charles Eliot de Harvard, William Pepper de Pensilvania y otros tantos colegas que habían impulsado los cambios habían conseguido transformar la ciencia médica estadounidense. Y aunque esa transformación acababa de producirse, aunque acababa de ponerse al mismo nivel que la europea, también era cierto que su vitalidad llegaba de la reciente conversión, y que en términos generales la nación no estaba tan agotada como en Europa. No lo estaba en absoluto.

Cuando la gripe extendió sus garras por todo el país y comenzó a llevarse vidas por delante, prácticamente cualquier científico médico que fuera serio —y había muchos médicos que sentían esa inclinación por la ciencia— comenzó a buscar una cura. Estaban decididos a demostrar que la ciencia podía hacer milagros.

La mayoría de ellos no eran lo bastante buenos para abordar el problema con una mínima esperanza de éxito, pero lo intentaron de todos modos y su intento fue heroico: no solo requería capacidad científica, sino valor físico. Se movían entre muertos y agonizantes, introducían torundas en la boca y las fosas nasales de los enfermos graves, se empapaban de sangre en la sala de autopsias, hundían las manos en los cadáveres y luchaban por cultivar parte de la materia obtenida en esas torundas, en la sangre o en los tejidos y aislar el patógeno que estaba matando a más gente que ningún otro de la historia.

Hubo unos cuantos investigadores lo suficientemente despiertos, creativos, hábiles y sabios —dominaban, además, los recursos precisos— para no dar pasos en falso. Y se enfrentaron a la enfermedad al menos con la esperanza de vencerla.

En Boston, Rosenau y Keegan continuaron con el estudio de la enfermedad en el laboratorio. El peso de la comisión para la neumonía había caído en Camp Pike (Arkansas), donde estaban empezando a investigar «una nueva bronconeumonía» cuando Welch llegó a Devens.[1] El equipo del Rockefeller que Welch había llevado a Devens regresaba a Nueva York, donde se les unió Martha Wollstein (una respetada bacterióloga vinculada al Rockefeller Institute), que llevaba desde 1905 estudiando el bacilo de la gripe. En el Memorial Institute for Infectious Diseases de Chicago, Ludwig Hektoen se empeñó a fondo en el proyecto, igual que E. C. Rosenow en la Clínica Mayo. También se unió a estos esfuerzos el laboratorio de higiene de los Servicios de Salud Pública —la única institución civil gubernamental dedicada a la investigación—, con su director George McCoy a la cabeza.

Pero de todos los que estaban investigando en Estados Unidos, tal vez los más importantes eran Oswald Avery (que estaba en el Rockefeller), William Park y Anna Williams del Departamento de Salud Pública de Nueva York, y Paul Lewis en Filadelfia.

Cada uno de ellos dio un enfoque distinto al problema, cada uno en virtud de su estilo y de su propio método científico. Para Park y Williams el trabajo llegaría a ser algo rutinario, convencidos de que algo tendría que salir de una situación límite como aquella; sus esfuerzos no tendrían incidencia alguna en sus vidas, pero fue enorme su contribución a la investigación directa de la gripe por una vía que en último término llevaría a la respuesta adecuada. A Avery aquella tarea le serviría para confirmar que estaba en lo cierto al seguir un camino tomado hacía décadas, décadas de frustración al principio, seguida de importantes descubrimientos: de hecho, uno de sus descubrimientos abrió la puerta a todo un universo que estaba empezando a explorarse. En el caso de Lewis, y aunque él aún no lo sabía, sus investigaciones marcarían un punto de inflexión en su vida: y eso conduciría a una enorme tragedia para la ciencia, para su familia y para él mismo.

---

[1] Pettit, «Cruel Wind», p. 98.

No era buen momento para enfrentarse a una amenaza nueva y de gran calado en la Agencia de Laboratorios del Departamento de Salud Pública de la ciudad de Nueva York, que dirigía Park y donde trabajaba Williams, y que tenía un grave problema: la política municipal.

El 1 de enero de 1918, Tammany Hall reclamó el control de la ciudad. Lo primero que impuso fue el proteccionismo. Hermann Biggs, el pionero que estableció el departamento, se había marchado un año antes para acceder al cargo de responsable de salud pública del estado. Biggs había sido intocable porque había tratado a uno de los dirigentes de Tammany, que había protegido a todo el departamento durante anteriores administraciones de la institución. Pero su sucesor no era intocable. El alcalde John Hylan le sustituyó dos semanas después de tomar el control, pero la mayoría de los puestos del Departamento de Salud Pública no eran de libre designación, así que para que hubiera vacantes Tammany comenzó a difamar al mejor departamento municipal de salud pública del mundo. Hylan no tardó en exigir el despido de los jefes de división y que se apartara del consejo a médicos muy respetados.

Incluso el responsable de salud designado por Tammany se opuso y dimitió, dejando el departamento sin dirección. Un día, cuando el alcalde estaba en la acera, a la puerta del ayuntamiento, un compinche le presentó a Royal Copeland; le dijo que era un hombre leal a Tammany y sugirió al alcalde que le nombrara nuevo responsable de salud pública. Pero Copeland, decano de una escuela de medicina homeopática, ni siquiera tenía el título de doctor en Medicina.

A pesar de todo, el alcalde decidió elegirle para el puesto. Subieron los tres los escalones y entraron en su despacho. Allí Copeland juró su cargo.[2]

El mejor departamento de salud pública del mundo estaba ahora bajo el mando de un hombre que no creía en la medicina científica moderna y cuya ambición no estaba en la salud pública, sino en la política. Si Tammany quería vacantes para poder cubrirlas

---

[2] *Ibid.*, p. 9, p. 555.

con «leales», él se las daría.[3] En una ocasión, Copeland explicó a Tammany su lealtad en términos muy simples: «El hombre es una animal social y no puede trabajar sin cooperación. La organización es una necesidad y mi organización es Tammany». Unos años después, Tammany le devolvería el favor llevándole hasta el Senado de los Estados Unidos. Continuó los esfuerzos de «la máquina» por desmantelar el departamento. Uno de los mejores jefes de división fue acusado de delitos penales y, cuando no pudieron demostrarlo, le sometieron a una vista interna, acusado de «abandono de sus deberes, ineficacia e incompetencia».

Park había dirigido el laboratorio del departamento desde 1893, nunca se había metido en política y era intocable. Continuó haciendo un trabajo excelente en medio de todo ese torbellino. Y poco después de que Avery, Cole y otros miembros del Rockefeller desarrollaran su suero contra el neumococo tipo I y II, Park desarrolló un procedimiento para acotar el neumococo tan sencillo que cualquier laboratorio medio podía llevarlo a cabo en menos de treinta minutos, dejando un suero óptimo para el tratamiento de manera casi inmediata.[4]

Pero en ese momento le tocaba defender el departamento. Ayudó a organizar la defensa, y esta alcanzó repercusión a escala nacional. Sobre Tammany llovieron las críticas: desde la municipalidad, el estado, Baltimore, Boston y Washington. Welch y prácticamente toda figura de primera línea en el ámbito de la medicina atacaron a Tammany. Rupert Blue, responsable de los Servicios de Salud Pública de EE.UU., instó públicamente al alcalde a que dimitiera.

Tammany retrocedió, y Copeland se embarcó en una campaña de relaciones públicas destinada a reparar el daño que se había hecho a sí mismo y a su organización, una campaña basada en el patriotismo para ahogar las críticas. A finales de verano el fragor de la batalla se había aplacado un poco, pero el que había sido el mejor departamento de salud pública del mundo estaba desmoralizado.

---

[3] Ernest Eaton, «A Tribute to Royal Copeland», *Journal of the Institute of Homeopathy* 9, p. 554.

[4] Charles Krumwiede Jr. y Eugenia Valentine, «Determination of the Type of Pneumococcus in the Sputum of Lobar Pneumonia, A Rapid Simple Method», *JAMA* (23 de febrero de 1918), p. 513–14; Oliver, *Man Who Lived for Tomorrow*, p. 381.

Dimitió el director de la Agencia de Educación para la Salud Pública, respetado a escala internacional. Dimitió también el segundo comisionado de salud pública, que llevaba veinte años en el cargo. En su puesto, el alcalde colocó a su médico personal.

El 15 de septiembre se produjo en la ciudad de Nueva York la primera muerte por gripe. Para entonces la enfermedad había comenzado a arrasar las bases del ejército y la Marina y había entrado en la población civil de Massachusetts.

En la década anterior, con dos epidemias de polio, las autoridades sanitarias cerraron la ciudad casi por completo. Pero en esa ocasión Copeland no hizo nada. Tres días después, cuando los hospitales empezaron a llenarse de enfermos de gripe, ordenó que se informara de los casos que se dieran de gripe y neumonía, al tiempo que declaraba que «otras enfermedades de los bronquios, y no la llamada gripe española, son las responsables de la mayoría de los casos registrados como enfermos de gripe».[5]

Unos días después ni siquiera Copeland podía ya negar la realidad. La gente veía de cerca cómo era la enfermedad. Al final puso en cuarentena a los enfermos y avisó: «El departamento de salud está preparado para obligar a ir a los hospitales a aquellos pacientes que puedan ser una amenaza para la comunidad». También aseguró que la enfermedad no estaba «fuera del control del departamento de salud» y estaba «perdiendo fuerza».[6]

Pero Park no era tonto. Siendo aún estudiante, en la Viena de 1890, había visto morir en una pandemia de gripe a uno de sus profesores. «Lloramos por él y por nosotros», escribió.[7] Y durante varios meses él y otros investigadores de su laboratorio estuvieron pendientes del avance de la enfermedad. Era bien consciente de la transformación del *City of Exeter* en una morgue flotante, y conocía los casos graves que se habían dado durante los meses de julio y agosto en los barcos que llegaban al puerto de Nueva York.

---

[5] «New York City letter», *JAMA 71, núm. 12* (21 de septiembre de 1918), p. 986; véase también John Duffy, *A History of Public Health in New York City 1866–1966* (1974), pp. 280–90, *passim*.

[6] «New York City letter», *JAMA 71, núm. 13* (28 de septiembre de 1918), pp. 1076–77.

[7] Carta del 5 enero, 1890, citada por Oliver en *Man Who Lived for Tomorrow*, p. 26.

Esos casos tuvieron una ventaja: aliviaron la presión política que se ejercía sobre el laboratorio y a él le permitieron concentrarse en su trabajo.

A finales de agosto, Anna Williams y él comenzaron a centrar sus energías en la enfermedad. A mediados de septiembre les llamaron para que acudiesen a Camp Upton, en Long Island. La enfermedad acababa de llegar allí y ya se habían producido algunas muertes, pocas..., pero había algunos barracones llenos de soldados de Massachusetts que sumaban dos mil casos.

Park y Williams llevaban un cuarto de siglo colaborando, y se complementaban a la perfección. Él era un hombre silencioso, de ojos castaños, reservado, de porte aristocrático. Encajaba en las élites. Los antepasados de su padre habían llegado a América en 1630, los de su madre en 1640. Tres tías abuelas suyas habían sido misioneras en Ceilán, donde estaban enterradas; un primo al que se sentía muy unido era pastor, y el propio Park había considerado la idea de ir a las misiones como médico.

Tenía un objetivo, un objetivo que no impulsaba una curiosidad sin más. Su búsqueda del conocimiento en el laboratorio servía a ese objetivo solo en la medida en que servía al objetivo de Dios, según comprobó. Donaba al laboratorio su sueldo de profesor de Bacteriología en la Universidad de Nueva York o lo entregaba a algunos de sus colegas que no llegaban a fin de mes con el salario de funcionarios municipales. También se implicaba mucho con sus pacientes: trabajaba muchas veces en los pabellones destinados a tratar la difteria del Willard Parker Hospital, de gestión municipal, que estaba enfrente de su laboratorio. El hospital era un edificio nuevo, resplandeciente, con treinta y cinco camas de hierro en cada pabellón, con retretes y bañeras de mármol revestidas de porcelana y suelos de madera pulida que se fregaban todas las mañanas con una solución de 1:1000 de cloruro de mercurio, la misma solución en la que se bañaban los propios pacientes cuando ingresaban en el hospital o cuando les daban el alta.

Metódico, imperturbable, era todo un burócrata en el mejor de los sentidos. Había dirigido la Agencia de Laboratorios del Departamento de Salud durante décadas, y siempre había buscado la manera de hacer que el sistema funcionase. Lo que le impulsaba era el deseo de llevar la investigación en laboratorio hasta los pacientes. Era un pragmático. Goethe dijo que uno busca donde ve que hay luz. Algunos científicos intentan crear una luz nueva que ilumine los problemas. Park realizaba exploraciones exhaustivas con la luz que hubiera.

Fue su trabajo junto a Williams el que condujo a la producción a gran escala y a bajo coste de la antitoxina para la difteria. Y fue su trabajo el que puso a los Estados Unidos a la altura de Europa en el plano científico cuando en una conferencia internacional apoyaron sus opiniones sobre la tuberculosis frente a las de Koch. Sus artículos científicos eran precisos, aunque no siempre elegantes, y su mente minuciosa y sagaz estaba a la altura de esa precisión.

Y fue esa precisión, y el sentido del bien y el mal del misionero, lo que le había llevado unos años antes a mantener una disputa con Simon Flexner y el Rockefeller Institute a propósito del suero contra la meningitis. En 1911, Park había creado el Laboratorio para Terapias Especiales e Investigación, al menos en parte, para hacer la competencia al Rockefeller Institute. Y aunque tenía unos años más no se había ablandado: Flexner y él siguieron siendo muy ácidos uno con otro: según afirmó otro científico que los conocía bien a los dos, «no podían ni verse». Pero a pesar de esa hostilidad ambos siguieron trabajando juntos, acudiendo cada uno a la llamada del otro, y sin ocultarse información.[8]

Ese ambiente de apertura estaba a años luz del que había en otros laboratorios, como el del Instituto Pasteur. El propio Pasteur había aconsejado en una ocasión a un protegido suyo que no compartiera información con desconocidos. Le dijo, literalmente: «Tus cadáveres te los guardas para ti». Cuando Anna Williams le visitó no consiguió que le dieran información sobre el suero inmunológico contra la neumonía; hubo de esperar a que se publicara, y también tuvo que prometer que, después de salir de allí, no diría nada sobre lo que hubiera visto. Los científicos del Pasteur no lo decían todo ni siquiera en sus artículos de prensa. Como Biggs escribió a Park: «Marmorek le ha enseñado (a Williams)

[8] Benison, *Tom Rivers*, p. 183.

cómo se hace. Pero es secreto, claro. Como de costumbre, ha omitido lo esencial».[9]

Si Park era impenetrable, Anna Williams era la que insuflaba cierta libertad y creatividad al laboratorio. Le encantaba volar en un aeroplano con pilotos de pruebas, una afición temeraria en los aparatos de antes de la Primera Guerra Mundial, y disfrutaba mucho con los virajes rápidos y las caídas libres. Le gustaba conducir automóviles a gran velocidad. Cuando se metía en un atasco de tráfico se iba al otro carril y adelantaba a toda la fila: tenía una buena colección de multas de tráfico que lo avalaban. Una vez hizo un curso de mecánica y decidió sacar el motor de su Buick, pero no consiguió volver a montarlo. En su diario escribió: «Desde que recuerdo, siempre deseé ir a algún sitio. Cuando no podía ir, soñaba con hacerlo. Y sueños tan osados rara vez los concibió una criatura».[10]

A pesar de su carácter indómito, o quizá precisamente por él, se estableció como la primera mujer médico-científica de Estados Unidos. Ese logro tuvo un precio.

Era infeliz. Y estaba sola. A los cuarenta y cinco años escribió: «Hoy me han dicho que resulto patética porque no tengo ninguna relación».[11] Ella y Park trabajaron juntos durante décadas, pero siempre mantuvieron una distancia prudencial. En su diario anotaría: «Para todo hay grados, incluida la amistad. En mis amistades no pongo ni mucho sentimiento, ni mucho sentimentalismo».[12] La religión no le proporcionaba consuelo, porque ella exigía demasiado. Se decía que Jesús sabía que su angustia era pasajera y que a cambio iba a salvar al mundo. «Y ese convencimiento... Ah, si pudiéramos estar seguros, qué no estaríamos dispuestos a soportar...».[13] Ese convencimiento ella no lo tenía. Lo único que podía hacer era recordar «todas las cosas buenas que me han enseñado y actuar como si fueran verdad».

---

[9] Oliver, *Man Who Lived for Tomorrow*, p. 149.

[10] Anna Williams, Diario. Sin fecha, capítulo 26, pp. 1, 17, caja 1, *Papeles de Anna Wessel Williams*, Biblioteca Schlesinger del Radcliffe College.

[11] Carpeta sobre «Matrimonio», sin fecha, *Papeles de Williams*.

[12] Carpeta sobre «Religión», 24 de marzo de 1907, *Papeles de Williams*.

[13] Carpeta sobre «Religión», 20 de agosto de 1915, *Papeles de Williams*.

Al final, aunque sentía celos de los que vivían una vida normal, seguía prefiriendo el «descontento a la felicidad que da la falta de conocimientos».[14] Se conformaba con pensar que «había conocido la emoción».[15] Si se analizaba, según confiaba a su diario, se daba cuenta de que lo que más le importaba era «el amor por el conocimiento», «ser valorada y triunfar», «el miedo al ridículo» y «el poder de hacer y pensar cosas nuevas».

Sus motivaciones no eran las de Park, pero ambos formaban una combinación potente. Y, desde luego, en el ámbito científico Williams había tenido emociones de sobra.

En 1918 tenía 55 años. Park era de la misma edad. Nunca pensaban en las emociones cuando iban conduciendo por carreteras de mala muerte desde Manhattan hasta Camp Upton, ni siquiera cuando Park le dejaba conducir a ella. En el campamento los médicos militares sabían qué estaba pasando en Devens, y les pidieron consejo.

Park y Williams eran expertos en terapias a través de la vacunación. Incluso durante la epidemia de la polio habían hecho hallazgos espectaculares, aunque solo fuera para demostrar lo que no funcionaba. De hecho, Park había intentado desarrollar varios tratamientos, y lo único que consiguió fue darse cuenta de que no eran eficaces. Pero en esa ocasión estaban esperanzados: su trabajo con el estreptococo y el neumococo, al igual que el del Rockefeller Institute, era prometedor. Sin embargo, Park y Williams no podían dar por el momento consejo alguno, solo introducir torundas en bocas y fosas nasales de los enfermos de Upton, volver a su laboratorio y empezar su tarea.[16]

Obtuvieron material de otra fuente, algo que Williams nunca olvidó. Se trataba de la primera autopsia de una víctima de la gripe en la que ella tomaba parte. Según escribió posteriormente, el cuerpo pertenecía a «un joven bien parecido de Texas» que llevaba el mismo apellido que ella. Se quedó mirándole, preguntándose

[14] Carpeta sobre «Afectos, añoranzas, deseos, amigos», 23 de febrero de 1908, *Papeles de Williams.*

[15] Carpeta sobre «Matrimonio», sin fecha, *Papeles de Williams.*

[16] Diario, 17 de septiembre de 1918, *Papeles de Williams.*

quién era, si se trataba de algún pariente lejano. Escribió: «La muerte le sobrevino con tal rapidez que no dejó marcas apenas, o muy pocas. Salvo en los pulmones».[17]

No pudo contemplar aquellas formas perfectas, salvo por la muerte, sin preguntarse qué era lo que esperaba a su país. En el regreso a Nueva York, con el coche lleno de torundas impregnadas de las mucosidades, los esputos y las muestras de tejidos que dejaba tras de sí una enfermedad misteriosa y letal, seguramente se alternaron conversación y silencios. Conversación sobre qué pensaban hacer con todo aquello y cómo planificarían sus experimentos. Silencios como el del laboratorio silencioso que les esperaba.

De hecho, no había nada en el mundo como el laboratorio de Park. Desde la calle podía contemplar orgulloso aquel edificio de seis plantas con sus salas de investigación, sabiendo que lo habían construido sus propios éxitos. Dedicado por completo a las pruebas diagnósticas, la producción de suero y antitoxinas y la investigación médica, su creación se erigía a los pies de la Calle Sexta Este. Justo detrás estaban los muelles bulliciosos del East River.

Tranvías, coches de caballos y automóviles pasaban por delante traqueteando, y el olor del estiércol se mezclaba con el de la gasolina y el aceite. Hervía el sudor y la ambición, el fracaso y la determinación y el dinero de Nueva York, todo lo que hacía de la ciudad lo que era y es.

En el interior del edificio Park veía una industria en toda regla: más de doscientos trabajadores le rendían cuentas; casi la mitad eran científicos o técnicos de un laboratorio u otro, cada uno en su mesa. Las mesas dispuestas en filas, con los quemadores permanentemente encendidos, los tubos de ensayo encima de ellas, montados en sus soportes o en los estantes que recorrían las paredes, en salas que a menudo se llenaban del vapor y la humedad de los autoclaves que empleaban para la esterilización.

Ningún otro laboratorio, en ningún otro lugar, en ningún instituto, en ninguna universidad, ya fuera patrocinado por algún

[17] Diario, sin fecha, capítulo 22, p. 23, *Papeles de Williams.*

Gobierno o gestionado por alguna compañía farmacéutica, tenía la combinación de competencia científica o epidemiológica, la experiencia en salud pública y la capacidad material necesarias para llevar a cabo investigaciones en las que todos sus recursos se concentraran en una cuestión, de tal manera que ningún hallazgo colateral, por muy seductor o importante que fuese, le desviase de su objetivo de encontrar resultados prácticos e inmediatos.

Ese laboratorio también podía funcionar en situaciones extremas, de crisis. Ya lo había hecho antes: se habían anticipado a brotes de cólera y fiebres tifoideas, habían vencido a la difteria, habían contribuido con su investigación en la epidemia de meningitis. Y no lo habían hecho solo en Nueva York, sino en todo el país. Cuando se lo pidieron, Park había enviado a su equipo a luchar contra un brote de la enfermedad allá donde fuera necesario.

Y había otro factor que convertía aquel departamento en único: si se encontraba una solución, se podían fabricar sueros y vacunas en cantidades industriales, a la misma velocidad que cualquier farmacéutica del mundo y con mejor calidad. De hecho, habían tenido tanto éxito fabricando antitoxinas que las farmacéuticas y los médicos de la ciudad se habían puesto de acuerdo para hacer uso de su poder político para limitar la producción. Pero en ese momento Park podía cambiar de dirección rápidamente: con el encargo de producir suero para el ejército había cuadruplicado el número de caballos a los que podía infectar y sangrar.[18]

Así que no sorprendió a nadie que poco después de regresar de Camp Upton, Park recibiera un telegrama de Richard Pearce, director de la sección de medicina del Consejo Nacional de Investigación. Pearce cogía toda la información que podía de los franceses, los británicos y los alemanes, y la distribuía entre los investigadores de todas partes. También seguía haciéndose preguntas sobre la gripe, pidiendo a varios investigadores que se centraran cada uno en un aspecto. De Park quería conocer la naturaleza del agente que provocaba la llamada gripe española y obtener cultivos de dicho organismo, si era posible. Le preguntó si su laboratorio

[18] Oliver, *Man Who Lived for Tomorrow*, p. 378.

se encargaría de llevar a cabo los estudios bacteriológicos necesarios y de emitir informes lo antes posible «a los abajo firmantes».[19]

Y Park respondió enseguida. «Nos encargaremos».[20]

Fue como si el laboratorio mismo hubiera ido a la guerra. Park confiaba en la victoria. Revisaba hasta los últimos datos garabateados en cualquier parte, publicados o no, que sobre la enfermedad habían facilitado laboratorios de todo el mundo, y como nada le impresionaba, acababa apartándolos con desdén.[21] Su laboratorio podía hacerlo mejor, estaba seguro de que la desorganización de otros contribuía, al menos en parte, a su incapacidad para entender la enfermedad. Pero sus planes eran de una ambición extraordinaria. Aparte de encontrar el patógeno, quería encontrar una vacuna o un suero, o las dos cosas, y quería además producir ese fármaco en grandes cantidades y comunicar al resto el procedimiento exacto que debían seguir para producirlo ellos. Y quería más. Se proponía llevar a cabo un estudio de todos los brotes de la enfermedad que habían tenido lugar, seleccionar un grupo de gente lo suficientemente numeroso que le permitiera hacer un muestreo y, como muchos de ellos caerían enfermos, llevar un seguimiento de los casos empleando para ello los medios epidemiológicos y de laboratorio más sofisticados que hubiera. La carga de trabajo sería enorme, pero estaba convencido de que su departamento podía asumirlo.

Sin embargo, al cabo de unas horas, la enfermedad comenzó a sobrepasar las capacidades del departamento. Park ya había compensado la pérdida de mano de obra debida a la guerra analizando todos los sistemas y aumentando la eficiencia todo lo posible (instaló, por ejemplo, una bomba de vacío que en quince minutos podía llenar tres mil tubos de dosis individuales de vacunas),[22] e incluso cambió los métodos de contabilidad. Pero cuando la gripe

---

[19] Cable de Pearce a Park, 18 de septiembre de 1918, *archivos sobre la gripe,* NAS.

[20] Cable de Park a Pearce, 19 de septiembre de 1918, *archivos sobre la gripe,* NAS.

[21] William Park et al., «Introduction» (todo el número está dedicado a sus hallazgos en laboratorios, divididos en varios artículos), *Journal of Immunology 6, núm.* 2 (enero de 1921).

[22] *Informe anual del departamento municipal de salud*, Nueva York, 1918, p. 86.

hizo enfermar al primer conserje, al primer técnico, al primer científico, y luego fueron tres, o cuatro, o cinco simultáneamente los que caían enfermos, el laboratorio se tambaleó. No hacía mucho, rastreando un brote de tifus hasta el origen, cuatro trabajadores del Departamento de Salud habían muerto víctimas de la enfermedad, que posiblemente habían cogido en el laboratorio. Y ahora la gripe había llegado al laboratorio de Park: muchos enfermaban, y algunos morían.

La gripe le enseñó humildad a toda prisa. Dejó a un lado su arrogancia respecto al trabajo de otros y sus propios planes y ambiciones y comenzó a luchar solo por una cosa, que era la que importaba: descubrir cuál era el patógeno.

Mientras, el mundo parecía venirse abajo. Park y Williams, y muchos otros científicos de otros laboratorios que luchaban por encontrar una respuesta, debieron de tener la sensación de que una gran catástrofe se les echaba encima y no podían hacer nada por evitarla o por doblegarla. Era como tener los pies atrapados entre un montón de rocas en un lugar donde la marea puede subir en cualquier momento. Ves cómo el agua te llega a las rodillas y después a la cintura: respiras hondo para redoblar el esfuerzo que requiere liberar los pies, pero entonces sientes que el agua te llega ya al cuello y que la ola te pasa por encima.

Nueva York era una ciudad inmovilizada por el terror, por el pánico.

Llegados a ese punto, Copeland había impuesto la cuarentena obligatoria a todos los casos declarados. Había literalmente cientos de miles de personas enfermas al mismo tiempo, muchas de ellas enfermas graves. La cifra de muertos había alcanzado recientemente los treinta y tres mil solo en el área metropolitana, y eso que los estadísticos habían decidido, arbitrariamente, contar a la baja las víctimas de la epidemia, aunque el índice de muertos por la enfermedad ya otorgaban a esta la categoría de epidemia.[23] Y

[23] Las cifras de mortalidad correspondientes a la epidemia dejaron de contabilizarse el 31 de marzo de 1919. Para esa fecha la enfermedad se había extinguido prácticamente en todas las grandes ciudades del país, salvo Nueva York.

siguieron muriendo a ese ritmo meses después, alcanzando cifras muy superiores a las del resto del país.

Era imposible encontrar un médico, y más si cabe encontrar enfermeras. Se decía que a las enfermeras las obligaban a permanecer en sus casas los enfermos aterrados, desesperados por lo que pudiera ocurrirles si les dejaban solos. Las estaban secuestrando, literalmente.[24] No parecía posible aumentar la presión sobre el laboratorio. Pero la presión aumentó.

La presión obligó a Park a abandonar algo más que sus ambiciones. Siempre había sido meticuloso, nunca cedía, había construido su reputación científica en gran medida dejando al descubierto los fallos que había en el trabajo de otros... Siempre avanzaba con cuidado, basando sus propios experimentos en premisas bien fundadas y dando por hecho lo menos posible. Solía empezar sus aseveraciones con la frase: «Basándonos en los hechos del experimento podemos justificar que...».[25]

Pero ya no había tiempo de justificar nada. Si su actuación iba a influir de algún modo en el curso de la epidemia, le tocaba adivinar y no errar su apuesta. Así que los científicos de su laboratorio tendrían que estudiar con detenimiento «solo los tipos que se hayan revelado dominantes según nuestro procedimiento. Hemos observado que nuestros métodos no han tenido en cuenta organismos hasta ahora no descritos que podrían tener un relación etiológica con estas infecciones».[26]

En el laboratorio solo había dos constantes, y una de ellas era el suministro ilimitado de muestras: torundas con mucosidad, esputos, sangre y orina procedentes de pacientes vivos y órganos de los difuntos. «Material teníamos de sobra, y me pesa reconocerlo...»,[27] comentó lacónica Williams. La otra era la rutina. Solo la necesidad de mantener la disciplina salvó al laboratorio del caos más absoluto. No había nada ni remotamente interesante en su tarea: todo era

---

[24] Permillia Doty, «A Retrospect on the Influenza Epidemic», *Public Health Nurse* (1919), p. 953.

[25] William Park y Anna Williams, *Pathogenic Microroganisms* (1939), p. 281.

[26] Park et al., «Introduction», p. 4.

[27] Diario, sin fecha, capítulo 22, p. 23, *Papeles de Williams*.

puro tedio, puro aburrimiento. Y sin embargo, cada paso que se daba allí dentro implicaba apasionarse, pero también entrar en contacto con algo que podía matar. Los técnicos tomaban muestras de esputo a los pacientes del hospital e inmediatamente —no podían dejar pasar ni media hora, porque la bacteria de la boca de los pacientes podía penetrar en el esputo y contaminarlo— comenzaban a analizarlo. El proceso comenzaba por el lavado: ponían una pequeña cantidad de mucosidad en un matraz con agua esterilizada, lo removían bien y repetían el proceso cinco veces; luego partían la masa de mucosidad en trozos y volvían a lavarlo. Lo pasaban por un aro de platino muy fino para transferirlo a un tubo de ensayo, después por otro aro y repetían el proceso media docena de veces. Cada paso llevaba su tiempo, y durante ese tiempo la gente moría. Pero no tenían elección. Había que dar todos los pasos, diluir las bacterias para evitar que en un determinado medio se cultivaran distintas colonias. Y luego, para aislar esos cultivos, hacía falta más tiempo, y dar más pasos.

Todo contaba. Las tareas más tediosas eran imprescindibles. Lavar los tubos de ensayo y los matraces de cristal era inevitable, porque un instrumental contaminado podía arruinar un experimento y costar vidas. En el curso de esta tarea se esterilizaban 220.488 tubos de ensayo, botellas y matraces.[28] Todo importaba, y sin embargo nadie sabía quién se presentaría en su puesto al día siguiente y quién no, a quién habría que llevar de repente al hospital del otro lado de la calle. Y si alguien faltaba al trabajo era prácticamente imposible seguir el ritmo de rutinas tan sencillas como sacar los cultivos de las incubadoras.

Había docenas de formas de cultivar bacterias, pero solo una de cultivar un tipo determinado. Algunas se podían cultivar solo sin oxígeno, otras lo necesitaban en grandes cantidades. Algunas requerían un medio alcalino, otras ácido. Algunas eran extremadamente delicadas, otras estables.

Cada paso, cada intento de cultivar el patógeno suponía esfuerzo, y el esfuerzo representaba tiempo. Cada hora de incubadora para un cultivo suponía mucho tiempo. Y no tenían tiempo.

---

[28] *Informe anual del departamento municipal de salud*, Nueva York, 1918, p. 88.

Cuatro días después de aceptar el encargo de Pearce, Park envió un cable: «Los únicos resultados que por el momento tienen verdadera relevancia son los que hemos obtenido gracias a dos casos fatales: uno, un hombre que procedía del astillero de la Marina, en Brooklyn; el otro era un médico del hospital naval de Boston. Ambos desarrollaron una neumonía séptica aguda y murieron a la semana de infectarse. Y en ambos casos los pulmones mostraban una neumonía incipiente y en las manchas del cultivo se observaba gran abundancia de estreptococos. No había absolutamente ningún bacilo de la gripe en ninguno de los pulmones».[29]

El hecho de que no hubiera «bacilos de influenza» desconcertaba a Park. Toda su esperanza de producir una vacuna o un suero se reducía a encontrar un patógeno conocido, y lo que más se acercaba era el que Pfeiffer había denominado *Bacillus influenzae*. Pfeiffer siempre había estado seguro, y lo seguía estando, de que era el que provocaba la enfermedad. A Park no le importaba descartar la pista del *B. influenzae* si no encontraba un fundamento lo suficientemente sólido, pero sentía mucho respeto por Pfeiffer. Trabajando en una situación tan extrema como aquella deseaba confirmar, y no tanto rechazar, la hipótesis de Pfeiffer. Quería que la respuesta fuera el bacilo de Pfeiffer. Eso le daría una oportunidad, la oportunidad de fabricar un producto que salvara vidas a millares.

El *B. influenzae* era una bacteria especialmente complicada de aislar. Se trata de algo muy pequeño —incluso medido con el rasero de las bacterias— y normalmente se ve aislado o en pares, no tanto en grandes grupos. Requiere unos condicionantes especiales en el medio en el que se cultiva (incluida la presencia de sangre) y solo es posible hacerlo con un rango de temperaturas muy estrecho. Sus colonias son diminutas, transparentes y desestructuradas. La mayor parte de las bacterias forman colonias muy características, con color y forma específicos, muy fáciles de distinguir y de identificar en ocasiones. El *B. influenzae* solo puede cultivarse en la superficie del medio, porque necesita el oxígeno. Es difícil de teñir, por eso resulta tan complicado verlo al microscopio, y es un

[29] Park a Pearce, 23 de septiembre de 1918, NAS.

objetivo difícil de ver a menos que uno sepa lo que busca y que emplee una técnica muy afinada.

Park pidió a Anna Williams que, mientras otros técnicos del laboratorio buscaban otros organismos, se concentrase en encontrar el de Pfeiffer. Williams lo encontró. Y siguió encontrándolo, continuamente. Al final, como ya había perfeccionado su técnica, lo encontraba en el 80 por ciento de las muestras del Willard Parker Hospital, en el cien por cien de las muestras del Marine Hospital y en el 98 por ciento de las muestras del Hogar de la Infancia.[30]

Pero por mucho que deseara que Williams estuviera en lo cierto, Park no iba a permitir que su deseo empañara la ciencia. Así que dio un paso más y se lanzó «a la prueba más delicada de identidad: la aglutinación».[31]

La aglutinación es un proceso por el que los anticuerpos, en un tubo de ensayo, se adosan al antígeno de la bacteria formando racimos, a veces de un tamaño suficiente para ser visibles sin microscopio. Como la forma de adosarse los anticuerpos de un antígeno tiene un carácter específico, los anticuerpos del bacilo de la gripe solo se adosan a bacterias, y no a otros elementos. De ese modo se confirma la identidad. Los test de aglutinación demostraron, sin dejar lugar a dudas, que Williams había localizado el bacilo de la gripe de Pfeiffer.

Menos de una semana después de informar del primer fracaso en su propio intento de localizarlo, Park envió un cable a Pearce diciéndole que el *B. influenzae* se postulaba «como punto de partida de la enfermedad».[32] Pero era muy consciente de que sus métodos no habían sido del todo ortodoxos, por lo que añadió: «Naturalmente, existe la posibilidad de que sea algún otro virus, desconocido y filtrable».

El informe tuvo sus consecuencias. El laboratorio de Park comenzó la carrera por la producción de un suero inmunológico y una vacuna para el bacilo de Pfeiffer. Enseguida empezaron a cultivar

---

[30] Edwin O. Jordan, *Epidemic Influenza* (1927), p. 391.

[31] Park et al., «Introduction», p. 4.

[32] Park a Pearce, 26 de septiembre de 1918, NAS.

litros y litros de bacteria y se la inyectaron a los caballos del Departamento de Salud, que estaban en un terreno de 70 hectáreas a unos ciento diez kilómetros al norte de la ciudad.

Pero el único modo de saber con certeza que era el *B. influenzae* el que provocaba la enfermedad era seguir los postulados de Koch: aislar el patógeno, utilizarlo para recrear la enfermedad en un animal experimental y luego aislar el patógeno de ese animal. El bacilo mataba a las ratas de laboratorio, pero sus síntomas no se parecían en nada a los de la gripe.

Los resultados, por sugerentes que pareciesen, no cumplían los postulados de Koch. Y en este caso el animal necesario para el experimento era el ser humano.

Habían empezado ya los experimentos en seres humanos. En Boston, Rosenau y Keegan ya estaban intentando inocular la enfermedad a voluntarios de un penal de la Marina. Ninguno de ellos había enfermado aún, pero uno de los médicos que estaba llevando a cabo el estudio sí lo hizo. De hecho, murió de gripe. Pero en el sentido científico de la expresión, esta muerte no probaba nada.

24

Mientras Park, en Nueva York, intentaba producir un suero inmunológico o una vacuna contra la enfermedad, Filadelfia estaba llegando al colapso. Allí estaba Paul Lewis, también buscando una respuesta. Pocos, incluido Park, tenían más posibilidades de encontrarla que él. Hijo de un médico, Lewis creció en Milwaukee, fue a la Universidad de Wisconsin y terminó sus estudios de Medicina en la de Pensilvania, en 1904. Antes incluso de terminar la carrera sabía que quería dedicar su vida a la investigación en laboratorio, y enseguida adquirió la formación necesaria y se forjó una reputación. Comenzó como investigador junior, trabajando en el estudio de la neumonía bajo la dirección de Welch, Osler, Biggs y otros tantos que formarían el Consejo de Científicos del Rockefeller Institute. Lewis los impresionó a todos. El más impresionado fue Theobald Smith, uno de los mejores bacteriólogos del mundo, para el que entonces trabajaba Lewis, en Boston. Más tarde Smith recomendaría a Lewis a Simon Flexner, diciéndole que Harvard no tenía los recursos necesarios para que Lewis se desarrollara como investigador, que era «donde estaba su corazón».[1]

Aquel era el mayor cumplido que podía salir de la boca de Smith. Lewis lo merecía. Parecía hecho para el laboratorio. Al menos, el laboratorio era el único sitio donde Lewis era feliz: no solo le apasionaba el trabajo en sí, sino el entorno; le encantaba desaparecer entre las mesas y ponerse a pensar. En el Rockefeller Lewis había empezado a desarrollar una serie de ideas propias, pero cuando estalló el brote de la polio Flexner le pidió que fuese

[1] Smith a Flexner, 5 de abril de 1908, *Papeles de Lewis*, RUA.

a trabajar con él. Lewis aceptó. Eran la pareja perfecta. Sus investigaciones de la polio fueron un modelo de velocidad combinada con silencio. No solo demostraron que la polio era una enfermedad vírica, que aún se considera un hallazgo fundamental en virología; desarrollaron, además, una vacuna que protegía a los monos de la polio al ciento por ciento. Encontrar una vacuna contra la polio para seres humanos llevó casi cincuenta años, y en el curso de esa investigación Lewis se convirtió en uno de los principales expertos en virus de todo el mundo.

Flexner afirmó que Lewis era «uno de los mejores del país, un tipo de gran valía».[2] Quizá se quedó corto. Richard Shope trabajó codo con codo con él en los años veinte y conoció a muchos de los mejores científicos del mundo (incluidos Flexner, Welch, Park, Williams y muchos premios Nobel), llegando él mismo a ser miembro de la Academia Nacional de Ciencias. Dijo que Lewis era el hombre más espabilado que conocía.[3] Joseph Aronson, científico de la Universidad de Pensilvania muy premiado y que había investigado en el Instituto Pasteur, llamó Lewis a su hijo en su honor y, como Shope, dijo que Lewis era el hombre más brillante que había conocido en su vida.

Cuando empezó la guerra, Pearce, funcionario del Consejo Nacional de Investigación, le dijo a Lewis lo que solo dijo a otros cuatro o cinco científicos del país, que esperase que le llamaran para «hacer un servicio especial, vinculado a la epidemia».[4]

Lewis estaba preparado. Le dieron un cargo en la Marina y le dijo a Flexner que no tenía que desempeñar «tareas rutinarias y tediosas».[5] Su capacidad como investigador era mucho más importante. Seguía cooperando con Cole y Avery en el desarrollo de un suero contra la neumonía, y también —según comentó a Flexner— experimentando con tinciones «por si pudieran inhibir los cultivos» de la bacteria que provoca la tuberculosis.[6] La

[2] Flexner a Eugene Opie, 13 de febrero de 1919, *Papeles de Flexner,* APS.

[3] Entrevista con el doctor Robert Shope, 31 de enero de 2002; entrevista con el doctor David Lewis Aronson, 16 de mayo de 2002.

[4] Lewis a Flexner, 19 de junio de 1917, *Papeles de Flexner.*

[5] Lewis a Flexner, 24 de octubre de 1917, *Papeles de Flexner.*

[6] Véase correspondencia entre Flexner y Lewis, esp. Lewis a Flexner, 13 de noviembre de 1916, *Papeles de Flexner.*

idea de que una tinción pudiera matar a las bacterias no era suya, pero estaba haciendo una tarea de primer orden en ese área y su instinto, que le hacía cuestionarse la importancia de aquel factor, no le falló. Veinte años después, el Nobel lo recibiría Gerhard Domagk por convertir un colorante en el primer antibiótico: fue la primera sulfamida.

Pero la ciudad, en ese momento, no necesitaba un laboratorio que cosechara nuevos logros para profundizar en los conocimientos científicos. Necesitaba logros inmediatos. Lewis había llegado a algunas conclusiones respecto a la polio con rapidez sorprendente, en apenas un año: conclusiones pioneras que además habían sido sólidas. Pero ahora solo tenía semanas, días incluso. Estaba viendo cómo los cadáveres se apilaban —literalmente— en la morgue del hospital del astillero de la Marina, en las morgues de los hospitales civiles, en las funerarias, en los hogares.

Recordaba el trabajo de Flexner sobre la meningitis durante una epidemia de esa enfermedad. Flexner había resuelto el problema y el éxito había consolidado la reputación del Rockefeller Institute. Sabiendo que Flexner había conseguido aquello, le parecía que quizás él también pudiera hacerlo.

Consideró la posibilidad de que un organismo capaz de pasar por un filtro provocara la gripe, pero sabía que buscar así un virus era como buscar algo completamente a oscuras. Y aquello era ciencia, ciencia de la mejor. En otras palabras, algo así como buscar algo a media luz. Pero en aquel momento él no tenía un compromiso exclusivo con la ciencia: estaba intentando salvar vidas, tenía que buscar donde hubiese luz.

Donde primero brilló la luz fue al someter al sistema inmune a una especie de choque. Aunque no lograra encontrar el patógeno ni seguir los procedimientos normales de infectar a los caballos con él para luego preparar la sangre extraída de aquellos, había un animal que seguiría sufriendo aquella enfermedad que se abría camino agostando la tierra. Y aquel animal era el ser humano.

La mayor parte de la gente que contrajo la enfermedad sobrevivió. Era bastante probable que su sangre y su suero contuvieran anticuerpos que podían curar la enfermedad o impedir que la contrajeran otros. Lewis y Flexner habían tenido cierto éxito utilizando ese enfoque con la polio en 1910. En Boston, el doctor W. R. Redden, del hospital naval, también recordaba «las evidencias presentadas por Flexner y Lewis según el experimento con suero de convalecientes de la poliomielitis». Pero Redden y un colega habían sacado sangre a los que habían sobrevivido al ataque de gripe, habían extraído el suero y se lo habían inyectado a treinta y seis pacientes de neumonía seguidos en un ensayo que se inició el 1 de octubre. No era un experimento científico con controles, y en sentido científico los resultados no probaban nada. Pero cuando informaron de los resultados, en el *JAMA* del 19 de octubre, treinta pacientes se habían curado, cinco estaban aún en tratamiento y solo había muerto uno.[7]

Los experimentos comenzaron en Filadelfia; utilizaron también sangre entera y suero de supervivientes de la gripe. Aquellos tampoco fueron experimentos científicos, sino intentos desesperados de salvar vidas. Si había alguna señal de que aquel procedimiento funcionaba, la ciencia ya seguiría después su curso.

Lewis dejó que otros se encargaran de provocar el choque. No hacían falta habilidades especiales, y lo mismo que había hecho él podían hacerlo otros. Él pasaba el tiempo haciendo cuatro cosas, y no las hacía de forma secuencial sino simultánea, transitando por rutas diferentes, poniendo en marcha experimentos distintos al mismo tiempo para probar las distintas hipótesis.

En primer lugar intentó desarrollar una vacuna de la gripe utilizando los mismos métodos que había aplicado para la de la polio. Era una versión más sofisticada del «choque», es decir, de transfundir la sangre o el suero de los supervivientes de la gripe. Porque él tenía al menos la sospecha de que la gripe podía causarla un virus.[8] En segundo lugar, se quedó en el laboratorio, siguiendo un destello de luz. Razonó de la misma manera que había razonado

[7] W.R. Redden y L.W. McQuire, «The Use of Convalescent Human Serum in Influenza Pneumonia», *JAMA* (19 de octubre de 1918), p. 1311.

[8] El 9 de diciembre de 1918 Lewis recibió permiso de la Marina para publicar «The Partially Specific Inhibition Action of Certain Aniline Dyes for the Pneumococcus», entrada 62, RG 125, NA; véanse también los artículos de prensa sobre la polio recopilados en el álbum de la Biblioteca del Colegio de Médicos de Filadelfia, que hace referencia (errónea) a una vacuna empleada en la ciudad y producida con los métodos aplicados en Nueva York para dicha enfermedad. Que este error sea tan específico es seguramente consecuencia de un malentendido con el trabajo de Lewis.

Park. La investigación podía encontrar la bacteria. Pfeiffer ya había señalado con su dedo acusador a un bacilo. Lewis y todos los miembros de su laboratorio trabajaban horas y horas, días y días sin descanso, tomándose solo unas cuantas horas libres para dormir, llevando a cabo un procedimiento tras otro: aglutinación, filtración, transferencia, cultivos, inyecciones a los animales de laboratorio. Su equipo también buscaba las bacterias. Seguían tomando muestras con torundas de la garganta y la nariz de las primeras víctimas, las ponían en contacto con el medio adecuado y esperaban la reacción. Trabajaban de manera intensiva, veinticuatro horas al día, en turnos, y luego esperaban, frustrados por el tiempo que tardaban las bacterias en aparecer en un cultivo, por el número de cultivos que se contaminaban, por todo lo que interfería con sus progresos.

En los primeros quince casos Lewis no encontró *B. influenzae*. Irónicamente, como la enfermedad había explosionado de un modo tan repentino y había afectado al personal del hospital, Lewis apenas tenía materiales con los que trabajar, salvo unas muestras de esputo: «En los hospitales hay tanta escasez de personal [...]. No tengo apenas material de autopsia salvo cuatro cuerpos bastante descompuestos».[9] Seguramente llevaban tanto tiempo muertos que apenas le servían de nada.

Entonces, al igual que Park y Williams, Lewis ajustó sus técnicas y comenzó a encontrar el bacilo regularmente. Dio esta información a Krusen, el responsable de salud. El *Inquirer* y otros periódicos, desesperados por comunicar algo positivo, declararon que había encontrado la causa de la gripe y «proporcionado a la clase médica unos conocimientos absolutos sobre los que basar su campaña contra la enfermedad».[10]

Lewis no tenía conocimientos absolutos, ni creía tenerlos. Era cierto que había aislado el *B. influenzae*, pero también había aislado un neumococo y un estreptococo hemolítico. El instinto le llevaba en otra dirección. Comenzó otras líneas de investigación, una tercera y una cuarta. La tercera suponía abandonar sus experimentos

[9] Transcripción de la reunión del comité para la gripe celebrada en Nueva York el 22 de noviembre de 1918, *Papeles de Winslow*, SLY.

[10] *Philadelphia Inquirer*, 22 de septiembre de 1918.

con tinción para intentar matar a las bacterias de la tuberculosis, e intentar matar a los neumococos.

Pero la muerte le rodeaba por todas partes, le envolvía. De nuevo centró su atención en ayudar a producir lo único que parecía funcionar en ese momento. Y tras la emergencia, si algo parecía funcionar, ya regresaría al laboratorio y se embarcaría en experimentos rigurosos que le permitieran entender su funcionamiento y demostrar su eficacia.

Así que puso el objetivo en las bacterias que él y otros habían encontrado. Desde el primer momento, cuando vio a los marineros moribundos, supo que tenía que ponerse a trabajar en aquello de inmediato. Y es que aunque hubiera creído que estaba en lo cierto, aunque lo que estaba preparando hubiera salido bien, el resultado llevaría tiempo. Tanto en su laboratorio como en otros de la ciudad los investigadores ya no investigaban: se limitaban a producir. Y no había certeza de que lo que producían fuera a funcionar. La esperanza era lo único que tenían.

Comenzó preparando el medio para los cultivos. Utilizó un caldo de peptona de buey al que añadía sangre y después hacía cultivos de patógenos que había aislado de algunos casos de *B. influenzae*, de neumococo de los tipos I y II y del estreptococo hemolítico. Preparó personalmente lotes reducidos de vacunas que incluían estos organismos y se los dio a sesenta personas. De esas sesenta personas solo tres desarrollaron neumonías y no murió ninguna.[11] En un grupo de control se registraron diez neumonías y tres muertes.

Aquello parecía prometedor, pero no demostraba nada. Había muchos factores que podían explicar los resultados, incluida la casualidad o el azar. Pero no tenía tiempo para esperar una explicación. Su laboratorio no tenía capacidad para producir las cantidades ingentes de vacuna que necesitaban. Aquello requería una infraestructura industrial. Para que creciera hacían falta cubas, no placas de Petri ni matraces. Necesitaban cubas como las que hay en una destilería.

---

[11] Transcripción de la reunión del comité para la gripe celebrada en Nueva York, primera convocatoria, 30 de octubre de 1918; segunda convocatoria, 22 de noviembre de 1918; cuarta convocatoria, 14 de febrero de 1919, *Papeles de Winslow*.

Encargó esta tarea a otros laboratorios de la ciudad, incluido el municipal. Llevaría mucho tiempo realizar cultivos para decenas de miles de personas. Todo el proceso, incluso acelerándolo, tardaría al menos tres semanas. Y una vez que tuvieran la vacuna haría falta tiempo para administrársela a miles y miles de personas en una serie de inyecciones, cada vez en dosis mayores, con varios días de separación. Durante ese lapso de tiempo, la enfermedad seguiría matando.

Simultáneamente, Lewis comenzó a trabajar en una quinta línea de investigación, fabricando un suero que podía curar la enfermedad. Su trabajo era más complicado. Podía fabricar una vacuna diversificando los objetivos, combinando varios organismos y protegiendo al paciente contra todos ellos. Hoy en día las vacunas contra la difteria, la pertussis o tosferina y el tétano se administran combinadas en una sola inyección; y también se administran así las vacunas contra el sarampión, las paperas y la rubeola, de manera rutinaria. Las vacunas actuales contra la gripe contienen una vacuna contra el virus de la gripe y contra el neumococo, y esta última desciende de la que se descubrió en el Rockefeller Institute en 1917.

Pero un suero necesitaba un objetivo más específico. Si funcionaba, lo haría solo frente a un único organismo. Para fabricar un suero que funcionara Lewis tendría que elegir su objetivo, y si tenía que elegir uno solo, aquel sería el bacilo que había descubierto Pfeiffer, el *B. influenzae*. Seguía siendo, de lejos, el que con mayor probabilidad provocaba la enfermedad.

Desarrollar un suero contra ese organismo sería complicado. Mientras Lewis estaba todavía en el Rockefeller Institute, Flexner había intentado hacer lo mismo en colaboración con Martha Wollstein. Wollstein era una extraordinaria científica, aunque Flexner nunca la trató con el respeto que profesaba a otros, y había experimentado con el *B. influenzae* casi sin descanso desde 1906. Pero Flexner y ella no habían registrado progreso alguno. No solo habían fracasado en su intento de desarrollar el suero que pudiera servir para curar a la gente, tampoco habían conseguido que funcionara en animales de laboratorio.[12]

---

[12] Thomson y Thomson, *Influenza, v. 10*, (1934), p. 822.

Lewis nunca entendió dónde exactamente había errado Flexner, aunque habría sido tema de muchas conversaciones en el famoso comedor donde se sugerían soluciones a tantos problemas científicos. Y en aquel momento no podía pensar en el problema ni analizarlo en profundidad, repetir el recorrido y sacar una hipótesis que lo explicara, para probarlo después.

Lo único que podía esperar Lewis era que Flexner fracasara porque su técnica tenía fallos. Eso sí era posible. Flexner había sido, a veces, un poco chapucero en el laboratorio. En una ocasión dijo, incluso: «Técnicamente no estoy bien entrenado en cuestiones de precisión total y meticulosidad».[13]

Así que Lewis se quedó esperando que algún error técnico, tal vez en la preparación del medio, o en un uso poco delicado de la bacteria muerta, o en alguna otra fase, explicara el problema de Flexner. Podría haber ocurrido. Por ejemplo, muchos años después, un joven graduado entró en el laboratorio y vio a un famoso profesor de Harvard en el fregadero, lavando el instrumental, mientras su técnico desarrollaba una compleja tarea en la mesa de trabajo. El estudiante le preguntó por qué no lavaba el instrumental el técnico. El profesor respondió: «Porque yo siempre hago la parte más importante del experimento, y en este experimento lo más importante es que el instrumental esté limpio».[14]

Lewis centró toda su atención en la limpieza de los instrumentos, en las tareas más mundanas; intentó asegurarse de que no había errores en el proceso, al tiempo que aplicaba los conocimientos del bacilo de Pfeiffer que había ido acumulando desde el fracaso de Flexner.

Lewis sabía bien que poco de lo que estaba haciendo era ciencia de primer orden. Todo, o casi todo, se basaba en conjeturas informadas. Y lo único que hizo fue trabajar más.

Y mientras trabajaba, la sociedad en la que vivía se tambaleaba al borde del colapso.

---

[13] James Thomas Flexner, *An American Saga: The Story of Helen Thomas and Simon Flexner* (1984), p. 421.

[14] El estudiante era Steven Rosenberg. Véase Rosenberg y John Barry, *The Transformed Cell: Unlocking the Secrets of Cancer* (1992).

25

Después de ver las primeras autopsias de víctimas en Devens, Welch salió de la morgue e hizo tres llamadas de teléfono: a un patólogo de Harvard, para pedirle que hiciera más autopsias; al despacho de Gorgas, para avisarle de que se avecinaba una epidemia; y a Oswald Avery del Instituto Rockefeller, para pedirle que se subiera en el primer tren que saliera de Nueva York con destino a Devens. Tenía la esperanza de identificar el patógeno que estaba matando a tantos hombres.

Avery salió inmediatamente de su laboratorio, caminó unas cuantas manzanas hasta su casa, cogió una muda y se fue a la Pennsylvania Station, ese edificio magnífico e inspirador. Durante todo el trayecto por los campos de Connecticut, mientras pasaba por las estaciones de New Haven, Providence y Boston, fue revisando la documentación sobre cómo se había enfocado el problema.

Welch le había expresado su preocupación de que, a pesar de que los síntomas clínicos apuntaban a la gripe, aquella podía ser una enfermedad nueva. El primer paso de Avery, a pesar de todo, fue buscar la presencia del bacilo conocido como *B. influenzae*, que era el que todo el mundo sospechaba que era el origen. Avery sabía mucho del bacilo de Pfeiffer, incluso que era excepcionalmente difícil de cultivar y que su química específica hacía que fuese muy complicado teñirlo y, en consecuencia, verlo al microscopio. Le interesaban la química y el metabolismo de la bacteria, y se preguntaba cómo podría cultivarla, cómo sería más fácil de localizar y de identificar. Porque él siempre lo hacía todo, hasta lavar el instrumental, con precisión y disciplina.

Aquella tarde, cuando Avery llegó al campamento a última hora, comenzó de inmediato los test en laboratorio. Parecía inmune al caos que le rodeaba, a los cuerpos de tantos hombres jóvenes tumbados, desnudos o envueltos en sábanas ensangrentadas, por encima de los cuales tuvo que pasar —al igual que Welch, Cole, Vaughan, Russell y tantos otros antes— hasta llegar a la sala de autopsias.

Desde el principio encontró dificultades porque los resultados que ofrecía la tinción de Gram eran confusos. Es una prueba en la que las bacterias se tiñen con cristal violeta (también llamado violeta de genciana), se tratan con yodo, se limpian con alcohol y se vuelven a teñir con una tinción que contraste. Las bacterias que conservan el color violeta se llaman Gram-positivas, y las que no, Gram-negativas. Los resultados de la tinción de Gram pueden compararse a los de un reconocimiento de testigos: un testigo identifica a un atacante por el color de su piel, negro o blanco; esa respuesta tan simple elimina a un buen número de sospechosos.

A diferencia de otros investigadores, Avery no encontró bacterias Gram-negativas. El *B. influenzae* es Gram-negativo. La prueba descartaba el *B. Influenzae* incluso como posibilidad. Eliminó todas las bacterias Gram-negativas como posibilidades. Repitió el experimento y sucedió lo mismo: no encontró bacterias Gram-negativas. Ninguna en absoluto.

Avery no tardó en resolver el rompecabezas: descubrió que todas las botellas que había en el laboratorio con la etiqueta de «Alcohol» contenían, en realidad, agua. Según parece los soldados se habían bebido el alcohol y habían rellenado las botellas con agua. Cuando consiguió algo de alcohol repitió las pruebas y los resultados fueron los esperados. Encontró bacterias Gram-negativas.

Se centró únicamente en la búsqueda. Comenzó con cadáveres, en concreto con los cuerpos de los fallecidos más recientes; algunos de ellos tan recientes que aún estaban tibios al tacto. Sintió la esponjosidad de los pulmones, aún calientes, y del tracto respiratorio con sus manos enguantadas, buscando zonas donde la infección era más patente para cortar una muestra de tejido, hurgando en las bolsas de pus, buscando el organismo responsable de las muertes. Quizá aquel hombrecillo menudo sintió algo de miedo ante tantos soldados muertos, tan jóvenes; pero tenía valor. Y no había ido a cazar conejos.

Las manchas que iban apareciendo en algunas placas desvelaron algunos posibles patógenos, todos ellos asesinos potenciales. Pero tenía que averiguar cuál era el que había provocado aquellas muertes.

Se quedó en Devens todo el tiempo que hizo falta para realizar los cultivos de bacterias. Como Park y Lewis, Avery tuvo dificultades al principio, pero comenzó a encontrar el bacilo de Pfeiffer. Lo descubrió en veintidós de treinta cadáveres y comunicó a Welch los resultados. Mientras, Burt Wolbach, el patólogo de Harvard al que Welch había pedido que le ayudase en Devens, hizo una declaración importante: «En todos los casos se apreciaba la presencia del bacilo de la gripe, muchos de ellos cultivos puros de uno o más lóbulos. Cultivos mixtos, normalmente neumococos, donde había una marcada dilatación bronquial [...]. Cultivos puros del bacilo de la gripe en fases más recientes y, por ende, normalmente en los lóbulos superiores».[1] En un artículo publicado en *Science,* otro reputado investigador escribió: «Se cree que el agente causante es el bacilo de Pfeiffer».[2]

El 27 de septiembre, Welch, Cole y Victor Vaughan enviaron un cable desde Devens al cirujano médico: «Se determina que la gripe que ha asolado Camp Devens viene provocada por el bacilo de Pfeiffer».[3]

Pero no estaba tan claro, al menos para Avery. Aunque respetaba a Wolbach, y sobre todo a Park, Williams y Lewis —todos ellos habían llegado a la misma conclusión más o menos al mismo tiempo—, él basaba sus conclusiones solo en sus propios hallazgos, y sus hallazgos no le convencían aún: en siete de las autopsias no había encontrado ningún signo de invasión bacteriana, a pesar de la destrucción de los pulmones. Además, aunque solo en un caso encontró bacterias potencialmente letales sin ningún rastro

---

[1] Wolbach a Welch, 22 de octubre de 1918, entrada 29, RG 112, NA.

[2] George Soper, M.D., «The Influenza-Pneumonia Pandemic in the American Army Camps, September and October 1918», *Science* (8 de noviembre de 1918), p. 455.

[3] Vaughan y Welch a Gorgas, 27 de septiembre de 1918, entrada 29, RG 112, NA.

de la de Pfeiffer, prácticamente en la mitad de las víctimas había encontrado la de Pfeiffer junto a otros organismos, incluido el neumococo, el estreptococo hemolítico y el estafilococo áureo, que, si bien es un organismo letal, rara vez provoca neumonía.

Podía interpretar aquello de varias formas. En primer lugar, podía significar que el *B. Influenzae* de Pfeiffer no causaba la enfermedad. El bacilo de Pfeiffer podía ser la causa de la enfermedad y, tras infectar a la víctima, otras bacterias aprovechaban el debilitamiento del sistema inmune y seguían su rastro. Aquello no era extraño que sucediese. Si se encontraban varios patógenos se podía incluso ver fortalecida la hipótesis de que lo causaba el bacilo de Pfeiffer, que crecía muy poco en los cultivos de laboratorio cuando estaban presentes otras bacterias, sobre todo el neumococo o el estreptococo hemolítico. Así, su ausencia en todos los cultivos realizados con otros organismos podría indicar que el *B. influenzae* había estado presente en grandes cantidades en la víctima.

Procedió metódicamente, sin olvidar nada de esto. A principios de octubre regresó al Rockefeller y escuchó docenas de informes de otros investigadores de todo el país y de todo el mundo que estaban encontrando, también, el bacilo de la gripe. Pero también había muchos informes de intentos en los que no se encontraba el *B. influenzae*.

Se podían obviar los casos en que no se había encontrado el *B. influenzae*, por si se debiera a fallos en la técnica. A fin de cuentas, el bacilo de Pfeiffer era uno de los organismos más difíciles de cultivar. Pero las averiguaciones de Avery, *per se*, dejaban sin responder demasiadas preguntas como para considerar que se había llegado a una conclusión, con crisis o sin ella. A diferencia de Park, Williams y Lewis, Avery no estaba preparado para llegar ni siquiera a una tentativa de solución. Sí, el bacilo de Pfeiffer podía provocar la gripe, claro que podía. Pero él no estaba convencido. No ofreció ningún informe donde afirmara haber encontrado la causa de la gripe, no hizo llamadas de teléfono ni envió telegramas contando que estaba enviando cultivos con los que infectar a los caballos y producir un suero o una vacuna.

En Devens estaba dándolo todo. Más, si cabe, de lo que era habitual en él. Comía en el laboratorio, realizaba docenas de experimentos simultáneamente, apenas dormía, comentaba sus ideas por teléfono con Rosenau y otros... Se metía en el experimento como la broca de un taladro, lo partía en dos, lo desmenuzaba y examinaba cada uno de los trozos, buscando datos que le dieran una pista. Pero por mucho que se esforzó, no logró llegar a una conclusión. No estaba convencido.

Oswald Avery era distinto. La presión le preocupaba menos que tener que forzar la dirección de su trabajo y no poder seguir la pista adonde le llevaba, no poder moverse a su propio paso, no poder tomarse un tiempo para pensar. Las soluciones improvisadas eran ajenas a su naturaleza. Trabajaba en vertical. Se zambullía en lo que fuese hasta lo más profundo y era capaz de seguir el sendero más angosto y de meterse por el hueco más ínfimo sin dejar cabos sueltos. Su vida era, en todos los aspectos, vertical: centrada, dirigida, controlada.

Lo preparaba todo, intentaba controlar todos los efectos. Incluso en los borradores que llevaba en las contadas ocasiones en que daba una conferencia se apreciaban sus marcas en las palabras que quería enfatizar, el lugar donde planeaba variar el tono de su voz, dónde aplicar los matices. Incluso en conversaciones casuales parecía, a veces, que cada palabra, cada titubeo, estaba cuidadosamente preparado, sopesado, quizás incluso ensayado. Su despacho, que tenía junto al laboratorio, denotaba también mucho control. René Dubos, un destacado científico, lo describió así: «Pequeño y desnudo, prácticamente vacío: sin todas las fotografías, recuerdos, cuadros, libros sin leer y otros artículos personales que normalmente adornan y abarrotan un lugar de trabajo. La austeridad demuestra hasta qué punto ha dejado de lado ciertos aspectos de su vida para centrarse únicamente en conseguir una serie de objetivos elegidos».[4]

Y es que cuando se trataba de profundizar, Avery no quería que nada le distrajera. No era ni grosero, ni antipático, ni egoísta. Nada más lejos de eso: los jóvenes investigadores que trabajaban a sus órdenes se convirtieron, sin excepción, en sus más leales

---

[4] Dubos, *The Professor, the Institute, and DNA* (1976), p. 78.

admiradores. Pero él se adentraba cada vez más en aquel mundo que él mismo había creado, un mundo que, aunque estrecho, podía definir y controlar hasta cierto punto.

Pero estrecho no significaba pequeño. No había nada pequeño en torno a su modo de pensar. Utilizaba la información como un trampolín, un punto desde el que saltar que daba a su mente la posibilidad de divagar con libertad, incluso de correr sin cortapisas ni preocupaciones. De especular. Colin MacLeod, que al igual que Dubos era un brillante protegido de Avery, dijo que siempre que un experimento aportara información inesperada «la imaginación de Avery se encendía... Podía explorar sin descanso todas las implicaciones teóricas».[5]

Dubos lo exponía de otro modo. Creía que Avery no estaba cómodo con el caos de la interacción social, posiblemente no era capaz de manejarlo. Pero le creía capaz de enfrentarse al caos de la naturaleza, y de sentirse cómodo con él. Avery podía hacerlo por su «asombroso sentido de lo que de verdad era importante» y su «imaginativa visión de la realidad»,[6] porque «tenía un impulso creativo capaz de componer aquellos hechos y combinarlos formando una estructura armoniosa y llena de significado. Y sus composiciones científicas tenían, de hecho, muchas cosas en común con las creaciones artísticas que no imitan a la realidad, sino que la trascienden y la iluminan».

Años después de la pandemia, Alphonse Dochez, amigo y colega de Avery, recibió la medalla Kober, un galardón que ya había recibido antes el propio Avery. En un acto de celebración, Avery describió la ética del trabajo de Dochez, que bien podría ser la suya propia: «Los resultados no son el producto azaroso de una observación casual, sino el fruto de años de sabias reflexiones, pensamiento objetivo y experimentación atenta. Nunca he visto su mesa de laboratorio llena de placas de Petri apiladas y de tubos de ensayo esparcidos por ahí como si fuera un bosque donde, tras acabarse el sendero, el explorador se pierde entre una vegetación

---

[5] McLeod, «Oswald Theodore Avery, 1877-1955», *Journal of General Microbiology* (1957), p. 541.

[6] Dubos, *Professor*, pp. 177, 179.

salvaje de pensamientos confusos. Nunca le he visto enredado en rivalidades inanes ni en investigaciones competitivas: le he visto siempre tranquilamente sentado, ensimismado en sus pensamientos, mientras le rodea un montón de gente que no paraba de hacer cosas, como las partículas del movimiento browniano. Y le he visto ponerse luego en pie, sonriendo satisfecho a su mesa, organizando pipetas o cogiendo unos tubos con materia, quizá una jarra de hielo, para llevar a cabo un sencillo experimento que, tal vez, respondería a su pregunta».[7]

Pero en aquel momento estaba en el centro de una epidemia mortal. Todos los que le rodeaban —también Welch, con sus presiones— apartaban la reflexión de un manotazo y la sustituían por lo que Avery tanto desdeñaba: el movimiento browniano, el desplazamiento azaroso de las partículas en un fluido. Otros odiaron la gripe por las muertes que causó. Avery la odiaba por ello, naturalmente, pero también por el ataque, más directo, que infligió sobre él: un ataque a su integridad. Aquello no iba a tolerarlo.

Cuando Avery experimentaba, según dijo un colega suyo, «su actitud se asemejaba mucho a la del cazador en busca de una presa. Para el cazador todos los factores —las rocas, la vegetación, el cielo— están cargados de información y de significado que le permiten entrar a formar parte del entorno íntimo de la presa».[8] Avery tenía la paciencia de un cazador. Podía permanecer a la espera una hora, un día, una semana, un mes, una temporada. Si la presa le importaba lo suficiente, podía esperar una temporada entera. Y luego otra, y otra. Pero no se limitaba a esperar sin más: no perdía ni un momento; planificaba, observaba, aprendía. Se fijaba en cuáles eran las vías de escape de la presa y las cerraba; encontraba puntos de observación cada vez mejores. Acotaba el tramo que debía recorrer la presa y estrechaba el cerco cada vez más, hasta que la pieza tenía que pasar necesariamente a través de un nudo corredizo. Sabía tender trampas: por ejemplo, al estudiar los neumococos los probaba en un corte de la piel, donde

[7] Citado por McLeod en «Oswald Theodore Avery» pp. 544–46.
[8] Dubos, *Professor*, p. 173.

el sistema inmune mejor podía controlar la infección: así podía experimentar con la bacteria fuera de los tubos de ensayo. Siempre decía: «Cada vez que caigas, coge algo del suelo». O bien: «La decepción es mi pan de cada día. Con ella progreso».[9]

No le gustaban las prisas. Siempre trabajaba bajo presión, como el resto. Pero no se le podía meter prisa. En el Rockefeller no era el único que se dedicaba en cuerpo y alma a estudiar la gripe. Martha Wollstein, que había colaborado con Flexner años atrás en un intento fallido de desarrollar un suero para el bacilo de Pfeiffer, estaba buscando anticuerpos en la sangre de los pacientes que se habían curado. Dochez estaba haciendo un estudio intensivo del tejido de la garganta. Había otros muchos trabajando en la enfermedad, pero sus progresos habían sido discretos. Rufus Cole informó a la oficina de Gorgas, a mediados de octubre: «Se nos insta a que nos ocupemos de los casos de gripe que se están dando en el hospital y en el Instituto, y estos pacientes ocupan todo el espacio que tenemos. Y con el tiempo que dedicamos a su tratamiento creo que no podemos añadir gran cosa, por el momento, al conocimiento relativo a la enfermedad».[10]

En todas partes la presión era enorme. Eugene Opie —otro licenciado de la Hopkins que era entonces teniente coronel y estaba en la comisión del ejército para la neumonía— había estado en Camp Pike (Arkansas) cuando estalló la epidemia. Había ido porque durante la epidemia de sarampión se dio allí la cifra de casos de neumonía más alta de todos los acantonamientos del país.[11] Y en ese momento, naturalmente, sus órdenes fueron que todo el mundo se dedicara a estudiar la gripe en exclusiva. Frederick Russell, hablando en nombre de Gorgas, les exigió «una declaración diaria de sus averiguaciones, tal y como las interpreten».[12] Opie tenía que enviarle un informe diario y, si encontraba algo, aunque fuese un detalle nimio, que sugiriese el menor progreso, Gorgas tenía que saberlo al instante. Opie no tuvo problemas de escasez

[9] *Ibid.*, p. 91.

[10] Cole a Russell, 23 de octubre de 1918, entrada 710, RG 112, NA.

[11] «Annual Morbidity Rate per 1000 Sept. 29, 1917 to March 29, 1918», entrada 710, RG 112, NA.

[12] Callender a Opie, 16 de octubre de 1918, entrada 710, RG 112, NA.

de materiales para experimentar. En Camp Pike había sesenta mil soldados. En la cresta de la epidemia, trece mil de ellos estuvieron hospitalizados simultáneamente.[13]

Los investigadores se afanaban por encontrar algo, lo que fuese, que pudiera servir de ayuda para contener la explosión. Aunque nadie había encontrado ninguna certeza —ni en Filadelfia siguiendo los métodos de Lewis, ni en Nueva York los de Park, ni en Chicago los que se estaban aplicando en la Clínica Mayo—, los laboratorios estaban produciendo ya vacunas y suero suficientes para cientos de miles, quizá millones de personas, mientras de Boston salía un ingente cargamento de vacunas —al que se dio mucha publicidad— con destino a San Francisco. El 3 de octubre la oficina de Gorgas, en Washington, ofreció al personal de todos los cuarteles la vacuna contra el neumococo en la que Cole y Avery tenían depositadas tantas esperanzas, la que habían probado y cuyo éxito habían demostrado la primavera anterior en Camp Upton.[14]

Incluso en medio de tanta muerte y tanta presión Avery no podía tolerar las prisas. Cada vez llegaban más informes de investigadores de todo el mundo que no lograban encontrar el bacilo de la gripe. Aquello, *per se*, no demostraba nada. Cultivar el bacilo de Pfeiffer en el laboratorio era un test para el que se necesitaban habilidades de bacteriólogo. En Camp Dodge (Iowa), por ejemplo, los bacteriólogos encontraron el *B. influenzae* de Pfeiffer solo en el 9,6 por ciento de los cadáveres a los que hicieron la autopsia. Un oficial del ejército les culpaba, en un informe: «La baja incidencia se ha debido, sin duda, a la técnica deficiente que emplean para manejar los cultivos [...]. Los métodos bacteriológicos de este campamento no son fiables».[15] El director del laboratorio de Camp Grant, del que el propio Welch había dicho que era «excelente» solo tres meses antes de que estallara la epidemia, encontró

[13] «Red Cross Report on Influenza, Southwestern Division», sin fechar, RG 200, NA, 9.

[14] Memo de Russell, 3 de octubre de 1918, entrada 29, RG 112, NA.

[15] Comandante general Merritt W. Ireland, ed., *Medical Department of the United States Army in the World War, v. 12, Pathology of the Acute Respiratory Diseases, and of Gas Gangrene Following War Wounds* (1929), pp. 73, 75.

el bacilo de Pfeiffer solo en seis autopsias de las 198 realizadas.[16] Incluso así, su propio informe decía: «Nos inclinamos a pensar que este estudio no demuestra la falta de vinculación entre el bacilo de Pfeiffer y la epidemia debido a que la técnica empleada es irregular».[17]

Quizás ese era el caso, quizás los errores técnicos impidieron que en Camp Dodge y en Camp Grant y en otros se identificara el bacilo. O quizás el bacilo de Pfeiffer no estaba presente, y por eso no lo identificaron.

Siguiendo su habitual modo de hacer las cosas, tan metódico, Avery dio el paso que más probabilidades tenía de llevarle a la respuesta. No era nada dramático: puso toda su energía en perfeccionar las herramientas y encontrar la forma de hacer más fácil el cultivo del *B. influenzae*. Si lo lograba, todo el mundo podría saber si la imposibilidad de encontrar el bacilo se debía a la incompetencia o a la ausencia de la bacteria.

Llenó su laboratorio de placas de Petri, preparó el medio para hacer el cultivo de decenas de formas diferentes, aisló los distintos factores y observó en qué placas parecía crecer mejor la bacteria. Luego insistió en cada elemento que parecía mejorar el cultivo: detrás de cada experimento había una hipótesis. Descubrió, por ejemplo, que el neumococo inhibía el crecimiento del bacilo de Pfeiffer. Así que intentó evitar que crecieran los neumococos. Ya sabía suficiente de la química y el metabolismo del neumococo. Así que añadió al medio un elemento químico, el oleato de sodio, para bloquear el crecimiento del neumococo. Funcionó. En cultivos con oleato de sodio el neumococo no crecía, y el bacilo de Pfeiffer crecía mejor.

Durante semanas estuvo haciendo importantes avances. El bacilo de Pfeiffer también precisaba, para crecer, que en el medio de cultivo hubiese sangre, lo que no era inusual. Pero el suero de la sangre dejaba inactivo el oleato de sodio. Así que centrifugó solo los glóbulos rojos de la sangre y los utilizó. Y de sus experimentos se desprendía que la sangre añadida al cultivo más o menos a la

[16] *Informe sin firmar de Camp Grant*, pp. 6-7, entrada 31d, RG 112, NA.

[17] *Ibid.*, p. 8.

temperatura corporal inhibía el crecimiento. Avery descubrió que si calentaba la sangre y la añadía al medio a casi 95 grados Celsius, el *B. influenzae* florecía.

Enseguida publicó en el *Journal of the American Medical Association* su receta, que llegó a conocerse con el nombre de «agar chocolate»; escribió: «Es posible que las dificultades técnicas que plantea el aislamiento y el crecimiento de este microorganismo sean en parte responsables de los resultados discordantes obtenidos en distintos laboratorios [...]. El uso de este medio nos ha llevado a un aumento de los hallazgos positivos de *B. influenzae* en pacientes de la enfermedad y en convalecientes».[18]

Con esta información, cualquier científico razonable y competente podía cultivar e identificar la bacteria. Al menos ya sabían que si el bacilo de Pfeiffer no se encontraba era porque no estaba allí.

El propio Avery seguía sin aceptar presiones y no estaba dispuesto a hablar de una conclusión que aún no estaba en condiciones de justificar. Pero tomando como base su trabajo, Cole dijo a Russell: «Cada vez siento menor inclinación a atribuir la infección primaria a los bacilos de la gripe, aunque esa posibilidad no puede ser excluida hasta que se demuestre cuál es la verdadera causa de la infección [...]. Tengo muchas esperanzas en la vacuna contra el neumococo, que puede agilizarse bastante. Si bien la vacunación contra la gripe (se refería al *B. influenzae*) me sigue pareciendo dudosa, tenemos muchas pruebas de que la vacuna contra el neumococo va a ser de gran ayuda».[19] Y añadió: «Me parece que la epidemia de gripe será una oportunidad para desarrollarla de un modo que en otras circunstancias no hubiera sido posible».

Fabricar un suero contra el neumococo tampoco tenía nada de fácil (aunque en los test había curado a veintiocho de veintinueve pacientes que sufrían una infección por neumococo Tipo I),[20] y con la vacuna sucedía lo mismo. Llevaba dos meses preparar una

---

[18] Oswald Theodore Avery, «A Selective Medium for B. Influenzae, Oleate-hemoglobin Agar», *JAMA* (21 de diciembre de 1918), p. 2050.

[19] Cole a Russell, 23 de octubre de 1918, entrada 710, RG 112, NA.

[20] Cole, «Scientific Reports of the Corporation and Board of Scientific Directors 1918», 18 de enero de 1918, NLM.

vacuna adecuadamente, y el proceso era complicado:[21] suponía fabricar lotes de 300 litros de caldo (el neumococo se disolvía con demasiada frecuencia en caldo normal, lo que significaba que había que añadir una serie de elementos químicos que luego había que retirar), concentrarlo, precipitar una parte con alcohol, separar los aditivos y normalizarlo. Avery y otros investigadores del Rockefeller lograron un importante avance en la producción: ajustando la dosis de glucosa en el medio podían multiplicar por diez el resultado. Pero aun así podían obtener veinticinco litros al día con las centrifugadoras. Comparado con lo que necesitaban, aquello era un chiste.[22]

Y mientras tanto, la matanza continuaba.

---

[21] Heidelberger, narración horal de los Sanitary Corps, 84, NLM.

[22] «Scientific Reports of the Corporation and Board of Scientific Directors 1918», 20 de abril de 1918, RUA.

PARTE VIII

POR QUIÉN DOBLAN LAS CAMPANAS

26

Mientras la ciencia se enfrentaba a la naturaleza, la sociedad comenzaba a enfrentarse a los efectos de la naturaleza, porque esto iba más allá de la capacidad de respuesta de cualquier grupo o individuo: para poder aliviar la devastación de la epidemia se requería organización, coordinación y capacidad de decisión. La situación exigía liderazgo, y requería que las instituciones siguieran ese liderazgo.

Las instituciones son una extraña mezcla de masa e individuo. Son abstractas. Se comportan según un conjunto de normas que sustituyen al juicio individual y a la reacción emocional que suele producirse cuando interactúan los individuos. El acto de crear una institución la deshumaniza, levanta una barrera arbitraria entre individuos.

Pero las instituciones también son humanas. Reflejan la suma de las personalidades de todos los que las constituyen, sobre todo de quienes las lideran. Por desgracia tienden a reflejar los rasgos menos admirables del ser humano, y desarrollan y protegen el propio interés e incluso la ambición. Las instituciones casi nunca se sacrifican. Viven con arreglo a sus normas y carecen de espontaneidad. Intentan ordenar el caos, pero no definiendo una visión que articula una estructura y una disciplina, como lo hace un artista o un científico, sino cerrándose y aislándose de lo que no encaja en ellas. Y así se convierten en entes burocráticos.

Las mejores instituciones evitan los peores aspectos de la burocracia por dos vías: algunas no son tales, en realidad, sino una simple confederación bastante laxa de individuos, cada uno de los cuales se mantiene relativamente libre y cuyos logros son independientes de la institución, aunque esta también participe de los beneficios que proporciona la asociación con otros. En estos casos, la institución simplemente aporta una infraestructura que apoya al individuo, permitiéndole florecer para que el todo acabe, como suele ocurrir, superando a la suma de las partes. El Rockefeller Institute era ese tipo de institución. Otras evitan los peores elementos de la burocracia y se centran en un único propósito. Sus normas tienen poco que ver con algunos procedimientos como las cadenas de mando, y se centran más bien en cómo conseguir un resultado concreto, ofreciendo guía eficaz basada en la experiencia. Este tipo de institución puede, incluso en el mejor de los casos, atrofiar la creatividad, pero también ejecutar tareas rutinarias con gran eficacia. Son como esos profesionales que intentan hacer su trabajo y cumplir con su obligación.

En 1918, la institución del Gobierno federal tenía más fuerza de la que había tenido nunca. Pero había decidido impulsar esa fuerza, y en cierto modo toda su energía vital, en otra dirección.

Estados Unidos había entrado en guerra en abril de 1917 con poca preparación, y movilizar el país llevaba un tiempo. En verano de 1918, sin embargo, Wilson había metido al Gobierno en todas las facetas de la vida nacional y había creado una maquinaria burocrática que permitiera centrar toda la atención y todos los esfuerzos de la nación en la guerra.

Había creado una Administración de los Alimentos para controlar y distribuir comida; una Administración del Combustible para racionar el carbón y la gasolina, y un Consejo de las Industrias de Guerra para supervisar toda la economía. Había tomado el control sobre los ferrocarriles y creado una línea de gabarras con patrocinio federal para reanudar el tráfico fluvial por el río Misisipi y reactivar el comercio, que se había visto diezmado por la competencia del ferrocarril. Había construido un sinfín de instalaciones militares, cada una de ellas con capacidad para decenas de miles de soldados o marineros. Había creado industrias que pusieron en ebullición los astilleros estadounidenses con cientos de miles de obreros que sacaban al mar centenares de barcos. Y abrió nuevas minas de carbón para alimentar las fábricas y que el ejército estadounidense no dependiese de las armas y municiones británicas y francesas. Porque, a diferencia de lo que ocurriría en la Segunda Guerra Mundial, Estados Unidos no era un arsenal de la democracia.

Había puesto en marcha una maquinaria propagandística ingente, una red interna de espionaje y un aparato de venta de bonos que llegaba hasta el último habitante. Había tenido éxito incluso con su sofocante discurso del verano de 1918, deteniendo y encarcelando —en algunos casos durante más de diez años— no solo a líderes sindicalistas radicales y editores de periódicos alemanes, sino a hombres poderosos y hasta congresistas.

Había inoculado el Gobierno en el corazón de la vida estadounidense de formas desconocidas hasta el momento en la historia de la nación. La extensión definitiva del poder federal llegaría en la primavera de 1918, después de que la primera ola de gripe comenzara a saltar de campo en campo, cuando el Gobierno, que estaba llamando a filas a los jóvenes de entre veintiuno y treinta años, comenzó a llamar a los que tenían entre dieciocho y cuarenta y uno. El 23 de marzo de 1918, el capitán de la policía militar, Enoch Crowder, que supervisaba el reemplazo de soldados, emitió su orden de «trabaja o combate», indicando que todo el que no estuviera empleado en un sector industrial esencial sería llamado a filas —una orden que hizo que la liga de béisbol principal acortara su temporada y muchos de sus jugadores corrieran a buscar un puesto de trabajo «esencial»— y asegurando que todos los hombres que estuvieran dentro del nuevo rango de edad serían llamados «en el plazo de un año». *Todos* los hombres, había aclarado el Gobierno: se estimaba que el 12 de septiembre se registrarían trece millones de jóvenes. Crowder se vanagloriaba de hacer «en un día lo que la autocracia prusiana había tardado casi cincuenta años en conseguir».[1]

Y ese impulso, tan importante y eficaz, no cambiaría de rumbo fácilmente.

No cambiaría de rumbo ni siquiera por la perspectiva de una paz inminente. A mediados de agosto, cuando se estaba fraguando la

[1] David Kennedy, *Over Here: The First World War and American Society* (1980), p. 166.

oleada letal de la epidemia, Austria ya había preguntado por las condiciones de paz, una solicitud que Wilson había rechazado de plano. Y mientras la epidemia alcanzaba la cresta, la paz estaba solo a unas semanas de producirse. Bulgaria había firmado un armisticio el 29 de septiembre. El 30 de septiembre, el Káiser Guillermo garantizaba a la nación alemana un Gobierno parlamentario. Ese mismo día, Ludendorff avisaba a su Gobierno de que Alemania tenía que tantear el terreno para negociar la paz o se exponían al desastre, un desastre inmediato. Los diplomáticos alemanes hicieron caso, Wilson no. Las potencias centrales, Alemania y sus aliados, estaban rompiendo sus acuerdos y llegando a la desintegración interna. La primera semana de octubre, Austria y Alemana enviaron, por separado, negociadores de paz a los aliados, y el 7 de octubre Austria envió un comunicado diplomático a Wilson pidiendo formalmente la paz en los términos que Wilson decidiera. Diez días después, diez días de batallas y muertes, aquel comunicado seguía sin respuesta.

Poco antes, Wilson había hablado de una «paz sin victoria», creyendo que solo una paz así sería duradera. Pero en ese momento no dio indicación alguna de que la guerra fuese a terminar en breve. Aunque se rumoreaba que la guerra había terminado y todo el país se emocionó con ello, Wilson se apresuró a desmentirlo. Tampoco cedió. No estaba combatiendo la muerte: estaba combatiendo solo para matar. «Para luchar hay que ser brutal y despiadado», había dicho. Ahora exigía: «¡Fuerza! ¡Fuerza hasta el fin! ¡Fuerza sin escatimar, fuerza sin límites! La fuerza triunfante de lo correcto que convertirá al Bien en la ley del mundo, reduciendo al polvo el señorío del egoísmo».

Y lo que sucedía reflejaba su voluntad: no renunció a la ferocidad y a la ira en los mítines de los Liberty Loans, ni a la presión frenética por producir en minas de carbón y en astilleros, ni a los editoriales o las noticias que exhortaban a la gente a que insistiera en la capitulación total y absoluta de Alemania. Sobre todo dentro del Gobierno no se permitía el relax: Wilson presionaba, seguía presionando con todas sus fuerzas, y eso significaba todos los poderes de la nación, para conseguir la victoria total.

Si Wilson y su Gobierno no se apeaban de este fin ni siquiera con las perspectivas de una paz inminente, no se iban a achantar por un virus. La renuencia, la incapacidad o la negativa abierta del Gobierno estadounidense a cambiar de objetivo contribuirían en gran medida a la matanza. Wilson no asumió el control de la enfermedad, y las fuerzas del Gobierno no se desviaron de su objetivo. El esfuerzo que se hizo para paliar el sufrimiento de las víctimas de la gripe no encontró repercusión en la Administración de Alimentos ni en la Administración de Carburantes o en la de Ferrocarriles. Ni de la Casa Blanca ni de ninguna otra administración de alto rango llegaría el menor indicio de liderazgo, un intento de establecer prioridades, de coordinar actividades o de entregar recursos.

Los militares, sobre todo el ejército, se enfrentaron al virus con sus propios medios. Gorgas había hecho lo que podía, lo que podía hacer cualquiera: prepararse para una emergencia. Pero los militares no iban a prestar ayuda a los civiles. Lo único que harían sería acaparar más recursos civiles.

El mismo día que Welch salió de la sala de autopsias de Devens y llamó a la oficina de Gorgas transmitieron su aviso al jefe del Estado Mayor del Ejército, instando a que se detuvieran en seco todas las transferencias programadas a menos que fuesen absolutamente necesarias y que bajo ninguna circunstancia se realizaran con soldados procedentes de campamentos infectados: «Las muertes en Camp Devens probablemente superarán las 500. Cabe esperar que la situación de Camp Devens se produzca en otros grandes acantonamientos. Es más que probable que sigan aumentando los contagios».

Los superiores de Gorgas ignoraron la advertencia. No se interrumpieron los movimientos de tropas hasta que semanas después, con los campos paralizados y literalmente decenas de miles de soldados muertos o muriendo, el ejército se avino al fin a hacer algunos ajustes.

Pero hubo un hombre que sí hizo algo. El 26 de septiembre, aunque muchos campos de entrenamiento no habían tenido aún ningún caso de gripe, el capitán de la policía militar, Enoch Crowder, canceló el próximo reemplazo. Cancelaría también el siguiente. Tenían planeado enviar ciento cuarenta y dos mil hombres a los acantonamientos.

Era un movimiento osado, que se hacía a pesar del apetito incontrolable de George Pershing, a cargo de las Fuerzas Expedicionarias Americanas. En Francia, Pershing continuaba su avance en la región del Meuse-Argonne: ese mismo día tenía preparada una ofensiva a gran escala. Cuando los americanos salieron de las trincheras, los alemanes desbarataron sus filas. El general Max von Gallwitz, que fue el comandante que les hizo frente, escribió en el registro oficial: «Ya no tenemos más preocupaciones».[2]

A pesar de todo, Crowder actuó de inmediato y seguramente salvó miles de vidas. Pero su afán al cancelar el reemplazo no era salvar vidas. Lo hizo porque reconocía que la enfermedad lo invadía todo y provocaba un caos absoluto en los acantonamientos. No era posible entrenar a los soldados hasta que la enfermedad pasara. Estaba convencido de que enviar más reclutas a ese caos solo contribuiría a aumentarlo y a demorar el restablecimiento del orden y la producción de soldados. En *Asesinato en la catedral,* T. S. Eliot lo llamaría «la gran traición: hacer lo correcto por la razón equivocada». Los hombres que se salvaron de la muerte gracias a la decisión de Crowder seguramente no estaban de acuerdo con el poeta.

Pero la decisión de Crowder y los esfuerzos del cuerpo médico del ejército, encabezado por Gorgas, serían los únicos puntos de luz en la respuesta del Gobierno federal: la institución tomaría otras medidas menos acertadas. Pershing, por ejemplo, continuaba pidiendo que le enviaran más tropas, tropas para reemplazar a los muertos o heridos en la batalla, tropas para reemplazar a los muertos por la gripe o a los que se estaban recuperando de ella, tropas para remplazar, sencillamente, a los que había que apartar del frente para que descansaran. Las potencias aliadas esperaban desesperadamente que llegaran más muchachos de América.

El ejército tenía que decidir si continuaba enviando soldados a Francia durante la epidemia. Tenían información sobre el coste que suponía. Un coste que el ejército conocía muy bien.

---

[2] John Eisenhower y Joanne Eisenhower, *Yanks: The Epic Story of the American Army in World War I* (2001), p. 221.

El 19 de septiembre, el general médico en funciones, Charles Richard —Gorgas estaba en Europa— escribió al general Peyton March, comandante del ejército: «Las organizaciones que se sepa que estaban infectadas, o expuestas a la enfermedad, no tendrán autorizado el embarque para el servicio transatlántico hasta que la enfermedad haya completado su ciclo en el seno de dicha organización».[3]

March acusó recibo del aviso del ayudante de Gorgas, pero no hizo nada. El oficial médico que estaba a cargo del puerto de embarque de Newport News (Virginia) reformuló el aviso, dándole más énfasis: «La situación (en un barco para el transporte de tropas) es prácticamente la de un polvorín: las tropas están desprotegidas por el ataque anterior de la gripe. La chispa saltaría antes o después. Sin embargo, con las tropas protegidas por un ataque anterior, sería como si se hubiera retirado la pólvora».[4] Pero también su mensaje fue ignorado. El despacho de Gorgas indicó que era urgente que se pusiera en cuarentena a las tropas que iban a cruzar el Atlántico al menos una semana antes de zarpar, o bien que se eliminaran las concentraciones humanas a bordo. March no hizo nada.[5]

Mientras, las tropas seguían subiendo al *Leviathan*. Antaño orgullo de la flota de pasajeros alemana, denominado en su construcción *Vaterland*, era la embarcación más grande del mundo y estaba entre las más veloces de su clase. Cuando Estados Unidos entró en guerra se encontraba en Nueva York, y el capitán no fue capaz de hundirlo ni sabotearlo. Solo entre todas las embarcaciones alemanas confiscadas en Estados Unidos, se apoderaron de él sin que se produjera daño alguno. A mediados de septiembre, en su viaje de regreso de Francia, tuvo que lanzar al mar a algunos miembros de la tripulación y del pasaje, muertos por la gripe. Otros llegaron enfermos a Nueva York, incluido el entonces secretario de Marina, Franklin Roosevelt, que llegó a la orilla en camilla

[3] Richard a March, 19 de septiembre de 1918, entrada 29, RG 112, NA.

[4] Médico del puerto de embarque de Newport News al general médico, 7 de octubre de 1918, entrada 29, RG 112, NA.

[5] Véase Richard (brigadier general) al asistente del general, cartas y telegramas varios, 25 de septiembre a 10 de octubre de 1918, entrada 29, RG 112, NA.

y en ambulancia a la casa de su madre, en la Calle 65 Oeste, donde permaneció durante semanas tan enfermo que no podía hablar ni siquiera a su consejero, Louis Howe, a quien daban parte los médicos prácticamente cada hora.[6]

El *Leviathan* y, en el curso de las siguientes semanas, otros barcos dedicados al traslado de tropas, iban a llevar a Europa a aproximadamente cien mil soldados. Sus idas y venidas se convirtieron en algo parecido a aquel tren que llevó a tres mil cien soldados desde Camp Grant hasta Camp Hankcock: se convirtieron en portadores de la muerte.

Aunque el ejército había ignorado la mayor parte de los ruegos de su propia clase médica, apartó a todos los hombres que mostraron síntomas de gripe antes de zarpar. Y para contener la enfermedad a bordo pusieron a las tropas en cuarentena. La policía militar, que llevaba pistola, obligaba a su cumplimiento —a bordo del *Leviathan* iban 432 PM— y se encargó de mantener a los soldados aislados, en zonas separadas del resto, cerradas con puertas estancas y confinándolos en áreas abarrotadas donde no tenían mucho que hacer, aparte de tumbarse en las literas, jugar al póker o pegar la hebra en los resquicios de espacio libre que quedaban. El miedo a los submarinos obligaba a cerrar las escotillas por la noche, pero incluso durante el día las puertas cerradas y la tremenda masificación hacían imposible que el aire circulara. El acceso a las cubiertas, al aire libre, estaba limitado. El sudor y el olor de cientos de hombres —en cada sala había, normalmente, cerca de cuatrocientos— encerrados en un espacio relativamente pequeño se convirtió en hedor. Todos los sonidos de allí dentro se transmitían por las literas de acero, los suelos de acero, las paredes de acero, el techo de acero. Vivir casi como animales enjaulados les volvió claustrofóbicos y tensos. Pero al menos, pensaron, estaban a salvo.

Y es que el plan de mantener a los hombres en cuarentena en grupos aislados tenía un defecto. Tenían que comer. Iban a la cantina en grupos reducidos, pero respiraban el mismo aire y sus manos iban de la boca a la mesa y a la puerta, a la misma mesa y la misma puerta que otros soldados habían tocado minutos antes.

---

[6] Eleanor Roosevelt, *This Is My Story* (1937), p. 268.

A pesar de que apartaron, antes de zarpar, a los hombres que tenían síntomas de gripe, a las cuarenta y ocho horas de salir de puerto soldados y marineros aquejados de la enfermedad abarrotaron la zona de la enfermería. Se apilaban en las literas, se colocaban en cualquier rincón imaginable, tosiendo, sangrando, delirando. Iban desplazando a los sanos de una gran sala a otra. Las enfermeras enfermaron también. Y entonces empezó el horror.

El coronel Gibson, comandante de la Cincuenta y Siete de Vermont, escribió esto sobre la experiencia de su regimiento en el *Leviathan*: «El barco iba atestado. Las condiciones eran tales que la gripe podía crecer y multiplicarse con extraordinaria rapidez. El número de enfermos aumentaba rápidamente. Se informó a Washington de la situación, pero la necesidad de que llegaran más hombres para los ejércitos aliados era tan grande que teníamos que ir a toda costa. Iban cayendo médicos y enfermeras, y todos los que estaban disponibles trabajaban hasta el límite de su resistencia. Las condiciones en que se pasaba la noche no podría imaginarlas nadie que no las hubiera visto de verdad: gruñidos y gritos de terror se añadían a la confusión de los que pedían una cura y que convertían aquello en el Reino Supremo del Infierno».[7]

Sucedía lo mismo en otros barcos. En el suelo se formaban charcos de sangre de los pacientes que tenían hemorragias, y los sanos la arrastraban, con los pies, por todo el barco.[8] La cubierta quedaba húmeda y resbaladiza. Al final, sin ningún hueco en la zona de enfermería ni en las áreas que se habían aprovechado para improvisar enfermerías de emergencia, médicos y enfermeras comenzaron a dejar a los hombres en la cubierta, a veces durante varios días seguidos. Robert Wallace, a bordo del *Briton*, recordaba que estaba tumbado en cubierta cuando se desencadenó una tormenta: recordaba cómo se balanceaba el barco, el océano que caía en oleadas sobre él y los que estaban junto a él, empapándoles a ellos, la ropa que llevaban, las mantas con que se

[7] A. A. Hoehling, *The Great Epidemic* (1961), p. 63.

[8] John Cushing y Arthur Stone, eds., *Vermont and the World War, 1917-1919* (1928), p. 6, citado por A.W. Crosby en *America's Forgotten Pandemic: The Influenza of 1918* (1989), p. 130.

cubrían... Y allí se quedaban, tosiendo y escupiendo. Y todas las mañanas los auxiliares se llevaban varios cuerpos.[9]

Al principio las muertes iban separadas, al menos, por unas horas. En el cuaderno de bitácora del *Leviathan* se leía: «12.45 p. m. Thompson, Earl, PM 4252473, de compañía desconocida, falleció a bordo; 2.35 p. m. PM O Reeder murió a bordo de neumonía lobar».[10] Pero una semana después de salir de Nueva York el oficial del día ya no se molestaba en anotar en la bitácora «falleció a bordo» ni en identificar la organización militar a la que pertenecía el difunto, ni en anotar la causa de la muerte. Escribía un nombre o dos, por ejemplo, a las 2.00 a. m., otro a las 2.02 a. m., dos más a las 2.15 a. m., y así toda la noche. Cada anotación del cuaderno se limitaba ya solo a dar cuenta de las muertes, que seguían por la mañana: a las 7.56 a. m., a las 8.10 a. m., otra a las 8.10 a. m., a las 8.25 a. m.

Comenzaron a lanzar a los muertos al mar, aunque aquellos actos pronto pasaron de ser sepelios a simples ejercicios de saneamiento, porque los cuerpos se apilaban en la cubierta: se decían unas cuantas palabras y el nombre del fallecido y se lanzaba el cadáver por la borda. Un soldado que iba a bordo del *Wilhelmina* observaba cómo caían al mar los cuerpos desde otro barco de su convoy, el *Grant*, un cuerpo tras otro. «Admito que estaba al borde de las lágrimas, y que tenía un nudo en la garganta. Era la muerte, la muerte en una de sus peores formas: que te tiren al mar, sin nombre».[11]

Los barcos se convirtieron en ataúdes flotantes. Mientras, en Francia, sin comparar la situación con la de los acantonamientos estadounidenses, la gripe estaba diezmando a las tropas. En la segunda mitad de octubre, durante la ofensiva del Meuse-Argonne, la mayor de las que llevó a cabo durante la guerra el ejército estadounidense, se evacuaron del frente más tropas de la Tercera División con gripe que con heridas de guerra.[12] Había más o menos

[9] Crosby, *America's Forgotten Pandemic*, p. 130.
[10] Bitácora del *Leviathan*, RG 45, NA.
[11] Citado por Crosby en *America's Forgotten Pandemic*, p. 138.
[12] *Ibid.*, p. 163.

el mismo número de soldados en Estados Unidos que en Europa, pero las muertes por gripe en Europa eran la mitad de las que había en Estados Unidos. La explicación a esto puede ser que en el frente los soldados habían estado expuestos a la primera oleada de gripe, más benigna, y tal vez habían adquirido cierta inmunidad. Un médico del ejército escribió en su diario, el 17 de octubre, que debido a la epidemia algunos hospitales ni siquiera estaban trabajando: «Evacuación 114 no tenía oficial médico, y sí cientos de casos de neumonía... muriendo por decenas».[13]

No tenía mucho sentido meter en un barco, con aquella vorágine, a más hombres que precisaran cuidados médicos. Es imposible determinar cuántos soldados murieron en viajes transoceánicos, especialmente si se intenta incluir a los infectados a bordo del barco que luego murieron al desembarcar. Por cada muerto había al menos cuatro o cinco hombres lo bastante enfermos para quedar incapacitados durante semanas, y esos hombres, en Europa, eran más una carga que una ayuda.

Wilson no hizo ninguna declaración pública sobre la gripe. No quería apartarse de su objetivo ni por un momento. Pero algunas personas de su confianza le hablaron de la enfermedad, sobre todo de aquellas muertes inútiles en los barcos. Una de esas personas fue el doctor Cary Grayson, un almirante de la Marina que era médico personal de Wilson y que antes lo había sido de Teddy Roosevelt y de William Howard Taft cuando fueron presidentes. Muy competente y organizado, Grayson se había convertido en confidente de Wilson y posteriormente en su consejero. Tras la apoplejía de Wilson en 1919, se le acusaría de dirigir el país en concierto con la esposa de Wilson. También contaba con la confianza de Gorgas y Welch, con quienes mantenía una excelente relación. Era posible que el personal médico del ejército hubiera hablado a Grayson y que Grayson hubiera insistido a Peyton March para que detuviera el traslado de tropas a Europa.[14]

---

[13] George Crile, *An Autobiography, v.* 2 (1947), pp. 350–51, citado en Crosby, *America's Forgotten Pandemic*, p. 166.

[14] Recorte del *Washington Star* sin fecha, en los *Papeles de Tumulty*, caja 4, LC; véase también Arthur Walworth, *Woodrow Wilson, v.* 2 (1965), pp. 183–89, 462–63.

Grayson convenció a Wilson de que convocara a March a la Casa Blanca el 7 de octubre para discutir el asunto. A última hora de esa noche se reunieron Wilson y March. Wilson dijo: «General March, he recibido a varias representaciones de hombres cuya capacidad y patriotismo son incuestionables, y creo que debemos detener el envío de hombres a Francia hasta que esta epidemia de gripe esté bajo control. Pero usted se niega».[15]

March no hizo mención de ninguna de las advertencias que había recibido de la oficina de Gorgas. Insistió en que estaban tomando todas las precauciones posibles, que hacían un control a las tropas antes del embarque y apartaban a los enfermos. En Halifax, Nueva Escocia, incluso desembarcaban a los que caían enfermos de gravedad antes de dar comienzo al viaje transatlántico. Si las divisiones americanas dejaban de llegar a Francia por la razón que fuese, la moral alemana podía reavivarse. Era verdad que habían muerto algunos hombres a bordo, pero, en palabras de March: «Cada soldado que haya muerto así no ha hecho más que cumplir su misión, igual que un camarada que haya muerto en Francia».[16]

La guerra terminaría en poco más de un mes. La epidemia había hecho imposible prácticamente cualquier tipo de entrenamiento en acantonamientos. Un parlamento, y no el Káiser, se había hecho cargo del Gobierno de Alemania y había enviado efectivos a negociar la paz, mientras los aliados de Alemania se venían abajo, capitulaban o, en el caso de Austria, pedían la paz en los términos que Wilson dictara. Pero March insistió: «El envío de tropas no debe detenerse, por ningún motivo».

Más tarde, March escribiría que Wilson se había girado en su silla, había mirado por la ventana con una expresión muy triste y había dejado escapar un leve suspiro. Al final fue la única actividad militar que siguió adelante sin que le afectara la epidemia. El ejército continuaría enviando barcos con tropas a cruzar el Atlántico.

Si Wilson no hizo nada en relación con la gripe y cómo afectaba al ejército más allá de expresar su preocupación por el envío de

[15] Walworth, *Woodrow Wilson, v.* 2, pp. 462–63.
[16] *Ibid.*

tropas a Europa, aún hizo menos por los civiles. Siguió sin decir nada públicamente. No hay ningún indicio de que alguna vez dijera algo incluso en privado o que consultara, al menos, a alguna personalidad civil del Gobierno respecto a los esfuerzos que se estaban haciendo para luchar contra la enfermedad.

Wilson había designado para su administración a una serie de hombres de peso, y estos tomaron medidas decisivas. Se trataba de hombres poderosos que dominaban el pensamiento nacional y la economía de la nación. Pero ninguno de ellos tenía responsabilidades reales en materia de salud. Quien las tenía era Rupert Blue, responsable del Servicio de Salud Pública nacional, y no era un hombre fuerte.

Blue era un hombre de rasgos angulosos y constitución atlética, boxeador amateur, y aunque ya tenía una edad, se mantenía fuerte físicamente. Sin embargo, no era un hombre fuerte en cuestiones de liderazgo. En un campo relativamente nuevo cuando él llegó, un ámbito donde sus colegas estaban intentando abrir nuevas vías por terreno desconocido en un sinfín de direcciones, él no fue pionero ni demostró valor como profesional, ni siquiera auténtico entusiasmo. No carecía en absoluto de inteligencia, pero sí del rigor intelectual o de la creatividad necesarios para hacerse preguntas trascendentes. Y nunca había manifestado un talento especial para la salud pública ni perspicacia alguna.

En cuestiones de salud pública los auténticos líderes de la profesión médica le consideraban un peso ligero. Welch y Vaughan ni siquiera se fiaban de él para que representara al Servicio de Salud Pública en el Consejo Nacional de Investigación, de modo que eligieron ellos mismos a un científico de dicho Servicio al que respetaban.[17] Cary Grayson no le tenía en muy alta consideración, y comenzó a construir una organización nacional de salud pública alternativa: luego abandonaría su proyecto, cuando Tammany Hall se hizo cargo del Departamento de Salud de la ciudad de Nueva York.[18] Blue llegó a ocupar el cargo de director general del

[17] Vaughan a George Hale, 23 de agosto de 1917, *Papeles del Consejo Nacional de Defensa*, NAS.

[18] Haven Anderson a Rosenau, 24 de diciembre de 1917, *Papeles de Rosenau*, UNC.

departamento solo porque había desempeñado bien algunas tareas asignadas y porque había demostrado estar capacitado para las maniobras diplomáticas, nada más.

Tras finalizar sus estudios de Medicina en 1892, Blue había entrado inmediatamente en el Servicio de Salud Pública, y allí continuó durante toda su vida profesional. Gracias a las tareas que por su cargo debía desempeñar fue de puerto en puerto: a Baltimore, Galveston, Nueva Orleans, Portland, Nueva York o Norfolk, donde trabajó en hospitales y bases en cuarentena, siempre implicado en temas de sanidad pública. Su oportunidad llegó en 1903, con un brote de peste bubónica que se produjo en San Francisco. Otro funcionario del Servicio de Salud Pública, un científico muy bien considerado, se había embarcado en una batalla con el Gobierno local y los líderes de la industria, que negaban la existencia de la peste en la ciudad. Blue no demostró que la hubiera —eso lo hizo Simon Flexner, que encontró el bacilo correspondiente en el laboratorio cuando formaba parte de un equipo de investigadores que fueron a la ciudad con ese fin—, pero consiguió la colaboración, si bien renuente, de las autoridades locales en sus esfuerzos por controlar la enfermedad. No era tarea fácil, pero él supervisó el exterminio de ratas y, según un informe laudatorio sobre su persona, «consiguió armonizar todos los intereses del Estado».[19]

Este triunfo le granjeó la amistad de muchos poderosos. No obstante, no bastó para evitar que la peste saltara de las ratas a las poblaciones de roedores salvajes: hoy la peste se sigue dando en ardillas, perros de las praderas y otros animales de gran parte de la costa del Pacífico y, en el interior, en Arizona, Nuevo México y Colorado. Cuando la peste llegó de nuevo a San Francisco en 1907, le volvieron a llamar. Otro éxito que representó, para él, más amigos poderosos. En 1912 ascendió a director general del servicio público nacional. Ese mismo año, el Congreso aumentó los poderes del Servicio de Salud Pública. Desde ese puesto intentó implantar un seguro médico nacional, algo que la clase médica

[19] Morris Fishbein, *A History of the American Medical Association, 1847 to 1947* (1947), p. 736.

defendía en aquel momento, y en 1916 le nombraron presidente de la Asociación Médica Americana. En su discurso presidencial declaró: «Hay señales inequívocas de que el seguro médico representará el próximo gran paso de la legislación social».[20]

Wilson no se molestó en elegir un director general, pero cuando empezó la guerra convirtió al Servicio de Salud Pública en parte de la estructura militar. Se componía básicamente de unas cuantas bases de cuarentena que inspeccionaban los barcos que llegaban a puerto, el Servicio Hospitalario de Marines, que se ocupaba de los marinos mercantes y de algunos trabajadores federales, y el Laboratorio de Higiene. En ese momento asumió la responsabilidad de proteger la salud de la nación, aunque solo fuera para que la nación pudiera producir más material bélico. Blue no creció con el puesto.

Antes de la epidemia, Gorgas había empleado todos los medios que tenía a su alcance para proteger de la enfermedad a millones de soldados. Su homólogo de la Marina, William Graisted, no había hecho mucho por ponerse a la altura de Gorgas, pero sí apoyaba el trabajo que estaban haciendo hombres como Rosenau en Boston o Lewis en Filadelfia.

Blue, sin embargo, hizo menos que nada: bloqueó una investigación que era importante. El 28 de julio de 1918, Blue rechazó una petición de George McCoy, director del Laboratorio de Higiene. Necesitaban 10.000 dólares para una investigación de la neumonía destinada a complementar la que estaba llevando a cabo el Rockefeller Institute. Aunque el Congreso, en 1912, había dado a la agencia autoridad para estudiar «las enfermedades del hombre y las condiciones que afectan a su propagación», Blue determinó que la investigación de McCoy no era imprescindible «para el cumplimiento de la ley».[21]

Blue sabía que existía la posibilidad de que la gripe afectara a Estados Unidos. El 1 de agosto, el *Memphis Medical Monthly*

---

[20] Blue, discurso presidencial reimpreso en *JAMA* 66, núm. 25 (17 de junio de 1916), p. 1901.

[21] Despacho de Blue a McCoy, 28 de julio de 1918, entrada 10, archivo 2119, RG 90, NA.

publicó algunos comentarios suyos avisando de ello, pero no puso en marcha ningún mecanismo para intentar contenerla. Incluso después de que se empezaran a ver muestras de letalidad, incluso después de que Rufus Cole pusiera a todo su personal a recabar datos, ni él ni su departamento intentaron conseguir información sobre la enfermedad en otras partes del mundo. Y tampoco hizo nada por preparar al Servicio de Salud Pública para una crisis.

Muchos de sus subordinados tampoco estuvieron a la altura. El brote del Commonwealth Pier tuvo lugar a finales de agosto, y el 9 de septiembre los periódicos ya estaban informando de que los enfermos de gripe habían llenado «todas las camas de hospital disponibles en los fuertes del puerto de Boston»; Camp Devens había registrado treinta y cinco casos de gripe y los hospitales de Massachusetts estaban llenos de civiles. Y sin embargo, el funcionario local del Servicio de Salud Pública insistiría después: «La primera noticia que tuvimos de la existencia de esta enfermedad llegó a este departamento el 10 de septiembre».

El virus había llegado a Nueva Orleans el 4 de septiembre; a la Base Naval de Entrenamiento el 7 de septiembre y a New London (Connecticut), el 12 de septiembre.

El Servicio de Salud Pública no emitió comunicado público alguno hasta el 13 de septiembre, fecha en que dijo: «Debido a la situación de desorden que se ha dado en los países europeos, este departamento no tiene información autorizada sobre la naturaleza de la enfermedad ni su prevalencia».[22] Ese mismo día Blue publicó una circular que informaba a todas las bases de cuarentena de que debían inspeccionar los barcos que llegaran, por si había indicios de gripe. Pero incluso esa orden lo único que hacía era retrasar la entrada de los barcos infectados hasta que se notificara «a las autoridades sanitarias locales».[23]

Después de aquello, Blue se defendió de las acusaciones de no haber aplicado medidas más firmes. Pero si no es más que una gripe, parecía decir, una simple gripe. En sus palabras: «No estaría

[22] Cole a Pearce, 19 de julio de 1918, NAS.

[23] *Public Health Reports*, 13 de septiembre de 1918, 1340.

en absoluto justificado obligar al cumplimiento de una cuarentena estricta contra... una gripe».[24]

En todo caso, no habrían conseguido nada aunque hubieran aplicado una cuarentena a los barcos. El virus ya estaba en tierra. Pero el comunicado de Blue mostraba lo poco que había hecho —nada, en realidad— para preparar al Servicio de Salud Pública, y mucho menos a su país, contra aquella embestida.

El virus llegó a Puget Sound el 17 de septiembre.

Hasta el 18 de septiembre Blue no pareció enterarse de en qué regiones había penetrado la enfermedad.

El sábado 21 de septiembre se produjo la primera muerte por gripe en Washington D. C.[25] El fallecido era John Ciore, un guardafrenos del ferrocarril que había estado expuesto a la enfermedad en Nueva York, cuatro días atrás. Ese mismo día hubo en Camp Lee, a las afueras de Virginia, seis muertes. En Camp Dix (Nueva Jersey) murieron trece soldados y una enfermera.

Con todo, Blue no hizo gran cosa. El domingo 22 de septiembre los periódicos de Washington informaban de que en Camp Humphreys (ahora Fort Belvoir), a las afueras de la ciudad, se habían detectado sesenta y cinco casos.

Y fue entonces, por fin, cuando en una caja de texto pegada a estos informes, los periódicos locales se hicieron eco del primer aviso del Gobierno sobre la enfermedad:

Consejos del director general de Salud Pública para evitar la gripe:

Eviten las aglomeraciones innecesarias
Cúbranse cuando tosan o estornuden
Respiren por la nariz, y no por la boca: está para eso
No lo olviden: boca limpia, piel limpia, ropa limpia
La comida ganará la guerra. Contribuya a ello eligiendo (y masticando) bien la comida
Lávense las manos antes de comer

[24] Blue, borrador de informe sin fecha, entrada 10, archivo 1622, RG 90, NA.
[25] *Washington Post*, 22 de septiembre de 1918.

No deje que se acumulen los desechos de la digestión
Evite la ropa ajustada, el calzado ajustado, los guantes ajustados:
    haga de la naturaleza su aliado, no su prisionero
Cuando el aire sea puro, respire cuanto pueda: respire hondo.[26]

Generalizar así no contribuyó apenas a tranquilizar a la gente que sabía que la enfermedad iba saltando de un campamento a otro, matando soldados en grandes cantidades. Tres días después se produjo en Washington una segunda muerte por gripe; John Janes, como la primera víctima de la ciudad, había contraído la enfermedad en Nueva York. Ese mismo día miembros del personal médico senior del ejército, de la Marina y de la Cruz Roja se reunieron en Washington para intentar articular una forma de ayudar a los estados. Ni Blue ni ningún representante del Servicio de Salud Pública asistió a la reunión. Veintiséis estados estaban informando ya de sus casos de gripe.

Blue no tenía todavía ningún plan para combatir la enfermedad. Solo había tomado dos medidas: publicar su aviso sobre cómo evitarla y pedir a la Academia Nacional de Ciencias que identificara el patógeno: «En vista de la importancia que tienen los brotes de gripe para la producción bélica, la Agencia desea que no quede nada por hacer, y consideraría un servicio muy valioso que el Consejo de Investigación organizara unos estudios adecuados, en laboratorio, para detectar la naturaleza del organismo infeccioso».[27]

Crowder canceló el reemplazo. Blue seguía sin organizar una respuesta ante la emergencia. El funcionario del Servicio de Salud Pública que estaba a cargo de la ciudad de Washington reiteró a la prensa que no había motivo de alarma.

Tal vez Blue consideró emprender acciones al margen de las autoridades del Servicio de Salud Pública. Bajo su mando, este departamento era en términos generales una institución burocrática, y no en el mejor de los sentidos. Solo una década antes había estado destinado en Nueva Orleans, coincidiendo con la última epidemia de fiebre amarilla que golpeó a los Estados Unidos y que

[26] *Washington Evening Star*, 22 de septiembre de 1918.
[27] Blue a Pearce, 9 de septiembre de 1919, NAS.

afectó mucho a esa zona,[28] y el Servicio de Salud Pública pidió a la municipalidad que abonase por adelantado 250.000 dólares para cubrir los gastos en que incurriera el Gobierno federal por la ayuda prestada para combatir la epidemia. Solo unas semanas antes había rechazado una solicitud del jefe de científicos del Servicio que pedía 10.000 dólares para investigar la neumonía en colaboración con Cole y Avery del Rockefeller Institute.

Pero gobernadores y alcaldes estaban pidiendo ayuda a gritos, suplicando a todos los cargos de Washington. Los funcionarios de Massachusetts, sobre todo, suplicaban ayuda fuera de su estado: pedían médicos de fuera, enfermeras de fuera, ayudantes de laboratorio de fuera. La cifra de muertos había subido a varios miles. El gobernador Samuel McCall se había puesto en contacto con varios gobernadores, pidiéndoles toda la ayuda que pudieran ofrecerle, y el 26 de septiembre la solicitó formalmente al Gobierno federal.

Médicos y enfermeras era lo que necesitaban. Médicos y enfermeras. Sobre todo, enfermeras. A medida que se extendía la enfermedad, al igual que las advertencias de Welch, Vaughan, Gorgas y docenas de médicos privados, Blue acabó por dar su brazo a torcer y el Congreso actuó. Sin demoras innecesarias en vistas ni en debates, concedió un millón de dólares al Servicio de Salud Pública. Con ese dinero le bastaba a Blue para contratar a cinco mil médicos durante un mes. Si es que encontraba en algún sitio cinco mil médicos a los que contratar.

Cada día, cada hora en realidad, se constataba la capacidad explosiva que tenía aquel virus de extenderse, y su letalidad. Blue, como si de repente le hubiera entrado el miedo, consideraba que el dinero no bastaba. No se había quejado al Congreso porque fuese poco: no existían registros en su historial de haber solicitado una cantidad más alta. Pero el mismo día que el Congreso aprobó la asignación se dirigió en privado al Consejo de la Guerra de la Cruz Roja para pedirles ayuda y más dinero.[29]

---

[28] John Kemp, ed., *Martin Behrman of New Orleans: Memoirs of a City Boss*, (1970), p. 143.

[29] «Minutes of War Council», 1 de octubre de 1918, 1573, RG 200, NA.

La Cruz Roja no obtuvo del Gobierno ni fondos ni orientación, a pesar de estar trabajando en estrecha colaboración con ellos. Tampoco era su cometido ocuparse de la salud pública. Pero incluso antes de que Blue hiciera su petición ya habían asignado algunos fondos a la lucha contra la epidemia y habían comenzado a organizar sus propios recursos para cumplir este objetivo a gran escala. Su departamento de enfermería ya había comenzado a movilizar a las enfermeras llamadas «Home Defense Nurses», mujeres todas ellas con cualificación profesional que no podían servir en el ejército por una discapacidad, por su edad o porque estaban casadas. La Cruz Roja había organizado el país en trece divisiones, y ya se había instado al comité de enfermería que regulaba cada una de las trece a buscar a toda persona que tuviera formación en enfermería: no solo profesionales, ni los que habían abandonado la escuela de enfermería —la Cruz Roja buscaba en todos los centros formativos—, sino a cualquiera que alguna vez en su vida hubiera seguido un curso de esa institución para atender enfermos en casa. Ya habían instruido a cada división para que organizara al menos una fuerza móvil de enfermeras que debían estar preparadas para desplazarse a las zonas donde fuesen más necesarias. Y antes de que nadie del Gobierno buscase ayuda, el Consejo de la Guerra de la Cruz Roja ya había designado un «fondo de contingencia destinado a cubrir las necesidades actuales a la hora de hacer frente a la epidemia de gripe española».[30] En ese momento el consejo aceptó inmediatamente autorizar los gastos de bastante más dinero del que había en el fondo de contingencia.

Por último, Blue comenzó a organizar también el Servicio de Salud Pública. Médicos y enfermeras era lo que necesitaban. Pero para entonces el virus ya se había extendido por todo el país y se había establecido en el perímetro, en sus costas: se iba abriendo paso hacia el interior, hacia Denver, Omaha, Minneapolis, Boise. Estaba entrando en Alaska. Había cruzado el Pacífico y llegado a Hawai. Había aterrizado en Puerto Rico. Estaba a punto de explotar al otro lado del Atlántico: en Europa, en India, China y África.

---

[30] «Minutes of War Council», 27 de septiembre de 1918, RG 200.

Science, que entonces era como ahora un diario escrito por los científicos para sus colegas, advirtió: «La epidemia se da ahora de un modo repentino, como una descarga eléctrica, y actúa como una corriente eléctrica: poderosa, incontrolada, produciendo efectos violentos y excéntricos. La enfermedad nunca se propaga lenta ni insidiosa. Cuando surge, su presencia es sorprendente».[31]

Y sería octubre, y no abril, el mes más cruel.

---

[31] George Soper, M.D., «The Influenza-Pneumonia Pandemic in the American Army Camps, September and October 1918», *Science* (8 de noviembre de 1918), pp. 454, 456.

27

Nada podría haber detenido el avance de la gripe, ni por todo Estados Unidos ni por el resto del mundo. Pero una intervención implacable y la cuarentena podrían haber interrumpido su progreso y creado un cortafuegos.

Una actuación inflexible, como la que se impuso en 2003 para contener el brote de una nueva enfermedad llamada Síndrome Respiratorio Agudo Severo (SARS), podría haber tenido ese efecto de cortafuegos. La gripe no se hubiera podido contener como el SARS, porque es mucho más contagiosa, pero cualquier impedimento para su propagación podría haber tenido un impacto significativo, porque el virus se iba volviendo cada vez más débil. Con solo retrasar su llegada a una comunidad, o detener su propagación cuando ya había llegado —que no eran más que triunfos discretos—, habría salvado muchas, muchas vidas.

Había un precedente de este tipo de intervención implacable. Solo dos años antes de la gripe, varias ciudades de la Costa Este sufrieron un brote de polio que lograron controlar con medidas muy restrictivas: las autoridades de salud pública fueron implacables ante la amenaza de la polio. Pero eso fue antes de que Estados Unidos entrara en guerra. En el caso de la gripe era impensable un despliegue similar. Blue ni se planteó interferir así en el esfuerzo bélico.

El Servicio de Salud Pública y la Cruz Roja tenían aún una oportunidad única para lograr algo que funcionara. A principios de octubre los primeros casos, unidos al recuerdo de los que tuvieron lugar en primavera, sugerían que el virus atacaba en forma de ciclo: hacían falta seis semanas aproximadamente desde la aparición de los primeros casos para que la epidemia alcanzara el pico máximo y comenzara a aplacarse en áreas civiles, y entre tres y cuatro semanas en campamentos militares, debido a la gran concentración de personas. Cuando comenzaba a aplacarse la epidemia seguían apareciendo casos, pero siempre de forma aislada, sin llegar nunca a las cifras enormes que antes habían colapsado todos los servicios. Así que la Cruz Roja y los trabajadores del Servicio de Salud Pública esperaban que el ataque fuera escalonado, igual que lo había sido la llegada de la primera ola del brote, alcanzando el pico en distintas partes del país en distintos momentos. Durante el pico de la epidemia, las comunidades aisladas no podrían hacerla frente, daba igual lo bien organizadas que estuvieran. Pero si la Cruz Roja y el Servicio de Salud Pública unían todos sus recursos humanos (médicos, enfermeras) y materiales para asistir a una comunidad determinada cuando más lo necesitara, tal vez podrían retirar la ayuda en cuanto la enfermedad comenzase a debilitarse y pasar a la próxima área necesitada, y de ahí a la siguiente.

Para gestionar esto, Blue y Frank Persons, director de protección civil y jefe del nuevo comité para la gripe de la Cruz Roja, dividió las tareas. El Servicio de Salud Pública tendría que buscar y pagar a los médicos, y asignarles destino. Tendría que decidir cuándo y dónde enviar enfermeras y recursos materiales y a quién debían rendir cuentas las primeras, y trataría con las autoridades de salud pública locales y de los estados.

La Cruz Roja tenía que buscar enfermeras, pagarlas, dotar a los hospitales de campaña de los suministros médicos necesarios en aquellos casos en los que a las autoridades no les fuera posible y asumir la responsabilidad sobre prácticamente todo lo que pudiera surgir, incluida la distribución de información. La Cruz Roja podía estipular un límite a su responsabilidad: no asumiría peticiones de los campamentos militares. Esa estipulación se olvidó de inmediato, e incluso la Cruz Roja dio preferencia a los militares sobre los civiles. Mientras tanto, el Consejo de la Guerra ordenó a cada una de sus 3864 divisiones locales que establecieran un comité de la gripe incluso —o más bien, sobre todo— en aquellos lugares donde la enfermedad aún no había llegado. Dio instrucciones para la organización de esos comités y determinó que cada comunidad debía depender «de sus propios recursos, en la medida de lo posible».[1]

Persons tenía un modelo: Massachusetts. Allí James Jackson, el director de la división de la Cruz Roja en Nueva Inglaterra, había hecho un trabajo excelente, sobre todo si se tenía en cuenta que la región había sido golpeada sin previo aviso por una gripe que era, en origen, una enfermedad desconocida. Mientras las divisiones locales confeccionaban mascarillas de gasa, las mascarillas que no tardarían en verse por todas partes y que se convertirían en símbolo de la epidemia, Jackson intentó primero cubrir las necesidades de médicos y enfermeras. Como no pudo hacerlo, formó una organización paraguas para ese fin, que incluía el Consejo de Defensa Nacional del estado, el Servicio de Salud Pública nacional y otras instituciones sanitarias públicas locales y de los estados, así como la propia Cruz Roja. Estos grupos unieron sus recursos y se los asignaron a las ciudades en función de sus necesidades.

Jackson había contratado enfermeras de Providence, New Haven, Nueva York, incluso de Halifax y Toronto. Había conseguido, al menos, aliviar la escasez de personal. Pero Massachusetts había tenido suerte. Cuando estalló la epidemia allí ninguna otra localidad necesitaba ayuda. Durante la cuarta semana de epidemia Jackson informó: «Todavía no hemos llegado al punto en que cualquier comunidad pueda transferir sus propios recursos materiales o humanos. En Camp Devens hay cuarenta enfermeras afectadas, y tienen muchos casos de neumonía».[2]

También avisó a las distintas sedes de la Cruz Roja de Washington: «Lo más importante, en esta crisis, es aumentar el número de trabajadores que van a las casas rápidamente a ayudar a las familias. Por ello he telegrafiado a todas mis divisiones dos veces en relación con la movilización de mujeres que tienen formación en primeros auxilios y en atención domiciliaria, o a cualquiera que esté dispuesta a trabajar como voluntaria».[3]

---

[1] Citado en «Summary of Red Cross Activity in Influenza Epidemic» (sin fecha), 6, caja 688, RG 200; véase también Evelyn Berry, «Summary of Epidemic 1918–1919», 8 de julio de 1942, RG 200, NA.

[2] Jackson a W. Frank Persons, 4 de octubre de 1918, caja 688, RG 200, NA.

[3] *Ibid.*

Y confesó: «El servicio federal de salud pública ha sido incapaz de manejar adecuadamente esta situación. No han estado centrados en el trabajo».[4]

Cuando envió ese telegrama era octubre. Entonces todo el mundo necesitaba enfermeras, o estaban a punto de necesitarlas, y lo sabían. Entonces todo el mundo necesitaba médicos o estaban a punto de necesitarlos, y lo sabían. Y necesitaban recursos. La mayor tarea seguía siendo encontrar médicos, enfermeras y recursos. Necesitaban las tres cosas.

Incluso ante una pandemia como esa los médicos podían ayudar. Podían salvar vidas. Si eran lo bastante buenos, si tenían los recursos adecuados, si tenían la ayuda adecuada, si tenían tiempo.

Cierto, no había fármacos ni terapias que pudieran aliviar aquella infección vírica. Cualquiera de los que murieron de una infección del virus de aquella gripe, bien directamente o bien de una neumonía vírica que hubiera degenerado en ARDS, hubiera muerto igualmente: en 1918 el ARDS tenía un índice de mortalidad del cien por cien.

Pero había otras causas de muerte. Y la más común, con diferencia, era la neumonía provocada por infecciones bacterianas secundarias.

Diez días, dos semanas, a veces incluso más de dos semanas tras el ataque inicial del virus, cuando los enfermos ya se sentían mejor, cuando parecía que había empezado la recuperación, volvían a caer gravemente enfermos. Y se morían. El virus había despojado por completo a sus pulmones de todas sus defensas; investigaciones recientes sugieren que el virus hacía más fácil a ciertos tipos de bacteria alojarse en el tejido pulmonar. Las bacterias se estaban aprovechando, se estaban haciendo fuertes, invadiendo los pulmones y matando. La gente estaba aprendiendo, los médicos aconsejando y los periódicos avisando de que incluso cuando un enfermo parecía estar reponiéndose, parecía sentirse mejor, normal, lo suficientemente bien para regresar al trabajo..., ese enfermo tenía que seguir en reposo, tenía que guardar cama. Y si no lo hacía, estaba poniendo su vida en peligro.

---

4 *Ibid.*

Media docena de años antes, la medicina había sido inútil en este terreno, tan inútil que Osler, en la edición más reciente de un texto suyo que era un clásico en la práctica de la medicina, seguía diciendo que había que sangrar a los pacientes que tenían neumonía. Pero en esos momentos ya se podía hacer algo por cualquiera que hubiera desarrollado una infección bacteriana secundaria: las prácticas médicas más avanzadas, los mejores profesionales, podían ayudar... Siempre que tuvieran recursos y tiempo.

Avery, Cole y otros investigadores del Rockefeller Institute habían desarrollado una vacuna que había mostrado unos resultados muy prometedores en las pruebas realizadas en Camp Upton, en primavera, y la Escuela Médica del Ejército la estaba produciendo en cantidades industriales. Avery y Cole también habían desarrollado un suero que reducía la mortalidad por neumonías provocadas por neumococo Tipo I y II, lo que representaba dos tercios o más de las neumonías lobares en circunstancias normales. Pero aquellas no eran circunstancias normales. Las bacterias que casi nunca habían provocado neumonías se estaban ahora abriendo camino rumbo al pulmón, sin nada que se lo impidiera, y allí crecían y se multiplicaban. Pero los neumococos Tipo I y II seguían provocando muchas de esas neumonías, y en esos casos el suero podía ayudar.

Hubo investigadores que desarrollaron vacunas y sueros. Algunos, como el que había obtenido E. C. Rosenow en la Clínica Mayo y que se estaba empleando en Chicago, no servían de nada, pero otros tuvieron cierto éxito.

Los médicos tenían además otros activos a los que recurrir. Los científicos habían desarrollado nuevas técnicas durante la epidemia que aún se empleaban para drenar enfisemas, bolsas de pus e infecciones que se formaban en el pulmón y envenenaban el cuerpo. Y los médicos disponían de fármacos que aliviaban algunos de los síntomas o estimulaban el corazón; los principales hospitales tenían rayos X, que podían ayudar en el diagnóstico y en el triaje, y algunos otros hospitales habían comenzado a administrar oxígeno para ayudar a los enfermos a respirar, una práctica que no estaba muy extendida ni se utilizaba de la manera correcta para sacar el máximo provecho, pero de algo servía.

Sin embargo, para emplear cualquiera de esos recursos, el médico tenía que disponer de ellos y tener tiempo. Los recursos físicos eran difíciles de conseguir, pero era más complicado conseguir tiempo. No había tiempo. Aquel suero del Rockefeller tenía que administrarse con precisión y en numerosas dosis. No había tiempo. No con tantos enfermos atestando los pabellones de los hospitales, no con los médicos cayendo enfermos y ocupando aún más camas. Aunque hubieran tenido los recursos, no tenían tiempo.

Y los médicos que buscó el Servicio Público de Salud tampoco tenían ni los recursos ni el tiempo que necesitaban. Ni siquiera encontrar médicos era fácil. Los militares ya copaban al menos una cuarta parte —en algunas zonas un tercio— de los médicos y enfermeras disponibles. Y el ejército, que ya estaba sometido al virulento ataque de la enfermedad, no cedía parte de sus recursos humanos a las comunidades civiles, daba igual lo difíciles que fuesen las circunstancias.

Así las cosas, había unos cien mil médicos a los que se podría recurrir si era necesario, aunque en términos de calidad tenían sus limitaciones: el Consejo Nacional de Defensa había realizado una clasificación secreta de sus colegas, según la cual setenta mil de ellos no eran aptos para el servicio militar. La mayoría no eran aptos porque eran incompetentes.

El Gobierno tenía un plan para identificar a los mejores de los que habían quedado. Como parte de la movilización de toda la nación, en enero de 1918 el Consejo Nacional de Defensa había creado el «Servicio Médico de Voluntarios», que trataba de reclutar a todos los médicos de Estados Unidos, pero se centraba sobre todo en los jóvenes médicos que, o bien eran mujeres o bien tenían alguna discapacidad física. En otras palabras, los que, pese a ser seguramente buenos médicos, no estaban sujetos al reemplazo y habían sido rechazados o excluidos.

El plan fue un éxito. Al cabo de ocho meses se habían unido a este servicio 72.219 médicos.[5] Se habían unido, eso sí, para demostrar su patriotismo, no con el compromiso de hacer algo, porque los requisitos para acceder a él no eran concretos y lo

[5] Franklin Martin, *Fifty Years of Medicine and Surgery* (1934), p. 384.

único que recibían era un papel que luciría muy bien enmarcado y colgado en un despacho.

Por ello, el plan para identificar y tener acceso a los buenos médicos dentro de ese grupo se vino abajo. El virus estaba entrando en todas partes, hacían falta médicos en todas partes y ningún médico responsable abandonaría a sus propios pacientes, que los necesitaban desesperadamente. Además, el Gobierno federal solo pagaba 50 dólares a la semana, que no era una cantidad espléndida ni siquiera en 1918. De los cien mil médicos civiles, setenta y dos mil de los cuales se habían unido al Servicio Médico Voluntario, solo 1045 atendieron a la llamada del Servicio de Salud Pública. Unos cuantos eran muy jóvenes, todavía no tenían experiencia y esperaban que les llamaran a filas, y muchos de ellos eran los menos competentes o los que peor formación tenían de todo el país. De hecho, para el SSP trabajaron tan pocos médicos que Blue devolvería después al Tesoro 115.000 dólares del millón de la asignación, que al principio le había parecido tan exigua.

El Servicio de Salud Pública envió a esos 1045 médicos a lugares donde no había ningún médico, a sitios absolutamente devastados por la enfermedad donde no llegó ninguna ayuda, ninguna en absoluto. Pero los enviaron sin recursos, sin las vacunas ni los sueros del Rockefeller ni la formación necesaria para administrarlos, sin rayos X, sin oxígeno ni medios para aplicarlo. Aquel caos inabarcable pudo con ellos, los aplastó, y los impulsó a huir.

Hicieron diagnósticos. Se enfrentaron a todo tipo de *materia medica*, pero en realidad no podían hacer gran cosa, no mucho más que aconsejar. Y el mejor consejo era este: quédate en la cama. Y entonces el médico se iba a la cama siguiente. O a la aldea siguiente.

Más incluso que los médicos ayudaban las enfermeras. Una enfermera podía calmar a un paciente, reducir las tensiones, mantenerle hidratado y descansando, tranquilo; proporcionarle la mejor nutrición posible, refrescarle en caso de fiebre alta. La enfermera podía dar a una víctima de la enfermedad la oportunidad de sobrevivir. Las enfermeras podían salvar vidas.

Pero eran más difíciles de encontrar que los médicos. Para empezar, eran solo una cuarta parte: como se había rechazado a mujeres que dominaban la profesión para formar a grandes números de auxiliares de enfermería o lo que luego se llamarían «enfermeras prácticas», no se pudo crear lo que hubiera sido una importante reserva activa. El plan original era conseguir cientos de esas auxiliares, pero en lugar de eso se estableció la Escuela de Enfermería del Ejército, que hasta el momento solo contaba con 221 estudiantes de Enfermería y ni una sola titulada.

Justo antes de que estallara la epidemia se habían intensificado los combates en Francia y con ello las necesidades del ejército, que pedía más enfermeras. Esa necesidad llegó a ser tan desesperada que el 1 de agosto Gorgas, solo para cubrir los puestos precisos, transfirió a un centenar de mujeres de los acantonamientos estadounidenses a los hospitales de Francia, al tiempo que hacía un llamamiento para que enviaran «mil enfermeras semanales» durante ocho semanas.

La Cruz Roja era la vía de suministro de enfermeras a los militares, sobre todo al ejército. Habían comenzado ya a reclutar enfermeras y, tras el llamamiento de Gorgas, relanzaron su petición de un modo aún más vehemente. Cada división y cada oficina local dentro de una división tenía una cuota. Los profesionales de la Cruz Roja sabían que sus carreras corrían peligro si no la cumplían. Los reclutadores tenían una lista de todas las enfermeras del país, de sus trabajos y emplazamientos. Esos reclutadores comenzaron a presionar a las enfermeras para que dejaran su empleo y se unieran al ejército, y a los médicos para que liberasen a las enfermeras. Asimismo, hacían sentirse poco patriotas a los pacientes ricos que tenían su propia enfermera contratada y obligaron a los hospitales privados a liberar enfermeras.[6]

Y la presión funcionó. Consiguieron apartar de la vida civil a una gran proporción de las enfermeras que tenían movilidad, que no tenían ataduras familiares ni otras responsabilidades. Lograron que dejaran sus puestos de trabajo. Y funcionó tan bien que los hospitales quedaron despojados de su mano de obra, y en todo el país muchas instituciones privadas quedaron tan cortas de personal que tuvieron que cerrar. Se quedaron cerradas hasta

[6] Lavinia Dock et al., *History of American Red Cross Nursing* (1922), p. 969.

que terminó la guerra. Un reclutador de la Cruz Roja dijo: «El trabajo de la Sede Nacional ha sido tan complicado... Y ahora mismo nos sobrepasa: estamos buscando de punta a punta del país la manera de sacar de su escondite hasta a la última enfermera... A este ritmo no quedará ni una sola enfermera en el ámbito civil».[7]

Este texto era del 5 de septiembre, tres días antes de que estallara el virus en Camp Devens.

---

[7] *Ibid.*

28

Filadelfia tembló ante el ataque de la gripe, aislada y sola. En Filadelfia no se vio ni sombra del menor esfuerzo de la Cruz Roja nacional o del Servicio de Salud Pública por colaborar. Ninguno de los médicos reclutados por el Servicio de Salud Pública fue destinado allí. Ninguna enfermera reclutada por la Cruz Roja fue enviada allí. Estas instituciones no sirvieron de nada en Filadelfia.

La gente veía a diario cómo morían amigos y vecinos que una semana o un día antes estaban perfectamente sanos. «¿Qué hacemos?», se preguntaban aterrados, desesperados. «¿Cuánto va a durar esto?».

El alcalde, que había sido detenido en los primeros días de la epidemia y que en esa época también había caído enfermo, no había hecho nada en absoluto. Si uno repasaba los diarios, como *Press*, *Inquirer*, *Bulletin*, *Public Ledger* o *North American*, no encontraba ni siquiera una declaración del alcalde en relación con la crisis. El Gobierno de la ciudad no había hecho nada. Wilmer Krusen, encargado del departamento de salud de la ciudad, ya no contaba con la confianza de nadie. Alguien tenía que hacer algo.

Paul Lewis percibió las presiones y sintió cómo le rodeaba la muerte. Era lo mismo que había sentido cuando empezaron a morir los tripulantes del *City of Exeter*, en un tiempo que parecía tan lejano. A principios de septiembre, con el virus matando al 5 por ciento del personal de Marina de Filadelfia que mostraba algún síntoma de gripe, la presión se había intensificado. Desde entonces, él y todos los que estaban a su cargo casi no podían salir del laboratorio para irse a casa. Encontrar el *B. influenzae* era el comienzo de la tarea, no su culminación.

El laboratorio nunca le había consumido tanto. Había iniciado sus experimentos con el neumococo. Había comenzado a explorar la posibilidad de que un virus filtrable provocara la gripe. Había seguido estudiando el bacilo de la gripe. Él y otros habían desarrollado una vacuna. Estaba intentando obtener un suero. Y todo lo estaba haciendo simultáneamente. Porque había una cosa que no tenía: tiempo. Nadie tenía tiempo.

Si Lewis tenía una debilidad científica, era que aceptaba demasiado de buen grado el consejo de aquellos a los que respetaba. Una vez que pidió a Flexner que le diera algunas instrucciones más, este le respondió así: «Prefiero que hagas tú los planes. Yo no he planeado nada específico para ti, prefiero dejar que tomes tú la iniciativa».[1] Lewis respetaba a Flexner. Y a Richard Pfeiffer también.

En la inmensa mayoría de los casos que estudiaba detectaba el *B. influenzae* de Pfeiffer en las torundas que aplicaba a pacientes vivos, y también en los pulmones de los muertos a los que hacía las autopsias. Pero no solo encontraba eso, ni lo encontraba siempre, de modo que nada era prueba cierta. Él, sin embargo, estaba cada vez más convencido de que esa bacteria era la que causaba la enfermedad. Y, con la presión del tiempo, dejó de investigar la posibilidad de que un virus que podía filtrarse provocara la gripe.

Pero aquello le encantaba. Le encantaba aunque odiara la enfermedad. Pensaba que había nacido para hacer eso. Le encantaba trabajar hasta bien entrada la noche entre filas de tubos de ensayo, controlando los cultivos de bacterias, viendo cómo crecían en un centenar de matraces y placas de Petri, con varios experimentos en curso y en distintas fases. Los coordinaba como si dirigiera una orquesta que toca una sinfonía. Le encantaba, incluso, el resultado inesperado que podía hacer que nada sirviera.

Lo único que a Lewis le disgustaba de su cargo de jefe de una institución era que tenía que adular a las familias de filántropos de Filadelfia para conseguir donativos, ir a sus fiestas y hacerse el científico-mascota. El laboratorio era su hábitat natural, y siempre

---

[1] Flexner a Lewis, 8 de julio de 1908, RUA.

le daba la impresión de que pasaba demasiado tiempo mezclándose con aquellas familias.

Pero aquellas familias estaban a punto de tomar las riendas.

El escritor Christopher Morley dijo en una ocasión que Filadelfia es una ciudad erigida «en la confluencia de las familias Biddle y Drexel». En 1918 esa descripción no iba desencaminada.

De todas las grandes ciudades estadounidenses, Filadelfia tenía todas las papeletas para ser considerada la más «americana». Desde luego, tenía el porcentaje más alto de ciudadanos nacidos en el país y, comparada con Nueva York, Chicago, Boston, Detroit, Búfalo y otras urbes similares, el más bajo de inmigrantes. En Filadelfia no era raro que las familias de mayor alcurnia controlaran las obras de caridad, las organizaciones de servicios sociales —incluida la Cruz Roja— y el Consejo Nacional de Defensa de Pensilvania. Pero en ese momento, con el Gobierno de la ciudad prácticamente desaparecido, no era de esperar que estas familias considerasen la posibilidad de utilizar al Consejo Nacional de Defensa para hacerse cargo de la situación.

A escala nacional, esa organización había sido el vehículo a través del cual Wilson había hecho sus planes para controlar la economía (antes de la guerra), utilizándolo para recabar datos de todo el país sobre fábricas, transporte, mano de obra y recursos naturales. Pero cada estado tenía su propio consejo, que solía estar dominado por los enemigos políticos de Wilson. Cuando empezó la guerra, Wilson creó nuevas instituciones federales y pasó por alto esta organización, que perdió poder. Sin embargo, el Consejo de Pensilvania conservó una influencia extraordinaria —si bien completamente extraoficial— sobre absolutamente todo, desde los horarios de los trenes hasta los beneficios y salarios de todas las grandes compañías del estado, incluso las que dirigían los enemigos de Wilson. Y mantenía su poder sobre todo porque lo encabezaba George Wharton Pepper.

Nadie tenía un árbol genealógico como el suyo. Su tatarabuelo había dirigido a las milicias del estado en la Revolución; su esposa era descendiente de Benjamin Franklin y hoy en día hay una estatua de su tío William, que había trabajado junto a Welch para reformar la educación médica y llevado a Flexner a la Universidad de Pensilvania, en la magnífica escalinata de la Free Library, en el centro de la ciudad. George Wharton Pepper era además muy hábil. Abogado de profesión, formaba parte del consejo de media docena de las mayores compañías del país; no era implacable pero sabía mandar. Unos meses antes había recibido en Hartford (Connecticut) uno de los tres grados honorarios que concede el Trinity College; otros que recibieron los mismos honores fueron J. P. Morgan y William Howard Taft, expresidente de los Estados Unidos que pronto sería presidente del Tribunal Supremo.

La oficina del Consejo Nacional de Defensa del estado, que se encontraba en Filadelfia, estaba bajo el mando del juez J. Willis Martin. Su esposa, Elizabeth, había organizado el primer club de jardinería y fue en gran medida la responsable de convertir Rittenhouse Square en zona verde. Además, encabezaba la División de Mujeres del Consejo y dirigía Ayuda en Emergencias, la institución social privada más importante de la ciudad.

Casi todas las instituciones sociales las dirigían mujeres: mujeres fuertes, llenas de inteligencia y de energía, de cierto rango ya desde la cuna, pero excluidas de cualquier empeño que no fuese la caridad. El alcalde había creado un comité de mujeres de la alta sociedad para actuar en situaciones de emergencia en el que estaban la esposa de Pepper, la señora de John Wanamaker, la de Edward Stotesbury —que era el principal banquero de la ciudad y director de Drexel & Co.— y la de Edward Biddle, presidente del Civic Club y descendiente de Nicholas Biddle, creador del primer banco estadounidense, que para su archienemigo Andrew Jackson encarnaba el poder siniestro de la nación, simbolizado por el dinero. Todas estas mujeres despreciaban la maquinaria de Vare y habían colaborado solo para mostrar unidad en aquella situación de guerra. Pero con los funcionarios municipales cruzados de brazos ante la epidemia, las mujeres presentaron su dimisión y disolvieron de facto el comité con una misiva al alcalde firmada por Elizabeth Martin: «Dado que su comité no tiene finalidad real alguna, corto por la presente todos los vínculos que me unían a él».[2]

---

[2] Sra. de J. Willis Martin al alcalde Thomas Smith, 8 de octubre de 1918, *Council of National Defense*, HSP.

Pepper, los Martin y sus amistades convocaron el 7 de octubre a los directores de una docena de organizaciones privadas —en lugar del Gobierno municipal— a una reunión en la sede de Emergency Aid, en el 1428 de Waltnut Street. Las mujeres llevaban la voz cantante, aunque recibieron el apoyo de Pepper. Para vender bonos de guerra habían organizado prácticamente a toda la ciudad, hasta el último bloque de viviendas, convirtiendo a cada uno de ellos en responsabilidad «de una líder lógica, independientemente de su nacionalidad»: es decir, si el bloque o el vecindario era de irlandeses, sería una mujer irlandesa; si se trataba de un barrio afroamericano, sería una mujer afroamericana. Y así sucesivamente.

Su objetivo era aplicar ese criterio organizativo para distribuir todo, desde la atención médica hasta la comida. Querían insuflar orden y liderazgo en lo que entonces era caos y pánico. En conjunción con la Cruz Roja —que allí, no como en el resto del país, permitió que sus recursos se incorporasen a los de Emergency Aid, una organización de mayor envergadura—, comenzaron a solicitar enfermeras, declarando: «La cifra de muertos registrada en Filadelfia en un solo día ha superado a la registrada en Francia en todo el ejército en un solo día».[3]

El Consejo Nacional de Defensa ya había elaborado una lista con todos los médicos de Pensilvania, incluidos los que ya no ejercían. El comité que Martin armó sobre la marcha fue a pedir ayuda a todos los de la lista, uno por uno. El comité tenía dinero y la posibilidad de conseguir más, y podía pagar la ayuda que solicitaba. Pusieron un número de teléfono que estaba abierto veinticuatro horas en Stawbridge & Clothier, que donó el uso de sus líneas telefónicas. Desde anuncios del periódico y carteles publicitarios se pedía a la población que llamara a «Filbert 100» a cualquier hora del día o de la noche para pedir información o referencias. Transformaron las cocinas de las escuelas públicas —que se habían cerrado— en comedores sociales donde preparaban comidas para decenas de miles de personas que estaban demasiado enfermas para prepararse la suya. Dividieron la ciudad en siete distritos y, para aprovechar al máximo la disponibilidad de

[3] *Memorándum sin fecha*, entradas 13B–D2, RG 62, NA.

los médicos, les asignaban su destino con un criterio geográfico y no en virtud de su cartera de pacientes.

Aquello se convirtió en el lugar al que podían dirigirse los voluntarios. Casi quinientas personas ofrecieron sus coches para que se utilizaran como ambulancias o para trasladar a los médicos; para diferenciarlos colocaban un distintivo verde que les daba prioridad de circulación sobre el resto de vehículos. Los organizadores del proyecto Liberty Loan contribuyeron con cuatrocientos coches. Miles de individuos llamaban a la sede para ofrecerse a ayudar en lo que hiciera falta.

Krusen no había asistido a la convocatoria del 7 de octubre, y antes de esa fecha había sido algo lento en sus actuaciones. A partir de ahí, la cosa cambió. Tal vez fueron las muertes lo que le hizo cambiar. Tal vez el hecho de que otra persona tomara la riendas le impulsó a la acción. De repente no parecía importarle tanto la maquinaria de Vare, la venta de bonos de guerra o la burocracia, ni siquiera su propio poder. Lo único que quería era detener la enfermedad.

Cedió al grupo el control de las enfermeras, centenares de ellas, que trabajaban en la ciudad.[4] Contraviniendo las actas constitutivas de la ciudad, tomó el dinero de un fondo de emergencia de la municipalidad dotado con 100.000 dólares y otros 25.000 de un fondo de emergencia para la guerra, y lo empleó para enviar suministros a los hospitales de campaña y contratar personal médico, pagando el doble de lo que ofrecía el Servicio de Salud Pública. Envió a esos médicos a todas las comisarías de policía del sur de Filadelfia, que era el sector más golpeado. Telegrafió al ejército y a la Marina y les pidió que no reclutaran a ningún médico de Filadelfia hasta que remitiera la epidemia, y que permitieran quedarse en la ciudad a los que ya habían sido reclutados pero aún no habían sido llamados a filas porque «la tasa de mortalidad de la semana pasada ha sido una de las más elevadas que se han registrado en esta ciudad», dijo.[5]

---

[4] «Minutes of Visiting Nurse Society for October and November, 1918», Centro de Estudios de la Historia de la Enfermería, Universidad de Pensilvania.

[5] Krusen al general médico de la Marina, William Braisted, 6 de octubre de 1918, entrada 12, RG 52, NA.

El Servicio de Salud Pública nacional seguía sin tener presencia en Filadelfia y no había hecho nada al respecto. En ese momento, Rupert Blue estaba haciendo lo único que haría por aquella ciudad sumida en los problemas: telegrafiar al general médico de la Marina para que «apoyara con todas sus fuerzas» la petición de Krusen.[6] Las muertes hablaron más alto que Blue. Los militares permitieron a Filadelfia conservar a sus médicos.

Krusen también había limpiado las calles. Las calles del sur de Filadelfia apestaban, literalmente, a podredumbre y excrementos. Los victorianos habían considerado axiomático el hecho de que las calles mugrientas eran el origen de muchas enfermedades. Los expertos modernos en salud pública (Charles Chapin en Providence, Biggs en Nueva York y otros) rechazaron la idea de plano. Pero el doctor Howard Anders, que ya había sido ignorado por la prensa cuando avisó de que el desfile de Liberty Loan contribuiría a extender la gripe, afirmaba en primera plana en el *Ledger* del 10 de octubre lo siguiente: «Las calles sucias, la mugre acumulada que no se recoge hasta que, cargada de gérmenes que propagan las enfermedades, se la lleva la primera ráfaga de aire, es una de las grandes causas de esta terrible epidemia». Otros médicos de Filadelfia se mostraron de acuerdo con él: «La situación de las calles hace que se extienda la epidemia».[7]

Así que Krusen envió unos cuantos camiones y otros tantos hombres con difusores de agua y escobas para realizar el trabajo por el que tantas veces habían pagado a Vare y este nunca había llegado a hacer. Y Krusen, Emergency Aid y la Iglesia Católica se unieron para hacer una cosa más, la principal: retirar los cuerpos.

Los cadáveres se apilaban en las funerarias, llenando todas las dependencias del negocio y ocupando, a veces, la vivienda del empresario; en la morgue de los hospitales, incluso en los pasillos; en la morgue municipal, saliendo a la calle. Y en los hogares. Se apilaban en porches, armarios, rincones... Sobre las camas. Los niños se zafaban de los adultos para ir a mirarlos, para tocarlos;

---

[6] Blue a Braisted, 7 de octubre de 1918, entrada 12, RG 52, NA.

[7] *Public Ledger* de Filadelfia, 10 de octubre de 1918.

una mujer podía dormir en la misma cama que su marido muerto, incapaz de moverle o salir de allí. Los cadáveres eran el recordatorio de la muerte y llevaban el terror y el sufrimiento a la gente; cubiertos de hielo, esperaban a temperaturas típicas del veranillo de San Martín. Su presencia era constante, un horror que desmoralizaba a la ciudad y del que los ciudadanos no podían escapar. Finalmente, la ciudad decidió atajar el problema.

Krusen envió a la policía para que sacara de las casas a los difuntos que llevaran en ellas más de un día; los apilaban en los coches policiales. Pero no podían hacer nada con los moribundos, ni acercarse a ellos: los agentes llevaban mascarillas y la gente se apartaba de ellos, pero las mascarillas no protegían contra el virus, y a mediados de octubre ya habían muerto treinta y tres policías. Les seguirían muchos más. Krusen abrió otra morgue provisional en una planta de almacenaje en frío en la Calle 20 con Cambridge. Abriría después cinco más. Suplicó al ejército que le enviara embalsamadores. Pepper y Martin convencieron a la Brill Company, que construía tranvías, de que construyera miles de cajas sencillas que sirvieran de ataúdes, y solicitaron estudiantes a las escuelas de pompas fúnebres de hasta 250 kilómetros a la redonda. Siguieron llegando ataúdes por ferrocarril, custodiados por hombres armados.

Cavaron tumbas. Al principio eran los familiares de los fallecidos los que cogían la pala y cavaban con la cara llena de lágrimas, sudor y tierra, porque las funerarias no trabajaban. El informe anual oficial del Ayuntamiento indica que «las funerarias no lograban encontrar personal dispuesto a manipular los cuerpos, debido al estado de descomposición en el que se encontraban».[8] Anna Lavin recordaba así cuando murió su tía: «Mi padre nos llevó al cementerio a mí y al niño —que también tenía la gripe y le llevaba en brazos, envuelto en una manta— para rezar una oración por ella. Los familiares cavaban las tumbas de sus muertos. Era horrible».[9]

Pepper y Martin ofrecían diez dólares diarios a cualquiera que estuviera dispuesto a tocar un cadáver. Pero se vio que aquello

---

[8] *Mayor's Annual Report for 1918*, 40, Archivos Municipales de Filadelfia.

[9] Anna Lavin, 3 de junio de 1982, grabaciones con relato de Charles Hardy, Universidad de West Chester.

tampoco funcionaba, y los cuerpos seguían apilándose. Los seminaristas se ofrecieron como enterradores voluntarios, pero tampoco eran suficientes. El Ayuntamiento y la archidiócesis recurrieron a cuadrillas de albañiles, que cavaban zanjas con palas para convertirlas en fosas comunes. Michael Donohue, un funerario, comentaba: «Llevaron una excavadora a vapor al cementerio de la Santa Cruz y se pusieron a excavar... Empezaron a llevar ataúdes y a rezar oraciones a pie de la fosa, con todos los ataúdes en fila, uno tras otro. Así ayudaron a que las familias pudieran pasar el trance».[10]

Los cuerpos que se apilaban en hogares y funerarias podían, por fin, encontrar sepultura. Para recogerlos, el arzobispo Denis Dougherty, que ocupaba el cargo desde hacía solo unas semanas y se convertiría luego en el primer cardenal de la archidiócesis, empezó a enviar a los curas a retirar los cadáveres de las casas. Así se unieron a la policía y a otros cuantos que estaban haciendo el mismo trabajo.

A veces recogían a los cadáveres con camiones. «Pedían a la gente que dejara a los muertos en el porche de la casa, metidos en una caja de madera», recuerda Harriet Ferrell. «Llegaban en un camión abierto que recorría el vecindario y se llevaba los cuerpos. No había sitio donde ponerlos. No cabían».[11]

En otras ocasiones recogían los cuerpos con carretas. Selma Epp, cuyo hermano Daniel fue uno de los difuntos, dijo: «Metían a la gente en carretas tiradas por caballos; mi tía los veía pasar. A él le metieron en una de ellas... Nadie tenía fuerzas para protestar. No había ataúdes. Los envolvían en una tela como de arpillera y los metían en la carreta, uno encima de otro. Había muchísimos. Así se los iban llevando».[12]

Nadie soportaba mirar cómo los camiones y las carretas se llevaban los cuerpos, cuerpos envueltos en arpillera que se apilaban sobre otros, igualmente envueltos, con los brazos y las piernas

---

[10] Michael Donohue, transcripción de una entrevista no emitida para «Influenza 1918», *American Experience*, 28 de febrero de 1997.

[11] Harriet Ferrell, transcripción de una entrevista no emitida para «Influenza 1918», *American Experience*, 27 de febrero de 1997.

[12] Selma Epp, transcripción de una entrevista no emitida para «Influenza 1918», *American Experience*, 28 de febrero de 1997.

sobresaliendo; cuerpos con destino a un cementerio donde encontrarían sepultura en una fosa común... Nadie podía oír el lamento de las plañideras ni la llamada de los que recogían a los muertos sin pensar en otra peste. La de la Edad Media.

Bajo aquel estallido inicial de energía, una vez que el liderazgo y la organización quedaron claros, la ciudad parecía haberse unido para responder con valor y fuerza.

Pero la epidemia no parecía amainar. Con la limpieza de calles no se logró nada, al menos en relación con la gripe. Y el médico forense, un hombre de Vare, culpó del aumento de la cifra de muertes a la prohibición de vender alcohol impuesta por el responsable de salud pública del estado: dijo que el alcohol era el mejor tratamiento contra la gripe.

Prácticamente en todas las casas había alguien enfermo. Las personas se evitaban, volvían la cabeza cuando hablaban con otros, se aislaban. La compañía telefónica contribuyó a aumentar el aislamiento. Con mil ochocientos empleados fuera de sus puestos, redujo las llamadas solo a las emergencias: los operadores atendían las llamadas al azar, y cortaban las que eran puramente rutinarias. Y el aislamiento aumentaba el miedo. Clifford Adams recordaba: «Impidieron a la gente que siguiera comunicándose, que siguiera yendo a la iglesia. Cerraron los colegios, cerraron los bares... Todo quedó inmóvil».[13]

Quizás medio millón —puede que fueran más— de personas cayeron enfermas en Filadelfia. Era imposible precisar la cifra. A pesar de la nueva ley que obligaba a informar de los casos que hubiera, los médicos estaban demasiado ocupados incluso para visitar a todos los enfermos. Y las enfermeras también.

La gente necesitaba ayuda, y a pesar de los esfuerzos de Emergency Aid, del Consejo Nacional de Defensa y de la Cruz Roja, era imposible obtenerla.

El *Inquirer* publicó un titular que decía: «La enfermería científica detiene la epidemia».[14]

---

[13] Clifford Adams, grabaciones con relato de Charles Hardy.

[14] *Philadelphia Inquirer*, 16 de octubre de 1918.

Pero no había enfermeras. Los registros de la única organización que había enviado enfermeras rezaban así, sin comentario alguno: «Número de llamadas recibidas: 2955; llamadas no atendidas: 2758». Indicaba también que incluso esas cifras (un 93 por ciento de llamadas no atendidas frente a un 7 por ciento que sí lo fueron) no reflejaban la realidad: «las llamadas recibidas no representaban el número de enfermeras requeridas, pues muchas llamadas solicitaban que acudieran varias enfermeras a un solo lugar».[15]

Hacían falta enfermeras. Desesperadamente. De un estudio realizado en cincuenta y cinco enfermos de gripe que no fueron hospitalizados se desprendía que ni siquiera uno de ellos había recibido la visita de un médico o una enfermera. Diez de esos cincuenta y cinco murieron.[16]

Era como si antes de la epidemia no hubiese habido vida: la enfermedad conformaba las acciones de cada uno de los habitantes de la ciudad.

El arzobispo dio permiso a las monjas para que fueran a ayudar a los hospitales, incluidos los hospitales judíos, y les permitió contravenir las reglas de sus respectivas órdenes, como pasar la noche fuera del convento o romper el voto de silencio. Pero nada sirvió de alivio.

Muchos de los que antes se habían presentado voluntarios ahora se retiraban. El trabajo era demasiado desagradable, demasiado arduo, o habían caído enfermos. O estaban demasiado asustados. Todos los días publicaban los periódicos alguna llamada nueva y desesperada para pedir voluntarios.

Solo el día 10 de octubre la epidemia mató a 759 personas en Filadelfia. Antes del brote las muertes totales, independientemente de su causa (todas las enfermedades, accidentes, asesinatos y suicidios), ascendían a 485 por semana.

---

[15] «Directory of Nurses» (Directorio de enfermeras), *Papeles del Colegio de Médicos de Filadelfia*

[16] Joseph Lehman, «Clinical Notes on the Recent Epidemic of Influenza» *Monthly Bulletin of the Department of Public Health and Charities* (Boletín mensual del Departamento de Salud Pública y Caridad, marzo de 1919), p. 38.

El miedo empezó a hacer mella en la comunidad. Se rompió la confianza. Comenzaron a aparecer síntomas no ya de irritabilidad, sino de pura rabia; la gente no se limitaba a señalar con el dedo o a proteger sus propios intereses, sino a practicar el egoísmo activo en medio de la calamidad generalizada. Cientos de miles de enfermos de toda la ciudad se convirtieron en un lastre, y la ciudad comenzó a hundirse en el caos y el miedo.

Las peticiones de voluntarios se volvían cada vez más quejumbrosas y estentóreas. Bajo el titular: «Emergency Aid solicita enfermeras no profesionales», los periódicos imprimían el ruego de la esposa de Martin: «En esta crisis tan profunda que estamos viviendo, Emergency Aid pide ayuda: a todos aquellos que estén libres del cuidado de enfermos en casa y que se encuentren en buenas condiciones físicas, les rogamos que se presenten en el 1428 de Walnut Street el domingo por la mañana, a primera hora. La oficina estará abierta todo el día y los voluntarios serán reclutados de inmediato y enviados adonde la emergencia lo requiera».[17]

Krusen declaró: «Es deber de toda mujer de bien de la ciudad que pueda apartarse de sus obligaciones presentarse voluntaria para ayudar en esta emergencia». Pero ya nadie le escuchaba. La señora Martin pedía que acudiera «cualquier persona que tuviera dos manos y disposición para trabajar». No se presentaron muchos.[18]

El 13 de octubre, la Agencia de Salud e Higiene Infantil emitió un comunicado pidiendo a los vecinos que se hicieran cargo, al menos temporalmente, de los niños cuyos padres hubieran muerto o estuvieran a punto de hacerlo. La respuesta fue prácticamente nula.

Elizabeth Martin repitió su ruego: «Tenemos que conseguir más voluntarios. Ya no podemos atender casos normales de la enfermedad. La gente se está muriendo. ¿Cómo no vamos a pedir a cualquier mujer de Filadelfia, tenga o no experiencia en cuidar enfermos, que venga a asistirnos?».[19]

---

[17] Al menos en tres periódicos de Filadelfia, incluido el *Philadelphia Inquirer* y dos recortes no indentificados en un álbum recopilatorio sobre la epidemia, 6 de octubre de 1918, Biblioteca del Colegio de Médicos de Filadelfia.

[18] Recorte de periódico no identificado en álbum recopilatorio sobre la epidemia, 9 de octubre de 1918, Biblioteca del Colegio de Médicos de Filadelfia.

[19] *Philadelphia Inquirer*, 14 de octubre de 1918.

Pocas respondieron.

No es que hiciera falta gente que proporcionase cuidados médicos, hacía falta gente que proporcionase cuidados, sin más. Había familias enteras enfermas, sin nadie que hiciera la comida. Krusen también emitió un ruego público: «Cualquier mujer que esté sana y que no haga falta en su casa puede ayudarnos a luchar contra esta epidemia».

Pero los ciudadanos estaban hartos de ruegos, solo se escuchaban a sí mismos. No había confianza, ninguna en absoluto. Y sin confianza, las relaciones humanas se rompen.

Los profesionales habían seguido cumpliendo sus obligaciones. Un médico del hospital de Filadelfia, mujer, había dicho que estaba segura de que si continuaba así se moriría. Así que se fue. Pero aquella no era la tónica general. Había médicos que morían, y otros que seguían trabajando. Enfermeras que morían, y otras que seguían trabajando. El hospital de Filadelfia tenía veinte estudiantes de enfermería de Vassar. Dos habían muerto ya, pero las otras se estaban portando «de maravilla: afirman que trabajarán tan duro como puedan».[20]

El resto de profesionales también cumplió con su trabajo. La policía, por ejemplo, mostró un comportamiento heroico. Antes de la epidemia habían actuado en demasiadas ocasiones como un ejército privado entregado a la maquinaria de Vare. Se habían quedado prácticamente solos en su oposición a las medidas que tomó la Marina respecto a la prostitución en las inmediaciones de instalaciones militares, pero cuando pidieron cuatro voluntarios al departamento de policía para «retirar los cadáveres que estaban en sus camas, meterlos en un ataúd y cargarlos en un vehículo funerario», aun sabiendo que muchos de esos cuerpos se estaban ya descomponiendo, se presentaron 118 oficiales.[21]

Sin embargo, los ciudadanos habían dejado de responder. Muchas mujeres fueron a los hospitales de campaña e hicieron solo un turno. No volvieron para el siguiente. El 16 de octubre la enfermera

---

[20] «Minutes of Philadelphia General Hospital Woman's Advisory Council», 16 de octubre de 1918, HSP.

[21] *Mayor's Annual Report for 1918*, 40, Archivo municipal de Filadelfia.

jefe del mayor hospital de la ciudad explicó al consejo asesor: «Los voluntarios de los hospitales no nos sirven. Tienen miedo. Mucha gente se ha presentado voluntaria, pero luego no quieren tener contacto con los pacientes».[22]

El índice de desgaste, incluso en los casos en que los voluntarios no tenían que estar en contacto con enfermos —los que estaban, por ejemplo, en las cocinas— no era mucho mejor. La señora Martin se enfadó, y asumió una actitud despectiva: «Hay cientos de mujeres que se quedan de brazos cruzados... Se imaginaban como ángeles de la piedad y tenían la inconmensurable vanidad de atribuirse un enorme espíritu de sacrificio... Y ahora nada parece conmoverlas. Hemos explicado que hay familias con todos sus miembros enfermos, familias donde los niños están muriendo literalmente de hambre porque no hay nadie que les dé de comer. Con este índice de muertes, y aun así no se presentan».[23]

Susanna Turner, voluntaria en un hospital de campaña que no renunció y siguió yendo día tras día a su trabajo, recordaba: «El miedo debilitaba a la gente: tenían miedo de salir, miedo de hacer cualquier cosa. Vivíamos al día, hacíamos lo que teníamos que hacer sin mirar al futuro. Si pedíamos ayuda a un vecino, no nos la prestaba porque no quería correr riesgos. Si la enfermedad no había entrado en su casa temían que llegara por cualquier vía. Uno no tenía el mismo espíritu caritativo que en circunstancias normales. Vivíamos sobrecogidos por el pánico».[24]

Los profesionales eran héroes. Los médicos y enfermeras, así como los estudiantes de Medicina o de Enfermería, que estaban muriendo también, se implicaron a fondo. Y había otros: Ira Thomas, jugador del Philadelphia Athletics, tenía una esposa alta y fuerte. No tenían hijos. Día tras día, él, con la temporada de béisbol suspendida bajo aquella orden de Crowder de «trabaja o combate», no tenía nada que hacer y llevaba a los enfermos al hospital en su

[22] «Minutes of Philadelphia General Hospital Woman's Advisory Council», 16 de octubre de 1918, HSP.

[23] Recorte de periódico sin fecha en álbum recopilatorio sobre la epidemia, Biblioteca del Colegio de Médicos de Filadelfia.

[24] Susanna Turner, transcripción de una entrevista no emitida para «Influenza 1918», *American Experience*, 27 de febrero de 1997.

coche; ella trabajaba en un hospital de campaña. Y hubo otros, naturalmente, pero no muchos.

«¿Echar una mano?», insistía Susanna Turner. «No iban a arriesgarse: se negaron porque estaban aterrados de verdad. Temían que sus familiares muriesen, porque estaban muriendo muchos. Se caían muertos, sin más». Nadie podía comprar nada: cerraron las tiendas de productos de todo tipo, las de carbón y comestibles, «porque la gente que trabajaba en ellas estaba demasiado enferma o demasiado asustada. Y tenían razones para ello».

Durante la semana del 16 de octubre murieron en Filadelfia 4597 personas de gripe o neumonía. La gripe se cobró aún más víctimas indirectas. Esa sería la peor semana de la epidemia. Pero nadie lo sabía entonces: Krusen había dicho demasiadas veces que el pico había pasado, y la prensa hablaba demasiado a menudo de un supuesto triunfo sobre la epidemia.

Incluso en las industrias de guerra, a pesar de las campañas propagandísticas a gran escala que decían a los trabajadores que la victoria dependía de ellos, las ausencias comenzaron a multiplicarse. «No podíamos trabajar», explicaba Anna Lavin. «No podíamos ir al trabajo. Nadie iba al trabajo, ni siquiera los que no estaban enfermos: tenían miedo, y se quedaban en casa».

Entre el 20 y el 40 por ciento de los trabajadores de la Baldwin Locomotive, de Midvale Steel o de Sun Shipbuilding (cada una de sus plantas tenía miles de empleados) faltaban de su puesto de trabajo. Prácticamente en todas las grandes empresas se ausentaba un alto porcentaje de trabajadores. El treinta y ocho por ciento de los trabajadores de la Pennsylvania Railroad no iba a trabajar. La Baltimore and Ohio Railroad estableció su propio hospital de campaña junto a las vías del ferrocarril. Todo el sistema de transporte de la región del Atlántico Medio se tambaleó, poniendo en peligro la mayor parte de la producción industrial del país.

La ciudad se venía abajo. Los servicios sociales hacían lo que podían, pero sus esfuerzos no bastaban para llevar la comida a la gente o trasladarles al hospital. Y había que empezar a pensar, también, en los huérfanos.

29

Lo que estaba ocurriendo en Filadelfia estaba ocurriendo en todas partes. Isaac Starr no se había cruzado con un solo coche en aquel trayecto de veinte kilómetros entre el centro de la ciudad y su casa. En la otra punta del mundo se vivían las mismas experiencias de muerte, terror, silencio y renuencia a ayudar. Alfred Hollows estaba en Wellington, Nueva Zelanda: «Me enviaron a un hospital de campaña en la calle Abel Smith. Era un pabellón que llevaban unas cuantas mujeres, voluntarias. Tenía sesenta camas y moría un número de personas verdaderamente espantoso, algo así como una docena diaria. Y las voluntarias desaparecieron. No las volvimos a ver. Un día entre semana, estando yo a las dos de la tarde en el centro de la ciudad de Wellington, no vi pasar ningún tranvía ni vi ninguna tienda abierta. Pasó una furgoneta con una gran sábana atada a un costado y la cruz roja pintada encima. Debía de ser una ambulancia o un coche fúnebre, porque aquella era verdaderamente la Ciudad de los Muertos».[1]

En el Hospital Presbiteriano de Nueva York, todas las mañanas, cuando hacía su ronda, el doctor Dana Atchley contemplaba con sorpresa y horror durante lo que siempre le parecía una eternidad que todos y cada uno de los pacientes que estaban en la unidad de críticos habían muerto durante la noche.[2]

---

[1] Geoffrey Rice, *Black November: The 1918 Influenza Epidemic in New Zealand* (1988), pp. 51–52.

[2] Véase «Reminiscences Dana W. Atchley, M.D.» (1964), pp. 94–95, historia oral de Columbia, citado por Dorothy Ann Pettit en «A Cruel Wind: America Experiences the Pandemic Influenza, 1918–1920», (1976), p. 109.

El Gobierno federal no daba ninguna instrucción a la que una persona racional pudiera atenerse. Pocos Gobiernos locales lo hicieron mejor. Había un vacío que llenaba el miedo.

Los esfuerzos del Gobierno por mantener la moral contribuían a fomentar ese miedo, porque desde que empezó la guerra la moral, tomado el concepto en su aspecto más reducido y estrecho, se había antepuesto a lo demás en toda declaración pública. Como dijo Hiram Johnson, senador de California en 1917, «cuando estalla la guerra la verdad es la primera baja».[3]

Eran tiempos en los que la expresión «guerra rápida» significaba que más del 50 por ciento de los componentes de una unidad morían o resultaban heridos; tiempos en los que las memorias de una enfermera del frente, publicadas en 1916, fueron retiradas de las librerías por el editor cuando Estados Unidos entró en guerra, porque describía con realismo situaciones horrendas; tiempos en los que los periódicos insistían en que había «gasolina suficiente para todos los automóviles» mientras se ordenaba a las estaciones de servicio que echaran el cierre «voluntariamente» por las noches y los domingos («domingos sin combustible»), y se desplegaba una campaña nacional para que la gente no usara el coche privado (la policía arrestaba a todos los conductores que no cumplieran «voluntariamente» ese precepto).[4]

Los periódicos informaban de la enfermedad con la misma mezcla de verdades y medias verdades, verdades distorsionadas y verdades con mentiras con la que hablaban de todo lo demás. Ningún político nacional reconoció nunca, públicamente, el peligro de aquella gripe.

Pero entre la comunidad médica se extendía una profunda preocupación. Welch, naturalmente, había temido en un principio que estuvieran ante una enfermedad nueva, aunque no tardó en darse cuenta de que se trataba de un tipo de gripe. Muchos patólogos rigurosos de Alemania y Suiza consideraron que podía tratarse efectivamente de una peste. El director del laboratorio del

[3] Muchas de las citas de este comentario se hicieron originalmente en 1917, incluido en *Newsday*, el 15 de junio de 2003.

[4] Véase por ejemplo el *Arizona Republican*, 1 de septiembre de 1918.

Bellevue Hospital se preguntaba en el *Journal of the American Medical Association* si «el mundo se enfrentaba no ya a una pandemia de gripe de extraordinaria letalidad, sino a una versión leve de la peste».[5] Según apuntó, «la similitud entre estas dos enfermedades viene reforzada por sus características clínicas, que son de un sorprendente parecido en muchos aspectos, y por la patología de determinados tejidos, no solo de los pulmones».[6]

Lo que decían los patólogos en los diarios médicos lo comentaban después entre susurros los facultativos, mientras los ciudadanos de a pie veían cómo sus seres cercanos se volvían casi negros. Y entonces cubrió la tierra el frío: el frío del miedo.

Y mientras sucedía todo aquello, William Park, sentado en su laboratorio y rodeado de placas de Petri, ratones diseccionados y cultivos de patógenos, citaba el *Diario del año de la peste* de Daniel Defoe: «El aspecto de las cosas, como digo, quedó en general muy alterado; el dolor y la tristeza se asentaron en todos los rostros; y aunque algunas zonas se libraron de lo peor, todo el mundo parecía profundamente preocupado, y, al ver cómo la epidemia se iba acercando, todos sentían que tanto uno mismo como todos los suyos, estaban en extremo peligro».[7]

* * *

Por aterradora que fuese la enfermedad, la prensa lo empeoraba todo aún más: asustaban a la gente porque quitaban importancia al problema, porque lo que decían los políticos y lo que decía la prensa no coincidía con lo que la gente veía, tocaba, olía y soportaba. La incertidumbre seguía a la desconfianza, el miedo seguía a la incertidumbre y, en condiciones como esas, el terror seguía al miedo. Nadie se fiaba de lo que leía.

---

[5] E. Bircher, «Influenza Epidemic», *Correspondenz-Blatt fur Schweizer Aertze, Basel* (5 de noviembre de 1918), 1338, citado en *JAMA* 71, núm. 24 (7 de diciembre de 1918), p. 1946.

[6] Douglas Symmers, M.D., «Pathologic Similarity Between Pneumonia of Bubonic Plague and of Pandemic Influenza», *JAMA* (2 de noviembre de 1918), p. 1482.

[7] Wade Oliver, *The Man Who Lived for Tomorrow: A Biography of William Hallock Park, M.D.* (1941), p. 384.

Cuando la gripe golpeó Massachusetts, el *Providence Journal*, un diario de la zona, dijo: «Todas las camas de hospital de los fuertes del puerto de Boston están ocupadas por enfermos de gripe. Hay 3500 casos en Camp Devens». Pero a renglón seguido afirmaba: «En realidad, estos informes pueden resultar más tranquilizadores que alarmantes. Aquel soldado o marinero al que manden guardar cama tendrá que hacerlo como si le mandaran a hacer guardia. Tal vez él no se sienta enfermo, y puede que esté en lo cierto, pero a un médico militar no se le lleva la contraria, y en este momento la autoridad no va a permitir que los jóvenes que tiene a su cargo corran riesgos».[8]

A medida que el virus infestaba la Base Naval de Entrenamiento de los Grandes Lagos, la Associated Press informaba: «Para disipar la alarma ocasionada en todo el país por una serie de historias exageradas [...], el capitán W. A. Moffat, al mando, ha hecho hoy público un comunicado informando de que, aunque hay unos 4500 casos de gripe entre los 45.000 marinos de la base, la situación en general ha mejorado mucho. La tasa de mortalidad ha sido solo del uno o el uno y medio por ciento, muy por debajo de la que se registra en el este».[9]

El informe pretendía tranquilizar a la gente. Es muy posible que no lo lograse, aunque omitió ciertos datos, como que se había impuesto la cuarentena en la base, en el aeródromo de los Grandes Lagos y en el acantonamiento de Fort Sheridan, que estaba cerca de allí. Entre todos constituían la mayor concentración de militares del país. Y las autoridades militares, por supuesto, aseguraban tanto a los civiles de la zona como al resto del país que la epidemia «estaba en retirada».[10]

Una y otra vez, en cientos de periódicos, día tras día, se seguía oyendo la frase tranquilizadora de Rupert Blue: «No hay motivo de alarma si se toman las precauciones adecuadas».[11]

---

[8] *Providence Journal*, 9 de septiembre de 1918.

[9] Aparecido en varios periódicos, por ejemplo en el *Arizona Republican*, 23 de septiembre de 1918.

[10] *JAMA* 71, núm. 13 (28 de septiembre de 1918), p. 1075.

[11] *Washington Evening Star*, 13 de octubre de 1918.

Leían las palabras del coronel Philip Doane, oficial al mando de las cuestiones sanitarias en los astilleros del país, que declaró a Associated Press: «La llamada gripe española no es ni más ni menos que la gripe de toda la vida». Esas palabras se publicaron en cientos de periódicos, pero la gente olía la muerte en ellas: no tardarían en conocerla.

Justo a la salida de Little Rock estaba Camp Pike, con ocho mil enfermos hospitalizados en cuatro días. El comandante del campamento dejó de publicar los nombres de los muertos. «Tendrías que ver el hospital esta noche»,[12] escribió Francis Blake, uno de los cuatro miembros de la comisión del ejército para la neumonía que había en Camp Pike. «Todos los pasillos —y hay varios kilómetros de ellos— tienen dos filas de catres y en todos los pabellones hay al menos una fila extra en el centro, con enfermos de gripe; muchos barracones del campamento se han convertido en enfermerías de campaña. El campamento está cerrado. Aquí no hay más que muerte y destrucción».

El campamento llamaba a Little Rock solicitando enfermeras, médicos, sábanas y ataúdes, todo ello mientras en la ciudad el *Arkansas Gazette* publicaba en titulares: «La gripe española es una gripe común [...]. Con la fiebre y los escalofríos de toda la vida».[13]

A las afueras de Des Moines, Iowa, en Camp Dodge, la gripe también estaba matando a cientos de jóvenes soldados. En la ciudad se había constituido el Greater Des Moines Commitee, un comité para la emergencia compuesto por profesionales y hombres de negocios. Un abogado que formaba parte del mismo advirtió a la prensa (en un aviso que llevaba implícita una posible denuncia): «Les recomendaría que si van a publicar algo en relación con la enfermedad se reduzca, simplemente, a las medidas preventivas más básicas [...]. Algo que resulte constructivo, no destructivo».[14] Otro miembro del comité, un médico, dijo: «No hay duda de que con la actitud adecuada esta gente se está protegiendo de la enfermedad. No hay duda de que muchas personas han enfermado por

[12] Citado en Pettit, «A Cruel Wind», p. 105.

[13] *Arkansas Gazette*, 20 de septiembre de 1918.

[14] Informe de *Christian Science Monitor* reimpreso en *Arizona Gazette*, el 31 de octubre de 1918.

miedo [...]. El miedo es lo primero que hay que superar, el primer paso para superar esta epidemia».

El *Review Press and Reporter* de Bronxville (Nueva York) se limitó a no decir ni una palabra de la gripe, absolutamente nada, hasta el 4 de octubre, fecha en que informó de que «la plaga» se había cobrado allí su primera víctima. Como si la plaga hubiera surgido de la nada. Incluso el periódico reconocía que, aunque no habían imprimido una palabra al respecto, todo el mundo lo sabía. Y aunque la epidemia se había hecho fuerte en Bronxville, el periódico seguía condenando el «alarmismo» y advirtiendo: «El miedo es más letal que la enfermedad, y los temerosos y los débiles suelen ser los primeros en sucumbir».[15]

El miedo era el enemigo, sí. El miedo. Y cuantos más cargos públicos hubiera empeñados en controlarlo con medias verdades o rotundas mentiras, más se extendería el terror.

El director de salud pública de Los Ángeles dijo: «Si se observan las precauciones normales no hay motivos para alarmarse». Cuarenta y ocho horas después cerró todos los lugares de reunión pública, incluidas escuelas, iglesias y salas de teatro».[16]

El superintendente de salud pública de Illinois había sugerido en una reunión confidencial con otros cargos políticos y de salud pública de Chicago que cerrasen todos los centros de actividad comercial para salvar vidas. El responsable de salud pública de Chicago, John Dill Robertson, rechazó airadamente la sugerencia porque no le parecía que estuviera justificada y era muy dañina para la moral. En su informe oficial sobre la epidemia decía: «No se ha tocado la moral de la comunidad».[17] Después explicaría a otros profesionales de la salud pública: «Es nuestro deber mantener a la gente a salvo de los miedos. La preocupación mata a más gente que las epidemias».[18]

---

[15] Véase *Review Press and Reporter*, recorte de febrero de 1972, RG 200, NA.

[16] Citado por Crosby en *America's Forgotten Pandemic*, p. 92.

[17] John Dill Robertson, *Report of an Epidemic of Influenza in Chicago Occurring During the Fall of 1918* (1919) Ayuntamiento de Chicago, p. 45.

[18] *The Survey 41* (21 de diciembre de 1918), p. 268, citado por Fred R. Van Hartesveldt, *The 1918–1919 Pandemic of Influenza: The Urban Impact in the Western World* (1992), p. 144.

La tasa de mortalidad del Cook County Hospital —contando todos los casos de gripe, y no solo los que acabaron en neumonía— alcanzó el 39,8 por ciento.[19]

El *Literary Digest*, uno de los periódicos con mayor tirada del país, publicó: «El miedo es nuestro primer enemigo».[20] El consejo más publicado, prácticamente en todos los periódicos del país, en grandes recuadros y bajo el título de «Consejos para evitar la gripe», decía: «¡No tengas miedo!».[21]

El *Albuquerque Morning Journal* daba una serie de instrucciones sobre «Cómo dar esquinazo a la gripe». El más llamativo era el habitual «No tengas miedo», y prácticamente a diario repetía: «No permitas que la gripe te mate de miedo. No te dejes arrastrar por el pánico».

En Phoenix, el *Arizona Republican* hizo un seguimiento a distancia de la gripe. El 22 de septiembre declaró: «El doctor W. C. Woodward, del Departamento de Salud de Boston, ha asumido hoy una actitud optimista [...]. Afirma que el incremento de casos registrados hoy no es alarmante». En Camp Dix «las autoridades médicas aseguraron que tienen la epidemia bajo control».[22] Y el periódico se hizo eco de las primeras muertes por gripe que se produjeron en Nueva Orleans dos días antes de que el diario de la ciudad, el *Item*, mencionara algo al respecto.[23]

Pero después de que apareciera el primer caso en Phoenix, el *Republican* se sumió en el silencio; no dijo nada más sobre la gripe en ningún lugar del país hasta que las noticias alcanzaron tal magnitud que era imposible seguir callado.[24] Su competidor,

---

[19] Riet Keeton y A. Beulah Cusman, «The Influenza Epidemic in Chicago», *JAMA* (14 de diciembre de 1918), 2000–2001. Adviértase que el dato del 39,8 por ciento corrige un informe anterior publicado en *JAMA* por Nuzum el 9 de noviembre de 1918, p. 1562.

[20] *Literary Digest* 59 (12 de octubre de 1918), pp. 13–14, citado por Van Hartesveldt en *1918–1919 Pandemic of Influenza*, p. 144.

[21] *Albuquerque Morning Journal*, 1 de octubre de 1918, citado por Bradford Luckingham, *Epidemic in the Southwest, 1918–1919* (1984), p. 18.

[22] *Arizona Republican*, 23 de septiembre de 1918.

[23] Compárese *Arizona Republican*, 19 de septiembre 1918, con *New Orleans Item*, 21 de septiembre de 1918.

[24] Véase *Arizona Republican* del 25, 26, 27 y 28 de septiembre de 1918.

el *Gazette*, también jugó la baza de la tranquilidad, citando al médico local Herman Randall: «Si hay diez personas sentadas en una corriente están expuestas a los mismos microbios. Algunos enfermarán, y quizá mueran, pero los habrá que se libren [...]. Durante una epidemia la gente que más miedo tiene suele ser, según testimonio de los propios médicos, la que primero sucumbe a la enfermedad».[25] Y en Phoenix, tras terminar la guerra, el llamado Comité de Ciudadanos que se había hecho cargo de la situación durante la emergencia continuó imponiendo el silencio, ordenando que «los comerciantes de la ciudad se abstuvieran de mencionar la epidemia de gripe, ya fuera directa o indirectamente, en su publicidad».[26]

Mientras tanto, los anuncios de Vicks VapoRub en varios centenares de periódicos bailaban su delicada danza de la tranquilidad prometiendo alivio y llamando a la epidemia «esa gripe de toda la vida, escondida tras un nombre nuevo».[27]

Algunos periódicos probaron a controlar el miedo a base de no publicar prácticamente nada. En Goldsboro, Carolina del Norte, un superviviente recuerda: «Los periódicos no querían ni siquiera publicar la lista de los nombres [de los fallecidos] [...]. La información sobre quién estaba muriendo tenía que circular verbalmente, de persona a persona».[28]

Un historiador de Buffalo County, Nebraska, expresó su sorpresa ante «la curiosa reticencia que mostraban los periódicos a publicar todo lo relativo a la gripe, algo que era aún más evidente en el *Kearney Hub*. Cabe aventurar que los editores restaron importancia a la gravedad del problema para evitar que se produjera una oleada de pánico generalizada ante lo que era, claramente, una situación horrible». El 14 de diciembre ese mismo periódico decía a sus lectores que «no se dejaran llevar por el pánico», afirmando que los políticos y cargos públicos municipales «no tenían

---

[25] *Arizona Gazette*, 9 de enero de 1919.

[26] *Arizona Gazette*, 26 de noviembre de 1918.

[27] Véase anuncio publicitario de Vicks VapoRub que se expuso repetidamente en prensa nacional, por ejemplo en *Seattle Post-Intelligencer*, 7 de enero de 1919.

[28] Dan Tonkel, transcripción de una entrevista no emitida para «Influenza 1918», *American Experience*, 3 de marzo de 1997.

esa tendencia a dejarse llevar por el pánico que mostraba un buen número de ciudadanos».[29]

¿Y cómo puede uno no dejarse llevar por el pánico? Antes incluso de que los vecinos empezaran a morir, antes de que los cuerpos comenzaran a apilarse en cada nueva comunidad, todas las noticias era ciertas salvo las que publicaban los periódicos. Incluso mientras repetía su mantra —«No hay motivo de alarma si se toman las precauciones adecuadas»—, Blue instaba a las autoridades locales a «cerrar todos los lugares públicos de reunión cuando la comunidad en que se encuentren esté amenazada por la epidemia. Esto es importante para controlar la expansión de la enfermedad».[30] Y aunque el coronel Doane había dicho que aquello no era ni más ni menos que «la gripe de toda la vida», los periódicos también reproducían otra cita suya: «Toda persona que escupe está ayudando al Káiser».[31]

E incluso mientras Blue y Doane, gobernadores y alcaldes y casi todos los periódicos insistían en que esto era una gripe y nada más que una simple gripe, el Servicio de Salud Pública estaba haciendo esfuerzos ingentes por ofrecer consejos... que resultaban casi inútiles. Preparó placas listas para imprimirse y las envió a diez mil periódicos, la mayoría de los cuales las publicaron. La Cruz Roja costeó la impresión y distribución de carteles y panfletos, así como de seis millones de copias de una misma circular. Los maestros los repartían en las escuelas; los jefes los pegaban en los almacenes, las estafetas de correos y las fábricas; los Boy Scouts los metían en decenas de miles de buzones de viviendas; los sacerdotes los incluían en sus sermones de la misa dominical; los carteros los llevaban a las zonas rurales y los empleados del ayuntamiento los pegaban en las paredes.

Pero la advertencia del Servicio de Salud Pública de que se evitaran las concentraciones de personas llegó demasiado tarde

---

[29] Gene Hamaker, «Influenza 1918», Buffalo County, Nebraska, *Historical Society* 7, núm. 4.

[30] Véase, por ejemplo, *Washington Evening Star*, 3 de octubre de 1918.

[31] Recorte sin identificar y sin fecha en un álbum sobre la epidemia, Biblioteca del Colegio de Médicos.

como para servir de algo. El único consejo que tuvo alguna utilidad fue el de siempre: que los que se sintieran mal se fueran inmediatamente a la cama y se quedaran allí varios días después de que desaparecieran todos los síntomas. El resto de consejos de la circular de Blue eran tan generales que no servían de nada. Pero por todo el país los periódicos seguían imprimiendo, una y otra vez: «Recuerde: boca limpia, piel limpia, ropa limpia [...]. Mantengan los intestinos abiertos [...]. La comida ganará la guerra [...]. Contribuya a ello eligiendo (y masticando) bien la comida».[32]

El *Journal of the American Medical Association* sí que estuvo a la altura. Se dejó de paños calientes y advirtió: «El peligro que esta epidemia de gripe representa para la vida es tan grave que resulta decisivo asegurar a cada paciente el aislamiento más absoluto».[33] Y despotricaba contra «los actuales consejos e instrucciones que se dan al público desde fuentes oficiales o de otra índole»: los de Blue, los de los funcionarios locales de salud pública, que restaban importancia a la situación... Y que eran tan inútiles como peligrosos.

«¡No tengan miedo!», decían los periódicos.

Mientras, la gente (los del Oeste antes de que el virus llegara a sus territorios) leía las llamadas que la Cruz Roja publicaba en la prensa, a veces en anuncios a media página, y que decían: «La seguridad de este país exige que todas las fuerzas patrióticas disponibles, a saber: enfermeras, auxiliares y cualquiera que tenga experiencia en cuidar enfermos, se pongan inmediatamente a disposición del Gobierno [...]. Se pide a los médicos que liberen inmediatamente a cuantas enfermeras estén atendiendo a enfermos crónicos y a cualquier paciente que no esté en estado crítico. Se ruega a las enfermeras tituladas, estudiantes de Enfermería, auxiliares y voluntarias que se dirijan de inmediato a la oficina de telégrafos, a su división local de la Cruz Roja o a la sede central, en Washington D. C.».

«¡No tengan miedo!», decían los periódicos. Pero no todo el mundo estaba preparado para confiar en Dios.

---

[32] Por ejemplo, *Rocky Mountain News*, 28 de septiembre de 1918, citado por Stephen Leonard en «The 1918 Influenza Epidemic in Denver and Colorado», *Essays and Monographs in Colorado History, essays no. 9*, (1989), p. 3.

[33] *JAMA* 71, núm. 15 (12 de octubre de 1918), p. 1220.

En 2001 murieron cinco personas en un ataque terrorista con ántrax que conmocionó a Estados Unidos. En 2002, debido a un brote del virus del Nilo Occidental, murieron en todo el país 284 personas en seis meses: el asunto ocupó titulares de periódico durante muchas semanas, y el miedo bastó para que la gente modificara su conducta. En 2003, el SARS mató a más de ochocientas personas en todo el mundo, congeló las economías asiáticas y aterrorizó a millones de habitantes de Hong Kong, Singapur y otros lugares hasta tal punto que iban por la calle con mascarilla.

En 1918, el miedo iba por delante del virus, como la onda de proa que precede al barco. El miedo sacudía a la gente, y el Gobierno y la prensa no podían controlarlo porque cada informe veraz que salía a la luz se había diluido con mentiras. Y cuanto más intentaban las autoridades o los periódicos tranquilizar a la población, cuanto más se repetían los mantras de siempre («No hay motivo de alarma si se toman las precauciones adecuadas» y «Esto no es ni más ni menos que la gripe de toda la vida»), más gente pensaba que se habían quedado a la deriva, a la deriva y sin nadie en quien confiar, a la deriva en un océano de muerte.

Así que la gente veía cómo se acercaba el virus y sentía miedo e impotencia al verlo cada vez más cerca, como una nube inevitable de gas venenoso. Estaba a mil kilómetros de distancia, a quinientos kilómetros de distancia, a cincuenta, a veinte.

A finales de septiembre vieron que se publicaban algunos datos enterrados en las páginas finales del diario; iban en párrafos diminutos, pero eran datos: había ochocientos casos entre los guardiamarinas de Annapolis; en el estado de Nueva York empezaban a multar con 500 dólares y un año de cárcel a todo el que tosiera o estornudara sin cubrirse la boca; había treinta casos de gripe entre los estudiantes de la Universidad de Colorado. Pero Associated Press, naturalmente, tranquilizaba a la población diciendo: «Según se ha dicho, ningún caso es grave».[34]

Pero sí que lo era: en un solo día murieron cuatrocientas personas en Filadelfia, veinte en Colorado y Nuevo México, cuatrocientas en Chicago. Todas las actividades sociales y de ocio se

[34] *Arizona Republican*, 23 de septiembre de 1918.

suspendieron en El Paso, donde tuvieron lugar siete funerales por soldados muertos en un solo día: luego iría a peor. Hubo un brote terrible en Winslow (Arizona). Era como estar asediado por la artillería, con la cortina de fuego cada vez más cerca.

En Lincoln, una ciudad pequeña de Illinois a unos cincuenta kilómetros de Springfield, William Maxwell lo sintió así: «Mis primeras impresiones de la epidemia fueron que era algo que les pasaba a los soldados. No parecía haber motivos para creer que fuera a afectarnos a nosotros. Pero se seguía acercando, gradual e implacable. Había rumores de que en esta pequeña ciudad del Medio Oeste se había llegado a una situación alarmante... Era como si se estuviese acercando un ente».[35]

En Meadow (Utah), a ciento setenta kilómteros de Provo, Lee Reay recordaba: «En esta ciudad estábamos muy preocupados porque se estaba desplazando hacia abajo, en dirección sur, y éramos los próximos».[36] Vieron cómo mataba en Payson, luego en Santaguin, en Nephi, Levan y Mills. Lo veían cada vez más cerca. Pusieron un cartel en la carretera donde decían a la gente que no se detuviese en Meadow, que siguiera adelante. Pero el cartero paraba de todos modos.

En cualquier parte del país que uno estuviera sentía cómo se acercaba: estaba en el pueblo de al lado, en el barrio de al lado, en el edificio de al lado, en la habitación de al lado. En Tucson, el *Arizona Daily Star* aconsejaba a sus lectores que no se dejaran atrapar por la «histeria española».[37] «¡No se preocupen!» era el consejo que cerraba el artículo —publicado por el Consejo de Salud de Arizona— donde se explicaba cómo evitar la enfermedad.

«¡No tengan miedo!», decían los periódicos de todas partes. «¡No tengan miedo!», decían en Denver, en Seattle, en Detroit, en el Burlington de Vermont, en el Burlington de Iowa o en el Burlington de Carolina del Norte. En el Greenville de Rhode Island, el de Carolina del Sur o el de Misisipi. Y cada vez que los periódicos decían «¡No tengan miedo!», la gente más se asustaba.

---

[35] William Maxwell, «Influenza 1918», *American Experience.*

[36] Lee Reay, «Influenza 1918», *American Experience.*

[37] Luckingham, *Epidemic in the Southwest*, p. 29.

El virus se había desplazado hacia el oeste y hacia el sur, desde la Costa Este, por el agua y por las vías del tren. Se elevaba en grandes crestas e inundaba urbes, se rizaba como una ola y tapaba las ciudades, entraba en los ríos salvajes y arrasaba las aldeas, llenaba los arroyos crecidos, hasta los asentamientos, y fluía en diminutos riachuelos hasta llegar a las casas diseminadas. Y como una enorme riada lo cubrió todo, variando en profundidad pero no en extensión, asentándose sobre la tierra en igualdad de condiciones.

Albert Camus escribió: «Lo que vale para todos los males del mundo vale también para la peste. Sirve para que los hombres se eleven por encima de sí mismos».[38]

Uno de los que se elevaron fue el doctor Ralph Marshall Ward, que había dejado la medicina para retirarse a un rancho ganadero. La decisión no había sido económica.

Intelectual y muy interesado en la farmacología, Ward ejercía la medicina en Kansas City, donde tenía consulta y farmacia en el edificio de la Bolsa. Kansas City era un nodo importante para el ferrocarril, y cerca de su gabinete había unas cocheras. Dedicaba la mayor parte de su tiempo a curar a los ferroviarios heridos en algún accidente. Llevó a cabo gran cantidad de amputaciones y tenía la impresión de trabajar siempre con hombres destrozados, reducidos a pedazos por el acero. Una práctica así, con dosis tan elevadas de sufrimiento humano, acabaron por hacerle pedazos a él también.

Como estaba cansado de ejercer la medicina y había aprendido mucho del negocio de la ganadería atendiendo a los vaqueros heridos en el cuidado del ganado al norte de Kansas City, poco antes de la guerra decidió comprar un pequeño rancho a más de setecientos kilómetros de allí, cerca de San Benito (Texas) y de la frontera mexicana. En el largo viaje al sur, él y su mujer hicieron un pacto: no dirían nunca una palabra de su etapa de médico. Pero en octubre de 1918 llegó la gripe. Algunos de los trabajadores de su rancho enfermaron y él comenzó a tratarlos. Y se corrió la voz.

---

[38] Citado por Sherwin Nuland en *How We Die* (1993), p. 201.

Unos días después su mujer se despertó alertada por un sonido perturbador e irreconocible. Salió de la casa y vio gente, mucha gente, tanta que al acercarse parecían ocultar por completo el horizonte: eran mexicanos. Algunos iban en mulas, otros a pie; las mujeres, con niños en brazos; los hombres, sucios y abatidos; una masa de humanidad, horror y sufrimiento. Llamó a gritos a su marido, y él salió al porche y se quedó pasmado, exclamando: «¡Oh, Dios mío!».

Aquella gente llegaba sin nada. Pero sabían que él era médico, por eso habían ido hasta allí. Después contarían los Ward a su nieta que aquello fue como la escena del hospital de *Lo que el viento se llevó*, con filas de heridos y moribundos tumbados en el suelo, sufriendo. Aquella gente que había llegado sin nada, que no tenía nada, se estaba muriendo. Los Ward sacaron ollas enormes para hervir agua, empeñaron todos sus recursos para alimentarlos y curarlos. En la franja desierta y baldía que corre junto a la frontera mexicana no había nadie que pudiera ayudarles: ni la Cruz Roja ni el Consejo Nacional de Defensa. Hicieron lo que pudieron, y se arruinaron. Tuvieron que regresar a Kansas City, y él volvió a ser médico.[39]

Hubo más hombres y mujeres como los Ward. Médicos, enfermeras, científicos. Hicieron su trabajo y el virus les mató. Murieron tantos que todas las semanas el *JAMA* aparecía literalmente lleno, página tras página, de breves obituarios escritos en letra minúscula.[40] Cientos de médicos murieron. Otros ayudaron.

Pero como Camus sabía bien, el mal y las crisis no hacen que todos los hombres se eleven por encima de sí mismos: algunos descubren una humanidad algo menos inspiradora.

La cresta de la ola que rompió sobre Filadelfia comenzó a barrer el resto del país acompañada por el mismo terror que había silenciado las calles allí. La mayoría de los hombres y mujeres sacrificaron y arriesgaron sus vidas por lo que más querían: un hijo, una esposa, un marido. Otros, que se amaban a sí mismos sobre todas las cosas, huían presas del terror.

---

39 Entrevista con Pat Ward, 13 de febrero de 2003.

40 Véase, por ejemplo, *JAMA* 71, núm. 21 (16 de noviembre de 1918).

Pero había incluso quienes fomentaban ese terror, creyendo que culpando al enemigo (Alemania) podrían contribuir al esfuerzo de la guerra; o tal vez creían de verdad que Alemania tenía la culpa de todo. El propio Doane afirmó que «agentes alemanes [...] de los submarinos» habían llevado la gripe a Estados Unidos. «Con los alemanes comenzó la epidemia en Europa; no hay razón para pensar que fueran a ser más considerados con Estados Unidos».[41]

En todo el país muchos le hicieron eco. Starkville (Misisipi) era un pueblo de unos tres mil habitantes construido en torno a un aserradero, varias plantaciones de algodón —aunque no tan ricas y exuberantes como las del Delta— y el Mississippi A&M College, que hoy en día es la Universidad del Estado de Misisipi. Allí estaba el cuartel general del doctor M. G. Parsons, encargado del Servicio de Salud Pública estadounidense para la zona del noreste del Misisipi, que con gran orgullo informó a Blue de que había conseguido que los periódicos locales publicaran historias que él se había inventado para «contribuir a establecer un esquema mental adecuado» en la gente.[42] Ese esquema mental se basaba en el miedo. Parsons quería provocar el miedo, convencido de que prepararía a la gente «para recibir nuestras sugerencias y actuar con arreglo a ellas».

Parsons consiguió que la prensa local publicase: «Los hunos recurren al asesinato de civiles inocentes [...]. Han caído en la tentación de difundir la enfermedad y la muerte a través de los gérmenes, y lo han conseguido: hay muchos casos contrastados [...]. Las enfermedades contagiosas son un arma que se utiliza bien lejos del frente, contra los franceses o los británicos, o sobre la tierra americana».[43] Blue no amonestó a Parsons por difundir el miedo ni le sugirió que tomara otro derrotero. Otra historia rezaba así: «Llegan los gérmenes. Hay una epidemia de gripe que se está extendiendo, o que alguien está haciendo que se extienda, no lo sabemos [...]».

---

[41] Doane hizo la declaración en Chicago; la citó el *Chicago Tribune*, 19 de septiembre de 1918. La historia apareció en varios periódicos de la nación, como el *Arizona Republican*, con la misma fecha.

[42] Parsons a Blue, 26 de septiembre de 1918, entrada 10, archivo 1622, RG 90, NA.

[43] *Ibid.*

Estas acusaciones y otras por el estilo creaban la animadversión pública necesaria para obligar a los laboratorios del Servicio de Salud Pública a perder un tiempo precioso y una buena dosis de energía en investigar posibles agentes implicados en la guerra química, como la aspirina Bayer. El territorio de Parson lindaba con Alabama, y allí un viajante de Filadelfia llamado H. M. Thomas fue arrestado como sospechoso de ser un agente alemán que estaba extendiendo la epidemia, que era como decir la muerte. Thomas fue liberado, pero el 17 de octubre (un día después de que la gripe matara a 759 personas en Filadelfia) encontraron su cuerpo en una habitación del hotel con cortes en las muñecas y el cuello rebanado. La policía lo consideró suicidio.[44]

En todas partes, igual que en Filadelfia, surgieron dos problemas: cuidar de los enfermos y mantener algo de orden.

En Cumberland (Maryland), una inhóspita ciudad ferroviaria e industrial del corazón de la región minera del carbón, desde donde uno podía lanzar una piedra sobre el río Potomac y que llegara a Virginia Occidental, ya habían clausurado escuelas e iglesias, así como todos los lugares donde se celebraban reuniones públicas, para evitar que la enfermedad se extendiera, y habían dado a los almacenes orden de cerrar temprano. Pero la epidemia estalló el 5 de octubre, y a medio día el presidente de la Cruz Roja local se reunió con el tesorero del Fondo de Guerra de la Cruz Roja y el responsable de la sede local del Consejo Nacional de Defensa. Su conclusión fue la siguiente: «El asunto parece estar fuera de control [...]. Los informes corren como la pólvora, diciendo que «este» o «aquel» han muerto sin médico ni enfermera, y el pánico se está extendiendo».

Decidieron convertir dos grandes edificios de Washington Street en hospitales de campaña. Un grupo de mujeres se hizo cargo de ellos: se congregaron apenas una hora después de que se celebrara aquella reunión. Cada una de ellas tenía su cometido: conseguir ropa de cama, o productos de higiene personal, o utensilios

[44] *Associated Press*, 18 de octubre de 1918; véase también *Mobile Daily Register*, 18 de octubre de 1918.

de cocina, o harina. Trabajaron a toda velocidad. A la mañana siguiente los hospitales estaban llenos de enfermos.

El 41 por ciento de la población de Cumberland cayó enferma.[45] Pero los hospitales de campaña tenían solo tres enfermeras. Los organizadores pedían desesperadamente que fuesen más: «Hemos notificado a la Junta de Salud que necesitamos más enfermeras para poder seguir adelante. Nos prometieron que las enviarían. Pero esto no se ha materializado hasta la fecha. Tenemos 93 ingresos y 18 muertes. La cuestión de los auxiliares sanitarios es complicada. Simplemente, no se encuentran».[46]

De regreso a Starkville, Parsons se reunió con el presidente de la universidad, el comandante que tenía bajo su mando a los estudiantes (todos los estudiantes habían sido reclutados) y los médicos. «Hemos estado discutiendo los riesgos y las medidas que podemos tomar. Y me han asegurado que harán todo lo posible».[47] Pidió —y recibió— quince mil panfletos, carteles y circulares (más que la suma de los habitantes de Starkville, Columbus y West Point), pero no lograron gran cosa. De los mil ochocientos estudiantes enfermaría de gripe bastante más de la mitad. El 9 de octubre Parsons detectó «unas condiciones imposibles de creer: los que ocupan puestos de poder están completamente aturdidos». En aquel momento ochocientos estudiantes estaban enfermos, y el dos por ciento había muerto ya. Seguirían muchas más muertes. Parsons se dio cuenta de que la gripe afectaba «a toda la región y estaba en los pueblos, en las aldeas, en los hogares. La gente está muy asustada, y con razón». En West Point, un pueblo de cinco mil habitantes, mil quinientos llegaron a estar enfermos al mismo tiempo. Parsons confesó: «Pánico incipiente».[48]

En El Paso, un funcionario del Servicio de Salud Pública estadounidense escribió a Blue: «Tengo el honor de informarle de que

[45] Oficina del Censo, *Mortality Statistics 1919*, pp. 30-31; véase también W. H. Frost, «Statistics of Influenza Morbidity», *Public Health Reports* (marzo de 1920), pp. 584-97.

[46] A. M. Lichtenstein, «The Influenza Epidemic in Cumberland, Md», *Johns Hopkins Nurses Alumni Magazine* (1918), p. 224.

[47] Parsons a Blue, 13 de octubre de 1918, entrada 10, archivo 1622, RG 90, NA.

[48] Parsons a Blue, 13 de octubre de 1918, entrada 10, archivo 1622, RG 90, NA.

desde el 9 de octubre hasta la fecha se han producido 275 muertes por gripe en El Paso, todas de civiles. No están incluidos en esa cifra los civiles que son empleados del Gobierno y que han muerto en el hospital de la base de Fort Bliss. Tampoco están incluidos los soldados [...]. Toda la ciudad es ya presa del pánico».[49]

En Colorado, los pueblos de las montañas de San Juan no cayeron presas del pánico, pero se volvieron grises y graves. Tenían tiempo de prepararse. Los guardias de Lake City no dejaron acceder a nadie al pueblo, y lograron mantenerlo libre de la gripe. Silverton, un pueblo de dos mil habitantes, autorizó a cerrar los negocios antes incluso de que saliera a la luz un solo caso. Pero el virus logró pasar, con ánimo vengativo: en solo una semana murieron 125 personas.[50] Ouray estableció una «cuarentena del rifle», contratando a vigilantes para que no dejaran pasar a los mineros de Silverton y Telluride.[51] Pero dio igual: el virus llegó a Ouray.

A Gunnison, sin embargo, no llegó. Gunnison no era un pueblo diminuto ni aislado. Era una ciudad ferroviaria, un centro de aprovisionamiento para la zona centro-oeste del estado, y sede de la Escuela de Profesores de Western State. A principios de octubre, mucho antes de que llegara el primer caso de gripe, Gunnison y la mayoría de los pueblos de la zona publicaron una orden de cierre y la prohibición de reuniones públicas. Luego Gunnison decidió aislar por completo la ciudad. La policía bloqueó todas las carreteras que la cruzaban. Los conductores del tren avisaban a los pasajeros de que si ponían un pie en el andén de Gunnison para estirar las piernas serían detenidos y puestos en cuarentena obligatoria durante cinco días. Dos viajeros de Nebraska que iban a una ciudad del condado limítrofe se saltaron el bloqueo y fueron encarcelados. Mientras, en la ciudad vecina de Sargents se producían en un solo día seis muertes... en una población de 130 habitantes.

El 27 de septiembre, todavía al principio de la epidemia aunque pareciese que habían pasado años, el periódico de Winsconsin

---

[49] J. W. Tappan a Blue, 22 y 23 de octubre de 1918, entrada 10, archivo 1622, RG 90, NA.

[50] Leonard, «1918 Influenza Epidemic», p. 7.

[51] *Durango Evening Herald*, 13 de diciembre de 1918, citado por Leonard, «1918 Influenza Epidemic», p. 8.

(*Jefferson County Union*) había informado verazmente sobre la enfermedad. El general que estaba a cargo de la censura para mantener la moral decretó que aquel artículo «hundía la moral» y se lo pasó a la autoridad correspondiente para que tomaran «cualquier medida que considerasen oportuna»,[52] incluido un proceso penal. Semanas después, tras muchas muertes y con la guerra concluida, el *Gunnison News Chronicle* (a diferencia de prácticamente cualquier otro periódico del país) se tomó en serio el tema y avisó: «Esta enfermedad no es ninguna broma. No es algo para tomarse a la ligera, sino una terrible calamidad».[53]

Gunnison se libró: no registró ni una muerte.

En Estados Unidos, la guerra estaba «por encima»; la epidemia «estaba allí».

Como recordaba Susanna Turner, de Filadelfia, «había guerra, sí, pero la habían apartado de nosotros. Y sin embargo... Ahí estaba este horror, a nuestra puerta».[54]

La gente temía y odiaba ese horror, esa cosa desconocida que se había asentado entre ellos. Y estaban dispuestos a extirparla a toda costa. En Goldsboro, Carolina del Norte, recordaba Dan Tonkel: «Casi nos daba miedo respirar, la verdad. Cerraron los teatros para que no se juntara mucha gente... Se sentía uno como si fuera caminando sobre cáscaras de huevo. Daba miedo salir a la calle. No se podía jugar con los amigos, ni con los compañeros de clase, ni con los vecinos. Había que quedarse en casa y tener cuidado. El miedo era tal que la gente tenía miedo de salir de casa, miedo de hablar con otros: "No me respires en la cara, no me mires". No sabíamos, de un día para otro, quién sería el siguiente de la lista de muertos. Aquella era la peor parte. La gente moría muy deprisa».[55]

---

[52] *Memo by E. L. Munson*, 16 de diciembre de 1918, entrada 710, RG 112.

[53] *Gunnison News-Chronicle*, 22 de noviembre de 1918, citado por Leonard en «1918 Influenza Epidemic», p. 8.

[54] Susanna Turner, transcripción de una entrevista no emitida para «Influenza 1918», *American Experience*, 27 de febrero de 1997.

[55] Dan Tonkel, transcripción de una entrevista no emitida para «Influenza 1918», *American Experience*, 3 de marzo de 1997.

Su padre tenía una tienda. Cuatro de las ocho dependientas murieron. «Los agricultores dejaron de cultivar el campo y los vendedores de vender su mercancía, y el país se detuvo y contuvo la respiración. Todo el mundo contuvo la respiración».[56] Su tío Benny tenía diecinueve años, y vivió con ellos hasta que le llamaron a filas y tuvo que ir a Fort Bragg. Pero le mandaron a casa en cuanto se presentó allí: mandaban a casa a todos los reclutas según llegaban. Tonkell recuerda que sus padres no querían dejar entrar a Benny en casa cuando volvió. Dijeron: «Benny, no sabemos qué hacer contigo». Y Benny respondió: «Muy bien, pues ya os lo voy a decir yo, porque estoy aquí y aquí me quedo». Así que sus padres le dejaron entrar. «Estaban muy asustados, sí. Estábamos muertos de miedo».

William Sardo, de Washington D. C., contaba: «Aquello separaba a la gente [...]. Acabó con la vida en comunidad, dejamos de ir a la escuela, a la iglesia. No teníamos ningún tipo de relación social. [...] Destruyó por completo la vida familiar y de la comunidad. La gente tenía miedo de besarse, de comer con los demás, les horrorizaba tener cualquier tipo de contacto porque era así como se contagiaba la gripe [...]. Destruía a tus conocidos, la intimidad que existía entre la gente [...]. Y uno tenía miedo constantemente, teníamos miedo porque la muerte nos rodeaba por todas partes, nos envolvía [...]. Cuando amanecía un nuevo día, uno no sabía si seguiría allí cuando se pusiera el sol. Aquello devastaba familias enteras en unas horas, de la mañana a la noche. Familias enteras desaparecieron, no quedó ni un miembro vivo. Y eso no sucedió en familias aisladas. Era habitual y sucedía en todos los vecindarios. Era una experiencia aterradora. Resultaba lógico que dijeran que era una peste, porque era justo eso [...]. Estaba uno en cuarentena por puro miedo, porque todo era tan rápido, tan repentino [...]. Había un aura de temor constante con el que uno vivía desde que se levantaba hasta que se acostaba».[57]

En New Haven (Connecticut), John Delano también experimentó ese miedo que mantenía a la gente aislada: «Normalmente,

---

[56] *Ibid.*

[57] William Sardo, transcripción de una entrevista no emitida para «Influenza 1918», *American Experience*, 27 de febrero de 1997.

cuando alguien enfermaba en aquellos tiempos, los padres y las madres llevaban comida a la familia... Pero en esa ocasión era distinto, todo era muy raro [...]. Nadie venía a nuestra casa, nadie nos traía comida, nadie venía a visitarnos».[58]

En Prescott (Arizona) se declaró ilegal estrechar las manos.[59] En Perry County (Kentucky) los hombres cavaban en las montañas para sacar carbón o rastrillaban la tierra para intentar cultivar algo, aunque la capa superior del suelo solo tenía unas pulgadas de grosor. Era un condado de gente dura, donde los lazos familiares eran fuertes, donde hombres y mujeres eran leales y capaces de asesinar por orgullo u honor. El presidente de la sede local de la Cruz Roja pidió ayuda desesperadamente porque había «cientos de casos en las montañas a los que es imposible llegar». No podían llegar porque el condado no tenía apenas carreteras; en épocas de sequía los lechos de los ríos servían para las comunicaciones, pero cuando se llenaban con el agua de la lluvia no era posible el transporte. Pero había algo peor: «La gente se moría de hambre, no por falta de alimento sino porque los que estaban bien tenían miedo y no se acercaban a los enfermos; en las familias donde había víctimas los muertos se quedaban allí, sin que nadie los recogiera».[60] Ofrecían a los médicos cien dólares por ir a visitarlos durante una hora. Ninguno fue. Un trabajador de la Cruz Roja, Morgan Brawner, llegó al condado un sábado y se marchó el domingo, del miedo que sintió.[61] Y con razón, porque en algunas áreas la tasa de mortalidad entre civiles alcanzó el 30 por ciento.[62]

En Norwood (Massachusetts), un historiador entrevistó a varios supervivientes años después. Un hombre que era repartidor de periódicos en 1918 recordaba que su jefe le decía: «Déjame el dinero en la mesa», y lo rociaba con un pulverizador para limpiarlo

---

[58] Joe Delano, transcripción de una entrevista no emitida para «Influenza 1918», *American Experience*, 3 de marzo de 1997.

[59] Jack Fincher, «America's Rendezvous with the Deadly Lady», *Smithsonian Magazine* (enero de 1989), p. 131.

[60] «An Account of the Influenza Epidemic in Perry County, Kentucky», sin firma, 14 de agosto de 1919, caja 689, RG 200, NA.

[61] Shelley Watts a Fieser, 11 de noviembre de 1918, caja 689, RG 200, NA.

[62] Nancy Baird, «The 'Spanish Lady' in Kentucky», *Filson Club Quarterly*, p. 293.

antes de cogerlo.[63] Entre los recuerdos de los supervivientes se encontraron testimonios como estos: «No se hacían muchas visitas [...]. Nos quedábamos en casa». «Traía lo que mi padre necesitase y lo dejaba en el umbral de la puerta. Nadie entraba a casa de otro». «Todo se quedó en suspenso [...]. No nos dejaban cruzar el umbral. Teníamos que mantenernos alejados de la gente». «Un policía, un tipo corpulento y fornido, [...] llegó a mi casa y clavó en la puerta un cartel blanco enorme con la palabra GRIPE escrita en grandes letras rojas». «Era espantoso. No solo teníamos miedo de contagiarnos: flotaba además entre nosotros una sensación inquietante de que todo el mundo, a nuestro alrededor, se estaba muriendo».

En Luce County, Michigan, una mujer estaba cuidando de su marido y sus tres hijos cuando «la cogió ella», según informaba un trabajador de la Cruz Roja. «Ninguno de sus vecinos fue en su ayuda. Yo me quedé allí toda la noche, y por la mañana llamé por teléfono a su hermana. La mujer vino y tocó la ventana, pero se negó a hablar conmigo si no me ponía a cierta distancia [...]. Y yo no podía hacer nada por la mujer, salvo llamar al cura».[64]

Monument e Ignacio (Colorado) fueron más lejos al prohibir las reuniones públicas. Prohibieron que entraran clientes a las tiendas. Las tiendas seguían abiertas, pero los clientes tenían que pedir desde fuera y esperar a que les sacaran los paquetes.[65]

Colorado Springs colocó en muchos hogares carteles donde se leía: «Enfermos».

En ningún sector de la industria oyeron los trabajadores hablar más de patriotismo, de la importancia que su trabajo tenía para la guerra —tanto o más que el de los soldados que luchaban en el frente— que en los astilleros. Tampoco hubo trabajadores de ningún sector a los que se prestara más atención y cuidados. En todas las plantas se destruyeron de inmediato todos los vasos y tazas en los que bebían los empleados y se sustituyeron por miles de vasos

[63] Patricia J. Fanning, «Disease and the Politics of Community: Norwood and the Great Flu Epidemic of 1918» (1995), pp. 139-42.

[64] De un panfleto de la Cruz Roja: «The Mobilization of the American National Red Cross During the Influenza Pandemic 1918-1919» (1920), p. 24.

[65] Leonard, «1918 Influenza Epidemic», p. 9.

de papel. Se organizaron de antemano instalaciones hospitalarias y de atención médica, se suministraron vacunas y fue, probablemente, el único sector de actividad en el que médicos y enfermeras seguían estando disponibles. En consecuencia, según dijo una autoridad del Servicio de Salud Pública, no había motivo para pensar que los trabajadores fueran a faltar al trabajo «por pánico o por miedo a contraer la enfermedad», dado que su programa informativo se encargaba de evitar que los empleados se asustaran: «Se les ha demostrado que están más protegidos en su puesto de trabajo que en ningún otro sitio».[66]

Naturalmente, no recibían paga alguna si no iban a trabajar, pero en las docenas de astilleros de Nueva Inglaterra los registros de absentismo laboral eran sorprendentes:[67] en L. H. Shattuck Company se quedaron en casa el 45,9 por ciento de los trabajadores; en el astillero George A. Gilchrist, un 54,3 por ciento. En Freeport Shipbuilding, un 57 por ciento; en Groton Iron Works, el 58,3 por ciento.

A cuatro mil trescientos kilómetros de allí estaba Phoenix (Arizona). Al comienzo de la epidemia sus periódicos actuaron como todos los demás: decían poco, tranquilizaban a sus lectores, insistían en que el miedo era más peligroso que la enfermedad. Pero allí el virus se tomó su tiempo, y tardó en desaparecer más que en otros lugares. Tanto que, al final, hasta la prensa se hizo eco del miedo. El 8 de noviembre, el *Arizona Republican* avisó: «Los habitantes de Phoenix se enfrentan a una crisis. La epidemia ha alcanzado unas proporciones tan serias que representa el principal problema para la gente [...]. Prácticamente todos los hogares de la ciudad han sido golpeados por la peste [...]. Los hombres y mujeres que no tengan miedo han de servir a la causa de la humanidad».[68]

Faltaban tres días para que terminase la guerra, y ya se habían publicado varios anuncios de paz. Pero era algo extraordinario que ese periódico describiese la gripe como «el principal problema»

---

[66] C. E. Turner, «Report Upon Preventive Measures Adopted in New England Shipyards of the Emergency Fleet Corp», sin fecha, entrada 10, archivo 1622, RG 90, NA.

[67] *Ibid.*

[68] *Arizona Republican*, 8 de noviembre de 1918.

cuando la guerra aún no había concluido oficialmente. La municipalidad terminó por constituir un «comité ciudadano» para que se hiciera cargo.

En Arizona se tomaban muy en serio los comités ciudadanos. Ya vimos como un año antes mil quinientos hombres armados, miembros de la «Liga de Protección Ciudadana», habían metido a 1221 mineros en huelga en vagones de ganado y les habían abandonado sin agua ni comida en una vía del tren junto al desierto, en la frontera de México. Los comités ciudadanos que se constituyeron para la gripe tomaron iniciativas similares: organizaron una fuerza policial especial e hicieron un llamamiento a los «ciudadanos patrióticos» para que cumplieran las ordenanzas para evitar la gripe, que incluían que todo el mundo llevara puesta en público una mascarilla. Arrestaban a todo aquel que tosiera o estornudara en público sin cubrirse la boca, estipularon que los comercios que quedaban abiertos asignaran un espacio por cliente equivalente a tres metros cúbicos y detuvieron todo el tráfico de la ciudad, permitiendo el acceso a ella únicamente a los que «tuvieran algo que hacer allí». El *Republican* no tardó en describir «una ciudad de rostros enmascarados, tan grotesca como en carnaval».[69]

Y sin embargo la gripe solo afectó a Phoenix levemente, lo que resulta irónico, en comparación con tantos otros lugares. El pánico cundía y los perros contaban su propia historia de terror, y no precisamente ladrando: se extendió el rumor de que los perros propagaban la gripe, y la policía comenzó a matar a todos los que encontraba por la calle. La gente comenzó a matar a sus propios perros, perros a los que adoraban, y si no tenían valor para hacerlo ellos mismos se los daban a la policía para que los mataran ellos. «A este ritmo, con esta tasa de mortalidad por causas que no son naturales, Phoenix no tardará en ser una ciudad sin perros», decía el *Gazette*.[70] En otro orden de cosas, Mary Volz, que vivía en Filadelfia cerca de una iglesia y a quien le encantaba oír el sonido de las campanas porque le producía un sentimiento de júbilo, contaba que, cuando la gente empezó a llevar a sus muertos

[69] *Arizona Republican*, 27 de noviembre de 1918.

[70] *Arizona Gazette*, 6 de diciembre de 1918.

a la iglesia y con cada ataúd que entraba sonaban las campanas, su tañido comenzó a aterrorizarla y tenía que meterse en la cama cuando lo oía. «¿Doblará por mí esa campana?», se preguntaba.[71]

La guerra estaba en otro lado. La epidemia estaba en casa. La guerra terminó, y la epidemia seguía. El miedo se apoderó de la nación, cubriéndola como un manto helado. «Dicen algunos que el mundo acabará entre llamas», escribió Robert Frost en 1920. «El hielo también sirve... No hará falta más».[72]

Un informe interno de la Cruz Roja Americana concluía: «El miedo y el pánico a la gripe, similares al terror que se tenía en la Edad Media a la peste negra, siguen apoderándose de todo el país».[73]

---

[71] Mrs.Volz, transcripción de una entrevista no emitida para «Influenza 1918», *American Experience*, 26 de febrero de 1997.

[72] Robert Frost, «Fire and Ice», publicado originalmente en *Harper's*, 1920.

[73] «Mobilization of the American National Red Cross», p. 24.

30

A la Cruz Roja y a los Servicios de Salud Pública no cesaban de llegar cables pidiendo, rogando, suplicando ayuda. Por ejemplo, de Portsmouth (Virginia): «Precisamos con urgencia dos médicos de color, indíquenos posibilidad de conseguirlos»;[1] de Carey (Kentucky): «Las minas de carbón federales solicitan ayuda inmediata contra la gripe [...]. Rogamos pronta respuesta»; de Spokane (Washington): «Solicitamos con urgencia cuatro enfermeras para que se hagan cargo de la situación, aparte de las que nos ha proporcionado la sede local de la Cruz Roja».[2]

Las respuestas no se hicieron esperar: «No tenemos médicos de color disponibles»;[3] «Prácticamente imposible enviar enfermeras: se asignan todas a su zona correspondiente»;[4] «Busquen en su zona voluntarios inteligentes y con experiencia práctica».

Era imposible atender las demandas, y no por falta de interés. Los trabajadores de la Cruz Roja iban de casa en casa buscando a cualquiera que tuviera experiencia en el cuidado de enfermos.[5] Si se enteraban de dónde había una enfermera cualificada iban en su busca. Josey Brown, por ejemplo, que era enfermera, estaba viendo una película en un cine de St. Louis cuando se encendieron las luces, la pantalla se puso en blanco y apareció un hombre en el escenario diciendo que si había entre el público una mujer de nombre Josey Brown se dirigiera a la taquilla. Le esperaba un

---

1 Converse a Blue, 8 de octubre de 1918, entrada 10, archivo 1622, RG 90, NA.

2 Cable de Rush a Blue, 14 de octubre de 1918, entrada 10, archivo 1622, RG 90, NA.

3 Blue a Converse, 10 de octubre de 1918, entrada 10, archivo 1622, RG 90, NA.

4 Cable de Rush a Blue, 14 de octubre de 1918, entrada 10, archivo 1622, RG 90, NA.

5 Informe del 22 de octubre de 1918, caja 688, RG 200, NA.

telegrama instándola a presentarse en la Base Naval de Entrenamiento de los Grandes Lagos.[6]

El *Journal of the American Medical Association* no cesaba de publicar —hasta dos veces en un mismo número— una «llamada urgente a cualquier médico que pueda ayudar en localidades donde la epidemia está siendo inusualmente grave [...]. Este servicio es un privilegio patriótico que está a la altura del que prestan los miembros del Cuerpo Médico del Ejército o de la Marina [...]. La llamada es inmediata y urgente: se pide a cualquier facultativo que crea que puede ayudar con su trabajo a que envíe un telegrama al General Médico de los Servicios de Salud Pública de los Estados Unidos en Washington, D. C.».[7]

Pero nunca había suficientes.

Mientras tanto, los médicos lo intentaban todo, *todo*, para salvar vidas. Podían aliviar algunos síntomas; podían abordar el dolor con muchos medios, desde la aspirina a la morfina. Podían controlar la tos al menos un poco, con codeína y, según afirman algunos, con heroína. Administraban estimulantes: atropina, dedalera, estricnina y epinefrina. Ponían oxígeno.

Algunos tratamientos iban más allá del alivio sintomático, y su función estaba avalada por sólidos estudios científicos aunque nadie los hubiera empleado hasta el momento para tratar la gripe. Estaba la teoría de Redden, de Boston, basada en los experimentos de Lewis con la polio. Esa teoría, con variaciones, se probó varias veces y en muchos lugares del mundo.

También había tratamientos con menos base científica, pero que parecían lógicos. Y lo eran, pero el razonamiento que los apoyaba era desesperado, porque era el razonamiento de un médico que intentaba hacer lo que fuera, un razonamiento que mezclaba ideas alocadas o miles de años de ejercicio de la profesión con unas cuantas décadas de método científico. Los diarios médicos de primera línea rechazaban los artículos que hablaban de lo que llamaban terapias ridículas, de lo más extravagantes, pero publicaban

---

[6] Carla Morrisey, transcripción de una entrevista no emitida para «Influenza 1918», *American Experience*, 26 de febrero de 1997.

[7] Véase por ejemplo, *JAMA* 71, núm. 17 (26 de octubre de 1918), pp. 1412, 1413.

todo lo que parecía tener algún sentido. No había tiempo para revisiones de pares ni para un análisis riguroso.

El *JAMA* publicó el trabajo de un médico que afirmaba: «Se ha evitado la infección en prácticamente el cien por cien de los casos aplicando adecuadamente mi tratamiento».[8] Su enfoque tenía lógica, sí: tenía la esperanza de que, estimulando el flujo de moco, contribuiría a mejorar una de las primeras líneas de defensa del cuerpo para evitar que cualquier patógeno se adhiriese a las membranas de la mucosa. Para ello mezclaba químicos irritantes en polvo y los insuflaba en el tracto respiratorio superior, con lo que generaba un gran flujo de mucosidad. La teoría tenía sentido. Quizá mientras las mucosidades fluían, su método reportaba algún beneficio.

Un médico de Filadelfia tuvo otra idea, también lógica, que iba más lejos. Escribió en el *JAMA* que «cuando el sistema muestra una saturación alcalina no hay mucho caldo de cultivo para que crezcan las bacterias».[9] De modo que intentó alcalinizar todo el organismo: «He utilizado, siempre con buenos resultados, una saturación de citrato de potasio y bicarbonato de sodio en la boca, en los intestinos y en la piel [...]. Los pacientes tienen que estar dispuestos a renunciar [*sic*] al seductor alivio que proporciona el ácido acetilsalicílico [...]. Mi experiencia de éxito en esta epidemia no puede desdeñarse como si fuera accidental o insignificante [...]. Solicito que se hagan pruebas empíricas de inmediato. Y deberían seguir más pruebas, clínicas o en laboratorio».

Los médicos inyectaban a la gente la vacuna contra las fiebres tifoideas, pensando que mejoraría notablemente el sistema inmune en general, o quizás simplemente con la esperanza de que lo hiciera, a pesar de que conocían bien la especificidad de la respuesta inmune.[10] Algunos afirmaron que el tratamiento funcionaba. Otros administraban al paciente cualquier vacuna conocida, basándose en la misma teoría. La quinina funcionaba con una enfermedad:

---

[8] James Back, M.D., *JAMA* 71 núm. 23, (7 de diciembre de 1918), p. 1945.

[9] Thomas C. Ely, M.D., carta al editor, JAMA 71 núm. 17, (26 de octubre de 1918), p. 1430.

[10] D. M. Cowie y P. W. Beaven, «Nonspecific Protein Therapy in Influenzal Pneumonia», *JAMA* (19 de abril de 1919), p. 1170.

la malaria. Muchos médicos la administraron a pacientes de gripe sin más razonamiento que la desesperación.

Otros se convencieron de que un tratamiento en concreto era curativo sin importar los resultados. Un médico de Montana, por ejemplo, informó al *New York Medical Journal* de un tratamiento experimental que había probado. «Los resultados son favorables», dijo. Lo había probado en seis personas. Dos murieron, pero él insistía: «En los cuatro casos que se han recuperado los resultados han sido inmediatos y ciertos».[11]

Dos investigadores de la Universidad de Pittsburgh aportaron razonamientos similares. Creyeron que habían mejorado la técnica que Redden había tomado de Flexner y Lewis. Trataron a cuarenta y siete pacientes. Murieron veinte. Restaron siete muertes, afirmando que las víctimas habían recibido la terapia demasiado tarde. Aun así quedaban trece de cuarenta y siete. Pero dijeron que había salido bien.[12]

Un físico suministró por vía intravenosa peróxido de hidrógeno a veinticinco pacientes con graves síntomas pulmonares, convencido de que con aquello les llegaría oxígeno a la sangre. Trece se curaron, doce murieron. También este médico dijo que su método había triunfado: «Con frecuencia se apreció un gran alivio en la anoxemia, y la toxemia pareció superarse en muchos casos».[13]

Muchos de sus colegas trataron con métodos igualmente poco ortodoxos a sus pacientes, y también dijeron que habían triunfado. Algunos lo creían de verdad.

Los homeópatas creyeron que la epidemia demostraba su superioridad sobre los médicos «alopáticos». El *Journal of the American Institute for Homeopathy* afirmaba que entre los enfermos de gripe tratados por médicos generalistas se registraba una tasa de mortalidad del 28,2 por ciento —algo absurdo, ya que de ser así solo en Estados Unidos habría habido varios millones de muertos—, al

[11] F. B. Bogardus, «Influenza Pneumonia Treated by Blood Transfusion», *New York Medical Journal* (3 de mayo de 1919), p. 765.

[12] W. W. G. MacLachlan y W. J. Fetter, «Citrated Blood in Treatment of Pneumonia Following Influenza», *JAMA* (21 de diciembre de 1918), p. 2053.

[13] David Thomson y Robert Thomson, *Annals of the Pickett-Thomson Research Laboratory, v. 10, Influenza* (1934), p. 1287.

tiempo que se jactaban de que en un total de veintiséis mil pacientes tratados con homeopatía, sobre todo con gelsemium (un medicamento a base de hierbas), la tasa de mortalidad registrada era del 1,05 por ciento. Muchos homeópatas afirmaron que entre miles de pacientes no se registró ni una sola muerte. Pero, dado que eran ellos mismos los que comunicaban los resultados, no era difícil conocer el número de muertes con solo eliminar del muestreo a cualquiera que, desoyendo sus consejos, hubiera tomado aspirina, un medicamento que los homeópatas consideraban tóxico.[14]

En el resto del mundo las cosas no eran muy distintas. En Grecia, un médico aplicó emplastos de mostaza a los enfermos de gripe para que se formaran vesículas en la piel que luego drenó; mezcló el líquido con morfina, estricnina y cafeína y se lo volvió a inyectar. «El efecto fue visible de inmediato: a las 36-48 horas, incluso a las 12, la temperatura comenzaba a bajar y experimentaron notable mejoría».[15] Pero la tasa de mortalidad registrada entre sus 234 pacientes fue del 6 por ciento.

En Italia, un médico administró inyecciones intravenosas de cloruro de mercurio. Otro frotó creosota (un compuesto químico con propiedades antisépticas) en la axila, donde los ganglios linfáticos, una avanzadilla de los glóbulos blancos que se encuentran repartidos por todo el cuerpo, están justo debajo de la piel. Un tercero insistía en que los enemas de leche tibia con una gota de creosota por cada año de la edad del paciente administrados cada doce horas prevenían la neumonía.

En Gran Bretaña, la Oficina de Guerra publicó en *The Lancet* algunas terapias recomendadas.[16] Eran mucho más específicas que las instrucciones que se difundían en Estados Unidos, y es posible que aliviaran los síntomas: para dormir, veinte granos de bromuro; para aliviar la tos, algún opiáceo, y oxígeno para la cianosis. Las recomendaciones iban acompañadas de un aviso: las sangrías

---

[14] T. A. McCann, «Homeopathy and Influenza», *The Journal of the American Institute for Homeopathy* (mayo de 1921).

[15] T. Anastassiades, «Autoserotherapy in Influenza», *Grece Medicale*, recogido en *JAMA* (junio 1919), p. 1947.

[16] Citado en Thomson y Thomson, *Influenza, v. 10*, p. 1287.

rara vez eran beneficiosas; el alcohol no tenía precio; con el alimento poco podía ganarse. Recomendaban fenazona y ácido acetilsalicílico para los dolores de cabeza, y para estimular el corazón estricnina y dedalera.

En Francia, el Ministerio de Guerra no recurrió a la Académie des Sciences para pedir ayuda hasta mediados de octubre. Para evitar la enfermedad, algunos médicos y científicos aconsejaron el uso de mascarillas, mientras otros insistían en que el arsénico ayudaba. Para tratarla, el Institute Pasteur desarrolló un suero contra el neumococo obtenido de los caballos, como era habitual, y otro derivado de la sangre de los pacientes que se habían recuperado, aunque algunas comparaciones demostraron que el suero de Cole y Avery era muy superior. Cualquier cosa que contribuyera a bajar la fiebre era prioritaria. Se recomendaban estimulantes para el corazón y revulsivos para purgar el cuerpo. Se probó el azul de metileno —una tintura empleada para teñir las bacterias y hacerlas visibles bajo el microscopio, a pesar de que se sabía lo tóxico que era—, con la esperanza de que matara las bacterias. Otros médicos inyectaban soluciones metálicas por vía intramuscular, para que el cuerpo pudiera absorberlas gradualmente, o bien por vía intravenosa. Un médico que la administró de este último modo admitió que el tratamiento era «un poco brutal». Se recomendaron las ventosas, un tratamiento que consistía en aplicar una vela para absorber el oxígeno y así crear el vacío en un envase de cristal que luego se colocaba sobre el cuerpo, en teoría para extraer los tóxicos. Un destacado médico instaba a «sangrar de inmediato», sacando más de una pinta de sangre, al primer signo de edema pulmonar o cianosis, además de prescribir ácido acetilsalicílico.[17] No era el único que prescribía el sangrado. Otro que recomendó el regreso a la «medicina heroica» explicó que cuanto más hacía el médico, más se estimulaba el cuerpo para que respondiera. En la enfermedad, igual que en la muerte, dijo, el combatiente tiene que tomar la iniciativa.[18]

---

[17] «Paris Letter», 3 de octubre de 1918, en *JAMA* 71, núm. 19 (9 de noviembre de 1918).

[18] Citado por Van Hartesveldt en *1918-1919 Pandemic of Influenza*, p. 82.

Cientos de millones de personas de todo el mundo, posiblemente decenas de millones solo en los Estados Unidos, no vieron a ningún médico ni a ninguna enfermera, pero probaron todo tipo de medicina tradicional o remedio fraudulento habido y por haber. Bolas de alcanfor y ajo que la gente se colgaba del cuello. Gárgaras con desinfectantes. Sellar las ventanas y calentar las habitaciones en exceso o, por el contrario, dejar que las atravesara una corriente de aire helado.

Los anuncios llenaban los periódicos, a veces impresos en el mismo tipo de letra diminuto que los artículos y las noticias, de los que apenas se distinguían, o bien en enormes letras que parecían gritar desde la página. Todos tenían algo en común: declaraban, con toda seguridad, que había una forma de detener la gripe, que había una forma de sobrevivir. Algunas de esas declaraciones adquirían formas tan simples como el anuncio de una zapatería: «Un modo de mantenerse a salvo de la gripe es mantener los pies secos».[19] Otras eran más complejas, del tipo: «Cómo hacer una máscara antigás con [dentífrico] Kolynos para combatir la gripe española cuando uno se expone a la infección».

También jugaban con el miedo: «Cómo evitar infectarse de gripe [...]. El general médico del Ejército de los Estados Unidos le anima a mantener la boca limpia [...], utilice unas gotas de Sozodont líquido»; «Ayude a la Consejería de Salud a vencer a la gripe española desinfectando su hogar con Lysol»; «Está usted protegido cuando toma Father John's Medicine»; «Influ-Balm evita la gripe española»; «Aviso especial al público: las consultas telefónicas de médicos y particulares de Minneapolis, y las cartas que llegan a nuestra oficina desde muchas zonas del país respecto al uso de Benetol [...], apuntan a que es un poderoso baluarte para la prevención y tratamiento de la gripe española [...]»;[20] «Gripe española: qué es y cómo tratarla [...]. Consulte siempre a un médico [...]. Este no es momento de dejarse llevar por el pánico: la gripe siempre ha tenido un porcentaje muy bajo de mortalidad [...]. Use Vicks VapoRub».[21]

---

[19] *Arizona Gazette*, 26 de noviembre de 1918.

[20] Todos reproducidos bajo el título «Propaganda for Reform», en *JAMA* 71, núm. 21 (23 de noviembre de 1918), p. 1763.

[21] *Seattle Post-Intelligencer*, 3 de enero de 1919.

A mediados de octubre comenzaron a aparecer por todas partes vacunas preparadas por los mejores científicos. El 17 de octubre, el responsable de los servicios municipales de salud de Nueva York, Royal Copeland, anunció que «con la vacuna de la gripe que había descubierto el doctor William H. Park, director de City Laboratories, se habían realizado suficientes pruebas como para garantizar su uso y recomendarla como factor de prevención». Copeland aseguró al público que «prácticamente todas las personas a las que se administró esa vacuna eran inmunes a la enfermedad».[22]

El 19 de octubre, el doctor C. Y. White, bacteriólogo del laboratorio municipal de Filadelfia, entregó diez mil dosis de una vacuna basada en las investigaciones de Paul Lewis, asegurando que seguirían decenas de miles más.[23] Era una vacuna «polivalente», compuesta de cepas inactivas de varios tipos de bacteria, incluido el bacilo de la gripe, dos tipos de neumococo y varias cepas de otros estreptococos.

Ese mismo día se publicó un número nuevo del *JAMA* rebosante de artículos informativos sobre la gripe y con una evaluación preliminar de la experiencia con vacunas en Boston. George Whipple, otro acólito de Welch que acabaría luego ganando el Nobel, concluyó: «El peso de esta evidencia estadística acumulada indica que el uso de la vacuna contra la gripe que hemos investigado no tiene efecto terapéutico alguno». Con «terapéutico» Whipple quería decir que las vacunas probadas no curaban. Pero continuó diciendo: «La evidencia estadística, por el momento, sugiere una probabilidad de que el uso de esta vacuna tenga algún valor profiláctico».[24]

No apoyaba con entusiasmo la aseveración de Copeland, desde luego, pero dio algo de esperanza.

El Servicio de Salud Pública no hizo esfuerzo alguno ni por producir ni por distribuir vacunas u otros tratamientos para los civiles. Y recibió bastantes peticiones, pero no tenía nada que ofrecer.

---

[22] Diversos periódicos de Nueva York y fuera, como el *Philadelphia Public Ledger*, 18 de octubre de 1918.

[23] John Kolmer, M.D., «Paper Given at the Philadelphia County Medical Society Meeting, Oct. 23, 1918», *Pennsylvania Medical Journal* (diciembre de 1918), p. 181.

[24] George Whipple, «Current Comment, Vaccines in Influenza», *JAMA* (19 de octubre de 1918), p. 1317.

La Escuela Médica del Ejército (convertida ahora en Instituto de Patología de las Fuerzas Armadas) de Washington sí que hizo un gran esfuerzo por fabricar una vacuna. Necesitaban una. En el Walter Reed, un hospital que el ejército tenía en Washington, la tasa de mortalidad para los que sufrieron la gripe complicada con neumonía alcanzó el 52 por ciento.[25] El 25 de octubre la vacuna ya estaba lista. Desde el gabinete del general médico se informó a los médicos de todos los campamentos: «La importancia de la vacunación contra algunos de los principales organismos que provocan la neumonía puede considerarse probada [...]. El ejército tiene ahora disponible para todos sus hombres, reclutas y empleados civiles una lipovacuna que contiene neumococos de Tipo I, II y III».[26]

El ejército distribuyó dos millones de dosis de esta vacuna en las semanas siguientes, lo que marcó un importante hito de producción. Antes había dicho un eminente científico británico que era imposible que el Gobierno de su país produjera ni siquiera cuarenta mil dosis en un plazo breve. Pero la vacuna solo protegía contra las neumonías causadas por los neumococos Tipo I y II, y llegó demasiado tarde. Cuando lo hizo, la enfermedad había llegado a casi todos los acantonamientos. Cuando los médicos civiles de todo el país, de Nueva York a California, pidieron al ejército la vacuna, la respuesta fue que lo que habían producido en realidad era «una vacuna para la prevención de la neumonía, que no estaba disponible para su distribución».[27] El ejército temía un recrudecimiento de la enfermedad entre las tropas. Y no les faltaba razón.

La Escuela Médica del Ejército había producido también una vacuna contra el *B. influenzae*, pero el gabinete de Gorgas habló de ella con mayor cautela: «En vista de la posible importancia etiológica del *bacillus influenzae* en la presente epidemia, el ejército ha preparado una vacuna salina que está disponible para todos los

[25] Egbert Fell, «Postinfluenzal Psychoses», *JAMA* (7 de junio de 1919), p. 1658.

[26] E. A. Fennel, «Prophylactic Inoculation against Pneumonia», *JAMA* (28 de diciembre de 1918), p. 2119.

[27] Comandante G. R. Callender al Dr. W. B. Holden, 7 de octubre de 1918, entrada 29, RG 112, NA.

oficiales, reclutas y empleados civiles. La efectividad de esta vacuna contra el *bacillus influenzae* está todavía en fase experimental».[28]

Este comunicado no se hizo público. Tampoco era un editorial del *JAMA* en tono de aviso: «Por desgracia todavía no tenemos un suero específico, ni cualquier otro medio destinado a curar la gripe, ni una vacuna específica para su prevención. Estos son los hechos, a pesar de que todos los anuncios y la propaganda que se leen en los periódicos o en cualquier parte aseguren lo contrario. [...] En consecuencia, el médico deberá mantener la cabeza fría y no dejarse llevar por más promesas que las que avalen los hechos. Este aviso se aplica especialmente a los funcionarios de Sanidad y sus declaraciones públicas».[29] Casi todos los números contenían un aviso parecido: «La clase médica no deberá hacer nada que pueda suscitar falsas esperanzas entre la gente y provocar la decepción, y por ende la desconfianza, en la ciencia médica y en sus profesionales».[30]

El *JAMA* representaba a la Asociación Médica Americana, cuyos líderes llevaban décadas trabajando para implantar una normativa científica y de profesionalidad en la medicina. No hacía mucho que lo habían conseguido, y no querían destruir la credibilidad que acababan de lograr; no querían que la medicina se convirtiera en la pantomima que había sido hasta entonces.

Entretanto, los médicos continuaron probando las soluciones más desesperadas. Las vacunas siguieron fabricándose en grandes cantidades: solo en Illinois se produjeron dieciocho tipos distintos.[31] Nadie tenía ni la menor idea de si funcionarían. Lo único que tenían era la esperanza.

Pero la realidad de la enfermedad se dio a conocer en una serie de acontecimientos que tuvieron lugar en Camp Sherman (Ohio) durante la epidemia. Ese fue el campamento con la cifra más alta de muertos. Sus médicos siguieron a rajatabla el tratamiento estándar para la gripe recomendado por Osler en la edición más reciente de

[28] General médico en funciones a los médicos de campamentos y divisiones, 25 de octubre de 1918, entrada 29, RG 112, NA.

[29] Editorial, *JAMA* 71, núm. 17 (26 de octubre de 1918), p. 1408.

[30] Editorial, *JAMA* 71, núm. 19 (9 de noviembre de 1918), p. 1583.

[31] Fincher, «America's Rendezvous», p. 134.

su libro de texto: guardar cama, hacer gargarismos y tomar aspirina y «polvos de Dover», que eran una combinación de ipecacuana para inducir el vómito y opio para aliviar el dolor y la tos. Para neumonías que se complicaban, pero que estaban dentro de lo normal, se seguían «las recomendaciones usuales de dieta, aire puro, descanso, un purgante suave y eliminación. En todos los casos se recomienda la dedalera (se administraba en la dosis más grande posible para estimular el corazón), y confiamos en el funcionamiento de las sales solubles de cafeína para una estimulación rápida. La estricnina inyectada en grandes dosis ha mostrado su efectividad en la astenia existente».[32]

Sin embargo, anunciaron su inutilidad reportando el tan común «edema pulmonar inflamatorio agudo», lo que hoy en día llamamos ARDS. «Esto representa un nuevo problema para la terapia. Se aplicaron los principios del tratamiento empleados en los casos de edema pulmonar inherentes a la dilatación cardíaca, aunque en apariencia no vienen indicados por la condición expuesta. La dedalera, la sal de cafeína doble, la morfina y las sangrías no han aportado avances significativos [...]. El oxígeno se revela válido solo temporalmente. La postura ayuda al drenaje, pero no influye en el resultado final. La solución pituitaria inyectable se ha planteado por la similitud de esta condición con los resultados de la gasificación, pero no se han obtenido beneficios con su empleo».[33]

Lo intentaron todo, todo lo que pudieron imaginar, hasta que al fin pararon y abandonaron algunos de los tratamientos más brutales —e inútiles— que se habían planteado llevados «por su carácter heroico». Ya habían presenciado bastante heroísmo con tantos soldados moribundos. Decidieron dejarles en paz, y solo pudieron concluir que «ninguna de las medidas tomadas ha dado resultado».

Ningún fármaco, ninguna de las vacunas desarrolladas sirvió para prevenir la gripe. Las mascarillas que millones de personas se pusieron resultaron inútiles y tampoco consiguieron evitar la

---

[32] Friedlander et al., «The Epidemic of Influenza at Camp Sherman», *JAMA* (16 de noviembre de 1918), p. 1652.

[33] *Ibid.*

enfermedad. Lo único que servía de algo era evitar la exposición al virus. Hoy en día nada puede curar la gripe, aunque las vacunas ofrecen una protección significativa —lejos de ser total— y hay fármacos antivirales que pueden mitigar su gravedad.

Los lugares que decidieron aislarse —Gunnison, en Colorado, y unas cuantas bases militares que estaban en islas— se libraron. Pero las órdenes de cierre que emitieron la mayoría de las ciudades no contribuyeron a impedir la exposición: no fueron lo suficientemente extremas. El cierre de salones, teatros e iglesias servía de poco cuando grandes cantidades de usuarios continuaban subiendo al tranvía o yendo al trabajo o a la tienda de comestibles. Incluso donde el miedo empujó a la gente a cerrar los comercios, o donde tanto los propietarios como los clientes se negaban a mantener contacto cara a cara y dejaban una nota con el pedido en la acera, seguía habiendo demasiada interacción para romper la cadena de infección. El virus era demasiado eficaz, demasiado explosivo, demasiado bueno en lo suyo. Al final impuso su voluntad en todo el mundo.

Era como si el virus fuera un cazador. Cazaba a la humanidad entera. Encontraba a su presa en las ciudades sin dificultad, pero no se quedaba satisfecho. La siguió por pueblos, aldeas y hogares. La buscó en los rincones más remotos de la tierra. Salió a cazarla por los bosques, por la selva, por el hielo. Ni siquiera en esos rincones remotos de la tierra, en esos lugares tan inhóspitos que apenas permitían la vida humana y donde el hombre casi no conocía la civilización, estaba uno a salvo del virus. El hombre era allí más vulnerable todavía.

Los blancos de Fairbanks, en Alaska, se protegieron. Los centinelas vigilaron todos los senderos, y todo el que llegaba a la ciudad tenía que quedarse en cuarentena durante cinco días.[34] Los esquimales no tuvieron tanta suerte. Un miembro de la Cruz Roja avisó de que si no enviaban asistencia médica inmediata la raza «corría el peligro de extinguirse».[35]

---

[34] *Engineering News-Record* 82 (1919), p. 787, citado por Jordan en *Epidemic Influenza*, p. 453.

[35] Kilpatrick a F. C. Monroe, 7 de agosto de 1919; véase también Sra. Nichols, «Report of Expedition», 21 de julio de 1919, RG 200.

Ni la Cruz Roja ni el Gobierno territorial podían aportar fondos. El gobernador de Alaska fue a Washington para rogar al Congreso que le dieran 200.000 dólares; el Servicio de Salud Pública tenía un millón para todo el país. Un senador preguntó por qué el territorio no podía gastar 600.000 dólares de su tesorería. El Gobierno respondió: «Los habitantes de Alaska consideran que el dinero recaudado por los impuestos que pagan los blancos de Alaska deberían gastarse en mejoras para el Territorio. Necesitan carreteras. Quieren paridad para los indios de Alaska, que disfruten de los mismos derechos que los indios de otras zonas de Estados Unidos, donde el Gobierno se encarga de ellos».[36]

Le dieron 100.000 dólares. La Marina ofreció el buque minero *Brutus* para transportar una expedición de ayuda. En Juneau la tripulación se dividió y llegaron en barcos más pequeños a las aldeas.

Encontraron escenas terribles. En Nome habían muerto 176 esquimales de los 300 que había.[37] Pero aquello podía empeorar. Un médico visitó diez pequeñas aldeas y vio que estaban «arrasadas por completo; en otras había muerto el 85 por ciento de sus habitantes. Los supervivientes eran, generalmente, niños. Probablemente un 25 por ciento de ellos estarían congelados cuando llegara la ayuda».[38]

Siguió otra expedición de ayuda, sufragada por la Cruz Roja, que llegó a las islas Aleutianas en seis grupos con dos médicos y dos enfermeras cada uno. El primero desembarcó en un pueblo de pescadores llamado Micknick. Llegaron tarde. Solo sobrevivieron media docena de adultos. Habían convertido una casita en un orfanato para quince niños. El grupo cruzó el río Naknek y llegó a una aldea que tenía una fábrica de conservas de pescado. Veinticuatro esquimales adultos vivían allí antes de la epidemia: murieron veintidós. El día de la llegada de la expedición se produjo la muerte del número veintitrés. Sobrevivieron dieciséis niños, que habían quedado huérfanos. En la bahía de Nushagak, la Peterson

[36] Congreso de los EE.UU., Comité del Senado sobre Asignaciones, «Influenza in Alaska» (1919).

[37] W. I. B. Beveridge, *Influenza: The Last Great Plague: An Unfinished Story of Discovery* (1977), p. 31.

[38] Congreso de los EE.UU., Comité del Senado sobre Asignaciones, «Influenza in Alaska».

Packing Company había establecido su sede y almacén. Las enfermeras iban de cabaña en cabaña. «La epidemia de gripe había sido muy severa en esta zona. Quedaban pocos adultos. Tras una inspección, los doctores Healey y Reiley localizaron a unos cuantos nativos incapaces de moverse de la cama. Los médicos se empeñaron a fondo y con toda su fe, pero la ayuda llegó demasiado tarde. Murieron cinco de los pacientes».[39]

Y todo empeoró. Otro equipo de rescate contaba que «en muchas aldeas no se veían señales de vida, salvo unas cuantas jaurías de perros asilvestrados y medio muertos de hambre». Los esquimales vivían en lo que llamaban *barabaras*, una estructura circular que tiene dos terceras partes hundidas bajo tierra; se construyen de tal modo que soporten bien los vientos desgarradores que soplan normalmente con la fuerza de un huracán, vientos que eran capaces de abatir una construcción convencional. Uno de los rescatadores dijo de estas edificaciones que estaban «protegidas con terrones de turba. Se accede a ellas después de atravesar un túnel de cuatro o cinco pies de altura, que es su única fuente de luz y de ventilación en la mayoría de los casos. Las paredes tienen unos huecos con aspecto de estantes con colchones de piel y de hierba seca, que es donde duermen».

Familias enteras, una docena o más de personas, vivían en una de esas salas. «Al entrar a una de estas *barabaras*, el doctor McGuilliduddy y su equipo encontraron un montón de cadáveres amontonados en los estantes donde dormían y en los suelos: hombres, mujeres y niños que, en la mayoría de los casos, estaban tan descompuestos que no se podían manipular».[40]

Es probable que el virus no los matara a todos directamente, pero golpeó de modo tan repentino en tantos sitios a la vez que no dejó a nadie con la capacidad necesaria para cuidar de los otros, nadie que pudiera ir a buscar comida o agua. Y los que podrían haber sobrevivido, rodeados de cadáveres, de los cuerpos de sus seres queridos, seguramente prefirieron acompañar a sus familiares para no quedarse solos. Fue entonces, seguramente, cuando llegaron los perros.

---

39 Sra. Nichols, «Report of Expedition».

40 *Ibid.*

«Era imposible calcular el número de muertos, porque los perros habían excavado y logrado entrar en muchas cabañas para devorar los cadáveres. Solo quedaban unos huesos y algún jirón de ropa para contar la historia».

Lo único que pudo hacer el equipo de rescate fue atar con unas sogas los restos de esos cuerpos y arrastrarlos al exterior, para darles sepultura.

En el otro extremo del continente la historia era la misma. En Labrador la gente se apegaba tenaz a la existencia, pero esa tenacidad no otorgaba más permanencia que la de las algas secándose en la roca, vulnerables a un golpe de mar cuando sube la marea. El reverendo Henry Gordon salió del pueblo de Cartwright a finales de octubre y regresó unos días después, justo el día 30. Cuenta que no encontró «ni un alma en ningún sitio, estaba todo en un silencio extraño y poco habitual». Camino de su casa, se encontró a un hombre de la Hudson Bay's Company que le dijo: «Es la enfermedad... Ha golpeado este lugar con la fuerza de un ciclón, dos días después de salir el barco del Correo». Gordon empezó entonces a ir de casa en casa. «Familias enteras yacían inertes en el suelo de la cocina de sus casas, incapaces de alimentarse o de avivar el fuego».[41]

Murieron veintiséis almas de cien. Más allá, por la costa, fue aún peor.

En Hebron murieron 150 de 220 habitantes. El tiempo era ya muy frío. Los muertos estaban en la cama: el sudor se había helado en las sábanas. Gordon y otros habitantes de Cartwright decidieron no cavar tumbas: lanzaron al mar los cadáveres. «Me invadía el corazón un intenso resentimiento ante la insensibilidad de las autoridades, que nos han enviado esta enfermedad en el barco del Correo y nos han dejado aquí, para nadar o ahogarnos.[42] Me invadía hasta tal punto que casi no sentía nada más».

Y en Okak, donde vivían doscientas sesenta y seis personas, además de muchos perros prácticamente asilvestrados, cuando

---

[41] Eileen Pettigrew, *The Silent Enemy: Canada and the Deadly Flu of 1918* (1983), p. 28.

[42] *Ibid.*, p. 31.

llegó el virus todo fue tan repentino que la gente ya no podía cuidar de sí misma ni alimentar a los perros. Estos tenían cada vez más hambre y se volvieron locos. Comenzaron a devorarse unos a otros. Luego rompieron puertas y ventanas para acceder a las casas en busca de comida. El reverendo Andrew Asboe sobrevivió pegado al rifle: mató él solo a más de un centenar de perros.[43]

Cuando llegó el reverendo Walter Perret solo quedaban vivas cincuenta y una personas de las 266 originales. Él y los supervivientes hicieron el único trabajo que había por hacer: «El suelo estaba congelado, duro como el hierro, y era muy difícil cavar. Nos llevó unas dos semanas. Cuando terminamos, teníamos una zanja de diez metros de largo, tres de ancho y dos y medio de profundidad». Comenzó entonces otra tarea, la de arrastrar los cadáveres hasta la zanja. Lanzaron allí 114 cuerpos envueltos en percal, espolvorearon por encima algún desinfectante y taparon la zanja, poniendo encima piedras para que los perros no excavaran. Murió al menos un tercio de la población total de Labrador.[44]

El virus taladró el hielo del Ártico y escaló las montañas sin caminos de Kentucky. También penetró en la selva.

Entre los habitantes del Oeste los más golpeados fueron los adultos jóvenes que vivían en colectividades, ya fueran civiles o militares. Según la aseguradora Metropolitan Life murió el 6,21 por ciento de *todos* los mineros de carbón a los que había asegurado —y no solo los que enfermaron de gripe—, de edades comprendidas entre los veinticinco y los cuarenta y cinco años; de ese mismo grupo de edad murió el 3,26 por ciento de los trabajadores industriales asegurados. Era una cifra comparable a la peor registrada en los campamentos militares.[45]

En Frankfurt, la tasa de mortalidad de los hospitalizados con gripe —no todos tenían neumonía— fue del 27,3 por ciento.[46] En Colonia, el alcalde Konrad Adenauer, que se convertiría en uno

---

[43] Richard Collier, *The Plague of the Spanish Lady: The Influenza Pandemic of 1918-1919* (1974), p. 300.

[44] Pettigrew, *Silent Enemy*, p. 30.

[45] Jordan, *Epidemic Influenza*, p. 251.

[46] Van Hartesveldt, *1918-1919 Pandemic of Influenza*, p. 25.

de los principales estadistas de Europa, dijo que la enfermedad había dejado a muchos «demasiado exhaustos para odiar».[47]

En París el Gobierno solo cerró las escuelas, temiendo que una medida más drástica pudiera hundir la moral de los ciudadanos. La tasa de mortalidad fue del 10 por ciento de las víctimas de la gripe y del 50 por ciento entre los que desarrollaron complicaciones. Un médico francés apuntó: «Estos casos llamaron la atención por la gravedad de los síntomas y por la rapidez con la que algunos de esos síntomas progresaron hacia el desenlace fatal».[48] Aunque los síntomas registrados en Francia fueron los habituales de la enfermedad en cualquier otro sitio, cuando la epidemia estaba en plena expansión los médicos la confundían con cólera o disentería y rara vez informaban de los casos.

Y las poblaciones cuyos sistemas inmunes no estaban maduros, porque no habían estado en contacto con virus de gripe de ningún tipo, no solo se vieron diezmadas: resultaron a veces aniquiladas. Esto no sucedió solo con los esquimales, sino con todos los pueblos de nativos americanos, habitantes de las islas del Pacífico o africanos.

En Gambia, un 8 por ciento de los europeos moriría, pero un visitante británico del interior informó: «He encontrado pueblos de 300 o 400 familias completamente arrasados; las casas se habían caído, cubriendo a los muertos sin sepultar. Al cabo de dos meses la jungla se los tragó, como si no hubieran existido».[49]

Incluso cuando el virus mutó y se debilitó un poco seguía siendo muy eficaz y matando a aquellos cuyos sistemas inmunológicos nunca se habían expuesto a la gripe. El buque *Logan* de los EE.UU. llegó a Guam el 26 de octubre. Casi un 95 por ciento de los marineros estadounidenses se contagiaron, pero solo uno murió.[50] El mismo virus mató a casi el 5 por ciento de la población nativa en cuestión de semanas.

En Ciudad del Cabo y otras ciudades de Sudáfrica la gripe mataría al 4 por ciento de la población total en las cuatro semanas

---

[47] Fincher, «America's Rendezvous», p. 134.

[48] Pierre Lereboullet, *La gripppe, clinique, prophylaxie, traitement* (1926), p. 33, citado por Diane A. V. Puklin, «Paris» en Van Hartesveldt, *1918-1919 Pandemic of Influenza*», p. 77.

[49] Jordan, *Epidemic Influenza*, p. 227.

[50] Crosby, *America's Forgotten Pandemic*, p. 234.

que siguieron a la aparición de los primeros casos. Un 32 por ciento de los sudafricanos blancos y un 46 de los negros serían atacados por la gripe.[51] El 0,82 por ciento de los europeos blancos moriría, junto al 2,72 por ciento, al menos, de los africanos negros, aunque este último porcentaje pudo ser muy superior.

En México, el virus se movió como un enjambre por los lugares con alta densidad de población y por la selva, cebándose con los ocupantes de los campamentos mineros, los habitantes de bloques en áreas suburbanas y los campesinos. En el estado de Chiapas moriría un 10 por ciento de la población total, no de los enfermos de gripe.[52]

El virus atravesó Senegal, Sierra Leona, España y Suiza, dejando tras de sí la devastación y una cifra de muertos superior en algunas zonas al 10 por ciento de la población total.

En Brasil, donde el virus fue relativamente leve en comparación con México y Chile, Río de Janeiro sufrió un ataque que se saldó con una cifra de víctimas del 33 por ciento.[53]

En Buenos Aires (Argentina), el virus atacó casi al 55 por ciento de la población. En Japón, a más de un tercio.[54]

En Rusia e Irán mataría al 7 por ciento de la población total. En Guam, al 10 por ciento.

En otros lugares, la tasa de mortalidad fue incluso superior. En las islas Fidji moriría el 14 por ciento de la población en solo dieciséis días, entre el 25 de noviembre y el 10 de diciembre. Era imposible enterrar a los muertos. Como escribió un observador, «día y noche los camiones recorrían las calles llenos de cadáveres que llevaban a las piras permanentemente encendidas».[55]

Muy pocos lugares del mundo, lugares verdaderamente aislados donde era posible imponer una cuarentena estricta y donde las autoridades decidieron aplicar esa medida sin paliativos, consiguieron escapar de la enfermedad. Uno de esos sitios fue la Samoa americana: allí no murió de gripe ni una sola persona.

---

[51] Jordan, *Epidemic Influenza*, pp. 204-5.

[52] Thomson y Thomson, *Influenza, v.* 9, p. 165.

[53] «Rio de Janeiro Letter», *JAMA* 72 núm. 21, 24 de mayo de 1919, p. 1555.

[54] Thomson y Thomson, *Influenza, v.* 9, p. 124.

[55] Jordan, *Epidemic Influenza*, pp. 224-225.

Unos kilómetros más allá se encontraba Samoa Occidental, de la que se habían apoderado Alemania y Nueva Zelanda al comienzo de la guerra. El 30 de septiembre de 1918, antes de que el vapor *Talune* llevara la enfermedad a la isla, su población era de 38.302 habitantes. Unos meses después la población era de 29.802. Murió un veintidós por ciento.[56]

En China murió una cifra enorme de habitantes, si bien desconocida. En la ciudad de Chungking cayó enferma la mitad de su población.[57]

Pero los números más aterradores llegaban de la India, adonde como al resto del mundo llegó una ola en primavera. También como en el resto del mundo, esa ola primaveral fue relativamente benigna. En septiembre la gripe regresó a Bombay. Como en otros sitios, esa ya no fue benigna.

Pero las cosas allí no fueron como en el resto del mundo. La gripe en la India adquirió proporciones realmente letales. Una importante epidemia de peste bubónica había golpeado el país en 1900, y había atacado duramente a Bombay. En 1918, la cifra máxima de muertos por la gripe en Bombay en un día casi dobló la de la peste bubónica de 1900,[58] y la tasa de letalidad de la gripe alcanzó el 10,3 por ciento.[59]

En todo el subcontinente indio no había más que muerte. Los trenes salían de la estación llenos de gente viva y llegaban con muertos y moribundos, cadáveres y enfermos que sacaban fuera en cuanto entraban en la estación.[60] El ejército británico, formado por caucásicos, sufrió en India una tasa de letalidad del 9,61 por ciento. Entre los soldados indios murió un 21,69 por ciento de los que enfermaron de gripe.[61] Un hospital de Delhi trató a 13.190 pacientes de gripe: murieron 7044.[62]

---

56 Rice, *Black November*, p. 140.

57 *Public Health Reports*, 20 de septiembre de 1918, p. 1617.

58 Jordan, *Epidemic Influenza*, p. 222.

59 «The 1918-19 Influenza Pandemic—The Indian Experience», *The Indian Economic and Social History Review* (1986), p. 27.

60 Richard Gordon, M.D., *Great Medical Disasters* (1983), p. 87; Beveridge, *Influenza: The Last Great Plague*, p. 31.

61 Jordan, *Epidemic Influenza*, p. 246.

62 Memorándum del Dr. Armstrong al Dr. Warren, 2 de mayo de 1919, entrada 10, archivo 1622, RG 90, NA.

La región más devastada fue el Punjab. Un médico informaba de que los hospitales estaban tan saturados que «era imposible retirar los cadáveres a la velocidad necesaria para dejar sitio a los moribundos. Las calles y callejones de la ciudad estaban llenos de muertos y de moribundos. Prácticamente en todos los hogares lloraban a algún muerto, y reinaba el terror».[63]

En circunstancias normales, los cadáveres se incineraban en los llamados *ghats*, piras construidas sobre unas gradas en los márgenes de los ríos desde donde las cenizas caían al agua. Enseguida se agotó la leña, haciendo imposible las incineraciones. Los ríos se llenaron de cadáveres.[64]

Solo en el subcontinente indio pudieron morir casi veinte millones de personas, y es muy posible que se superase esa cifra.[65]

Victor Vaughan, antiguo aliado de Welch, veía desde el gabinete del general médico y responsable de la División de Enfermedades Contagiosas del Ejército cómo el virus se extendía por el mundo. «Si la epidemia continúa expandiéndose con la progresión matemática que estamos observando, la civilización podría desaparecer de la faz de la tierra en cuestión de semanas»,[66] escribió a mano.

---

63 «London Letter» *JAMA* 72, núm. 21 (24 de mayo de 1919), p. 1557.

64 Mills, «The 1918–19 Influenza Pandemic», p. 35.

65 *Ibid.*, p. 4; Kingsley Davis, *The Population of India and Pakistan* (1951), p. 36.

66 Collier, *Plague of the Spanish Lady*, p. 266.

PARTE IX

EL REZAGADO

31

Vaughan llegó a creer que el virus de la gripe podía amenazar la existencia de la civilización, pero lo cierto es que las enfermedades dependen de la civilización para garantizar su propia existencia. El sarampión es un ejemplo. Como una única exposición al sarampión proporciona al individuo inmunidad vitalicia, el virus del sarampión no puede encontrar en las ciudades pequeñas tantos individuos susceptibles como necesita para su supervivencia. Sin una nueva generación de humanos a la que infectar, el virus muere. Los epidemiólogos han calculado que para garantizar su existencia el sarampión requiere una población no vacunada de al menos medio millón de personas que vivan en contacto relativamente estrecho.[1]

El virus de la gripe es diferente. Como las aves le proporcionan un hábitat natural para su subsistencia, esta no depende de la civilización. En términos de supervivencia, no le importa si los humanos existen o no.

Veinte años antes de la gran pandemia de gripe, H. G. Wells publicó *La guerra de los mundos*, una novela donde los marcianos invadían la tierra: soltaban en el mundo sus naves mortíferas, y eran indomables. Comenzaban a alimentarse de humanos, les succionaban la fuerza vital hasta la médula de los huesos. El hombre, con todos los triunfos que había cosechado en el siglo XIX (un siglo en el que los logros humanos habían reordenado el mundo), se había vuelto impotente de súbito. Ninguna fuerza conocida por

[1] Citado por William McNeill en *Plagues and Peoples* (1976), p. 53.

la humanidad, ninguna tecnología, estrategia, esfuerzo o acto heroico realizado por cualquier nación o persona de la tierra pudo hacer frente a los invasores.

Wells escribió: «Sentí el primer pálpito de una idea que de pronto estuvo clarísima en mi mente, que me oprimió durante días; la sensación de haber sido destronado, algo que me persuadía de que ya no era amo de nada: no era más que un animal entre los animales. El miedo y el imperio del hombre habían pasado a mejor vida».[2]

Pero justo cuando la destrucción de la raza humana parecía inevitable, intervino la naturaleza. Los invasores fueron invadidos: los mataron los patógenos infecciosos de la tierra. Los procesos naturales hicieron lo que la ciencia no pudo hacer.

Con el virus de la gripe también se pusieron en marcha los procesos naturales.

Al principio todos esos procesos aumentaron la letalidad del virus. Tanto si saltó de un animal a un humano en Kansas como si se produjo en otro lugar, a medida que iba pasando de persona en persona se iba adaptando al nuevo huésped y volviéndose cada vez más eficaz, en términos de capacidad para infectar. Así pasó de ser un virus que provocó una primera ola benigna de la enfermedad en 1918 al asesino letal y explosivo de la segunda ola, la del otoño.

Pero una vez que sucedió todo esto, una vez que su eficacia llegó casi a su máximo, entraron en juego otros dos procesos naturales.

Uno de esos procesos tenía que ver con la inmunidad: una vez que el virus pasaba por una población determinada, esa población generaba, al menos, cierta inmunidad. Las víctimas no eran susceptibles de reinfectarse por el mismo virus, a menos que este hubiera sufrido una deriva antigénica. En una gran urbe o en una ciudad pequeña el ciclo —desde el primer caso hasta el final de la epidemia local— era en 1918 de entre seis y ocho semanas; en los campamentos militares, con los hombres tan juntos, el ciclo era más corto: entre tres y cuatro semanas.

Después de eso siguieron apareciendo casos, pero la explosión había pasado. Y lo había hecho abruptamente. La gráfica de los

---

[2] H. G. Wells, *La guerra de los mundos*, Parte II, Capítulo 6.

casos tenía la silueta de una campana, pero estaba cortada de tal modo que formaba un acantilado justo después de superar el pico. Después de ese momento los casos caían hasta prácticamente cero. En Filadelfia, por ejemplo, en la semana que terminaba el 16 de octubre, la enfermedad mató a 4597 personas: estaba arrasando la ciudad, vaciando las calles. Surgían rumores de la Peste Negra. Pero los casos nuevos se redujeron tan drásticamente que solo diez días después, el 26 de octubre, se levantó la orden que obligaba a cerrar los lugares públicos. El 11 de noviembre, día del Armisticio, la gripe había desaparecido prácticamente de la ciudad. El virus había quemado todo el combustible disponible, y se fue consumiendo.

El segundo proceso tuvo lugar en el seno del virus. No era más que una gripe. El virus de la gripe es peligroso por naturaleza, considerablemente más peligroso de lo que sus síntomas habituales de dolor y fiebre llevan a la gente a creer. Pero no suele matar como en 1918. La pandemia de 1918 alcanzó un nivel de virulencia desconocido en cualquier otro brote de gripe que se hubiera producido a lo largo de la historia.

Pero el virus de 1918, como todos los virus de la gripe, como todos los virus que forman nubes mutantes, mutaba con rapidez. En matemáticas hay un concepto que se llama «regresión a la media», que significa que un acontecimiento extremo irá seguido, muy probablemente, de otro menos extremo. No se trata de una ley, sino de una probabilidad. El virus de 1918 fue extremo, y cualquier mutación tendería a hacerlo menos letal, no más. Eso es lo que sucedió, en términos generales. Y justo cuando parecía que el virus iba a poner de rodillas a la civilización, que haría lo que habían hecho las pestes de la Edad Media y que el mundo volvería a configurarse, el virus mutó hacia la media, manifestó el comportamiento de la mayoría de los virus: a medida que pasaba el tiempo, se iba volviendo menos letal.

Esto se manifestó en primer lugar en los acantonamientos militares estadounidenses. De los veinte mayores, en los primeros cinco que recibieron el ataque acabó enfermando de neumonía aproximadamente el 20 por ciento de los soldados que contrajo la gripe. Murió un 37,3 por ciento de los soldados que enfermaron de neumonía. Las peores cifras fueron las de Camp Sherman, en

Ohio, que registró el porcentaje más alto de soldados muertos y fue uno de los primeros campamentos atacados por la gripe. Un 35,7 por ciento de los casos acabó en neumonía. Y un 61,3 por ciento de las víctimas de la neumonía murieron. Los médicos de Sherman llevaron el estigma de esta situación, y el ejército investigó el caso: descubrió, no obstante, que eran tan competentes como cualquier otro; habían hecho lo mismo que se hacía en otros campamentos. Simplemente, les golpeó una cepa especialmente letal del virus.[3]

En los últimos cinco campamentos que sufrieron el ataque de la gripe —cuando habían transcurrido, de media, tres semanas—, solo un 7,1 por ciento de los enfermos desarrolló neumonía, y solo murió un 17,8 por ciento de los soldados que tuvieron neumonía.[4]

Una posible explicación a esta mejora es que los médicos del ejército adquirieron más herramientas para prevenir y tratar la neumonía. Pero la gente con formación científica y epidemiológica seguía buscando alguna pista con todas sus fuerzas. No la encontraron. El principal investigador del ejército era George Soper, al que luego reclutaría Welch para supervisar el primer esfuerzo que se realizó a escala nacional para coordinar un programa integral de investigación del cáncer. Soper revisó todos los informes escritos y entrevistó a muchos oficiales médicos. Llegó a la conclusión de que la única medida eficaz que se había aplicado contra la gripe en los campamentos había sido el aislamiento: aislar a los enfermos individuales de gripe y, si era necesario, a batallones enteros que se hubieran infectado. Estas medidas «fracasaron cuando y donde se aplicaron sin rigor alguno, pero tuvieron buenos resultados cuando y donde se aplicaron escrupulosamente».[5] No encontró pruebas de que hubieran funcionado otras medidas, de que cualquier otro método aplicado hubiera afectado al curso de la enfermedad, de que algo hubiera cambiado salvo el propio virus. Cuanto más tarde golpeaba la enfermedad, menos cruel era el golpe.

---

[3] George Soper, M.D., «The Influenza Pandemic in the Camps», sin fecha, sin paginar, RG 112, NA.

[4] *Ibid.*

[5] *Ibid.*

Dentro de los campamentos funcionaba el mismo axioma: los soldados que enfermaron en los primeros diez o quince días murieron en número mucho más elevado que los soldados del mismo campamento que se contagiaron al final de la epidemia o una vez que la epidemia se había dado por concluida.

De forma similar, las primeras ciudades invadidas por el virus —Boston, Baltimore, Pittsburgh, Filadelfia, Louisville, Nueva York, Nueva Orleans y varias ciudades pequeñas a las que llegó en la misma época— sufrieron enormemente. En esos mismos lugares la gente que se infectó en un estadio posterior de la epidemia ya no enfermaba con la misma gravedad ni morían al mismo ritmo que los infectados de las dos o tres primeras semanas.

Las ciudades a las que llegó tarde la epidemia mostraron normalmente tasas de mortalidad más bajas. En uno de los estudios epidemiológicos más rigurosos de la epidemia que se realizaron en un estado, el investigador concluía que, en Connecticut, «un factor que parecía haber afectado a la tasa de mortalidad era la proximidad en el tiempo al brote original de New London, el punto en que la enfermedad entró en Connecticut [...]. El virus era más virulento —y, por tanto, más contagioso— cuando llegó al estado por primera vez; después se fue atenuando en todas partes».[6]

El mismo patrón se repetía en todo el país y, en realidad, en todo el mundo. Las predicciones no eran infalibles. El virus nunca fue perfectamente estable. Pero los lugares a los que llegó más tarde no recibían un golpe tan fuerte. San Antonio sufrió uno de los ataques más importantes, pero registró el índice de muertes más bajo del país. Allí el virus infectó al 53,5 por ciento de la población, y el 98 por ciento de los hogares de la ciudad tuvieron al menos a una persona enferma de gripe. Pero el virus había mutado, y estaba perdiendo virulencia: solo murió un 0,8 por ciento de los que se contagiaron (de todos modos, esa cifra todavía doblaba la de la gripe normal). El virus, más que cualquier tratamiento que pudiera administrarse, determinó quién vivía y quién moría.

---

[6] Wade Frost citado por David Thomson y Robert Thomson en *Annals of the Pickett-Thomson Research Laboratory, v. 9, Influenza* (1934), p. 215.

Una década después de la pandemia se realizó una revisión rigurosa y muy completa de todos los hallazgos científicos y de las estadísticas registradas, tanto en Estados Unidos como en el resto el mundo, que confirmó que «en las últimas fases de la epidemia se veían con menor frecuencia las lesiones supuestamente características de la neumonía; la cuota de invasores secundarios era más reconocible y se apreciaban con claridad las diferencias en función de la localización [...]. En 1919 apenas se veían ya esos "pulmones encharcados" de los que morían rápidamente a consecuencia del ARDS».[7]

A pesar del horror, se apreciaba que el virus había sido violento y letal y que en general se atenuaba al madurar. Que cuanto más tarde llegaba la epidemia a un lugar y cuanto más tarde se infectaba uno de sus habitantes, menos letal era la gripe. Pero las correlaciones no son siempre perfectas. Louisville sufrió un violento ataque en primavera y otro en otoño. El virus era inestable y variaba. Pero sí existe una correlación entre el momento del estallido en una región y su letalidad. Aun así, incluso cuando se atenuó siguió matando: siguió matando en mayor número de lo que debería de haberlo hecho llegado a su fase de madurez (aunque no alcanzara los niveles de su primera etapa). Seguía siendo el virus de la gripe más letal jamás conocido.

El este y el sur, los primeros lugares donde atacó, fueron los que se llevaron la peor parte. La Costa Oeste sufrió menos, y por el centro del país pasó con relativa levedad. En Seattle, Portland, Los Ángeles o San Diego, los muertos no se apilaban como en el este. En St. Louis, Chicago o Indianápolis los muertos no se apilaban como en Filadelfia o Nueva Orleans. Pero, aun así, seguían siendo numerosos.

A finales de noviembre, con pocas excepciones, el virus había recorrido el mundo entero. La segunda ola había tocado a su fin, el mundo estaba agotado, y el hombre a punto de convertirse en cazador.

Pero el virus, a pesar de haber perdido gran parte de su virulencia, no estaba eliminado. Solo unas semanas después de que pareciera que había desaparecido, cuando ciudades enteras se felicitaban, una tras otra, por haberlo superado —en algunos lugares

[7] Edwin O. Jordan, *Epidemic Influenza* (1927), pp. 355–56.

la gente tuvo incluso la arrogancia de creer que lo habían vencido—, después de que las juntas de sanidad y los comités de emergencia levantaran la orden de cerrar los teatros, escuelas e iglesias y de llevar mascarilla, estalló una tercera ola.

El virus había vuelto a mutar. No se había vuelto radicalmente diferente: los que enfermaron en la segunda ola mantuvieron un buen nivel de inmunidad ante el siguiente ataque, igual que los que habían enfermado en la primera salieron mejor parados que otros cuando llegó la segunda. Pero mutó de manera notable y la deriva antigénica fue lo suficientemente potente como para reactivar la epidemia.

Hubo ciudades que la tercera ola ni tocó. Pero llegó a muchas. El 11 de diciembre, Blue y el Servicio de Salud Pública emitieron un boletín que avisaba: «La gripe no ha pasado; en muchas zonas del país se dan aún condiciones epidémicas serias [...]. En California, han aumentado los casos; en Iowa también, notablemente; en Kentucky hay un claro recrudecimiento, como en Louisville y otras ciudades grandes. Y, en contraste con lo sucedido en las fases anteriores de la epidemia, esta afecta ahora a muchos niños en edad escolar. En Luisiana hay un repunte, que se aprecia en Nueva Orleans, Shreveport, Lake Charles (donde el pico ha alcanzado el de la anterior ola) [...]. En St. Louis se han registrado 1700 casos en tres días; en Nebraska el repunte es importante; en Ohio hay un marcado recrudecimiento; en Cincinnati, Cleveland, Columbus, Akron, Ashtabula, Salem, Medina [...]; en Pensilvania la situación es peor que en el brote original, sobre todo en lugares como Johnstown, Erie o Newcastle. El estado de Washington muestra un notable incremento [...]. Virginia Occidental ha informado de un recrudecimiento en Charleston».[8]

De cualquier modo que se mirase, salvo si se comparaba con la segunda ola, esta tercera era letal. Y en algunas áreas aisladas (Michigan, por ejemplo), diciembre y enero fueron peores que octubre. En Phoenix hubo tres días de enero seguidos en que los nuevos casos alcanzaron una cifra récord que superaba a cualquiera

[8] «Bulletin of the USPHS» 11 de diciembre de 1918, citado en *JAMA* 71, núm. 25 (21 de diciembre de 1918), p. 2088.

del otoño. Quitman (Georgia) emitió veintisiete ordenanzas sobre la gripe que entraron en vigor el 13 de diciembre de 1918, después de que la enfermedad hubiera pasado.[9] El 15 de enero el ayuntamiento de Savannah ordenó cerrar teatros y lugares públicos de reunión —por tercera vez— con restricciones aún más rígidas que antes.[10] San Francisco había salido relativamente bien parada de la ola del otoño, igual que las demás ciudades de la Costa Oeste, pero la tercera ola golpeó fuerte.

De hecho, de todas las grandes ciudades del país, San Francisco fue la que se enfrentó a la epidemia con mayor honestidad y eficacia. Quizá tuvo que ver con su capacidad de supervivencia y reconstrucción, puesta a prueba tras el terrible terremoto que la había golpeado unos años antes. El 21 de septiembre, el director de Salud Pública, William Hassler, puso en cuarentena a todas las instalaciones navales, incluso antes de que se tuviera noticia de algún caso tanto en dichos establecimientos como en el resto de la ciudad. Movilizó a todos los habitantes antes de que hubiera sucedido nada: reclutó a cientos de conductores y voluntarios y dividió la ciudad en distritos, cada uno de ellos con su propio personal médico, teléfonos, transportes y suministros, así como hospitales de campaña, que montó en escuelas e iglesias. Cerró los lugares públicos y, lejos de informar a sus conciudadanos, como hicieron los demás, de que aquello era una gripe sin más, el 22 de octubre el propio alcalde Hassler, la Cruz Roja, la Cámara de Comercio y la Agencia de Empleo hicieron una declaración conjunta en un periódico y a doble página que se convertiría en la mejor publicidad: «¡Póngase mascarilla y salve la vida!»; afirmaron que tenía un «99% de eficacia contra la gripe».[11] El 26 de octubre, la Cruz Roja había distribuido cien mil mascarillas. Simultáneamente, mientras las instalaciones locales se preparaban para producir vacunas, miles de dosis fabricadas por un científico de Tufts se enviaban al otro lado del continente en el tren más rápido del país.

---

[9] Dorothy Ann Pettit, «A Cruel Wind: America Experiences the Pandemic Influenza, 1918-1920, A Social History» (1976), p. 162.

[10] *Ibid.*, p. 177.

[11] June Osborn, ed., *Influenza in America, 1918- 1976: History, Science, and Politics* (1977), p. 11.

En San Francisco la gente tenía sensación de control. En lugar del miedo que paralizaba a tantas otras comunidades, el control parecía inspirarles. El historiador Alfred Crosby nos ha dado una imagen de la ciudad asediada, una imagen que muestra a los ciudadanos comportándose heroicamente, llenos de ansiedad y temor, pero aceptando su deber. Cuando las escuelas cerraron, las maestras se ofrecieron como enfermeras voluntarias, auxiliares o telefonistas.[12] El 21 de noviembre todas las sirenas de la ciudad avisaron al público de que podían quitarse las mascarillas. San Francisco había logrado sobrevivir con muchas menos muertes de las que se temieron en un principio, y los ciudadanos creyeron que se lo debían a las mascarillas. Pero aunque todo ayudó, la organización que Hassler puso en marcha por adelantado fue decisiva.

Al día siguiente, el *Chronicle* decía que «uno de los episodios más importantes de la historia de la ciudad sería la narración del comportamiento ejemplar de San Francis [*sic*] cuando la sobrevolaron las alas negras de la peste alimentada por la guerra».[13]

Creyeron que la habían controlado, que la habían detenido. Se equivocaban. Las mascarillas no hicieron nada. Las vacunas no hicieron nada. Sencillamente, habían tenido suerte. Dos semanas después llegó la tercera ola. Aunque en su pico máximo solo mató a la mitad que la segunda, hizo que el recuento final de muertes en la ciudad fuera el peor de la Costa Oeste.[14]

Con la excepción de unos pocos parajes remotos que se habían mantenido aislados del resto, a principios de 1919 solo había un lugar que hubiera escapado del virus: Australia.

Australia había escapado. Y había escapado porque había impuesto cuarentena rigurosa a todos los barcos que llegaran a sus puertos.[15] Algunos llegaban con una tasa de afectados del 43 por

---

[12] Véase Alfred W. Crosby, *America's Forgotten Pandemic: The Influenza of 1918* (1989), pp. 91-116, *passim*.

[13] Citado en *ibid.*, p. 106.

[14] Osborn, *Influenza in America*, p. 11.

[15] W. I. B. Beveridge, *Influenza: The Last Great Plague: An Unfinished Story of Discovery* (1977), p. 31.

ciento y con un 7 por ciento de muertos entre el total de pasajeros. Pero la cuarentena mantuvo al virus alejado y al continente a salvo hasta finales de 1918, cuando la gripe ya se estaba debilitando en el resto del mundo. Entonces llegó un buque de guerra con noventa soldados enfermos a bordo. Aunque también estuvieron en cuarentena, la enfermedad penetró en el país, según parece a través del personal médico que trataba a las tropas.

Para entonces la cepa había perdido gran parte de su letalidad. En Australia la tasa de mortalidad por gripe era muy inferior a la de cualquier otra nación occidentalizada de la tierra: apenas un tercio de la de Estados Unidos y ni siquiera una cuarta parte de la de Italia. Pero seguía siendo letal.[16]

Cuando llegó, en enero y febrero, hacía más de dos meses que había terminado la guerra. Y, con ella, la censura. Así que en Australia los periódicos tenían libertad para publicar lo que quisieran. Y más que en ningún otro periódico en lengua inglesa, lo que publicaron fue una historia de terror.

«Algunos nos han dicho que la gripe es la vieja Peste Negra, que regresa», decía un periódico de Sydney. Otro citaba al clásico de Daniel Defoe, *Diario del año de la peste* —una obra de ficción— y lo sugería como fuente de consejos y sugerencias que debían tomarse para evitar «la peste de gripe».[17] Los titulares de terror seguían apareciendo día tras día: «Cómo combatían la peste en los viejos tiempos», «La peste neumónica», «La lucha contra la peste», «Pestes del pasado», «Los paganos ante la peste», «¿Comenzó la peste en Nueva Gales del Sur?», «Capellanes católicos en campamentos golpeados por la peste», «Los católicos, guerreros de la peste».

La propia pandemia, incluso en su encarnación más leve y en el mundo desarrollado, fue lo suficientemente aterradora como para que aquellos que la habían vivido de niños la recordaran no ya como una gripe, sino como una peste. En la década de 1990, una historiadora australiana registró unas cuantas historias narradas

[16] K. D. Patterson y G. F. Pyle, «The Geography and Mortality of the 1918 Influenza Pandemic», *Bulletin of the History of Medicine* (1991), p. 14.

[17] Citado por Lucy Taksa en «The Masked Disease: Oral History, Memory, and the Influenza Pandemic», de *Memory and History in Twentieth Century Australia* (1994), p. 86.

de viva voz. Se quedó muy sorprendida cuando la gente a la que entrevistaba le hablaba de «peste bubónica», y decidió ahondar más en el tema.

Un individuo le dijo: «Recuerdo la peste bubónica, la gente muriendo a cientos a nuestro alrededor, al volver de la Primera Guerra Mundial»; otro: «Teníamos que vacunarnos. Yo todavía tengo la cicatriz de cuando me vacunaron contra la peste bubónica...»; o bien: «Yo me acuerdo muy bien de la peste. Los médicos iban por la ciudad en los taxis con bata y mascarilla»; «Todos llevaban mascarilla [...] después de la guerra, y recuerdo lo preocupado que estaba todo el mundo aquí en Sydney [...] por la peste»; «Estábamos en cuarentena; nos dejaban la comida en la puerta de la casa [...]. No es que leyéramos cosas de la peste bubónica, es que la vivimos...»; «Todos hablaban de la peste bubónica, pero en Francia la llamaban neumonía bronquial. De eso dicen que murió mi madre...»; «La peste. La peste bubónica. Sí, lo recuerdo bien [...]. Siempre dijeron que era como esa gripe que había barrido Europa, la Peste Negra de la Edad Media. Creo que era lo mismo. La transmitían las pulgas de las ratas...»; «La peste bubónica [...]. Al final creo que dijeron que era una especie de gripe [...] Pero la peste bubónica fue una expresión que se me quedó en la memoria [...]».[18]

Sin embargo, no era más que una gripe, y la gripe que golpeó Australia en 1919 fue más leve que en el resto del mundo. Quizá la medida del poder extraordinario de ese virus de 1918 era esta: en Australia, sin una censura de prensa, el recuerdo que quedó en las mentes de todos no era el de la gripe. Era el de la Peste Negra.

Pero el virus no estaba vencido. En la primavera de 1919, una especie de tornado sacudió la tierra, intermitente, liberando a veces una tormenta repentina y localizada, otras un relámpago, o pasando con un ligero rumor y una amenaza de violencia en el cielo oscuro y distante.

Y siguió siendo lo suficientemente violento como para hacer una cosa más.

---

[18] *Ibid.*, pp. 79–85, *passim.*

32

La abrumadora mayoría de los enfermos, especialmente en el mundo occidental, se recuperaron rápidamente y sin problemas. A fin de cuentas, esto no era más que una gripe. Pero en algunos casos el virus ocasionó complicaciones al final y dejó alguna secuela. El virus de la gripe afectaba al cerebro y al sistema nervioso. Todas las fiebres altas causan delirio, pero esto era distinto: un médico militar del hospital Walter Reed que investigó las graves repercusiones que parecía tener la gripe en la salud mental, incluidas psicosis, especificó que «el delirio que se ha observado en el momento peor de la enfermedad, y que remite cuando cesa la fiebre, no se ha tenido en cuenta en este informe».[1]

La conexión entre la gripe y algunos desequilibrios mentales estaba clara. La evidencia era casi anecdótica, y desde luego débil, pero convenció a la gran mayoría de observadores contemporáneos de que la gripe podía alterar los procesos mentales. Y lo que les convenció fueron observaciones como estas, por ejemplo, de Gran Bretaña:[2] «Inercia mental profunda, con intensa postración física. Es muy habitual el delirio [...]. Se aprecia desde una simple confusión de ideas hasta una excitación maníaca, con todos sus grados de intensidad»; o de Italia:[3] «La psicosis por gripe en la fase aguda de la enfermedad [...] suele remitir al cabo de dos o tres semanas. La psicosis, sin embargo, puede dar lugar a un estado de colapso mental

---

1 Egbert Fell, «Postinfluenzal Psychoses», *JAMA* (junio de 1919), p. 1658.

2 Thomson y Thomson, *Influenza, v. 10*, p. 772.

3 G. Draggoti, «Nervous Manifestations of Influenza», *Policlinico* (8 de febrero de 1919), p. 161, citado en *JAMA* 72 (2 de abril de 1919), p. 1105.

con estupor que es susceptible de volverse persistente y convertirse en demencia. En otros casos se aprecia [...] depresión e inquietud [...] a las que pueden atribuirse gran parte de los suicidios que han tenido lugar durante la pandemia de gripe»; o de Francia:[4] «[...] perturbaciones mentales graves y frecuentes durante la convalecencia de la gripe y a consecuencia de ella [...] que a veces toman la forma de delirio agudo con agitación, violencia, miedo y excitación erótica, y otras son de índole depresiva [...] o manías persecutorias».

De los distintos acantonamientos estadounidense también llegaban comentarios similares: «Condiciones mentales de apatía o de delirio activo.[5] La cerebración era lenta [...]. Las afirmaciones y seguridades del paciente no eran estables: había un caso de un paciente moribundo que aseguraba que se sentía bien [...]. En otros casos lo más sorprendente era la aprensión»; «La depresión en los pacientes es, en muchos casos, desproporcionada con arreglo a otros síntomas»;[6] «Síntomas de nerviosismo que aparecían en fase incipiente, inquietud y delirio muy marcados»;[7] «Melancolía, histeria y locura con intentos de suicidio»;[8] «Se evidencia una implicación tóxica del sistema nervioso en los casos más graves»;[9] «Muchos pacientes experimentaron un delirio que persistía después de volver la temperatura a sus niveles normales»;[10] «Se han observado síntomas relativos al sistema nervioso central, como tics y calambres musculares en los dedos, antebrazos y rostro [...]. Delirio ocasional activo, incluso maníaco, o más habitualmente en forma de murmullo»;[11] «Psicosis infecciosa: se aprecia

---

[4] Henri Claude M.D., «Nervous and Mental Disturbances Following Influenza», *JAMA* (31 de mayo de 1919), p. 1635.

[5] Martin Synnott, «Influenza Epidemic at Camp Dix», *JAMA* (2 de noviembre de 1918), p. 1818.

[6] Jordan, *Epidemic Influenza*, p. 35.

[7] Comandante general Merritt W. Ireland, ed., *Medical Department of the United States Army in the World War, v. 9, Communicable Diseases* (1928), p. 159.

[8] Thomson y Thomson, *Influenza, v. 10*, p. 263.

[9] Ireland, *Influenza*, p. 160.

[10] Ireland, ed., *Medical Department of the United States Army in the World War, v. 12, Pathology of the Acute Respiratory Diseases, and of Gas Gangrene Following War Wounds* (1929), pp. 141–42.

[11] *Ibid.*, p. 119.

en 18 casos, desde las simples alucinaciones transitorias hasta el frenesí maníaco, que obliga a aplicar control mecánico».[12]

Los observadores contemporáneos relacionaron la gripe con un aumento de la enfermedad de Parkinson una década después.[13] Algunos han llegado a afirmar que los pacientes de *Despertares*, de Oliver Sacks, eran víctimas de la pandemia de gripe de 1918. Muchos creyeron que el virus podía provocar esquizofrenia y, en 1926, Karl Menninger estudió la relación entre la esquizofrenia y la gripe. Su estudio se consideró lo suficientemente significativo para que el *American Journal of Psychiatry* lo clasificara como «artículo clásico» y lo reimprimiera en 1994. Menninger habló de la «neurotoxicidad, prácticamente sin parangón, de la gripe» y apuntó que dos tercios de los pacientes diagnosticados de esquizofrenia tras un ataque de gripe estaban completamente recuperados cinco años después. Como recuperarse de la esquizofrenia es extremadamente raro, esto parecía indicar que los síntomas iniciales los provocó un proceso reversible.

En 1927, la Asociación Médica Americana revisó cientos de artículos publicados en diarios médicos de todo el mundo y concluyó: «Parece existir cierto consenso en cuanto a la repercusión de la gripe en el cerebro [...].[14] Desde el delirio que acompaña a algunos ataques agudos hasta las psicosis que se desarrollan después como manifestaciones posteriores a la gripe, no hay duda de que los efectos neuropsiquiátricos de la gripe son profundos y variados [...]. El efecto del virus de la gripe en el sistema nervioso rara vez es menos grave que el que ejerce sobre el tracto respiratorio».

En 1934, una revisión similar y muy completa llevada a cabo por un grupo de científicos británicos se mostraba de acuerdo con esto: «No parece quedar ninguna duda de que la gripe ejerce una profunda influencia sobre el sistema nervioso».[15] En 1992 un investigador que estudió la conexión entre el suicidio y la guerra concluyó que «la Primera Guerra Mundial no influyó especialmente

[12] *Ibid.*, p. 13.

[13] Frederick G. Hayden y Peter Palese, «Influenza Virus», en *Clinical Virology* (1997), p. 928.

[14] Jordan, *Epidemic Influenza*, pp. 278–80.

[15] Thomson y Thomson, *Influenza, v. 10*, p. 768.

en el suicidio: lo que provocó un incremento de este fenómeno fue la gran epidemia de gripe».[16] En 1996, un libro de texto de virología afirmaba: «Se ha observado un amplio espectro de implicaciones en el sistema nervioso central durante las infecciones con el virus A de la gripe en humanos, que van desde la irritabilidad, la somnolencia, la agitación extrema y la confusión hasta otras manifestaciones más serias, como el delirio, la psicosis o el coma».[17]

El virus, que en 1997 mató en Hong Kong a seis de las dieciocho personas a las que infectó, aportó alguna evidencia física: la autopsia de dos de las víctimas mostraba «cerebro edematoso». Un edema es una forma de hinchazón. «Lo más llamativo era que la médula espinal, el tejido linfático y el bazo de ambos pacientes presentaban gran infiltración de [macrófagos]. Un paciente tenía incluso ese tipo de células en las meninges (membranas que rodean el encéfalo y la espina dorsal)[18] y en la materia blanca del cerebro». Lo más probable es que esto se debiera a que los macrófagos se infiltraron en el encéfalo al ir detrás del virus para acabar con él. Ese informe de 1997 se hace eco de uno de 1918 que afirma: «Se aprecia delirio en algunos casos; las meninges del cerebro muestran un alto grado de infiltración de fluido, y los capilares inundados [...].[19] En los casos fatales, la necropsia prueba la existencia de lesiones congestivas con pequeñas hemorragias de las meninges y, especialmente, en islotes de edema que se aprecian en la sustancia cortical que envuelve los pequeños capilares, muy dilatados [...]. Hay hemorragias en la materia gris de la espina dorsal [...], células del tejido cerebral alteradas en estas zonas de edema».[20]

En 2002, Robert Webster, uno de los principales expertos del mundo en el virus y médico del hospital infantil St. Jude de Memphis, observó: «Estos virus pasan a veces al sistema nervioso central y

[16] I. M. Wasserman, «The Impact of Epidemic, War, Prohibition and Media on Suicide: United States, 1910–1920», *Suicide and Life Threatening Behavior* (1992), p. 240.

[17] Brian R. Murphy y Robert G. Webster, «Orthomyxoviruses», (1996), p. 1408.

[18] P. K. S. Chan et al., «Pathology of Fatal Human Infection Associated With Avian Influenza A H5N1 Virus», *Journal of Medical Virology* (marzo de 2001), pp. 242–46.

[19] Douglas Symmers, M.D., «Pathologic Similarity Between Pneumonia of Bubonic Plague and of Pandemic Influenza», *JAMA* (2 de noviembre de 1918), p. 1482.

[20] Claude, «Nervous and Mental Disturbances», p. 1635.

lo complican todo».[21] Recordaba a un niño de Memphis que era muy buen estudiante y contrajo la gripe: «Se convirtió en un vegetal. He visto bastantes casos en mi vida como para asegurar que la gripe afecta al cerebro. Es una tesis floja, pero es cierta. Si inoculamos el virus a los pollos, puede alcanzar el nervio olfativo y matarlos».

El virus de 1918 parecía llegar al cerebro sin problemas. La guerra que tenía lugar en ese campo de batalla podía destruir las células del cerebro y dificultar la concentración o alterar el comportamiento, o bien interferir en el pensamiento e incluso provocar una psicosis temporal. Aunque eso solo sucediera en un número reducido de casos, el impacto del virus en el cerebro era real. Y debido a una terrible coincidencia tendría un profundo efecto.

En enero de 1919 murió en Francia William Borland, de Kansas. Era el tercer congresista que moría por el virus. Ese mismo mes, también en París, el «Coronel» Edward House, el confidente más cercano de Wilson, también caía víctima de la gripe. Otra vez.

House había contraído la gripe durante la primera ola, en marzo de 1918; se quedó confinado en su casa durante dos semanas, fue a Washington y recayó, y tuvo que pasar tres semanas en cama en la Casa Blanca. Aunque el ataque primaveral proporcionó a algunas personas cierta inmunidad frente al virus, él sufrió otro después del Armisticio. Se encontraba en Europa, y el 30 de noviembre se levantó por primera vez en diez días para reunirse con el primer ministro francés, Georges Clemenceau, durante quince minutos. Después de eso comentó: «Hoy es el primer día que hago mi tarea oficial en persona, desde hace más de una semana. He estado diez días con gripe y he estado fatal. Ha muerto tanta gente desde que esta epidemia asola el mundo... Buena parte de mi personal ha muerto, entre ellos el pobre Willard Straight».[22]

En enero de 1919 sufría el tercer ataque. Estaba tan enfermo que algunos periódicos publicaron que había muerto. House describió

[21] Entrevista con Robert Webster, 13 de junio de 2002.

[22] *Diaries, House collection*, 30 de noviembre de 1918, citado por Pettit en «Cruel Wind», p. 186.

irónicamente los obituarios como «demasiado generosos».[23] Pero el golpe fue fuerte: más de un mes después de que le creyeran repuesto escribía en su diario: «Cuando enfermé en enero perdí el hilo de los acontecimientos, y no estoy seguro de haberlo recuperado».[24] Y a principios de 1919 había en París acontecimientos de cierta magnitud a los que asistir.

Representantes de naciones victoriosas, de naciones débiles, de naciones que esperaban nacer de las astillas de las vencidas se habían congregado allí para establecer las condiciones de paz. Varios miles de hombres de docenas de países revoloteaban en los márgenes de los escenarios donde se tomaban las decisiones. Alemania no tenía voz ni voto en esas decisiones; tendría que acatar lo que se dijera. Y entre esa plétora de naciones, esa Torre de Babel virtual, un Consejo de las diez naciones más poderosas fue el que dictó la agenda. Incluso en ese apretado círculo había otro más estrecho: los «Cuatro Grandes», formado por Estados Unidos, Francia, Gran Bretaña e Italia. En realidad solo tres de esas cuatro naciones importaban. Solo tres hombres.

El primer ministro francés, Georges Clemenceau, conocido como «el Tigre», acudió a las negociaciones con una bala en el hombro, recuerdo de un intento de asesinato durante la conferencia de paz del 19 de febrero. El primer ministro de Gran Bretaña, Lloyd George, se enfrentaba en su propio país a problemas políticos de tal calado que le describieron como «una canica engrasada que da vueltas encima de una mesa de cristal».[25] Y luego estaba Wilson, que llegó a Europa convertido en la figura política más popular del mundo.

Durante semanas, incluso meses, se celebraron reuniones y más reuniones, se redactaron millares de páginas de borradores, memorandos y acuerdos que iban y venían de una mesa a otra, tanto de los ministros como del personal de sus gabinetes. Pero Wilson, Clemenceau y George no necesitaban tantas páginas. No

---

[23] *New York Telegram*, 14 de enero de 1919, citado en *ibid.*

[24] Citado por Arthur Walworth en *Woodrow Wilson, v. 2* (1965), p. 279.

[25] Tasker Bliss, citado por Bernard Baruch en *Baruch: The Public Years* (1960), p. 119, citado por Crosby en *America's Forgotten Pandemic*, p. 186.

iban a limitarse a ratificar lo que hubieran maquinado ministros y gabinetes extranjeros ni iban a tomar una decisión solo con las opciones que se les pusieran delante. Ellos mismos estaban llevando a cabo buena parte de la negociación. Estaban haciendo ofertas, mostrándose persuasivos, exigiendo, insistiendo y rechazando.

Solo había cinco o seis hombres en una sala, incluidos los traductores. A veces, incluso cuando Clemenceau y George llevaban algún acompañante, Wilson representaba a los Estados Unidos él solo, sin miembros del gabinete, sin secretario de Estado y sin el coronel House, que había sido rechazado por Wilson por parecerle poco fiable. Las discusiones se hicieron interminables, interrumpidas solo por un breve retorno de Wilson a los Estados Unidos. Pero iban a decidir el futuro del mundo.

En octubre, durante el pico de la epidemia, murieron en París 4574 personas de gripe o neumonía.[26] En realidad, la gripe nunca se había ido de allí. En febrero de 1919, las muertes por gripe y neumonía en París volvieron a aumentar y llegaron a registrarse 2676, más de la mitad que en el pico. Margaret, hija de Wilson, había pasado la gripe en febrero: guardó cama en la legación americana de Bruselas. En marzo murieron otros 1517 parisinos, y el *Journal of the American Medical Association* informó de que en París «la epidemia de gripe, que había decaído, ha resurgido de nuevo y de un modo bastante preocupante [...]. La epidemia ha adquirido proporciones muy serias, no solo en París sino en varios de los departamentos franceses».[27]

Ese mes la mujer de Wilson, su asistente Irwin Hoover (mayordomo de la Casa Blanca) y Cary Grayson, que era el médico personal de Wilson y, probablemente, el hombre en el que más confiaba el presidente, cayeron enfermos al mismo tiempo. Clemenceau y Lloyd George parecían sufrir una versión leve de la enfermedad. En esos momentos, las sesiones con George y Clemenceau eran

[26] Del Ministerio de Sanidad de Gran Bretaña, «Report on the Pandemic of Influenza» (1920), p. 228, citado por Crosby en *America's Forgotten Pandemic*, p. 181.

[27] «Paris Letter», 2 de marzo de 1918, en *JAMA* 72, núm.14 (9 de noviembre de 1918), p. 1015.

brutales. A finales de marzo, Wilson dijo a su mujer: «Bueno..., gracias a Dios, aún puedo luchar. Y ganaré». El 29 de marzo afirmaría: «Clemenceau ha dicho que yo era proalemán y me he marchado de la sala». Pero continuó luchando e insistiendo: «El único principio que reconozco es el del consentimiento de los gobernados». El 2 de abril, cuando terminó la jornada de negociaciones, tildó al francés de «condenable», un epíteto extremo para él, que era un hombre profundamente religioso. Dijo a su jefe de prensa, Ray Stannard Baker: «Tenemos que firmar la paz con arreglo a los principios establecidos y aceptados, o no la firmaremos».[28]

Al día siguiente, jueves 3 de abril, a las tres de la tarde, Wilson parecía gozar de buena salud, según Cary Grayson. Pero de repente, a las seis, Grayson vio que «se apoderaba de él un violento paroxismo de toses, tan fuerte y frecuente que le impedía respirar bien».

Fue un ataque tan repentino que Grayson pensó que podían haberle envenenado, que había tenido lugar un intento de asesinato. Pronto quedó claro que el diagnóstico era mucho más sencillo, aunque no mucho más tranquilizador.

Joseph Tumulty, jefe de gabinete de Wilson, se había quedado en Washington para hacer un seguimiento del desarrollo de los acontecimientos políticos. Grayson y él intercambiaban telegramas diarios, a veces varios al día, pero informar por telegrama de la dolencia del presidente era demasiado delicado. Grayson le escribió: «El presidente se resfrió mucho anoche. Está en cama».[29] Simultáneamente escribió una carta confidencial para que se la entregaran en mano: «El estado de salud del presidente se agravó considerablemente el jueves pasado. La temperatura le subió por encima de los 39,5 grados centígrados y sufrió una fuerte diarrea [...]. Era el comienzo de un ataque de gripe. Esa noche ha sido una de las peores que he pasado. Logré controlar los espasmos de tos, pero se encontraba en una situación bastante preocupante».[30]

---

[28] Walworth, *Woodrow Wilson, v.* 2, p. 294.

[29] Cable de Grayson a Tumulty, 8:58 a.m., 4 de abril de 1919, caja 44, *Papeles de Tumulty*, LC

[30] Grayson a Tumulty, 10 de abril, 1919, marcado como «Personal y confidencial», caja 44, *Papeles de Tumulty*.

Donald Frary, un joven asistente de la delegación de paz estadounidense, enfermó de gripe el mismo día que Wilson. Murió cuatro días después, con veinticinco años.

Durante varios días Wilson guardó cama, incapaz de moverse. Al cuarto día logró incorporarse. Grayson escribió a Tumulty: «Estoy tomando todas las precauciones posibles con él [...]. Nunca hemos necesitado más tu ayuda y tu presencia».[31]

Por primera vez en días Wilson había mejorado lo suficientemente como para recibir visitas. Recibió a los miembros estadounidenses de la Comisión en su dormitorio y dijo: «Señores, esta no es una reunión de la Comisión de Paz, sino más bien del Consejo de la Guerra...».

Justo antes de enfermar, Wilson había amenazado con abandonar la Conferencia y regresar a los Estados Unidos sin tratado antes de ceder y ser desleal a sus principios. Repitió la amenaza, y dijo a Grayson que mandase preparar el *George Washington* para emprender el viaje de regreso tan pronto como se sintiera lo bastante repuesto. Al día siguiente, su secretario, Gilbert Close, escribió a su esposa: «Nunca pensé que el presidente se encontrara en una situación mental tan complicada como esta. Incluso en cama manifestó algunas peculiaridades».[32]

Las negociaciones seguían adelante, pero Wilson, incapaz de participar en ellas, se vio obligado a delegar en House como representante suyo. Wilson confiaba aún menos en el secretario de Estado —Robert Lansing, al que ignoró— que en House. Durante varios días Wilson siguió hablando de marcharse de Francia, y dijo a su mujer: «Si he perdido la lucha, algo que no hubiera sucedido si pudiera ponerme en pie, me retiraré como procede y volveremos a casa».[33]

El 8 de abril, Wilson insistió en volver a asistir personalmente a las negociaciones. No podía salir. Clemenceau y George fueron a verle a su dormitorio, pero las conversaciones no fueron bien. Su

---

[31] Cable de Grayson a Tumulty, 11:00 a.m., 8 de abril de 1919, caja 44, *Papeles de Tumulty*.

[32] Walworth, *Woodrow Wilson, v.* 2, p. 297.

[33] Edith Wilson, *My Memoir* (1939), p. 249, citado por Crosby en *America's Forgotten Pandemic*, p. 191.

amenaza pública de marcharse había enfurecido a Clemenceau, que en privado dijo de él que era como «una cocinera que tiene la maleta hecha en el pasillo».[34]

Grayson escribió que a pesar de «aquel inoportuno ataque de gripe, cuyos efectos insidiosos no estaba en situación de resistir, [el presidente] insistió en recibir, incluso en cama. Cuando pudo levantarse comenzó a conducirse con la misma exigencia que antes: conversaciones por la mañana, tarde y, en ocasiones, por la noche».[35]

Herbert Hoover, que no formaba parte de la delegación de paz estadounidense, pero era una figura de peso en París porque tenía el cometido de dar de comer a una Europa desolada y baldía, dijo: «Antes, en todas las cuestiones a las que tenía que enfrentarse, era incisivo y rápido a la hora de captar lo esencial, nunca dudaba en las conclusiones y en general estaba dispuesto a recibir el consejo de los hombres en quienes confiaba. [Pero ahora] no soy el único que piensa que hemos tenido que enfrentarnos a un hombre que no se avenía a nada. A veces, cuando lo único que tenía que hacer yo era esperar a que él tomara una decisión, he sufrido tanto por tener que presionarle como él a la hora de llegar a una conclusión».[36] Hoover estaba convencido de que, mentalmente, Wilson había perdido su «resiliencia».

El coronel Starling, del Servicio Secreto, se dio cuenta de que Wilson «ya no tenía su legendaria rapidez y se cansaba con facilidad».[37] Comenzó a obsesionarse con detalles absurdos, como quién utilizaba los coches oficiales.[38] Cuando se permitió a Ray Stannard Baker pasar a ver a Wilson, se echó a temblar al ver sus ojos hundidos, su gesto de agotamiento y su aspecto en general pálido y demacrado. Parecía abatido, con la cara consumida, cadavérico.

El mayordomo, Irwin Hoover, recordaba algunas ideas extrañas, casi todas nuevas, que Wilson había comenzado a creer de

---

[34] Citado por Walworth en *Woodrow Wilson, v.* 2, p. 398.

[35] Cary Grayson, *Woodrow Wilson: An Intimate Memoir* (1960), p. 85.

[36] Herbert Hoover, *America's First Crusade* (1942), pp. 1, 40–41, 64, citado por Crosby en *America's Forgotten Epidemic*, p. 193.

[37] Hugh L'Etang, *The Pathology of Leadership* (1970), p. 49.

[38] Elbert Smith, *When the Cheering Stopped: The Last Years of Woodrow Wilson* (1964), p. 49.

pronto, como que su casa estaba llena de espías franceses: «Nada de lo que le dijéramos servía para hacerle abandonar esa idea. Más o menos en esa época asumió la peculiar convicción de que él personalmente era responsable de todas las propiedades del apartamento amueblado que ocupaba. Viniendo del presidente, al que todos conocíamos tan bien, estas cosas eran bastante raras, y no podíamos evitar imaginarnos que algo le estaba pasando a su cabeza. Pero una cosa era segura: después de aquella enfermedad, no volvió a ser el mismo».[39]

Grayson confesó a Tumulty: «Me preocupa este asunto». Ray Baker afirmó: «Nunca había visto al presidente tan cansado y abatido».[40] Al parecer, por la tarde «no era capaz de recordar, sin hacer un gran esfuerzo, lo que había hecho el Consejo por la mañana».[41]

Y después, de repente, aún postrado en la cama y solo unos días después de haber amenazado con abandonar la conferencia de prensa a menos que Clemenceau se plegara a sus exigencias, sin avisar y sin debatirlo con ninguno de sus compatriotas, Wilson abandonó de pronto aquellos principios en los que había insistido tanto. Cedió ante todo lo que Clemenceau quería —y se trataba de cuestiones de cierta relevancia—, que era todo a lo que se había opuesto anteriormente.

Aprobó desde la cama una fórmula que Clemenceau había escrito, en la que exigían reparaciones a Alemania y que esta aceptara todas las responsabilidades por haber empezado la guerra. Tendrían que desmilitarizar Renania; Alemania no podría tener tropas a cincuenta kilómetros de la orilla este del Rin. Las minas de carbón de la región del Sarre, de gran riqueza, pasarían a ser explotadas por Francia y la región quedaría bajo la administración de la nueva Sociedad de Naciones durante quince años; luego, mediante un plebiscito, se determinaría si la región pasaba a pertenecer a Francia o a Alemania. Las provincias de Alsacia y Lorena, que Alemania se había anexionado tras la guerra Prancoprusiana,

---

[39] Irwin H. Hoover, *Forty-two Years in the White House* (1934) p. 98.

[40] Grayson a Tumulty, 10 de abril de 1919, caja 44, *Papeles de Tumulty*.

[41] Margaret Macmillan, *Paris 1919: Six Months That Changed the World* (2002), p. 276.

volvieron a pasar a Francia. Prusia Occidental y Posen se entregaron a Polonia, creando el llamado «corredor polaco», que dividía a Alemania en dos. Se eliminaron las fuerzas aéreas alemanas, su ejército quedó limitado a solo cien mil hombres y despojaron al país de sus colonias, que no recuperaron la independencia, sino que se redistribuyeron entre el resto de potencias.

Hasta Lloyd George hizo referencia a «la crisis nerviosa y espiritual de Wilson en mitad de la Conferencia».[42] Grayson escribió: «Son días terribles para el presidente, físicamente y en los demás sentidos».[43]

Mientras Grayson hacía ese comentario, Wilson estaba aceptando la mayoría de las exigencias de Italia y dando la razón a Japón, que quería hacerse con las concesiones alemanas en China. A cambio, los japoneses le ofrecieron la promesa oral (no escrita) de portarse bien, pero fue una promesa que no hicieron personalmente a Wilson, ni siquiera a ningún jefe de Estado, sino al entonces ministro de Asuntos Exteriores británico, Alfred Balfour.

El 7 de mayo presentaron el tratado a los alemanes. Estos se quejaron de que violaba los mismos principios que Wilson había declarado inviolables. Wilson salió de la reunión diciendo: «Vaya modales más abominables. Es el discurso con menos tacto que he oído en mi vida».[44]

Y sin embargo, no le recordaron a Wilson y al mundo que, en una ocasión, él había dicho que una paz duradera sería, en sus propias palabras, «una paz sin victoria».

Además, le dijo a Baker: «Si yo fuera alemán, creo que jamás lo firmaría».[45]

Cuatro meses después, Wilson sufrió una apoplejía grave que le debilitó mucho. Durante meses, su esposa y Grayson controlaron el acceso al presidente y se convirtieron de facto en las principales figuras políticas del país.

---

[42] Lloyd George, *Memoirs of the Peace Conference* (1939), citado or Crosby en *America's Forgotten Epidemic*, p. 193.

[43] Grayson a Tumulty, 30 de abril de 1919, caja 44, *Papeles de Tumulty.*

[44] Walworth, *Woodrow Wilson, v.* 2, p. 319.

[45] *Ibid.*

En 1929, un hombre escribió unas memorias donde contaba que hubo dos médicos que estaban convencidos de que cuando Wilson fue a París ya sufría de arteriosclerosis.[46] En 1946, otro médico puso esa opinión por escrito. En 1958, una gran biografía de Wilson destacaba que algunos expertos en arteriosclerosis cuestionaron el diagnóstico de gripe que hizo Grayson y se mostraron convencidos de que Wilson había sufrido una oclusión vascular: un derrame leve. En 1960, un historiador que escribía sobre la salud de los presidentes afirmó: «En la actualidad se ha llegado a la conclusión de que la desorientación de Wilson se debía a un daño cerebral causado probablemente por la oclusión arteriosclerótica de los vasos sanguíneos».[47] En 1964, otro historiador dijo que el ataque que había sufrido Wilson fue una trombosis.[48] En 1970, en un artículo del *Journal of American History* titulado «La enfermedad neurológica de Woodrow Wilson», otro historiador lo llamó «un pequeño derrame».[49]

Solo un historiador, Alfred Crosby, pareció percatarse de cuáles eran los verdaderos síntomas que mostraba Wilson (la fiebre alta, la tos fuerte y la postración total, síntomas todos ellos que encajan perfectamente con los de la gripe y que no tienen ninguna relación con el derrame) y fiarse del diagnóstico *in situ* que realizó Grayson, un médico excelente y respetado por hombres como Welch, Gorgas, Flexner y Vaughan.

A pesar de las afirmaciones de Crosby, el mito de que Wilson había sufrido un pequeño derrame persiste. Incluso un relato premiado sobre la conferencia de paz publicado en 2002 observa que «Wilson, sin embargo, había envejecido visiblemente, y el tic de la mejilla se le había pronunciado más [...]. Tenía que tratarse de un derrame leve, precursor del otro, más grave, que sufriría cuatro meses después».[50]

---

[46] Archibald Patterson, *Personal Recollections of Woodrow Wilson* (1929), p. 52.

[47] Rudolph Marx, *The Health of the Presidents* (1961), pp. 215–16.

[48] Elbert Smith, *When the Cheering Stopped: The Last Years of Woodrow Wilson* (1964), pp. 105–6.

[49] Edward Weinstein, «Woodrow Wilson's Neurological Illness», *Journal of American History* (1970–71), p. 324.

[50] Macmillan, *Paris 1919*, p. 276.

No hubo tal: se trataba de gripe, simplemente. De hecho, quizá el virus influyó en el derrame. En algunos informes de autopsias de 1918 se daba cuenta del daño que se apreciaba en los vasos sanguíneos del cerebro, algo que sucedería también en 1997. El propio Grayson creía que «la gripe que Wilson pasó en París resultó ser una de las causas que precipitarían su final».[51]

Naturalmente, es imposible decir qué habría hecho Wilson de no haber caído enfermo: quizás habría aceptado aquellas concesiones de todos modos, poniendo en entredicho todos sus principios con tal de salvar su Sociedad de Naciones. O tal vez habría vuelto a casa como amenazó con hacer cuando se sintió mal. En cualquier caso, no hubiera habido tratado o su marcha habría forzado a Clemenceau a comprometerse.

Nadie puede saber qué hubiera ocurrido. Solo podemos saber qué ocurrió.

La gripe llegó a la conferencia de paz, atacó a Wilson, le debilitó físicamente y —justo en el momento crucial de las negociaciones— le dejó sin fuerzas y sin capacidad de concentración. Eso es todo cierto. Y es casi seguro que la gripe le afectó al cerebro de otras formas más profundas.

Los historiadores están de acuerdo, casi con unanimidad, en que la dureza que se profesó contra Alemania en el Tratado de Paz de París contribuyó a crear una situación de dificultades económicas, de reacciones nacionalistas y de caos político que fomentó el ascenso de Adolf Hitler.

No hacía falta una mirada retrospectiva para ver los peligros de aquello: eran obvios ya en su momento. John Maynard Keynes salió de París diciendo que Wilson era «el mayor fraude que había sobre la tierra». Después escribiría: «Hemos llegado a la hora en que mueren nuestras fortunas [...]. Nunca, en la vida de los hombres que ahora viven, ha ardido el elemento universal del alma del hombre con tan poca fuerza».[52] Herbert Hoover creyó que el tratado destruiría Europa, y así lo dijo.

---

[51] Grayson, *Woodrow Wilson*, p. 82.

[52] John Maynard Keynes, *Economic Consequences of the Peace* (1920), p. 297.

Poco después de que Wilson hiciera sus concesiones, un grupo de jóvenes asistentes y consejeros de los diplomáticos americanos se reunieron para decidir si, como protesta, dimitían. Entre ellos, Samuel Eliot Morison, William Bullitt, Adolf Berle Jr., Christian Herter, John Foster Dulles, Lincoln Steffens y Walter Lippmann. Todos estaban ya entre los hombres más influyentes del país, o no tardarían en estarlo. Dos llegarían a ser secretarios de Estado. Bullitt, Berle y Morison dimitieron. En septiembre, durante la lucha por la ratificación del tratado, Bullitt reveló al Senado los comentarios que había hecho en privado el secretario de Estado Robert Lansing: que la Sociedad de Naciones no serviría de nada y que lo único que habían hecho las grandes potencias era organizar el mundo para que se acomodara a sus expectativas.

Berle, que sería después asistente del secretario de Estado, decidió escribir a Wilson una amarga carta de dimisión: «Siento mucho que no siguiera usted nuestra lucha hasta el final, y que tuviera tan poca fe en los millones de hombres de todos los países que, como yo, la tenían en usted. Nuestro Gobierno acepta ahora entregar el sufrimiento de tanta gente de todo el mundo a nuevas opresiones, sometimientos y desmembramientos. A un nuevo siglo de guerras».[53]

Pero Wilson solo tuvo la gripe, una simple gripe.

---

[53] «Papers Relating to the Foreign Relations of the United States, The Paris Peace Conference» (1942–1947), pp. 570–74, citado por Schlesinger en *The Age of Roosevelt, v. 1, Crisis of the Old Order 1919–1933* (1957), p. 14.

33

El 29 de septiembre de 1919, sir William Osler empezó a toser. Era uno de los «Cuatro Doctores» que aparecían en un famoso retrato de la fundación de la Escuela Médica Johns Hopkins que simbolizaba la nueva supremacía de la ciencia en la medicina estadounidense. Osler se sigue considerando en la actualidad uno de los mejores clínicos de la historia. Hombre de amplios intereses, amigo de Walt Whitman y autor del libro que acabó por conducir a la fundación del Instituto Rockefeller de Investigaciones Médicas, Osler estaba entonces en Oxford.

Osler ya había sufrido una gran pérdida en la vida, con la muerte en la guerra de su único hijo. En aquel momento sufría una infección respiratoria que él mismo diagnosticó como gripe. Aquel otoño, en Oxford, la gripe tuvo tanta incidencia que los catedráticos consideraron incluso posponer el inicio de las clases. En una carta a su cuñada escribió: «He estado muy enfermo un par de días, agotado por el paroxismo de la tos».[1] Pareció reponerse, pero el 13 de octubre la temperatura le subió a más de 39 °C. Contó por carta a un amigo que tenía «una de esas bronconeumonías que son tan habituales después de una gripe».[2] Se puso a trabajar en una charla sobre Whitman, y escribió a Welch y a John D. Rockefeller Jr. sobre la posibilidad de conceder una beca a su *alma mater*, la McGill University. Pero el 7 de noviembre sintió «una especie de puñalada seguida de fuegos artificiales» en el

---

[1] Citado por Michael Bliss en *William Osler: A Life in Medicine* (1999), p. 469. Para más información sobre la enfermedad de Osler véase Bliss pp. 468-76, *passim*.

[2] *Ibid.*, p. 469.

costado derecho. Doce horas después volvía a toser. «Hasta que llegó un episodio que me hizo añicos todos los nervios intercostales, y con ello llegó el dolor».[3]

Después de tres semanas, sus médicos le retiraron la morfina, le dieron atropina y afirman que se quedaron tranquilos con el resultado. El 5 de diciembre le administraron un anestésico local y le introdujeron una aguja en los pulmones para drenarlos: extrajeron casi medio litro de pus. Dejó entonces de trabajar en la charla sobre Whitman y comenzó a sentir la certeza del final, que manifestó bromeando: «Llevo dos meses observando este caso y lo que más siento es que no voy a poder asistir a la autopsia».[4]

A su mujer no le hizo gracia el chiste. Le abatía el pesimismo de su marido: «Todo lo que dice acaba siendo verdad, siempre. Así que ¿cómo voy a esperar un desenlace que no sea fatal?».[5] Intentaba conservar el optimismo mientras la enfermedad continuaba su avance, pero un día le sorprendió recitando un poema de Tennyson: «De los hombres felices, hechos para morir, / y los herbosos túmulos de quienes, más felices, ya murieron... Libérame, y devuélveme a la tierra...».[6]

Había cumplido setenta en julio. El 27 de diciembre llegó un tributo dedicado a él por su cumpleaños, un *Festschrift* (colección de artículos científicos en su honor) titulado *Contribuciones a la investigación médica y biológica. Dedicado a sir William Osler.* La publicación se había demorado porque Welch los estaba editando, y Welch nunca hacía nada con puntualidad.

Su biógrafo más reciente cree que si hubiera estado en el Johns Hopkins Hospital le habrían dado un tratamiento más eficaz. Los médicos podrían haber utilizado con él medios como rayos X, electrocardiogramas, una intervención quirúrgica temprana para drenar el empiema, que es una bolsa de pus que se forma en el pulmón. Y podrían haberle salvado.[7]

---

[3] *Ibid.*, p. 470.

[4] *Ibid.*, p. 472.

[5] *Ibid.*, p. 470.

[6] Sir Alfred Tennyson, «Titono» (escrito entre 1833 y 1859). Trad. Jordi Doce. (*N. de la T.*)

[7] Bliss, *William Osler* p. 475.

Murió el 29 de diciembre de 1919. Sus últimas palabras fueron: «Sujétame la cabeza».[8] Él siempre llevó la cabeza alta.

Parecía que había pasado, por fin, pero no era así. En septiembre de 1919, cuando Osler se acercaba a la muerte, Blue predijo que la gripe volvería: «Las comunidades deberían hacer sus planes para enfrentarse a cualquier rebrote. Y la forma más eficaz de enfrentarse a ello, por resumirlo en una sola palabra, es "prepararse". Ha llegado el momento de prepararse».[9]

El 20 de septiembre de 1919 muchos de los mejores científicos del país se reunieron para intentar llegar a un consenso sobre la causa de la enfermedad y el curso de las terapias. No lo lograron, pero el *New York Times* declaró que la conferencia había marcado el comienzo de un esfuerzo conjunto a escala federal, estatal y municipal para evitar un rebrote. Dos días después, la Cruz Roja distribuyó su propio plan confidencial de batalla, a escala interna: «Propuesta de organización del personal para una posible emergencia por gripe. Confidencial. Nota: Este boletín no debe hacerse público hasta que se tenga noticia de la primera indicación de un rebrote de la gripe en forma epidémica. Hasta entonces, no habrá comunicados públicos por parte de las sedes locales de la Cruz Roja o de las oficinas de sus divisiones».[10]

El 7 de febrero de 1920, la gripe había regresado. Y lo hizo con tal ferocidad que la Cruz Roja declaró: «Ante la rápida expansión de la enfermedad, la seguridad del país demanda que, como es su deber patriótico, todas las enfermeras que estén disponibles o cualquiera que tenga experiencia en el cuidado de enfermos se dirija a la sede más próxima de la Cruz Roja o a alguno de los comités locales para epidemias y ofrezca sus servicios».[11]

En ocho semanas, a principios de 1920, se produjeron solo en Nueva York y Chicago once mil muertes relacionadas con la gripe. En Nueva York se registraron más casos en un solo día que en

---

[8] *Ibid.*, p. 476

[9] Pettit, «Cruel Wind,», p. 234.

[10] *Red Cross files*, sin fecha, RG 200, NA.

[11] Memorando del presidente del comité de la gripe a los directores de división, 7 de febrero de 1920, RG 200, NA.

cualquier día de 1918.[12] El responsable de salud pública de Chicago, John Dill Robertson, que en 1918 manifestó tanta preocupación por la moral, organizó a tres mil de las enfermeras de mayor rango profesional en equipos para cubrir con ellas todas las zonas de la ciudad. Allí donde se detectara un caso, se marcaba la vivienda.[13]

Ese año de 1920 vería también el segundo (o tercero, según la fuente) mayor registro de muertes por gripe o neumonía del siglo XX. Y continuó golpeando esporádicamente a las ciudades, de tal modo que, en enero de 1922, el responsable de salud del estado de Washington, el doctor Paul Turner, pese a negarse a admitir que había vuelto la gripe, declaró: «La infección respiratoria severa que en este momento ya es epidémica en todo el estado deberá atajarse como se hizo con la gripe, haciendo obligatoria una cuarentena absoluta».[14]

En los años siguientes por fin remitió, tanto en los Estados Unidos como en el resto del mundo. Pero no desapareció: continuó atacando —con menos virulencia, eso sí, porque el virus mutó hacia una versión intermedia— con un comportamiento más similar al de la mayoría de los virus de la gripe, en parte porque el sistema inmune de la gente se acomodó. Pero dejó su huella.

Antes incluso de que terminase la epidemia, el responsable de salud de la ciudad de Nueva York, Royal Copeland, estimó que solo en la ciudad habían quedado huérfanos veintiún mil niños.[15] No tenía datos de cuántos niños habían perdido solo a uno de los padres. Berlin, un pueblecito de New Hampshire, registró veinticuatro niños huérfanos, sin contar, según un trabajador de la Cruz Roja, «los dieciséis que han quedado sin madre en una sola calle».[16] En Vinton County (Ohio), de trece mil habitantes, el virus dejó cien huérfanos.[17] En las regiones carboníferas de Minersville

---

[12] Pettit, «Cruel Wind», p. 248.

[13] *Ibid.*, p. 241.

[14] R. E. Arne a W. Frank Persons, 30 de enero de 1922, RG 200, NA.

[15] Cable de *Associated Press* que aparece en *Arizona Republican*, 9 de noviembre de 1918.

[16] Alice Latterall a Marjorie Perry, 17 de octubre de 1918, RG 200, NA.

[17] «Report of Lake Division» 12 de agosto de 1919, RG 200, NA.

(Pensilvania), con una población de seis mil personas, el virus había dejado sin padre ni madre a doscientos niños.[18]

En marzo de 1919, un oficial sénior de la Cruz Roja aconsejó a los oficiales del distrito que ayudasen donde fuera posible con carácter de urgencia, porque la epidemia de gripe no solo había causado ya la muerte de seiscientas mil personas, había dejado además un rastro de postración, crisis nerviosas y otras secuelas [*sic*] que ahora amenazaban a miles de personas. Había dejado viudas, huérfanos y mucha gente dependiente de edad avanzada, y había reducido a muchas de esas familias a la pobreza y a la inestabilidad más extrema: «Es un riesgo que afecta a todo y llega a todos los rincones de Estados Unidos y a todo tipo de personas».[19]

Meses después de «recuperarse» de la enfermedad, el poeta Robert Frost se preguntaba: «¿Qué huesos son esos que se frotan y entrechocan con dolor en medio de tu delgadez extrema...? No sé si estoy lo bastante fuerte para escribir una carta, o todavía no».[20]

El responsable de salud de Cincinnati, el doctor William H. Peters, dijo a la Asociación Americana de Salud Pública, reunida casi un año después de la epidemia, que «frases como "No me encuentro bien", "No soy yo" o "Desde que tuve la gripe estoy continuamente agotado"» se habían convertido en «el pan nuestro de cada día». Los dispensarios de salud pública de Cincinnati habían examinado a 7058 enfermos de gripe desde el final de la epidemia, y vieron que 5264 de ellos necesitaban asistencia médica, 643 habían tenido problemas de corazón y un número extraordinario de ciudadanos insignes que habían padecido la gripe murieron de repente a principios de 1919. Aunque esto no constituyera un muestreo científico, Peters estaba convencido de que pocos enfermos habían superado la enfermedad sin algún cambio patológico.

En todo el mundo se apreciaron fenómenos similares. En los años siguientes se extendió por gran parte del Oeste una enfermedad conocida como «encefalitis letárgica». Aunque nunca se identificó el patógeno y la enfermedad no ha vuelto a manifestarse desde

---

[18] *JAMA* 71, núm. 18 (2 de noviembre de 1918), p. 1500.

[19] Director general a los directores de división, 1 de marzo de 1919, RG 200, NA.

[20] Citado por Pettit en «A Cruel Wind», p. 173.

entonces —y no hay, de hecho, evidencia incuestionable de que la enfermedad existiera en el sentido científico de la palabra—, los médicos de la época pensaron que era una consecuencia de la gripe.

Hubo otras réplicas imposibles de cuantificar. Estaba el vacío airado que dejaba un padre, un marido o una esposa que faltaban. El ministro de la Guerra, Newton Baker —al que habían criticado por ser pacifista cuando Wilson le nombró—, se tomó muy a pecho las acusaciones de que las políticas del Ministerio de la Guerra habían sido un crimen, un asesinato contra muchos hombres jóvenes. En muchos casos, las tropas de Devens fueron transferidas a un puesto cuyo comandante protestaba. De nada les servía protestar: las tropas llegaban, y con ellas la gripe. El padre de un muchacho que murió en ese campo escribió a Baker: «Estoy convencido de que los responsables del Ministerio de la Guerra son los culpables». Baker le respondió con una carta de siete páginas a un espacio, una confesión de su propio dolor.

El mundo seguía enfermo, enfermo hasta la médula. La propia guerra, las muertes sin sentido en los hogares... El que Wilson hubiera traicionado a sus ideales en Versalles, una traición que penetraba hasta lo más hondo del alma... El fracaso de la ciencia —el mayor logro del hombre moderno— ante una enfermedad como aquella...

En enero de 1923, John Dewew escribió en el *New Republic*: «Se puede dudar de si la conciencia de la enfermedad estaba entonces tan extendida como ahora, pero el interés en curarla y salvar gente es la evidencia de lo enfermo que está el mundo».[21] Se refería a una conciencia que iba más allá de la enfermedad física, pero la enfermedad física era parte de ella. Hablaba de un mundo del que F. Scott Fitzgerald había dicho: «Muertos todos los dioses, terminadas todas las guerras, toda fe en el ser humano se tambalea».[22]

La enfermedad ha sobrevivido en la memoria más que cualquier texto sobre ella. Casi todos los que eran adultos en aquel momento

---

[21] John Dewey, *New Republic* (enero de 1923), citado en Dewey, *Characters and Events: Popular Essays in Social and Political Philosophy, v.* 2 (1929), pp. 760–61.

[22] F. Scott Fitzgerald, *This Side of Paradise* (1920), p. 304.

han muerto ya, y el recuerdo pervive en la mente de los que les han oído contar historias de entonces: cómo su madre perdió a su padre, o cómo un tío suyo se quedó huérfano, o de los que escucharon a su tía decir: «Esa fue la única vez que he visto llorar a mi padre». Los recuerdos mueren con la gente.

Los escritores de la década de 1920 tenían poco que contar al respecto. Mary McCarthy se subió a un tren en Seattle el 30 de octubre de 1918, con sus tres hermanos y hermanas, su tía, su tío y sus padres. Llegaron a Minneapolis tres días después, todos enfermos. Su padre le sacó un revólver al cobrador cuando intentó hacerles bajar del tren. En la estación les recibieron sus abuelos, con mascarilla. Como todos los hospitales estaban llenos se fueron a casa. Su abuela y su tío se recuperaron, pero su padre, Roy, de treinta y ocho años, murió el 6 de noviembre; su madre, Tess, de veintinueve, murió el 7. En *Memorias de una joven católica* habla de lo mucho que le afectó ser huérfana: convirtió en una obsesión su deseo de sobresalir, y recuerda vívidamente el trayecto en tren por dos tercios del país. Pero apenas dice nada de la epidemia.

John Dos Passos tenía veintipocos años cuando cayó gravemente enfermo de gripe, pero apenas la menciona en toda su obra de ficción. Hemingway, Faulkner, Fitzgerald... Ninguno dijo nada. William Maxwell, novelista y articulista del *New Yorker*, perdió a su madre, víctima de la gripe. Esa muerte hizo que su padre, su hermano y él mismo se volvieran taciturnos: «Tenía que adivinar lo que estaba pensando mi hermano mayor, porque él no se molestaba en decírmelo. Si no lo hubiera sabido, habría pensado que había algo que le había herido profundamente, algo de lo que no podía hablar porque su orgullo se lo impedía...». De sí mismo dijo que pensaba constantemente en una cosa: «Quizá por cómo sonaban los pasos de mi padre en el pasillo, pensaba que había atravesado sin querer una puerta que no tendría que haber atravesado, y por eso no podía regresar al lugar del que nunca debí marcharme». De su padre dijo: «Su tristeza era de esas pacientes, pero sin esperanza». Y volviendo a sí mismo: «La muerte de mi madre fue mi fuerza motriz en cuatro de mis libros».[23]

---

[23] William Maxwell, «A Time to Mourn», *Pen America* (2002), pp. 122–23, 130.

Katherine Anne Porter estaba tan enferma que tenían preparado su obituario en la linotipia del periódico donde trabajaba. Ella se repuso, pero su prometido no. Años después su perturbador relato de la época y la enfermedad, *Pálido caballo, pálido jinete*, sigue siendo una de las mejores fuentes, de las pocas que hay, de cómo era la vida durante la enfermedad. Ella la pasó en Denver, una ciudad que, comparada con las del este, apenas la sufrió de refilón.

Pero la relativa falta de impacto que dejó en la literatura quizás no sea tan inusual. Algo parecido sucedió hace siglos. Un estudioso de la literatura medieval dijo que, aunque había muchos relatos vívidos y aterradores, lo más sorprendente era lo poco que se había escrito de la peste bubónica: «Aparte de unos pocos relatos, todos bien conocidos, no hay casi nada en la literatura posterior».[24]

La gente escribe sobre la guerra. La gente escribe sobre el Holocausto. Escriben sobre los horrores que la gente inflige a la gente. Aparentemente, se olvidan de los horrores que la naturaleza inflige a la gente, los horrores que hacen que los seres humanos pierdan significado. A pesar de todo, la pandemia tuvo cierta resonancia. Cuando los nazis se hicieron con el control de Alemania en 1933, Christopher Isherwood escribió sobre Berlín: «Toda la ciudad está bajo una epidemia de miedo discreto e infeccioso. Lo sentía en los huesos, igual que la gripe».[25]

Los historiadores que han estudiado las epidemias y analizado cómo han reaccionado las sociedades ante ellas han comentado, en general, que los que tienen el poder siempre culpan a los pobres de su propio dolor y que, en más de una ocasión, han intentado estigmatizarlos y aislarlos: el caso de Mary Mallon, llamada «María la Tifosa», una inmigrante irlandesa que estuvo veinticinco años en la cárcel, es un ejemplo clásico de esta actitud. Si hubiera pertenecido a otra clase social seguramente le hubieran dado otro trato. Según los historiadores, los poderosos suelen buscar la seguridad imponiendo el orden, lo que les da cierta sensación de control y les hace sentir que el mundo sigue teniendo sentido.

---

[24] Comunicación personal de Donald Schueler, 5 de julio de 2003.

[25] Christopher Isherwood, *Berlin Stories* (Nueva York, New Directions, , 1951), p. 181.

Lo que en 1918 podía considerarse la «élite del poder» se comportó en algunas ocasiones según ese patrón. El responsable de salud de Denver, William Sharpley, por ejemplo, culpó a «los asentamientos de extranjeros de la ciudad», italianos sobre todo, de los problemas que había tenido la ciudad con la gripe.[26] El *Durango Evening Herald* culpó del alto número de muertos que se registró en una reserva de Utes a su «negligencia y desobediencia ante los avisos de su superintendente, de las enfermeras y de los médicos».[27] Un trabajador de la Cruz Roja de las regiones mineras de Kentucky se molestó por la falta de limpieza: «Cuando entré en aquel triste chamizo me dio la impresión de que no había nadie... Pasé al fondo y la vi allí, con las piernas fuera de la cama y la cabeza apoyada en la almohada sucia; estaba dura como una piedra, con los ojos perdidos, la boca abierta. Era una visión horrísona... Entró la madre de su marido, una anciana que vivía en otro chamizo indescriptible, a unos cien metros de allí. Todavía recuerdo aquel olor espantoso, y nunca olvidaré una imagen tan nauseabunda. La muerte es el castigo que uno paga por la suciedad».[28]

Sin embargo, a pesar de esas ocasionales muestras de especial dureza, la pandemia de gripe de 1918 no tuvo un patrón de antagonismo de raza o de clase. En términos epidemiológicos hubo una correlación entre densidad de población, clase social y muertes, pero la enfermedad golpeó a todo el mundo por igual. Las muertes de tantos soldados jóvenes y prometedores afectaron a todos. La enfermedad era demasiado universal, y su ausencia de un vínculo de clase o de raza demasiado obvia. En Filadelfia, blancos y negros recibieron un tratamiento similar. En las áreas mineras de todo el país, tanto si estaban dentro de sus intereses como si no, los propietarios de las minas siempre buscaron médicos para atender a sus empleados. En Alaska, a pesar del racismo, las autoridades pusieron en marcha —aunque demasiado tarde— un

---

[26] *Rocky Mountain News*, 31 de octubre de 1918, citado por Stephen Leonard en «The 1918 Influenza Epidemic in Denver and Colorado», *Essays and Monographs in Colorado History* (1989), pp. 7–8.

[27] *Durango Evening Herald*, 26 de noviembre de 1918, citado por Leonard en «1918 Influenza Epidemic in Denver and Colorado», p. 7.

[28] Shelley Watts a Fieser, 13 de noviembre de 1918, RG 200, NA.

programa de rescate a gran escala para salvar a los esquimales. Incluso el trabajador de la Cruz Roja que sentía náuseas ante tanta suciedad siguió trabajando, arriesgando su vida día tras día en una de las zonas donde la gripe golpeó con más dureza.

Durante la segunda ola muchos Gobiernos locales cayeron, y los que tenían el verdadero poder en una comunidad, desde los ciudadanos de familias bien de Filadelfia hasta el comité de ciudadanos de Phoenix, tomaron el control de la situación. Pero en general utilizaron su poder para proteger a toda la comunidad y no para dividirla, para distribuir los recursos y no para asegurarse de que ellos no se quedaban sin nada.

Pero, a pesar de ese esfuerzo, quienes ejercían el poder, ya fuera en un Gobierno municipal o en alguna congregación privada de personalidades locales, no consiguieron mantener unida a su comunidad. Fracasaron porque perdieron la confianza de la gente. Y perdieron esa confianza porque mintieron. San Francisco fue una excepción: sus líderes dijeron la verdad y la ciudad reaccionó con heroísmo. Pero los demás mintieron en todo, también en relación con la guerra, por la propaganda que Wilson había construido al respecto.

Es imposible cuantificar las muertes que provocaron esas mentiras. Es imposible saber cuántos jóvenes murieron porque el ejército se negó a seguir las instrucciones de su general médico. Las autoridades intentaron tranquilizar a la gente diciendo que no era más que una simple gripe, que no era distinta de la gripe normal, y los que lo creyeron se expusieron al virus como no lo hubieran hecho en otras circunstancias. Es decir, murieron muchos que podrían no haber muerto. Y el miedo también mató gente, por supuesto que sí, porque los que estaban atemorizados no se preocuparon por los que necesitaban cuidados y no podían procurárselos, los que necesitaban agua, alimentos y descanso para sobrevivir.

También es imposible decir con precisión cuál fue la cifra de muertos. Las estadísticas son meras estimaciones, y lo único que puede afirmarse es que los números son demoledores.

Los pocos lugares del mundo que en aquellos tiempos llevaban un registro civil fiable, y que mantenían al día en circunstancias normales, no pudieron mantenerlo actualizado en aquellas circunstancias excepcionales. En Estados Unidos solo las grandes ciudades y veinticuatro estados tenían registros lo suficientemente rigurosos para que el Servicio de Salud Pública estadounidense pudiera incluirlos en su base de datos. Incluso allí todo el mundo, desde los médicos a los funcionarios municipales, estaba intentando sobrevivir o ayudando a otros. El registro civil no era prioritario, e incluso recién pasada la epidemia apenas se hicieron esfuerzos por recopilar datos. Muchos de los que murieron nunca vieron a un médico o una enfermera. Fuera del mundo desarrollado, la situación fue aún peor, y en las regiones rurales de India, la Unión Soviética —que se encontraba inmersa en una guerra civil brutal—, China, África y Sudamérica, donde la enfermedad fue más virulenta, no había nada que se pareciera a un registro.

El primer intento significativo de cuantificar las víctimas se hizo en 1927. Un estudio patrocinado por la Asociación Médica Americana estimaba que habían muerto 21 millones de personas. Cuando los medios de comunicación actuales se refieren a un total de víctimas de «más de veinte millones» al hablar de la pandemia de 1918, la fuente es este estudio.

Pero, después de esa fecha, cada vez que se han revisado las muertes la cifra ha ido en aumento. En principio se creyó que habían muerto 550.000 personas en Estados Unidos; actualmente los epidemiólogos sitúan la cifra en 675.000, de una población de 105 millones. En el año 2004, la población estadounidense superaba los 291 millones.

Tanto el número estimado de muertes como la población han aumentado en todo el mundo en un gran porcentaje.

En la década de 1940, el Nobel Macfarlane Burnet, que pasó la mayor parte de su carrera estudiando la gripe, estimó que habían muerto entre 50 y 100 millones.

Desde entonces, varios estudios realizados con mejores datos y métodos estadísticos han arrojado resultados cercanos a esas cifras. Los primeros estudios concluyeron que la cifra de muertos solo en el subcontinente indio podría haber alcanzado los 20 millones.[29] Otras estimaciones recientes datan de 1998, como la que se presentó en una conferencia internacional sobre la pandemia, o de 2002, como un estudio epidemiológico que revisó los datos y llegó a la conclusión de que la cifra de muertos «estaba en torno a los 50 millones, pero incluso esta tremenda cifra puede ser sustancialmente inferior a la real». De hecho, al igual que Burnet, el estudio sugería que podrían haber muerto 100 millones de personas.[30]

Dado que la población mundial en 1918 era de aproximadamente 1.800 millones de personas —y dado que la mayoría de las muertes se produjeron en doce semanas del otoño de 1918—, una estimación al alza significaría que en dos años murió más del 5 por ciento de la población mundial.

La población mundial hoy en día es de 6.300 millones. Para hacernos una idea del impacto que hubiera supuesto en el mundo actual la pandemia de 1918, tenemos que realizar algunos ajustes: si empleamos la estimación más baja de muertes —21 millones—, significa que en el mundo actual habrían muerto 73 millones de personas. Si optamos por la estimación más alta, la cifra de muertos estaría entre los 175 y los 350 millones. Estas cifras no pretenden asustar, aunque lo hagan. La medicina ha avanzado mucho desde 1918 y hoy en día eso tendría un impacto considerable en la tasa de mortalidad. Lo que se busca con este recuento es exponer cómo era la vida durante la pandemia.

Con todo, ni siquiera estas cifras muestran el horror de la enfermedad en toda su magnitud. La distribución por edad de las muertes nos lo acercan un poco más.

---

[29] Kingsley Davis, *The Population of India and Pakistan* (1951), p. 36, citado por I. D. Mills en «The 1918-19 Influenza Pandemic — The Indian Experience» (1986), pp. 1-40, *passim*.

[30] Niall Johnson y Juergen Mueller, «Updating the Accounts: Global Mortality of the 1918-1920 'Spanish' Influenza Pandemic», *Bulletin of the History of Medicine* (primavera de 2002), pp. 105-15, *passim*.

En una epidemia de gripe normal solo un 10 por ciento o menos de las muertes se producen en personas que están entre los dieciséis y los cuarenta años. En 1918, ese grupo de edad, compuesto por hombres y mujeres llenos de vitalidad y con un futuro por delante, representaron más de la mitad de la cifra total. Y dentro de ese grupo, las peores cifras las registró el rango de edad comprendido entre los veintiuno y los treinta años.[31]

El mundo occidental fue el que menos sufrió las consecuencias de la epidemia: no porque la medicina estuviera muy avanzada, sino porque la vida en las ciudades había expuesto a la gente a los virus de gripe, de manera que su sistema inmune no era virgen. En Estados Unidos murió aproximadamente un 0,65 por ciento de la población total, y aproximadamente el doble de ese porcentaje eran jóvenes. De los países desarrollados, Italia fue el que más sufrió, perdiendo aproximadamente un 1 por ciento del total de su población. La Unión Soviética quizá sufrió más pérdidas, pero no disponemos de información sobre esas cifras.

El virus arrasó el mundo menos desarrollado. En México, la cifra más conservadora de muertes fue del 2,3 por ciento del total de su población, y otros recuentos razonables la sitúan en el 4 por ciento, lo que significa que murió entre el 5 y el 9 por ciento de los jóvenes.[32]

En todo el mundo, aunque nunca se sabrá a ciencia cierta, parece más que posible que el 5 por ciento —cerca del 10 en los países menos desarrollados— de los jóvenes adultos del mundo murieron a causa del virus.

Aparte de los muertos y de las complicaciones que siguieron arrastrando algunos de los supervivientes, aparte de todo lo que añadió el virus a la sensación de desconcierto, de traición, de pérdida y nihilismo de la década de 1920, la pandemia dejó otros legados.

Algunos fueron buenos. En todo el mundo, las autoridades acometieron un programa internacional de cooperación sanitaria,

[31] Prácticamente todos los estudios mostraron resultados similares. Véase, por ejemplo, Thomson y Thomson, *Influenza, v. 9*, p. 21.

[32] *Ibid.*, p. 165.

y la experiencia condujo a la reestructuración de los planes de salud pública estadounidenses. Se creó el Departamento de Salud Pública de Nuevo México, y Filadelfia reescribió sus actas constituyentes para reorganizar el suyo. Desde Manchester (Connecticut) hasta Memphis (Tennessee) y más allá, los hospitales de campaña se transformaron en permanentes. Y la pandemia hizo que el senador de Luisiana Joe Ransdell comenzara a presionar para que se establecieran los Institutos Nacionales de Salud, aunque no ganaría esta lucha hasta que se produjera una epidemia de gripe posterior y más leve (en 1928), que recordó al Congreso los acontecimientos de una década atrás.

Todo esto forma parte del legado que dejó el virus. Pero el legado más importante lo dejaría en el laboratorio.

PARTE X

LA PARTIDA FINAL

34

Cuando estalló la Primera Guerra Mundial ya había triunfado la revolución de la medicina estadounidense liderada por William Welch, una revolución que la transformó radicalmente y obligó a pasar por el filtro de la ciencia a todo lo que tuviera que ver con ella: la enseñanza, la investigación y el arte y la práctica de la medicina misma.

Pero en Estados Unidos los que podían practicar una medicina científica válida seguían siendo pocos y constituían un cuadro insignificante. Aunque a mediados de la década de 1920 el grupo había aumentado bastante gracias a la incorporación de los investigadores jóvenes, el número podía ascender a unas cuantas docenas, no más.

Todos ellos se conocían, compartían experiencias y casi todos tenían al menos alguna conexión con la Hopkins, el Rockefeller Institute, Harvard o, en menor medida, la Universidad de Pensilvania, la de Michigan o la de Columbia. El grupo era tan pequeño que seguía incluyendo a la primera generación de revolucionarios, con Welch, Vaughan, Theobald Smith y otros cuantos aún en activo. Luego llegaron sus primeros alumnos, que solo tenían unos años menos: Gorgas, que había llegado a la edad legal de jubilación del ejército solo unos días antes de que terminara la guerra —el ejército podría haberle permitido quedarse en sus filas, pero no tenía amigos entre sus superiores— y pasó a encargarse de asuntos de salud pública en una fundación financiada por Rockefeller; Flexner, Park y Cole, que estaban en Nueva York; Milton Rosenau en Boston; Frederick Novy en Michigan y Ludwig Hektoen en Chicago. Y luego llegó la siguiente «media» generación de protegidos suyos:

Lewis en Filadelfia; Avery, Dochez, Thomas Rivers y alguno más en el Rockefeller; George Whipple en Rochester (Nueva York) y Eugene Opie en la Washington University de St. Louis. Habría que esperar una o dos generaciones más para que los números de auténticos investigadores comenzaran a multiplicarse y extenderse por todo el país.

Los vínculos que unían a todos esos hombres no eran de amistad. Algunos —Park y Flexner, por ejemplo— no se tenían especial afecto, muchos habían experimentado la vergüenza de ver sus fallos expuestos ante los demás por la intervención de un rival y no tenían sus ilusiones depositadas en las virtudes ajenas. La profesión había crecido lo suficiente como para que en su seno se produjera alguna que otra turbia maniobra: si uno escuchaba con atención podía oír declaraciones del tipo «Elegir al doctor Opie hombre clave de este plan sería un error fatal»[1] o «Jordan parece una opción deslumbrante, pero a mí me da un poco de miedo porque no es de esa clase de hombre que se mantiene fiel a unas convicciones inamovibles».[2] O bien «De los nombres que usted sugiere yo preferiría a Emerson sin dudarlo, pero temo que sea del todo inaceptable para Russell y Cole, y quizás para la Fundación [Rockefeller] en general, pues tengo la impresión de que se ha distanciado un poco de ellos».[3]

Sin embargo, esos hombres reconocieron que cualquiera que fuera el defecto de los demás, todos tenían también sus puntos fuertes, muy destacables. Su trabajo era lo suficientemente bueno como para, incluso errando, dejar claro al mundo que ese error era nuevo e importante, algo sobre lo que se podía construir. Era un grupo exclusivo y, a pesar de sus rivalidades y desencuentros, casi una hermandad; una hermandad que incluía a muy pocas mujeres, especialmente en el ámbito de la bacteriología, donde Anna Williams y Martha Wollstein eran prácticamente las únicas que destacaban.[4]

---

[1] Winslow a Wade Frost, 1 de febrero de 1930, *Papeles de Winslow*, SLY.

[2] Winslow a Frost, 16 de enero de 1930, *Papeles de Winslow*.

[3] Frost a Winslow, 20 de enero de 1930, *Papeles de Winslow*.

[4] Florence Sabin fue la primera mujer científica estadounidense, la primera en graduarse en la Escuela Médica Hopkins, la primera catedrática de una escuela

Todos estos científicos trabajaron denodadamente en sus laboratorios desde los primeros días de la enfermedad, y ninguno se había detenido un solo momento. Trabajaron en las circunstancias más desesperadas —las más desesperadas en las que ellos, y posiblemente cualquier científico, habían trabajado en su vida—, aceptando de buen grado menos pruebas de las que necesitarían en circunstancias normales para llegar a una conclusión (decía Miguel de Unamuno que, cuanto más desesperado está uno, más esperanza tiene). Pero, a pesar del frenesí de su actividad, estos científicos siempre habían evitado el caos y habían seguido construyendo sus teorías sobre hipótesis sólidas y bien fundadas. Como dijo Avery, nunca habían vertido el material de un tubo de ensayo a otro, o, dicho de otro modo, nunca habían hecho nada que no se basara en su forma de entender el funcionamiento del cuerpo. No habían administrado quinina o una vacuna contra el tifus a los enfermos de gripe con la esperanza desesperada de que funcionase solo porque funcionaba contra la malaria o la fiebre tifoidea. Otros lo hicieron, pero no ellos.

También reconocieron sus errores. Habían perdido la ilusión. Habían entrado en las primeras décadas del siglo XX convencidos de que la ciencia triunfaría aunque sus victorias siguieran siendo limitadas. Como dijo Victor Vaughan a un colega: «Nunca me permitas afirmar que la ciencia médica está a punto de conquistar una enfermedad». Con la displicencia que uno se reserva para los propios errores dijo también: «Los médicos no saben de esta gripe más de lo que sabían los médicos de Florencia de la Peste Negra en el siglo XIV».[5]

Pero no se rindieron. En ese momento había una hermandad científica que empezaba a buscar soluciones. La búsqueda les llevaría más tiempo del que imaginaron.

Hasta ese momento los laboratorios habían trabajado de manera independiente, sin comunicarse apenas unos con otros. Los investigadores tenían que reunirse, intercambiar ideas o técnicas de

---

médica de todo el país (la Hopkins) y la primera mujer miembro de la Academia Nacional de las Ciencias. Pero Sabin no era bacterióloga ni participó en la investigación de la gripe, por lo que no forma parte de esta historia.

[5] Citado por Michael Levin en «An Historical Account of the Influenza», *Maryland State Medical Journal* (mayo de 1978), p. 61.

laboratorio, discutir los hallazgos que aún no se hubieran publicado o los que algún investigador pudiera creer intrascendentes pero pudieran ser útiles al resto. Tenían que poner en común los progresos que iban haciendo para luchar contra aquella pestilencia. Tenían que escudriñar el detritus de sus fallos para encontrar la clave de los avances.

El 30 de octubre de 1918, con la epidemia adquiriendo ya proporciones asumibles en la Costa Este, Hermann Biggs articuló una comisión para la gripe compuesta por científicos de primera línea. Biggs tenía un historial del que enorgullecerse: había convertido el Departamento Municipal de Salud de Nueva York en el mejor del mundo. En su comisión incluyó a Cole, Park, Lewis y Rosenau, además de a varios epidemiólogos y patólogos. Welch, que seguía recuperándose en Atlantic City, estaba demasiado enfermo para acudir a su llamada. Biggs abrió la primera reunión con una cita de Vaughan: «Nunca hubo nada comparable a esto en importancia y en lo que estuviéramos tan desvalidos».[6]

Pero, a diferencia de Vaughan, él estaba enfadado. Declaró que los fallos de aquellos científicos «habían tenido un grave reflejo en la administración de salud pública y en su trabajo, así como en la ciencia médica», un reflejo que les dejaba en la situación en la que se encontraban en ese momento. Durante meses habían visto llegar la epidemia, pero no habían hecho nada para prepararse. «Tendríamos que haber sido capaces de obtener toda la información científica que estuviera disponible antes de que esto nos alcanzara».

Así que tomó una decisión: entre todos se enfrentarían al problema y lo resolverían.

Pero no iba a ser fácil. Incluso en aquella primera reunión los problemas llegaron solos. No sabían prácticamente nada de la enfermedad. Ni siquiera lograban ponerse de acuerdo respecto a su naturaleza: la patología era engañosa, los síntomas eran engañosos.

Incluso a esas alturas Cole seguía preguntándose si aquello era gripe en realidad: «Todos los que han visto algún caso en su fase incipiente han creído que se trataba de una enfermedad nueva.

---

[6] Transcripción de las actas de la Comisión para la gripe, 30 de octubre de 1918, *Papeles de Winslow*.

Una gran dificultad a la que nos enfrentamos es descubrir de qué tipo de gripe se trata y cómo hacer el diagnóstico [...]. Hemos estado repasando todos los historiales de los casos que hemos conocido durante esta epidemia y es casi igual de complicado discernir cuál es gripe y cuál no. Es un panorama muy complejo».

Un científico de la Marina hizo una observación: «En muchos lugares se ha apreciado gran similitud con los síntomas de la peste bubónica». Y un investigador de Harvard la rebatió: «Es la misma enfermedad de siempre, y su carácter no ha cambiado en lo más mínimo».

Pero sí había cambiado. Cambiaba constantemente. Se apreciaban casos de gripe muy leve de la que los enfermos se recuperaban rápidamente y casos con síntomas extraños, que nunca se habían asociado a la gripe, y que iban desde neumonías víricas repentinas y violentas o ARDS a neumonías bacterianas provocadas por invasores secundarios. Lewellys Barker, mentor de Cole en la Hopkins, apuntó: «Los tipos de neumonía que hemos visto llegan de zonas muy diferentes. Los de Devens no tienen nada que ver con los de Baltimore o los de otros campamentos. Las lesiones son completamente diversas, en función de la localidad de la que procede el enfermo».

No llegaron a un consenso en lo relativo a la enfermedad, así que avanzaron e intentaron averiguar cuál podía ser el patógeno. Tampoco llegaron a una remota conclusión. Los investigadores habían encontrado el bacilo de Pfeiffer, sí, pero Cole informó de que Avery también había descubierto el *B. influenzae* en un 30 por ciento de personas sanas en el Rockefeller Institute. Aquello no probaba nada. Podía encontrarse con relativa frecuencia en ese momento a causa de la epidemia y era poco frecuente en momentos en los que no había epidemia. Además, como todos sabían, mucha gente sana llevaba neumococo en la boca, y no por ello contraían la neumonía. Y en los pulmones de las víctimas de la epidemia habían encontrado neumococo, estreptococo, estafilococo y otros patógenos. Park preguntó qué posibilidades había de que un virus filtrable provocara la enfermedad. Rosenau estaba realizando experimentos que podían responder a esa pregunta.

Sabían poco. Muy poco. Sabían solo que el aislamiento funcionaba. La Training School for Girls del estado de Nueva York se había puesto en cuarentena, pidiendo incluso a los proveedores de suministros que dejaran la mercancía en la puerta. No tuvieron ningún caso. El Trudeau Sanatorium, también en el estado de Nueva York, impuso normas similares, y tampoco registró ningún caso. Al otro lado del continente, en San Francisco, se impuso una cuarentena rígida en una isla: tampoco registró casos. Pero eso lo único que demostraba era que la teoría de la miasma, en la que no creía ninguno de ellos, no tenía nada que ver con la enfermedad.

Sin embargo, eso suponía ya un consenso. Y, aunque eran conscientes de lo poco que sabían, se pusieron de acuerdo en cuanto a las líneas de enfoque y la tarea que tenían por delante.

Su intención era proceder por dos vías: una, explorar la epidemiología de la enfermedad, y la otra, seguir las pistas que se encontraran en el laboratorio. En ambas líneas de ataque la primera tarea fue desbrozar el bosque de datos que empezaba a formarse.

Planearon primero una serie de investigaciones epidemiológicas. Cotejaron las medidas de salud pública tomadas con las muertes registradas y llevaron a cabo estudios detallados en áreas seleccionadas, aislando a pequeñas comunidades para realizar un seguimiento de cada persona que enfermase de gripe. Tomarían nota detallada de las setenta y dos horas anteriores a los primeros síntomas y de las historias tanto de los enfermos como de los que no habían enfermado, y buscarían vínculos con otras enfermedades, con brotes anteriores de gripe o con la dieta.[7]

Los estudios epidemiológicos tendrían un beneficio complementario: fomentarían y transformarían otro campo de la medicina, entonces en estado emergente. En noviembre de 1918, la Asociación Americana de Salud Pública creó un Comité para el Estudio Estadístico de la Epidemia de Gripe, financiado en gran medida por la Metropolitan Life Insurance Company. Un miembro del comité dijo que era «una gran oportunidad para mostrar lo que las estadísticas —sobre todo las vinculadas a nacimientos

[7] «Association Committee Notes on Statistical Study of the 1918 Epidemic of So-called Influenza», documento presentado en la reunión de la *American Public Health Association* el 11 de diciembre de 1918, entrada 10, archivo 1622, RG 90, NA.

y decesos— y sus métodos pueden hacer por la medicina preventiva»;[8] un colega suyo lo consideró como «una posible reivindicación de la teoría de la probabilidad y el método del muestreo aleatorio». En enero de 1919, el general médico del ejército y el de la Marina y el Servicio de Salud Pública se unieron a la Oficina del Censo para constituir un comité de la gripe que acabó convirtiéndose en una oficina permanente de registro. Al mismo tiempo, un epidemiólogo presente en la primera reunión del grupo de Biggs afirmó: «Me doy perfecta cuenta de que el problema ha de resolverse, en última instancia, en el laboratorio».[9]

El objetivo de Gorgas había sido siempre que esta guerra fuera la primera de la historia estadounidense en la que la batalla matara a más soldados que la enfermedad. Incluso con una tasa de uno de cada sesenta y siete soldados del ejército muertos por la gripe, y aunque sus superiores ignoraron ampliamente su consejo, Gorgas triunfó por poco. Pero cuando las bajas de la Marina y las muertes por gripe se añadieron al total, las muertes por la enfermedad superaron a las muertes en combate.

Gorgas había triunfado sobre todas las demás enfermedades. Por ejemplo, los soldados estadounidenses habían esquivado la malaria, casi al ciento por ciento, a pesar de que la enfermedad atacó seriamente a decenas de miles de soldados franceses, británicos e italianos.

En ese momento regresaban de Europa dos millones de soldados. Después de otras guerras, incluso a finales del siglo XIX, las tropas que regresaban se llevaban a casa un sinfín de enfermedades. Las tropas británicas, francesas y rusas habían propagado el cólera después de la guerra de Crimea; las tropas estadounidenses, las fiebres tifoideas, la disentería y la viruela después de la Guerra Civil; los prusianos habían llevado a casa la viruela cuando volvieron de la guerra francoprusiana, y los estadounidenses volvieron de la guerra de Cuba con fiebres tifoideas.

---

[8] *Ibid.*

[9] Transcripción de las actas de la Comisión para la gripe, 4 de febrero de 1919, *Papeles de Winslow.*

Una de las últimas actuaciones de Gorgas fue poner en marcha una serie de planes para evitar que en aquella ocasión sucediera lo mismo. Los soldados estuvieron en cuarentena durante siete días antes del regreso, y fueron despiojados antes de embarcar. Así no llevarían a casa ninguna enfermedad.[10]

Mientras tanto tomaba forma la mayor investigación científica a gran escala jamás acometida. La comisión de Biggs se reunió tres veces más. Cuando celebraron la última reunión, todos los miembros formaban ya parte de otras comisiones, aparte de esa. La Asociación Médica Americana, la Asociación Americana de Salud Pública, el Ejército, la Marina, el Servicio de Salud Pública, la Cruz Roja y la Metropolitan Life Insurance Company emprendieron estudios de gran calado, aparte de los que ya estaban en marcha, todos ellos concebidos para complementarse entre sí sin solaparse. En cada una de las reuniones de cada una de las especialidades médicas de cada una de las organizaciones, en cada número de algún diario médico que se publicaba, la gripe prevalecía siempre en la agenda. Y en Europa lo mismo.

Todos los grandes laboratorios estadounidenses continuaron centrándose en la enfermedad. Lewis, en Filadelfia, continuó incluso después de la pandemia, al igual que los científicos de la Universidad de Pensilvania. En Boston, Rosenau lideró un equipo de investigadores de Harvard. Ludwig Hektoen y Preston Kyes, de la Universidad de Chicago, se quedaron cuando terminó la epidemia. Rosenow, de la Clínica Mayo de Minnesota, también siguió trabajando en ello. Todos los miembros de la comisión del ejército para la neumonía regresaron a la investigación civil y siguieron estudiando la gripe. La Metropolitan Life Insurance Company convocó becas para científicos universitarios y financió proyectos del Gobierno federal y del municipal de Nueva York para que se concedieran becas a la investigación que estaban realizando Park y Williams en sus laboratorios de Nueva York y George McCoy en el Laboratorio de Higiene del Servicio de Salud Pública.

[10] George Soper, M.D., «Epidemic After Wars», *JAMA* (5 de abril de 1919), p. 988.

El ejército también hizo «todos los esfuerzos posibles por reunir casos representativos de lesiones pulmonares debidas a la epidemia de gripe», no solo en los campamentos militares sino en entornos civiles.[11] Estos casos permitirían obtener especímenes que tendrían enorme importancia más de tres cuartos de siglo después, cuando Jeffrey Taubenberger extrajo de ellos el virus de la gripe de 1918 y logró secuenciar su genoma.

En el Rockefeller Institute Cole puso «a todo el que estuviera disponible» a trabajar en ello. Incluyó a Martha Wollstein. Cuando el capitán Francis Blake, que había formado parte de la comisión del ejército para la neumonía, visitó a sus antiguos colegas del instituto por Navidad, vio que todo el mundo estaba trabajando a toda máquina «en eso de la gripe, con monos y con todo lo demás». Una semana después, cuando ya había salido del ejército y del Rockefeller, diría: «Qué ganas tengo de que nos quitemos todos de en medio este asunto y de que todo termine para poder hacer algo distinto, porque tengo la impresión de que lo único que he hecho ha sido trabajar, comer, soñar y vivir con la neumonía y la gripe durante seis meses».[12]

No se libraría tan pronto.

Y poco a poco, a lo largo de solo unos meses, se fue conformando un corpus de conocimiento. Los investigadores comenzaron a aprender algo por fin de aquel incendio que había recorrido el mundo y que seguiría calcinando todo a su paso.

Lo primero que hicieron fue confirmar sus sospechas: la enfermedad letal del otoño era una segunda ola de la misma enfermedad que había llegado en primavera. Basaban sus conclusiones en el hecho de que los que estuvieron expuestos a la ola primaveral habían desarrollado inmunidad a la última. El ejército tenía los mejores registros, que incluían sobre todo a hombres jóvenes. No resultaban útiles para responder a según qué preguntas, aunque sí podían dar una pista sobre la inmunidad y demostrarla. Camp

[11] Russell a Flexner, 25 de noviembre de 1918, *Papeles de Flexner*, APS.

[12] Citado por Dorothy Ann Pettit en «A Cruel Wind: America Experiences the Pandemic of Influenza, 1918-1920, A Social History» (1976), p. 229.

Shelby, por ejemplo, era la sede de la única división estadounidense que permaneció en el país desde marzo hasta el otoño. En abril de 1918, la gripe hizo enfermar a 2000 soldados (de 26.000) con la gravedad suficiente como para tener que buscar tratamiento; muchos tenían, probablemente, infecciones leves o subclínicas, pero los 26.000 estuvieron expuestos a la enfermedad. En verano llegaron 11.654 reclutas nuevos. En octubre la gripe apenas tocó a las tropas que ya estaban allí, pero diezmó a los recién llegados. En Europa la gripe golpeó en primavera al Regimiento Decimoprimero de Ingenieros: enfermaron 613 hombres de un destacamento de 1200 y dos de ellos murieron, pero todos quedaron protegidos frente a la ola letal, pues en otoño el regimiento sufrió solo 150 «resfriados», y una única defunción. Camp Dodge tenía dos unidades de soldados veteranos: la gripe había golpeado a un grupo en primavera, y solo un 6,6 por ciento de esta organización sufrió la gripe en otoño; el otro grupo esquivó la gripe de la primavera, pero un 48,5 por ciento de los soldados padeció la del otoño. Y hubo otros muchos ejemplos.[13]

Las estadísticas confirmaban también lo que todos los médicos, o más bien todo el mundo, ya sabía: también en la población civil habían muerto jóvenes en proporciones extraordinarias y aterradoras. Los mayores, que constituyen el grupo que suele ser más vulnerable a la gripe, no solo sobrevivieron a los ataques de la enfermedad, también los sufrieron con menos frecuencia. Esta resistencia de los mayores era ya un fenómeno mundial. La explicación más plausible era que una pandemia previa (un posterior análisis de los anticuerpos mostró que no era la de 1889-90), tan débil que había pasado desapercibida, fue provocada por un virus semejante al de 1918, lo suficientemente parecido para proporcionar protección.

Por último, una encuesta realizada de puerta en puerta en varias ciudades confirmó también lo obvio: la gente que vivía en condiciones de hacinamiento sufría más que los que vivían con más espacio. Se observó también que los que antes se metían en cama

[13] Comandante general Merritt W. Ireland, ed., *Medical Department of the United States Army in the World War, v. 9, Communicable Diseases* (1928), pp. 127–29.

(al detectar los síntomas) y más tiempo pasaban allí, recibiendo los mejores cuidados, registraban mayores índices de supervivencia. Aunque este último dato no tiene una base científica, todas las averiguaciones sugieren que los pobres morían en mayor número que los ricos. Las preguntas sobre cómo afectó la epidemia a las distintas razas ofrecían datos contradictorios.

Pero casi todo lo demás seguía sin aclararse. Incluso la interacción entre la teoría de los gérmenes y todo lo demás seguía siendo objeto de debate. En 1926, un respetado epidemiólogo continuaba defendiendo una versión de la teoría de la miasma, afirmando que había «una correlación entre [...] la gripe y la variación cíclica de la presión del aire».[14]

En el laboratorio, sin embargo, nada estaba claro. Seguían sin encontrar el patógeno. Se empeñaron muchos recursos en esa investigación, en todas partes. Macfarlane Burnet sobrevivió a la epidemia en Australia cuando era adolescente, y aquello se le grabó en la memoria. Poco después de recibir el premio Nobel declararía: «Para mí, como para tantos otros interesados en la bacteriología y en las enfermedades infecciosas, el principal objetivo de la medicina durante años fue la gripe».[15]

Pero todo ese esfuerzo no logró desbrozar el bosque.

El problema no era la falta de pistas. El problema radicaba en distinguir las pocas pistas que llevaban en la dirección correcta de las que se alejaban de ella. Aquello no era la peste bubónica, cuyo patógeno era de los más sencillos de descubrir porque la bacteria que lo causaba se alojaba en los bubones en grandes cantidades. Esto no era más que una gripe.

Cuando la segunda ola de gripe se extendió por el mundo miles de científicos ya habían hecho frente al problema: en Alemania y Francia, en Gran Bretaña e Italia, en Australia y Brasil, en Japón y China. Pero cuando pasó 1919, y 1920, y la enfermedad se fue debilitando, muchos de esos miles de científicos fueron desistiendo. El problema era demasiado complejo para conceptualizarlo,

[14] David Thomson y Robert Thomson, *Annals of the Pickett-Thomson Research Laboratory, v. 9, Influenza* (1934), p. 259.

[15] F. M. Burnet, «Portraits of Viruses: Influenza Virus A», *Intervirology* (1979), p. 201.

resultaba demasiado complicado encontrar una forma de abordarlo. O bien las técnicas disponibles no parecían las adecuadas, o estaban demasiado lejos de sus viejos intereses o del conocimiento de que disponían. Tras dos años de esfuerzos extraordinarios y continuados por parte de muchos de los mejores investigadores del mundo, Welch haría en 1920 una predicción de lo más frustrante: «Creo que esta epidemia pasará sin que nos hayamos familiarizado con ella ni con la forma de controlarla. Igual que en 1889. Es humillante, pero es así».[16]

Cientos de investigadores continuaron buscando respuesta al enigma, pero no encontraban muchos puntos de acuerdo. Todo era motivo de disputa. Y una de las principales disputas fue la del equipo de William Park y Anna Williams por un lado, y Paul Lewis y los del Rockefeller Institute por otro.

La investigación de Lewis terminaría en ironía y tragedia. El Rockefeller Institute descubriría que la mayoría de sus investigadores estaban equivocados. Salvo Oswald Avery. Avery haría el mayor descubrimiento de todos.

---

[16] Comentarios de Welch sobre el artículo del bacilo de la gripe, sin fecha, archivo 17, caja 109, WP.

35

Las principales preguntas seguían siendo las más simples: ¿qué era lo que causaba la gripe? ¿Cuál era el patógeno? ¿Estaba Pfeiffer en lo cierto cuando identificó la posible causa y la denominó *Bacillus influenzae*? Y si se equivocaba, ¿cuál era entonces la causa? ¿Quién era el asesino? La búsqueda de la respuesta a esta pregunta es un caso clásico de cómo se practica la ciencia, de cómo se encuentran las respuestas, de la complejidad de la naturaleza, de cómo se construye una estructura científica sólida.

Durante toda la epidemia, los bacteriólogos habían obtenido resultados diversos en su búsqueda del *B. influenzae*. Personalidades tan capacitadas como Park y Williams, Lewis o Avery no habían conseguido aislarlo en los primeros casos estudiados. Ajustaron entonces sus técnicas, modificaron el medio de cultivo, añadieron sangre que calentaron a una determinada temperatura, modificaron las tinciones y dieron con él. Park y Williams no tardaron en encontrarlo, y su hallazgo parecía tan sólido que Park aseguró al Consejo Nacional de Investigación que era el agente etiológico: en otras palabras, el origen de la enfermedad. El Servicio de Salud Pública creyó que aquella era la causa. Lewis, a pesar de los recelos iniciales, también creyó que era la causa.

Martha Wollstein, del Rockefeller, llevaba desde 1906 estudiando el bacilo de Pfeiffer. Tras varios años de trabajo seguía sin considerar sus experimentos lo suficientemente «perfilados y estables como para atribuir al bacilo de Pfeiffer la categoría de agente específico desencadenante»,[1] pero había seguido estudiando

[1] Thomson y Thomson, *Influenza*, v. 9, p. 499.

el bacilo. En medio de la pandemia se convenció de que el *B. influenzae* era el que provocaba la enfermedad, y convenció también a sus colegas del Rockefeller. Estaba tan segura que preparó una vacuna exclusivamente contra el bacilo de Pfeiffer que todos aceptaron, a pesar de que la vacuna antineumococo del Rockefeller, a la que ella y sus compañeros tenían acceso, había demostrado su eficacia.

A mitad de la pandemia, la incapacidad de encontrar el bacilo de Pfeiffer no parecía síntoma de celo científico, sino de incompetencia. Cuando un bacteriólogo militar no logró detectarlo en «placas de agar de 159 de los primeros pacientes»,[2] el ejército envió al campamento a otro científico para llevar a cabo «una investigación de los métodos bacteriológicos empleados en el laboratorio del hospital de la base».[3] Típica de la institución que había construido Gorgas, aquella era una investigación en toda regla, y no una caza de brujas. Y llegó a la conclusión de que ese laboratorio en concreto había hecho «un trabajo espléndido: si el bacilo de la gripe hubiera estado presente, lo habríamos encontrado». Pero esa conclusión no llegó hasta mucho tiempo después de terminada la epidemia.

Entretanto, la existencia de tal investigación demostraba, para otros bacteriólogos del ejército, que la incapacidad de encontrar el *B. influenzae* era síntoma de que los científicos no conocían su trabajo. Simultáneamente, Avery publicó las nuevas técnicas que había desarrollado y que hacían mucho más fácil cultivar el organismo. Los bacteriólogos comenzaron a encontrar lo que estaban buscando. En Camp Zachary Taylor los bacteriólogos no lograron encontrar el bacilo de Pfeiffer, pero ya empezaban a informar de un nuevo rumbo: «En los últimos tiempos hemos empleado el medio de Avery (ácido oleico) con resultados muy satisfactorios». Encontraron la bacteria por todas partes: en el 48,7 por ciento de las muestras de sangre tomadas directamente del corazón, en el 54,8 por ciento de los pulmones y en el 48,3 por ciento de los bazos. En Camp Dix, «en todos los casos estudiados se ha encontrado

[2] Capitán Edwin Hirsch a SG, 7 de octubre de 1919, entrada 31D, RG 112, NA.

[3] J. Wheeler Smith Jr. a Callender, 20 de febrero de 1919, entrada 31D, RG 112, NA.

el bacilo de la gripe, bien en los pulmones, bien en el tracto respiratorio superior o en las fosas nasales».[4]

Campamento tras campamento, los bacteriólogos se iban acercando a la misma conclusión. Los bacteriólogos de Camp MacArthur (Texas) no fueron los únicos resueltos a «encontrar la mayor incidencia posible del *B. influenzae*». La encontraron en el 88 por ciento de los pulmones, pero no lo hicieron mediante ensayos irrefutables de laboratorio: se limitaron a mirar por el microscopio e identificaron la bacteria por su aspecto. Estas observaciones eran subjetivas y por lo tanto solo indicaciones, no pruebas.

En Camp Sherman, donde la tasa de mortalidad había estado entre las más altas del país y la reputación de los médicos había quedado en entredicho, el informe final de la epidemia mostraba las tensiones. En una sección escrita por los bacteriólogos el informe decía: «La ausencia persistente de bacilos de la gripe en los diversos materiales examinados nos lleva a no poder atribuir la epidemia al organismo de Pfeiffer».[5] Pero la sección escrita por el patólogo acusaba al bacteriólogo de incompetencia. El patólogo dijo que había observado patógenos a través del microscopio que él creía que eran «el organismo de Pfeiffer» y que «si no se habían encontrado todas las bacterias presentes en esa epidemia era por los métodos de cultivo empleados».[6]

Los investigadores civiles aislaron el bacilo de Pfeiffer con regularidad similar. Sin embargo, con todo lo que se había averiguado del *B. influenzae* de Pfeiffer, el panorama seguía sin estar claro. Rara vez se encontró solo el bacilo de Pfeiffer, incluso con el medio de cultivo de Avery, que inhibía el crecimiento de los neumococos y los estreptococos hemolíticos, ambos encontrados en casos de gripe.

A veces el *B. influenzae* no se encontraba por ninguna parte. Los investigadores no lograron encontrarlo, sobre todo, en los pulmones de las víctimas que habían muerto primero. Al menos en tres

---

[4] Comandante general Merritt W. Ireland, ed., *Medical Department of the United States Army in the World War, v. 12, Pathology of the Acute Respiratory Diseases, and of Gas Gangrene Following War Wounds* (1929), pp. 58, 180–81.

[5] *Ibid.*, p. 140.

[6] *Ibid.*, p. 144.

de los campos —Freemont en California y Gordon y Wheeler en Georgia—, el hecho de que no se encontrara el bacilo de Pfeiffer en una abrumadora mayoría de casos significaba, sencillamente, que los bacteriólogos diagnosticaban a las víctimas de la epidemia «otras enfermedades respiratorias» en lugar de gripe, para no exponerse a las posibles críticas.[7] En algunos casos incluso los investigadores más experimentados encontraron el bacilo en muy raras ocasiones. En Chicago, D. J. Davis, que había estudiado el bacilo de Pfeiffer durante diez años, lo encontró solo en cinco casos de un total de sesenta y dos.[8] En Alemania, donde el propio Pfeiffer seguía siendo una de las figuras más potentes de la ciencia médica, algunos investigadores no pudieron tampoco aislar el bacilo, aunque él seguía insistiendo en que era la causa de la enfermedad.

Estos informes sembraban cada vez más dudas en torno al bacilo de la gripe de Pfeiffer. Los científicos no dudaban de la palabra de quienes lo encontraban, ni dudaban de que fuera el bacilo el que ocasionaba la enfermedad o de que pudiera matar, pero comenzaban a dudar de lo que representaba el hecho de hallarlo.

Había otras preguntas. En plena epidemia, bajo las mayores presiones, muchos bacteriólogos habían comprometido la calidad de su trabajo con la esperanza de obtener resultados con mayor rapidez. Como dijo un científico: «Hacen falta al menos tres semanas de trabajo y concentración para investigar e identificar las distintas especies de estreptococo de una sola gota de esputo normal teñida y colocada sobre una placa de nuestro medio de cultivo. ¿Cómo, entonces, pueden dos trabajadores investigar la bacteriología del tracto respiratorio de, pongamos, 100 casos de gripe, y de 50 individuos normales en un año, salvo que sea de un modo completamente chapucero?».[9]

Park y Williams eran cualquier cosa menos chapuceros. Ambos estuvieron entre los primeros en proclamar al *B. influenzae* como posible causa de la epidemia. A mediados de octubre, Park

[7] Ireland, *Communicable Diseases*, p. 62.

[8] Edwin O. Jordan, *Epidemic Influenza* (1927), p. 393.

[9] Thomson y Thomson, *Influenza*, v. 9, p. 512.

seguía firme en esa posición y declaró que «se habían encontrado bacilos de Pfeiffer prácticamente en todos y cada uno de los casos de gripe infecciosa que estaban claros.[10] Cuando se complicaba y provocaba neumonía, esta se asociaba más bien con el estreptococo hemolítico o con el neumococo. En un caso concreto, la bronconeumonía que se detectó se debía únicamente al bacilo de la gripe. Los resultados del Departamento de Salud de la ciudad de Nueva York coincidían en gran medida con los que informó el Hospital Naval de Chelsea».

Habían preparado y distribuido una vacuna basándose, en gran medida, en su convicción. Pero incluso Park y Williams habían tenido que ceder. A medida que iba remitiendo la epidemia, ellos siguieron adelante con sus investigaciones con gran prudencia. Siempre habían sido los mejores probando hipótesis, buscando fallos, mejorando o ampliando el trabajo original de otros. En ese momento, especialmente para aprender más del organismo y con la esperanza de perfeccionar una vacuna y un suero —aunque también para probar su propia hipótesis de que el *B. influenzae* provocaba la gripe—, comenzaron una serie de experimentos de amplio espectro. Aislaron el bacilo de un centenar de casos y lograron obtener veinte cultivos puros a partir de él. Luego inyectaron los cultivos a conejos, esperaron lo suficiente para que los conejos desarrollaran una respuesta inmune y les extrajeron sangre, centrifugaron los componentes sólidos y prepararon el suero. Cuando se añadió el suero de cada conejo, en un tubo de ensayo, a la bacteria utilizada para infectar a ese conejo, los anticuerpos del suero aglutinaron las bacterias y se adhirieron a ellas formando aglomeraciones visibles.

Habían esperado ese resultado, pero no el siguiente: cuando probaron los diferentes sueros con otros cultivos del bacilo de Pfeiffer la aglutinación solo se produjo en cuatro casos de veinte. En los dieciséis cultivos restantes el suero no se adhería; no sucedió nada. Repitieron los experimentos y obtuvieron los mismos resultados. Todos los cultivos de la bacteria eran del bacilo de Pfeiffer,

---

[10] William H. Park, «Anti-influenza Vaccine as Prophylactic», *New York Medical Journal* (12 de octubre de 1918), p. 621.

el *B. influenzae*. En eso no había error alguno. Sus veinte sueros se adherían a bacterias del mismo cultivo (formando aglutinación) empleado para infectar a ese conejo en concreto. Pero solo cuatro de los veinte sueros se adherían a cualquier bacteria procedente de otro cultivo del bacilo de Pfeiffer.

Durante una década los científicos habían intentado obtener vacunas y sueros inmunológicos para el bacilo de la gripe de Pfeiffer. El propio Flexner lo intentó cuando Lewis abandonó el instituto. Pero nadie lo había logrado.

Park y Williams creyeron entender qué pasaba: pensaban que el bacilo de Pfeiffer se parecía al neumococo. Había docenas de cepas de neumococo. Las de Tipo I, II y III eran lo bastante comunes para que existiera una vacuna y un suero que pudiera proteger, al menos en parte, contra los tres, aunque solo tuviera un efecto óptimo frente a los Tipos I y II. El llamado Tipo IV no era en realidad un tipo, sino una especie de cajón de sastre que significaba «otros neumococos».

Al explorar más en profundidad el bacilo de Pfeiffer se iban convenciendo de que el *B. influenzae* incluía docenas de cepas, cada una de ellas lo suficientemente particular para que un suero inmunológico que funcionaba con una no funcionara con las demás. De hecho, Williams encontró «diez cepas diferentes en diez casos diferentes».[11]

A principios de 1919, Park y Williams cambiaron de idea y afirmaron: «La evidencia de que existen múltiples cepas parece ser diametralmente opuesta a la tesis de que el bacilo de la gripe es la causa de la pandemia. A nosotros nos parece imposible que en unos casos no logremos dar con la cepa que provoca la epidemia, mientras otras cepas abundan enormemente. Los bacilos de la gripe, como los estreptococos y los neumococos, son con toda probabilidad meros invasores secundarios, pero muy importantes».[12]

El bacilo de la gripe, dijeron entonces, no provoca la gripe. Y Anna Williams escribió en su diario: «Cada vez más, la evidencia nos lleva a que la causa está en un virus filtrable».[13]

---

[11] Comentarios de Park, transcripción de las actas de la Comisión de la gripe, 20 de diciembre de 1918, *Papeles de Winslow*.

[12] Thomson y Thomson, *Influenza, v.* 9, p. 498.

[13] Cajón 1, capítulo 22, p. 24, *Papeles de Anna Wessel Williams*, Biblioteca de Schlesinger, Radcliffe College.

Muchos otros estaban empezando a pensar, igualmente, que era un virus filtrable el que provocaba la enfermedad. William MacCallum, de la Hopkins, escribió: «En Camp Lee no encontramos prácticamente bacilos de influenza. En el hospital de dicha universidad rara vez se encontraron bacilos de la gripe. Como se había visto que la neumonía la producían muchas bacterias diferentes, a veces con combinaciones complejas, hacía falta una evidencia específica para demostrar que una de ellas es la que provoca la enfermedad primaria. Y como este organismo concreto no está siempre presente, parece que esa evidencia es muy débil. De hecho, parece probable que la causa de la epidemia sea alguna otra forma de virus vivo que no sea reconocible con nuestros métodos de visión por microscopio con tinción, y que no pueda aislarse o cultivarse con los métodos actualmente empleados».[14]

Pero la cuestión seguía siendo motivo de controversia. Ninguna evidencia señalaba a un virus filtrable, salvo la evidencia negativa, es decir, la ausencia de pruebas que demostrasen otra cosa. Y la teoría de que un virus era lo que provocaba la gripe ya la habían probado algunos científicos excelentes. Durante el primer brote de la segunda ola en Estados Unidos, Rosenau había sospechado efectivamente de un virus filtrable. De hecho, lo llevaba sospechando al menos desde 1916. Su instinto le había impulsado a realizar experimentos exigentes y muy rigurosos que llevó a cabo con sesenta y dos voluntarios del penal de la Marina de Boston. Recogió muestras de sangre y esputo de enfermos vivos y tejido pulmonar emulsionado de los muertos, que diluyó en una solución salina; lo centrifugó, drenó el líquido y lo pasó a través de un filtro de porcelana. Para inocular la enfermedad a los voluntarios intentaron varios sistemas. Emplearon todos los imaginables: inyección, inhalación, goteo a través de las fosas nasales y la garganta, incluso en los ojos, empleando dosis tan elevadas que suponían un riesgo para la vida. Ninguno de los voluntarios enfermó, pero uno de los médicos que estaban realizando los experimentos murió.

---

[14] William MacCallum, «Pathological Anatomy of Pneumonia Following Influenza», *Johns Hopkins Hospital Reports* (1921), pp. 149–51.

En Alemania, un científico intentó aplicar en la garganta de los voluntarios gotas de secreciones nasales filtradas, pero ninguno de los individuos enfermó de gripe. En Chicago, un equipo de investigadores no consiguió infectar a los voluntarios con secreciones filtradas de víctimas de la gripe.[15] Los investigadores de la Marina de San Francisco también fracasaron.

Solo un investigador, en todo el mundo, informó de algún éxito en la transmisión de la enfermedad mediante un filtrado: Charles Nicolle del Institute Pasteur. Pero toda la serie de experimentos de Nicolle afectaba a menos de una docena de personas y monos. Intentó cuatro métodos de transmisión y afirmó que tres de ellos habían salido bien.[16] Primero instiló el filtrado en las fosas nasales de los monos e informó de que habían contraído la gripe. Pudo ser, aunque los monos nunca contraían la gripe en su forma humana. Inyectó un filtrado en las membranas mucosas que rodean los ojos de los monos y afirmó que habían enfermado. Esto era posible en teoría, pero en la práctica era aún menos probable. Después afirmó haber inoculado la gripe a dos voluntarios filtrando la sangre de un mono enfermo e inyectando el filtrado al humano por vía subcutánea. Ambos voluntarios pudieron contraer la gripe, pero ninguno de ellos pudo haberla contraído por el método que defendía Nicolle. Nicolle era brillante: en 1928 ganó el premio Nobel. Pero estos experimentos fallaron.

Así que, a falta de otros candidatos, muchos científicos siguieron convencidos de que el bacilo de Pfeiffer era el que provocaba la enfermedad, incluidos numerosos científicos del Rockefeller Institute. Uno de ellos fue Eugene Opie, el primer alumno estrella de Welch en la Hopkins, que había ido a la Washington University de St. Louis para modelarla inspirándose en la Hopkins, y que había dirigido el trabajo en laboratorio de la comisión del ejército para la neumonía. En 1922, él y otros miembros de la comisión publicaron sus resultados en un libro titulado *Epidemic Respiratory Disease* [Enfermedad respiratoria epidémica]. Uno de los autores

---

[15] Thomson y Thomson, *Influenza*, v. 9, pp. 603–8.

[16] Charles Nicolle y Charles LeBailly, «Recherches experimentales sur la grippe», *Annales de l'Institut Pasteur* (1919), pp. 395–402, traducidos para el autor por Eric Barry.

era Thomas Rivers, que para entonces ya estaba trabajando con virus; en 1926 definió la diferencia entre virus y bacteria, creando el campo de la virología y convirtiéndose en uno de los virólogos punteros del mundo. Pero pasó los primeros cinco años después de la guerra continuando las investigaciones de Pfeiffer y escribiendo artículos sobre ellas mientras comenzaba sus propias investigaciones sobre virus. Lo recordaba así: «Nos las arreglamos para extraer los bacilos de la influenza de todas las personas que sufrieron un ataque de la enfermedad... Los encontramos, y rápidamente llegamos a la conclusión de que el bacilo de la gripe era la causa de la pandemia».[17]

Y lo que sucedió fue que casi todos los investigadores creyeron en su propio trabajo: si habían encontrado el bacilo de la gripe en abundancia, sostuvieron que era el que causaba la gripe; si no lo habían encontrado, pensaron que no era la causa.

Solo unos pocos miraron más allá de sus propios resultados y se mostraron dispuestos a contradecirse. Park y Williams se encontraban entre esta minoría. Con ello demostraron una extraordinaria apertura de miras y una enorme disposición a mirar con ojos nuevos los resultados de sus propios experimentos.

Park y Williams se habían convencido, y habían convencido a otros cuantos, de que el bacilo de la gripe no era la causa de aquella gripe. Y siguieron avanzando por ahí. Dejaron de trabajar en la gripe en parte por convicción y en parte porque el laboratorio municipal de Nueva York estaba perdiendo la financiación para realizar investigaciones serias. Además, se estaban haciendo viejos.

Durante toda la década de 1920, los investigadores continuaron trabajando en el problema. Como dijo Burnet, aquella era la pregunta más importante que se había hecho la ciencia médica durante años.

En Inglaterra, Alexander Fleming se concentró, como había hecho Avery, en desarrollar un medio en el que pudiera crecer el bacilo. En 1928 dejó sin cubrir una placa de Petri con un cultivo

[17] Saul Benison, *Tom Rivers: Reflections on a Life in Medicine and Science, An Oral History Memoir* (1967), p. 59.

de estafilococo creciendo sobre ella: dos días después descubrió que un moho estaba inhibiendo el crecimiento. Extrajo del moho la sustancia que había detenido a la bacteria y la llamó penicilina. Fleming descubrió que la penicilina mataba el estafilococo, el estreptococo hemolítico, el neumococo, el gonococo, los bacilos de la difteria y otras bacterias, pero no tenía ningún efecto sobre el bacilo de la gripe.[18] No intentó desarrollar un medicamento basado en la penicilina: para él lo más importante era el bacilo de la gripe, tanto que pensaba emplear la penicilina para contribuir a su crecimiento, dado que con ella podría matar a cualquier bacteria que contaminara el cultivo. En sus propias palabras, utilizó la penicilina «para aislar los bacilos de la influenza». Y esa «técnica de cultivo selectivo específica» le permitió encontrar «*B. influenzae* en las encías, en las fosas nasales y en las amígdalas de prácticamente todos los individuos», según sus investigaciones.

Fleming nunca contempló la penicilina como un antibiótico. Lo hicieron una década después Howard Florey y Ernst Chain, financiados por la Rockefeller Foundation, que desarrollaron el hallazgo de Fleming y obtuvieron el primer fármaco milagroso. Era tan escasa y tan potente que en la Segunda Guerra Mundial los equipos del ejército de los Estados Unidos la extraían de la orina de los hombres que habían sido tratados con ella para poder reutilizarla. En 1945, Florey, Chain y Fleming compartieron el premio Nobel.

En 1929, en una gran conferencia sobre la gripe, Welch ofreció una valoración personal: «Yo tengo la impresión de que hay muy poca evidencia de que el *B. influenzae* sea la causa, pero cuando se ven investigaciones tan destacadas como las del doctor Opie, por ejemplo, parece que la evidencia que tenemos favorece al bacilo de Pfeiffer, y no me queda más remedio que pensar que el fracaso de otros bacteriólogos que trataron de encontrarlo sin conseguirlo se debió a un error de técnica, a una falta de habilidades... No puede decirse que no haya margen para investigar más. Lo que siempre me ha llamado la atención es que la gripe sea, posiblemente, una infección causada por un virus desconocido, con

[18] Thomson y Thomson, *Influenza, v.* 9, pp. 287, 291, 497.

ese efecto extraordinario de reducir la resistencia para que el cuerpo, o al menos el tracto respiratorio, se quede de tal modo afectado que cualquier organismo sea capaz de invadir y producir problemas respiratorios agudos y neumonía».[19]

En 1931, el propio Pfeiffer seguía sosteniendo lo mismo: de todos los organismos descritos hasta el momento, el patógeno que él había llamado *Bacillus influenzae* y al que todo el mundo había puesto su apellido era «el que tenía más probabilidades de considerarse el agente etiológico primario, y su único competidor era un virus filtrable no identificado».[20]

* * *

Avery continuó trabajando en el bacilo de la gripe durante varios años después de que terminara la pandemia. Como dijo su protegido René Dubos, «sus problemas científicos prácticamente le fueron impuestos por su entorno social».[21] Se refería a que el Rockefeller Institute influía en su elección de los problemas científicos a investigar. Si algo importaba a Flexner y Cole, Avery trabajaba en ello.

Realizó notables progresos, demostrando que el paso de un animal a otro aumentaba la letalidad del bacilo y, más importante aún, aislando los factores de la sangre que el *B. influenzae* necesitaba para crecer y que en un principio identificó como X y V. Fue un trabajo extraordinario, un trabajo que marcó un hito en la comprensión de las necesidades nutricionales y el metabolismo de todas las bacterias.

Pero al alejarse la posibilidad de que fuera el bacilo de Pfeiffer el que provocaba la gripe también comenzó a ceder la presión para que lo investigara. Aunque en principio se había sentido inclinado a creer que sí provocaba la gripe, Avery se pasó al bando cada vez más numeroso de científicos que pensaban que el bacilo de la gripe

[19] Comentarios de Welch, conferencia del USPHS sobre la gripe, 10 de enero de 1929, cuadro 116, archivo 11, WP. La propia conferencia se recoge en *Public Health Reports* 44, núm. 122.

[20] Thomson y Thomson, *Influenza, v.* 9, p. 512.

[21] René Dubos, *The Professor, the Institute and DNA* (1976), p. 174.

no había recibido el nombre correcto. Él no tenía un interés inherente en el organismo, y nunca había abandonado sus investigaciones del neumococo. La epidemia había puesto de manifiesto, más que nunca, la naturaleza letal de la neumonía. Porque era la neumonía la que había provocado las muertes, y seguía estando a la cabeza de todo un ejército de enfermedades mortales. La neumonía era el objetivo. Así que se consagró en cuerpo y alma a su investigación del neumococo, que estudiaría durante el resto de su vida científica.

De hecho, con el paso de los primeros meses y los primeros años, Avery fue limitando todo su mundo a la investigación en la que se había embarcado. En general, siempre estaba centrado en lo que hacía, pero llegado ese momento el resto dejó de existir. Hasta Dubos lo comentó: «Me ha sorprendido muchas veces, en ocasiones incluso me ha chocado, que sus fuentes de información científica no fueran tan amplias como podía creerse, dadas su fama y la variedad y magnitud de sus logros como científico».[22] En otra ocasión, el propio Dubos observó: «No hizo grandes esfuerzos por seguir las últimas tendencias científicas ni de otros campos intelectuales: en lugar de eso, centró su atención en temas que estaban directamente relacionados con el problema concreto que estaba estudiando. En el laboratorio solo aplicó una serie limitada de técnicas que rara vez amplió o modificó».[23]

Su atención se iba centrando cada vez más en un asunto, que era lo único que le interesaba y quería comprender: el neumococo. Era como si su mente fuese no ya un filtro, sino un embudo: un embudo que concentraba toda la luz y la información del mundo en un solo punto. Y él no se limitaba a mirar al fondo de ese embudo, donde confluía todo, para extraer una serie de datos, sino que lo clavaba en la tierra para cavar a más profundidad, para excavar un túnel tan hondo que la única luz que llegaba hasta allí era la que él llevaba consigo. Y así lo único que veía era lo que tenía ante sí.

---

[22] *Ibid.*, p. 74.

[23] Dubos, «Oswald Theodore Avery, 1877–1955», *Biographical Memoirs of Fellows of the Royal Society* (1956), p. 40.

Y comenzó a acotar cada vez más los límites de su objetivo, hasta centrarse solo en un aspecto del neumococo: la cápsula de polisacáridos, esa cobertura de azúcar parecida a la que envuelve los M&M's. El sistema inmune tenía grandes dificultades a la hora de atacar a un neumococo encapsulado. Los neumococos encapsulados crecían rápidamente y sin impedimento alguno una vez que llegaban a los pulmones. Y mataban. Los neumococos sin cobertura no eran virulentos: el sistema inmune los destruía con facilidad.

En las mesas del comedor del instituto, cómodamente sentados entre *baguettes* de pan francés y un suministro interminable de café, los científicos intercambiaban conocimientos. Las mesas eran de ocho comensales, y casi siempre había algún veterano dirigiendo la conversación. Avery hablaba poco, aunque se iba haciendo mayor y adquiriendo experiencia. Pero a su modo centralizaba el diálogo, porque siempre hacía preguntas atinadas sobre problemas a los que se enfrentaba y buscaba ideas que pudieran ayudarle.

Intentaba constantemente reclutar a personas cuyos conocimientos complementaran los suyos. Necesitaba un bioquímico y, a comienzos de 1921, intentó contratar a Michael Heidelberger, bioquímico joven y brillante que trabajaba en el laboratorio del Nobel Karl Landsteiner. «Avery salía de su laboratorio y me mostraba un vial de una sustancia verde oscura con aspecto asqueroso y decía: "Fíjate, chico. Todo el secreto de la especificidad de la bacteria está en este vial. ¿Cuándo vas a ponerte a trabajar en ello?"».[24]

Dentro de aquel vial había unas cápsulas disueltas. Avery había aislado la materia sólida de la sangre y la orina de algunos enfermos de neumonía, pues creía que esa materia contenía el secreto de la utilización del sistema inmune para vencer a la neumonía. Si pudiera encontrar ese secreto... Heidelberger se unió al fin a Avery, al igual que otros. Y Avery se instaló en una rutina sin variaciones. Vivía en la Calle 67 Este y el laboratorio estaba en la 66 con York. Todas las mañanas hacía el mismo trayecto, a la misma hora y con una chaqueta gris que parecía la misma todos los días; cogía el ascensor hasta su oficina, en el sexto piso, y cambiaba la chaqueta por una bata de laboratorio de un color parduzco. Solo

[24] Michael Heidelberger, relato oral 70, NLM.

cuando hacía algo inusual, solo si se trataba de una ocasión especial, se ponía una bata blanca.

Pero su trabajo no era en absoluto rutinario. Realizaba sus experimentos en mesas de madera diseñadas para el trabajo de oficina. Su equipo era tan sencillo que resultaba casi primitivo. A Avery no le gustaban los cacharros. Cuando experimentaba, como recordaba un colega suyo, «estaba plenamente centrado; sus movimientos eran limitados, pero estaban investidos de una extraordinaria precisión y elegancia. Todo su ser parecía identificarse con el aspecto perfectamente definido de la realidad que estaba estudiando. Toda confusión parecía evaporarse, quizá porque todo lo que le rodeaba permanecía perfectamente ordenado».[25]

Cada experimento creaba su propio mundo, con un sinfín de posibilidades de gozo y desesperación. Avery dejaba los cultivos en una incubadora durante toda la noche, y todas las mañanas él y sus jóvenes colegas iban a ver qué encontraban. Aunque él era tranquilo y reservado, en esos momentos siempre se mostraba tenso y su expresión era al mismo tiempo expectante y temerosa.

En 1923, él y Heidelberger pusieron patas arriba el mundo científico al demostrar que las cápsulas generaban una respuesta inmune. Las cápsulas eran puros carbohidratos. Hasta entonces los investigadores habían creído que solo una proteína o algo que contuviera proteínas podía estimular la respuesta del sistema inmune.

El hallazgo no hizo más que espolear a Avery y sus colegas. Más que nunca, se concentró en la cápsula, dejando aparte prácticamente todo lo demás. Creía que allí estaba la clave de la reacción específica del sistema inmune, la clave para conseguir una terapia efectiva o una vacuna, la clave para matar al asesino. Y creyó que gran parte de lo que había descubierto del neumococo sería aplicable a todas las bacterias.

En 1928, Fred Griffith publicó en Gran Bretaña un hallazgo sorprendente que generó cierta confusión: Griffith había descubierto que todos los tipos conocidos de neumococos pueden existir con o sin recubrimiento. Los neumococos virulentos estaban encapsulados, y los no encapsulados podían ser destruidos por el

[25] Dubos, *Professor, Institute and DNA*, p. 173.

sistema inmune con facilidad. Luego encontró algo mucho más extraño. Mató a los neumococos virulentos, los que iban encapsulados, y se los inyectó a algunos ratones. Como las bacterias estaban muertas, todos los ratones sobrevivieron. Luego inyectó neumococos vivos de los que no están encapsulados y no son virulentos. Todos los ratones vivieron: sus sistemas inmunes devoraron los neumococos no encapsulados. Pero luego inyectó neumococos muertos encapsulados y neumococos vivos no encapsulados. Y los ratones murieron.

Por alguna razón los neumococos vivos se habían provisto de un recubrimiento: habían cambiado, y ahora estaban encapsulados. Cuando se aislaron de los ratones continuaron creciendo con la cápsula..., como si la hubieran heredado.

El informe de Griffith parecía dejar sin sentido todos los años de investigación y vida de Avery. El sistema inmune se basaba en la especificidad. Avery creyó que la cápsula era fundamental para la especificidad. Pero si el neumococo podía cambiar, aquello tiraba por tierra todo lo que él había creído y había considerado probado. Durante meses se negó a tomar en cuenta las conclusiones de Griffith, que no le parecían fundamentadas. Pero la desesperación de Avery era impresionante. Dejó el laboratorio. No fue por allí durante seis meses. Contrajo la enfermedad de Graves, una dolencia vinculada al estrés. Cuando regresó, Michael Dawson, un colega más joven al que le había pedido que comprobara los resultados del experimento de Griffith, los había confirmado. Avery tuvo que aceptarlos.

Su trabajo cambió entonces de dirección. Necesitaba entender cómo un tipo de neumococo se transformaba en otro. Tenía casi sesenta años. Thomas Huxley había dicho: «Un hombre de ciencia de más de sesenta años causa más perjuicio que beneficio». Pero en aquel momento Avery se centró más que nunca en su tarea.

En 1931, Dawson —que aún estaba en la Universidad de Columbia pero seguía trabajando con Avery— y un asistente suyo consiguieron transformar en un tubo de ensayo un neumococo sin cápsula en uno con cápsula. Al año siguiente, los científicos del laboratorio de Avery lograron utilizar un extracto sin células obtenido de neumococos encapsulados muertos para hacer que las bacterias sin cápsulas se transformaran en bacterias con cápsulas.

Uno tras otro, los jóvenes científicos del laboratorio seguían avanzando. Avery seguía adelante. A finales de la década de 1930 estaba trabajando con Colin MacLeod y Maclyn McCarty, que habían invertido todas sus energías en comprender cómo tenía lugar aquel proceso. Si Avery había pedido precisión, ahora exigía una perfección casi absoluta, irrefutable. Lograron obtener grandes cantidades de neumococos virulentos de Tipo III y pasaron, no ya horas, sino días e incluso meses y años rompiendo bacterias, buscando en cada uno de sus componentes, intentando comprender. Era una tarea absolutamente tediosa, un trabajo que producía un error tras otro, un fracaso tras otro.

El nombre de Avery aparecía cada vez en menos documentos. Ello se debió, en gran parte, a que él solo ponía su nombre en los artículos de algún miembro de su laboratorio si había llevado a cabo personalmente un experimento incluido en la investigación sobre la que versaba dicho artículo, y no si solo había contribuido a ella desde el punto de vista conceptual (aunque fuese en gran medida) o si se había limitado a discutir (aunque lo hizo con gran frecuencia) las ideas con el investigador principal. En este sentido, Avery era tremendamente generoso: lo normal era que un jefe de laboratorio pusiera su nombre prácticamente en todos los documentos o artículos que escribiese algún miembro de su equipo. Dubos recordaba que había trabajado catorce años a sus órdenes y que, pese a que Avery había influido prácticamente en el cien por cien de su trabajo, su nombre solo aparecía cuatro veces en artículos suyos. Otro joven investigador dijo: «Siempre he sentido en lo más hondo de mí que entre Avery y yo había una relación de compañerismo. Y me sorprendió enormemente comprobar que nunca habíamos publicado un documento conjunto».[26]

Pero Avery también publicaba menos porque tenía menos que contar. El trabajo que estaba haciendo era extraordinariamente exigente, y desde el punto de vista técnico estaba a punto de superar sus propios límites. «La decepción es mi pan de cada día. Es

[26] *Ibid.*, p. 82.

la que me hace crecer», afirmó. Pero no crecía. Pensó con frecuencia en dejar el trabajo, en dejarlo todo. Pero todos los días llenaba prácticamente todas sus horas de vigilia entregado a él. Entre 1934 y 1941 no publicó nada. Nada. Pasar un período de sequía como ese es, para cualquier científico, más que deprimente: es la refutación de las propias capacidades, de la propia vida. Pero en medio de esa sequía, Avery confesó a un joven científico que había dos tipos de investigadores. La mayoría «van por ahí cogiendo las pepitas de oro que hay en la superficie; las cogen en cuanto las avistan y las añaden a su colección. Pero los hay de otro tipo: los que no están interesados en esas pepitas de la superficie y lo que quieren es cavar en la tierra, en un punto determinado, un agujero profundo para ver si llegan a la veta. Y claro, si llegan a la veta de oro el avance es espectacular».[27]

En 1940 creyó que había cavado con la profundidad suficiente para encontrar algo de valor. Entre 1941 y 1944 tampoco publicó nada. Pero en esa ocasión era distinto. Estaba trabajando en algo que le emocionaba como nada le había emocionado antes. Estaba ganando confianza, convencido de que llegaría a su destino. Heidelberger recordaba que «Avery llegaba y se ponía a hablar de su trabajo con la sustancia transformadora... Algo le decía que esa sustancia transformadora era algo verdaderamente fundamental para la biología, para entender la vida en sí misma».[28]

A Avery le encantaba un proverbio que dice: «Ladran, luego cabalgamos». No tenía nada que publicar porque su trabajo se basaba principalmente en el descarte. Pero avanzaba. Había aislado a lo que fuese aquello que transformaba el neumococo. Y estaba analizando esa sustancia mediante la eliminación de una posibilidad tras otra.

Primero eliminó las proteínas. Las enzimas que desactivaban las proteínas no tenían efecto alguno en la sustancia. Luego eliminó los lípidos, los ácidos grasos. Otras enzimas que destruían los lípidos no tenían efecto alguno en la capacidad de esa sustancia para transformar los neumococos. Eliminó los carbohidratos. Le

---

[27] *Ibid.*, p. 175.

[28] Heidelberger, relato oral, p. 129.

quedaba una sustancia rica en ácido nucleico, pero una enzima aislada por Dubos que destruye el ácido ribonucleico tampoco tenía efecto alguno sobre la sustancia transformadora. Cada uno de esos pasos le había llevado meses, o años. Pero ahora lo veía claro.

En 1943 se jubiló oficialmente y se convirtió en miembro emérito del instituto. Su jubilación no cambió nada. Siguió trabajando como había hecho siempre: probando, avanzando, afianzando. Aquel año escribió a su hermano menor, que era médico, hablándole de extraordinarios hallazgos. En abril informó a la Junta de Directores Científicos del instituto. Sus hallazgos revolucionarían toda la biología, y las evidencias que los sustentaban parecían más que sólidas. Cualquier científico que hubiera encontrado lo mismo que él habría publicado algo al respecto. Pero él siguió sin publicar nada. Uno de sus compañeros más jóvenes le preguntó: «Fess, ¿qué más quiere usted conseguir?».[29]

Pero él ya se había quemado una vez. Había sido hacía mucho tiempo, en aquel primer trabajo en el Rockefeller, cuando publicó una teoría muy ambiciosa, que abarcaba el metabolismo bacteriano, la virulencia y la inmunidad. Se había equivocado, y nunca olvidó la humillación. Siguió trabajando. Finalmente, en noviembre de 1943, él, MacLeod y McCarty presentaron un artículo titulado «Estudios sobre la naturaleza química de la sustancia que induce la transformación de los tipos de neumococos. Inducción de la transformación con una fracción de ácido desoxirribonucleico aislado del neumococo de Tipo III» al *Journal of Experimental Medicine*, fundado por Welch. En febrero de 1944 el diario publicó ese artículo.

El ADN, o ácido desoxirribonucleico, había sido aislado a finales de la década de 1860 por un investigador suizo. Nadie conocía su función. Los genetistas lo ignoraban. La molécula parecía demasiado simple como para tener nada que ver con los genes o con la herencia. Los genetistas creían que las proteínas, que son mucho más complejas que las moléculas, eran las portadoras del código genético. Avery, MacLeod y McCarty escribieron: «La sustancia inductora se ha comparado con el gen, y el antígeno

[29] Dubos, *Professor, Institute and DNA*, p. 143.

capsular que se produce como respuesta se ha considerado un producto genético».[30]

Avery había descubierto que la sustancia que transformaba un neumococo con cápsula en un neumococo sin cápsula era el ADN. Una vez transformado el neumococo, su progenie heredaba el cambio. Había demostrado que el ADN era el portador de la información genética, que los genes se alojan en él.

Sus experimentos eran exquisitos, elegantes e irrefutables. Un colega del Rockefeller llevó a cabo otros que confirmaban los de Pfeiffer con el *B. influenzae.*

Entre los historiadores científicos siempre ha existido cierta controversia sobre el impacto inmediato que pudo tener el artículo de Avery, en gran medida porque un genetista, Gunther Stent, escribió que «había tenido poca influencia en las ideas sobre el mecanismo de la herencia que primaron durante los ocho años siguientes».[31] La comunidad científica no aceptó las conclusiones de Avery como algo cierto de manera inmediata, pero sí las aceptaron los científicos que importaban.

Antes de que Avery descubriera (y demostrara) que el ADN portaba el código genético, se le había considerado seriamente para el premio Nobel por su contribución, a lo largo de toda una vida, al conocimiento de la inmunoquímica. Pero entonces llegó ese artículo revolucionario y, en lugar de valerle la distinción, el comité del Nobel lo consideró excesivamente osado y no quiso correr el riesgo de avalar sus hallazgos mientras no los confirmaran otros. La historia oficial de la organización que otorga el premio reza así: «Eran unos resultados de importancia fundamental, obviamente; pero el comité del Nobel ha preferido esperar hasta que se sepa más...».[32]

Y algunos resolvieron que así sería.

---

[30] Oswald Avery, Colin McLeod y Maclyn McCarty, «Studies on the Chemical Nature of the Substance Inducing Transformation of Pneumococcal Types», *Journal of Experimental Medicine* (1 de febrero de 1944, reimpresión de febrero de 1979), pp. 297-326.

[31] Gunther Stent, *Introduction, The Double Helix: A Norton Critical Edition by James Watson* (1980), XIV.

[32] Nobelstiftelsen, *Nobel, the Man, and his Prizes* (1962), p. 281.

James Watson escribió junto a Francis Crick (codescubridor de la estructura del ADN) su clásico *La doble hélice*, donde apunta que «en general se aceptaba que los genes eran tipos especiales de moléculas de proteína» hasta que «Avery demostró que los rasgos hereditarios pueden transmitirse de una célula bacteriana a otra mediante moléculas de ADN purificadas [...]. Los experimentos de Avery sugieren, en gran medida, que todos los genes se componen de ADN [...]. El experimento de Avery hizo que el ADN empezase a reconocerse como material genético esencial [...]. Naturalmente, hubo científicos que pensaron que la evidencia que avalaba el ADN no era conclusiva, y prefirieron creer que los genes eran moléculas de proteína. Francis, sin embargo, no se preocupó por estos escépticos. Muchos no eran más que un puñado de cascarrabias que siempre habían apostado al caballo equivocado [...] y no solo eran estrechos de mente y poco brillantes, también eran, simplemente, estúpidos».[33]

Watson y Crick no fueron los únicos investigadores que buscaban el gran premio, el premio más grande de todos, la clave de la herencia y, posiblemente, de la vida, y que inmediatamente comprendieron la importancia del trabajo de Avery. Erwin Chargaff, un químico cuyas averiguaciones fueron cruciales para que Watson y Crick entendieran de la molécula del ADN lo suficiente para determinar su estructura, afirmó: «Avery nos dio el primer texto de un lenguaje nuevo, o más bien nos enseñó dónde ir a buscarlo. Yo decidí buscar el texto».[34]

Max Delbruck, que estaba intentando comprender la herencia genética utilizando los virus, dijo: «Él siempre estaba muy atento a lo que estábamos haciendo nosotros, y nosotros muy atentos a lo que estaba haciendo él [...]. Era obvio que ahí había algo interesante».[35]

Salvador Luria, que trabajaba con Delbruck (Watson fue alumno suyo), rechazó de forma parecida la opinión de Stent de que los hallazgos de Avery fueron ignorados. Luria recordaba haber discutido un día con Avery las implicaciones de su trabajo mientras

---

[33] James Watson, *The Double Helix: A Norton Critical Edition*, véase pp. 12, 13, 18.

[34] Horace Judson, *Eighth Day of Creation: The Makers of the Revolution in Biology* (1979), p. 94.

[35] *Ibid.*, p. 59.

comían en el Rockefeller Institute: «Creo que no tiene ningún sentido decir que no nos dábamos cuenta».[36]

Peter Medawar observó: «La edad oscura del ADN tocó a su fin en 1944, con Avery».[37] Medawar dijo de su trabajo que era «el experimento biológico más portentoso e interesante del siglo XX».

Macfarlane Burnet estaba estudiando las enfermedades infecciosas, no los genes. Pero en 1943 visitó el laboratorio de Avery y se quedó atónito. Contaba que Avery estaba «ni más ni menos, llevando a cabo el aislamiento de un gen puro en forma de ácido desoxirribonucleico».

De hecho, lo que Avery logró fue un clásico de la ciencia más básica: comenzó su investigación buscando una cura para la neumonía y terminó, según Burnet, «abriendo el campo de la biología molecular».[38]

Watson, Crick, Delbruck, Luria, Medawar y Burnet ganaron todos el premio Nobel. Avery no.

La Rockefeller University (antes Rockefeller Institute for Medical Research) dio su nombre a una de sus puertas, un honor que no se había concedido a nadie. Y la Biblioteca Nacional de Medicina ofrece una serie de perfiles en línea de científicos destacados: Avery fue el primero en disfrutar de ese honor.

Oswald Avery tenía sesenta y siete años cuando publicó su artículo sobre «el principio transformador». Murió once años después, en 1955, dos años después de que Watson y Crick desdoblaran la estructura del ADN. Murió en Nashville, adonde se había trasladado para vivir cerca de su hermano y su familia. Dubos comparó su muerte con la de Welch, en 1934, y citó la frase que dijo Simon Flexner cuando Welch abandonó la escena: «Mientras su cuerpo sufría, su mente luchaba por mantener ante el mundo el mismo aspecto exterior plácido que había sido su bandera y escudo. Popsy, el médico al que tanto quisimos, murió como había vivido, manteniéndose firme en su opinión y esencialmente solo».[39]

---

[36] *Ibid.*, pp. 62-63.

[37] Watson, *Double Helix*, p. 219.

[38] Dubos, *Professor, Institute and DNA*, p. 156.

[39] *Ibid.*, p. 164.

36

Durante los primeros años tras la pandemia, Paul Lewis continuó dirigiendo el Henry Phipps Institute de la Universidad de Pensilvania.

Pero Lewis no era feliz. Era de los que aún creían que la enfermedad la causaba el *B. influenzae*, y siguió trabajando en ello cuando hubo pasado la epidemia. Había en ello cierta ironía, dado que en un principio había sido renuente a aceptar su papel etiológico, sospechando que se trata de un virus filtrable. Quizá la principal razón de su tozudez fuera su propia experiencia: no solo había encontrado el bacilo de forma habitual en sus investigaciones, sino que había producido una vacuna que parecía funcionar. Es cierto que la Marina había administrado una vacuna preparada según los métodos de Lewis a varios miles de hombres y había resultado ineficaz, pero no la había fabricado él mismo. Un lote menor que preparó él personalmente —y que sometió a varias pruebas durante el pico de la epidemia, no en las fases posteriores, cuando muchas vacunas parecían funcionar pero el resultado era confuso porque la epidemia estaba remitiendo— había mostrado una sólida evidencia de su eficacia.[1] Solo tres de las sesenta personas que recibieron la vacuna desarrollaron neumonía y ninguna murió; en un grupo de control se registraron diez neumonías y tres muertes.

Aquellos resultados le decepcionaron. A lo largo de su carrera científica no siempre había tomado la decisión correcta —ningún

[1] Transcripción de las actas de la comisión para la gripe, primera sesión, 30 de octubre de 1918; segunda sesión, 22 de noviembre de 1918; cuarta sesión, 14 de febrero de 1919, *Papeles de Winslow.*

investigador lo hace—, pero ese podía ser su primer error significativo como científico. Y parecía que iba a marcar el comienzo de la cuesta abajo.

Sin embargo, eso no estaba tan claro al principio. Se había construido ya una reputación internacional. El periódico alemán *Zeitschrift für Tuberkulose* tradujo y reimprimió su trabajo. En 1917 fue invitado a dar la conferencia anual en Harvey sobre la tuberculosis, lo que era un gran honor: Rufus Cole, por ejemplo, tardaría aún una década en recibir esa invitación. Ochenta y cinco años después, el doctor David Lewis Aronson —un científico cuyo padre, también científico, había trabajado en los mejores laboratorios de Europa y recibido algunos galardones, consideraba a Lewis el hombre más inteligente que había conocido, razón por la cual llamó a su hijo como él— recordaba, en la lectura de su discurso: «Se podía ver cómo funcionaba la cabeza de Lewis: la profundidad de su concentración, una visión que iba más allá de lo que estaba sucediendo en el momento».[2]

Sin duda, la visión de Lewis se había ampliado. Sus intereses incluían ya las matemáticas y la bioquímica, y, como no tenía recursos propios, pidió a Flexner que le proporcionara «algún apoyo». Se refería a un físico al que Lewis quería atraer hacia el campo de la medicina para examinar tintes fluorescentes y estudiar «el poder desinfectante de la luz y su capacidad de penetración en tejidos animales».[3] Flexner lo hizo, y siguió impresionándose con el trabajo de Lewis. De hecho, respondió puntualmente a vuelta de correo cuando Lewis le envió un artículo que iba a publicar en el *Journal of Experimental Medicine*, que Flexner calificó de «interesante e importante».[4]

Pero después de la guerra la vida llevaba a Lewis por un camino que no era el del laboratorio, lo que le resultaba frustrante. Henry Phipps, el magnate estadounidense del acero que había dado su nombre al instituto que dirigía Lewis, no había sido generoso en sus dotaciones económicas a la institución. El salario

---

[2] Entrevista con el Dr. David Aronson, 31 de enero de 2002 y 8 de abril de 2003.

[3] Lewis a Flexner, 29 de noviembre de 1916, *Papeles de Flexner*, APS.

[4] Flexner a Lewis, 29 de enero de 1919, *Papeles de Flexner*, APS.

de Lewis, por ejemplo, no había aumentando demasiado, de 3500 dólares al año en 1910, cuando accedió al puesto, a 5000 justo antes de la guerra. Flexner seguía considerando que estaba muy mal pagado y cuando terminó la guerra hizo gestiones para que la Universidad de California, en Berkeley, le ofreciera una cátedra. Lewis rechazó la oferta, pero la Universidad de Pensilvania le aumentó el salario a 6000 dólares, una cantidad importante en aquellos tiempos.

Pero aunque su salario fuera más que adecuado, necesitaba financiar un instituto de investigación entero, aunque fuese pequeño. Necesitaba dinero para centrifugadoras, instrumental y tubos de ensayo, quemadores y, por supuesto, para contratar *dieners* —es el nombre que aún se da a los técnicos— y jóvenes científicos. Necesitaba dinero para todo eso, y tenía que buscar él mismo la financiación. En consecuencia, Lewis se vio cada vez más metido en el entorno social de Filadelfia buscando patrocinio y desplegando su encanto. Aprendió a venderse: se estaba convirtiendo en un comercial que se vendía a sí mismo y vendía el instituto, pero era una labor que detestaba. Detestaba las fiestas y todo lo que le apartara del laboratorio y se llevara su energía a otra parte. Además, el país estaba sumido en una profunda recesión, con cuatro millones de soldados que habían entrado de repente en el mercado de trabajo, con la fabricación de buques y tanques detenida, con Europa destruida e incapacitada para construir nada. Obtener fondos se había convertido en algo más que difícil.

En 1921, la Universidad de Iowa se puso en contacto con él. Querían convertirse en una institución de primera línea en el ámbito de la investigación y querían que él dirigiese el programa y lo pusiera en marcha. El Gobierno estatal financiaría el proyecto. Flexner había sido más que un mentor para Lewis, y Lewis le confió sus sentimientos al respecto: aquel puesto en Iowa le parecía, en sus propias palabras, «sólido, seguro y de inspiración limitada». Y añadió: «Sabe usted que yo no me crezco sumido en la rutina».[5] Y a Phipps: «Creo que gran parte del trabajo que tengo entre manos ahora mismo tiene un enorme potencial [...]. Ya ve que estoy

[5] Lewis a Flexner, 21 de abril de 1921, *Papeles de Flexner*, APS.

intentando convencerme de que tengo derecho a apostar por esto y elegirlo cuando la alternativa es un panorama seguro, pero gris, en Iowa City. Apreciaría mucho su opinión».

Flexner le aconsejó que aceptara la oferta: «Todo lo que he oído de la situación médica en Iowa City es favorable [...]. Un contraste muy marcado con la de Filadelfia, la verdad. Está bien asentada y tiene visos de permanencia [...] y no me cabe duda de que bajo la influencia de su vigorosa dirección el departamento que usted presidiría llegaría a ser tan notable que el Estado le apoyaría si fuese necesaria cualquier ampliación».[6]

Flexner no explicó a Lewis lo bien que se le acomodaba el puesto ni por qué estaba tan capacitado para hacer aquel tipo de trabajo, pero comentó a un colega que Lewis «podía influir mucho en la enseñanza de la medicina y la investigación». Y poseía quizás algo que también tenía Welch: «unas dotes de exposición muy poco usuales». Sabía muchísimo de todo y, tanto si era consciente de ello como si no, resultaba inspirador. De hecho, Flexner creyó que podía ser «un líder en su campo».

La Universidad de Pensilvania le hizo una contraoferta: le dio un nuevo cargo, le aumentó el sueldo a 8000 dólares —que le garantizaba durante cinco años— y le aseguraba la financiación del instituto para dos años. Se quedó. Flexner le felicitó: «A ti y a la Universidad, sobre todo, por ese honor».[7] También le preguntaba si el nuevo puesto aumentaba sus responsabilidades en la Universidad.

La respuesta era afirmativa, y Lewis estaba inquieto, en parte, por esa razón. Había rechazado el puesto de Iowa porque, aunque podía permitirle construir una institución de primer orden, le mantendría alejado del laboratorio. En su nuevo puesto le iba a suceder lo mismo en Pensilvania. Detestaba tener que tratar con los decanos y seguiría teniendo que desempeñar el papel de animal social. Los científicos se habían puesto de moda: eran criaturas como Fausto, capaces de crear mundos, y lo suficientemente modernos para exhibirlos en la alta sociedad local. Lewis odiaba

[6] Flexner a Lewis, 22 de abril de 1921, *Papeles de Flexner*, APS.

[7] Flexner a Lewis, 21 de enero de 1921, *Papeles de Flexner*, APS.

el exhibicionismo. En casa, con su mujer, también había tensiones que procedían en parte de sus frustraciones con la investigación, o porque a su mujer le gustaba la sociedad de Filadelfia, de la que él no quería formar parte, o porque su mujer quería verle más. Quién sabe.

Cuando un proyecto de investigación en concreto parecía ir bien, Lewis quería dedicarse a él por entero y dejar todo lo demás. Envidiaba no solo la capacidad que tenía Avery de concentrarse en una cosa, sino el que tuviera la oportunidad de hacerlo. Lewis sentía que todo era, para él, una fuente de presiones. De hecho, todo parecía a punto de explotar.

En 1922 volvieron a ofrecerle el puesto de Iowa, y en esa ocasión lo aceptó. Sentía la responsabilidad de dejar a Phipps en buen lugar, y reclutó a Eugene Opie, de la Universidad de Washington, para sustituirle. Opie tenía una reputación quizá más sólida que él.

Flexner siempre había respetado a Lewis, pero siempre había habido cierta distancia entre ellos. Luego se habían acercado. En un momento dado, Flexner le dijo en una carta: «Permítame que alguna vez me preocupe un poco por usted».[8] En correspondencia, Lewis le confesó: «Siempre le he mirado como se mira a un padre».[9] Cuando Opie aceptó sustituir a Lewis en Phipps, Flexner pareció ver a Lewis bajo una luz nueva, distinta. Comenzó a considerarle no solo como científico sino como alguien que podía desempeñar otros papeles: «Opie me ha sorprendido. Siempre me pareció que en St. Louis estaba poco menos que de adorno. Si ha preparado usted el camino para un hombre tan adecuado como él en el Phipps Institute, debe sentir una enorme satisfacción».[10]

Pero Lewis no la sentía. Siguió mostrándose inquieto e insatisfecho. Lo que de verdad quería era estar apartado de todo salvo del laboratorio. Quizá sin darse cuenta había ido avanzando hacia una crisis. Volvió a decirle a Flexner que lo que de verdad quería, más que nada, era trabajar en el laboratorio, en su mesa. Se había ido de Filadelfia. Ahora tenía que irse de Iowa.

---

[8] Flexner a Lewis, 21 de diciembre de 1921, *Papeles de Flexner*, APS.

[9] Lewis a Flexner, 8 de septiembre de 1924, *Papeles de Flexner*, APS.

[10] Flexner a Lewis, 26 de enero de 1923, *Papeles de Flexner*, APS.

En enero de 1923 escribió a Flexner: «Ahora veo claramente que tengo derecho, de nuevo, a algún tiempo para cultivar mis intereses personales. Así que dejo mi plaza aquí y abandono todos mis planes de futuro en Filadelfia. He escrito al presidente Jessop, de la Universidad de Iowa, para explicarle mi cambio de planes y decirle que también eso lo descarto [...]. Voy a intentar por todos los medios atrapar alguna oportunidad de estudiar durante un año en algún sitio, algo que esté lo más alejado posible de "compromisos y de cargos" [...]. No consigo dejar lo suficientemente claro que para el año próximo no busco un puesto en el sentido convencional. Lo que de verdad necesito es [...] rehabilitar mi cabeza, apartarla de todo».[11]

Lo dejaba todo. Se olvidaba de cualquier cargo o prestigio, del dinero. Se adentraba en lo salvaje, sin garantía de nada, despojándose de todo. A los cuarenta años, con una esposa y dos hijos. Era libre.

El Rockefeller Institute era el lugar donde más feliz había sido en su vida y donde más había destacado como científico. El instituto había creado una División de Patología Animal en Princeton, cerca de Filadelfia. Theobald Smith, el hombre que había rechazado la oferta de Welch de convertirse en primer director del Rockefeller Institute, había dejado Harvard para encabezar esa división. Smith había sido también el primer mentor de Lewis, y le había recomendado ante Flexner hacía muchos años. Lewis exploró con Smith la posibilidad de ir a Princeton. Smith quiso primero asegurarse de que Lewis quería «volver al trabajo de nuevo y que todo aquel asunto de la publicidad no se le había subido a la cabeza».[12] Lewis le tranquilizó.

Flexner le había instado a que aceptara el puesto de Iowa, pero aun así respondió: «Estaré encantado de verte volver al laboratorio, que es tu sitio natural y en el que das lo mejor de ti mismo, para hacer en él un trabajo más duradero y eficaz. Me parece desgarrador que hombres que han dedicado años de su vida a prepararse

---

[11] Lewis a Flexner, 20 de enero de 1923, *Papeles de Flexner*, APS.

[12] Lewis a Flexner, 24 de enero de 1923, *Papeles de Lewis*, RUA.

para una carrera de investigador en laboratorio sean apartados de allí sin piedad alguna y enviados a ocupar puestos ejecutivos».[13] También dijo a Lewis que Smith estaba «muy complacido con la posibilidad» de colaborar de nuevo con él.

Lewis no pidió ningún sueldo, solo tener acceso franco al laboratorio durante un año. Flexner le asignó 8000 dólares (el sueldo que tenía en Phipps) y un presupuesto para equipos de laboratorio, archivadores, 540 jaulas para animales (para su crianza y experimentación) y tres ayudantes. Le dijo a Lewis que no esperaba nada de él ese año, y que una vez transcurrido ya hablarían del futuro.

Lewis entró en éxtasis: «Comenzar de nuevo a trabajar con el doctor Smith, de cualquier forma, me lleva de vuelta a 1905, solo que a un nivel más elevado, espero [...]. No me verá usted escatimar esfuerzos [...]. Me siento plenamente afortunado y feliz de encontrarme en manos de ustedes dos, dos hombres que sin distinción y exceptuando a mis padres han puesto a mi alcance medios, educación y guía. Pocos tienen una oportunidad como esta de renovar su juventud. Mi única esperanza es seguir mereciendo su confianza».[14]

En aquellos tiempos, Princeton estaba rodeada de granjas y campos. Era un lugar apacible, casi bucólico. Los edificios del Rockefeller no distaban mucho del campus de la Universidad de Princeton, que aún estaba en fase de transformación: de la escuela superior para caballeros que F. Scott Fitzgerald había descrito, en el centro intelectual en el que se convertiría diez años después, cuando Abraham, el hermano de Flexner, comenzó a montar el Instituto de Estudios Avanzados cuyo primer miembro sería Einstein. Pero aunque el entorno fuese bucólico, rodeado de cultivos y con animales varios —y no solo cobayas o conejos, sino vacas, cerdos y caballos rumiando a pocos metros de los laboratorios—, la zona

---

[13] Flexner a Lewis, respuesta sin fecha a la de Lewis del 20 de enero de 1923, *Papeles de Flexner*, APS.

[14] Lewis a Flexner, 24 de enero de 1923, Lewis a Flexner, 30 de enero de 1923, *Papeles de Lewis*, RUA.

Rockefeller de Princeton era puro fermento. Smith seguía realizando trabajos de primer orden a escala mundial: ya solo trabajar a su lado llenaba de energía a Lewis. Por primera vez desde que salió del Rockefeller Institute se sentía en casa. Pero estaba solo; su mujer y sus hijos se habían quedado en Filadelfia. Estaba solo en el trabajo, solo con sus pensamientos, solo para irse al laboratorio en medio de la noche si quería.

Prácticamente en un año no obtuvo ningún resultado. Flexner y él hablaron de su futuro. Tenía cuarenta y cinco años. Su siguiente paso sería, con toda probabilidad, el último. Aún podía regresar a la Universidad de Pensilvania si quería, pero no quiso. Le dijo a Flexner: «No hago más que repetirme que allí estoy libre de ataduras, incluso de sentimientos».[15] La Universidad de Iowa también había ampliado su oferta una vez más, y le habían ofrecido un salario más alto. Pero lo que él quería era quedarse en el Rockefeller. Había hecho pocos progresos en el proyecto de la tuberculosis en el que estaba trabajando (y que había comenzado en Filadelfia) pero, más importante que eso, se sentía como había dicho a Flexner: rejuvenecido. Informó a Flexner de que, a pesar del sueldo de Iowa, su único interés en «una "posición" está aquí».

La presencia de Lewis se acomodaba perfectamente a los planes de Flexner, que explicó: «Siempre he creído que nuestros departamentos no deben ser cosa de un hombre solo». En Nueva York lo habitual era que hubiera una docena o más de investigadores extraordinarios dirigiendo a grupos de jóvenes investigadores, y cada grupo se centraba en un problema concreto. Princeton no se había constituido así; más allá de la actuación de Smith, no había cuajado. Flexner le dijo a Lewis: «Tu llegada ofrece la primera oportunidad de crear allí un segundo centro».[16]

Además, Smith cumplía sesenta y cinco años ese año. Flexner y Smith, incluso Welch, dejaron caer a Lewis que podía suceder a Smith cuando se jubilase. Flexner sugirió que Lewis se quedara un año más, con un acuerdo temporal, y luego ya verían.

---

[15] Lewis a Flexner, 26 de junio de 1924, *Papeles de Lewis,* RUA.

[16] Flexner a Lewis, verano de 1924 (probablemente finales de junio o julio), *Papeles de Lewis,* RUA.

Lewis dijo a Flexner: «Nunca he estado tan seguro como lo estoy ahora».[17] Allí se sentía en casa. Y aquel sería su último hogar.

Si Lewis planeaba constituir un departamento, necesitaba un joven científico, alguien con algo más que habilidades para el trabajo de laboratorio. Necesitaba alguien con ideas. Sus contactos en Iowa le impulsaron a aceptar a un joven que pensaban que destacaría.

Richard Shope era hijo de un médico que también era granjero. Se había licenciado en Medicina por la Universidad de Iowa antes de pasar un año enseñando Farmacología en la escuela médica y experimentando con perros. Destacado atleta en la universidad, alto, seguro de sí mismo y de su físico —algo que nunca se pudo decir de Lewis—, Shope siempre se mantuvo en contacto con lo salvaje, con el bosque, con la caza, no solo en el laboratorio sino con una escopeta en las manos. Su mente también era, en cierto modo, salvaje: era como un niño pequeño jugando con un juego de química y esperando que algo explotara. Tenía un cerebro inquisitivo y un modo de pensar original.

Años después, Thomas Rivers, el virólogo que no solo sucedió a Cole como jefe del hospital del Rockefeller Institute, sino que fue presidente de cuatro asociaciones científicas, dijo de él: «Dick Shope es uno de los investigadores más atinados que he conocido [...]. Es un tipo terco, duro [...]. Apenas se ha puesto a investigar en un problema, ya hace algún descubrimiento fundamental. Esté donde esté».[18] Durante la Segunda Guerra Mundial, Rivers y Shope aterrizaron en Guam poco después de que las tropas de combate aseguraran la zona (en Okinawa sufrieron un ataque) para investigar las enfermedades tropicales que podían amenazar a los soldados. Mientras estuvo allí, Shope se ocupó de aislar un agente del hongo de un moho que mitigaba algunas infecciones víricas. Acabó siendo elegido miembro de la Academia Nacional de Ciencias.

Sin embargo, incluso con la ayuda de Shope, el trabajo de Lewis no progresaba. No era por falta de inteligencia por parte de Lewis. Shope conocía bien a Welch, Flexner, Smith, Avery y a

[17] Lewis a Flexner, 8 de septiembre de 1924, *Papeles de Lewis,* RUA.
[18] Benison, *Tom Rivers,* pp. 341, 344.

muchos premios Nobel, y consideraba que Lewis estaba un nivel por encima de ellos. Como Aronson, un científico galardonado que había trabajado en el Institut Pasteur y que había coincidido con Lewis en la Universidad de Pensilvania, Shope consideraba a Lewis la persona más inteligente que había conocido.

Lewis había llegado a algunas conclusiones tentativas sobre la tuberculosis cuando estaba en Filadelfia. Creía que había tres —posiblemente cuatro— factores hereditarios que afectaban a la capacidad natural de los conejillos de Indias para producir anticuerpos, es decir, para hacer frente a la infección. Había planeado desentrañar cuál era exactamente la naturaleza de esos factores. Esta era una cuestión importante, que iba más allá del estudio de la tuberculosis y que permitiría comprender mejor el sistema inmune.[19]

Pero cuando él y Shope repitieron los experimentos de Filadelfia obtuvieron resultados distintos. Examinaron todos los elementos de los experimentos para ver qué podía explicar las diferencias, y los repitieron una vez más. Luego repitieron el proceso y de nuevo los experimentos. Y volvieron a obtener resultados distintos, de los que era imposible extraer conclusión alguna.

No hay nada en la ciencia tan condenatorio como la incapacidad, por parte de un investigador externo, de reproducir un resultado. Ese era Lewis, incapaz de reproducir los resultados que había obtenido en Filadelfia, y de los que dependía. Sin eso no tenía nada sobre lo que construir, nada que expandir: se había topado con una pared.

Siguió intentándolo. Shope también. Ambos tenían la tenacidad necesaria para ir tras algo. Pero no avanzaron.

Para Smith y Flexner, que observaban de cerca el curso de los acontecimientos, lo más desestabilizador era la forma en que Lewis estaba afrontando el problema. Sus fracasos parecían confundirle. A diferencia de Avery, que lograba fraccionar sus problemas para hacerlos más pequeños y convertirlos en problemas que pudieran resolverse con mayor facilidad y le permitieran aprender de los errores, Lewis parecía limitarse a aplicar la fuerza bruta y

---

[19] «Scientific Reports of the Corporation and Board of Scientific Directors», (1927–28), RUA, pp. 345–47; véase también George A. Corner, *A History of the Rockefeller Institute: 1901–1953 Origins and Growth* (1964), p. 296.

lanzarse a grandes experimentos. Intentaba incluir en su equipo a otros grandes científicos, pero nunca definía el papel que desempeñarían. A diferencia de Avery, que reclutaba ayudantes con habilidades específicas para abordar una cuestión concreta, Lewis daba la impresión de querer, simplemente, echar más recursos al problema, con la esperanza de que alguno lo resolviera.

Parecía desesperado. Los hombres desesperados pueden ser peligrosos. Se les puede temer, pero rara vez se les respeta. Y Lewis estaba perdiendo el respeto de todos.

Cuando estaba a punto de terminar su tercer año en Princeton, Smith confesó su decepción a Flexner: «Quizá apunta más alto de lo que puede llegar su equipo, y esto redunda en la exigencia de rodearse de químicos con formación técnica, etc. Esto es lo que está haciendo Carrel —Alexis Carrel, del Rockefeller Institute de Nueva York, que ya había recibido el Nobel—, pero Carrel tiene un planteamiento organizativo distinto, con el que obtiene resultados. Un grupo bien cohesionado necesita que las ideas partan de quien lo dirige».[20]

Lewis no pareció reconocer la importancia de las preguntas colaterales, las que surgían en el curso de la investigación y que podían ser prometedoras si se tiraba del hilo. Su explicación de los fracasos era, por ejemplo, que se debían a la dieta de los conejos de Indias, que era distinta en Princeton que en Filadelfia.[21] Esto podía ser significativo, y es posible que estuviera en lo cierto. Pero la relación entre dieta y enfermedad ya se había tenido en cuenta antes, aunque fundamentalmente en términos de si era adecuada o manifestaba deficiencias que provocaban directamente enfermedades como el escorbuto o la pelagra. Lewis estaba pensando en vínculos más sutiles e indirectos entre la dieta y la enfermedad, incluyendo las enfermedades infecciosas. Pero en lugar de perseguir esa línea de investigación, Lewis continuó insistiendo en la de antes. Y lo hizo sin resultado. Como informó a la Junta de Directores Científicos: «No he planeado ningún cambio en mi línea de trabajo para el año próximo».[22]

---

[20] Smith a Flexner, 2 de noviembre de 1925, *Papeles de Lewis,* RUA.
[21] Lewis y Shope, «Scientific Reports of the Corporation», (1925-26), p. 265, RUA.
[22] *Ibid.*

Flexner quería oír otra cosa. Lewis le estaba poniendo en evidencia, y no por sus fallos, sino por el modo en que los cometía: su planteamiento carecía de brillo y de imaginación, y nada de lo que hacía redundaba en un aumento de los conocimientos. Lewis había demostrado lo suficiente, y había fracasado lo suficiente, y Flexner ya tenía el veredicto. Cuando Smith se jubilara, Lewis no ocuparía su puesto.

Le escribió entonces una carta desgarradora. Hubo un borrador, en concreto, que resultaba brutal: «No hay obligación ninguna, expresa o implícita, en la relación entre el instituto y usted, más allá del período de este año [...]. Como el puesto de Iowa está todavía abierto y usted deseaba ocuparlo, y la Universidad de Iowa haría un esfuerzo enorme por asegurarse su presencia, creo que procede informarle de inmediato de la postura que asume la Junta de Directores Científicos en relación con usted [...]. Se han expresado muchas dudas respecto a su futuro en general».[23]

Flexner no envió esa carta. Incluso a él le resultaba demasiado dura. En lugar de eso informó a Lewis de que la junta se oponía «inequívocamente al nombramiento de un científico que sea fundamentalmente un patólogo especializado en humanos —el caso de Lewis— para dirigir el Departamento de Patología Animal»,[24] y por tanto Lewis no sustituiría a Smith. Pero también avisó a Lewis de que la junta no le elevaría al rango de «miembro» del instituto, el equivalente al de catedrático titular fijo. Seguiría siendo profesor asociado. Su cargo expiraba a los seis meses, a mediados de 1926, y la junta le daría otro para tres años: hasta 1929. Quizás aceptara lo de Iowa, después de todo.

En *Fausto* escribió Goethe: «Soy demasiado viejo para que me contente el juego y demasiado joven para vivir sin que el deseo me perturbe».

A Lewis le sucedía lo mismo. Leer la carta de Flexner debió de suponer para él un golpe devastador. Esperaba que le dijeran que sería el sucesor de Smith. Estaba convencido de que le elevarían

---

[23] Flexner a Lewis, borrador de carta, 1 de diciembre de 1925, *Papeles de Lewis,* RUA.

[24] Flexner a Lewis, 1 de diciembre de 1925, *Papeles de Lewis,* RUA.

al rango de «miembro» del instituto. En el laboratorio había conformado su identidad, y ahora el laboratorio no le daba precisamente apoyo, sino el más frío desprecio. Los dos hombres a los que más admiraba en el mundo, hombres a los que había considerado sus padres científicos —y uno, en concreto, al que consideraba casi un padre en el amplio sentido de la palabra—, pensaron que para «ser miembro» le faltaba algo, que carecía de un rasgo que era el que le valdría la entrada en la hermandad.

La familia de Lewis se había mudado a Princeton, pero eso no había supuesto ninguna mejora en su matrimonio. Tal vez el fallo estaba solo en él, en lo que ahora ya no era tanto una ambición fallida como un amor fallido.

Volvió a rechazar el puesto de Iowa. Siempre le había gustado jugar, y en ese momento decidió demostrar a Flexner y Smith lo que valía.

Durante un año y medio más estuvo trabajando, al principio a un ritmo febril, pero luego surgió algo que le hizo recular. Su hijo Hobart —que entonces tenía catorce años— estaba experimentando ciertas dificultades emocionales y de aprendizaje, aunque el cambio de colegio pareció irle bien. Luego Lewis tuvo un accidente de coche que le sacó de su concentración.

No lograba casi nada. Sus fallos no eran como aquellos a los que se había enfrentado Avery hacía casi una década. Avery estaba estudiando las cuestiones fundamentales de la inmunología y la genética e iba aprendiendo poco a poco de cada fracaso: no mucho, pero algo. Y lo que aprendía siempre representaba algo más que afinar un experimento; siempre tenía extensas ramificaciones que se aplicaban a campos enteros del conocimiento. Casi podía afirmarse que ninguno de los experimentos de Avery fue un fracaso.

Lewis se hundía cada vez más. Había pasado horas y horas en el laboratorio, que siempre había sido su entorno predilecto de descanso y de paz. Pero comenzó a evitarlo. Su matrimonio no iba mucho mejor. Su mujer y él apenas hablaban. A pesar de todo, encontró nuevos entretenimientos: jardinería, carpintería, cosas a las que nunca había prestado atención. Quizá esperaba encontrar un escape que le ayudase a aclarar la mente, que le permitiera ver un árbol en medio del bosque. Quizás lo creyó, pero su mente no cesaba de regresar al problema.

En agosto de 1927 confesó a Flexner: «Creo que no he estado muy productivo. Desde luego, tengo la sensación de que he vuelto con pocas fuerzas a un trabajo muy duro..., pero todo lo que he tocado con la esperanza de que avanzaría más deprisa que el resto de proyectos en los que he estado últimamente ha avanzado tan despacio que ha representado un desgaste o se ha convertido en otro gran problema».[25]

Luego dijo algo aún más llamativo. Dijo que no iba a volver al laboratorio: «Paso la mayor parte de mi tiempo en una casa con jardín, y ambos requieren mis cuidados».

Flexner le respondió con dulzura, para lo que era su costumbre. Lewis llevaba consumido más de un año de su ampliación de contrato de tres años. Flexner le habló claro, le dijo que su trabajo sobre la tuberculosis había sido su principal problema durante cuatro años. «Incluso si siguiera adelante durante muchos años más, el resultado es incierto. Y los réditos en forma de asuntos colaterales, que con frecuencia es donde se dan los mejores frutos, ha sido discreto. Yo no soy partidario de apegarse a un tema que se revela estéril. Una de las cosas que se esperan de cualquier investigador es que tenga una especie de instinto que le avise de cuándo ha de dejarlo para siempre o cuándo debe comenzar por otro lado. Seguramente su tiempo estará mejor empleado en otra línea de investigación, también importante».[26]

Lewis no hizo caso del consejo.

El 30 de septiembre de 1918, J. S. Koen, un veterinario de la Agencia Federal de Industrias Animales, asistió a la Feria Nacional de Criadores de Cerdos que se celebró en Cedar Rapids. Muchos de los cerdos estaban enfermos, algunos de ellos sin solución. Durante las siguientes semanas intentó hacer un seguimiento de la propagación de la enfermedad, que provocó la muerte de miles de cerdos, y llegó a la conclusión de que había sido gripe: la misma

[25] Lewis a Flexner, 4 de agosto de 1927, *Papeles de Lewis*, RUA.

[26] Flexner a Lewis, 22 de septiembre de 1927, *Papeles de Lewis*, RUA.

enfermedad que estaba matando a la gente. A los granjeros les enfadó el diagnóstico, porque podía costarles dinero. Pero unos meses después publicó su conclusión en el *Journal of Veterinary Medicine*: «Durante el otoño y el invierno pasados nos hemos enfrentado a una nueva situación, si no a una nueva enfermedad. Creo que he tenido el mismo apoyo a la hora de hacer este diagnóstico en los cerdos que los médicos encontraron cuando hicieron un diagnóstico similar en personas. La similitud de la epidemia que ha sufrido la gente y la que han sufrido los cerdos es tal, y los casos de los que se informa tan frecuentes, que un brote en una familia puede ir seguido inmediatamente de un brote entre el ganado, y viceversa. Parece que más que una sorprendente coincidencia puede considerarse que hay una estrecha relación entre ambas enfermedades».[27]

La enfermedad continuó golpeando a los cerdos del Medio Oeste. En 1922 y 1923 los veterinarios de la Agencia de Industria Animal lograron transmitir la enfermedad de un cerdo a otro mediante una muestra de mucosidad tomada del tracto respiratorio. Filtraron la mucosidad y trataron de transmitir la enfermedad con la sustancia obtenida. No lo lograron.[28]

Shope observó la gripe porcina durante un viaje a casa, a Iowa. Comenzó a investigarla. Lewis le ayudó a aislar un bacilo prácticamente idéntico al del *B. influenzae* y lo llamó *B. influenzae suis*. Shope replicó los experimentos que habían hecho los veterinarios y comenzó a avanzar por los caminos abiertos. Y lo que encontró parecía interesante.

El trabajo de Lewis, sin embargo, siguió hundiéndose. Flexner y Smith habían mantenido en secreto sus valoraciones, y el resto del mundo —Shope incluido— le tenía en la más alta estima. En junio de 1928, por cuarta vez, la Universidad de Iowa hizo a Lewis otra

---

[27] Richard Collier, *The Plague of the Spanish Lady: The Influenza Epidemic of 1918-1919* (1974), p. 55; W. I. B.. Beveridge, *Influenza: The Last Great Plague: An Unfinished Story of Discovery* (1977), p. 4; J. S. Koen, «A Practical Method for Field Diagnosis of Swine Diseases», *Journal of Veterinary Medicine* (1919), pp. 468–70.

[28] M. Dorset, C. McBryde y W. B. Niles, *Journal of the American Veterinary Medical Association* (1922–23), pp. 62, 162.

oferta, una oferta excepcional. Flexner le instó a que aceptara. Lewis respondió que su «principal interés» seguía estando en Princeton.

Flexner se dirigió a Smith para discutir lo que llamó «nuestro futuro problema con Lewis».[29] No lograban comprenderlo. Lewis no había conseguido nada en los últimos cinco años. Seguían teniéndole en la más alta estima a él, pero no a sus capacidades como investigador. Flexner seguía creyendo en sus dotes, en su visión amplia y profunda, y en su extraordinaria capacidad para comunicar e inspirar. Aún creía que Lewis podría convertirse en una figura dominante en la enseñanza de la medicina y la investigación. En ese campo podía convertirse en toda una autoridad.[30]

Lewis había demostrado tener al menos parte de lo que tenía Welch. Es posible que tuviera mucho de Welch, pero también que le faltara lo que le faltaba a Welch: la creatividad y la visión organizativa para dirigir una investigación en laboratorio a gran escala.

Dos días después de la conversación entre Flexner y Smith, el primero se sentó con Lewis y fue muy directo. Pero le aseguró que con aquella actitud franca solo pretendía exponerle su conclusión «con todo cariño».[31] La perspectiva de que Lewis se convirtiera en miembro del instituto era un sueño lejano. Su investigación durante los últimos cinco años había sido «estéril». A menos que ofreciera algún resultado sólido e importante a lo largo del año siguiente no podrían volver a nombrarle ni siquiera para un puesto temporal. Tenía casi cincuenta años, y Flexner le dijo: «Las posibilidades de que cambie usted y tome un camino donde las ideas sean más fértiles son muy escasas». Afirmó también que Lewis no actuaba «con energía y determinación». Dijo que no había luchado. Y luego, lo más doloroso: que «no era en esencia un investigador».[32]

Flexner le instó a que aceptara el puesto de Iowa. Prácticamente se lo ordenó. Era una oferta magnífica, con un sueldo de 10.000 dólares al año: más del doble del salario medio de los médicos, y

---

[29] Flexner a Smith, mensaje telefónico, 21 de junio de 1928, *Papeles de Lewis*, RUA.

[30] Flexner a Smith, 20 de junio de 1928, *Papeles de Lewis*, RUA.

[31] Flexner a Smith, 22 de junio de 1928, *Papeles de Lewis*, RUA.

[32] Flexner a Smith, 29 de junio de 1928, *Papeles de Lewis*, RUA.

con libertad para organizar el departamento.[33] Flexner le aseguró que seguía creyendo que tenía cualidades muy positivas. Grandes cualidades. Que podía hacer una contribución enorme y significativa a la universidad. Que en Iowa se convertiría en una figura de primera línea, que inspiraría respeto y sería mucho más feliz.

Lewis escuchó con atención y habló poco. No protestó ni discutió. Se mantuvo firme, pero casi pasivo. Guardaba en su interior un núcleo frío e inaccesible. En cuanto a Iowa, estaba decidido: iba a rechazar la oferta. No tenía interés en nada que no fuera el laboratorio. Esperaba poder justificar el nombramiento a lo largo del próximo año.

Tras la conversación, Flexner se sintió frustrado y enfadado. «Le he presionado con todas mis fuerzas, pero no he conseguido doblegarle», escribió a Smith. «Soy de la opinión de que nuestras obligaciones para con Lewis ya están cumplidas y, a menos que se produzca un gran cambio, será nuestro deber actuar con decisión la próxima primavera. A mí me ha decepcionado profundamente. Le he dejado claro cuál es el riesgo que corre, y él me ha dejado claro que lo comprende y lo acepta».[34]

Unos meses antes de aquella brutal conversación entre Flexner y Lewis, Hideyo Noguchi había ido a Ghana a estudiar la fiebre amarilla. Noguchi era lo más parecido a una mascota que tenía Flexner. Se habían conocido hacía casi treinta años, cuando Flexner estaba todavía en la Universidad de Pensilvania y dio un discurso en Tokio. Noguchi le siguió hasta Filadelfia (nadie le había invitado), llamó a su puerta y le dijo que había ido hasta allí para trabajar con él. Flexner le encontró un puesto y luego le colocó en el Rockefeller Institute. Allí Noguchi se hizo una reputación internacional y llena de controversia.

Junto a Flexner había trabajado en ciencia pura, llegando por ejemplo a identificar y dar nombre a la neurotoxina del veneno de cobra. Había logrado hitos aún más importantes por su cuenta, incluida la capacidad de multiplicar los virus de la polio y la rabia.

---

[33] Paul Starr, *The Social Transformation of American Medicine* (1982), p. 142.

[34] Flexner a Smith, 29 de junio de 1928, *Papeles de Lewis*, RUA..

Rivers, también del Rockefeller, que fue el primero en demostrar que los virus son parásitos que habitan en células vivas, cuestionó esos logros.

Pero el logro más importante de Noguchi fue aislar el patógeno que provocaba la fiebre amarilla. Era una espiroqueta, dijo, una bacteria con constitución en espiral. Años atrás, Walter Reed parecía haber demostrado que era un virus filtrable el que provocaba la enfermedad. Años después de la muerte de Reed, otros atacaron las investigaciones de Noguchi y, en respuesta a esos ataques, Noguchi escribió a Flexner: «Sus objeciones son muy poco razonables [...]. No estoy muy seguro de si estos hombres de La Habana están muy interesados en la discusión científica o no».[35]

A Noguchi no le faltaba valor. Así que se fue a Ghana a demostrar que tenía razón. En mayo de 1928 murió allí, de fiebre amarilla.

La muerte de Noguchi se produjo un mes antes de que Flexner y Lewis tuvieran aquella conversación, y atrajo la atención internacional. Sirvió de portada a los periódicos de todo el mundo e inspiró exaltados tributos en los de Nueva York. Para Noguchi aquello fue como un funeral vikingo, una gloria cegadora que anuló todas las dudas sobre su calidad como científico.

Todo el Rockefeller Institute se resintió con aquella pérdida. Aunque controvertido como científico, Noguchi había sido siempre optimista y entusiasta; siempre estaba dispuesto a colaborar y gustaba a todo el mundo. Flexner y Lewis sufrieron especialmente la pérdida. Noguchi había sido como un hijo para Flexner. Lewis le había tratado mucho durante los días felices de Nueva York.

La muerte de Noguchi dejó abierto otro interrogante: si realmente había aislado el patógeno que provocaba la fiebre amarilla. El instituto quería que se respondiera a aquella pregunta.

Shope se ofreció para hacerlo él. Era joven y se creía invulnerable. Le gustaba la acción. Quería investigar la fiebre amarilla.

Flexner se negó a darle permiso. Shope tenía solo veintiocho años, una esposa y un niño muy pequeño. Era demasiado peligroso.

Entonces se ofreció Lewis. La pregunta científica seguía sin respuesta, y era de gran magnitud. ¿Quién iba a estar más capacitado

---

[35] Corner, *History of Rockefeller Institute*, p. 191.

que él, que había demostrado que era experto en el cultivo de bacterias y, aún más importante, que había probado que la polio era una enfermedad vírica? En contra de la opinión de Noguchi, parecía que la fiebre amarilla la provocaba un virus. Y aunque la cuestión era importante, también tenía unos límites intrínsecos: era una de esas ocasiones particulares y concretas que se dan en la ciencia y que Flexner sabía que Lewis podía resolver.

Louise, la esposa de Lewis, se opuso. El laboratorio ya le había apartado bastante de ella y de sus dos hijos. Y ella ya estaba bastante enfadada con él por rechazar el puesto de Iowa. Pero aquello... Aquello era aún peor.

Lewis no hizo caso. Lo suyo hacía mucho tiempo que no era un matrimonio. Para él, aquello resolvía todos los problemas. Si triunfaba, podría recuperar la credibilidad a ojos de Flexner. Cinco años antes se había marchado del Phipps Institute y simultáneamente había renunciado a la oferta de Iowa sin tener otras perspectivas. Y había hecho todo aquello con el fin de volver al laboratorio, que era lo que más feliz le hacía. Estaba dispuesto a jugar otra vez. Había recuperado la energía. Y estaba más desesperado que nunca.

Pero en lugar de a Ghana iría a Brasil; se había manifestado allí una cepa de fiebre amarilla especialmente virulenta.

A finales de noviembre de 1928, Flexner fue a Princeton a despedirse de Lewis. La actitud de Flexner hacia él parecía haber cambiado. Estaba dispuesto a hablar de nuevo del futuro. También quería, según dijo, «saber algo del trabajo de Shope en Iowa».[36] Shope había estudiado recientemente una epizootia —una epidemia en animales— de gripe porcina extraordinariamente violenta. La mortalidad generalizada de toda la población local de cerdos había alcanzado el 4 por ciento. En algunas granjas había superado el 10 por ciento.[37] Aquello sonaba muy parecido a la pandemia de gripe que había tenido lugar una década antes en los humanos.

---

[36] Flexner a Lewis, 21 de noviembre de 1928, *Papeles de Lewis*, RUA.

[37] Richard E. Shope, «Swine Influenza I. Experimental Transmission and Pathology», *Journal of Infectious Disease* (1931), p. 349.

Un mes después Lewis zarpó rumbo a Brasil. El 12 de enero de 1929, Frederick Russell, un coronel que había organizado gran parte del trabajo científico del ejército para Gorgas y que en ese momento trabajaba para una organización internacional de salud patrocinada por Rockefeller, recibió un cable donde se decía que Lewis había llegado y se encontraba bien. El instituto transmitió las noticias a su esposa, que se había enfadado tanto por la marcha de Lewis que no quería tener nada que ver con el Rockefeller y había vuelto a Milwaukee, donde habían crecido tanto ella como Lewis. Russell recibía noticias de Lewis cada semana, y se las transmitía a su esposa.

Lewis montó su laboratorio en Belem, una ciudad portuaria junto al río Pará a ciento veinte kilómetros del océano, que era el principal puerto de entrada a la cuenca del Amazonas. Los europeos se habían establecido allí en 1615, y en el siglo XIX el *boom* del caucho había vuelto a llenar la ciudad de europeos mientras los indios iban y venían en canoas fabricadas con un tronco de madera. El ambiente era húmedo y vaporoso, ecuatorial, y llovía mucho.

El 1 de febrero, Lewis escribió a Flexner: «Llegué aquí el martes y fui directamente a trabajar [...]. He estado montando mi propio taller, esperando materiales, preparando *screening* adicional, etc. [...]. A principios de la semana que viene tendría que estar ya trabajando normalmente, o eso espero».[38]

Volvía a ser el Lewis de antes, enérgico y seguro. Y todas las semanas Russell recibía un cable con dos palabras: «Lewis bien».[39] Los recibió durante todo febrero, marzo, abril y mayo. Y aunque Lewis estuviera bien, nada decía de la marcha de sus investigaciones: no dio señal alguna del avance del trabajo.

Y entonces, el 29 de junio, Russell envió una nota a Flexner que le entregó en mano un mensajero: «Llega el siguiente mensaje de Río de Janeiro en relación con el doctor Paul Lewis. Lo he recibido hoy con la petición de que se lo haga llegar a usted: "Lewis se puso enfermo el 25 de junio. Los médicos han diagnosticado fiebre

---

[38] Lewis a Flexner, 1 de febrero de 1929, *Papeles de Lewis,* RUA.

[39] Russell a Smith, del 28 de enero hasta 23 de mayo de 1929, «llegó nuestro cable semanal con las palabras "Lewis well"», todos con la anotación «se ha enviado copia por correo a la Sra. Lewis», *Papeles de Lewis,* RUA.

amarilla. A día 28, la temperatura es de 39,5 °C y el pulso de 80 [...]. La Fundación enviará el mensaje al doctor Theobald Smith y también a Milwaukee, a la señora Lewis"».[40]

Cuando Russell envió esa nota a Flexner, Lewis estaba ya muy mal. Había sufrido violentos vómitos de coloración negra, típicos de los casos más graves. El virus le había atacado a la mucosa estomacal, haciéndola sangrar (de ahí la tonalidad negra), y también a la médula ósea, provocándole tremendos dolores. Sentía un dolor de cabeza intenso y agudo que no cesaba, salvo quizá cuando entraba en delirio. Sufría convulsiones. Sus colegas le envolvieron en hielo y trataron de mantenerle hidratado, pero no podían hacer mucho más.

Al día siguiente llegó otro cable: «Lewis en estado crítico. El sábado se instauró la anuria».[41]

Un fallo renal hacía que no produjese orina. Todas las toxinas de las que se deshace el organismo en circunstancias normales ahora se estaban acumulando en él. Más tarde, ese mismo día, Russell recibió un segundo cable: «Lewis cuarto día enfermo. Importante fallo renal».[42] Tenía ictericia y estaba adquiriendo el color amarillento característico de la enfermedad. Síntoma a síntoma, paso a paso, su cuerpo iba dejando de funcionar.

El 30 de junio de 1929 era domingo. Lewis pasó el día sufriendo y delirando. Entró en coma: ese fue su único alivio. Era el quinto día de su enfermedad. No habría un sexto.

Poco antes de media noche, el doctor Paul A. Lewis encontró la paz.

Un cable sin firma enviado a Russell indicaba: «Caso típico de fiebre amarilla. Probablemente infección en laboratorio. Envíen instrucciones por cable para proceder con el cadáver».[43]

Shope se fue caminando por Maple Street hasta el campus de Princeton para informar a la esposa de Lewis, que había regresado de Milwaukee, y a su hijo Hobart, que había comenzado sus estudios universitarios y se había quedado en Princeton.[44]

---

[40] Russell a Flexner, 29 de junio de 1929, *Papeles de Lewis,* RUA.

[41] George Soper a Russell, 29 de junio de 1929, *Papeles de Lewis,* RUA.

[42] Davis a Russell, 28 de junio de 1929, *Papeles de Lewis,* RUA.

[43] Comunicación sin firmar a Russell, 1 de julio de 1929, *Papeles de Lewis,* RUA.

[44] Lewis a David Aronson, 21 de agosto de 1998, facilitado por Robert Shope.

La viuda de Lewis dio instrucciones simples y explícitas. Se iba de inmediato a Milwaukee y quería que enviasen el cuerpo directamente allí, que era donde estaban quieres querían a Paul. Informó explícitamente de que no quería que se organizara ningún funeral en el Rockefeller Institute, ni en Nueva York ni en Princeton.

No lo hubo.

Shope acompañó al difunto hasta Wisconsin. El director comercial del Rockefeller Institute le dijo: «Quisiera pedirle que encargase usted unas flores para el servicio religioso del doctor Lewis».[45]

Llegaron las flores con una tarjeta firmada por «la Junta de Directores Científicos del Rockefeller Institute».

La hija de Lewis, Janet, escribió una nota de agradecimiento que encabezó con un formal «Estimados señores».[46] Su madre no fue capaz de ponerse en contacto con ellos por ningún medio, menos aún a través de una nota de agradecimiento. El instituto le abonó el salario de Lewis hasta junio de 1930 y pagó los estudios universitarios de Hobart. Al igual que su abuelo y su tía Marian, la primera mujer que se licenció en Medicina por el Rush Medical College de Chicago, Hobart llegaría a ser médico. Pero se dedicó a la medicina clínica, no a la científica.

En el siguiente informe enviado a la Junta de Directores Científicos del Rockefeller Institute, en la que se encontraba ya Eugene Opie (al que Lewis había nombrado su sucesor en Phipps), Flexner señaló que la desaparición de un científico, «que lamentamos profundamente, provocaría que el estudio de los fenómenos de la luz quedara desatendido».[47]

Lewis había sugerido aquel trabajo a Flexner. Este había mencionado un «recrudecimiento de la poliomielitis». Lewis había demostrado que un virus filtrable provocaba la enfermedad.[48]

---

[45] Smith a Shope, 16 de julio de 1929, *Papeles de Lewis,* RUA.

[46] Janet Lewis a la Junta de Directores Científicos, 30 de julio de 1929, *Papeles de Lewis,* RUA.

[47] «Scientific Reports of the Corporation» (1929), 6, RUA.

[48] *Ibid.*, p. 11.

Flexner fue repasando, uno a uno, todos los asuntos que afectaban al instituto. Señaló que «un problema acuciante era el relacionado con el trabajo inacabado del doctor Noguchi».[49] No hizo mención alguna a Paul A. Lewis ni al doctor Lewis.

Poco después recibió el informe de la autopsia de Lewis y le comunicaron que los investigadores de la sede del instituto en Nueva York habían conseguido transmitir el virus de Lewis (lo llamó «P.A.L.») a los monos, y que habían seguido adelante con los experimentos. Flexner escribió: «Gracias por enviarme el informe sobre la comparación de las cepas del virus de la fiebre amarilla de Rivas y de P.A.L. Cuando sea posible, me gustaría hablar del informe con usted. El doctor Cole cree que en la zona donde están los animales habría que aplicar pintura blanca y realizar algunas otras mejoras. No sé si ha hablado del asunto con usted».[50]

Lewis había trabajado con patógenos letales durante toda su vida adulta y nunca se había infectado. Y desde la muerte de Noguchi todo el que investigaba la fiebre amarilla tenía especial cuidado.

Durante los cinco meses que estuvo trabajando en Brasil, Lewis no dio ningún detalle relativo a su investigación, y sus notas de laboratorio no proporcionaron casi ninguna información al respecto. Murió a causa de un accidente en el laboratorio. No se sabe cómo se contagió de la fiebre amarilla.

Shope contaría después a sus hijos que existía el rumor de que Lewis, que fumaba a menudo, había contaminado su propio cigarrillo con el virus y, mientras lo fumaba, el virus entró en el torrente sanguíneo a través de un corte en el labio. David Lewis Anderson recuerda que su padre, el amigo de Lewis de Filadelfia, también echó la culpa de la muerte de Lewis a un cigarrillo.[51]

Tres años antes Sinclair Lewis (que no tenía relación alguna con él) ganó el premio Pulitzer por su novela *Arrowsmith*, sobre

---

[49] *Ibid.*, p. 10.

[50] Flexner a Sawyer, 17 de marzo de 1930, *Papeles de Lewis*, RUA.

[51] Entrevista con Robert Shope, enero de 2002; Entrevista con David Aronson, 8 de abril de 2003.

un joven científico que trabajaba en una versión ficcionada del Rockefeller Institute. Todo el que tuviera algo que ver con la ciencia médica en aquel momento, sobre todo con el instituto, conocía la novela. En ella la esposa del protagonista muere tras fumar un cigarrillo contaminado por un patógeno letal.

Flexner escribió en *Science* un obituario de Lewis en el que hacía referencia a «las observaciones decisivas que había hecho junto a Sewall Wright sobre los factores hereditarios en la investigación de la tuberculosis».[52] El trabajo conjunto de Lewis y Wright se había llevado a cabo en Filadelfia. Flexner no hizo mención alguna a nada que hubiera hecho Lewis en los cinco años transcurridos desde su vuelta al Rockefeller.

Mientras, Shope había regresado a Iowa para explorar más en profundidad la gripe porcina, y tuvo ocasión de estudiar otra epidemia que afectaba a los cerdos.

* * *

En 1931, dos años después de la muerte de Lewis, Shope publicó tres artículos en un solo número del *Journal of Experimental Medicine*. Su trabajo apareció en buena compañía: en el mismo número había artículos de Avery (uno de la serie de artículos sobre neumococos que le llevaría al descubrimiento del principio transformador), de Thomas Rivers, el brillante virólogo, y de Karl Landsteiner, que acababa de ganar el premio Nobel. Todos esos científicos estaban en el Rockefeller Institute.

Todos los artículos de Shope trataban de la gripe. En uno de ellos había puesto a Lewis como primer autor: él había encontrado la causa de la gripe, al menos en los cerdos. Era un virus. Ahora sabemos que el virus que se encontró en los cerdos descendía directamente del virus de 1918, el que había convertido al mundo entero en zona mortal. Aún no está claro si fueron los humanos los que pasaron el virus a los cerdos o fue al revés, aunque lo primero parece lo más probable.

---

[52] Simon Flexner, «Paul Adin Lewis», *Science* (9 de agosto de 1929), pp. 133–34.

Para entonces, el virus ya había mutado a una versión más benigna o el sistema inmune de los cerdos se había ajustado a él, o ambas cosas. Pero el virus, por sí solo, no parecía causar más que una enfermedad muy leve. Shope demostró que con el *B. influenzae* como invasor secundario aún podía quedar algo de letalidad, y después probaría que los anticuerpos de los supervivientes humanos de la epidemia de 1918 protegían a los cerdos contra esta gripe porcina.[53]

El trabajo de Shope resultó trascendental y estimulante. Tan pronto como aparecieron sus artículos, un científico británico llamado C. H. Andrewes se puso en contacto con él. Andrewes y algunos colegas suyos habían estado empeñando todos sus esfuerzos en la gripe, y algunos de los artículos de Shope les parecieron muy interesantes. Andrewes y Shope se hicieron buenos amigos. Shope incluso le llevó de caza y de pesca al lugar donde pasaba sus vacaciones desde niño, Woman Lake, en Minnesota.[54]

En Inglaterra, en 1933, durante un brote menor de gripe humana, Andrewes, Patrick Laidlaw y Wilson Smith, siguiendo en gran medida la metodología de Shope, filtraron materiales humanos en fresco y transmitieron la gripe a varios hurones. Hallaron el patógeno humano. Era un organismo que atravesaba los filtros, un virus. Igual que la gripe porcina de Shope.

Si Lewis hubiera vivido habría firmado aquellos artículos en coautoría con Shope, e incluso les habría añadido amplitud y experiencia. Habría contribuido al desarrollo de un trabajo seminal para la virología. Se habría asegurado su reputación. Shope no era perfecto. Todos sus futuros logros, tanto respecto a la gripe como en otras áreas, y algunas de sus ideas, incluidas las que tenían que ver con la gripe, se demostraron equivocadas. Lewis podría haber evitado esas equivocaciones si hubiera tenido la energía y la capacidad de trabajar con su meticulosidad habitual.

---

[53] Paul A. Lewis y Richard E. Shope, «Swine Influenza II. Hemophilic Bacillus from the Respiratory Tract of Infected Swine», *Journal of Infectious Disease* (1931), p. 361; Shope, «Swine Influenza I» p. 349; Shope, «Swine Influenza III. Filtration Experiments and Etiology», *Journal of Infectious Disease* (1931), p. 373.

[54] C. H. Andrewes, *Biographical Memoirs, Richard E. Shope* (1979), p. 363.

Shope no tardó en ser nombrado miembro del Rockefeller Institute. Lewis seguramente también habría acabado siéndolo. Habría sido invitado por fin al sanctasanctórum. Habría logrado lo que siempre quiso: pertenecer a la comunidad de los que practican la ciencia.

Puede decirse que, en cierto modo, Lewis fue la última víctima de la pandemia de 1918.

Posfacio

Los acontecimientos se han impuesto a este libro. Cuando comencé a escribirlo, a principios de 1997, mi plan era utilizar la pandemia de 1918 como vehículo narrativo y como pretexto para explorar una serie de preguntas que ni siquiera tenían que ver con la gripe. Quería ver, por ejemplo, cómo había reaccionado la sociedad estadounidense ante un desafío tan tremendo: una guerra que la naturaleza declaró al hombre, añadida a una guerra que el hombre declaró al hombre. Quería saber cómo reaccionaron los individuos que tenían, al menos, cierto poder para hacer frente a ese desafío, ya fuesen políticos nacionales o científicos, y qué efectos tuvieron sus decisiones en la sociedad. Y quería saber qué lecciones podían aprenderse de esa investigación.

También me interesaba estudiar cómo trabajaban los investigadores en condiciones de presión extrema. ¿Qué proceso se sigue para recoger la información que puede conducir a la solución adecuada? ¿Cómo afecta o debería afectar una crisis al proceso de toma de decisiones? ¿En qué momento está uno seguro de que ya tiene suficientes datos? Dicho de otro modo, ¿cómo sabes cuándo ya lo sabes? Quería ver qué lecciones podríamos aprender de ese examen. Todas estas son, creo yo, preguntas importantes, y el lector podrá juzgar si este libro arroja alguna luz nueva para responderlas.

William Park, Oswald Avery y Paul Lewis son buenos ejemplos: todos fueron especiales, y cada uno abordó la cuestión con su propio estilo.

Para Park la ciencia era un medio para llegar a un fin más elevado. Para un hombre que era prácticamente un misionero, la ciencia era una herramienta para aliviar el sufrimiento. Disciplinado y metódico, lo que más le interesaba era lograr un resultado inmediato que pudiera servir a ese propósito. Sus contribuciones, especialmente las que aportó junto a Anna Williams, fueron enormes; solo los avances que consiguieron ambos en la mejora de la antitoxina para la difteria salvaron cientos de miles de vidas durante el siglo pasado. Pero ese propósito también supuso una limitación para Williams, una limitación para el tipo de hallazgos que tanto él mismo como los que trabajaban con él podían obtener.

Avery era decidido y obsesivo. Mitad artista, mitad cazador, tenía visión, paciencia y tenacidad. Su ojo de artista le permitía ver un paisaje desde una perspectiva diferente y con todo lujo de detalle, mientras el cazador que le habitaba siempre le decía cuándo algo, por insignificante que pareciese, no encajaba, y ello le llevaba a hacerse preguntas. Esas preguntas le obligaban a sacrificar todo lo demás: ya no tenía más opción que seguir esa vía. Cortar el nudo gordiano no le proporcionaba satisfacción alguna. Quería desdoblar y desentrañar las cosas, no destruirlas. Así, tiraba de un hilo, seguía tirando, desenmarañándolo, siguiéndolo adonde le llevara... Hasta que lograba deshacer todo el entramado. Y luego otros tejían un entramado nuevo para un mundo diferente. T. S. Eliot dijo que toda obra nueva altera levemente el orden existente. Avery logró más que eso.

Paul Lewis era un romántico y un amante. Él quería. Quería y amaba más y de un modo más apasionado que Park o Avery. Pero como muchos románticos, amaba más la idea de una cosa que la cosa en sí misma. Amaba la ciencia, amaba el laboratorio... Pero no era correspondido. Los secretos más recónditos del laboratorio se abrían a Lewis cuando otros le guiaban, cuando otros abrían una grieta ante él, pero luego esa grieta se cerraba. Cuando trabajaba solo, el laboratorio le mostraba su rostro de piedra y no se sometía a sus ruegos. No lograba dar con la clave, con la manera de formular la pregunta. Él fue, de los tres, el único que no logró penetrar en la bruma, y eso, tanto si su muerte fue un suicidio como si fue un accidente, fue lo que le mató.

Pero no podemos abandonar esta cuestión sin hacernos otras preguntas. ¿Cuál es la posibilidad y el peligro potencial de otra pandemia de gripe? ¿Qué podemos aprender de lo que sucedió en 1918-19 y cómo podemos aplicar esas lecciones si surgiera un nuevo patógeno —ya sea un arma terrorista o una amenaza natural—, como sucedió con el síndrome respiratorio agudo severo (SARS), la enfermedad que saltó de los animales al hombre en primavera de 2003 y amenazó con convertirse en una pandemia?

La respuesta a la primera pregunta —la posibilidad y el peligro potencial de otra pandemia de gripe— no es muy tranquilizadora. Todos los expertos en gripe opinan que la capacidad del virus de la gripe para redistribuir sus genes supone no solo que es posible que se produzca otra pandemia, sino que es casi seguro que se producirá, porque la gripe no es como el SARS, que pudo contenerse y que es posible que esté completamente eliminado cuando este libro llegue a la imprenta. El SARS, aunque más letal aún que el virus que causó la gripe de 1918, es menos peligroso por varias razones.

En primer lugar, el SARS requiere un contacto muy estrecho para contagiarse, mientras la gripe es de las enfermedades más contagiosas que hay. Además, en el SARS el virus alcanza su máxima concentración en el tracto respiratorio superior, desde donde es más fácil que se propague mediante la tos y los estornudos una semana (o más) después de que aparezcan los primeros síntomas. Esto da tiempo a las autoridades de la sanidad pública para detectar, identificar y aislar a los contagiados. El virus de la gripe, en cambio, puede pasar de persona a persona sin que se hayan mostrado síntomas, antes de que uno sepa que está enfermo.

Si surgiera un nuevo virus de la gripe, habida cuenta de los hábitos modernos de viaje, es muy posible que se extendiera más rápido aún de lo que lo hizo en 1918. Infectaría al menos a varios cientos de millones de personas, quizás a varios miles de millones. Solo en los Estados Unidos, los Centros para el Control de las Enfermedades estiman que una nueva pandemia provocaría entre 40 y 100 millones de enfermos. Desde luego, es una perspectiva bastante sombría: se ve fácilmente cuando uno compara la pandemia de 1918-19 con el sida.

La población mundial actual supera los 6000 millones de habitantes. En todo el mundo, y en los años que han transcurrido desde la aparición del sida, la cifra total de muertes se estima en 24.800.000;[1] en el momento de escribir esto se estima que actualmente hay 42 millones de personas infectadas por el virus del VIH. En Estados Unidos, la tasa de muertes por sida acumulada es de 467.910 personas.[2]

En 1918, la población mundial era de 1800 millones de personas, menos de un tercio de la actual. Aun así el virus de la gripe de 1918 mató seguramente a 50 millones de personas, aunque existe la posibilidad de que fueran casi 100 millones. Las muertes por sida referidas aquí se produjeron a lo largo de veinticuatro años, mientras que la mayoría de las muertes por gripe tuvieron lugar en menos de veinticuatro semanas.

Ahora hay fármacos nuevos que pueden parar el virus del VIH: la dificultad estriba en conseguir esos fármacos, algo realmente complicado en las zonas más pobres del planeta, y en educar a la gente de esas mismas zonas o de países como China, que siguen restando importancia a la enfermedad. En Estados Unidos, los medicamentos han limitado la mortalidad a 8998 personas en el último año del que se tienen estadísticas.[3]

Los Centros para el Control de las Enfermedades (CDC) estadounidenses estiman que la tasa anual de muertes por gripe en EE.UU. asciende, de media, a 36.000 cualquier año que no haya epidemia. El virus de 1918 mató a 675.000 personas en EE.UU., de una población no muy superior a la tercera parte de la actual.

En 1999, los Centros para el Control de las Enfermedades realizaron un estudio de lo que sucedería si un nuevo virus pandémico golpeara el país. Tuvieron en cuenta los avances médicos modernos.[4]

---

[1] www.unaids.org/worldaidsday/2002/press/update/epiupdate en/pdf; para conocer la cifra de muertes acumulada, www.sfaf.org/aboutaids/statistics/.

[2] Centros para el Control de las Enfermedades, «AIDS Surveillance Report» (24 de septiembre de 2002).

[3] *Ibid.*

[4] Martin Meltzer et al., «Modeling the Economic Impact of Pandemic Influenza in the United States: Implications for Settling Priorities for Intervention», *Emerging Infectious Disease* (1999).

Los antibióticos, naturalmente, recortarían de modo significativo la tasa de mortalidad registrada en 1918 y debida a infecciones bacterianas secundarias experimentadas a raíz de la gripe. Y hay fármacos antivirales que han demostrado cierta eficacia contra la gripe. La amantadina y su derivado más reciente, la rimantadina, bloquean la capacidad del virus de construir un canal de iones —en realidad, un túnel que entra en la célula— por el que llega a la célula a la que se adosa. Cuando estos fármacos funcionan, el virus no logra entrar en la célula, no puede invadirla.

Hay otros, como el zanamivir, que se inhalan, o el oseltamivir, en píldoras, cuyo enfoque es diferente: ambos se adhieren a la neuraminidasa vírica para que, cuando otros virus intentan salir de la célula muerta, queden atrapados en la superficie como si fuera papel atrapamoscas: así no logran infectar a otras células.

Todos estos fármacos pueden reducir la gravedad y la duración de un ataque, pero solo si se toman dentro de las cuarenta y ocho horas siguientes a la aparición de los primeros síntomas. Si se administran con un enfoque profiláctico pueden evitar el ataque, aunque el efecto preventivo no dura mucho y el único que ha aprobado la Agencia de la Alimentación y el Medicamento para este fin es el oseltamivir. El virus también ha mostrado cierta habilidad para desarrollar resistencia a estos fármacos. Esto supone que, aunque los antivirales representan un cierto avance y pueden ser prometedores, no son una solución.

Una vacuna siempre ofrece mejor protección, sobre todo para las personas de edad avanzada. Pero para fabricar la vacuna los investigadores tienen que apuntar a una diana móvil. Todos los años intentan predecir qué cepas de virus serán las dominantes y en qué dirección se producirá la deriva antigénica. Luego, tomando esto en cuenta, preparan la vacuna. Si los investigadores atinan y dan en la diana correspondiente, la vacuna supondrá una excelente protección para toda la temporada de gripe, logrará evitar muchos ataques y reducir la virulencia de otros. Pero la vacuna tiene que fabricarse en grandes cantidades, lo que lleva varios meses, y en ese tiempo el virus puede mutar en una dirección distinta de la prevista. E incluso si la vacuna incluye el antígeno adecuado, dada la naturaleza de «nube mutante» que tiene el virus, algunas de sus cepas acabarán escapando. Las vacunas que emplean virus muertos se inyectan, pero en 2003 apareció una vacuna nueva, llamada FluMist, que emplea virus vivos y se inhala.

El verdadero peligro, no obstante, es que puede no ser posible desarrollar y distribuir una vacuna a tiempo para proteger contra un nuevo virus. Los virus de la gripe utilizados para fabricar vacunas se cultivan en huevos de gallina. Cuando los científicos intentaron preparar una vacuna para el virus de Hong Kong (H5N1), el virus se reveló en un principio demasiado letal, hasta tal punto que mataba los huevos en los que se cultivaba. El problema acabó por resolverse, pero el proceso de desarrollo de la vacuna llevó más de un año. Si otro virus letal salta a los seres humanos y se tarda tanto en fabricar una vacuna, para cuando esta se consiga el virus habrá hecho mucho daño.

De modo que incluso con todos estos avances médicos que hemos vivido desde 1918, los CDC estiman que, si se produce una nueva pandemia de virus, la cifra de muertos de los EE.UU. estará, seguramente, entre los 89.000 y los 300.000. También consideran que puede producirse una situación mejor que la prevista, con 75.000 muertes, o peor, de 422.000.

Los CDC establecieron esa horquilla tomando como base diferentes estimaciones de la eficacia y disponibilidad de la vacuna y de los grupos de edad más vulnerables al virus, pero no se tuvo en cuenta el determinante fundamental en las muertes: la letalidad del virus. Los CDC se limitaron a establecer la virulencia haciendo un cómputo de la media de las tres últimas pandemias: la de 1918, la de 1957 y la de 1968. Sin embargo, dos de esas pandemias quedan fuera del modelo estadístico: la de 1968 fue menos letal que el supuesto más optimista, y la de 1918 fue más letal que la del supuesto más pesimista. Tras ajustar el aumento de la población, el virus de 1918 mató a cuatro veces el número de personas que aventuraba el supuesto más pesimista, y los avances médicos actuales no podrían mitigar el impacto mortífero de un virus tan letal.

Si se produjera una nueva pandemia, la gente que sufriera ARDS no tardaría en colapsar las unidades de cuidados intensivos. Y los que tuvieran ARDS y no recibieran cuidados intensivos representarían una tasa de mortalidad muy parecida a la de 1918;

englobaría a todas las personas con sistemas inmunes comprometidos por un tratamiento de radioterapia o quimioterapia para el cáncer, los trasplantados o, por supuesto, los enfermos de VIH.

Nadie ha intentado estimar cuál sería el número de muertes probable en todo el mundo provocado por una nueva pandemia de gripe, pero no es difícil imaginar que un virus letal —incluso uno menos virulento que el de 1918— podría matar a decenas de millones de personas. No hay ninguna enfermedad, ni siquiera el sida, que represente a largo plazo la amenaza de una explosión repentina. Salvo la gripe.

Los investigadores y las autoridades de salud pública no permanecen sentados de brazos cruzados esperando la próxima pandemia. En 1948, la Organización Mundial de la Salud estableció un sistema de vigilancia formal para los virus de la gripe. En la actualidad hay 110 laboratorios participando en 82 países. Cuatro centros para el estudio de la gripe que colaboran con la OMS —el CDC de Atlanta y laboratorios de Londres, Tokio y Melbourne— ofrecen un análisis detallado de la situación.

Este sistema de seguimiento tiene dos fines. Uno, rastrear las mutaciones de los virus existentes para ajustar la vacuna anual a cada uno de ellos, y el otro buscar cualquier señal que pueda llevar a pensar en el surgimiento de una nueva cepa, una cepa capaz de provocar una nueva pandemia. Es importante saber dónde buscar, de modo que es importante saber dónde se cruzó con el ser humano el virus de 1918.

Este libro baraja la hipótesis de que el virus de 1918 surgió en la Kansas rural. Pero hay otras teorías. Como la gripe es una enfermedad endémica, no simplemente epidémica, y como los investigadores no disponían entonces de las modernas tecnologías que permiten distinguir un virus de la gripe de otro, la única evidencia real de que disponemos es la epidemiológica. Es, por tanto, imposible determinar con absoluta certeza qué teoría es la correcta, si es que alguna lo es.

Algunos historiadores médicos y epidemiólogos sostienen la hipótesis de que la pandemia de 1918 comenzó en China. La mayoría de las pandemias cuyo origen es conocido han comenzado en Asia o en Rusia. No hay ninguna base científica para ello, es solo una cuestión de probabilidades, porque son zonas donde mucha gente vive en contacto con cerdos o aves, por lo que la probabilidad de que algún virus de los animales salte a los humanos es mayor.

El científico británico J. S. Oxford cree que la pandemia de 1918 se originó en un puesto del ejército británico en Francia, donde en 1916 tuvo lugar un brote de una enfermedad que los médicos británicos llamaron «bronquitis purulenta». Los informes de las autopsias realizadas a los soldados cuya muerte se vinculó a ese brote —hoy consideraríamos que murieron por ARDS— guardan un extraordinario parecido con los de los muertos por la gripe de 1918.[5]

Pero estas hipótesis alternativas ofrecen una serie de problemas. Tras la pandemia de gripe de 1918-19, muchos científicos buscaron el origen de la enfermedad. La Asociación Médica Americana patrocinó el que se considera el mejor estudio integral de la pandemia a escala internacional, dirigido por el Dr. Edwin Jordan, editor del Journal of Infectious Diseases. Jordan pasó años revisando pruebas de todo el mundo y en 1927 la AMA publicó sus conclusiones.

Jordan pensó al principio que podría haberse originado en China.[6] La gripe se manifestó allí a comienzos de 1918, pero los brotes parecían leves y no se extendieron. Los científicos chinos, formados por el Rockefeller Institute, creyeron que no había ninguna prueba de que aquellos brotes estuviesen relacionados con la pandemia. Hong Kong solo registró veintidós ingresos hospitalarios por gripe en los cinco primeros meses de 1918, y en Cantón no apareció el primer caso hasta el 4 de junio. Recientemente, algunos historiadores médicos han apuntado que un brote de una enfermedad pulmonar especialmente letal que hubo en China en 1918 fue en realidad un brote de gripe, pero los científicos contemporáneos establecieron que se trataba de la peste neumónica y que en 1918 el bacilo de esa peste se identificaba en laboratorio de un modo fácil y concluyente. Además, no era posible confundir la peste neumónica, con una tasa de mortalidad de prácticamente el cien por cien, con la gripe (que era aún más letal). Así que después

[5] J. S. Oxford, «The So-called Great Spanish Influenza Pandemic of 1918 May Have Originated in France in 1916» (diciembre de 2001), p. 1857.

[6] J. Edwin O. Jordan, *Epidemic Influenza* (1927), p. 73.

de trazar todos los brotes conocidos que se produjeron en China, Jordan determinó que ninguno de ellos «podía considerarse, dentro de lo razonable, el auténtico precursor de la epidemia europea».[7]

Jordan también tuvo en cuenta la hipótesis de Oxford sobre la bronquitis purulenta de 1916 como posible fuente,[8] pero la rechazó por varias razones. Algunos miembros, al menos, del cuerpo médico británico no consideraban contagiosa aquella infección. No hay pruebas de si se extendió con rapidez o de si afectó a mucha gente, y un nuevo virus de gripe siempre cumple estas dos premisas. De hecho, el brote no pareció extenderse en absoluto.

Además, ahora ya sabemos que una mutación súbita en un virus de la gripe existente puede provocar un brote repentino y virulento. En verano de 2002, por ejemplo, hubo una epidemia de gripe que dejó una cifra muy alta de muertos en algunas zonas de Madagascar: en algunas ciudades enfermó la inmensa mayoría de sus habitantes, en algunos casos hasta el 67 por ciento.[9] Pero el virus que causó esta epidemia letal era uno antiguo, que normalmente provocaba una afección más benigna. Técnicamente era un virus H3N2 de un subtipo aislado en 1999 en Panamá, que había mutado, haciéndose más violento, y luego había recuperado su categoría de leve. La epidemia no se extendió por toda la isla y acabó por detenerse tras afectar solo a trece de los 111 distritos sanitarios de Madagascar. Algo similar debió de suceder en la base militar británica.

Jordan consideró otra posibilidad: que el origen de los brotes de gripe de principios de 1918 estuviera en Francia y en la India, pero concluyó que era altamente improbable que la pandemia hubiera comenzado en ninguno de esos lugares, pues el comportamiento de la enfermedad en ambos casos fue el de un brote local de gripe endémica.[10]

Quedaban los Estados Unidos. Jordan estudió una serie de brotes de la enfermedad que se produjeron allí en primavera. La evi-

[7] *Ibid.*, p. 73.

[8] *Ibid.*, p. 62.

[9] «Outbreak of Influenza, Madagascar, July–August 2002», *Weekly Epidemiological Report* (2002), pp. 381–87, *passim*.

[10] Jordan, *Epidemic Influenza*, p. 73.

dencia parecía bastante fuerte. Casi se podía ver cómo «saltaba» la enfermedad de un campamento a otro, de una ciudad a otra, y cómo viajaba con las tropas rumbo a Europa. Su conclusión fue que el origen del brote estaba en Estados Unidos.

Otro estudio británico, también muy amplio (ocupaba varios volúmenes), que analizó la pandemia dio la razón a Jordan. Tampoco encontró pruebas concluyentes de que el origen de la gripe estuviera en Oriente, y también rechazó la hipótesis del brote de bronquitis purulenta de 1916 entre los soldados británicos. Asimismo, concluía que era probable que la enfermedad se hubiera exportado de Estados Unidos a Europa.[11]

El australiano Macfarlane Burnet, al que ya hemos citado a este respecto, también estudió la pandemia y encontró pruebas «que sugerían que la enfermedad había surgido en Estados Unidos y se había extendido con la marcha de las tropas a Francia».

Los científicos Jeffrey Taubenberger y Peter Palese han aportado más pruebas contra el origen del brote de 1916. Taubenberger ha secuenciado el genoma del virus de 1918 tras extraer muestras de él de una especie de museo de patología que el ejército tiene en Alaska y, basándose en el ritmo de mutación del genoma, ha llegado a la conclusión de que el virus surgió pocos meses antes de que estallara la pandemia.[12] Peter Palese afirma que «la evidencia de que el virus ya andaba por ahí antes de 1918 es muy poco estable. Es mucho más probable, por los datos de que disponemos, que se desarrollara en 1918 o, como mucho, seis meses antes».

Si la enfermedad surgió unos pocos meses antes de la pandemia, y si Jordan y sus contemporáneos aciertan al considerar que comenzó en Estados Unidos, parece que lo más probable es que el origen esté en el condado de Haskell (Kansas). En primer lugar, el brote de enero y febrero de 1918 fue tan poco habitual y tan peligroso que, aunque la gripe no era entonces una enfermedad comunicable,

---

[11] David Thomson y Robert Thomson, Annals of the Pickett-Thomson Research Laboratory, v. 10, Influenza (1934), p. 1090.

[12] Comunicación personal con Peter Palese, 2 de agosto de 2001; Comunicación personal con Jeffrey Taubenberger, 5 de junio de 2003.

Loring Miner dio cuenta de ella al Servicio de Salud Pública nacional.

En segundo lugar, si el virus no se originó en Haskell, no hay nada que explique cómo llegó hasta allí. Una persona infectada por el virus tendría que haber viajado desde el área afectada (una zona diferente) sin dejar la menor traza de la enfermedad en los lugares por los que pasó, y dado lo largo que es el período de tiempo durante el cual se puede contagiar la gripe, sin transmisión aérea es prácticamente imposible que el virus de Haskell llegara de Europa. Tampoco se conocen otros brotes en Estados Unidos, donde cualquiera podría haberse infectado y transportado el virus hasta Haskell. Esto nos lleva a pensar que lo que surgió en Haskell era un virus nuevo.

Y a diferencia de lo que pasó con el brote de 1916 en Francia, que no pareció extenderse, es perfectamente posible trazar la ruta del virus desde Haskell a todo el mundo. El periódico local daba los nombres de todos los que habían estado expuestos a la enfermedad y viajaron a Camp Funston solo unos días antes de que se informara del primer caso; otros, a los que no nombraba el periódico, también pudieron haber estado allí. En Camp Funston se produjo (aparte de Haskell) el primer brote conocido de la epidemia de gripe en Estados Unidos. Varias historias de la pandemia comienzan allí su relato. Y es perfectamente posible seguir el recorrido de la enfermedad desde Funston hacia el exterior: hacia otros acantonamientos, hacia Europa o hacia la población civil estadounidense.

El hecho de que la gripe de 1918 se iniciara en Estados Unidos marca la diferencia, porque avisa a los investigadores dónde deben buscar un nuevo virus. Tienen que buscarlo por todas partes.

La Organización Mundial de la Salud lo intenta: su sistema de seguimiento identificó rápidamente un nuevo virus, el H7N7, que apareció en 2003 en una serie de granjas de aves europeas. El virus infectó a ochenta y tres personas y mató a una, un veterinario.[13] Para evitar que se adaptara a los humanos las autoridades

[13] Reuters, 21 de febrero de 2003, citado en www.medscape.com, 5 de marzo de 2003.

sanitarias de los Países Bajos, Bélgica y Alemania hicieron sacrificar casi a treinta millones de animales, la mayoría aves, pero también cerdos. (Los brotes simultáneos de SARS silenciaron la información relativa a este aspecto en las noticias estadounidenses). La OMS también trató de atajar enseguida el brote de Hong Kong de 1997. Pero el virus de 1997 sobrevive aún en los pollos, y en 2003 mató a una persona de las dos que se infectaron.

Este sistema de vigilancia contribuyó a llevar a cabo una rápida identificación y la consiguiente contención del SARS, que en un principio se pensó —y temió— que podía ser un nuevo tipo de virus. El SARS representa una historia con final feliz de la actuación de los responsables de salud pública, por una parte, pero también es un aviso. El éxito es indiscutible: una vez que los funcionarios de la OMS tuvieron noticia de su existencia pusieron en marcha todos los recursos posibles para atajarlo. Investigadores de todo el mundo colaboraron —cosa que no hicieron los franceses y los alemanes en la búsqueda de la causa del cólera y de la peste, un siglo atrás— y rápidamente identificaron el virus. Al mismo tiempo, las autoridades sanitarias mundiales y nacionales —salvo las chinas— se pusieron en marcha sin pérdida de tiempo y decretaron una cuarentena sin piedad a todo el que hubiera estado expuesto a la enfermedad. Lo que antes había supuesto una amenaza de convertirse en azote mundial pudo contenerse y quizás eliminarse por completo. E incluso si resurgiera cabe pensar que un seguimiento riguroso podría mantenerlo bajo control.

Pero antes de la primera notificación de la OMS, la enfermedad llevaba meses moviéndose por China. Por razones políticas y comerciales las autoridades chinas lo mantuvieron en secreto y, en un primer momento, incluso mintieron en sus informaciones. Sin embargo, una vez que advirtieron la magnitud de la amenaza, se pusieron en marcha para contenerla, actuaron con agresividad y lograron pararla. Si hubiera sido un virus de la gripe nuevo los meses de silencio hubieran impedido que las autoridades sanitarias públicas tuvieran ocasión de contenerlo o de desarrollar una vacuna antes de que se convirtiera en pandemia y afectara a todo el planeta. Es posible que el Gobierno chino y otros Gobiernos hayan aprendido una lección que no olvidarán, y también que en el futuro sean más abiertos y agresivos cada vez que algo sugiera la posibilidad de que surja una enfermedad nueva. Eso esperamos.

Sin embargo, aunque las autoridades chinas cambien su forma de abordar una epidemia, incluso si el SARS les enseñó a ellos y a otros Gobiernos del mundo la misma lección, el hecho de que el virus estuviera varios meses activo y matando gente antes de que la OMS se fijara en él demuestra la vulnerabilidad del sistema de vigilancia de la gripe. Si el virus de 1918 se cruzó con los seres humanos en Haskell County, la gripe se puede cruzar con las personas en cualquier parte. Aunque ochenta y dos países toman parte en el plan de vigilancia de la OMS, hay más de cien que no están incluidos. Un médico latinoamericano de la Universidad de Tulane dedicado al estudio de la salud pública advierte de que, al menos hasta 1985, probablemente incluso después, la escuela médica nacional de Honduras seguía enseñando a sus alumnos que la gripe es un resfriado complicado. Esos estudiantes ahora son médicos que ejercen la medicina con esa creencia.[14]

Lleva tiempo fabricar y distribuir una vacuna, y las vacunas son la defensa más eficaz. Un aviso a tiempo puede suponer una gran diferencia.

Mientras, la Organización Mundial de la Salud y los sistemas nacionales continúan su seguimiento de los virus de la gripe, perfeccionando planes para dar una respuesta adecuada en caso de una nueva epidemia o pandemia. Si se produce una, queramos o no, tomaremos conciencia del buen trabajo que han hecho estas instituciones.

Por último está la cuestión de cómo se aplican las lecciones aprendidas con la gripe de 1918 a una nueva pandemia. Una de ellas tiene que ver con el bioterrorismo.

El uso de armas biológicas tiene una historia que se remonta al menos a tiempos de los romanos, que lanzaban animales enfermos con una catapulta sobre los poblados de sus enemigos. Es probable que británicos y estadounidenses utilizaran la viruela para debilitar a los nativos norteamericanos, y en 1777 el comandante británico

[14] Entrevista con Dr. Giovanni Antunez, 8 de julio de 2003.

Robert Donkin recomendó su empleo contra los «rebeldes» en un libro de estrategia militar. Esa recomendación, sin embargo, fue físicamente eliminada: las páginas donde figuraba fueron arrancadas del libro, prácticamente de todos los ejemplares.[15]

Sin embargo, solo en tres casos modernos se ha verificado la utilización de la enfermedad como arma. Durante la Segunda Guerra Mundial, Japón extendió la peste bubónica en China, y algunos científicos japoneses infectaron a prisioneros de guerra con distintos patógenos para experimentar. En 1984, en Oregón, una secta infectó un bufé de ensaladas con salmonella (no hubo muertos, pero enfermaron 751 personas), y en 2001 un terrorista desconocido envió ántrax en cartas mediante el servicio de correos estadounidense.

La amenaza del terrorismo biológico es real. La Organización Mundial de la Salud cree que existen cuarenta y tres organismos infecciosos diferentes que podrían utilizarse como arma. Considera que las tres amenazas más serias son el ántrax, la peste y la viruela. También considera la toxina botulínica, un veneno puro que puede paralizar y matar, una auténtica amenaza del bioterrorismo.

A pesar de todo, es posible hacer frente a todas estas amenazas: con las vacunas se pueden evitar el ántrax, la viruela y la peste, con los antibióticos se pueden tratar el ántrax y la peste, y para la toxina botulínica hay una antitoxina. Además, ni el ántrax ni el botulismo se transmiten de persona a persona. La capacidad de hacer frente a estas amenazas no significa, no obstante, que su empleo no pueda causar el terror, incluso aunque se utilicen de forma aislada. La reacción que se produjo en todo el país ante los ataques de ántrax lo demuestra. Y es posible hacer un uso de ellas que no sea tan limitado.

La OMS ha estudiado lo que llamó «el supuesto más pesimista» en caso de un ataque de peste neumónica —la encarnación más letal y contagiosa de la peste bubónica— en una ciudad de 5 millones de habitantes. Y concluyó que haría enfermar a 150.000 personas y 36.000 morirían. Si se ajustan los datos de población,

---

[15] Emily Boutilier, «How to Kill», *Brown Alumni Magazine* (enero/febrero de 2003), p. 88.

estas cifras son considerablemente inferiores a las de la gripe de 1918 en Filadelfia.

De modo que la pandemia de 1918 nos ofrece un caso perfecto para estudiar la respuesta que podrían dar el Gobierno y las autoridades sanitarias en caso de un ataque bioterrorista a gran escala, y nos enseña dos lecciones importantes. La primera tiene que ver con la valoración de la amenaza, la planificación y la asignación de recursos. Se aplica tanto a la epidemia como a un ataque a gran escala de terrorismo biológico.

En 1999, los CDC hicieron un llamamiento formal a los cincuenta estados de la Unión para que se preparasen para una pandemia de gripe, y establecieron las directrices. Esos mismos planes podrían aplicarse a un brote de prácticamente cualquier enfermedad epidémica o al uso de armas biológicas. Desde entonces, y con mayor intensidad a partir del 11 de septiembre de 2001, la mayoría de los estados han comenzado a desarrollar sus propios planes. Pero está claro que epidemiólogos, científicos, responsables de salud pública y especialistas en ética tendrán que trabajar conjuntamente y colaborar con los profesionales que gestionan los desastres para poder ofrecer recomendaciones alternativas a las ya ofrecidas —las decisiones corresponderán a los cargos electos— y tenerlas listas para su implantación.

Algunas de las medidas son obvias y simples. Por ejemplo, asegurarse de que los primeros vacunados son los trabajadores sanitarios. Si ellos enferman, no pueden cuidar de nadie. Las servicios de urgencias tienen que ser capaces de reconocer los síntomas que representan una amenaza de primer orden, aunque la mejor pista será seguramente un estallido del número de casos. Los investigadores tienen que estar preparados para identificar un patógeno, y los epidemiólogos han de saber cuáles son las mejores formas de contenerlo. La legislación tiene que ajustarse para asegurar a fabricantes y sanitarios en caso de emergencia bien definida. También habrá que realizar una previsión para la producción o el acopio de vacunas y fármacos y su distribución por todo el país, de tal suerte que los individuos puedan administrárselos sin recurrir a profesionales, liberando así la carga de trabajo que de otro modo caería sobre estos últimos. Un estudio publicado en 2003 muestra lo importante que puede ser la logística. Avisaba de que, con los planes que hay en marcha para la distribución de antibióticos, un avión pequeño que lanzara esporas de ántrax sobre la ciudad de Nueva York podría matar, en una situación ideal, a 120.000 personas; si se perfeccionara la forma de distribuir los antibióticos se podría reducir esa cifra de muertos a solo 1000.[16]

Hay otras cuestiones, que afectan también a la logística y a la valoración de riesgos. La gripe, y la mayoría de las armas biológicas, atacan al sistema respiratorio. Un brote llenaría inmediatamente las camas disponibles en las unidades de cuidados intensivos, por lo que los recursos existentes tendrían que estar disponibles para ayudar a respirar a una gran cantidad de gente. Los responsables de salud pública tienen que conocer también los riesgos que entrañan las vacunas, sus efectos colaterales, y valorarlos a la hora de recomendar una vacuna y a quién.

Pero en todo plan siempre hay elementos vinculados al poder y la ética. Los responsables de salud pública necesitarán autoridad para obligar a que se cumplan una serie de decisiones, incluso algunas que parecerán implacables. Si, por ejemplo, los individuos no vacunados representan una amenaza no solo para sí mismos, sino para el resto, y se convierten en un reservorio viviente para el cultivo de patógenos, las autoridades pueden imponer la vacunación obligatoria. O si se puede limitar la propagación geográfica de la enfermedad, las autoridades deben poder poner en marcha cualquier mecanismo legal para obligar a la población a guardar cuarentena absoluta. Un sistema centralizado es lo idóneo para la asignación de todos los recursos, incluidos los profesionales. No puede tolerarse que se repita el manifiesto desperdicio de recursos que se produjo en 1918 en Nueva York, cuando los médicos se cruzaban unos con otros mientras entraban y salían del mismo edificio debido a que no había un sistema que organizara las visitas.

---

[16] L. M. Wein et al., «Emergency Response to an Anthrax Attack», *Proceedings of the National Academy of Sciences* (2003) pp. 4346–51; G. F. Webb, «A Silent Bomb: The Risk of Anthrax as Weapon of Mass Destruction», *Proceedings of the National Academy of Sciences* (2003), pp. 4355–56.

Preguntas como quién tendrá la autoridad para obligar al cumplimiento de las normas o en qué circunstancias se llevarán a cabo deben responderse de antemano. Ninguna epidemia, ningún ataque, va a dejar el tiempo necesario para debatir.

Algunos temas son puramente éticos. Si es posible contener la propagación de un patógeno, pongamos por caso, pero para ello es preciso aislar a todo un edificio, lo que probablemente salvará muchas vidas pero a costa de perder las de ese edificio, ¿cómo se debe actuar? A los médicos, su código ético les obliga a hacer cuanto esté en su mano por cada paciente, individualmente; pero un mando militar bien podría sacrificar a una patrulla, a un pelotón o a una compañía entera sin renunciar por ello a su código ético. ¿Qué ética se aplicaría entonces?

Otra cuestión ética afecta al flujo de información científica. Es probable que algún investigador descubra, en un momento dado, lo que hizo que el virus de 1918 fuera tan letal. El virus de la gripe puede crearse en un laboratorio, de modo que publicar la información sería como dársela a los terroristas. Un virus de la gripe convertido en arma podría equivaler a un holocausto nuclear a escala planetaria. Pero la publicación también pondría ciertos datos a disposición de otros investigadores que podrían encontrar la manera de bloquear el mecanismo que hace tan letal al virus, lo que serviría para contener otros virus asesinos creados a medida y evitar cualquier futuro brote natural a gran escala. ¿Debe hacerse pública esa información?

Las publicaciones científicas ya han desarrollado una serie de directrices, una especie de código deontológico voluntario, sobre qué debe publicarse. Pero no es sencillo. Algunas apuntan a la ética médica o social, otras a los límites a la libertad.

Y algunas medidas, como almacenar vacunas o formar a los trabajadores, cuestan una gran cantidad de dinero. También pagar a las enfermeras lo suficiente para que no se produzca una escasez de personal como la que se vivió en 1918.

Lo que se haga dependerá de la valoración del riesgo. Del mismo modo que hubo desacuerdos sobre la amenaza que podía representar la Unión Soviética durante la Guerra Fría, habrá desacuerdo sobre cuán real y cuán grave puede ser la posible amenaza del bioterrorismo, y sobre cuánto está justificado gastar —desde el punto de vista económico y de la erosión de los valores— para defendernos de ello.

La amenaza incesante de una nueva pandemia, quizás letal, ha hecho que todas estas preguntas sean más relevantes que nunca. Si hacemos un repaso de la historia veremos que entre 1959 y 1997 solo están documentadas las infecciones provocadas por un virus aviar que sufrieron dos personas: ninguna de ellas murió. Pero en 1997 hubo una epidemia por virus de la gripe H5N1, la llamada gripe aviar, que mató a dieciocho personas en Hong Kong. Se sacrificaron miles de aves en un intento fallido de acabar con el virus, que regresó en 2003 con su venganza. Desde entonces, tanto el H5N1 como el H7N9, más reciente, han estado infectando a las personas a niveles hasta ahora desconocidos. Entre 2003 y 2017 —son las cifras más recientes en el momento de escribir esto— estos virus han infectado a 2342 personas y matado a 1053 de ellas: una tasa de letalidad del 44,9 por ciento.[17] Es una tasa de letalidad muy elevada porque ambos virus se adhieren solo a las células que están en lo más profundo de los pulmones, de manera que el punto de partida de la enfermedad es una neumonía vírica. Se han producido muertes en lugares tan remotos como Azerbayán, Egipto y China.

Casi todas las víctimas se han infectado por contacto directo con aves (pocos contactos han tenido lugar en el seno de una familia), pero cada vez que el virus infecta a una persona, tiene una nueva oportunidad de desarrollar su capacidad de adhesión a las células humanas del tracto respiratorio superior, igual que los virus de la gripe estacional. Esto le permite pasar con facilidad de una persona a otra. Si eso ocurre, la tasa de letalidad se reduciría —la mayoría de los enfermos comenzarían a estarlo con una gripe normal, no con una neumonía vírica—, pero se produciría otra pandemia.

En 1918, un virus de ese tipo infectó a los humanos. Desde la publicación original de este libro, los científicos han encontrado evidencias (aunque la cuestión no está zanjada) de que siete de los

---

[17] Véase http://www.who.int/influenza/human_animal_interface/Influenza_Summary_IRA_HA_interface_10_30_2017. pdf?ua=1. Consultado el 19 de enero de 2018.

ocho segmentos del virus de 1918 son de origen aviar, y de que el virus saltó a los humanos después de una recombinación con otro virus, a partir de la cual adquirió el gen de la hemaglutinina humana, que es el gen que permite a los virus adherirse a las células e infectarlas.[18] Pues bien, incluso ese octavo segmento tenía un origen aviar. Y la redistribución genética tuvo que producirse cuando el virus aviar infectó a un mamífero —humano, caballo, cerdo o lo que fuese— que fue infectado simultáneamente por otro virus de la gripe con ese mismo gen.

Hemos visto que en 1918, con una población mundial de 1800 millones de personas, la pandemia mató probablemente a entre 50 y 100 millones: la estimación más baja de los últimos tiempos, aunque no resulta creíble, es de 35 millones. Hoy en día, la población mundial es de 7600 millones de personas, y la cifra de muertes comparable, en la actualidad, sería de entre 150 y 425 millones.

Debido sobre todo al uso de antibióticos, si un virus provocase ahora una pandemia como la de 1918, la cifra de muertes por infecciones bacterianas secundarias se vería muy reducida: la medicina moderna podría evitar más de la mitad de esas muertes —suponiendo, claro está, que hubiera suficientes antibióticos disponibles, que es mucho suponer—, pero aun así morirían decenas de millones de personas. Y una pandemia grave de gripe funcionaría igual que un tsunami, inundando las unidades de cuidados intensivos mientras médicos y enfermeras caen enfermos y ejerciendo una presión sobre el sistema sanitario que llevaría a este al borde del colapso, probablemente más allá. Los hospitales, como cualquier otro sector empresarial, han aumentado la eficiencia reduciendo costes, lo que significa en la práctica que no hay margen para asumir una emergencia. En Estados Unidos hay menos camas de hospital por número de habitantes de las que había hace unas décadas. De hecho, durante la época de gripe estacional, el empleo de respiradores aumenta hasta casi el cien por cien, lo que supone que

[18] Michael Worobey, Guan-Zhu Han y Andrew Rambaut, «Genesis and Pathogenesis of the 1918 Pandemic H1N1 Influenza A Virus», *Proceedings of the National Academy of Sciences of the United States of America* 111, núm. 22 (3 de junio de 2014), pp. 8107–12.

en caso de pandemia la mayoría de la gente que necesitase un respirador no tendría acceso a él. Fui consciente de la presión que una epidemia de gripe ejerce sobre cualquier sistema sanitario en la gira de presentación del libro. En Kansas City, un estallido de gripe normal estacional obligó a ocho hospitales a cerrar las salas de urgencias, y eso que no representaba más que una minúscula fracción de la presión que ejercería una pandemia. Este problema, y otros parecidos —como si la bacteria invasora secundaria es resistente a los antibióticos o si hay escasez de artículos sin importancia aparente, como agujas hipodérmicas o bolsas para fluidos de administración intravenosa, que es un problema grave y real en el momento de escribir estas líneas—, podría poner en duda muchos de los avances médicos que se han materializado desde 1918 hasta ahora.

El impacto de la enfermedad tendría también un efecto devastador sobre la economía. Si todo el mundo, desde los controladores aéreos hasta los camioneros, se pusieran enfermos, se vendrían abajo los sistemas de aprovisionamiento, las cadenas de suministro, algunas líneas de producción... Los colegios y los centros asistenciales de día podrían permanecer semanas cerrados, y el último eslabón de la cadena logística se vería tan desbordado que las posibilidades de trabajar desde casa quedarían muy limitadas.

Con el surgimiento del H5N1, la amenaza de un panorama como el descrito llamó la atención de las grandes empresas y de los Gobiernos. Las empresas comenzaron a trabajar en las cadenas de suministros y los planes de continuidad, los Gobiernos de los países desarrollados empezaron a invertir dinero en prepararse para una pandemia, destinando recursos a la investigación básica, la producción de vacunas y el almacenamiento de determinadas medicinas. Además, como fabricar y distribuir una vacuna llevaría meses, como poco, y como ningún fármaco antiviral es muy eficaz, también se pidió a las autoridades sanitarias que diseñaran políticas destinadas a mitigar el impacto de una posible pandemia poniendo en marcha las llamadas NPI, «intervenciones no farmacológicas». En otras palabras, medidas que no contemplan la administración de fármacos. Como la mayoría de estas medidas se basaban en un análisis de los acontecimientos de 1918, me pidieron que formara parte de un grupo de trabajo en el que había personas procedentes del mundo de la historia, la investigación en laboratorio, la salud pública, las relaciones internacionales, los modelos matemáticos o la política. Mi implicación en el proyecto duró varios años, y luego participé en otros a través de la National Academy of Sciences, entidades de seguridad nacional, agencias estatales o federales, think tanks y funcionarios de la Casa Blanca durante los mandatos de Bush y Obama.

Los planes que se estaban preparando apuntaban a un huracán de categoría 5. La pandemia de gripe porcina H1N1 no fue ni siquiera una tormenta tropical, y sin embargo los descompuso todos. Esta pandemia, la más benigna que ha tenido lugar, nos enseñó nuevas lecciones, incluida alguna que nos obliga a replantear la política de NPI.

Se ha estimado que la pandemia de 2009 «solo» mató a entre 150.000 y 575.000 personas en todo el mundo; probablemente 12.000 de esas muertes se dieran en EE.UU. Sin embargo, si uno mira las cifras de la pandemia de 2009 en términos de años totales de vida perdidos, y no solo de muertes, el saldo fue mucho más terrible: la edad media de las víctimas era de solo cuarenta años, y el ochenta por ciento de esas víctimas tenían menos de sesenta y cinco años. (Las víctimas de menos de sesenta y cinco años que deja la gripe estacional no pasan del 10 por ciento). En comparación, la gripe estacional mata a 650.000 personas al año en todo el mundo, y en los Estados Unidos entre 3000 y 56.000 personas al año, en función siempre de la virulencia del virus y, en menor medida, de la eficacia de la vacuna de ese año.

La experiencia de 2009 no debería tranquilizar a nadie. Parece posible que a lo largo de la historia muchos de esos brotes hayan pasado desapercibidos cuando se produjeron: solo los modernos métodos de seguimiento y la biología molecular nos han permitido reconocerlos como pandemia. Cuando el *Washington Post* preguntó a Tom Frieden, que era entonces responsable de los Centros para el Control y Prevención de las Enfermedades, qué era lo que más temía, qué le impedía dormir por las noches, respondió: «Lo que más se teme siempre es una pandemia de gripe... Ese es, verdaderamente, el panorama más negro».

Así que... ¿dónde estamos ahora?

Antes de responder a esta pregunta tenemos que repasar qué tienen en común las pocas pandemias de las que tenemos datos: 1889, 1918, 1957, 1968 y 2009.

Lo primero, que todas llegan en oleadas.[19] Algunos científicos sostienen que la diferencia de letalidad entre la primera y la segunda ola de la pandemia de 1918 se debió a que las provocaron virus diferentes, pero la evidencia muestra, de un modo demoledor, que no fue así. Para empezar, la exposición al virus en la primera ola proporcionó una protección contra la segunda del 94 por ciento: mucho mejor que la que se consigue con las mejores vacunas modernas. Pero esa es solo una de las razones que nos sirven para demostrar que las dos oleadas las provocó el mismo virus.

De hecho, algunos investigadores especulan ahora con la teoría de que el virus de 1918 circulaba entre las personas muchos años antes de que las mutaciones le permitieran extenderse con facilidad. Si esto es cierto, habría que aceptar la hipótesis de que Haskell fue el origen. El virus que causó la pandemia de 1889 seguía este patrón, y generó brotes esporádicos en todo el mundo a lo largo de dos años y medio en ciudades como Londres, Berlín y París, antes de convertirse en una pandemia en toda regla que afectó al mundo entero en el invierno de 1891-92.

Sabemos también que todas las olas de todas las pandemias se diferencian en algo unas de otras. En 1918, naturalmente, la diferencia fue tremenda, pero en 1968 provocó todavía más confusión. En Estados Unidos, un 70 por ciento de las muertes de la pandemia se produjeron durante la temporada de gripe de 1968-69, y el resto en 1969-70.[20] En Europa y Asia sucedió lo contrario: hubo pocas muertes en 1968-69, y la inmensa mayoría se produjeron en 1969-70, incluso con una vacuna ya disponible. Resulta

[19] W. T. Vaughan, «Influenza: An Epidemiologic Study», *American Journal of Hygiene*, Baltimore, 1921, 45–46; Jordan, *Epidemic Influenza* (1927), *passim*; F. L. Dunn, «Pandemic Influenza in 1957. Review of International Spread of New Asian Strain», *JAMA* 166, núm. 10 (1958), pp. 1140–48.

[20] Cecile Viboud et al., «Multinational Impact of the 1968 Hong Kong Influenza Pandemic: Evidence for a Smoldering Pandemic», *Journal of Infectious Diseases* 192, núm. 2 (15 de julio de 2005), pp. 233–248.

también que la pandemia de 1968 nos dejó el virus H3N2, que ha sido a partir de entonces el causante de las gripes más severas.

Para explicar este fenómeno se ha especulado con que el virus muta rápidamente, lo que explica por qué el mantra del Centro para el Control de las Enfermedades estadounidense es: «Cuando has visto una temporada de gripe, solo has visto una temporada de gripe».

Al final, todo lo que sabemos de la gripe —y sabemos bastante— resulta que de poco nos sirve.

Naturalmente, sabemos que la solución a todo esto es la vacuna universal. Es decir, una vacuna que sirva para todos los virus de la gripe.

Las vacunas actuales apuntan a la hemaglutinina, el antígeno más expuesto al sistema inmune, que tiene el mismo aspecto que una rama de brécol. Por desgracia, las vacunas apuntan a lo que sería la copa de la rama, que muta rápidamente y forma parte de un virus que puede cambiar sin que ello afecte a su funcionamiento. Esa es, en parte, la razón por la que las vacunas contra la gripe no son especialmente efectivas: entre 2003 y 2017 su eficacia estaba entre el 10 y el 61 por ciento, aunque hay que decir que incluso con niveles tan bajos pueden evitar millones de casos y miles de muertes, así que vale la pena ponérsela.[21] Para la población de más edad, con un sistema inmune menos robusto, dentro de unos años la vacuna no representará la menor protección.

Pero otras partes del virus «se conservan»; es decir, lo que sería el tallo del brécol, que es el tallo de la hemaglutinina, conserva componentes del virus que comparten la mayoría —si no todos— de los virus de la gripe, posiblemente porque si mutaran el virus no conseguiría infectar a una célula y replicarse. La investigación actual se centra en desarrollar una vacuna que impulse al sistema inmune a atacar el tallo del brécol. Si lo hace bien, esa vacuna podría utilizarse contra todos los virus de la gripe que históricamente

[21] Presentación de Anthony Fauci, 13 de noviembre de 2017, en la conferencia sobre gripe celebrada en el Smithsonian, https://www.smithsonianmag.com/science-nature/watch-livestream-next-pandemic-are-we-prepared-180967069/.

han infectado a los humanos, y probablemente también sería mucho más eficaz que las vacunas de que disponemos, con lo que se salvarían cientos de miles de vidas cada año.

Naturalmente, si desarrollar una vacuna universal fuera fácil ya se hubiera hecho, pero durante décadas se han destinado muy pocos recursos a esta investigación. Recordemos que antes de que apareciera el H5N1 el Gobierno estadounidense destinaba más dinero al virus del Nilo Occidental que a la gripe, pese a que la gripe mataba a 56.000 personas al año en todo el país y el virus del Nilo mató a 284 el año de más letalidad. Además, el virus del Nilo Occidental nunca será una amenaza a gran escala, pues no provoca una enfermedad que se propague de persona a persona. Aun así, su investigación se llevaba mucho más dinero que la de la gripe.

Eso ha cambiado, y se han visto algunos progresos hacia la vacuna universal, pero todavía hay que destinar a esta investigación muchos más recursos. Debería ser una de las prioridades de la investigación médica.

Pero, dejando al margen el tema de la vacuna... ¿En qué punto estamos? ¿Estamos preparados para una nueva pandemia?

Revisemos qué hemos hecho bien:

Para empezar, la Organización Mundial de la Salud y los Gobiernos han desarrollado un buen sistema de vigilancia. El problema es que no está completo: hay muchos países que aún no participan en él, y para que funcione depende de la cooperación de los Gobiernos. En 2003 el sistema logró detectar el SARS —que se pensó, originalmente, que era un nuevo virus de la gripe— y contenerlo, pero el SARS es infinitamente más fácil de controlar que la gripe. Entonces China puso en peligro al mundo entero al mentir y esconder la enfermedad y, aunque su actitud ha mejorado notablemente, este país sigue sin ser transparente del todo. Y no es el único agente renuente.

Naturalmente, la vigilancia importa porque ofrece la posibilidad de ejercer una alerta precoz cuando aparece un virus que puede ser pandémico. Además, acelera la producción de una vacuna. Con todos sus fallos, la vacuna sigue siendo la mejor defensa contra una pandemia.

Unas cuantas semanas pueden suponer una diferencia enorme: la vacuna contra el virus de 2009 fue tan eficaz como lo han sido las mejores vacunas contra la gripe estacional. Pero llegó tarde, a la segunda ola.

Además de la vigilancia, la inversión ha permitido desarrollar una tecnología mejor y más rápida para la fabricación de vacunas. Durante más de setenta años, y hasta el momento actual, los virus de la gripe se han cultivado en huevos, se han cosechado, se han matado (un número reducido de ellos se han atenuado para fabricar vacunas con virus vivos) y se han purificado. Pero producir una vacuna cultivando el virus en huevos es un proceso muy lento, y el virus acaba adaptándose al huevo: otro de los motivos por los que no es eficaz en humanos. Por último, desde 2009, la producción ha comenzado a apoyarse en tecnologías mejores y más rápidas. Una de ellas cultiva el virus en células de mamíferos. La segunda emplea técnicas de biología molecular para insertar el antígeno de hemaglutinina en un virus que no tiene nada que ver, luego cultiva ese virus en células de insectos y «cosecha» la hemaglutinina.

Con todo, en el supuesto más optimista, incluso con las nuevas tecnologías, llevaría meses producir grandes cantidades de una vacuna. Además, gran parte del suministro de vacunas estadounidense depende de su fabricación fuera del país: si hubiera una pandemia letal tendríamos que preguntarnos si algún otro Gobierno nos la facilitaría antes de tener asegurada la protección de sus propios habitantes.

Los fármacos antivirales (como el oseltamivir y el zanamivir), que se están empleando cada vez con más frecuencia para reducir la gravedad de un ataque o se administran en el plano profiláctico para reducir el riesgo de contagiarse de la enfermedad, solo son eficaces cuando se están tomando. Otro problema es que pueden desarrollar resistencia. En otras palabras, los medicamentos con los que contamos se quedarían cortos en caso de pandemia.

¿Qué más podemos hacer? En los últimos años muchos Gobiernos han considerado las llamadas NPI, es decir, maneras de mitigar el impacto de una pandemia aplicando medidas de salud pública que no se basan en la administración de fármacos.

Pero no existen respuestas simples. El virus se transmite por vía aérea, de manera que puede inhalarse (lo que parece ser la principal forma de contagio), pero también puede sobrevivir en una superficie, como el pomo de una puerta o una lata de cerveza. Puede permanecer allí durante horas o, según la humedad y la temperatura, durante varios días. Así que alguien puede contagiarse al abrir una puerta si toca el pomo y luego se lleva la mano a la boca para disimular un bostezo. La única forma de evitarlo es aislarse por completo de la sociedad durante las seis a diez semanas que tarda un brote en extinguirse dentro de una comunidad. Y eso incluye no salir y que no entre nada en casa, algo completamente inviable.

También es inviable que una comunidad se aísle por completo del resto del mundo, salvo en circunstancias excepcionales. En 1918, unas cuantas islas y comunidades lo consiguieron, pero hoy en día sería mucho menos probable.

Así que las NPI, ya sean impuestas por los Gobiernos o autoimpuestas por los individuos, tendrían una eficacia limitada. E incluso si se revelaran eficaces, tendrían que ser sostenidas. Tomando como ejemplo lo que hicieron algunas ciudades estadounidenses en 1918, se han creado modelos que nos llevan a la conclusión de que aplicar estas medidas «por capas» —es decir, con distintos tipos de distanciamiento social— daría buen resultado a la hora de limitar la expansión de un brote de gripe en una comunidad local, lo que redundaría en un alivio del sistema sanitario. Pero los datos históricos que se emplearon en algunos de estos modelos eran erróneos, y a la hora de valorar lo que se logró en 1918 con esas intervenciones (el cierre de escuelas, por ejemplo) se vio que ninguno de los modelos tenía en cuenta que las ciudades que sufrieron la ola de primavera debían tener habitantes inmunes, lo que pudo afectar a los resultados del modelo.

Con todo, las NPI son las únicas herramientas que tenemos a nuestra disposición. Una herramienta que no tiene mucho sentido es la cuarentena extensiva. La cuarentena funciona con algunas enfermedades y, en teoría, en algunas circunstancias podría ayudar incluso con la gripe, pero solo en teoría. Un estudio inédito de los campamentos militares realizado en 1918 lo demuestra: el ejército tenía datos de 120 campos de entrenamiento, de los que 99 impusieron la cuarentena, mientras 21 no lo hicieron.[22] No se apreciaron diferencias ni de mortalidad ni de morbilidad entre los campos que habían aplicado la cuarentena y los que no. Ni siquiera había diferencias respecto a cuánto tiempo tardaría la gripe en afectar a todo el campamento. La historia, sin embargo, no es tan simple. El epidemiólogo que llevó a cabo el estudio no solo miró las cifras, también estudió la práctica y vio que de los 99 campamentos que habían impuesto la cuarentena solo aproximadamente media docena la habían aplicado con rigidez. Esos pocos sí se beneficiaron de ella. Pero si la inmensa mayoría de bases del ejército, en tiempos de guerra, no pudo aplicar una cuarentena lo suficientemente rígida para que sirviera de algo, que lo consiguiera una comunidad civil en tiempos de paz todavía resultaría mucho más difícil.

Cerrar fronteras tampoco serviría de nada: sería imposible detener el comercio, impedir a los ciudadanos que regresaran a su país, etc. Una medida así pararía la economía por completo y aumentaría exponencialmente los problemas de las cadenas de suministros al terminar con las importaciones. Esto afectaría también a la importación de productos relacionados con la sanidad: medicamentos, jeringuillas, batas... Incluso en ese caso, los modelos muestran que un cierre de fronteras eficaz al 90 por ciento lo único que haría es retardar la llegada de la enfermedad unos días, una semana como mucho. Un cierre con una eficacia del 99 por ciento la retrasaría un mes.

Eso no deja mucho espacio para la actuación individual, más allá de aplicar hábitos incuestionables como el lavado de manos. Y esa disciplina es difícil de mantener constantemente, día tras día, semana tras semana. Pero es importante. El brote de SARS es ilustrativo: la mayoría de las víctimas eran trabajadores sanitarios, y se sospecha que muchos de ellos se infectaron por no cumplir estrictamente unos protocolos de seguridad con los que estaban familiarizados. En la primera reunión celebrada para hablar de las NPI, el responsable de control de infecciones del hospital de Hong

---

[22] George Soper, M.D., «The Influenza Pandemic in the Camps», borrador de informe sin fecha, caja 394, RG 112, NA.

Kong —que fue el que mostró el mejor registro de seguridad— destacó que él, personalmente, se encargó de que todo el mundo siguiera al pie de la letra estos protocolos. Lo mismo puede decirse de prácticamente todas las infecciones hospitalarias: los hospitales con los mejores registros de control de infecciones cuentan con personal que presta atención a los detalles y no pasa nada por alto. El éxito depende del rigor, la incidencia y la disciplina.

Las mascarillas quirúrgicas son prácticamente inútiles, salvo en circunstancias muy limitadas especialmente en casa. Que se ponga mascarilla una persona que está enferma es muy eficaz, porque retiene las gotas diminutas que, de otro modo, se quedan flotando en una habitación, tal como quedó probado en 1918. Pero ¿pondrá un padre una mascarilla a su hijo enfermo para hacerle sentir aún más incómodo? Puede que sí, si sabe que así protege al resto de la familia. Una mascarilla quirúrgica, combinada con un riguroso lavado de manos, puede incluso proporcionar cierta protección a los que están en contacto con un enfermo. Las mascarillas N95 son las más adecuadas en una situación así, y protegen eficazmente, pero tienen que estar bien ajustadas y usarse como es debido. Esto es más difícil de lo que parece. Un estudio realizado con profesionales que llevaban este tipo de mascarilla para protegerse del moho tóxico demostró que más del 60 por ciento no se la colocaban correctamente. Además, son extraordinariamente incómodas. Para unos pocos individuos y en determinadas situaciones, las mascarillas N95 pueden estar justificadas, pero para el público en general, más allá de unas cuantas semanas, no lo están en absoluto.

Hay otras recomendaciones más simples y obvias; por ejemplo, que los niños que están enfermos se queden en casa y no vayan al colegio, que es algo que no se hace normalmente. Otra es observar la «etiqueta de la tos», que recomienda toser y estornudar sobre el hueco del codo y no en la mano, dado que esa mano agarrará después el pomo de una puerta. Otra acción obvia es el teletrabajo, aunque la llamada «last mile» no está preparada para asumir un importante pico de uso de Internet.

En una pandemia verdaderamente letal, las autoridades locales y estatales tendrían que dar pasos mucho más agresivos, como cerrar teatros y bares e incluso prohibir eventos deportivos (en

1919 se suspendió la final de la Copa Stanley) y los servicios religiosos en iglesias.

Pero probablemente la medida más controvertida es el cierre de colegios, y lo es porque, si bien aplicar medidas tan extremas como las que se exponen en los párrafos anteriores es algo que se reserva para una emergencia de primer orden, el cierre de escuelas se podría dar en una situación mucho menos grave, por lo que es una decisión mucho más difícil de imponer.

El argumento para el cierre de escuelas es que los adultos tienen mucha más protección cruzada —por la exposición a otros virus de la gripe— que los niños, que normalmente sufren más los ataques. Estos últimos, además, suelen ser menos cuidadosos a la hora de tirar un pañuelo de papel cuando han estornudado, de lavarse las manos, etc. Así que es mucho más sencillo que contagien la gripe y otras enfermedades infecciosas, no solo entre ellos, sino a los adultos. Al inocular a los niños una vacuna antineumococo se logró una reducción del 56% del contagio a sus abuelos ancianos. No hay duda de que las escuelas han desempeñado un papel importante en la difusión de las pandemias de 1957, 1968 y 2009, así como en la de la gripe estacional.

Pero cerrar las escuelas supone aumentar la presión económica sobre los padres que trabajan, porque —como sucede con el resto de las medidas— tiene que durar varias semanas. Aceptar esta presión es algo que estaría justificado en caso de pandemia letal, pero no en una benigna. En 2009, los CDC recomendaron al principio que si en una escuela se detectaba un solo caso, cerrase por dos semanas; pero al no ser una institución con autoridad para obligar al cumplimiento de estas medidas, solo puede hacer recomendaciones. El doctor D. A. Henderson, experto en salud pública que dirigió un programa de la Organización Mundial de la Salud con el que logró eliminar la viruela en todo el mundo, montó en cólera y los CDC dieron marcha atrás, reconociendo que el cierre no era una medida eficaz para luchar contra el virus. Yo apoyé ese cambio de postura. Ahora los CDC recomiendan que solo se cierren las escuelas en caso de pandemia grave. Esa es la decisión correcta.

También hay datos de 1889 y 1918, así como de un recrudecimiento en 1920, que invalidan la conclusión de que los niños son agentes «supercontagiadores» de la gripe. Cuatro estudios diferentes, realizados por tres investigadores distintos en Inglaterra, Boston y Detroit, vieron que los primeros casos, en un porcentaje de hogares que se sitúa entre el 80 y el 85 por ciento, eran adultos. El estudio de Detroit mostró también que, a medida que la enfermedad avanzaba, el porcentaje de adultos se reducía y el de niños se incrementaba. Esto significaría que eran los adultos los que transmitían la enfermedad a los niños, y no al contrario. Por desgracia, cuando hablé de ello con un investigador de los CDC, su respuesta fue: «No me creo esos datos». Esa respuesta no me servía. Los datos son precisos casi con toda seguridad. Y estos estudios podrían ser casos aislados, anomalías estadísticas, pero los recabaron epidemiólogos rigurosos y sus averiguaciones tienen que tenerse en cuenta. Además, las implicaciones políticas pesan demasiado. Una posible explicación es que los virus de 1889 y 1918 eran tan diferentes de los que habían circulado antes que los adultos carecían de protección cruzada, y los sistemas inmunes tanto de los niños como de los adultos estaban más o menos en la misma situación. Era como si nadie hubiera estado expuesto a ellos. En 1920, sin embargo, prácticamente todo el mundo había estado expuesto, así que sus sistemas inmunes volvían a estar, también en esa ocasión, al mismo nivel.

Por último, para que alguna de las NPI aplicadas sea eficaz, la gente tiene que cumplir con lo recomendado y ser constante en ese cumplimiento. Y eso no es fácil. En Ciudad de México, por ejemplo, el Gobierno recomendó en 2009 que la gente usara mascarillas en el transporte público (una medida prácticamente inútil) y las repartió gratis. En el momento de mayor temor al contagio el porcentaje de utilización de mascarillas alcanzó el 65 por ciento, pero cuatro días después bajó al 27.[23]

Por otra parte, es absolutamente imprescindible llevar a cabo un seguimiento del virus. Un cambio en el comportamiento del virus, como el que se produjo entre la primera y la segunda ola de 1918,

---

[23] Bradly J. Condon y Tapen Sinha, «Who Is That Masked Person: The Use of Face Masks on Mexico City Public Transportation During the Influenza A (H1N1) Outbreak (July 4, 2009)», *Health Policy* 95, núm. 1 (abril de 2010), pp. 50-56. doi: 10.1016/j.healthpol.2009.11.009. Epub Dec. 4, 2009. https://www.ncbi.nlm.nih.gov/pubmed/19962777. Consultado el 19 de enero de 2018.

podría requerir una forma diferente de abordarlo. La supervisión es fundamental, y no solo para prevenir, también durante la pandemia.

Así que los problemas que plantea una pandemia son, obviamente, muy importantes. Pero el principal problema está en la relación que tienen los Gobiernos con la verdad.

Parte de esa relación exige que los líderes políticos entiendan esa verdad y sean capaces de manejarla. Si hay una lección que aprendimos con la pandemia de 2009 es que hubo demasiados Gobiernos incapaces de algo así. Todos los Gobiernos occidentales y muchos no occidentales habían hecho planes, se habían preparado para una pandemia. La Organización Mundial de la Salud también. Eran planes razonables que incluían recomendaciones sensatas. Muchos de esos planes intentaron limitar el papel que suele ejercer el carisma estableciendo una serie de pasos bien detallados que deberían darse —o no darse— basándose en determinados supuestos. Pero planificar no es prepararse, y hubo demasiados líderes que no planificaron nada. El responsable mexicano de emergencias sanitarias quedó excluido en principio de muchas reuniones de alto nivel vinculadas a la pandemia. Brasil tardó en dar información y las regiones del sur del país registraron la cifra más alta de muertos del mundo. El ministro chino de Salud, Chen Zhu, dijo que la pandemia era una enfermedad extranjera y que él la mantendría lejos de China. Declaró: «Nosotros tenemos confianza en nuestra capacidad de prevenir y contener una epidemia de gripe por H1N1». Los franceses querían que la Unión Europea cancelara todos los vuelos con origen y destino en México. Egipto sacrificó a todos los cerdos que había en el país. India consideró poner en cuarentena los pueblos donde hubo casos de gripe. Todas estas medidas no habrían servido para nada. México gastó 180 millones de dólares para combatir la enfermedad, pero sufrió pérdidas económicas por valor de 9.000 millones a causa de la respuesta irracional de sus socios comerciales, lo que no supone precisamente un refuerzo positivo si lo que busca uno es fomentar la transparencia.[24]

---

[24] Presentación de Ciro Ugarte, 13 de noviembre de 2017, en la conferencia sobre gripe celebrada en el Smithsonian, https://www.smithsonianmag.com/science-nature/watch-livestream-next-pandemic-are-we-prepared-180967069/.

No está claro si las medidas fueron consecuencia de un cálculo político exclusivamente —en Egipto, por ejemplo, solo los cristianos coptos, que están aislados desde el punto de vista político, consumen cerdo, y sacrificar a los cerdos era una forma de mostrar que el Gobierno estaba haciendo algo— o si las autoridades estaban, simplemente, reaccionando en el plano emocional, no en el racional. O si era una combinación de ambos. Porque la emoción no es la ausencia de razón: la emoción enturbia la razón.

Sea como fuere, tanto si un político vio ahí una ventaja e hizo algo a sabiendas de que luego se revelaría ineficaz, como si actuó impulsado por la incompetencia o el miedo, el factor humano, el factor de liderazgo político, es la debilidad de cualquier plan, de todos los planes. La experiencia de 2014 con el Ébola es otra muestra de ello.

Nos queda, en fin, una lección que nos dio la experiencia de 1918 y sobre la que no existen dudas, aunque no es muy tangible. Tiene que ver con el miedo y con la prensa, y con la forma en que las autoridades se dirigen al público.

En 1918 se veía venir el terror. El auténtico terror. Lo aleatorio de las muertes llevaba ese terror hasta las casas. También su velocidad. Y el hecho de que los más fuertes y sanos parecieran ser los más vulnerables.

Independientemente de lo atroz que fuese la enfermedad, los medios de comunicación y las autoridades públicas contribuyeron a crear ese terror, y no lo hicieron exagerando la enfermedad, sino todo lo contrario, restándole importancia e intentando tranquilizar a la gente. En el ámbito de las relaciones públicas se ha hecho hueco, en las últimas décadas, una especialidad llamada «comunicación de riesgos». El término es lo de menos. Porque si hay una lección que nos dejó la pandemia de 1918 es que los Gobiernos tienen que decir la verdad cuando hay una crisis. La comunicación de riesgos supone hacer una gestión de la verdad. Pero uno no gestiona la verdad: uno dice la verdad.

El terror surge en lo más oscuro de la mente humana, es esa bestia desconocida que nos sigue por la jungla. El miedo a la oscuridad es una manifestación casi física de eso. Las películas de terror se articulan en torno al miedo a lo desconocido, a la amenaza incierta que no podemos ver, que no conocemos y de la que no podemos ponernos a salvo. Pero en toda película de terror, una vez que aparece el monstruo, el terror se condensa en lo concreto y disminuye. El miedo se queda, pero el pánico que creó lo desconocido se disipa. El poder de la imaginación se disipa.

En 1918, las mentiras de las autoridades y la prensa nunca permitieron que el terror se condensara y se convirtiera en algo concreto. La gente no se fiaba de nadie, y no sabía nada. La sociedad, en último término, se basa en la confianza. Si la confianza se rompe, la gente queda aislada no solo de quienes ejercen la autoridad, sino de sus semejantes. Y así fue calando el terror en la sociedad; un terror que impidió a una mujer atender a su hermana, que impidió a los voluntarios llevar comida a las familias que estaban demasiado enfermas para procurársela ellas y que por ese motivo murieron de hambre, que impidió a las enfermeras profesionales responder a las llamadas más urgentes que reclamaban sus servicios. Fue el miedo, y no la enfermedad, lo que amenazó con desgarrar a la sociedad. Como ya avisó Victor Vaughan, hombre templado y preciso que nunca exageraba al lanzar una advertencia, la civilización podría haber desaparecido en cuestión de semanas.

Así que la lección definitiva que nos dejó la pandemia de 1918 —una lección muy sencilla pero muy complicada de llevar a la práctica— es que los que ocupan puestos de autoridad deben aplacar el pánico que puede alienar a todos los que componen la sociedad. La sociedad no puede funcionar si cada uno se preocupa solo de sí mismo. Por definición, la civilización no puede sobrevivir a algo así.

Los que ocupan puestos de autoridad deben preservar la confianza de la gente. Y para ello se impone no distorsionar los hechos, no trastocar la realidad y no manipular a nadie. Lincoln lo dijo ya, y lo dijo mejor.

El liderazgo debe convertir cualquier horror que exista en algo concreto: solo así podrá asumirlo la gente.

Agradecimientos

Este libro pretendía ser, en sus comienzos, una historia de la epidemia más letal de la historia de la humanidad contada desde la perspectiva de los científicos que intentaron combatirla y de los líderes políticos que intentaron gestionarla. Pensé que escribirlo me llevaría dos años y medio, tres como mucho.

El plan no funcionó. Tardé siete años en escribir este libro, que ha evolucionado (y crecido, espero) hasta convertirse en algo muy distinto a lo que había concebido originalmente.

Me llevó tanto tiempo porque no creí posible escribir sobre los científicos sin explorar la naturaleza de la medicina estadounidense de la época, pues los científicos de este libro hicieron mucho más que investigar en un laboratorio: cambiaron la naturaleza misma de la medicina del país.

Además, el hecho de encontrar material útil sobre la epidemia se revelaría extraordinariamente difícil. Era sencillo encontrar historias de muerte, pero mi interés se centraba más bien en la gente que trataba de ejercer algún tipo de control sobre los acontecimientos. Todo el que hubiera hecho eso estaba demasiado ocupado y demasiado abrumado para molestarse además en llevar un registro de lo que hacía.

A lo largo de esos siete años mucha gente me prestó su ayuda. Algunos compartieron conmigo sus conocimientos, sus propias investigaciones, o me ayudaron a encontrar material. Otros me ayudaron a entender cómo funciona un virus de la gripe y la enfermedad que provoca, o me dieron consejos para organizar el manuscrito. Ninguno de ellos, por supuesto, es responsable de los errores que pueda haber en el libro, ya sea por comisión o por omisión, tanto si afectan a los hechos como a la opinión. No estaría bien leer una nota de agradecimiento en la que el autor culpara a otros de sus errores.

Dos amigos, Steven Rosenberg y Nicholas Restifo, del National Cancer Institute, me ayudaron a entender cómo enfoca el científico un problema, y también leyeron algunas partes del manuscrito e hicieron comentarios. Igual que Peter Palese, del Mount Sinai Medical Center (Nueva York), uno de los expertos mundiales en virus de la gripe, que me prestó su tiempo y sabiduría. Robert Webster, del St. Jude Medical Center —y, como Palese, líder mundial en la investigación de la gripe—, me ofreció sus opiniones y críticas. Ronald French revisó el texto por si tuviera imprecisiones relativas al curso clínico de la enfermedad. Vincent Morelli me presentó a Warren Summers, que junto a toda la sección pulmonar del Health Sciences Center de la Universidad Estatal de Luisiana (Nueva Orleans) me ayudó a entender lo que sucede en los pulmones durante un ataque de gripe; Warren tuvo una paciencia infinita y fue de gran ayuda para mí. Mitchell Freidman, de la Tulane Medical School, también me explicó qué sucede en los pulmones.

Jeffrey Taubenberger, del Instituto de Patología de las Fuerzas Armadas, me mantuvo al corriente de sus últimos descubrimientos. John Yewdell, de los Institutos Nacionales de Salud, también me contó muchas cosas del virus. Robert Martensen, de Tulane, me hizo sugerencias muy valiosas sobre la historia de la medicina. Alan Kraut, de la American University, también leyó y comentó parte del manuscrito.

Quiero agradecer especialmente a John MacLachlan, del Centro de Investigaciones Biomedioambientales Tulane-Xavier, su ayuda a la hora de convertir este libro en realidad. William Steinmann, responsable del Centro de Eficacia Clínica y Apoyo Vital del Tulane Medical Center, me ofreció generosamente un sitio en su despacho, sus conocimientos sobre la enfermedad y su amistad.

Todas las personalidades citadas son licenciados o doctores en Medicina, o ambas cosas. Sin su ayuda yo me hubiera sentido muy perdido cuando intentaba comprender mi propia tormenta de citoquinas.

La gente que escribe libros siempre da las gracias a los bibliotecarios y archiveros. Y con razón: prácticamente todo el personal de la Biblioteca Médica Rudolph Matas de la Universidad de Tulane fue muy amable conmigo, pero Patsy Copeland merece una mención especial. Y también Kathleen Puglia, Sue Dorsey y Cindy Goldstein.

También quiero mostrar mi agradecimiento a Mark Samels, de American Experience (WGBH), que puso a mi disposición todo el material recogido para su programa sobre la pandemia; a Janice Goldblum, de la National Academy of Sciences, que hizo mucho más que su trabajo; a Gretchen Worden, del Mutter Museum de Filadelfia. También a Jeffrey Anderson, estudiante de posgrado en Rutgers, y Gery Gernhart, estudiante de posgrado de la American University, que me ofrecieron generosamente sus propias investigaciones. A Charles Hardy, de la Universidad de West Chester, que me contó de viva voz las historias que había escuchado y a Mitch Yockelson, del Archivo Nacional, que me regaló sus conocimientos. Eliot Kaplan, entonces editor de *Philadelphia Magazine*, también apoyó mi proyecto. Asimismo, quiero dar las gracias a Pauline Miner y Catherine Hart, de Kansas. Por su ayuda con las fotos deseo mostrar mi agradecimiento a Susan Robbins Watson de la Cruz Roja Americana, a Lisa Pendergraff de la Biblioteca de Dudley Township, en Kansas, a Andre Sobocinski y Jan Herman de la Administración de Medicina Naval, a Darwin Stapleton de los archivos de la Rockefeller University y a Nancy McCall de los archivos Alan Mason Chesney, en la Johns Hopkins. Y a Pat Ward Friedman, por las historias de su abuelo.

Y llegamos a mi editora, Wendy Wolf. Aunque este no es más que mi quinto libro, si contamos todos los artículos de prensa que he escrito he trabajado con docenas de editores. Wendy Wolf destaca sobre el resto. Edita a la antigua: trabaja el texto, y en este manuscrito en concreto se empleó a fondo. Ha sido un placer trabajar con ella, y decir eso es una auténtica declaración de principios, para bien o para mal (espero que para bien), porque sin ella este libro no existiría. Quiero también dar las gracias a Hilary Redmon por su diligencia, fiabilidad y ayuda en todos los aspectos.

Gracias también a mi agente, Raphael Sagalyn, un profesional excelente donde los haya. He tenido muchos editores pero solo un agente, un hecho que habla por sí solo.

Y por último, a mi estupenda esposa, Margaret Anne Hudgins, que me ayudó de tantas maneras que no es posible enumerarlas aquí, tanto en general como en particular, pero sobre todo siendo quien es. Y después, por supuesto, están mis primos.

Abreviaturas de las notas

APS	American Philosophical Society – Sociedad Filosófica Estadounidense (Filadelfia)
HSP	Historical Society of Philadelphia – Sociedad Histórica de Filadelfia
JHU	Archivo Médico Alan Mason Chesney (Johns Hopkins University)
LC	Library of Congress – Biblioteca del Congreso
NA	National Archives – Archivo Nacional
NAS	National Academy of Sciences Archives – Archivo de la Academia Nacional de las Ciencias
NLM	National Library of Medicine – Biblioteca Nacional de Medicina
RG	Record group (National Archives) – Registro del Archivo Nacional
RUA	Rockefeller University Archives – Archivos de la Rockefeller University
SG	Surgeon General (General Médico, mil.) William Gorgas
SLY	Sterling Library, Yale University – Biblioteca Sterling de la Universidad de Yale
UNC	University of North Carolina (Chapel Hill) – Universidad de Carolina del Norte
WP	Welch papers at JHU – Papeles de Welch en el JHU

Bibliografía

Principales fuentes

Archivos y colecciones

Archivos Alan Mason Chesney, Johns Hopkins University

Papeles de Christian Herter
Papeles de Eugene Opie
Papeles de Franklin Mall
Papeles de Stanhope Bayne-Jones
Papeles de Wade Hampton Frost
Papeles de William Halsted
Papeles de William Welch

Sociedad Filosófica Americana

Papeles de Eugene Opie
Papeles de Harold Amoss
Papeles de Peter Olitsky
Papeles de Peyton Rous
Papeles de Raymond Pearl
Papeles de Rufus Cole
Papeles de Simon Flexner
Papeles de Victor Heiser

Filadefia, Archivo municipal

Alms House, Philadelphia General Hospital Daily Census, 1905–1922, Libro del censo
Juzgado de Instrucción; detenciones en Potters Field, 1914–1942

Actas del Departamento de Salud Pública y Caridad
Diario del Consejo de Selección
Diario de la Junta de Educación Pública
Diario del Consejo Comunitario
Libro de correspondencia del Jefe de la Agencia de la Electricidad, Departamento de Seguridad Pública

Colegio de Médicos de Filadefia
Papeles de Arthur Caradoc Morgan
Documentos sobre la gripe
Papeles de William N. Bradley

Universidad de Columbia, Biblioteca Butler, Oficina de investigación de relatos orales
Relato oral de A. R. Dochez
Relato oral de Abraham Flexner

Sociedad Filosófica de Filadefia
Colección de Benjamin Hoffman
Documentos del Consejo Nacional de la Defensa
Colección del Dr. William Taylor
Colección de Herbert Welsh
Comité Asesor sobre Atención Médica, Hospital de Filadelfia para Enfermedades Contagiosas, informe de febrero de 1919
Consejo Asesor de Mujeres, colección del Hospital General de Filadelfia

Jefferson Medical College
Informe anual del Jefferson Hospital para el ejercicio terminado el 31 de mayo de 1919

Biblioteca del Congreso
Papeles de George Creel
Papeles de Joseph Tumulty
Papeles de Newton Baker
Papeles de Ray Stannard Baker
Papeles de Woodrow Wilson

Academia Nacional de Ciencias

Archivos biográficos de Oswald Avery, Rufus Cole, Alphonse Dochez, Eugene Opie, Thomas Rivers, Hans Zinsser
Archivos del Comité de Medicina e Higiene, 1918
Archivos del Comité de Psicología y Propaganda
Archivos del Comité Ejecutivo de Medicina, 1916–1917
Archivos sobre la gripe
Resumen de Medicina y Ciencias afines, 1918

Archivos Nacionales

Archivos de la Cruz Roja
Archivos del General Médico del Ejército de los EE.UU.
Archivos del General Médico de la Marina de los EE.UU.
Archivos del Servicio de Salud Pública de los EE.UU.

Biblioteca Nacional de Medicina

Relato oral de Donald Van Slyke
Papeles de Frederick Russell
Relato oral de Michael Heidelberger
Relato oral de Shields Warren
Relato oral y papeles de Stanhope Bayne-Jones

Archivos Municipales de la ciudad de Nueva York

Informe Anual del Departamento de Sanidad de la Ciudad de Nueva York para 1918
Estudios de la Agencia de Laboratorios del Departamento de Salud de la Ciudad de Nueva York correspondientes a los años 1916–1919, v. 9
Reimpresiones del Dr. William H. Park, v. 3, 1910–1920

Sociedad Histórica de Rhode Island

Papeles de Charles Chapin

Archivos de la Rockefeller University

Papeles de Paul Lewis
Informes presentados ante la Junta de Directores Científicos

Librería Sterling, Universidad de Yale

Papeles de Arthur Bliss Lane
Papeles de Charles-Edward Winslow
Papeles de Frederic Collin Walcott
Papeles de Gordon Auchincloss
Papeles de Vance C. McCormick

Colecciones especiales de la Temple University

Papeles de Thomas Whitehead

Archivos de la Temple University

Carson College (para huérfanas)
Hospital infantil de Bainbridge
Clinton Street Boarding Home (Residencia)
Papeles de la Housing Association (Asociación de la vivienda) de Delaware Valley
Hospital de Pensilvania
Sociedad para la protección a menores de Pensilvania
Asociación de guarderías (cuidado diurno) de Filadelfia
Papeles del rabino Joseph Krauskopf
Informe del Hospital del Women's Medical College de Pensilvania, 1919
Whosoever Gospel Mission, Germantown
Young Women's Boarding Home Association (Asociación de residencias para mujeres jóvenes) de Filadelfia

Sociedad Histórica de Tennessee

Papeles de Oswald Avery

Universidad de Carolina del Norte, Chapel Hill

Papeles de Milton Rosenau

Archivos de la Universidad de Pensilvania

Papeles de George Wharton Pepper

Fuentes secundarias

Periódicos

Arizona Gazette
Arizona Republican
Boston Globe
Chicago Tribune
London Tifhhvgfr<sbyvgfddwf<mes
Los Angeles Times
New Orleans Item
New Orleans Times-Picayune
New York Times
Philadelphia Inquirer
Philadelphia North American
Philadelphia Public Ledger
Providence Journal
San Francisco Chronicle
Santa Fe Monitor (Kansas)
Seattle Post-Intelligencer
Seattle Times
Washington Post
Washington Star

Artículos

«Advertisements in the *Laryngoscope*: Spanish Influenza-1918», *Laryngoscope* 106, núm. 9, parte 1 (septiembre de 1996), p. 1058.

Anastassiades, T., «Autoserotherapy in Influenza», *Grece Medicale*, recogido en *JAMA* 72, núm. 26 (28 de junio de 1919), p. 1947.

Andrewes, C.H., «The Growth of Virus Research 1928–1978», *Postgraduate Medical Journal* 55, núm. 64 (febrero de 1979), pp. 73–77.

Ashford, Bailey K., «Preparation of Medical Officers of the Combat Division in France at the Theatre of Operations», *Military Surgeon* 44 (febrero de 1919), pp. 111–14.

Austrian, R., «The Education of a 'Climatologist'», *Transactions of the American Clininical Climatolology Association* 96 (1984), pp. 1–13.

Avery, Oswald Theodore, «A Selective Medium for B. Influenzae, Oleate-hemoglobin Agar», *JAMA* 71, núm. 25 (21 de diciembre de 1918), pp. 2050–52.

Avery, Oswald Theodore, Colin MacLeod y Maclyn McCarty, «Studies on the Chemical Nature of the Substance Inducing Transformation of Pneumococcal Types», *Journal of Experimental Medicine* (1979, publicado originalmente el 1 de febrero de 1944), pp. 297–326.

Baer, E.D., «Letters to Miss Sanborn: St. Vincent's Hospital Nurses' Accounts of World War I», *Journal of Nursing History* 2, núm. 2 (abril de 1987), pp. 17–32.

Baird, Nancy, «The 'Spanish Lady' in Kentucky», *Filson Club Quarterly* 50, núm. 3, pp. 290–302.

Barnes, Frances M., «Psychoses Complicating Influenza», *Missouri State Medical Association* 16 (1919), pp. 115–20.

Benison, Saul, «Poliomyelitis and the Rockefeller Institute: Social Effects and Institutional Response» *Journal of the History of Medicine and Allied Sciences* 29 (1974), pp. 74–92.

Bernstein, B.J., «The Swine Flu Immunization Program», *Medical Heritage* 1, núm. 4 (julio–agosto de 1985), pp. 236–66.

Bircher, E., «Influenza Epidemic», *Correspondenz-Blatt fur Schweizer Aerzte, Basel* 48, núm. 40 (5 de noviembre de 1918), p. 1338, citado en *JAMA* 71, núm. 24 (7 de diciembre de 1918), p. 1946.

Bloomfield, Arthur, y G. A. Harrop Jr., «Clinical Observations on Epidemic Influenza», *Johns Hopkins Hospital Bulletin* 30 (1919).

Bogardus, F. B., «Influenza Pneumonia Treated by Blood Transfusion», *New York Medical Journal* 109, núm. 18 (3 de mayo de 1919), pp. 765–68.

Bourne, Randolph, «The War and the Intellectuals», *The Seven Arts* 2 (junio de 1917), pp. 133–46.

Brown P., J.A. Morris, y D. C. Gajdusek, «Virus of the 1918 Influenza Pandemic Era: New Evidence About Its Antigenic Character», *Science* 166, núm. 901 (3 de octubre de 1969), pp. 117–19.

Burch, M., «'I Don't Know Only What We Hear': The Soldiers' View of the 1918 Influenza Epidemic», *Indiana Medical Quarterly* 9, núm. 4 (1983), pp. 23–27.

Burnet, F.M., «The Influence of a Great Pathologist: A Tribute to Ernest Goodpasture», *Perspectives on Biology and Medicine* 16, núm. 3 (primavera de 1973), pp. 333–47.

—, «Portraits of Viruses: Influenza Virus A», *Intervirology* 11, núm. 4 (1979), pp. 201–14.

Capps, Joe, «Measures for the Prevention and Control of Respiratory Disease» *JAMA* 71, núm. 6 (10 de agosto de 1918), pp. 571–73.

Centros para el Control de las Enfermedades, *AIDS Surveillance Report* 13, núm. 2 (24 de septiembre de 2002).

Chan, P.K.S. et al., «Pathology of Fatal Infection Associated with Avian Influenza A H5N1 Virus», *Journal of Medical Virology* 63, núm. 3 (marzo de 2001), pp. 242–46.

Charles, A.D., «The Influenza Pandemic of 1918–1919: Columbia and South Carolina's Response», *Journal of the South Carolina Medical Association* 73, núm. 8 (agosto de 1977), pp. 367–70.

Chesney, Alan, «Oswald Theodore Avery», *Journal of Pathology and Bacteriology* 76, núm. 2 (1956), pp. 451–60.

Christian, Henry, «Incorrectness of Diagnosis of Death from Influenza», *JAMA* 71 (1918).

Claude, Henri, M.D., «Nervous and Mental Disturbances Following Influenza», Citado en *JAMA* 72, núm. 22 (31 de mayo, 1919), p. 1634.

Clough, Paul, «Phagocytosis and Agglutination in the Serum of Acute Lobar Pneumonia», *Johns Hopkins Hospital Bulletin* 30 (1919), pp. 167–70.

Cole, Rufus, «Pneumonia as a Public Health Problem», *Kentucky Medical Journal* 16 (1918), pp. 563–65.

—, «Prevention of Pneumonia», *JAMA* 71, núm. 8 (24 de agosto de 1918), pp. 634–36.

Cole, Rufus et al., «Acute Lobar Pneumonia Prevention and Serum Treatment», Monograph of the Rockefeller Institute for Medical Research 7 (octubre de 1917).

Cowie, D.M., y P.W. Beaven, «Nonspecific Protein Therapy in Influenzal Pneumonia», *JAMA* 72, núm. 16 (19 de abril de 1919).

Cumberland, W.H., «Epidemic! Iowa Battles the Spanish Influenza», *Palimpsest* 62, núm. 1 (1981), pp. 26–32.

Davenport, F.M., «The Search for the Ideal Influenza Vaccine», *Postgraduate Medical Journal* 55, núm. 640 (febrero de 1979), pp. 78–86.

Davenport, R.M., G.N. Meiklejohn y E.H. Lennette, «Origins and Development of the Commission on Influenza», *Archives of Environmental Health* 21, núm. 3 (septiembre de 1970), pp. 267–72.

De Grazia, Victoria, «The Selling of America, Bush Style», *New York Times*, 25 de agosto de 2002.

Dingle, J.H., y A.D. Langmuir, «Epidemiology of Acute Respiratory Disease in Military Recruits», *American Review of Respiratory Diseases* 97, núm. 6 (junio de 1968), pp. 1–65.

Doty, Permillia, «A Retrospect on the Influenza Epidemic», *Public Health Nurse*, 1919.

Douglas, R.J., «Prophylaxis and Treatment of Influenza», en *Scientific American's Medicine*, editado por E. Rubinstein y D. Federman, Scientific American Inc., Nueva York, 1994.

Dowdle, W.R. y M.A. Hattwick, «Swine Influenza Virus Infections in Humans», *Journal of Infectious Disease* 136, supp. S (diciembre de 1977), pp. 386–89.

Draggoti, G., «Nervous Manifestations of Influenza», *Policlinico* 26, núm. 6 (8 de febrero de 1919) p. 161, citado en *JAMA* 72, núm. 15 (12 de abril de 1919), p. 1105.

Dubos, René, «Oswald Theodore Avery, 1877–1955», *Biographical Memoirs of Fellows of the Royal Society* 2 (1956), pp. 35–48.

Durand, M.L. et al., «Acute Bacterial Meningitis in Adults: A Review of 493 Episodes», *New England Journal of Medicine* 328, núm. 1 (enero de 1993), pp. 21–28.

Eaton, Ernest, «A Tribute to Royal Copeland», *Journal of the Institute of Homeopathy* 31, núm. 9, pp. 555–58.

Ebert, R.G., «Comments on the Army Venereal Problem», *Military Surgeon* 42 (julio-diciembre de 1918), pp. 19–20.

Emerson, G.M., «The 'Spanish Lady' in Alabama», *Alabama Journal of Medical Science* 23, núm. 2 (abril de 1986), pp. 217–21.

English, F., «Princeton Plagues: The Epidemics of 1832, 1880 and 1918–19», *Princeton History* 5 (1986), pp. 18 26.

Ensley, P.C., «Indiana and the Influenza Pandemic of 1918», *Indiana Medical History* 9, núm. 4 (1983), pp. 3–15.

«Epidemic Influenza and the United States Public Health Service», *Public Health Reports* 91, núm. 4 (julio–agosto de 1976), pp. 378–80.

Feery, B., «1919 Influenza in Australia», *New England Journal of Medicine* 295, núm. 9 (26 de agosto de 1976), p. 512.

Fell, Egbert, «Postinfluenzal Psychoses», *JAMA* 72, núm. 23 (7 de junio de 1919), pp. 1658–59.

Fennel, E.A., «Prophylactic Inoculation Against Pneumonia», *JAMA* 71, núm. 26, (28 de diciembre de 1918), pp. 2115–18.
Fincher, Jack, «America's Rendezvous with the Deadly Lady», *Smithsonian Magazine*, enero de 1989, p. 131.
Finland, M., «Excursions into Epidemiology: Selected Studies During the Past Four Decades at Boston City Hospital», *Journal of Infectious Disease* 128, núm. 1 (julio de 1973), pp. 76–124.
Flexner, Simon, «Paul Adin Lewis», *Science* 52 (9 de agosto de 1929), pp. 133–34.
—, «The Present Status of the Serum Therapy of Epidemic Cerebro-spinal Meningitis», *JAMA* 53 (1909), pp. 1443–46.
Flexner, Simon y Paul Lewis, «Transmission of Poliomyelitis to Monkeys: A Further Note», *JAMA* 53 (1909), p. 1913.
Friedlander et al., «The Epidemic of Influenza at Camp Sherman», *JAMA* 71, núm. 20 (16 de noviembre de 1918), pp. 1650–71.
Frost, W.H., «Statistics of Influenza Morbidity», *Public Health Reports* 7 (12 de marzo de 1920), pp. 584–97.
Galishoff, S., «Newark and the Great Influenza Pandemic of 1918», *Bulletin of the History of Medicine* 43, núm. 3 (mayo–junio de 1969), pp. 246–58.
Gear, J.H., «The History of Virology in South Africa», *South African Medical Journal* (11 de octubre de 1986, supl.), pp. 7–10.
Glezen, W.P., «Emerging Infections: Pandemic Influenza», *Epidemiology Review* 18, núm. 1 (1996), pp. 64–76.
Goodpasture, Ernest W., «Pathology of Pneumonia Following Influenza», *U.S. Naval Bulletin* 13, núm. 3 (1919).
Grist, N. R., «Pandemic Influenza 1918», *British Medical Journal* 2, núm. 6205 (22–29 diciembre, 1979), pp. 1632–33.
Guerra, F., «The Earliest American Epidemic: The Influenza of 1493», *Social Science History* 12, núm. 3 (1988), pp. 305–25.
Halpern, Sue, «Evangelists for Kids», *New York Review of Books*, 29 de mayo de 2003.
Hamaker, Gene, «Influenza 1918», *Buffalo County, Nebraska, Historical Society* 7, núm. 4.
Hamilton, D., «Unanswered Questions of the Spanish Flu Pandemic», *Bulletin of the American Association of the History of Nursing* 34 (primavera de 1992), pp. 6–7.

Harris, John, «Influenza Occuring in Pregnant Women: A Statistical Study of 130 Cases», *JAMA* 72, núm. 14 (5 de abril de 1919), pp. 978–80.

Harrop, George A., «The Behavior of the Blood Toward Oxygen in Influenzal Infections», *Johns Hopkins Hospital Bulletin* 30 (1919), p. 335.

Hayden, Frederick G. y Peter Palese, «Influenza Virus», en *Clinical Virology*, editado por Douglas Richman, Richard Whitley y Frederick Hayden, pp. 911–30. Churchill Livingstone, Nueva York, 1997.

Heagerty, J.J., «Influenza and Vaccination», *Canadian Medical Association Journal* 45, núm. 5 (septiembre de 1991, publicado originalmente en 1919), pp. 481–82.

Herda, P.S., «The 1918 Influenza Pandemic in Fiji, Tonga and the Samoas», en *New Countries and Old Medicine: Proceedings of an International Conference on the History of Medicine and Health*, editado por L. Bryder y D.A. Dow, pp. 46–53. Pyramid Press, Auckland, Nueva Zelanda, 1995.

Hewer, C.L., «1918 Influenza Epidemic», *British Medical Journal* 1, núm. 6157 (enero de 1979), p. 199.

Hildreth, M.L., «The Influenza Epidemic of 1918–1919 in France: Contemporary Concepts of Aetiology, Therapy, and Prevention», *Social History of Medicine* 4, núm. 2 (agosto de 1991), pp. 277–94.

Holladay, A.J., «The Thucydides Syndrome: Another View», *New England Journal of Medicine* 315, núm. 18 (30 de octubre de 1986), pp. 1170–73.

Holland, J.J., «The Origin and Evolution of Chicago Viruses», en *Microbiology and Microbial Infections, v. 1, Virology*, editado por Brian W. J. Mahy y Leslie Collier, pp. 10–20. Oxford University Press, Nueva York, 1998.

Hope-Simpson, R.E., «Andrewes Versus Influenza: Discussion Paper», *Journal of the Royal Society of Medicine* 79, núm. 7 (julio de 1986), pp. 407–11.

—, «Recognition of Historic Influenza Epidemics from Parish Burial Records: A Test of Prediction from a New Hypothesis of Influenzal Epidemiology», *Journal of Hygiene* 91, núm. 2 (octubre de 1983), pp. 293–308.

«How to Fight Spanish Influenza», *Literary Digest* 59 (12 de octubre de 1918).

Hyslop, A., «Old Ways, New Means: Fighting Spanish Influenza in Australia, 1918 1919», en *New Countries and Old Medicine: Proceedings of an International Conference on the History of Medicine and Health*, editado por L. Bryder y D. A. Dow, pp. 54–60. Pyramid Press, Auckland, Nueva Zelanda, 1995.

Irwin, R.T., «1918 Influenza in Morris County», *New Jersey Historical Community Newsletter* (marzo de 1981), p. 3.

Jackson, G.G., «Nonbacterial Pneumonias: C ontributions of Maxwell Finland Revisited», *Journal of Infectious Disease* 125, supp. (marzo de 1972), pp. 47–57.

Johnson, Niall y Juergen Mueller, «Updating the Accounts: Global Mortality of the 1918–1920 'Spanish' Influenza Pandemic», *Bulletin of the History of Medicine* 76 (primavera de 2002), pp. 105–15.

Kass, A.M., «Infectious Diseases at the Boston City Hospital: The First 60 Years», *Clinical Infectious Disease* 17, núm. 2 (agosto de 1993), pp. 276–82.

Katz, R.S., «Influenza 1918–1919: A Further Study in Mortality», *Bulletin of the History of Medicine* 51, núm. 4 (invierno de 1977), pp. 617–19.

———, «Influenza 1918–1919: A Study in Mortality», *Bulletin of the History of Medicine* 48, núm. 3 (otoño de 1974), pp. 416–22.

Katzenellenbogen, J. M., «The 1918 Influenza Epidemic in Mamre», *South African Medical Journal* 74, núm. 7 (1 de octubre de 1988), pp. 362–64.

Keating, Peter, «Vaccine Therapy and the Problem of Opsonins», *Journal of the History of Medicine* 43 (1988), pp. 275–96.

Keegan, J.J., «The Prevailing Epidemic of Influenza», *JAMA* 71 (28 de septiembre de 1918), pp. 1051–52.

Keeton, Riet y A. Beulah Cusman, «The Influenza Epidemic in Chicago», *JAMA* 71, núm. 24 (14 de diciembre de 1918), pp. 2000–2001.

Kerson, T.S., «Sixty Years Ago: Hospital Social Work in 1918», *Social Work Health Care* 4, núm. 3 (primavera de 1979), pp. 331–43.

Kilbourne, E.D., M.D., «A History of Influenza Virology», en *Microbe Hunters—Then and Now*, editado por H. Koprowski y M. B. Oldstone, pp. 187–204. Medi-Ed Press, Bloomington, Illinois, 1996.

—, «In Pursuit of Influenza: Fort Monmouth to Valhalla (and Back)», *Bioessays* 19, núm. 7 (julio de 1997), pp. 641–50.

—, «Pandora's Box and the History of the Respiratory Viruses: A Case Study of Serendipity in Research», *History of the Philosophy of Life Sciences* 14, núm. 2 (1992), pp. 299–308.

King, John, «The Progress of Medical Reform», *Western Medical Reformer* 6, núm. 1846, pp. 79–82.

Kirkpatrick, G.W., «Influenza 1918: A Maine Perspective», *Maine Historical Society Quarterly* 25, núm. 3 (1986), pp. 162–77.

Knight, C.P., «The Activities of the USPHS in Extra-Cantonment Zones, With Special Reference to the Venereal Disease Problem», *Military Surgeon* 44 (enero, 1919), pp. 41–43.

Knoll, K., «When the Plague Hit Spokane», *Pacific Northwest Quarterly* 33, núm. 1 (1989), pp. 1–7.

Koen, J.S., «A Practical Method for Field Diagnosis of Swine Diseases», *Journal of Veterinary Medicine* 14 (1919), pp. 468–70.

Kolmer, John, M.D., «Paper Given at the Philadelphia County Medical Society Meeting, Oct. 23, 1918», *Pennsylvania Medical Journal*, diciembre de 1918.

Krumwiede, Charles, Jr. y Eugenia Valentine, «Determination of the Type of Pneumococcus in the Sputum of Lobar Pneumonia, A Rapid Simple Method», *JAMA* 70 (23 de febrero de 1918), pp. 513–14.

Kyes, Preston, «The Treatment of Lobar Pneumonia with an Anti-pneumococcus Serum», *Journal of Medical Research* 38 (1918), pp. 495–98.

Lachman, E., «The German Influenza of 1918–19: Personal Recollections and Review of the German Medical Literature of that Period», *Journal of the Oklahoma State Medical Association* 69, núm. 12 (diciembre 1976), pp. 517–20.

Lamber, Arthur, «Medicine: A Determining Factor in War», *JAMA* 21, núm. 24 (14 de junio de 1919), p. 1713.

Langmuir, A.D., «The Territory of Epidemiology: Pentimento», *Journal of Infectious Disease* 155, núm. 3 (marzo de 1987), pp. 349–58.

Langmuir, A.D., et al., «The Thucydides Syndrome: A New Hypothesis for the Cause of the Plague of Athens», *New England Journal of Medicine* 313, núm. 16 (17 de octubre de 1985), pp. 1027–30.

Lautaret, R.L., «Alaska's Greatest Disaster: The 1918 Spanish Influenza Epidemic», *Alaska Journal* 16 (1986), pp. 238–43.

Lehman, Joseph, «Clinical Notes on the Recent Epidemic of Influenza», *Monthly Bulletin of the Department of Public Health and Charities* (Philadelphia), marzo de 1919.

Leonard, Stephen, «The 1918 Influenza Epidemic in Denver and Colorado», *Essays and Monographs in Colorado History*, núm. 9, 1989.

Levin, M.L., «An Historical Account of 'The Influence'», *Maryland State Medical Journal* 27, núm. 5 (mayo de 1978), pp. 58–62.

Lewis, Paul A. y Richard E. Shope, «Swine Influenza II. Hemophilic Bacillus from the Respiratory Tract of Infected Swine», *Journal of Infectious Disease* 54, núm. 3 (1931), pp. 361–372.

Lichtenstein, A.M., «The Influenza Epidemic in Cumberland, Md», *Johns Hopkins Nurses Alumni Magazine* 17, núm. 4 (noviembre de 1918), pp. 224–27.

Lyons, D. y G. Murphy, «Influenza Causing Sunspots?», *Nature* 344, núm. 6261 (1 de marzo de 1990), p. 10.

MacCallum, William G., «Pathological Anatomy of Pneumonia Following Influenza», *Johns Hopkins Hospital Reports* 20 fasciculus II (1921), pp. 149–51.

—, «The Pathology of Pneumonia in the U.S. Army Camps During the Winter of 1917–18», *Monographs of the Rockefeller Institute for Medical Research* (10), 1919.

McCann, T.A., «Homeopathy and Influenza», *Journal of the American Institute for Homeopathy*, mayo de 1921.

McCord, C.P., «The Purple Death: Some Things Remembered About the Influenza Epidemic of 1918 at One Army Camp», *Journal of Occupational Medicine* 8, núm. 11 (noviembre de 1966), pp. 593–98.

McCullers, J.A. y K.C. Bartmess, «Role of Neuraminidase in Lethal Synergism Between Influenza Virus and Streptococcus Pneumoniae», *Journal of Infectious Diseases* 187, núm. 6 (15 de marzo de 2003), pp. 1000–1009.

McCullum, C., «Diseases and Dirt: Social Dimensions of Influenza, Cholera, and Syphilis», *Pharos* 55, núm. 1 (invierno de 1992), pp. 22–29.

Macdiarmid, D., «Influenza 1918», *New Zealand Medical Journal* 97, núm. 747 (enero de 1984), p. 23.

McGinnis, J.D., «Carlill v. Carbolic Smoke Ball Company: Influenza, Quackery, and the Unilateral Contract», *Bulletin of Canadian History of Medicine* 5, núm. 2 (invierno de 1988), pp. 121–41.

MacLachlan, W.W.G. y W.J. Fetter, «Citrated Blood in Treatment of Pneumonia Following Influenza», *JAMA* 71, núm. 25 (21 de diciembre de 1918), pp. 2053–54.

MacLeod, Colin, «Theodore Avery, 1877–1955», *Journal of General Microbiology* 17 (1957), pp. 539–49.

McMichael, A.J. et al., «Declining T-cell Immunity to Influenza, 1977–82. Lancet 2, núm. 8353 (1 de octubre de 1983), pp. 762–64.
MacNeal, W.J., «The Influenza Epidemic of 1918 in the AEF in France and England», *Archives of Internal Medicine* 23 (1919).
McQueen, H., «Spanish Flu—1919: Political, Medical and Social Aspects», *Medical Journal of Australia* 1, núm. 18 (3 de mayo de 1975), pp. 565–70.
Maxwell, William, «A Time to Mourn», *Pen America* 2, núm. 4 (2002).
Mayer, J.L. y D.S. Beardsley, «Varicella-associated Thrombocytopenia: Autoantibodies Against Platelet Surface Glycoprotein V», *Pediatric Research* 40 (1996), pp. 615–19.
Meiklejohn, G.N., «History of the Commission on Influenza», *Social History of Medicine* 7, núm. 1 (abril de 1994), pp. 59–87.
Meltzer, Martin, Nancy Cox y Keiji Fukuda, «Modeling the Economic Impact of Pandemic Influenza in the United States: Implications for Setting Priorities for Intervention», en *Emerging Infectious Diseases*, CDC, 1999, www.cdc.gov/ncidod/eid/vol5no5/melt back.htm.
Mencken, H.L., «Thomas Henry Huxley 1825–1925», *Baltimore Evening Sun*, 4 de mayo de 1925.
Mills, I.D., «The 1918–19 Influenza Pandemic—The Indian Experience», *Indian Economic and Social History Review* 23 (1986), pp. 1–36.
Morens, D.M. y R.J. Littman, «'Thucydides Syndrome' Reconsidered: New Thoughts on the 'Plague of Athens'», *American Journal of Epidemiology* 140, núm. 7 (1 de octubre de 1994), pp. 621–28, discusión pp. 629–31.
Morton, G., «The Pandemic Influenza of 1918», *Canadian Nurse* 69, núm. 12 (diciembre de 1973), pp. 25–27.
Mullen, P.C. y M.L. Nelson, «Montanans and 'The Most Peculiar Disease': The Influenza Epidemic and Public Health, 1918–1919», *Montana* 37, núm. 2 (1987), pp. 50–61.
Murphy, Brian R. y Robert G. Webster, «Orthomyxoviruses», en *Fields' Virology*, tercera edición, Bernard Fields, editor jefe, Lippincott-Raven, Filadelfia, 1996.
Nicolle, Charles y Charles LeBailly, «Recherches experimentales sur la grippe», *Annales de l'Institut Pasteur* 33 (1919), pp. 395–402.
Nutton, Vivian, «Humoralism», en *Companion Encyclopedia to the History of Medicine*, editado por Bynum y Porter. Routledge, Londres, 1993.

Nuzum, J. W. et al., «1918 Pandemic Influenza and Pneumonia in a Large Civil Hospital», *Illinois Medical Journal* 150, núm. 6 (diciembre de 1976), pp. 612–16.

Osler, William, «The Inner History of Johns Hopkins Hospital», editado por D. Bates y E. Bensley, *Johns Hopkins Medical Journal* 125 (1969), pp. 184–94.

«Outbreak of Influenza, Madagascar, July–August 2002», *Weekly Epidemiological Report* (2002), pp. 381–87.

Oxford, J. S., «The So-Called Great Spanish Influenza Pandemic of 1918 May Have Originated in France in 1916», en *The Origin and Control of Pandemic Influenza. Philosophical Transactions of the Royal Society* 356, núm. 1416 (diciembre 2001).

Palmer, E. y G.W. Rice, «A Japanese Physician's Response to Pandemic Influenza: Ijiro Gomibuchi and the 'Spanish Flu' in Yaita-Cho, 1918–1919», *Bulletin of the History of Medicine* 66, núm. 4 (invierno de 1992), pp. 560–77.

Pandit, C.G., «Communicable Diseases in Twentieth-Century India», *American Journal of Tropical Medicine and Hygiene* 19, núm. 3 (mayo de 1970), pp. 375–82.

Pankhurst, R., «The Great Ethiopian Influenza (Ye Hedar Beshita) Epidemic of 1918», *Ethiopian Medical Journal* 27, núm. 4 (octubre de 1989), pp. 235–42.

—, «A Historical Note on Influenza in Ethiopia», *Medical History* 21, núm. 2 (abril de 1977): 195–200.

Park, William H., «Anti-influenza Vaccine as Prophylactic», *New York Medical Journal* 108, núm. 15 (12 de octubre de 1918).

Park, William H. et al., «Introduction», *Journal of Immunology*, 6 de enero de 1921, pp. 2–8.

Patterson, K.D. y G.F. Pyle, «The Diffusion of Influenza in Sub-Saharan Africa during the 1918–1919 Pandemic», *Social Science and Medicine* 17, núm. 17 (1983), pp. 1299–1307.

—, «The Geography and Mortality of the 1918 Influenza Pandemic», *Bulletin of the History of Medicine* 65, núm. 1 (primavera de 1991), pp. 4–21.

Pennisi, E., «First Genes Isolated from the Deadly 1918 Flu Virus», *Science* 275, núm. 5307 (21 de marzo de 1997), p. 1739.

Persico, Joe, «The Great Spanish Flu Epidemic of 1918», *American Heritage* 27 (junio de 1976), pp. 28–31, pp. 80–85.

Polson, A., «Purification and Aggregation of Influenza Virus by Precipitation with Polyethylene Glycol», *Prep Biochemistry* 23, núms. 1–2 (febrero-mayo de 1993, publicado originalmente en 1974), pp. 207–25.

Porter, Katherine Anne, «Pale Horse, Pale Rider», *The Collected Stories of Katherine Anne Porter*. Harcourt, Nueva York, 1965, pp. 304–317.

Pusey, William Allen, M.D., «Handling of the Venereal Problem in the U.S. Army in Present Crisis», *JAMA* 71, núm. 13 (28 de septiembre de 1918), pp. 1017–19.

Raff, M.J., P.A. Barnwell y J. C. Melo, «Swine Influenza: History and Recommendations for Vaccination», *Journal of the Kentucky Medical Association* 74, núm. 11 (noviembre de 1976), pp. 543–48.

Ranger, T., «The Influenza Pandemic in Southern Rhodesia: a Crisis of Comprehension», en *Imperial Medicine and Indigenous Societies*, editado por D. Arnold, pp. 172–88. Manchester University Press, Manchester y Nueva York, 1988.

Ravenholt, R.T. y W.H. Foege, «1918 Influenza, Encephalitis Lethargica, Parkinsonism», *Lancet* 2, núm. 8303 (16 de octubre de 1982), pp. 860–64.

Redden, W.R. y L.W. McQuire, «The Use of Convalescent Human Serum in Influenza Pneumonia», *JAMA* 71, núm. 16 (19 de octubre de 1918), pp. 1311–12.

«Review of Offensive Fighting by Major Donald McRae», *Military Surgeon* 43 (febrero de 1919).

Rice, G., «Christchurch in the 1918 Influenza Epidemic: A Preliminary Study», *New Zealand Journal of History* 13 (1979), pp. 109–37.

Richmond, Phyllis Allen, «American Attitudes Toward the Germ Theory of Disease, 1860–1880», *Journal of the History of Medicine and Allied Sciences* 9 (1954), pp. 428–54.

—, «Some Variant Theories in Opposition to the Germ Theory of Disease», *Journal of the History of Medicine and Allied Sciences* 9 (1954), pp. 290–303.

Rivers, Thomas, «The Biological and the Serological Reactions of Influenza Bacilli Producing Meningitis», *Journal of Experimental Medicine* 34, núm. 5 (1 de noviembre de 1921), pp. 477–94.

—, «Influenzal Meningitis», *American Journal of Diseases of Children* 24 (agosto de 1922), pp. 102–24.

Rivers, Thomas y Stanhope Bayne-Jones, «Influenza-like Bacilli Isolated from Cats», *Journal of Experimental Medicine* 37, núm. 2 (1 de febrero de 1923), pp. 131–38.

Roberts, R.S., «A Consideration of the Nature of the English Sweating Sickness», *Medical History* 9, núm. 4 (octubre de 1965), pp. 385–89.

Robinson, K.R., «The Role of Nursing in the Influenza Epidemic of 1918–1919», *Nursing Forum* 25, núm. 2 (1990), pp. 19–26.

Rockafellar, N., «'In Gauze We Trust': Public Health and Spanish Influenza on the Home Front, Seattle, 1918–1919», *Pacific Northwest Quarterly* 77, núm. 3 (1986), pp. 104–13.

Rogers, F.B., «The Influenza Pandemic of 1918–1919 in the Perspective of a Half Century», *American Journal of Public Health and Nations Health* 58, núm. 12 (diciembre 1968), pp. 2192–94.

Rosenberg, Charles, «The Therapeutic Revolution», en *Explaining Epidemics and Other Studies in the History of Medicine.* Cambridge University Press, Cambridge y Nueva York, 1992.

—, «Toward an Ecology of Knowledge», en *The Organization of Knowledge in Modern America, 1860–1920*. Editado por A. Oleson y J. Voss. Johns Hopkins University Press, Baltimore, 1979.

Rosenberg, K.D., «Swine Flu: Play It Again, Uncle Sam», *Health/PAC Bulletin* 73 (noviembre-diciembre de 1976), pp. 1–6, pp. 10–20.

Ross, Katherine, «Battling the Flu», *American Red Cross Magazine* (enero de 1919), pp. 11–15.

Sage, M.W., «Pittsburgh Plague—1918: An Oral History», *Home Health Nurse* 13, núm. 1 (enero-febrero de 1995), pp. 49–54.

Salk, J., «The Restless Spirit of Thomas Francis, Jr., Still Lives: The Unsolved Problems of Recurrent Influenza Epidemics», *Archives of Environmental Health* 21, núm. 3 (septiembre de 1970), pp. 273–75.

Sartwell, P. E., «The Contributions of Wade Hampton Frost», *American Journal of Epidemiology* 104, núm. 4 (octubre de 1976), pp. 386–91.

Sattenspiel, L. y D.A. Herring, «Structured Epidemic Models and the Spread of Influenza in the Central Canadian Subarctic», *Human Biology* 70, núm. 1 (febrero de 1998), pp. 91–115.

Scott, K.A., «Plague on the Homefront: Arkansas and the Great Influenza Epidemic of 1918», Arkansas Historical Quarterly 47, núm. 4 (1988), pp. 311–44.

Shope, Richard E., «Influenza: History, Epidemiology, and Speculation», *Public Health Reports* 73, núm. 165 (1958).
—, «Swine Influenza I. Experimental Transmission and Pathology», *Journal of Infectious Disease* 54, núm. 3 (1931), pp. 349–60.
—, «Swine Influenza III. Filtration Experiments and Etiology», *Journal of Infectious Disease* 54, núm. 3 (1931), pp. 373–390.
Shortt, S.E.D., «Physicians, Science, and Status: Issues in the Professionalization of Anglo-American Medicine in the 19th Century», *Medical History* 27 (1983), pp. 53–68.
Shryock, Richard, «Women in American Medicine», Journal of the American Medical Women's Association 5 (septiembre de 1950), p. 371.
Simon, Harvey y Martin Swartz, «Pulmonary Infections», en *Scientific American's Medicine*, editado por Edward Rubinstein y Daniel Feldman, capítulo 20. Scientific American, Nueva York, 1994.
Smith, F.B., «The Russian Influenza in the United Kingdom, 1889–1894», *Social History of Medicine* 8, núm. 1 (abril de 1995), pp. 55–73.
Snape, W. J. y E. L. Wolfe, «Influenza Epidemic. Popular Reaction in Camden 1918–1919», *New Jersey Medicine* 84, núm. 3 (marzo de 1987), pp. 173–76.
Soper, George, M.D., «Epidemic After Wars», *JAMA* 72, núm. 14 (5 de abril de 1919), pp. 988–90.
—, «The Influenza-Pneumonia Pandemic in the American Army Camps, September and October 1918», *Science*, 8 de noviembre de 1918.
Springer, J.K., «1918 Flu Epidemic in Hartford, Connecticut», *Connecticut Medicine* 55, núm. 1 (enero de 1991), pp. 43–47.
Starr, Isaac, «Influenza in 1918: Recollections of the Epidemic in Philadelphia», *Annals of Internal Medicine* 85 (1976), pp. 516–18.
Stephenson, J., «Flu on Ice», *JAMA* 279, núm. 9 (4 de marzo de 1998), p. 644.
Strauss, Ellen G., James H. Strauss y Arnold J. Levine, «Viral Evolution», en *Fields' Virology*, Bernard Fields, redactor jefe, Lippincott-Raven, Filadelfia, 1996.
Stuart-Harris, C.H., «Pandemic Influenza: An Unresolved Problem in Prevention», *Journal of Infectious Disease* 122, núm. 1 (julio–agosto de 1970), pp. 108–15.
Sturdy, Steve, «War as Experiment: Physiology, Innovation and Administration in Britain, 1914–1918: The Case of Chemical Warfare», en

War, Medicine and Modernity, editado por Roger Cooter, Mark Harrison y Steve Sturdy. Sutton, Stroud, 1998.

«Sure Cures for Influenza», Public Health Reports 91, núm. 4 (julio-agosto de 1976), pp. 378–80.

Symmers, Douglas, M.D., «Pathologic Similarity Between Pneumonia of Bubonic Plague and of Pandemic Influenza», *JAMA* 71, núm. 18 (2 de noviembre de 1918), pp. 1482–83.

Taksa, Lucy, «The Masked Disease: Oral History, Memory, and the Influenza Pandemic», en *Memory and History in Twentieth Century Australia*, editado por Kate Darian-Smith y Paula Hamilton. Oxford Press, Melbourne, Australia, 1994.

Taubenberger, J.K., «Seeking the 1918 Spanish Influenza Virus», *ASM News* 65, núm. 7 (julio de 1999).

Taubenberger, J.K. et al., «Initial Genetic Characterization of the 1918 'Spanish' Influenza Virus», *Science* 275, núm. 5307 (21 de marzo de 1997), pp. 1793–96.

Terris, Milton, «Hermann Biggs' Contribution to the Modern Concept of the Health Center», *Bulletin of the History of Medicine* 20 (octubre de 1946), pp. 387–412.

Thayer, W. S., «Discussion of Influenza», *Proceedings of the Royal Society of Medicine* 12, parte 1 (13 de noviembre de 1918).

Thomson, J.B., «The 1918 Influenza Epidemic in Nashville», *Journal of the Tennessee Medical Association* 71, núm. 4 (abril de 1978), pp. 261–70.

Tomes, Nancy, «American Attitudes Toward the Germ Theory of Disease: The Richmond Thesis Revisited», *Journal of the History of Medicine and Allied Sciences* 52, núm. 1 (1997), pp. 17–50.

Tomes, Nancy y Warner John Harley, «Introduction—Rethinking the Reception of the Germ Theory of Disease: Comparative Perspectives», *Journal of the History of Medicine and Allied Sciences* 52, núm. 1 (enero de 1997), pp. 7–16.

Tomkins, S.M., «The Failure of Expertise: Public Health Policy in Britain During the 1918–19 Influenza Epidemic», *Social History of Medicine* 5, núm. 3 (diciembre de 1992), pp. 435–54.

Turner, R. Steven et al., «The Growth of Professorial Research in Prussia— 1818–1848, Causes and Context», *Historical Studies in the Physical Sciences* 3 (1972), pp. 137–182.

Van Helvoort, T., «A Bacteriological Paradigm in Influenza Research in the First Half of the Twentieth Century», *History and Philosophy of the Life Sciences* 15, núm. 1 (1993), pp. 3–21.

Wallack, G., «The Waterbury Influenza Epidemic of 1918/1919», *Connecticut Medicine* 41, núm. 6 (junio de 1977), pp. 349–51.

Walters, J. H., «Influenza 1918: The Contemporary Perspective», *Bulletin of the New York Academy of Medicine* 54, núm. 9 (octubre de 1978), pp. 855–64.

Ware, Lorraine y Michael Matthay, «The Acute Respiratory Distress Syndrome», *New England Journal of Medicine* 342, núm. 18 (4 de mayo de 2000), pp. 1334–49.

Warner, John Harley, «The Fall and Rise of Professional Mystery», en *The Laboratory Revolution in Medicine*, editado por Andrew Cunningham y Perry Williams. Cambridge University Press, Cambridge, 1992.

«War Reports from the Influenza Front», *Literary Digest* 60 (22 de febrero de 1919).

Wasserman, I.M., «The Impact of Epidemic, War, Prohibition and Media on Suicide: United States, 1910–1920», *Suicide and Life Threatening Behavior* 22, núm. 2 (verano de 1992), pp. 240–54.

Waters, Charles y Bloomfield, Al, «The Correlation of X-ray Findings and Physical Signs in the Chest in Uncomplicated Influenza», *Johns Hopkins Hospital Bulletin* 30 (1919), pp. 268–70.

Webb, G.F., «A Silent Bomb: The Risk of Anthrax as Weapon of Mass Destruction», *Proceedings of the National Academy of Sciences* 100 (2003), pp. 4355–61.

Wein, L.M., D.L. Craft y E.H. Kaplan, «Emergency Response to an Anthrax Attack», *Proceedings of the National Academy of Sciences* 100 (2003), pp. 4346–51.

Weinstein, Edward, «Woodrow Wilson's Neurological Illness», *Journal of American History* 57 (1970–71), pp. 324–51.

Weinstein, L., «Influenza—1918, A Revisit?», *New England Journal of Medicine* 294, núm. 19 (mayo de 1976), pp. 1058–60.

Wetmore, F. H., «Treatment of Influenza», *Canadian Medical Association Journal* 145, núm. 5 (septiembre de 1991, publicado originalmente en 1919), pp. 482–85.

Whipple, George, «Current Comment, Vaccines in Influenza», *JAMA* 71, núm. 16 (19 de octubre de 1918).

White, K.A., «Pittsburgh in the Great Epidemic of 1918», *West Pennsylvania History Magazine* 68, núm. 3 (1985), pp. 221–42.
«WHO Influenza Surveillance», *Weekly Epidemiological Record* 71, núm. 47 (22 de noviembre de 1996), pp. 353–57.
Wilkinson, L. y A.P. Waterson, «The Development of the Virus Concept as Reflected in Corpora of Studies on Individual Pathogens, 2: The Agent of Fowl Plague—A Model Virus», *Medical History* 19, núm. 1 (enero de 1975), pp. 52–72.
«Will the Flu Return?», *Literary Digest* (11 de octubre de 1919).
Wilton, P., «Spanish Flu Outdid WWI in Number of Lives Claimed», *Canadian Medical Association Journal* 148, núm. 11 (1 de junio de 1993), pp. 2036–37.
Winslow, Charles-Edward, «The Untilled Fields of Public Health», *Science* 51 (9 de enero de 1920), p. 30.
Wise, John C., «The Medical Reserve Corps of the U.S. Navy», *Military Surgeon* 43 (julio de 1918), p. 68.
Wooley, Paul, «Epidemic of Influenza at Camp Devens, Mass», *Journal of Laboratory and Clinical Medicine* 4 (1919).
Wright, P. et al., «Maternal Influenza, Obstetric Complications, and Schizophrenia», *American Journal of Psychiatry* 152, núm. 12 (diciembre de 1995), pp. 1714–20.
Yankauer, A., «Influenza: Some Swinish Reflections», *American Journal of Public Health* 66, núm. 9 (septiembre de 1976), pp. 839–41.

Libros y cuadernos

Ackerknecht, Erwin, *Medicine at the Paris Hospital, 1794–1848*. Johns Hopkins University Press, Baltimore, 1967.
American Red Cross, «A History of Helping Others», 1989.
Andrewes, C. H., *Biological Memoirs: Richard E. Shope*. National Academy of Sciences Press, Washington, D.C., 1979.
Baruch, Bernard, *Baruch: The Public Years*. Holt Rinehart, Nueva York, 1960.
Benison, Saul, *Tom Rivers: Reflections on a Life in Medicine and Science: An Oral History Memoir*. MIT Press, Cambridge, 1967.
Berliner, Howard, *A System of Scientific Medicine: Philanthropic Foundations in the Flexner Era*. Tavistock, Nueva York, 1985.

Beveridge, W.I.B., *Influenza: The Last Great Plague: An Unfinished Story of Discovery*. Prodist, Nueva York, 1977.

Bledstein, Burton J., *The Culture of Professionalism: The Middle Class and the Development of Higher Education in America*. Norton, Nueva York, 1976.

Bliss, Michael, *William Osler: A Life in Medicine*. Oxford University Press, Oxford y Nueva York, 1999.

Bonner, Thomas, *American Doctors and German Universities: A Chapter in International Intellectual Relations, 1870–1914*. University of Nebraska Press, Lincoln, 1963.

—, *The Kansas Doctor*. University of Kansas Press, Lawrence, 1959.

Brock, Thomas, *Robert Koch: A Life in Medicine*. Science Tech Publishers, Madison, Wisconsin, 1988.

Brown, E. Richard, *Rockefeller's Medicine Men*. University of California, Berkeley, 1979.

Brown, Ezra, ed., *This Fabulous Century: The Roaring Twenties 1920–1930*. Time-Life Books, Alexandria, Virginia, 1985.

Bulloch, W., *The History of Bacteriology*. Oxford University Press, Londres, 1938.

Burnet, F.M. y Ellen Clark, *Influenza: A Survey of the Last Fifty Years*. Macmillan, Melbourne, 1942.

Cannon, Walter, *The Way of an Investigator*. Norton, Nueva York, 1945.

Cassedy, James, *Charles V. Chapin and the Public Health Movement*. Harvard University Press, Cambridge, 1962.

—, *Medicine in America: A Short History*. Johns Hopkins University Press, Baltimore, 1991.

Chase, Marilyn, *The Barbary Plague*. Random House, Nueva York, 2003.

Chesney, Alan, *The Johns Hopkins Hospital and the Johns Hopkins University School of Medicine*. Johns Hopkins University Press, Baltimore, 1943.

Clark, P.F., *Pioneer Microbiologists in America*. University of Wisconsin Press, Madison, 1961.

Cliff, A.D., J.K. Ord y P. Haggett, *Spatial Aspects of Influenza Epidemics*. Pion Ltd., Londres, 1986.

Coleman, William y Frederic Holmes, eds., *The Investigative Enterprise: Experimental Physiology in Nineteenth Century Medicine*. University of California Press, Berkeley, 1988.

Collier, R., *The Plague of the Spanish Lady: The Influenza Pandemic of 1918–1919*. Atheneum, Nueva York, 1974.

Collins, Selwyn et al., *Mortality from Influenza and Pneumonia in 50 Largest Cities of the United States 1910–1929*. U.S. Government Printing Office, Washington, D.C., 1930.

Corner, George W., *A History of the Rockefeller Institute: 1901–1953, Origins and Growth*. Rockefeller Institute Press, Nueva York, 1964.

Creighton, Charles, *A History of Epidemics in Britain*. Cambridge University Press, Londres, 1894.

Crile, George, *George Crile, An Autobiography*. Lippincott, Filadelfia, 1947.

Crookshank, F. G., *Influenza: Essays by Several Authors*. Heinemann, Londres, 1922.

Crosby, Alfred W., *America's Forgotten Pandemic: The Influenza of 1918*. Cambridge University Press, Cambridge (Inglaterra) y Nueva York, 1989.

Cunningham, Andrew y Perry Williams, eds., *The Laboratory Revolution in Medicine*. Cambridge University Press, Cambridge (Inglaterra), 1992.

Cushing, Harvey, *A Surgeon's Journal 1915–18*. Little, Brown, Boston, 1934.

Cushing, John y Arthur Stone, eds., *Vermont and the World War, 1917–1919*. Burlington, 1928.

Davis, Allen y Mark Haller, eds., *The Peoples of Philadelphia: A History of Ethnic Groups and Lower-Class Life, 1790–1940*. Temple University Press, Filadelfia, 1973.

Davis, Kingsley, *The Population of India and Pakistan*. Princeton University Press, Princeton, 1951.

De Kruif, Paul, *Los cazadores de microbios*. Ediciones Leyenda, México, 2013.

—, *The Sweeping Wind, A Memoir*. Harcourt, Brace & World, Nueva York, 1962.

Dechmann, Louis, *Spanish Influenza (Pan-asthenia): Its Cause and Cure*. The Washington Printing Company, Seattle, 1919.

Dewey, John, *Characters and Events: Popular Essays in Social and Political Philosophy*. Henry Holt, Nueva York, 1929.

Dock, Lavinia et al., *History of American Red Cross Nursing*. Macmillan, Nueva York, 1922.

Dorland's Illustrated Medical Dictionary, 28ª ed. W.B. Saunders and Company, Filadelfia, 1994.
Dubos, René, *The Professor, the Institute, and DNA*. Rockefeller University Press, Nueva York, 1976.
Duffy, John, *Epidemics in Colonial America*. State University Press, Baton Rouge, 1953.
—, *A History of Public Health in New York City 1866–1966*. Russell Sage Foundation, Nueva York, 1974.
Eisenhower, John y Joanne Eisenhower, *Yanks: The Epic Story of the American Army in World War I*. Free Press, Nueva York, 2001.
Fee, Elizabeth, *Disease and Discovery: A History of the Johns Hopkins School of Hygiene and Public Health, 1916–1939*. Johns Hopkins University Press, Baltimore, 1987.
Fields, Bernard, editor jefe, *Fields' Virology*, tercera edición. Lippincott-Raven, Filadelfia, 1996.
Finkler, Dittmar, *Influenza in Twentieth Century Practice, v. 15*. Sampson Low, Londres, 1898.
Fishbein, Morris, M.D., *A History of the American Medical Association, 1847 to 1947*. W. B. Saunders & Co., Filadelfia, 1947.
Fitzgerald, F. Scott, *A este lado del paraíso*. Alianza Editorial, Madrid, 2014.
Fleming, Donald, *William Welch and the Rise of American Medicine*. Little, Brown, Boston, 1954.
Flexner, James Thomas, *An American Saga: The Story of Helen Thomas and Simon Flexner*. Little, Brown, Boston, 1984.
Flexner, Simon y James Thomas Flexner, *William Henry Welch and the Heroic Age of American Medicine*. Viking, Nueva York, 1941.
Foucault, Michel, *The Birth of the Clinic: An Archaeology of Medical Perception*. Vintage Books, Nueva York, 1976.
Fox, R. y G. Weisz, eds., *The Organization of Science and Technology in France, 1808–1914*. Cambridge University Press, Cambridge (Inglaterra) y Nueva York, 1980.
Fulton, John, *Harvey Cushing*. Chas. Thomas, Springfield, 1946.
Fye, W. Bruce, *The Development of American Physiology: Scientific Medicine in the Nineteenth Century*. Johns Hopkins University Press, Baltimore, 1987.
Garrison, F. H. *John Shaw Billings: A Memoir*. Putnam, Nueva York, 1915.

Geison, Gerald, ed., *Physiology in the American Context. 1850–1940*. Williams and Wilkins, Bethesda (M.D.),1987.
George, Lloyd, *Memoirs of the Peace Conference*. Yale University Press, New Haven, 1939.
Gibson, John M., *Physician to the World: The Life of General William C. Gorgas*. University of Alabama Press, Tuscaloosa, 1989.
Goethe, Johann Wolfgang, *Fausto*. Alianza Editorial, Madrid, 2014.
Gordon, Richard, M.D., *Great Medical Disasters*. Stein & Day, Nueva York, 1983.
Grayson, Cary, *Woodrow Wilson: An Intimate Memoir*. Holt, Rinehart, & Winston, Nueva York, 1960.
Harries, Meirion y Susie Harries, *The Last Days of Innocence: America at War, 1917–1918*. Random House, Nueva York, 1997.
Hausler, William Jr., Max Sussman y Leslie Collier, *Microbiology and Microbial Infections, v. 3, Bacterial Infections*. Oxford University Press, Nueva York, 1998.
Hawley, Ellis, *The Great War and the Search for a Modern Order: A History of the American People and Their Institutions, 1917–1933*. St. Martin's Press, Nueva York, 1979.
Hertzler, Arthur E., *The Horse and Buggy Doctor*. Harper & Brothers, Nueva York, 1938.
Hirsch, August, *Handbook of Geographical Historical Pathology*. New Sydenham Society, Londres, 1883.
Hirst, L. Fabian, *The Conquest of Plague: A Study of the Evolution of Epidemiology*. Oxford University Press, Londres, 1953.
Hoehling, Adolph A. *The Great Epidemic*. Little, Brown, Boston, 1961.
Hoover, Herbert, *America's First Crusade*. Scribner's, Nueva York, 1942.
Hoover, Irwin H., *Forty-two Years in the White House*. Houghton Mifflin, Nueva York, 1934.
Hope-Simpson, R. E., *The Transmission of Epidemic Influenza*. Plenum Press, Nueva York, 1992.
Ireland, Merritt W., ed., *Medical Department of the United States Army in the World War, v. 9, Communicable Diseases*. U.S. Army, Washington, D.C., 1928.
—, *Medical Department of the United States Army in the World War, v. 12, Pathology of the Acute Respiratory Diseases, and of Gas Gangrene Following War Wounds*. U.S. Army, Washington, D.C., 1929.

Jensen, Joan, *The Price of Vigilance*. Rand McNally, Nueva York, 1968.

Johnson, Richard T., M.D., *Viral Infections of the Nervous System*, 2ª ed. Lippincott-Raven, Filadelfia, 1998.

Jordan, Edwin O., *Epidemic Influenza*. American Medical Association, Chicago, 1927.

Judson, Horace, *The Eighth Day of Creation: The Makers of the Revolution in Biology*. Simon & Schuster, Nueva York, 1979.

Kansas and Kansans. Lewis Publishing Co., Chicago, 1919.

Kennedy, David, *Over Here: The First World War and American Society*. Oxford University Press, Nueva York, 1980.

Keynes, John Maynard, *Las consecuencias económicas de la paz*. Editorial Crítica, Madrid, 2013.

Kilbourne, E.D., M.D., *Influenza*. Plenum Medical, Nueva York, 1987.

Layton, Edwin, *The Revolt of the Engineers: Social Responsibility and the American Engineering Profession*. Press of Case Western Reserve University, Cleveland, 1971.

Lereboullet, Pierre, *La grippe, clinique, prophylaxie, traitement*. París, 1926.

L'Etang, Hugh, *The Pathology of Leadership*. Hawthorn Books, Nueva York, 1970.

Luckingham, B., *Epidemic in the Southwest, 1918-1919*. Texas Western Press, El Paso, 1984.

Ludmerer, Kenneth M., *Learning to Heal: The Development of American Medical Education*. Basic Books, Nueva York, 1985.

McAdoo, William, *Crowded Years*. Houghton Mifflin Company, Boston y Nueva York, 1931.

MacCallum, William G., *William Stewart Halsted*. Johns Hopkins University Press, Baltimore, 1930.

McCullough, David, *The Path Between the Seas: The Creation of the Panama Canal 1870-1914*. Simon & Schuster, Nueva York, 1977.

Macmillan, Margaret, *Paris 1919, Six Months That Changed the World*. Random House, Nueva York, 2002.

McNeill, William, *Plagas y pueblos*. Siglo XXI, Madrid, 2016.

McRae, Major Donald, *Offensive Fighting*. J.B. Lippincott, Filadelfia, 1918.

Magner, Lois, *A History of Medicine*. M. Dekker, Nueva York, 1992.

Mahy, Brian W. J. y Leslie Collier, *Microbiology and Microbial Infections, v. 1, Virology*. Oxford University Press, Nueva York, 1998.

Martin, Franklin B., *Fifty Years of Medicine and Surgery*. Surgical Publishing Company, Chicago, 1934.

Marx, Rudolph, *The Health of the Presidents*. Putnam, Nueva York, 1961.

Murray, Robert, *Red Scare: A Study in National Hysteria*. University of Minnesota Press, Minneapolis, 1955.

Nasar, Sylvia, *Una mente prodigiosa*. Debolsillo, Barcelona, 2012.

Nobelstifelsen, *Nobel, The Man, and His Prizes*. Elsevier, Nueva York, 1962.

Noyes, William Raymond, *Influenza Epidemic 1918–1919: A Misplaced Chapter in United States Social and Institutional History*. University Microfilms, Ann Arbor, 1971, c1969.

Nuland, Sherwin, *Cómo morimos*. Alianza Editorial, Madrid, 1998.

Oliver, Wade, *The Man Who Lived for Tomorrow: A Biography of William Hallock Park, M.D.* E. P. Dutton, Nueva York, 1941.

Osborn, June, E. *Influenza in America, 1918–1976: History, Science and Politics*. Prodist, Nueva York, 1977.

Osler, William, *Osler's Textbook Revisited, edited by A. McGehee Harvey and Victor A. McKusick*. Appleton Century Crofts, Nueva York, 1967.

Packard, Francis, M.D., *History of Medicine in the United States*. Hafner, Nueva York, 1963.

Papers Relating to the Foreign Relations of the United States: The Paris Peace Conference, v. 11. Government Printing Office, Washington, D.C., 1942–1947.

Parish, H.J., *A History of Immunization*. Livingstone, Edimburgo, 1965.

Park, William H., *Collected Reprints of Dr. William H. Park, v. 3, 1910–1920*. Ciudad de Nueva York.

Park, William H. y Anna Williams, *Pathogenic Microorganisms*. Lea & Febiger, Filadelfia, 1939.

Patterson, Archibald, *Personal Recollections of Woodrow Wilson*. Whittet & Shepperson, Richmond, 1929.

Patterson, K.D. *Pandemic Influenza, 1700–1900: A Study in Historical Epidemiology*. Rowan & Littlefield, Richmond, 1986.

Peabody, F.W., G. Draper y A.R. Dochez, *A Clinical Study of Acute Poliomyelitis*. The Rockefeller Institute for Medical Research, Nueva York, 1912.

Pettigrew, E., *The Silent Enemy: Canada and the Deadly Flu of 1918*. Western Producer Prairie Books, Saskatoon, 1983.

Porter, Roy, *The Greatest Benefit to Mankind: A Medical History of Humanity*. Norton, Nueva York, 1998.

Pyle, Gerald F., *The Diffusion of Influenza: Patterns and Paradigms*. Rowman & Littlefield, Totowa, 1986.

Ravenel, Mayzyk, ed., *A Half Century of Public Health*. American Public Health Association, Nueva York, 1921.

Rice, G. *Black November: The 1918 Influenza Epidemic in New Zealand*. Allen & Unwin, Wellington, Nueva Zelanda, 1988.

Richman, Douglas, Richard Whitley y Frederick Hayden, eds., *Clinical Virology*. Churchill Livingstone, Nueva York, 1997.

Robertson, John Dill, «Report of An Epidemic of Influenza in Chicago Occurring During the Fall of 1918», Ciudad de Chicago.

Roosevelt, Eleanor, *This Is My Story*. Harper & Brothers, Nueva York y Londres, 1937.

Rosenberg, Charles, *The Cholera Years: The United States in 1832, 1849, and 1866*. University of Chicago Press, Chicago, 1962.

—, *Explaining Epidemics and Other Studies in the History of Medicine*. Cambridge University Press, Cambridge y Nueva York, 1992.

Rosenberg, Steven y John Barry, *The Transformed Cell: Unlocking the Secrets of Cancer*. Putnam, Nueva York, 1992.

Rosenkrantz, Barbara Gutmann, *Public Health and the State: Changing Views in Massachusetts, 1842–1936*. Harvard University Press, Cambridge, 1972.

Rubenstein, Edward y Daniel Feldman, *Scientific American Medicine*. Scientific American, Nueva York, 1995.

Sabin, Florence, *Franklin Paine Mall: The Story of a Mind*. Johns Hopkins University Press, Baltimore, 1934.

St. John, Robert, *This Was My World*. Doubleday, Garden City, 1953.

Schlesinger, Arthur, *The Age of Roosevelt, v. 1, Crisis of the Old Order 1919–1933*. Houghton Mifflin, Boston, 1957.

Sentz, Lilli, ed., *Medical History in Buffalo, 1846–1996, Collected Essays*. State University of New York at Buffalo, Buffalo, 1996.

Shryock, Richard, *American Medical Research Past and Present*. Commonwealth Fund, Nueva York, 1947.

—. *The Development of Modern Medicine*, 2ª ed. Knopf, Nueva York, 1947.

—. *The Unique Influence of the Johns Hopkins University on American Medicine*. Ejnar Munksgaard Ltd., Copenhagen, 1953.

Silverstein, Arthur, *Pure Politics and Impure Science: The Swine Flu Affair*. Johns Hopkins University Press, Baltimore, 1981.

Simon Flexner Memorial Pamphlet. Rockefeller Institute for Medical Research, Nueva York, 1946.

Smith, Elbert, *When the Cheering Stopped: The Last Years of Woodrow Wilson*. Morrow, Nueva York, 1964.

Starr, Paul, *La transformación social de la medicina en los Estados Unidos de América*. Fondo de Cultura Económica, México, 1991.

Steele, Richard W., *Free Speech in the Good War*. St. Martin's Press, Nueva York, 1999.

Stent, Gunther, *Introduction to The Double Helix: A Norton Critical Edition, by James Watson, edited by Gunther Stent*. Norton, Nueva York, 1980.

Sternberg, Martha, *George Sternberg: A Biography*. American Medical Association, Chicago, 1925.

Thompson, E. Symes, *Influenza*. Percival & Co., Londres, 1890.

Thomson, David y Robert Thomson, *Annals of the Pickett-Thomson Research Laboratory, vols. 9 and 10, Influenza*. Williams and Wilkens, Baltimore, 1934.

U. S. Census Bureau. *Mortality Statistics 1919*. General Printing Office, Washington, D.C.

U.S. Congress, Senate Committee on Appropriations, «Influenza in Alaska», Government Printing Office, Washington, D.C., 1919.

Van Hartesveldt, Fred R., ed., *The 1918–1919 Pandemic of Influenza: The Urban Impact in the Western World*. E. Mellen Press, Lewiston, 1992.

Vaughan, Victor A., *A Doctor's Memories*. Bobbs-Merrill, Indianapolis, 1926.

Vaughn, Stephen, *Holding Fast the Inner Lines: Democracy, Nationalism, and the Committee on Public Information*. University of North Carolina Press, Chapel Hill, 1980.

Vogel, Morris y Charles Rosenberg, eds., *The Therapeutic Revolution: Essays on the Social History of American Medicine*. University of Pennsylvania Press, Filadelfia, 1979.

Wade, Wyn Craig, *The Fiery Cross: The Ku Klux Klan in America*. Simon & Schuster, Nueva York, 1987.

Walter, Richard, *S. Weir Mitchell, M.D., Neurologist: A Medical Biography*. Chas. Thomas, Springfield, 1970.

Walworth, Arthur, *Woodrow Wilson*. Houghton Mifflin, Boston, 1965.

Warner, John Harley, *Against the Spirit of System: The French Impulse in Nineteenth-Century American Medicine*. Princeton University Press, Princeton, 1998.

Watson, James, *La doble hélice*. Alianza Editorial, Madrid, 2011.

Weigley, Russell, ed., *Philadelphia: A 300 Year History*. Norton, Nueva York, 1982.

Wilson, Edith, *My Memoir*. Bobbs-Merrill, Indianapolis y Nueva York, 1939.

Wilson, Joan Hoff, *Herbert Hoover: Forgotten Progressive*. Little, Brown, Boston, 1974.

Winslow, Charles-Edward Amory, *The Conquest of Epidemic Disease: A Chapter in the History of Ideas*. Princeton University Press, Princeton, 1943.

—, *The Evolution and Significance of the Modern Public Health Campaign*. Yale University Press, New Haven, 1923.

—, *Life of Hermann M. Biggs*. Lea & Febiger, Filadelfia, 1929.

Winternitz, Milton Charles, *The Pathology of Influenza*. Yale University Press, New Haven, 1920.

Young, James Harvey, *The Medical Messiahs: A Social History of Health Quackery in Twentieth Century America*. Princeton University Press, Princeton, 1967.

—, *The Toadstool Millionaires: A Social History of Patent Medicines in America before Federal Regulation*. Princeton University Press, Princeton, 1961.

Zinsser, Hans, *As I Remember Him: The Biography of R. S.* Peter Smith, Gloucester, 1970.

—, *Rats, Lice, and History*. Black Dog & Leventhal, Nueva York, 1963.

Documentos no publicados

Allen, Phyllis, «Americans and the Germ Theory of Disease», discurso de doctorado, Universidad de Pensilvania, 1949.

Anderson, Jeffrey, «Influenza in Philadelphia, 1918», tesis doctoral, Rutgers University, Camden, 1998.

Fanning, Patricia J., «Disease and the Politics of Community: Norwood and the Great Flu Epidemic of 1918», discurso de doctorado, Boston College, 1995.

«Influenza 1918», *The American Experience*, WGBH, Boston, 1998.

Ott, Katherine, «The Intellectual Origins and Cultural Form of Tuberculosis in the United States, 1870–1925», discurso de doctorado, Temple University, 1990.

Parsons, W. David, M.D., «The Spanish Lady and the Newfoundland Regiment». Artículo presentado en Newfoundland, Conferencia sobre la Gran Guerra, 11 de noviembre de 1998.

Pettit, Dorothy Ann, «A Cruel Wind: America Experiences the Pandemic Influenza, 1918–1920, A Social History», discurso de doctorado, Universidad de New Hampshire, 1976.

Smith, Soledad Mujica, «Nursing as Social Responsibility: Implications for Democracy from the Life Perspective of Lavinia Lloyd Dock (1858–1956)», discurso de doctorado, Universidad del Estado de Luisiana, 2002.

Wolper, Gregg, «The Origins of Public Diplomacy: Woodrow Wilson, George Creel, and the Committee on Public Information», discurso de doctorado, Universidad de Chicago, 1991.